2005-2006

中国与世界

China & World

经济发展回顾与展望

Review and Outlook on Economic Development

国家统计局国际统计信息中心 编

International Statistical Information Center
National Bureau of Statistics

中国统计出版社
China Statistics Press

(京)新登字041号

图书在版编目(CIP)数据

2005－2006中国与世界:经济发展回顾与展望/
国家统计局国际统计信息中心编.
—北京:中国统计出版社,2006.1
ISBN 7－5037－4850－8

Ⅰ.2…
Ⅱ.国…
Ⅲ.①经济－分析－中国－2005 ②经济－分析－世界－2005 ③经济发展趋势－经济预测－中国－2006 ④经济发展趋势－经济预测－世界－2006
Ⅳ.F11

中国版本图书馆CIP数据核字(2006)第000653号

2005－2006中国与世界:经济发展回顾与展望

作　　者/国家统计局国际统计信息中心
责任编辑/郭　栋
装帧设计/艺编广告·张　冰　方　红
出版发行/中国统计出版社
通信地址/北京市西城区月坛南街75号　邮政编码/100826
办公地址/北京市丰台区西三环南路甲6号
电　　话/(010)63459084　63266600－22500(发行部)
印　　刷/河北天普润印刷厂
经　　销/新华书店
开　　本/787×1092mm　1/16
字　　数/570千字
印　　张/37.5
印　　数/1—1200册
版　　别/2006年3月第1版
版　　次/2006年3月第1次印刷
书　　号/ISBN 7－5037－4850－8/F·2207
定　　价/65.00元

《2005—2006 中国与世界：经济发展回顾与展望》

编委会人员名单

顾　　问：李德水　邱晓华

主　　编：黄朗辉

副 主 编：杨京英　陈泉根　余芳东

编　　委：（以姓氏笔画为序）

马　岩　王　强　刘　冰　张　芃

郑泽香　闫海琪

编写人员：马　岩　王　强　王金萍　尹晓静

石　婷　刘　冰　孙　振　任小燕

杨京英　杨红军　陈泉根　陈国庆

余芳东　张　芃　郑泽香　闫海琪

高玉玲　高　析　郭义民　铁　兵

黄朗辉

编者的话

进入21世纪以来，世界经济全球化进程加快，各国经济与世界经济的联系愈加密切。随着对外开放度的日益扩大，中国也逐渐融入全球经济中，成为全球经济的一个重要组成部分。无论是研究中国经济问题，还是研究世界经济问题，都需要从全球角度来考虑、分析和判断，既要密切关注世界经济发展变化，找准自己在世界经济中的角色，又要充分认识世界经济对中国经济可能带来的影响，善于趋利避害，及时采取应对措施，推动我国经济持续较快、健康发展。为了适应新形势的要求，国家统计局国际统计信息中心自2003年以来，每年组织编著《中国与世界：经济发展回顾与展望》，通过大量的分析研究材料和统计数据，全面反映世界经济发展趋势、中国经济与世界经济之间的相互关系。

作为本书顾问，国家统计局局长李德水和副局长邱晓华都是著名的经济学家，在世界经济方面都有很深的造诣，并对本书的编辑工作提出了很多的指导性意见。本书采用李德水局长在2005年底写的一篇文章《也谈"如何看待中国科技产品出口?"》作为代序言，相信读者们能够看到科技领域的话题中，领悟到世界经济的进展问题，以及中国经济与世界经济千丝万缕的联系。

《2005－2006 中国与世界:经济发展回顾与展望》由5部分组成。第一部分是世界经济篇,共有5方面内容,分别对2005年世界及美国、欧元区、日本经济和我国周边国家(地区)经济发展进行了回顾,并展望了2006年走势。第二部分是中国经济与世界经济篇,共有8方面内容,侧重分析了在当前世界经济形势下,中国面临的机遇与挑战,中国经济对世界经济的影响以及中国经济社会发展的国际地位等问题。第三部分是国际市场篇,共有3方面内容,回顾和展望了国际商品市场、石油市场和金融市场变化趋势,并分析了它们对中国经济的影响。第四部分是国际组织报告篇,共有10方面内容,对国际货币基金组织《世界经济展望》秋季报告、世界银行《全球发展金融》报告、世界贸易组织《世界贸易报告》、联合国贸易和发展会议《世界投资报告》、联合国开发计划署《人类发展报告》、联合国贸易和发展会议《电子商务发展状况》报告、经济合作与发展组织《通讯展望》报告和《亚洲开发银行秋季报告》等进行了摘编。第五部分是统计数据篇,共有5方面内容,包括主要统计指标排序、国际货币基金组织年度数据、世界银行年度数据以及国际市场和美、欧、日三大经济体年度和进度数据。此外,在部分章节中增加了相关背景知识专栏,以满足读者进一步了解问题的需要。

本书所引用的数据均来自国际组织、有关国家统计部门和国际上著名的研究咨询机构。由于数据来源和时效不同,汇总方法不同以及修订等原因,同一指标在不同的出处可能不一致,望读者注意。

本书内容丰富、数据翔实,是宏观经济管理部门、企业和科研人员重要的参考资料,每年一本定期出版,敬请关注。

由于受时间、资料和研究水平的限制，书中难免存在这样或那样的问题或不足，敬请读者批评指正。

编　者

2005年12月

也谈"如何看待中国科技产品出口?"

（代序）

本月19日《参考消息》报上刊登了《如何看待中国科技产品出口》一文,转引西班牙《先锋报》披露的经合组织(OECD)在近期发布的一份报告中称"中国是世界最大科技出口国,中国2004年IT行业出口增长46%,已经超过美国,中国的这项出口达到1800亿美元,而美国只有1490亿美元"。对此,尚需作深入分析。

一、关于统计标准和口径

目前,我国高新技术产品的分类标准有三种版本:一是科技部、原外经贸部、财政部、税务总局、海关总署于2000年制定的《中国高新技术产品出口目录》;二是科技部、财政部、税务总局于2000年制定的《中国高新技术产品目录》;三是国家统计局于2002年制定的《中国高技术产业统计分类目录》。三个版本各有各的用途。但是,近几年我国海关总署提供的高技术产品进出口数据却是依据美国商务部制定的《高技术产品进出口统计目录》,从海关进出口登记中提取的。因此,我国海关报出的数字与美国的统计数具有可比性。

但据我国海关统计,2004年我国高新技术产品出口总额为1654亿美元,其中电子信息产品即IT行业产品为1601亿美元。初步查实,经合组织统计的1800亿美元可能出自我国信息产业部去年12月发布的1—11月份电子信息产品出口数(只有该部每月发布此项指标,且数额大体吻合)。而信息产业部公布的2004年全年电子信息产品出口额则为2075亿美元。据了解,信息产业部使用的出口目录在海关目录的基础上扩大了一些范围,因此数额较大,与美国的口径不可比。但是,即便按海关的数字,2004年我国IT行业产品出口额也比美国的1490亿美元多

111 亿美元，首次超过美国；也比欧盟 15 国总和 1390 亿美元多 211 亿美元，也是首次超过欧盟 15 国总和，居世界首位。

二、远不能说中国是世界最大科技出口国

2004 年我国确实生产和出口了大量科技产品，但决不能由此得出中国是世界最大科技出口国的结论。因为产品只是科技的载体，而生产这些产品的技术绝大部分不是中国自己的。正如科技产品的使用者一样，拥有了产品不等于拥有了技术。我国芯片 80% 以上专利、数控机床和纺织机械制造 70% 以上专利、汽车制造 90% 以上专利、光纤制造 100% 的专利都是从外国引进的。在许多中外合资企业，外商实际只投入 30% 资本，加上技术入股等就能占有 50% 的股份，并通过对每一批产品都要收取专利费等却可以获得企业实际利润的 70%。秦皇岛港货场上的大塔吊和堆取料机是中日合资企业生产的。按设备重量，中方占 90%；因为核心技术是日方的，按价值量则是日方占 90%。我国 IT 产品生产规模确实很大，仅东莞市生产的鼠标就占全世界生产量的 50%—60%。但据有关资料报道，珠三角地区生产出口的科技产品中，拥有自主知识产权的只占 3% 左右。经合组织的这份统计报告也指出："中国 IT 产品制造在芯片和电子元器件上严重依赖进口，去年电子元器件的贸易逆差就上升到近 620 亿美元。"2004 年我国对外贸易总额虽已跃居世界第三位，而加工贸易出口和外商投资企业出口分别占到 55.3% 和 57.1% 的份额，且科技产品的生产和出口又主要集中在加工贸易和外商投资企业。不仅关键技术大多掌握在外商手中，或者主要依靠引进，而且产品销售和服务网络也主要为外商所控制，故利润的大头在别人那里，我们只是承担中间加工的任务，收取少量的加工费。中国真正成了"世界工厂"，而工业污染也留在了这里。这也是我国加工业规模虽然很大，消耗能源和原材料很多，而工业增加值和全部新增社会财富却不算多的一个重要原因。所以，不仅不能说中国是世界最大的科技出口国，相反地，中国其实是世界最大的科技进口国。

三、国际产业分工的新格局

上个世纪 90 年代初，以美国为代表的西方发达国家倡导的世界经济

一体化，是为其跨国公司更多地利用世界资源和占领国际市场而设计的。在改革开放政策的指引下，中国顺应和平、发展、合作的国际潮流，主动加入世界经济一体化的进程。我国改革开放政策和世界经济一体化政策相结合，中国大量廉价劳动力特别是1亿多农民工和国际资本、先进技术及管理相结合，并进入国际生产和贸易体系之后，不仅改变了中国经济，也对世界经济发生了重大而深远的影响。由此明显提高了世界经济增长的潜力，引起要素市场和商品市场相对价格发生改变，并产生了以下四大效应：一是大量价廉物美的中国商品像潮水般涌向世界，产生了积极的供给效应；二是使跨国公司的资本回报率大幅上升，产生了巨大的财富效应；三是对全球通胀产生了有效的抑制效应；四是有助于维持美国的国际收支平衡。

从近几年我国对东南亚国家、我国台湾省、日本、韩国等都有着大量的贸易逆差，而对美国和欧盟却实现了巨额顺差，可以看出我国正处于这样一种国际产业分工的新格局之中：一些跨国公司把在东南亚生产的元器件送到中国大陆加工组装，然后向美欧出口；把在台湾省生产的核心元器件送到祖国大陆配套组装，也向美欧出口；日韩两国也把大量核心元器件送到中国加工组装，再向美欧出口。这几根产业链条十分清晰地展示在我们面前。之所以这样做，无非是要利用我国廉价的劳动力、资源和环境，获取最大的利润。当然，其中也有相当一部分产品是在中国市场消化的。在国际产业分工的新格局中，西方跨国公司的地位和作用举足轻重，并获得了巨大的利益。当今的世界经济确实已经形成了你中有我、我中有你的新局面。这是与二次世界大战之前和“冷战”时期国际政治经济关系的根本区别（当年希特勒对欧洲各国狂轰滥炸，坦克长驱直入而毫无顾忌，正因为在那里没有德国的利益；前苏联与美国之间的贸易几乎等于零），也是中国与美日欧之间政治经济关系同十年前相比发生的最深刻的变化。现在全世界都在关注中国，也不允许中国经济出问题。如果中国经济出现大的波动，亚洲经济乃至世界经济都会受到冲击。如果谁要故意遏制中国、搞垮中国经济，他自己也会蒙受严重损害，谁也不能独善其身。这种格局至少在20年内不太容易改变。这为我国的发展提供了重要的战略机遇期。

四、世界经济发展不平衡

当前,世界经济发展不平衡是国际社会普遍认同的突出问题。其实质是南北差距越来越大。具体表现在以下方面:

第一,经常项目贸易不平衡。东西方之间经常项目贸易失衡,特别是亚洲国家和美欧尤其是美国经常项目贸易失衡的情况比较严重。

第二,发展中国家过分依赖美国的市场,美国过分依赖外国的产品。美国加工业大量向外转移,服务业也搞外包,经常项目逆差逐年迅速扩大。IMF 预测,2005 年将达 7590 亿美元,占全球经常项目逆差总额的 70% 以上。

第三,发达国家资本项目出现大量赢余,巨额国际游资找不到出路。近年来,出现了一些发展中国家成为资本输出国,而一些发达国家却成为资本接受国的奇怪现象。前几个月,进入国际石油期货市场炒作的各种投机资本竟高达 8 万亿美元。如果引导不好,这是一个极具破坏性的力量。

第四,科技研发活动高度集中在发达国家的跨国公司。联合国贸发会议报告称,2002－2004 年,全球研发外国直接投资(FDI)项目中,90% 以上由发达国家的跨国公司发起,其中美国占总数的近 50%,其次是欧盟和日本;以研发为主要业务的外国子公司中,近 70% 设在美国、欧洲和日本。美国的外国直接投资附带了许多技术诀窍,极大地增强了它的收益能力和对东道国的影响力。这就可以解释,为什么美国已连续 27 年出现经常账户贸易赤字,累计超过 5 万亿美元而国际收支平衡还过得去?最近,英国《金融时报》文章指出,“暗物质”(dark matter)在填补美国赤字。这“暗物质”有多种来源,而附带了许多技术诀窍的对外直接投资和出口专利两项所获的巨额回报则是最大的来源。作者认为美国的“暗物质”是一种稳定的资产,约占美国 GDP 的 40%。由此不难理解,美国对保护知识产权会比“命根子”看得还重。

五、值得关注的几个结论

从以上分析可以看出,目前世界经济已形成了物质产品由发展中国家特别是中国流向发达国家,技术专利则由发达国家大量流入发展中国

家,资金或财富又以各种方式大量从发展中国家流向发达国家的这样一个新局面。进而可以得出以下三个结论:

一是根本谈不上中国是世界最大科技出口国。西班牙《先锋报》发表的这篇文章题目就叫"科技领先与纸老虎",作者其实是看得很透彻的。经合组织报告说"中国是世界最大科技出口国"不是和我们开心,便是故意装糊涂。我们实在是枉担了虚名。

二是中国对美国和欧盟贸易的巨额顺差是亚洲许多国家和地区的综合结果,不是中国一家造成的。近两年,中国取代美国成为日本的第一贸易伙伴,实际上是分担了日本对美国的顺差,减缓了美日贸易的矛盾,而中国只是"过路财神"。应该说,近几年在亚洲各经济体与美欧的贸易摩擦中我国被推上了第一线,承担了巨大的国际责任,也作出了重要的贡献。对此,大家都心中有数。日本企业从与中国的合作中获利颇丰,并对拉动日本经济回升发挥了十分积极的作用。可见,中日之间在"政治冷"的大背景下,却能保持"经济热"的强劲态势是自有其缘故的。

三是国际贸易不能单看海关统计数字。国际贸易包括实物商品贸易和服务贸易以及技术、专利的贸易等。而海关统计一般只有实物的商品贸易。在现代社会,服务贸易和技术专利的贸易额迅猛增长,且许多是通过互联网等先进手段进行交易的,根本没有国界之分,一般也无法进行统计。例如,在旧金山研究所设计的服装图样,用互联网传到江苏的加工厂生产,成衣又摆在美国各大商店的货架上,出口额都算是中国的,而利润的分配却完全是另外一种情景。如果单以海关统计数字论贸易的高下、顺差的大小实在是很片面的。如前所述,美国商品贸易虽然有巨额赤字,但其服务贸易特别是专利贸易和以技术对外的直接投资项目所获的回报却有着大量的赢余、数额相当丰厚。这本来是美国长期以来发展战略调整的预期目标,而美国却为什么总是对那些"有形"的逆差叫得很凶,而对"无形"的巨额顺差避而不谈呢?也许是想趁世人尚未完全看清这"无形"顺差的"庐山真面目"之时而要从其他方面谋取更大的利益。

中国在国际产业分工的总体格局中有着越来越重要的地位。我们应当十分地珍惜这个机遇和改革开放带来的新局面。目前,虽说我们还主要承担着"加工者"的角色,但这是一个必然的历史发展过程,无可指责、更无须自惭。最重要的是,不可满足于现状而不思进取。从这次全国经济普查汇总的数字看，我国企业科技活动经费投入占销售收入的比重仅为0.56%，而经合组织国家的这个比例都在8%以上，差距确实太大。我们中国人悟性极高，又能刻苦钻研，已经引进了这么多国际先进技术可供借鉴、消化和创新，又有“世界工厂”这个优越的实践条件；以“神六”为标志，我国在高新科技的各个领域都有了不少出色的创新，而且发展的势头很猛，只要认真落实科学发展观，全面实施科教兴国战略，我国不仅可以成为一个名副其实的加工业大国，同时也一定能成为科技创新的大国和强国。

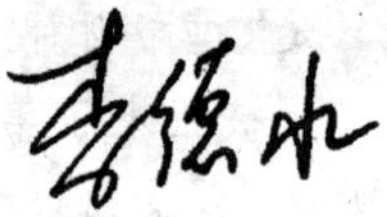

2005年12月31日

目 录

·世界经济篇·

一、2005年世界经济形势及2006年初步展望 …… (3)

二、2005年美国经济形势及2006年展望 …… (20)

三、2005年欧元区经济形势及2006年展望 …… (35)

四、2005年日本经济形势及2006年展望 …… (49)

五、2005年周边国家和地区经济形势回顾及2006年展望 …… (61)

·中国经济与世界经济篇·

一、中国经济的发展及其对世界经济的影响 …… (77)

二、2005年我国对外贸易形势及2006年走势 …… (94)

三、外商直接投资与我国经济增长 …… (103)

四、中外信息化发展指数测算与比较研究 …… (116)

五、2005年我国经济和社会发展的国际地位比较研究 …… (133)

六、2005年我国竞争力的国际比较 …… (149)

七、2004年世界500家最大企业排名与比较分析 …… (157)

八、人民币汇率形成机制的沿革及现状 …… (166)

·国际市场篇·

一、2005年国际商品市场价格回顾及2006年展望 …… (177)

二、2005年国际石油市场价格回顾及2006年展望

——近期内国际石油市场价格走势不容乐观 …… (186)

三、2005年国际金融市场回顾与2006年展望 …… (199)

·国际组织报告篇·

一、世界经济持续增长　储蓄与投资失衡

——国际货币基金组织《世界经济展望》2005年秋季报告摘编 …… (221)

二、2005年发展中国家对外融资将面临挑战

——世界银行《2005年全球发展金融》报告摘编 …… (233)

三、标准与国际贸易:世界贸易的新焦点

——世界贸易组织《世界贸易报告(2005)》摘编 …………………… (239)
四、跨国公司与研发活动的国际化
——联合国贸发会议 2005 年世界投资报告摘编 …………………… (253)
五、加强国际合作解决人类发展不均衡问题
——联合国开发计划署《2005 年人类发展报告》摘编 ……………… (286)
六、联合国贸发会议《电子商务发展状况报告(2004 年)》摘编………… (296)
七、《OECD 通信展望(2005)》报告摘编 ……………………………… (308)
八、经济复苏的势头仍将延续　升息将是全球经济的主题
——OECD《经济展望》报告(78 卷)摘编…………………………… (314)
九、亚洲及世界经济展望
——《2005 年亚洲开发银行秋季报告》摘编 ………………………… (320)
十、世界经济论坛《全球竞争力报告 2005 - 2006》简评 ………………… (337)

·统计数据篇·

主要统计指标排序
1.1 国土面积 ………………………………………………………… (347)
1.2 人口 ……………………………………………………………… (353)
1.3 国内生产总值 …………………………………………………… (358)
1.4 人均国民总收入 ………………………………………………… (362)
1.5 货物进出口总额 ………………………………………………… (366)
1.6 货物出口额 ……………………………………………………… (371)
1.7 货物进口额 ……………………………………………………… (376)
1.8 外国直接投资(流入) ………………………………………… (381)
1.9 外国直接投资(流出) ………………………………………… (386)
1.10 外汇储备 ……………………………………………………… (389)
1.11 人文发展指数 ………………………………………………… (393)
1.12 2005 年世界 60 个国家和地区竞争力总分值 ………………… (397)
1.13 2005 年世界 60 个国家和地区宏观经济运行竞争力排行榜 ……… (398)
1.14 2005 年世界 60 个国家和地区政府效能竞争力排行榜 ………… (399)
1.15 2005 年世界 60 个国家和地区企业效益竞争力排行榜 ………… (400)
1.16 2005 年世界 60 个国家和地区基础设备竞争力排行榜 ………… (401)
1.17 2005 年世界主要国家和地区经济自由指数排名 ……………… (402)
1.18 2004 年世界最大 500 家企业排序 …………………………… (406)
1.19 2004 年世界 1000 家银行排名 ……………………………… (430)
国际货币基金组织秋季预测结果

2.1 国内生产总值增长率 …………………………………………… (454)
2.2 消费者价格指数上涨率 ………………………………………… (460)
2.3 失业率 ……………………………………………………………… (466)
2.4 工资和劳动生产率 ……………………………………………… (467)
2.5 发达国家财政收支差额占 GDP 的比重 ………………………… (468)
2.6 发展中国家中央财政收支差额占 GDP 的比重 ………………… (470)
2.7 广义货币供应量年增长率 ……………………………………… (471)
2.8 发达国家货物和服务贸易年增长率 …………………………… (472)
2.9 发展中国家货物贸易年增长率 ………………………………… (473)
2.10 发达国家经常项目收支差额 …………………………………… (476)
2.11 发达国家经常项目收支差额占 GDP 比重 ……………………… (477)
2.12 发展中国家经常项目收支差额 ………………………………… (478)
2.13 发展中国家经常项目收支差额占商品和服务出口比重 ……… (479)
2.14 发展中国家债务率和偿债率 …………………………………… (480)
2.15 世界储蓄率和投资率 …………………………………………… (481)
世界银行发展报告
3.1 2004 年主要总量指标 …………………………………………… (483)
3.2 主要社会指标 ……………………………………………………… (493)
3.3 贫困情况 …………………………………………………………… (499)
3.4 2003 年主要经济活动 …………………………………………… (507)
3.5 2003 年贸易、援助和外债情况 ………………………………… (517)
国际市场
4.1.1 国际市场商品价格及其预测值(年平均,现价美元) ………… (527)
4.1.2 国际市场商品价格及其预测值(年平均,1990 年价美元) ……… (529)
4.1.3 国际市场商品价格(月平均,现价美元) ……………………… (531)
4.1.4 国际市场商品价格指数及其预测值(年平均) ……………… (534)
4.2.1 国际市场石油价格(月平均) ………………………………… (535)
4.2.2 国际市场石油总供应 ………………………………………… (536)
4.2.3 国际市场石油总需求 ………………………………………… (538)
4.2.4 OECD 国家石油库存情况 …………………………………… (540)
4.3.1 股票价格指数 ………………………………………………… (542)
4.3.2 短期利率(年率) ……………………………………………… (544)
4.3.3 长期利率(年率) ……………………………………………… (546)
4.3.4 汇率 …………………………………………………………… (548)

4.3.5 实际汇率指数 …………………………………………………… (550)
三大经济体主要经济进度指标
5.1.1 美国国内生产总值及其构成增长率(环比) ……………………… (552)
5.1.2 美国国内生产总值构成对经济增长的贡献 ……………………… (553)
5.1.3 美国国内生产总值及其构成增长率(同比) ……………………… (554)
5.1.4 美国工业生产指数 ………………………………………………… (555)
5.1.5 美国零售额及建筑业支出 ………………………………………… (555)
5.1.6 美国劳动生产率变化 ……………………………………………… (556)
5.1.7 美国就业率和失业率 ……………………………………………… (556)
5.1.8 美国进出口贸易 …………………………………………………… (557)
5.1.9 美国外国直接投资 ………………………………………………… (558)
5.1.10 美国消费者价格指数 ……………………………………………… (559)
5.1.11 美国生产者价格指数 ……………………………………………… (559)
5.1.12 美国预警指标和景气指标 ………………………………………… (560)
5.1.13 美国制造业订单 …………………………………………………… (560)
5.1.14 美国财政指标 ……………………………………………………… (561)
5.1.15 美国货币供应量及其增长速度 …………………………………… (561)
5.1.16 美国联邦利率和贴现率 …………………………………………… (562)
5.2.1 欧元区国内生产总值及其构成增长率(环比) …………………… (563)
5.2.2 欧元区国内生产总值及其构成对于经济增长的贡献 …………… (564)
5.2.3 欧元区国内生产总值及其构成增长率(同比) …………………… (565)
5.2.4 欧元区工业生产指标 ……………………………………………… (566)
5.2.5 欧元区工商业销售情况 …………………………………………… (566)
5.2.6 欧元区单位劳动生产成本及雇员报酬和劳动生产率 …………… (567)
5.2.7 欧元区失业人口及失业率 ………………………………………… (567)
5.2.8 欧元区进出口贸易 ………………………………………………… (568)
5.2.9 欧元区外国直接投资 ……………………………………………… (568)
5.2.10 欧元区价格指数 …………………………………………………… (569)
5.2.11 欧元区预警指标和景气指标 ……………………………………… (569)
5.2.12 欧元区货币供应量增长速度 ……………………………………… (570)
5.2.13 欧洲央行利率 ……………………………………………………… (570)
5.3.1 日本国内生产总值及其构成增长率(环比) ……………………… (571)
5.3.2 日本国内生产总值构成对经济增长的贡献 ……………………… (572)
5.3.3 日本国内生产总值及其构成增长率(同比) ……………………… (573)

5.3.4　日本工业生产指数 …………………………………………… (574)
5.3.5　日本制造业生产能力 ………………………………………… (574)
5.3.6　日本制造业生产能力利用率 ………………………………… (575)
5.3.7　日本新开工建筑面积 ………………………………………… (575)
5.3.8　日本零售额增长速度 ………………………………………… (576)
5.3.9　日本新增工作岗位、就业人数和失业率 …………………… (576)
5.3.10 日本生产者价格指数 ………………………………………… (577)
5.3.11 日本消费者价格指数 ………………………………………… (577)
5.3.12 日本机械订单 ………………………………………………… (578)
5.3.13 日本进出口贸易 ……………………………………………… (578)
5.3.14 日本外国直接投资 …………………………………………… (579)
5.3.15 日本景气指数 ………………………………………………… (579)
5.3.16 日本货币供应量增长速度 …………………………………… (580)
5.3.17 日本主要利率 ………………………………………………… (580)

· 专栏 ·

一、当前世界经济中值得关注的问题及其政策挑战 …………………… (71)
二、2004 年中国国内生产总值位居世界第六位…………………………… (78)
三、国际比较中常见的几种信息化指数 ……………………………… (118)
四、2005 年我国经济自由度提升 16 位………………………………… (134)
五、2005 年中国人文发展指数在世界的排位明显攀升 ……………… (145)
六、改善国际不平衡的政策 …………………………………………… (227)
七、人口结构变化对储蓄、投资以及经常帐户平衡造成的影响 ……… (229)
八、发展中国家面临高油价的挑战 …………………………………… (251)
九、印度经济快速崛起的原因分析 …………………………………… (333)
十、印度经济概况 ……………………………………………………… (335)

世界经济篇

2005年世界经济形势及2006年初步展望

受到石油价格反复攀高等不利因素的影响，2005年世界经济总体运行比上年适度放慢已成定局。展望2006年，世界经济将保持“稳中趋缓”的运行态势，增速与今年大致持平或略有放慢。总的来看，2006年我国经济发展面临的国际环境仍将是比较好的，但同时也存在着值得关注的挑战。

一、今年以来世界经济运行的基本情况及全年展望

2005年以来，世界经济呈现适度放慢的运行态势，全年经济增速低于上年，世界贸易增长也在不平衡中有所放慢，外国直接投资出现恢复性增长。与此同时，国际股市、汇率波动不定，利率水平有所提高；石油价格持续上涨，初级品价格继续坚挺；居民消费价格总水平在波动中有所上扬，但仍处在可控范围。

（一）2005年以来世界经济总体呈现适度放慢的运行态势

从经济运行过程看，世界经济总体上呈现前快后慢的增长态势。2005年一季度世界经济延续了上年以来高速增长的势头，但进入二季度则有所放慢。其中，美国经济增长3.3%，欧元区增长0.4%，日本增长1.4%，比一季度分别下降0.5、0.1和0.6个百分点。

2005年三季度以来，美国、欧元区和日本各主要经济指标增速在波动中有升有降，其中一些主要经济指标在下降的过程中略有反弹，预示着三、四季度世界经济走势仍将看好。

一是三大经济体工业生产仍保持一定的增速。7月份和8月份，美国工业生产增长速度分别为0.0%和0.2%，1至6月份分别为-0.1%、0.5%、0.2%、-0.4%、0.3%和0.8%；7月份欧元区工业生产增长速度

为0.6%,1至6月份分别为1.9%、0.4%、0.0%、1.2%、0.0%和0.7%;7月份和8月份日本工业生产增长速度分别为-1.2%和1.1%,1至6月份分别为3.2%、-2.3%、-0.2%、1.9%、-2.8%和1.6%。

表1　美国、欧元区和日本季度经济增长率

单位:%

	2004年				2005年	
	1季度	2季度	3季度	4季度	1季度	2季度
美　国	4.3	3.5	4.0	3.3	3.8	3.3
欧元区	0.6	0.5	0.3	0.2	0.4	0.3
日　本	1.3	-0.4	-0.1	0.1	1.4	0.8

注:以上环比速度中美国为环比折年率,欧元区和日本未折年率。

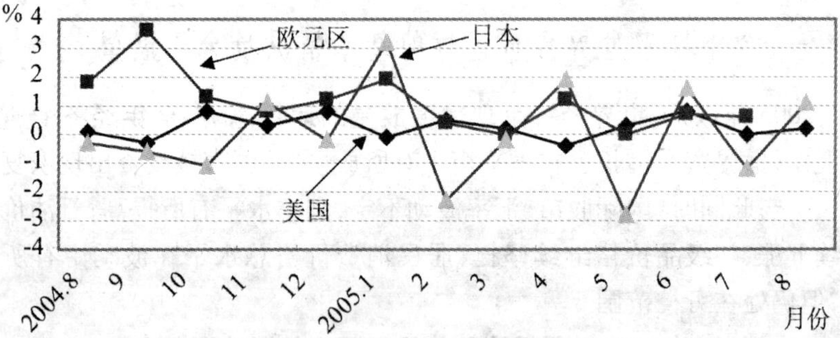

图1　美国、欧元区和日本工业生产增长率

二是除日本以外,美国和欧元区服务业在下降的过程中开始反弹。7月份和8月份,美国服务业景气指数分别为下降2.0点和上升4.5点,1至6月份分别上升-4.7点、0.6点、3.3点、-1.4点、-3.2点和3.7点;7月份和8月份,欧元区服务业景气指数分别为下降2.2点和上升1.7点,1至6月份分别为上升-3.3点、-0.5点、-1.0点、1.4点、-0.9点和2.9点;7月份日本服务业增速为-0.8%,1至6月份分别为2.4%、-1.2%、-0.9%、1.7%、-1.5%和0.9%。

三是除美国外,欧元区和日本零售额增速均有所恢复或加快。7、8两月,美国零售额增长速度分别为增长1.8%和下降2.1%,1至6月份

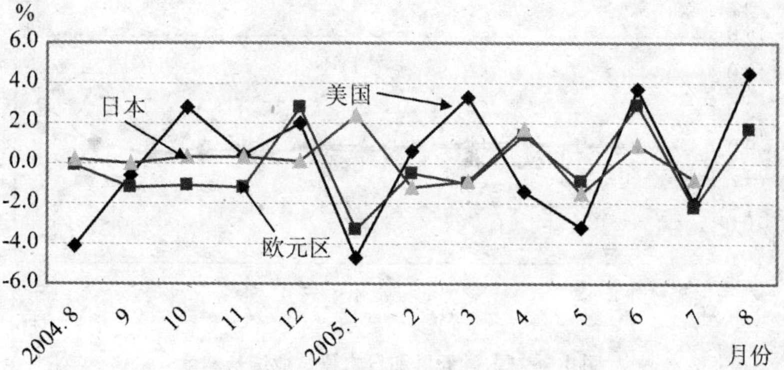

图 2　美国、欧元区和日本服务业增长率

分别为0.2%、0.5%、0.4%、1.5%、-0.3%和1.7%;欧元区7、8两月,零售额增长速度分别为下降0.5%和增长0.6%,1至6月份分别为0.7%、-0.2%、-0.1%、-0.1%、0.8%和0.1%;日本7、8两月,零售额分别下降2.2%和增长1.5%,1至6月份日本零售额增长速度分别为4.6%、-2.6%、-1.2%、2.8%、-1.4%和0.0%。

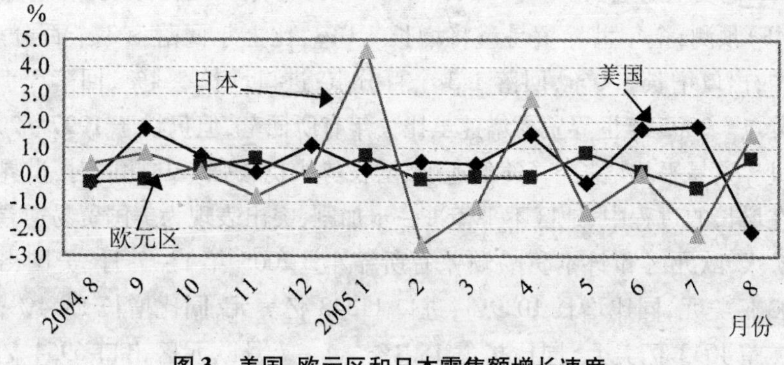

图 3　美国、欧元区和日本零售额增长速度

四是除日本以外,美国和欧元区建筑业支出增速加快。7、8两月,美国建筑业支分别增长0.4%和6.1%,1至6月份增长速度分别为0.4%、0.5%、0.6%、-1.1%、-0.9%和-0.3%;欧元区7、8两月,建筑业支出增长1.1%和2.7%,1至6月份分别为0.3%、-0.3%、0.3%、-0.6%、0.3%和-0.8%;日本7、8两月,建筑业支出分别增长9.2%和-4.8%,1至6月份增长速度分别为9.9%、-9.9%、-0.6%、-2.4%、5.9%和1.4%。

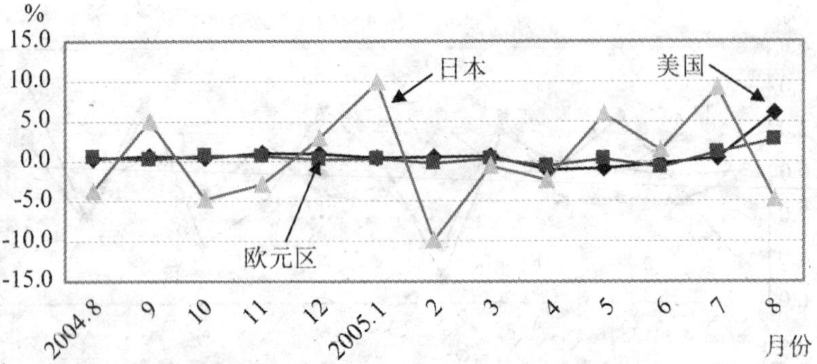

图4 美国、欧元区和日本建筑业增长速度

(二)世界贸易增长在不平衡中有所放慢，但势头仍较强；外国直接投资总量呈现恢复性增长，但流向发生较大变化

经济合作与发展组织(OECD)统计显示，2005年上半年世界商品和服务进出口总额为96270亿美元，比上年同期增长5.7%，回落2.6个百分点。其中，出口47902亿美元，增长5.2%，回落3.0个百分点；进口48368亿美元，增长6.3%，回落2.1个百分点。国际货币基金组织(IMF)预测，全年世界贸易量将增长7.0%，比上年回落3.3个百分点。其中，出口增长5.0%，回落3.3个百分点；进口增长5.4%，回落3.4个百分点。2005年世界贸易增速虽比去年有所回落，但仍快于1997-2004年世界贸易平均增长6.6%的速度，增长势头仍较强。与此同时，世界贸易在增长的过程中，地区不平衡进一步加剧，突出表现为美国贸易逆差继续扩大，欧元区和日本贸易顺差有所缩小。2005年1-7月，美国出口7300亿美元，同比增长10.9%；进口11343亿美元，同比增长13.4%；贸易逆差4043亿美元，同比扩大18.1%。1-7月欧元区出口6954亿欧元，同比增长5.2%；进口6705亿欧元，同比增长10.1%；贸易顺差249亿欧元，同比减少52.4%。1-8月日本出口41.57万亿日元，同比增长4.7%；进口36.07万亿日元，同比增长13.3%；贸易顺差5.5万亿日元，同比减少29.9%。

世界经济强劲增长、投资环境改善、企业大规模并购增加以及石油和原材料价格上涨导致公司加大对外投资、寻求资源等原因，使得全球外国直接投资总量在经历三年的下降后，从2004年起止跌回升，呈现新一轮增长。与此同时,国际资本流向有较大改变。

从外国直接投资总量看,2004 年全球外国直接投资达到 6480 亿美元,比上年增长 2.0%,已开始呈现恢复性增长的态势。今年以来,这种回升增长的势头仍在延续。联合国贸发组织认为,今年全球外国直接投资将继续呈现增长的态势。

从外国直接投资流向看,从 2004 年起,外国直接投资重心向发展中国家转移。这主要是因为:一是跨国公司正在努力提高自己的竞争力,一方面设法在迅速增长的新兴市场经济中扩张;另一方面则是寻找降低成本的新途径。二是石油和原材料价格上涨,进一步刺激了外国直接投资流向自然资源丰富的发展中国家。因此,2004 年,在全球外国直接投资总量 6480 亿美元中,流入发展中国家 2330 亿美元,比上年增长 40%;流入发达国家 3800 亿美元,减少 14%。2005 年,流入发展中国家的外国直接投资继续增加。IMF9 月份预测,2005 年流入发展中国家的外国直接投资将增长 9.5%。

流入发达国家的外国直接投资总体上虽有所减少,但由于美国以及欧洲的一些发达国家跨国公司大规模并购活动增多等原因,流入美国和欧洲一些国家的外国直接投资将继续保持增长的势头。具体表现在,美国外国直接投资流入有所增加,流出有所减少;欧元区外国直接投资流入、流出均有所增加;日本外国直接投资流入略有减少,流出有所增加。2005 年 1 至 6 月份,美国外国直接投资流入 479 亿美元,同比增长 36.5%;流出 594 亿美元,同比减少 45%;欧元区外国直接投资流入 303 亿欧元,同比增长 5.2%;流出 650 亿欧元,同比增长 40.1%。1 至 7 月份,日本外国直接投资流入 6357 亿日元,同比减少 8.6%;流出 22765 亿日元,同比增长 26.4%

(三)国际股市、汇率波动不定,利率水平有所提高

目前世界主要股票市场波动不定,主要股指在波动中有涨有跌,但总体上仍处在回升时期。10 月 17 日,美国道琼斯指数为 10348.10 点,比年初 10729.43 点下跌 3.6%;美国纳斯达克指数为 2070.30 点,比年初 2152.15 点下跌了 3.8%;德国 DAX 指数为 4990.96 点,比年初 4291.53 点上涨了 16.3%;日本日经 225 指数为 13352.24 点,比年初 11517.75 点上涨了 15.9%。

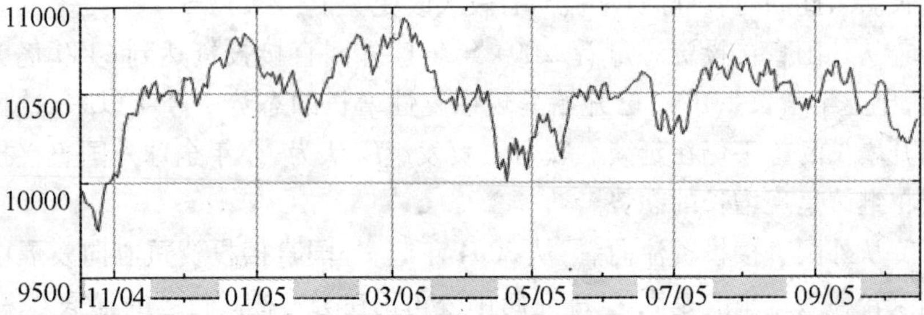

图5 美国道琼斯股指走势

2005 年以来美元持续贬值的势头有所缓解,但总体上仍保持疲软的态势。10 月 17 日,美元兑欧元为 1:0.8338,比年初 1:0.7763 上涨了 7.4%;美元兑日元为 1:115.4350,比年初 1:103.5800 上涨了 11.4%。

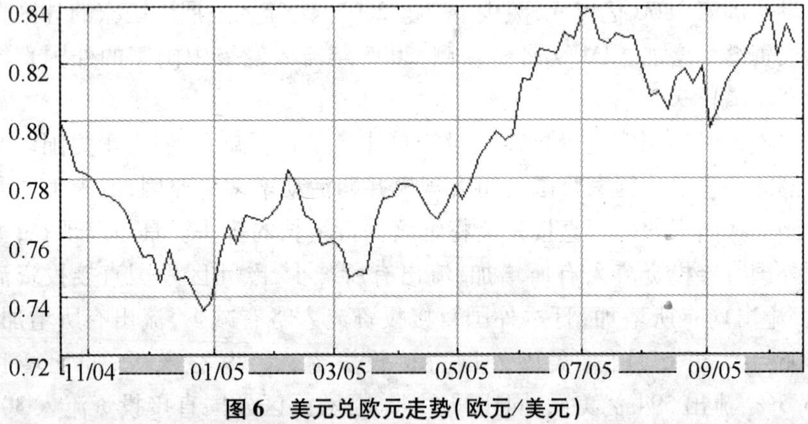

图6 美元兑欧元走势(欧元/美元)

目前世界主要国家和地区的利率有升有降,但全球货币政策总体上继续呈现趋紧的势头。美国 2005 年以来先后进行了六次加息,加息幅度仍为 25 个基点。目前美国联邦基金利率已上调至 3.75%,而欧元区和日本利率尚无变动。欧洲央行基准利率仍为 2.00%,日本实施零利率政策没有松动的迹象。英国则于 8 月 4 日,将基准利率下调 25 个基点至 4.5%,是两年内首次调低利率。

(四)石油价格持续上涨,初级品价格继续坚挺

2005 年以来,国际石油市场价格在波动中反复攀升。OPEC 月平均油价从 1 月份的 40.24 美元/桶上涨到 9 月份的 57.88 美元/桶。

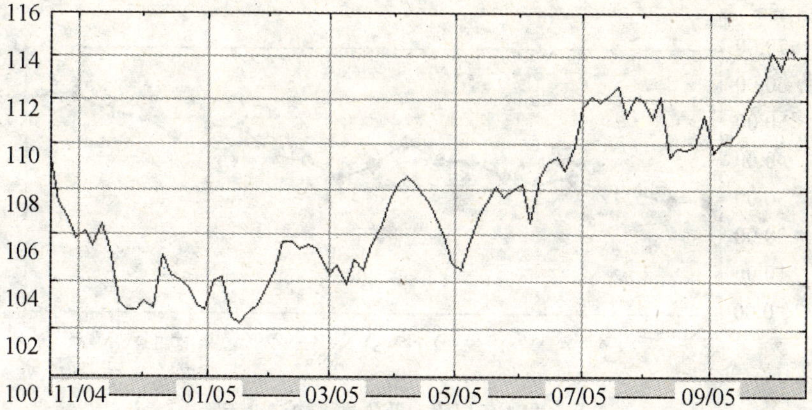

图7 美元兑日元走势(日元/美元)

表2 2005年1-9月份OPEC月平均油价

月份	月平均价格	同比涨跌(%)
1	40.24	32.7
2	41.68	41.0
3	49.07	53.1
4	49.63	53.4
5	46.96	29.5
6	52.04	50.4
7	53.13	46.4
8	57.82	43.6
9	57.88	43.4

与此同时,国际市场初级品价格有涨有跌,总体价格水平继续坚挺。2005年前三个季度,在世界银行公布的70种商品价格中,比上年同期上涨的有45种,占63.4%;下跌的有23种,占33.8%;持平的有2种,占2.8%。涨幅居前五位的商品依次为天然气、铁矿石、棉花、原油和咖啡,涨幅分别为83.0%、71.5%、60.4%、53.4%、50.4%。剔除翘尾因素的影响,2005年9月份,国际商品价格比上年12月份上涨的有44种,占62.9%;下跌的有24种,占34.3%;持平的有2种,占2.9%。涨幅居前五位的商品依次为天然气、铁矿石、原油、橡胶和咖啡,涨幅分别为

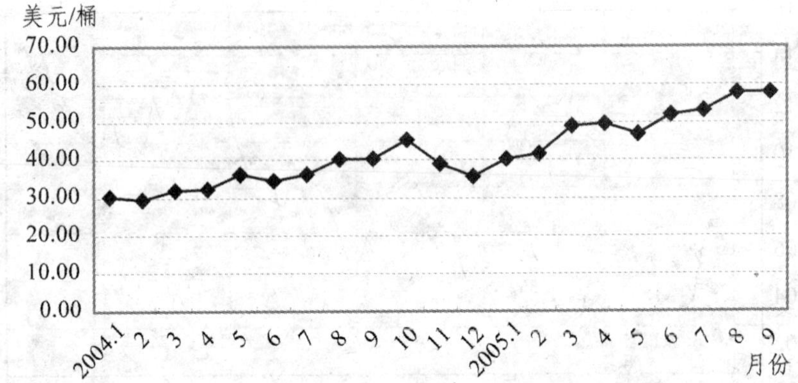

图8　2004 年以来 OPEC 月平均油价走势

95.7%、71.5%、58.4%、35.9%、27.6%。

(五)价格总体水平在波动中有所上扬,但仍处在可控范围

因国际市场石油价格上涨等原因,世界主要国家和地区价格水平有所上扬,但目前价格总体水平仍在可控范围内波动。

表3　2005 年 1－9 月份美国、欧元区和日本居民消费价格同比涨跌率

单位:%

月份	美国	欧元区	日本
1	2.9	1.9	－0.1
2	3.0	2.1	－0.3
3	3.1	2.1	－0.2
4	3.5	2.1	0.0
5	2.8	2.0	0.2
6	2.5	2.1	－0.5
7	3.2	2.2	－0.3
8	3.6	2.2	－0.3
9	4.7	2.5	

(六)2005 年世界经济总体运行比上年将有所放慢

以上分析表明,2005 年世界经济增速慢于上年已成定局。最近各主要国际组织预测的结果也得出类似的结论。国际货币基金组织 9 月份预

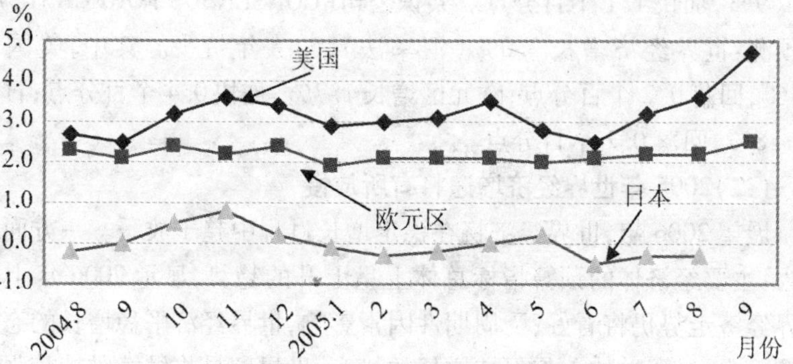

图9 美国、欧元区和日本消费者价格涨跌率

测,2005 年世界经济增长 4.3%（PPP 汇总法,下同),比上年回落 0.8 个百分点。其中,美国增长 3.5%,回落 0.7 百分点;欧元区增长 1.2%,回落 0.8 个百分点;日本增长 2.0%,回落 0.7 个百分点。世界银行 4 月份预测,2005 年世界经济增长 3.1%(汇率法,下同),回落 0.7 个百分点。其中,美国增长 3.9%,回落 0.5 个百分点;欧元区增长 1.3%,回落 0.5 个百分点;日本增长 0.8%,回落 1.8 个百分点。

二、对 2006 年世界经济发展趋势的初步展望

近期,主要国际组织和世界著名的研究机构均认为,从总体看,2006 年世界经济将继续保持良好的增长势头,且前景仍在不断改善,经济增速将同 2005 年大致相当。但综合 2005 年以来世界经济运行情况,并考虑到一些相关指标的变化情况以及目前世界经济的总体环境,我们认为,尽管支持世界经济稳定增长的因素仍然存在,但制约经济稳定增长的问题和矛盾同时并存。因此,预计 2006 年世界经济总体将保持“稳中趋缓”的运行态势,明年下半年开始略有放慢的可能性较大。

(一)主要国际组织普遍认为 2006 年世界经济增速与去年大致相当

国际货币基金组织 9 月份预测:2006 年世界经济增长 4.3%(汇率法),与去年持平。其中,美国增长 3.3%,回落 0.2 个百分点;欧元区增长 1.8%,加快 0.6 个百分点;日本增长 2.0%,持平。世界银行 4 月份预测:世界经济增长 3.1%(PPP 汇总法),与去年持平。其中,美国增长 3.0%,回落 0.9 个百分点;欧元区增长 2.1%,加快 0.8 个百分点;日本增

长1.9%,加快1.1个百分点。共识公司(CONSENSUS FORECASTS)9月份预测:世界经济增长3.0%(汇率法),与去年持平。其中,美国增长3.3%,回落0.2个百分点;欧元区增长1.7%,加快0.4个百分点;日本增长1.8%,回落0.2个百分点。

(二)2006年世界经济增速将有所放慢

展望2006年,世界经济将在稳定增长过程中趋于放缓。一方面主要因为:主要经济体的预警指标总体上呈上升的趋势,显示2006年上半年世界经济走势仍将看好;受周期性因素影响,世界经济平稳增长的态势将延续下去;投资总体上将保持增长的势头;世界贸易将继续维持较强增长势头。因此,2006年世界经济仍处在此轮经济增长周期的“平台期”。另一方面世界经济将在稳定增长中“趋缓”,则主要因为:在推动世界经济增长的动力尚不足够强劲时,宏观经济调控政策仍继续趋紧,且旧的问题尚未解决,新的风险又相继出现。

1. 支持世界经济稳定增长的有利因素

首先,2005年以来主要经济体的预警指标总体上呈现上升的趋势,有的在8月份达到近一个时期最高水平,这预示着到2006年上半年,世界经济走势仍将看好。从主要经济体先行指标看:美国自去年3月份起保持逐月上升的势头,8月份先行指标为121.1,是2003年以来最高的月度水平;欧元区自去年年初以来在波动中走高,8月份为106.0,也是2002年以来最高的月度水平;日本在波动中走高,总体水平与去年大致相同。

其次,受周期性因素影响,世界经济平稳增长的态势将延续下去。此轮世界经济恢复的驱动因素主要是美国经济以及亚洲经济的持续迅速扩展。一是美国财政赤字和贸易逆差的增加,为世界其他国家提供了有力的需求推动。同时,世界其他国家特别是亚洲国家的中央银行大量购买美国国库券,又为美国提供了大量的外国资本。虽然这种全球经济发展的不平衡是世界经济稳定、健康发展的重要危害因素之一,但由于各种原因,这种状况在短期内难以改变。而从另一个角度看,这种不平衡在短期内难以进行调整,就不会对明年世界经济继续稳定增长造成较大冲击。

从美国方面看,“双赤字”继续扩大。1至8月份,贸易逆差4634亿美元,同比扩大16.9%。IMF预计2006年美国贸易赤字将达到8052亿

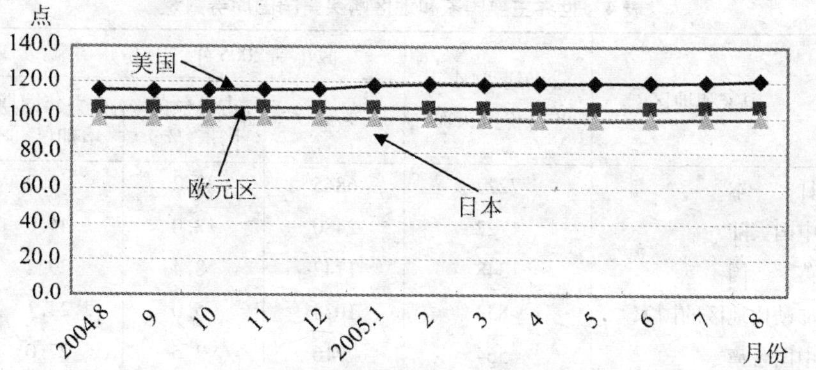

图10　美国、欧元区和日本经济先行指标

美元,比去年扩大6.1%。2005财年前11个月,美国财政赤字达到3526亿美元,同比扩大10.1%。IMF预计2006年美国财政赤字占GDP的比重为3.9%,将比去年上升0.2%。

从其他国家看,世界其他国家特别是亚洲一些国家继续积累美国国库券作为外汇储备。根据美国财政部统计数据显示,截止到2005年8月底,世界各国中央银行购买美国国库券2万亿美元,比上年同期增长12.6%。

二是亚洲国家特别是中国进出口贸易明年将继续保持较快增长,这将对亚洲和其他地区的经济发展产生有利的影响。IMF9月份预测,2006年亚洲新兴工业化国家贸易量将增长8.7%,比2005年加快1.4个百分点。IMF虽然没有对中国贸易量增速做出准确预测,但认为2006年中国对外贸易量将继续保持强劲增长的势头。

再次,全球投资总体上将保持增长的势头。从全球投资的主要资金来源看,一是世界主要股市总体上正处在回升时期;二是全球外国直接投资总量从2004年起止跌回升,呈现新一轮增长的势头将在2006年延续。这在一定程度上预示着明年全球投资需求将比较旺盛,从而将成为世界经济平稳增长的一个重要的推动力。从世界主要股市看,美国道琼斯指数股指已上涨到较好水平。从2005年年初到10月初,美国道琼斯指数基本在10292.31－10640.91点之间波动,而该指数历史最高水平为2000年1月14日的11723.00点。

表4 世界主要国家和地区购买美国国库券数量

国家和地区	截止到2004年8月份购买额	截止到2005年8月份购买额		
		数额	占总额的比重(%)	比去年同期增加(%)
日　本	7222	6845	33.2	-5.2
中国大陆	1722	2480	12.0	44.0
英　国	1348	1742	8.4	29.2
加勒比地区的国家	833	1034	5.0	24.1
中国台湾	564	716	3.5	27.0
德　国	481	650	3.2	35.1
韩　国	633	591	2.9	-6.6
OPEC国家	432	538	2.6	24.5
加拿大	331	484	2.3	46.2
中国香港	494	474	2.3	-4.0
其他国家和地区	4259	5075	24.6	19.2
总　计	**18319**	**20629**	**100.0**	**12.6**

资料来源:美国财政部。

从全球外国直接投资看,外国直接投资在全球投资增长中发挥着重要的作用。1980年至2004年,全球外国直接投资流量占世界固定资产投资的7.3%左右;2004年全球外国直接投资存量达到8.9万亿美元,约占全球GDP的22%。对于2006年全球外国直接投资的前景,联合国贸发会议在9月底发布《2005年世界投资报告》中认为,目前经济条件的改善将继续推动出口导向型外国直接投资;初级品需求量的继续增长则将推动以寻求资源为目的的外国直接投资增长。IMF9月份预测,2006年世界投资将增长22.4%,比2005年加快0.3个百分点。其中,发达国家增长19.6%,加快0.1个百分点;发展中国家增长31.3%,加快0.4个百分点。因此,2006年全球外国直接投资有望进一步上升。从而将在一定程度上拉动明年全球投资的增长。

第四,世界贸易将继续维持扩张,增长势头仍较强。IMF9月份预测2006年世界贸易总量将增长7.4%,同2005年相比,预计加快0.4%个百分点。这主要是因为:一是预计2006年国际市场需求仍较为旺盛。因此,2006 年国际市场初级品和石油价格仍将保持较高水平,将为世界上主要的初级品和石油出口国和出口地区提供足够的贸易机会,进而推动这些国家和地区的经济增长。二是美国、欧元区和日本等发达国家和地区今年以来,对外贸易连续增长,将在一定程度上带动投资和消费。三是发展中国家对外贸易也保持了较快的增长速度,将对这些国家和地区的经济发展继续作出贡献。

2. 世界经济增速将有所放缓的主要依据

首先,到目前为止,尚没有推动经济增长的动力明显出现,如在过去经济增长周期中的新经济和传统资本市场这样的强劲动力。

其次,在刺激经济增长的强有力动力尚未出现前,主要经济体刺激经济增长的宏观调控政策则继续趋紧。在财政政策方面,主要经济体因财政赤字过大,有些国家和地区扩张性财政政策已没有进一步实施的空间,有些国家和地区则正努力减少财政赤字。美国 2006 财年预算为 13102 万亿美元,比 2005 年将仅增长 4.4%;欧元区则因《稳定与增长公约》放宽期限即将到期,其成员国已不可能再次通过扩大政府开支来刺激经济增长;日本内阁府 9 月份表示将减少政府开支,将 2006 年日本财政赤字占 GDP 的比重由 2004 年的 7.2% 和 2005 年的 6.7% 降低到 6.2%。

在货币政策方面,目前全球利率正处在上升期。美国在 9 月 25 日进行的今年第六次升息至 3.75% 后,美联储官员近期表示:“鉴于美国目前的经济状况,以及价格水平的压力,美国加息的步伐没有停止”;在 10 月 8 日欧洲央行行长对欧元区价格上涨发出了强硬的警告后,普遍认为,该行长的讲话表明欧洲央行的态度正出现重大转变,提前加息的可能性已经加大;日本央行在 9 月份表示,根据日本目前的经济状况及价格走势,日本央行将可能在 2005 年年底实施收紧货币政策,即结束长期以来的零利率政策。

再次,对经济增长有较大推动力的房地产市场则有降温的可能。目前的各种信息显示,美国房地产热正出现“降温”的势头。一是美联储主席格林斯潘 8 月底表示:“在目前美国目前的调控政策下,美国房地产市场的繁荣将不可避免地开始降温”;二是美国财政部部长斯诺在 9 月 20 日向美国信贷协会的管理人士讲话时指出:“美国房地产市场已经略有放缓,这是早有预期的”;三是美国商务部公布的数据显示,2004 年,美国房屋价格上涨11.2%,但2005年上半年仅上涨1.7%,而8月份则下跌了17.6%,创下了1991年以来房价的最高月度跌幅;四是9月20日,美国房屋抵押银行组织宣布,房屋抵押申请也出现了明显下降。普遍认为,美国房地产热“降温”则可能是2006年美国消费减少,经济增速减缓的前兆。

第四,国际市场石油价格难以明显回落,是影响2006年世界经济稳定增长的重要因素。从2001年开始,随着世界经济的复苏和增长,国际市场石油价格持续走高。2001年至2004年,OPEC年平均油价分别为23.60美元/桶、24.40美元/桶、28.10美元/桶和36.01美元/桶。到目前为止,国际市场石油价格在波动中反复攀高的势头仍未得到缓解。而通过目前的各种信息看,今后一段时期国际市场石油价格走势仍不容乐观,预计明年国际市场石油价格水平总体上难以明显回落,且继续保持居高不下势头的可能性较大。从今年以来国际石油价格变动的趋势看,石油价格仍处在上升期,价格总体水平在波动中不断攀高的过程中呈现出三个特点:(1)上涨幅度较大。2005年9月份,OPEC月平均油价为57.88美元/桶,比上年同期上涨了43.4%。(2)价格水平在波动中持续走高。2005年1至9月,OPEC月平均油价分别在40.24美元/桶至57.88美元/桶之间波动。(3)价格在较长时间内居高不下。纽约市场原油期货价格在7月初至9月初这2个月内均保持在50美元/桶以上这一较高的水平。尽管近日国际石油市场价格开始出现回落,但幅度有限,基本在60美元/桶左右徘徊。国际市场石油价格持续走高,预示着世界已步入新一轮高油价周期。分析其主要原因是,全球石油总需求不断增长造成石油供需关系偏紧,进而推动石油价格持续上涨。而市场投机和大国利益等因素在石油供需关系偏紧的情况下又对石油价格上涨产生推波助澜的作用。到目前为止,这些因素对石油价格上涨的刺激程度不仅没有减弱,反而呈现出进一步加剧的迹象。因此,预计2006年国际石油市场年平均价格仍将保持一个较高的水平。主要国际组织也得出同样的结论,OPEC在9月份发布的认为,2006年OPEC年平均油价预计保持在40美元/桶左右的可能性较大。

第五,今年以来世界主要国家和地区出现价格水平上扬的风险。美国9月份公布的12个月消费者价格上涨4.3%,为1991年以来的最高水平。此外,美联储最新调查显示,近期美国通胀预期正在急剧上升;欧洲央行行长近期对欧元区价格上涨发出了强硬的警告,“强调须‘高度警觉’价格波动的风险”。这是该行长自2003年以来首次使用“高度警觉”一词,而往常该行长对欧元区价格水平走高仅仅使用“特别的警觉”一词。8月份,英国中央银行将利率降低至4.5%,9月份英国消费者价格就上涨2.9%,是1995年以来最高的水平;日本央行预计,日本核心消费者价格将在今年年底以前由下降转为上涨。

三、2006年我国经济发展面临的国际环境及政策建议

2006年世界经济发展将为我国经济发展提供比较好的国际环境,但也存在着比较大的挑战。

(一)2006年我国经济发展将面临的国际环境

2006年我国经济发展面临的国际环境是机遇与挑战并存,从总体看还是机遇大于挑战。机遇主要体现在:一是世界经济和世界贸易总体上仍将呈稳定增长的势头。二是外国直接投资继续呈现恢复性增长。特别是,联合国贸发会议通过调查后认为,2006年流入发展中国家的外国直接投资将以“绿地”方式的投资为重要模式,以及跨国公司正将更多的研发活动转移到发展中国家,这将对我国十分有利。但同时也存在值得关注的挑战,主要是国际石油价格仍将在高位运行。此外,估计2006年我国内需上升动力仍不足。因此,我国经济增长中净出口的贡献率仍将可能继续扩大。由此会引发两个问题:一是我国面临的贸易摩擦形势依然严峻;二是国际社会将继续“关注”人民币汇率。这些将可能继续被“政治化”。

首先,由于我国工业经济占据主导地位,加上我国目前正在试图建立自己的石油储备,因此,相对于以服务业为主的发达国家而言,国际市场油价上涨对我国造成的影响更大些。国际能源机构预测石油价格每上涨10美元,将使我国经济增长率降低0.8个百分点,推动价格上涨至少0.8个百分点,减少贸易顺差或扩大贸易逆差占GDP0.6个百分点;亚洲开发银行的结论分别为0.8、0.5和0.1个百分点。

其次,2005年前三季度,共有17个国家和地区对我国发起贸易救济调查,比去年同期增加30.8%;涉及调查案件48起,与上年同期持平;涉

案金额62亿美元,增长22.5%。我国有关部门预测,2006年我国对外贸易仍将保持高速增长。因此,我国面临的贸易摩擦仍将延续,且有进一步加剧的可能。日益加剧的贸易摩擦对我国企业开拓国际市场将产生非常不利的影响。

再次,美国"双赤字"不断扩大,而克服该问题,办法无非是提高美国储蓄率和美元贬值两个途径。由于提高储蓄率在短期内难以实现,从美国决策者的利益看,更有可能继续选择美元贬值的途径。因此,预计2006年美元总体上仍处于疲软的可能性较大。近年来,美元汇率调整的负担主要由欧元承担,而欧元目前已无能力继续发挥这样的作用。因此,美元汇率调整的负担将更多地落在其他货币头上,如日元和人民币等。这主要在于日本中央银行为维持汇率而进行的公开市场干预已难以为继,以及我国对美国持续保持贸易顺差等原因。近期,美国再次对我国施压,要求提高汇率政策的灵活性。而过早地扩大人民币汇率波动的幅度,对于习惯了刚性盯住美元汇率机制、缺乏汇率避险经验和工具的我国外经贸企业而言,则存在着较大的风险。

(二)政策建议

总体上看,应树立和落实科学发展观,扎实转变经济增长方式,扩大内需与对外开放应实现统筹发展。具体讲:

第一,对于石油价格,需要我国政府、企业和消费者共同努力,采用多种办法和措施节能降耗,减弱国际石油价格居高不下或可能继续攀升对我国经济发展造成的负面影响。与此同时,要尽快建立和完善国家石油储备机制。

第二,在当前我国频繁遭遇贸易摩擦的严峻形势下,一方面要据理力争,争取合理公平的贸易环境;另一方面,也要学习和借鉴国际经验,通过到欧美进行直接投资的办法,绕过贸易壁垒,扩大消费国家的投资份额,赢得国际竞争主动权。

第三,对于人民币汇率的压力,应继续实施"在可控制的范围内、适当、有步骤地对汇率制度加以调整"这个既定方针。统计数据显示,自2005年7月21日中国人民银行宣布人民币汇率机制改革以来,人民币对美元汇率水平总体处于上扬态势。而自截止到9月末,我国的贸易顺差持续扩大,这说明我国外贸企业承受汇率浮动的能力并不如开始想象的那么脆弱。8月份，流入我国的热钱同7月份相比减少60亿美元。这说明，我国已经开始的汇率改革不仅没有影响我国的对外贸易发展速度，而且成功地阻击了国际热钱“豪赌”人民币升值的预期。

（执笔：黄朗辉　刘冰）

2005 年美国经济形势及 2006 年展望

2005 年美国经济虽然比去年略有放慢,但仍保持了较快增长势头。前三季度增速都在 3.0% 以上。这主要是由于美国消费保持强劲增长、固定资产投资稳步上升、出口增长总体较快和金融市场发展良好等。展望 2006 年,美国经济继续保持增长取决于许多因素,既存在有利因素,也存在不利因素。根据目前的情况预计,2006 年美国经济增长速度将比 2005 年略谓有所回落,但回落的幅度不超过 0.3 个百分点。到目前为止,美国经济形势的变化主要通过外贸、外资、利率和汇率对我国经济发展产生一定的影响,我们应采取相应的对策保持我国经济稳步快速增长。

一、2005 年美国经济保持较快增长

2005 年美国经济保持了较快的增长态势,失业率保持下降趋势,价格水平存在一定上涨压力,贸易逆差继续扩大,美元逐步走强,股市总体稳步上升。

1. 总体经济增长较快,增速波动幅度不大。按季节调整后 2000 年不变价的折合年率计算,2005 年前三季度美国国内生产总值分别为 10.999,11.089 和 11.193 万亿美元,环比折年率增长分别为 3.8%,3.4% 和 3.8%。同一季度和三季度相比,二季度增速虽然放慢了 0.4 个百分点,但波动幅度不大,仍属较快增长。按同比计算,2005 年一季度至三季度均增长 3.6%,而 2004 年一至四季度增长 4.7%、4.6%、3.8% 和 3.8%。因此自 2003 年四季度增长 4.0% 以来,美国经济已连续 8 个季度增长保持在 3.5% 以上。

2. 失业率保持下降趋势。2005 年美国失业率持续下降,净增就业人

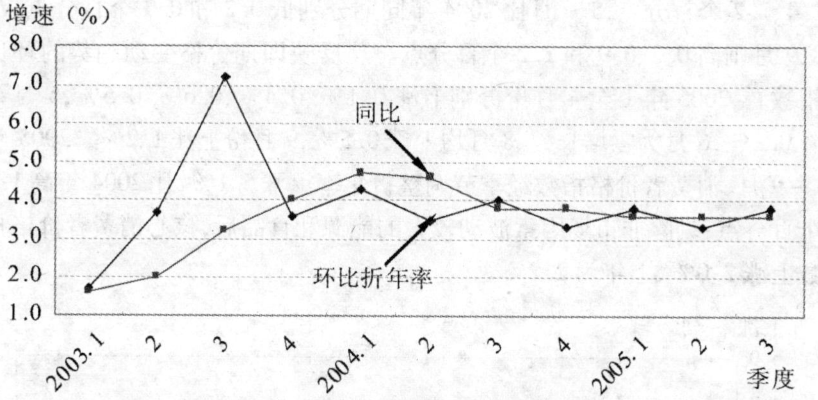

图1　2003－2005 美国各季度 GDP 增长率

口总体水平有所上升。2005 年 8 月份,美国失业率为 4.9%,是 2003 年 6 月份以来最低水平。2 月份微升至 5.4%,3 月份和 4 月份又回落到 5.2%,5 月份下降至 5.1%,10 月份新增就业人数达 21.4 万人。到 10 月底,美国的失业人口总计为 743 万人,比 9 月份减少 22.8 万人明显低于 2004 年同期的 807 万人,四周内首次申领失业救济金的移动平均人数为 35.1 万人,比上周减少 1.7 万人,失业率也比 2004 年同期的 5.5% 下降了 0.5 个百分点,为近 4 年来的较低水平。

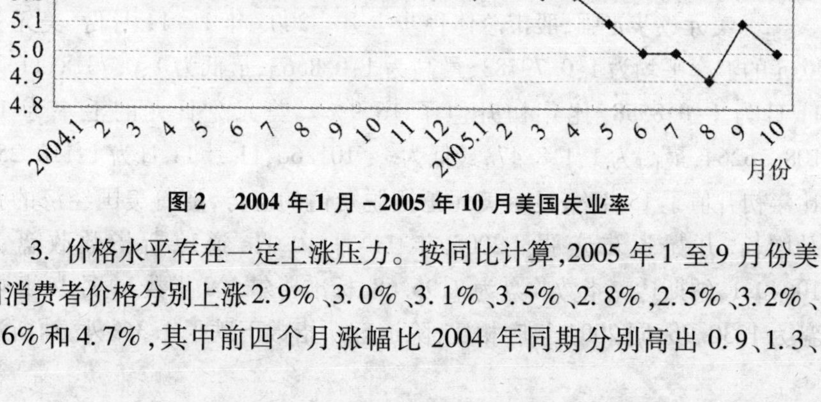

图2　2004 年 1 月－2005 年 10 月美国失业率

3. 价格水平存在一定上涨压力。按同比计算,2005 年 1 至 9 月份美国消费者价格分别上涨 2.9%、3.0%、3.1%、3.5%、2.8%,2.5%、3.2%、3.6% 和 4.7%,其中前四个月涨幅比 2004 年同期分别高出 0.9、1.3、

1.4、1.2 个百分点，5、6 月比 2004 年同期分别低 0.2 和 0.7 个百分点，7、8、9 月则高 0.2、0.9 和 2.2 个百分点。从反映即期价格变动趋势的环比指数看，2005 年 1 至 4 月份分别上涨 0.1%、0.4%、0.6%、0.5%，5 月下降 0.1%，6 月为零增长，7、8 月均上涨 0.5%，9 月份上涨 1.2%。2005 年 1－9 月，消费者价格指数经季节调整折年率上涨 5.1%，比 2004 年高 1.8 个百分点；剔除非市场因素波动较大的能源和食品后，核心消费者价格指数上涨 2.0%，上年为 2.2%。

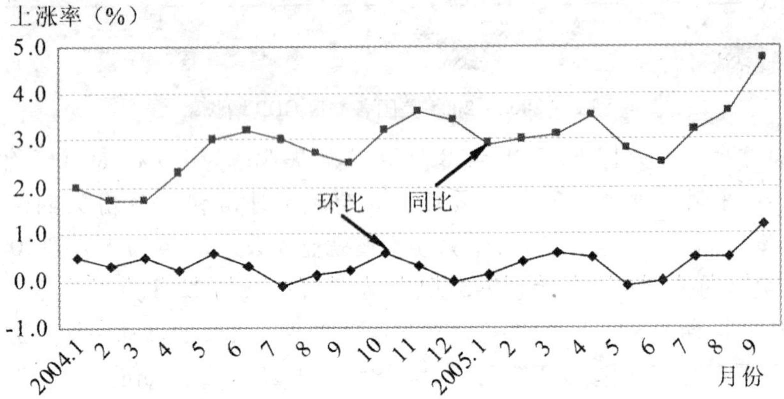

图 3　2004 年 1 月－2005 年 9 月美国消费者价格上涨率

4. 贸易逆差继续扩大。2005 年 1－8 月，美国每月贸易逆差都超过 500 亿美元，其中 2 月份美国的贸易逆差达到 604 亿美元，创下历史最高纪录。1－8 月经季节调整后的美国在商品与服务贸易的国际收支中，赤字额高达近 4634 亿美元，比 2004 年同期上升 16.9%，创下历年同期新高。

5. 美元逐步走强，股市总体稳步上升。2005 年 1－11 月份，美元兑欧元的汇率平均为 1:0.79783，最高为 1:0.8563，最低为 1:0.7318，11 月 11 日为 1:0.8558，比年初升值了 16.9%。美元兑日元的汇率为 1:108.76264，最高为 1:118.47，最低为 1:101.66，11 月 11 日为 1:118.25，比年初升值了 15.4%，显示美元正摆脱贬值的态势，随着美国经济的强劲增长，开始逐步走强。2005 年 11 月 10 日，道琼斯指数收盘为 10640.1，纳斯达克指数收盘为 2196.68，标准普尔 500 指数 11 月 10 日收盘为 1230.96，同 2004 年底相比，除道琼斯指数下跌了 1.3% 外，纳斯达

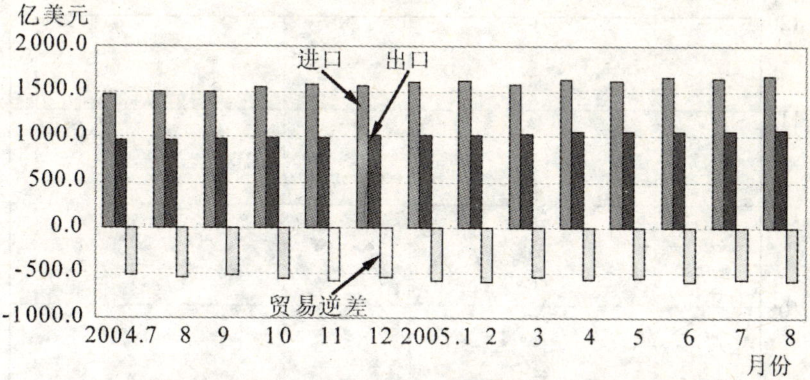

图4　2004 年 7 月 -2005 年 8 月美国进出口及贸易逆差

克指数和标准普尔 500 指数分别上升了 1.0% 和 1.6%，这表明美国股市目前正处于稳步攀升的阶段。

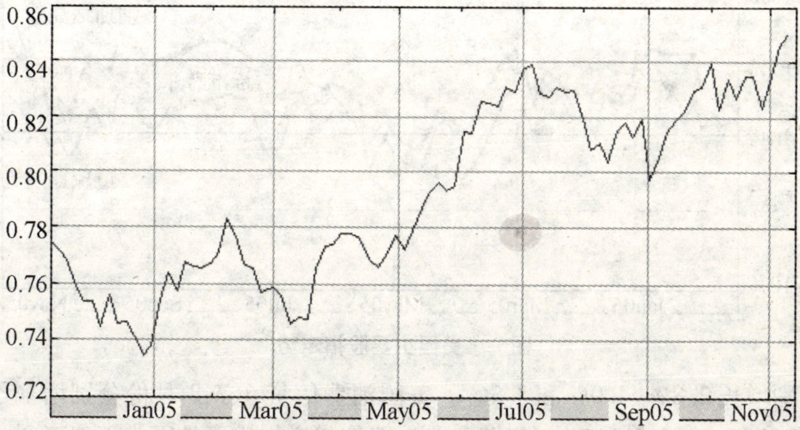

图5　美元兑欧元走势

二、2005 年美国经济较快增长的主要原因

1. 个人消费支出增长强劲。2005 年前 3 季度，美国个人消费支出增长分别为 3.5%、3.4% 和 3.9%。其中耐用品消费支出增长 2.6%、7.9% 和 10.8%；非耐用消费品支出增长 5.3%、3.6% 和 2.6%；服务消费支出增长 2.8%、2.3% 和 3.2%。个人消费支出保持强劲增长是美国经济增长的主要动力，主要有两个原因：一是美国消费信贷增长较快，前三季度

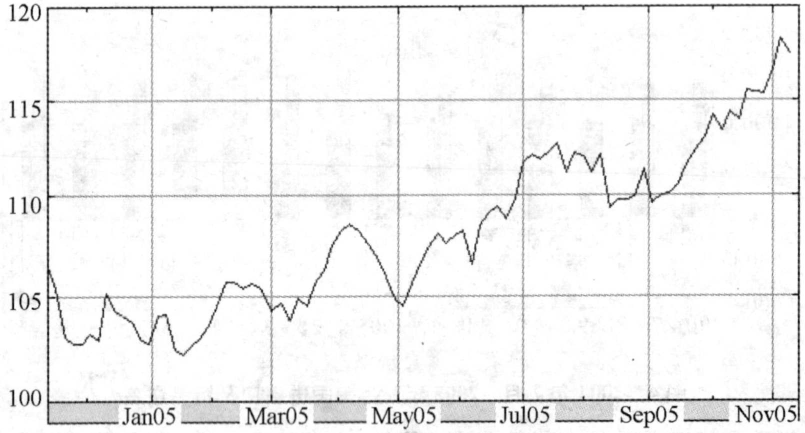

图 6　美元兑日元走势

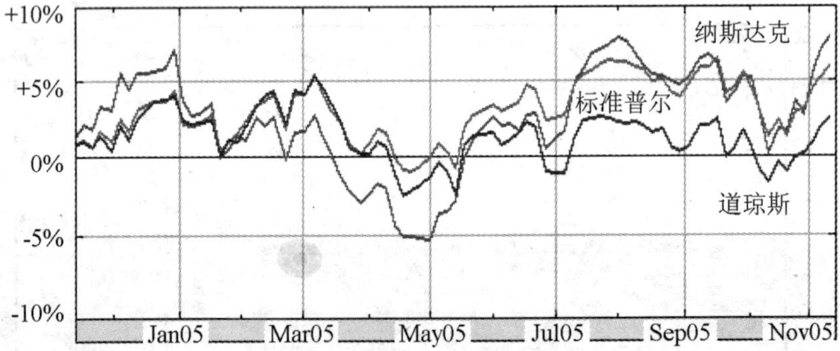

图 7　美国主要股指走势

分别增长 2.8%、4.0% 和 3.3%。美国消费信贷 6、7、8 月份分别增加了 150.4 亿、99.6 亿和 79.1 亿美元。消费信贷增加主要是因为消费者受经销商促销措施吸引,纷纷贷款购车。美国 9 月份的消费信贷按年率计算下降 0.03%,是 2004 年 11 月下降 0.9% 以来的首次下降,其主要原因是用于购买汽车的消费信贷下降。虽然 9 月份美国的消费信贷有所下降,但总额仍达 2.16 万亿美元,接近历史最高水平。二是美国个人支出上升。前三季度个人支出分别增长 1.5%、1.7% 和 1.9%,三季度按年率计算个人支出总额为 91702 亿美元,比 2004 年增长了 7.7%。消费信贷和个人支出增加反映了美国整体消费情况,个人消费开支占美国国内生产总值的 2/3,是美国经济增长的主要动力。

2. 私人投资总额保持增长趋势。虽然从环比看,2005 年二季度私人投资总额下降了 3.7%,但一季度增长了 8.6%,三季度略微放慢,增长 2.3%,并且与 2004 年同期相比,前三季度私人投资总额总体保持增长,分别增长 10.1%、4.0% 和 3.4%。尤其是固定资产投资中增长较快,分别增长 7.0%、9.5% 和 5.7%。其中,非住宅投资分别增长 5.7%、8.8% 和 6.2%;住宅投资分别增长 9.5%、10.8% 和 4.8%。私人投资总额保持增长趋势的主要原因:一是劳动生产率不断增长的同时单位劳动成本下降。2005 年前三季度劳动生产率分别增长 3.2%、2.1% 和 4.1%;单位劳动成本出现下降的趋势,三个季度分别为增长 2.2%,1.8% 和下降 0.5%。二是设备和软件投资保持快速增长的态势,三个季度分别为 8.3%、10.9% 和 8.9%,在一定程度上带动了总体投资的增长。三是目前美国房地产的抵押贷款利率仍然偏低,以标准的 30 年抵押贷款利率计算,2005 年 1 月份为 5.71%,10 月份上升为 6.07%,预计 2005 全年 30 年抵押贷款利率将低于 2004 年 5.84% 的水平。另外全年房地产价格上涨以及财政减税计划的进一步实施促进了住宅投资的继续增长。

3. 政府支出增长有所加快。2005 年前三季度政府支出增长分别为 1.9%、2.5% 和 3.2%。其中联邦政府支出增长 2.2%、2.4% 和 7.7%;州及地方政府支出增长 1.6%、2.6% 和 0.7%。国防支出增长 3.0%、3.7% 和 10.2%。

4. 国外需求大幅度增加。2005 年前三季度美国商品和服务出口增长分别为 7.5%、10.7% 和 0.8%;进口增长 7.4%、下降 0.3% 和零增长。出口和进口增速同时放慢,但出口放慢幅度大于进口放慢幅度,使国外需求有所减少,贸易赤字相对增加,在一定程度上减缓了经济增速。

5. 库存投资下降是美国经济前三季度增长的负面影响因素。按 2000 年价格计算,2005 年一季度美国私人库存投资增加 582 亿美元,拉动 GDP 增长 0.29 个百分点;二季度减少 17 亿美元,影响 GDP 下降 2.14 个百分点,是 2002 年以来影响 GDP 下降幅度最大的一个季度;三季度下降 166 亿美元,使 GDP 下降 0.55 个百分点。

表1　国内生产总值及其构成增长率(%)

	2002年	2003年	2004年	2004年				2005年		
				一季度	二季度	三季度	三季度	一季度	二季度	三季度
国内生产总值	1.6	2.7	4.2	4.3	3.5	4.0	3.3	3.8	3.3	3.8
个人消费支出	2.7	2.9	3.9	4.7	1.9	4.4	4.3	3.5	3.4	3.9
耐用消费品	7.1	6.6	6.0	4.4	0.4	10.8	5.5	2.6	7.9	10.8
非耐用消费品	2.5	3.2	4.7	6.6	2.6	3.9	5.5	5.3	3.6	2.6
服务	1.9	2.0	3.0	3.8	1.8	3.4	3.6	2.8	2.3	3.2
私人投资总额	-2.6	3.9	11.9	10.1	20.9	4.6	6.8	8.6	-3.7	2.3
固定资产投资	-5.2	3.6	9.7	6.9	15.1	8.4	7.2	7.0	9.5	5.7
非住宅投资	-9.2	1.3	9.4	7.9	13.5	11.8	10.4	5.7	8.8	6.2
建筑	-17.1	-4.2	2.2	-3.5	8.8	1.4	4.7	-2.0	2.7	-1.4
设备和软件	-6.2	3.2	11.9	12.0	15.2	15.5	12.4	8.3	10.9	8.9
住宅投资	4.8	8.4	10.3	5.2	17.8	2.6	1.6	9.5	10.8	4.8
库存变动	…	…	…	…	…	…	…	…	…	…
净出口	…	…	…	…	…	…	…	…	…	…
出口	-2.3	1.8	8.4	5.0	6.9	5.5	7.1	7.5	10.7	0.8
货物	-4.0	1.8	8.9	7.5	7.9	8.2	3.7	5.3	16.0	2.8
服务	1.9	1.7	7.4	-0.4	4.8	-0.6	15.5	12.5	-0.4	-3.9
进口	3.4	4.6	10.7	12.0	14.5	4.7	11.3	7.4	-0.3	0.0
货物	3.7	4.9	11.0	12.4	14.7	4.7	13.0	8.2	-1.1	1.1
服务	2.1	3.0	9.6	10.0	13.7	4.6	3.1	3.7	4.4	-5.8
政府支出	4.4	2.8	2.2	3.3	2.3	1.8	0.9	1.9	2.5	3.2
联邦政府	7.0	6.9	5.2	10.7	3.2	3.6	-0.6	2.4	2.4	7.7
国防	7.4	8.8	7.0	13.8	0.8	9.0	-3.3	3.0	3.7	10.2
其他	6.3	3.4	1.8	4.9	8.1	-6.4	5.2	1.1	-0.2	2.6
州及地方政府	3.1	0.6	0.4	-0.7	1.8	0.8	1.8	1.6	2.6	0.7

注：季度数据为经季节调整并折合年率的环比增长速度。

综合以上各方面，2005年前三季度，GDP分别增长3.8%、3.3%和3.8%中，一季度个人消费支出、私人固定资产投资、政府支出、库存投资和国外需求对经济增长的贡献分别为2.44、1.12、0.35、0.29和-0.4个百分点；二季度分别为2.35、1.51、0.47、-2.14和1.11个百分点；三季度分别为2.73、0.93、0.61、-0.55和0.08个百分点。一季度私人固定资产投资中的非住宅投资、设备与软件投资和住宅投资分别贡献0.58、

0.64 和0.54 个百分点；二季度分别为0.90、0.83 和0.62 个百分点；三季度分别为0.65、0.69 和0.28 个百分点。

表2　国内生产总值及其构成对经济增长的贡献(百分点)

	2002 年	2003 年	2004 年	2004 年				2005 年		
				一季度	二季度	三季度	三季度	一季度	二季度	三季度
国内生产总值	1.6	2.7	4.2	4.3	3.5	4.0	3.3	3.8	3.3	3.8
个人消费支出	1.90	2.05	2.71	3.27	1.33	3.05	3.01	2.44	2.35	2.73
耐用消费品	0.61	0.57	0.51	0.38	0.03	0.88	0.45	0.22	0.64	0.87
非耐用消费品	0.50	0.63	0.94	1.31	0.53	0.78	1.09	1.07	0.74	0.54
服务	0.79	0.85	1.27	1.58	0.77	1.39	1.47	1.15	0.97	1.32
私人投资总额	-0.41	0.58	1.82	1.52	3.10	0.75	1.11	1.42	-0.63	0.38
固定资产投资	-0.84	0.54	1.47	1.04	2.22	1.31	1.13	1.12	1.51	0.93
非住宅投资	-1.06	0.13	0.92	0.76	1.29	1.15	1.04	0.58	0.90	0.65
建筑	-0.55	-0.11	0.06	-0.09	0.22	0.04	0.12	-0.05	0.07	-0.04
设备和软件	-0.51	0.24	0.86	0.85	1.07	1.12	0.92	0.64	0.83	0.69
住宅投资	0.22	0.41	0.55	0.28	0.93	0.15	0.09	0.54	0.62	0.28
库存变动	0.43	0.05	0.35	0.48	0.87	-0.56	-0.03	0.29	-2.14	-0.55
净出口	-0.69	-0.46	-0.73	-1.16	-1.37	-0.17	-0.98	-0.40	1.11	0.08
出口	-0.23	0.17	0.80	0.49	0.67	0.53	0.70	0.74	1.07	0.08
货物	-0.28	0.12	0.59	0.50	0.53	0.55	0.70	0.74	1.07	0.08
服务	0.06	0.05	0.22	-0.01	0.14	-0.02	0.44	0.37	1.08	0.21
进口	-0.46	-0.63	-1.53	-1.65	-2.03	-0.70	-1.68	-1.14	0.04	0.00
货物	-0.41	-0.56	-1.30	-1.41	-1.71	-0.59	-1.60	-1.05	0.15	-0.15
服务	-0.05	-0.07	-0.23	-0.23	-0.32	-0.11	-0.08	-0.10	-0.11	0.16
政府支出	0.80	0.53	0.41	0.62	0.43	0.35	0.17	0.35	0.47	0.61
联邦政府	0.43	0.45	0.36	0.71	0.22	0.25	-0.04	0.17	0.17	0.53
国防	0.29	0.37	0.32	0.60	0.04	0.41	-0.16	0.14	0-17	0.47
其他	0.14	0.08	0.04	0.11	0.19	-0.16	0.12	0.03	-0.1	0.06
州及地方政府	0.37	0.08	0.05	-0.09	0.21	0.10	0.21	0.19	0.31	0.08

注：季度数据为经季节调整并折合年率的环比增长速度。

三、2006 年美国经济发展趋势展望

从当前美国经济运行情况以及2005 年以来相关指标变化情况看，目

前美国经济正处于稳步增长时期,此次美国经济快速增长既存在有利因素,也存在不利因素。有利因素包括:主要预警指标表明经济将继续保持较快的增速、财政状况有所好转、货币政策仍较为宽松、企业投资和利润共同增长。不利因素包括:近期内美国经济面临的主要问题还是石油价格问题、潜在通胀压力不断加大和房地产泡沫;中长期内,美国经济面临的不利因素是经常项目赤字不断扩大。预计 2006 年美国经济仍将保持较快增长的态势,但增长速度将比 2004 年有所回落,但回落的幅度不超过 0.3 个百分点。

(一)有利因素

1. 主要预警指标表明美国经济将继续保持较快的增速。2005 年 4 至 9 月份,美国经济先行指标分别为 136.3、136.5、138.0、137.8、137.7 和 136.8,已经连续 21 个月高于基点。虽然由于飓风影响,7、8、9 三个月连续下降,但 6 个月内上升了 0.4%;制造业采购经理人指数已连续 46 个月高于 42.8 的基点,尤其是 9 月份升至 2005 年以来最高点 59.4,显示美国经济正处在扩张期;消费者信心指数多保持在 100 以上,其中 4 月份最低为 97.5,6 月份升至最高 106.2,10 月份回落为 85.0。

2. 财政状况有所好转。美国财政部最新发布的报告显示,9 月份美国政府的财政收入达 2526 亿美元,比 2004 年同期增长了 21.8%,是历史上同期收入最高的一次。该月的财政开支为 2168 亿美元,比 2004 年同期增长了 18.7%,是继 2005 年 2 月份以来首次出现盈余,为 357.6 亿美元,比 2004 年同期上升了 45%。

2005 财年中,联邦政府的收入总计 21543 亿美元,超过上财年的 18798 亿美元,增长了 14.6%;政府开支也有所增长,2005 财年的财政支出总计 24729 亿美元,超过 2004 财年的 22926 亿美元,增长了 7.9%;财政赤字额为 3186 亿美元,比上一财年同期的 4129 亿美元减少了 22.8%。这一实际财政赤字低于美国国会预算局年中预测 3310 亿美元,也低于美国白宫行政管理和预算局 7 月份预测的 3330 亿美元。2005 财年,美国财政赤字占国内生产总值的 2.6%,比 2004 年的 3.6% 减少了 1.0 个百分点。

财政状况好转主要是因为经济强劲增长导致政府征收的个人和公司所得税增长幅度较大,2005 财年,个人收入所得税为 9270 亿美元,比上年增长 14.6%;大多数的个人税收收入显示来自高额股票市场,增长了 32%,以及相关较富裕的纳税人营业收入。公司收入所得税为 2780 亿美元,比上年增长了 47%,尤其是投资利润税和商业收入税,比上年增长了 20%。

根据美国国会报告预测,2006 财年美国财政预算赤字为 3410 亿美元,白宫预测为 3140 亿美元,瑞士信贷第一波士顿(CSFB)将 2006 财年赤字的预期值提高 300 亿美元,至 3950 亿美元。虽然目前各机构预测数据不尽一致,但从目前总体趋势来看,随着美国经济的进一步增长以及进一步控制财政支出的预算方案,2006 财政年度美国财政赤字有望继续减少。

3. 货币政策仍较为宽松。2005 年美联储共有 8 次例会,在已经举行的 7 次例会上,每次升息 0.25 个百分点,从 2 月份的 2.5% 提升到目前 11 月份的 4.0%,这一利率水平是 2001 年 8 月 20 日以来的最高点。美联储虽然延续了 2004 年中开始实施的逐步紧缩的货币政策, 但目前 4.0% 的联邦基金利率水平仍属于中性利率偏下的水平,总体上仍相对宽松。虽然在短期内显然会对作为经济主要支柱的个人消费开支和企业投资的强劲增长有一定的影响,但对美国经济的长期稳定增长相当有利。

最近的一次提息是 11 月 2 日,美国联邦储备委员会将利率调高 25 个基点至 4%,这也是美联储自 2004 年 6 月 30 日开始至今连续第 12 次以相同幅度提息。美联储在会后的声明中表示:此次升息使利率达到四年来最高水平,其背景是能源价格不断上涨,但经济增长仍相对较为强劲。能源价格上涨以及飓风对经济活动的破坏“暂时影响了产出和就业”。货币政策调节,加之生产力的强劲增长,正为经济活动提供着支持,同时,受飓风影响地区的重建计划可能为经济提供额外的动力。能源及其它价格的累积上涨有可能加大通胀压力,然而,近几个月来,核心通胀一直处于相对较低水平,同时长期通胀预期也得到控制。

根据目前的经济走势,美联储在 12 月份的例会上将继续升息已成定势,预计在 2006 年上半年,美联储还将继续把这一利率提高至接近对经济增长既不产生刺激作用也不产生抑制作用的 4.0 -5.0% 的中性水平。

4. 企业投资和利润共同增长。从目前的趋势看,美国私人固定资产投资和企业利润增长迅速。从 2003 年二季度到 2005 年二季度资料看,美国私人固定资产投资平均增长率在10%左右,2005年前两季度也分别增长7.0%、9.5%和5.7%;企业利润除2004年三季度有所下降外,也平均增长在5.0%以上,2005年前两季度分别增长9.2%和5.6%。美国企业投资和利润快速增长与美国政府的支持密切相关,尤其是美国国会通过了旨在通过赋税减免鼓励海外企业资本回流的《2004年美国就业创业法》,其中作为《2004年美国就业创业法》中的一部分,《本土投资法》将美国公司汇回美国的海外收益的所得税从35%下调到了5.25%。美国企业大量资金回流正是受到《本土投资法》的吸引,资金的回流将对美元产生支撑,而美国企业也有了更多资金用于国内的投资。据权威机构预测,2005年《本土投资法》将最多可以为美国带来3500亿美元的资本回流。这个数字相当于美国2004年称创下历史纪录的6177亿美元贸易逆差的56.7%。由于法规的滞后效应,2006年吸引的资本回流将超过2005年。另外,2005年美国企业购并有望再现上世纪90年代末的火爆场景,将会成为美国有史以来第四个购并金额超过10000亿美元的购并之年,2006年并购后的企业将继续扩大投资,实现利润增长,这将有助于美国经济的稳步增长。

(二)不利因素

1. 近期内美国经济面临的主要问题还是石油价格问题。事实表明,全球高油价时期已经到来。由于全球石油供求关系趋紧的状况短期内难以改善,世界石油价格预计将在长时期内居高不下,从而继续对美国经济增长造成阻碍,减缓经济发展的步伐。虽然2005年1-9月份世界石油价格有起有落,年初时还出现了比较明显的下降,但总体上看油价呈上升趋势。以现行美元价格计算,目前的油价处于历史最高水平。1-9月OPEC月平均原油价格直线上升,从1月份的40.24美元/桶上升到9月份的57.88美元/桶,美国西德州中级的月平均原油价格从1月份的46.64美元/桶上升到9月份的65.28美元/桶。自从10月份以来,堪称国际市场油价“风向标”的纽约市场原油期货价格一直在每桶60美元左右徘徊,上下浮动不大,而11月7日纽约市场油价盘中更是触及每桶58.60美元的低点,这是自7月26日以来的最低价格。虽然近期国际油价有所回落,但国际能源机构(IEA)近日将2030年国际石油价格预测提高到每桶至少65美元。该机构警告,这是一个乐观的预测情形,石油消费国再也不能依靠主要石油生产国进行足够的投资来满足长期需求,各国需要执行相关政策,以减轻对石油的依赖,避免可能冲击其经济的价格上涨。石油价格的不确定性对美国经济增长造成很大的阻力,成为2006年美国经济面临的一个值得关注的问题。

2. 潜在通胀压力不断加大。美联储之所以持续升息,就是因为潜在的通货膨胀压力不断加大,货币当局需要应对可能出现的通胀。这主要是因为:一是按环比折年率计算,衡量通货膨胀压力的指标——GDP缩减指数从2005年1-3季度分别增长3.0%、2.6%和3.1%,个人消费支出价格指数分别增长2.3%、3.3%和3.7%,增速较快,形成需求引致型通货膨胀压力。二是国际市场原材料产品价格不断上涨。2005年1-10月份,在世界银行统计的中低收入国家原材料产品价格指数从1月份的103.2上升至10月份的121.4,比2004年上涨了17.6%。经过一定时间以后,将向下游传导,潜在通胀压力将可能不断加大。三是2005年1-9月,美国的消费价格按年率计算上升了5.1%,明显高于2004年全年的3.3%。其中能源价格上升了42.5%,而以石油为基础的能源价格则飙升了67.9%。与此同时,即使扣除每月价格浮动性较大的能源和食品,核心消费价格也上升了2.0%,略低于2004年的2.0%。这说明,除了能源价格外,其他商品的价格也呈升势。这将对2006年美国经济继续保持较快增长产生负面影响。

3. 房地产泡沫。根据最新公布数据,从2004年二季度到2005年二季度,美国51个州区房价同比上涨13.4%,是25年来的最大升幅,其中一年内房价上涨超过10%的有25个,其中超过20%的有8个。2005年前两季度,按环比折年率计算,美国全国平均房价分别上涨10.2%和12.8%;2005年第一季度上涨幅度更高,达到13%,5年来累计上涨53.29%,平均年涨幅超过10%。而过去半个多世纪,美国全国平均房价的年上涨幅度仅为5.5%。与此同时,美国的房价/收入比,房价/租金比也都达到历史最高水平。2005年8和9两个月份,二手房销售折合成年销售达到728万套,自2005年4月份以来第二次再创历史新高,全国平均售价21.2万美元/套,比2004年同期上涨13.4%。9月份,美国新建单栋房屋销售122万套,比上月上升2.1%,平均价格达到21.6万美元/套,接近历史最高水平,比2004年同期上涨2.0%。

根据美国房地产资料显示,房地产目前价格过高,这一态势缺乏实体经济支撑,将会在未来一段时期内有所回落。从这一角度看,房地产价格回落对 2006 年美国经济增长,尤其是稳定增长将会起到促进作用。

4. 中长期内,美国经济面临的不利因素是经常项目赤字不断扩大。高油价增加了美国的石油进口开支,1-8 月的原油进口额从 166 亿美元增加到 226 亿美元,共 1537 亿美元,高油价还促使美国贸易赤字提升了 9 个百分点,达 590 亿美元。1-8 月,美国在商品与服务贸易方面的国际收支(经季节调整后)中,赤字额高达 4634 亿美元,比 2004 年同期增长 17.0%,创下历年同期新高。目前原油市场价格在每桶 60 美元的高价位上运行,以及从中国等国进口大幅增加,赤字额也在急剧上升。

根据最新资料显示,美国 9 月份贸易逆差跃升至创纪录的 661 亿美元,较上月上升近 70 亿美元,甚至比最悲观的预测还要差。发生在波音公司的罢工、卡特里娜飓风导致的生产中断,以及石油价格的飙升,削弱了贸易业绩。目前美国进口比出口多出 63%。结果,出口增速需要比进口快 63%,才能阻止逆差进一步扩大。经济学家预期,美国的月度逆差数据在一段时期里,几乎不可能跌至 600 亿美元以下。经济学家预期总体逆差下月将收窄,但警告说,美国的贸易状况将继续恶化。贸易不平衡将对 2006 年美国经济增长有较大影响。

综合起来看,预计 2005 年美国经济有望继续保持较快增长,但增速有所放缓,2006 年将继续有所放慢。国际货币基金组织 2005 年 9 月份预测增长 3.5%,放慢 0.7 个百分点,2006 年增长 3.3%,放慢 0.2 个百分点;世界银行 2005 年 11 月份预测增长 3.5%,放慢 0.7 个百分点,2006 年增长 3.5%,与 2005 年相同;共同预测公司(Consensus Forecasts)2005 年 10 月综合 29 家权威咨询机构及研究机构的预测增长 3.5%,放慢 0.6 个百分点,2006 年增长 3.3%,放慢 0.2 个百分点。

四、2006 年美国经济对中国经济的影响及相关政策建议

美国经济变化对我国经济增长的影响主要通过四个渠道:进出口、直接投资、利率、汇率。在这四个渠道中,贸易和投资相对稳定,预计美联储将继续小幅度逐步提高利率,人民币兑美元将有所上涨。在中美经济联系日益密切的今天,美国经济变化将通过这四种渠道对我国经济增长产

生重要影响。

第一,美国是我国第二大贸易伙伴国,美国经济继续保持较快增长有利于我国扩大外需。据最新统计资料显示,2005 年 1－9 月我国对美国进出口总额 1535.4 亿美元,比 2004 年同期增长 25.6%;其中,出口 1173.5 亿美元,比 2004 年同期增长 32.6%;进口 361.9 亿美元,比 2004 年同期增长 7.3%。由此可见,保持我国同美国在贸易上的密切关系对我国经济发展至关重要,美国经济增长是我国外需的有力支柱。

第二,美国是我国第三大投资国。2005 年 1－9 月对华投资前十位国家/地区(以实际投入外资金额计)依次为:香港(124.21 亿美元)、英属维尔京群岛(70.37 亿美元)、日本(46.37 亿美元)、韩国(36.15 亿美元)、美国(21.49 亿美元)、新加坡(16.23 亿美元)、台湾省(15.77 亿美元)、开曼群岛(14.53 亿美元)、德国(12.64 亿美元)、萨摩亚(10.92 亿美元),前十位国家/地区实际投入外资金额占全国实际使用外资金额的 85.25%。可以看到,美国是我国吸收外国直接投资的重要来源之一。

第三,美国基准利率提高对我国资本市场有一定影响。目前美元基准利率已达 4.0%,已高于我国人民币一年期定期储蓄利率(2.25%),预期美元基准利率 2005 年年底将升至 4.25% 的水平。一方面,美元升息的预期将会吸引流入我国的美国资本回流,不利于我国扩大吸引外商直接投资;另一方面,美联储升息扩大了我国货币政策运作的空间,有利于我国进行利率市场化改革,形成市场决定的利率机制。

第四,人民币相对美元升值从长期看有利于我国出口。7 月 21 日人民币汇率升值 2%,11 月 25 日又升值 1.2%。预期 2005 年美元兑人民币将维持低位或继续贬值,但贬值幅度不大,所以对我国出口竞争力虽有一定影响,但影响不大。同时人民币升值有利于缓解我国在出口方面与其他国家的摩擦,为进一步出口创造一个良好的国际环境。

针对美国经济影响我国经济的四种渠道,我们应采取积极有效措施,抓住机遇,应对挑战。

第一,协调与美国进出口关系,减少中美贸易摩擦。中美纺织品贸易终于达成协议,我们应利用有利时机,利用美国经济保持较快增长的机遇,开拓和利用美国市场,进一步加快我国的出口增长速度。

第二,加大吸引外资的力度。2005 年以来我国外国直接投资首次出现下降的趋势,这与美国的《本土法》有直接关系。所以我国应在吸引外资上给予美国企业适当的优惠。

第三,在人民币利率上调已具有一个外部空间的同时,对部分行业,如房地产等增长过快的行业的贷款进行政策性调整和约束,加快我国利率市场化进程,以使我国经济保持持续、稳定、健康的增长。

第四,虽然人民币已升值2%,但仍存在进一步升值的压力。要深入研究人民币盯住一篮子货币以及放宽人民币汇率波动区间的可能性,研究进一步完善人民币汇率形成机制,以使人民币汇率既适应国际市场的新形势,又能积极促进国内经济发展。

与此同时,加强与美国的合作和沟通,对于有分歧的问题采取磋商的方式解决,有助于争取一个相对稳定的国际环境,推动我国经济发展。

(执笔:马岩)

2005 年欧元区经济形势及 2006 年展望

2005 年欧元区经济总体呈现缓慢增长的运行态势,全年经济增速慢于上年已基本成定局。展望 2006 年,欧元区经济将继续保持增长的势头,但受外需难以保持稳定持续增长,以及内需难以加速回升等因素的制约,欧元区经济增长速度难以进一步加快,增幅将与 2005 年大体持平或略有加快。鉴于欧元区是我国在国际舞台上最重要的经贸伙伴之一,其经济走势以及由此而产生的一些变数势必对我国经济发展产生一定的影响,我们应继续充分利用推动中欧经贸关系发展的有利因素,同时密切跟踪和分析这些变数对我国经济可能产生的影响,趋利避害,保证中欧经贸关系的持续、健康发展。这对实现我国经济和社会发展领域的战略目标具有十分重要的意义。

一、2005 年欧元区经济总体呈现缓慢增长的运行态势

受石油价格反复攀高等不利因素的影响,上半年欧元区经济继续保持缓慢增长的运行态势,且二季度经济增速略有放慢。进入下半年以来,随着世界经济仍将保持较快增长,以及欧元区一些主要经济指标出现回升或好转的势头,欧元区经济预计将继续保持加快增长的势头。从变化过程看,2005 年欧元区经济总体运行将呈现"加快——放缓——加快"的态势。但与上年相比,经济增长速度放慢,失业率仍居高不下,价格水平有所上涨,贸易顺差大幅缩小,外国直接投资流入下降,流出有所增加。

1. 国内生产总值呈现缓慢增长的运行态势。按季节调整后环比计算,2005 年一季度欧元区国内生产总值增长 0.4%,二季度增长 0.3%,呈现放缓的势头。按同比计算,一、二季度分别增长 1.3% 和 1.1%,与 2004 年下半年相比,也呈现放慢的趋势。进入下半年以来,欧元区经济

呈现加快或回升的势头,工业生产 7 月份和 8 月份分别增长 0.5% 和 2.5%;先行指标、消费者信心指数和企业家信心指数均出现回升或好转。

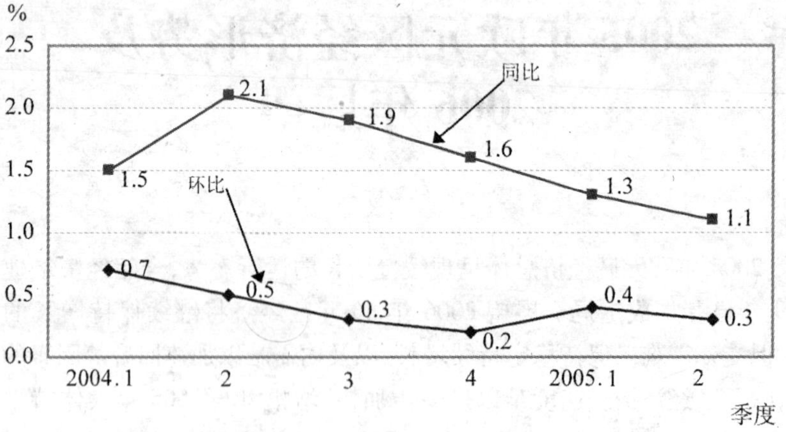

图 1　2004 年以来欧元区季度 GDP 增长率

2. 失业率仍居高不下。一方面欧元区经济增速相对缓慢,难以创造更多的就业机会;另一方面,欧盟统计局调查数据显示,仅 2005 年上半年,欧元区就有 65.8 万新增就业人口,这进一步增加欧元区就业压力。因此,在 2004 年 9 月至 2005 年 9 月这 13 个月期间,欧元区失业率基本保持在 8.4 - 8.9% 这一高水平。

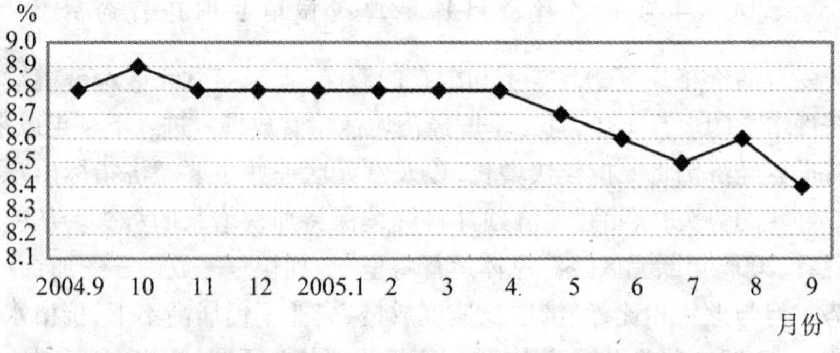

图 2　2004 年以来欧元区失业率(同比)

3. 价格水平有所上涨。2005 年以来,在国际上,石油的价格在波动中大幅攀升,初级品价格总体水平也保持较快增长;在欧元区,一些主要国家的烟草和通讯费从年初也开始提高。在内外两个因素的共同作用下，欧元区消费者价格水平自2005年以来有所上升。其中9月份达到2.5%，是自2001年8月份以来的最高月度水平。

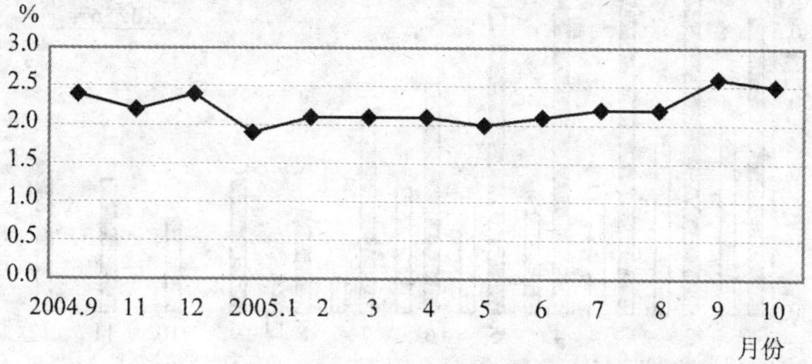

图3　2004年以来欧元区消费者价格上涨率（同比）

4. 贸易顺差大幅缩小，外国直接投资流入下降，流出有所增加。今年，世界经济增速虽有所放慢，但仍保持较快增长的势头，继续拉动全球需求的增长，使得国际贸易增速有所加快，欧元区的出口也继续保持增长的势头。同时，欧元总体上继续保持坚挺也使欧元区进口也恢复较快增长的势头，因此，贸易顺差大幅缩小。1－8月份欧元区出口8032亿欧元，同比增长5.9%；进口7797亿欧元，增长11.4%；贸易顺差235亿欧元，同比缩小59.8%。1－8月份欧元区对外直接投资为1545亿欧元，同比增长1.3倍；吸收外国直接投资259亿欧元，同比下降9.4%。

纵观全年，欧元区经济将继续保持缓慢增长的运行态势，经济增速慢于上年已基本成定局。国际货币基金组织2005年9月份预测增长1.2%，同上年相比回落0.9个百分点；欧盟统计局2005年11月份预测增长1.6%，回落0.5个百分点；Consensus Forecasts 11月份综合33家权威咨询机构及研究机构的预测增长率为1.3%，回落0.8个百分点。

二、2005年欧元区经济增速有所放慢的主要原因

从2004年三季度起，欧元区经济呈现持续缓慢增长的态势。2004年三季度欧元区经济增长0.3%，四季度增长0.2%，2005年一季度增长0.4%，二季度放慢到0.3%。2005年二季度欧元区经济增长有所放慢可以说是多种因素的综合结果。从需求看，主要原因是居民消费支出增长的放缓；从生产看，主要是农业增速的回落；从国别看，主要是欧元区经济

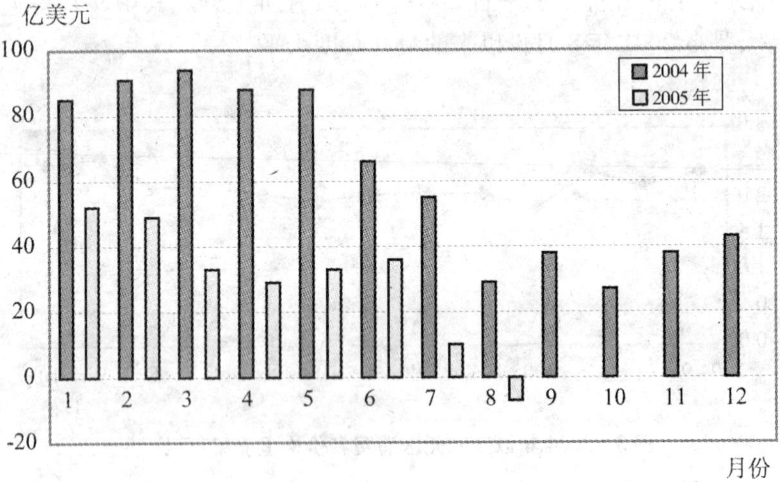

图 4 2004－2005 年欧元区贸易顺差

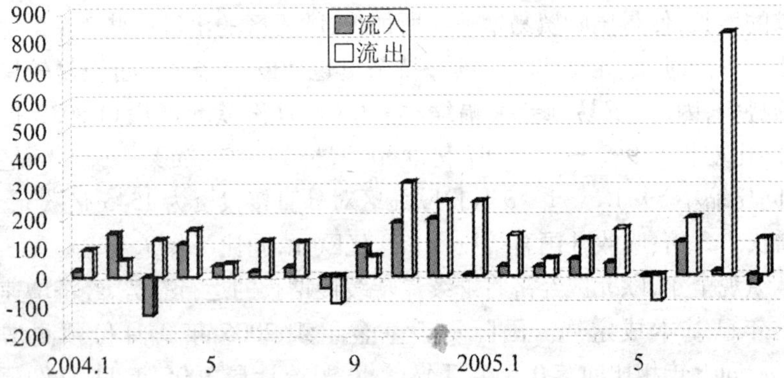

图 5 2004－2005 年欧元区外国直接投资流入及流出

大国德国和法国经济增速的停滞和放慢。

1. 从需求方面看,2005 年一季度和二季度,欧元区居民消费支出均增长 0.1%,与上年同期相比,经济增速分别为回落 0.4 个百分点和持平;对 GDP 分别贡献了 0.1 和 0.0 个百分点,拉动作用分别缩小了 0.3 和 0.1 个百分点。政府消费支出均增长 0.4%,均加快 0.1 个百分点;对 GDP 均贡献了 0.1 个百分点,一季度拉动作用加大了 0.1 个百分点,二季度拉动作用缩小了 0.1 个百分点。投资需求有所恢复。一季度固定资产投资下降 0.2%,与上年同期相比降幅缩小了 0.1 个百分点,二季度固定资产投资增长0.5%,加快0.4个百分点;对GDP增长的贡献分别为0.0和0.1个百分点,一季度和二季度对GDP拉动作用与上年同期均持平。一季度和二季度库存投资对GDP增长的贡献分别为0.0和0.1个百分点。内需增长的回落,特别是居民消费支出的放缓,是欧元区经济增速有所放慢的主要原因之一。一季度和二季度欧元区出口分别为下降0.5%和增长1.8%,进口分别为下降1.4%和增长2.3%。一季度和二季度外需对GDP增长的贡献分别为0.2和0.0个百分点。

2. 从产业构成看,主要是农业增速的放慢。2005年一季度和二季度,欧元区农业分别为下降1.6%和增长0.4%,而上年同期分别增长3.2%和1.0%;对GDP的贡献分别为0.1和0.0个百分点,拉动作用与上年同期持平。贸易、运输和通讯业分别为增长1.2%和下降0.1%,上年同期分别增长0.8%和0.4%;对GDP分别贡献了0.5和0.3个百分点,拉动作用分别加大了0.3和0.1个百分点。2005年以来,随着世界经济增长有所放慢,世界一些国家对机械等工业品,以及原材料的需求有所减少,从而在一定程度上抑制了欧元区工业品和原材料的出口,进而使欧元区工业增长放慢。一季度和二季度,欧元区工业(包括制造业、矿业和能源)分别增长0.5%和0.7%,分别回落0.1和0.2个百分点;分别拉动GDP0.3和0.2个百分点,拉动作用分别为加大0.1个百分点和持平。建筑业分别为下降1.1%和增长1.7%,而上年同期则分别增长0.4%和0.1%;对GDP分别贡献了0.0和负0.1个百分点,而上年同期则均为0.0个百分点。金融不动产和租赁业分别增长0.6%和0.4%,分别回落0.1和0.3个百分点;对GDP的分别贡献了0.4和0.1个百分点,对GDP的拉动作用分别为加大0.3和缩小0.1个百分点。公共管理、教育卫生及其他服务业分别增长0.0%和0.4%,与上年同期相比,分别为回落0.1和加快0.1个百分点;对GDP分别贡献了0.4和0.0个百分点,而上年同期均为0.1个百分点。

3. 从国家看,主要是欧元区经济大国德国和法国经济增速的停滞和放慢,以及希腊等国的经济负增长。2005年一季度和二季度,德国经济分别增长0.8%和0.0%。法国分别增长0.4%和0.1%;希腊分别为增长2.4%和下降0.5%。芬兰分别为下降0.4%和增长1.2%。荷兰分别为下降0.8%和增长1.2%。西班牙均增长0.9%;比利时分别增长

0.0%和0.3%。

表1　国内生产总值及其构成增长率

单位:%

	2002年	2003年	2004年	2004年				2005年	
				Q1	Q2	Q3	Q4	Q1	Q2
国内生产总值	**0.9**	**0.7**	**2.1**	**0.6**	**0.5**	**0.3**	**0.2**	**0.4**	**0.3**
按需求构成分类									
国内需求	0.2	1.4	2.0	0.2	0.4	0.7	0.5	0.1	0.3
居民消费支出	0.9	1.0	1.5	0.5	0.1	0.2	0.8	0.1	0.1
政府消费支出	2.6	1.5	1.1	0.3	0.3	0.4	-0.2	0.4	0.4
固定资本形成	-2.4	0.8	1.9	-0.3	0.1	0.5	0.3	-0.2	0.5
库存变化	-	-	-	-	-	-	-	-	-
国外需求									
净出口	-	-	-	-	-	-	-	-	-
出口	1.9	0.7	6.5	1.6	2.5	1.3	0.5	-0.5	1.8
进口	0.3	2.7	6.5	0.4	2.5	2.4	1.4	-1.4	2.3
按产业构成分类									
农业	-0.1	-3.9	8.0	3.2	1.0	0.2	1.2	-1.6	0.4
制造业和矿业、能源	-0.2	0.2	2.5	0.6	0.9	0.1	-0.5	0.5	0.7
建筑业	-0.3	0.5	1.7	0.4	0.1	-0.4	0.5	-1.1	1.7
贸易、修理、旅馆、交通通信	1.2	0.3	2.1	1.0	0.8	0.4	0.5	1.2	-0.1
金融不动产、租赁	1.4	1.4	2.1	0.8	0.7	0.3	0.3	0.6	0.4
公共管理、教育卫生及其他服务	2.0	1.0	1.6	0.1	0.3	0.1	0.2	0.0	0.4

注:本表为按不变价格(1995=100)计算并经季节调整后的数据。

表2 国内生产总值及其构成对经济增长的贡献

单位：百分点

	2002年	2003年	2004年	2004年				2005年	
				Q1	Q2	Q3	Q4	Q1	Q2
国内生产总值	**0.9**	**0.7**	**2.1**	**0.6**	**0.5**	**0.3**	**0.2**	**0.4**	**0.3**
按需求构成分类									
国内需求	0.3	1.4	2.0	0.3	0.4	0.7	0.5	0.2	0.3
居民消费支出	0.5	0.6	0.9	0.4	0.1	0.1	0.5	0.1	0.0
政府支出	0.5	0.3	0.2	0.0	0.2	0.1	-0.1	0.1	0.1
固定资本形成	-0.5	0.2	0.4	0.0	0.1	0.1	0.1	0.0	0.1
库存变化	-0.3	0.3	0.4	-0.1	0.1	0.4	0.0	-0.1	0.2
国外需求									
净出口	0.6	-0.7	0.1	0.4	0.1	-0.5	-0.2	0.2	0.0
出口	–	–	–						
进口	–	–	–						
按产业构成分类									
农业	0.0	-0.1	0.2	0.1	0.0	0.0	0.2	0.1	0.0
制造业和矿业、能源	0.0	0.1	0.6	0.2	0.2	0.2	0.6	0.3	0.2
建筑业	0.0	0.0	0.1	0.0	0.0	-0.1	0.0	0.0	-0.1
贸易、修理、旅馆、交通通信	0.3	0.1	0.5	0.2	0.2	0.3	0.5	0.5	0.3
金融不动产、租赁	0.4	0.4	0.5	0.1	0.2	0.1	0.3	0.4	0.1
公共管理、教育卫生及其他服务	0.4	0.2	0.3	0.1	0.1	0.0	0.4	0.4	0.0

注：本表为按不变价格（1995=100）计算并经季节调整后的数据。

三、对2006年欧元区经济发展趋势的初步展望

展望2006年，欧元区经济将继续保持缓慢增长的运行态势，经济增速与2005年大体相当或略有加快。支持欧元区经济加快增长的有利因素有，欧元区仍具有良好的外部经济环境，一些主要经济指标出现回升或好转的势头，但不利因素和不确定性因素仍然居多，突出表现为居民消费和政府消费将继续疲软，投资需求难以出现较快增长，出口受外界影响较大，宏观经济调控难度大等。综合起来看，估计2006年欧元区经济难有

明显的起色。

支持欧元区经济继续缓慢加快增长的有利因素有:

1. 欧元区仍具有良好的外部经济环境。虽然大家普遍认为2006年世界经济将在稳定增长的过程中趋于放缓,但受周期性因素的影响,世界经济平稳增长的态势将继续延续下去。因此,2006年世界经济仍将处在此轮经济增长周期的“平台期”。国际货币基金组织于2005年9月份预测2006年世界经济增长4.3%,增速与2005年持平。世界经济继续保持较快增长将继续带动全球需求的增加,这将为贸易依存度较高的欧元区经济创造一个较好的外部环境。OECD在最近发表的一份研究报告中表明,2006年世界经济,特别是美国和亚洲新兴市场国家这两个欧元区主要出口市场的经济继续保持较快增长,对拉动欧元区的出口非常有利。以占欧元区经济总量30%的德国为例,如果美国和亚洲新兴市场国家GDP每增长1个百分点,将分别拉动德国GDP加快0.4和0.1个百分点。

2. 主要经济指标出现回升或好转的势头。欧元区工业生产继续保持加快增长的态势,2005年7月份和8月份,欧元区工业生产分别增长0.5%和2.5%。其中,8月份是2004年10月份以来增速最快一个月。此外,欧元区2005年10月份工业设备利用率为81.2%,是上年6月份以来的最高水平;2005年7月份至10月份,服务业采购经理人信心指数分别为12、9、11和15,不仅高于基点之上,而且10月份的服务业采购经理人指数是2003年年底以来的最高水平。

3. 预警指标预示着经济将继续保持上升的势头。欧元区先行指标从2005年年初以来呈现在波动中上升的势头,9月份达到106.5,不仅是今年以来的最高水平,而且好于去年同期水平。这预示着欧元区经济在今后一个时期将继续保持上升的势头。尽管7至10月份企业家和消费者信心指数仍处在基点之下,但有很大程度的改善。7至10月份,欧元区企业家信心指数分别为-8、-8、-7和-6,其中,10月份是今年以来的最好水平;消费者信心指数分别为-15、-15、-14和-13,其中10月份同样好于2005年其他月份。

在看到支持欧元区经济增长有利因素的同时,我们也应该看到,欧元区经济面临更多的则是不利因素和不确定性因素。主要有:

1. 居民消费支出和政府消费支出难以保持稳定持续的增长势头。

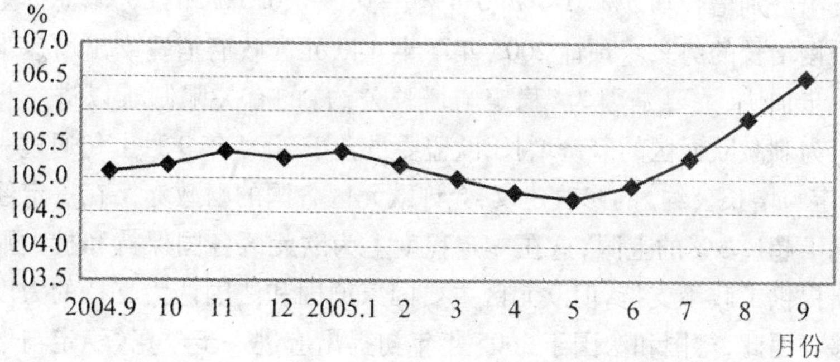

图6 欧元区先行指标走势

从居民消费看,2004 年一季度至 2005 年二季度,欧元区居民消费支出分别增长 0.5%、0.1%、0.2%、0.8%、0.2% 和 -0.1%。2005 年四季度保持了相对较快的增长,主要是因为一些欧元区国家相继出台了一些刺激消费的政策,以及欧元区大多数国家的电信和运输业,以及娱乐业价格在当期大幅下跌,在一定程度上刺激了居民消费支出的增长。但从 2005 年年初开始,随着刺激消费政策作用减弱,电信、运输业和娱乐业价格止跌回升,以及欧元区一些国家的房地产价格大幅上涨的势头自 2005 年年初开始有所缓解,使得这些国家房地产市场消费异常强劲的势头有所减弱。这些因素使得 2005 年一季度和二季度的欧元区居民消费支出增幅有所回落和下降。预计从 2005 年下半年起欧元区居民消费支出止跌回升,甚至是加快增长的可能性不大。这主要是因为:一是失业率居高不下的趋势难以改变。2005 年 7 月份和 8 月份,欧元区失业率仍保持 8.6% 和 8.8% 这一较高水平;7 月份和 8 月份,欧元区未来 12 月失业程度预期指数分别为 30 和 31,其中 8 月份是自 2002 年以来最高的水平,这说明 2005 年下半年欧元区就业形势将可能继续恶化。二是 2005 年国际市场原油价格总体难以大幅回落,较高的原油价格最终将转嫁到普通消费者身上,普通家庭将为油价上涨支付大笔费用意味着家庭用于其他方面消费的支出减少。2005 年一季度和二季度,欧元区能源类商品价格分别上涨 0.3% 和 4.5%。其中,二季度上涨的幅度是自 2001 年以来最高的季度水平。而 2005 年一季度和二季度欧元区居民用于该类商品的支出分别增长 0.1% 和 3.6%。

从政府消费支出看,2004 年一季度至 2005 年二季度,欧元区政府消费支出分别增长0.3%、0.3%、0.4%、-0.3%、0.5%和0.3%,总体上保持缓慢增长的势头。预计2005年下半年欧元区政府消费支出增速难以进一步加快,主要是因为《稳定与增长公约》的有关限制难以进一步放开。为刺激欧元区的经济增长,欧盟委员会于2004年9月上旬通过一项《稳定与增长公约》的修改建议,允许欧元区各国的财政赤字在一定经济状况下超过3%的上限,这在一定程度上为欧元区各国保持和扩大财政支出提供了政策支持,但欧元区主要国家德国和法国认为支持的力度还不够。因此,德国和法国于2005年年初提出应进一步放宽《稳定与增长公约》的财政限制,但在2005年2月3日举行欧元区财政部长月度例会上,大多数国家因担心欧盟失去对各成员国财政问题的控制,以及将可能违反欧盟条约中有关成员国应推行经济一体化的相关规定,各成员国财长拒绝就欧盟《稳定与增长条约》的有关限制进行进一步修改。这意味着2005欧元区国家的政府财政支出难以大幅增加。

2. 投资需求难以持续回升。欧元区投资需求自2000年第四季度至2005年二季度一直保持微弱增长,有些时段甚至下降,估计2006年欧元区投资需求将继续保持微弱增长,甚至是停滞的可能性较大。主要原因:第一,到2005年10月份,企业家信心指数虽略有回升,但仍处于基点之下,说明企业家对未来发展的信心仍不足。第二,生产能力过剩的格局尚未根本改变。欧元区自2002年到2005年上半年工业生产能力利用率基本在81.0%左右徘徊,2005年10份虽有所改善,增长到81.2%,为2004年6月份以来的最高水平,但难以恢复到1999年86.2%的水平。第三,股市年初虽有所恢复,但道琼斯欧元区指数远未达到2000年3月平均5075.5的水平(见表3),这说明投资者对欧元区的投资回报信心不足。第四,外国直接投资继续减少。2005年1至8月份,欧元区吸引的外国直接投资仅为259亿欧元,是历史上较低的水平。由于外国投资者对欧元区的经济前景并不看好,因此2005年欧元区吸引外国直接投资难以较快增长。

表3　2005年1-7月份道琼斯欧元区股票指数(当期平均数)

	1月份	2月份	3月份	4月份	5月份	6月份	7月份	8月份	9月份	10月份
道琼斯欧元区股票指数	2957.0	3050.4	3065.8	3013.7	3023.5	3151.7	3267.1	3303.3	3351.8	3340.1

3. 原油价格难以回落。2005年以来,国际市场原油价格在波动中攀高,1至10月份,OPEC月平均油价基本在40.24 - 57.88美元/桶之间波动。估计2006年国际市场原油价格难以大幅回落,全年价格总体水平仍将处于高位,或存在继续上涨的可能。这主要是由于世界经济增长增加了原油需求,特别表现在对石油需求的增幅超过石油供应的增速。国际能源署2005年10月份预测,2006年世界石油需求量预计为8551万桶/天,比去年增加179万桶/天,增幅达2.1%;供应总量预计为8450万桶/天,比去年增加140万桶/天,增幅达1.7%。其次,投机炒作、地缘政治、欧佩克产能达到极限以及突发事件等,这些因素都会导致2006年的原油价格居高不下。原油价格的上涨,对原油需求量70%以上依赖进口,而且正处在经济复苏时期的欧元区12国经济的影响不言而喻,不仅影响居民消费支出的增长,而且将直接导致欧元区的企业生产成本上升,利润下降。此外,原油价格在高位持续徘徊,将可能推动欧元区价格总体水平进一步走高,进而将可能使欧元区一些国家,如德国和法国政府希望欧洲央行调低利率以刺激经济增长的愿望再次落空。

4. 出口受外界影响较大。欧元区商品和服务出口占国内生产总值的比例高达17%,而美国和日本的相应比例仅为10%和11%。由于欧元区目前内需增长相对缓慢,经济加快增长更多地依赖外部需求,因此,如果美国等国家经济增长出现波动,欧元区经济下滑的风险仍然存在。

5. 融资环境不容乐观。一是鉴于目前美国经济正处于稳步增长时期等原因,目前继续实施自2004年年中开始的中性的货币政策。11月1日,美国联邦储备委员会决定,将联邦基金利率由3.75%提高0.25个百分点至4.00%,远远高于欧元区目前的基准利率2.25%的水平。而且,美联储还暗示其中性货币政策仍将稳步前进,这就意味着美联储可能会再度升息。二是美国的"双赤字"仍未得到有效解决。在财政赤字方面,2006财年,美国财政赤字达到3186亿美元,与上年相比,下降了22.8%,虽有所好转,但仍为较高水平。2005贸易赤字方面,2005年以来美国贸易赤字继续呈现上升的趋势。1 - 9月份,贸易赤字高达5298亿美元,比上年同期扩大18.2%。一方面,美国巨大的贸易赤字将继续依靠吸引其他国家和地区的存款以及外国投资者购买美国证券,来予以缓解;另一方面,美国的投资回报好于欧元区,这将可能导致更多的国际资本流入美国。此外,美国国会于去年年底通过了旨在通过赋税减免鼓励海外企业资本回流的《2004年美国就业创业法》,该法律中的《本土投资法》将美国公司汇回美国的海外收益的所得税从35%下调到了5.25%,这将有助于美国企业在海外的公司资金大量回流到美国本土。因此,这些因素将在一定程度上影响欧元区的融资环境。

综上所述,尽管存在支持经济增长的有利因素,但欧元区经济面临更多的则是不利因素和不确定性因素,2006年欧元区经济增长仍缺乏活力,全年经济总体运行将继续保持缓慢增长的态势。国际货币基金组织9月份预测2006年欧元区经济增长1.8%,比2005年加快0.6个百分点;欧盟统计局于11月份预测增长1.8%,加快0.8个百分点;共同预测公司(Consensus Forecasts)11月份综合33家权威咨询机构及研究机构的预测增长1.7%,加快0.4个百分点。

四、2006年欧元区经济对中国经济的影响及相关政策建议

自中欧(中国与欧盟,欧元区12国均为欧盟成员国)1975年建交以来,双方在贸易、投资、经济技术合作等领域开展了多方面的合作,双边经贸往来不断增多。尤其是近年来,中欧双方均将彼此视为国际经济舞台上最为重要的经贸合作伙伴之一。目前,欧元区是我国重要的贸易伙伴,同时也是我国最大的技术供应方和外资来源地之一。

近年来,欧元区经济增长乏力,失业率居高不下。欧元区国家在找不到有效的刺激经济增长、降低失业率的政策和措施的情况下,则将自身深层次的问题和矛盾转移到国外。突出表现在对其他国家的指责和实施贸易限制。由于我国与欧元区国家在政治、经济和文化等诸多领域交往越来越密切,我国也同样不可避免地受到波及。2005年以来,欧元区出现的变化对我国的影响主要涉及到两个方面:第一,欧元区国家认为非法移民增加,本国产业向发展中国家转移是造成本国失业率居高不下的主要原因,因此,在2005年5月份和6月份,旨在推行欧洲一体化的《欧盟宪法条约》在一些欧元区国家先后受阻。该条约在一些欧元区国家受阻后,这些国家的对外政策因此也作了一些调整。如法国新总理表示将调整现行政策,即政府将重点解决国内困难和问题。这意味着这些国家将降低对国际事务的关注。普遍认为,欧盟公投在欧元区的一些国家受阻

后，对我国的影响主要是：欧洲解除对我国武器禁令以及承认我国市场经济地位的进程将可能放缓。2005 年 6 月 3 日，欧盟委员会已经表示，“决定暂时搁置解除对华军售禁令的计划”。第二，2005 年以来，欧元区内需增长相对缓慢，欧元区国家将经济加快增长寄希望于外部需求的增加。但 2005 年前两个季度，欧元区外需对经济的贡献分别为 0.2% 和 0.0%。而下半年，受欧元币值将可能继续居高不下以及出口受外界影响较大等原因的制约，欧元区国家通过外需拉动经济加快增长的希望不大。与此同时，欧元区对我国的贸易持续保持逆差，根据欧洲央行公布的统计数据，2001 年至 2004 年，欧元区对我国的贸易逆差分别为 323 亿欧元、319 亿欧元、391 亿欧元和 518 亿欧元。2005 年上半年高达 334 亿欧元，比上年同期扩大 46.5%。这将导致欧元区一些国家将重新采取贸易保护主义，进而有可能会进一步加大与我国的贸易摩擦。这种苗头在 2005 年上半年已经出现。截止到 9 月 15 日，欧盟（均为欧元区国家）对我国实施的贸易救济调查 8 起（其中，反倾销调查 7 起，一般保障措施调查 1 起），案件数量与上年同期持平；金额高达 9 亿美元，比上年同期增长 61.8%。

针对欧元区的经济发展状况及未来走势，提出如下建议：

首先，应该看到中欧之间的合作互利远远大于双方之间的分歧和摩擦。一是中欧之间的全面战略伙伴关系的建立和发展为双边经贸关系的开展提供了良好、稳定的政治环境。二是高效、健全的双边经贸磋商机制，即 1985 年双方签订的《中欧贸易与经济合作协定》为中欧经贸关系的健康发展提供了制度保障。三是双方经济规模的不断扩大为开展经贸合作创造了坚实基础。四是双方均有进一步推动经贸合作向纵深发展的强烈需求，有利于更好地处理共同面临的一些摩擦和问题。

其次，针对欧元区国家对我反倾销调查增加、延缓对我国市场经济地位的承认和军售解禁的情况，我们应该采取相应对策。

第一，采取对外交涉和内部协调并举的措施，妥善积极应对双方之间的摩擦。在内部，一是规范国内出口秩序；二是加强进出口预警监测；三是提高政府和企业应对贸易摩擦的能力；四是进一步推进贸易多元化进程，扩大与欧元区之外的欧洲国家的贸易，以避免我国对欧洲的出口市场集中在欧元区国家；五是要逐步将我国出口导向型经济转变为内需型经济。在注重发展外需的同时，应努力扩大内需。在外部，要继续遵循世贸组织规则,合理运用有关机制,妥善解决与欧元区国家的贸易摩擦。

第二,冷静看待双边贸易纠纷和障碍。中国与欧元区国家现已互为重要贸易伙伴,关系密切了,贸易增加了,难免产生一些矛盾。比如,欧元区国家与美国长期以来建有牢固的战略同盟关系,但在双边贸易中也曾多次产生严重纠纷甚至诉诸 WTO 争端解决机制。在中欧之间,随着双边贸易和经济合作规模的不断扩大,出现一些贸易争端也在所难免。

第三,现阶段应淡化处理有关市场经济地位和军售解禁事宜。举重若轻,通过磋商妥善解决。在市场经济地位问题上,这只不过是欧元区国家在反倾销措施执行中参照的一项技术标准,而欧元区国家每年对我国实施的反倾销涉案金额均不足双边贸易总额的1%,其影响远非媒体炒作的那样严重;在解除对华军售禁令方面,欧元区国家已经拟定了一整套《武器出口行为规范》,其尖端和核心技术,尤其是军备产品对我国出口仍将受到一系列严格限制,禁令的解除更大程度上仅具象征意义,短期内对我国进口军事装备和尖端科技不会产生实质影响。

(执笔:刘冰)

2005 年日本经济形势及 2006 年展望

2005 年,日本经济复苏的势头有所减缓。受内需和外需交替作用的推动,2005 年前 3 季度日本国内生产总值增速逐步放慢,环比增长分别为 1.5%,0.8% 和 0.4%;按年率计算分别增长 6.3%,3.3% 和 1.7%。虽然已连续 4 个季度保持增长,但经济增速明显放慢。这主要是国内需求和国外需求共同作用的结果,其中内需是 1 季度经济增长的主要动力,而外需在 2 季度促进了总体经济增长,3 季度内需和外需增长转为放慢和下降,使总体经济增长明显减速。预计 2006 年日本经济增长速度将比 2005 年略有回落。

一、2005 年日本经济增速逐步放慢

2005 年各项主要经济指标显示,日本经济增速逐步放慢,失业率持续下降,价格水平呈上涨—下降—上涨的特点,贸易顺差不断减少。

(一)经济增速逐步放慢

2005 年,根据日本内阁府公布的资料,以 2000 年为基期不变价格计算的 1 季度日本国内生产总值为 5404578 亿日元,2 季度为 5447988 亿日元,3 季度为 5471013 亿日元。按季节调整后环比计算,分别增长 1.5%,0.8% 和 0.4%。其中 1 季度是自 1994 年以来,除 2003 年 4 季度增长 1.6% 和 2004 年 1 季度增长 1.4% 外,经济增速较快的 1 个季度。但 2 季度和 3 季度连续放慢,总体来看,3 季度比 1 季度放慢了 1.1 个百分点。

(二)失业率持续下降

2005 年日本失业率呈现持续下降的态势。自 2003 年 1 月份日本失业率第 4 次达到 5.5% 的历史最高点以来,2003 年日本失业率一直在高位徘徊,平均为 5.3%。2004 年日本失业率在波动中不断下降。从 2005

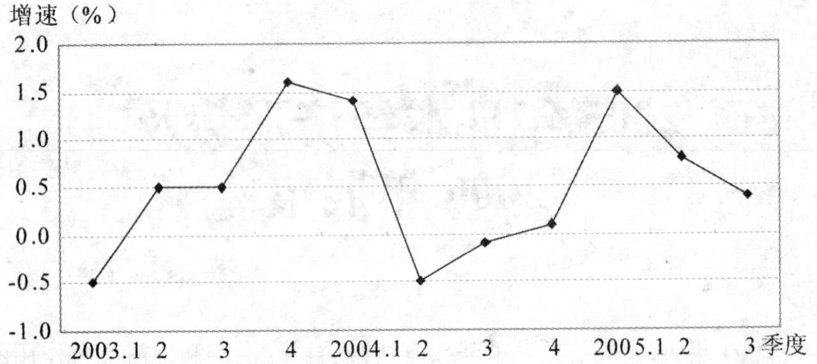

图1　2003－2005年日本各季度GDP增速

年1月份开始，日本失业率不断下降，虽然2月份略有上升，但总体呈下降趋势，其中1月份为4.5%，2月份为4.7%，3月份为4.5%，4、5月份为4.4%，6月份下降为4.2%，7月份为4.4%，8月份为4.3%，9月份为4.2%，与6月份持平，是2005年的最低水平。

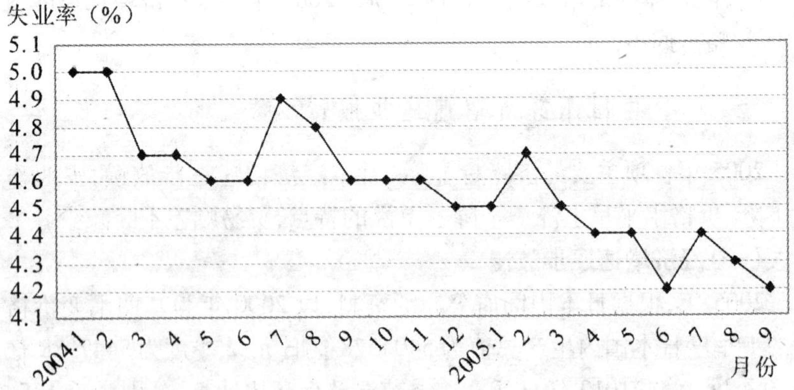

图2　2004年1月－2005年6月日本失业率

（三）价格水平呈上涨—下降—上涨的特点

日本消费者价格水平在年初呈下降走势，按环比计算，1月份为下降0.5%，2月份下降0.2%，然后开始上涨，3、4月份上涨为0.3%和0.2%，5月份为零增长，6、7、8月份分别下降0.5%，0.1%和0.1%，9月份上涨0.1%。总体来看，消费者价格水平下降的趋势没有根本扭转，仍保持低位运行。到目前为止，除了2003年3季度消费者价格水平略有上涨外，已连续29个季度没有明显上涨，2005年前3个季度分别平均下降0.2%，0.1%和0.1%。前3季度剔除新鲜食品后的消费者核心价格上涨0.2%，下降0.1%和上涨0.1%。

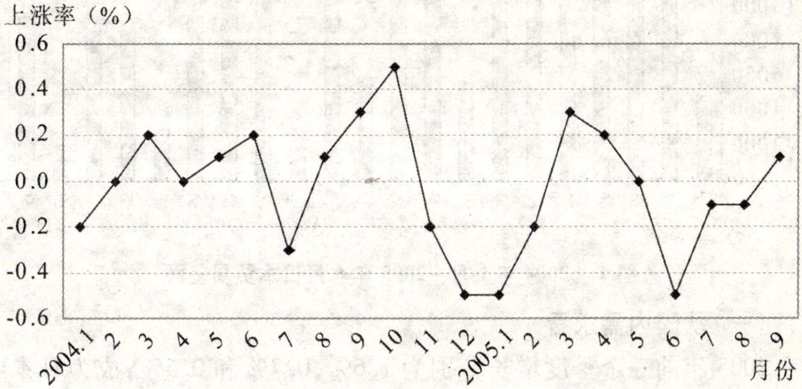

图3 2004年1月－2005年6月日本消费者价格涨跌率

（四）贸易顺差不断减少

2005年的前3个季度，日本商品净出口为64581亿日元，其中1季度24024亿日元，2季度21204亿日元，3季度19353亿日元；总出口为474981亿日元，其中1季度150351亿日元，2季度157804亿日元，3季度166826亿日元；总进口为410411亿日元，其中1季度126327亿日元，2季度136611亿日元，3季度147473亿日元。虽然进口与出口都呈现增长的态势，但进口增长的幅度远远大于出口增长的幅度，使得日本贸易顺差正在不断减少。

二、2005年日本经济增速逐步放慢的主要原因

自从2002年2季度结束连续四个季度下降的趋势后，日本经济总体保持着复苏的态势，但复苏的步伐有所放慢，2003年和2004年经济增速分别为1.4%和2.7%。其中2003年四季度增长1.6%和2004年1季度增长1.4%是1994年来的最快季度增速。2005年1季度增速也较快，为1.5%，但接下来的两个季度明显放慢为0.8%和0.4%。2005年前3个季度日本经济增速逐步放慢主要是国内需求和国外需求交替作用的结果。

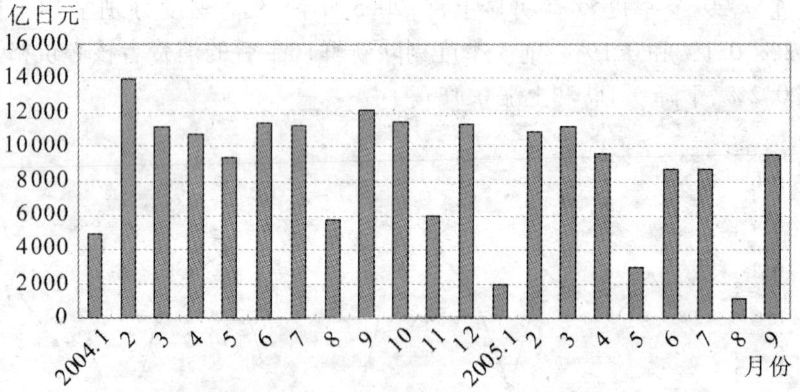

图 4　2004 年 1 月 -2005 年 6 月日本贸易差额

(一)从国内需求看

2005 年前三个季度增长分别为 1.6%,0.7% 和 0.5%,成为日本经济逐步放慢的主要因素之一。国内需求的走势和日本经济走势基本上是一致的,按季节调整后计算,3 季度日本国内需求增速比 1 季度回落了 1.1 个百分点,在相当程度上影响了 2005 年日本经济的增长趋势。

1. 从民间需求看,民间最终消费支出增长明显放慢,民间住宅投资增长下降幅度有所扩大,然后又大幅上升,民间企业设备投资增长由快转慢。前 3 季度日本民间需求分别增长 1.9%,0.9% 和 0.5%。其中,民间最终消费支出分别增长 1.2%,0.7% 和 0.3%;民间住宅投资前两个季度下降 1.0% 和 2.1%,3 季度又上升 1.5%;民间企业设备投资分别增长 3.0%,3.4% 和 0.7%。虽然民间住宅投资前两个季度下降幅度较大,但民间最终消费支出和民间企业设备投资的增长一直支撑着民间需求的增长。

2. 从政府需求看,政府最终消费支出增速逐步放慢,固定资产投资先降后升。前 3 个季度政府需求增速分别为增长 0.5%,下降 0.1% 和增长 0.5%。其中,政府最终消费支出分别增长 0.7%,0.3% 和 0.3%;固定资产投资前两个季度分别下降 0.3% 和 1.9%,3 季度增长 1.0%。

(二)从国外需求看

2005 年前 3 个季度由于出口增速加快的程度大于进口增速加快的程度,净出口增速由 1 季度下降转为 2 季度上升。又由于出口增速回落

表 1　2003 – 2005 年日本季度 GDP 及构成增速

单位:%

	2003 年	2004 年	2003 年				2004 年				2005 年		
			一季度	二季度	三季度	四季度	一季度	二季度	三季度	四季度	一季度	二季度	三季度
国内生产总值	1.4	2.7	-0.5	0.5	0.5	1.6	1.4	-0.5	-0.1	0.1	1.5	0.8	0.4
国内需求	0.7	1.9	-0.6	0.3	0.4	1.2	1.1	-0.6	0.0	0.2	1.6	0.7	0.5
民间需求	1.5	2.6	-0.6	0.6	0.6	1.9	0.5	0.2	0.1	0.1	1.9	0.9	0.5
民间最终消费支出	0.2	1.5	-0.2	-0.3	0.2	1.3	0.6	0.0	-0.1	-0.3	1.2	0.7	0.3
民间住宅投资	-1.1	2.2	-0.8	0.1	2.0	-1.4	0.8	1.5	0.5	0.3	-1.0	-2.1	1.5
民间企业设备投资	6.3	5.8	0.0	3.8	0.3	6.6	-2.4	2.2	0.8	0.3	3.0	3.4	0.7
政府需求	-1.8	-0.4	-0.5	-0.8	-0.3	-0.9	3.2	-3.3	-0.3	0.5	0.5	-0.1	0.5
政府最终消费支出	1.2	2.7	0.3	-0.3	0.9	0.1	1.5	0.6	0.3	0.6	0.7	0.3	0.3
政府固定资产投资	-10.6	-10.5	-3.5	-2.7	-3.4	-3.5	8.6	-16.2	-2.9	-0.3	-0.3	-1.9	1.0
国外需求													
净出口	43.4	40.2	4.4	14.1	10.3	19.1	13.4	4.9	-4.0	-1.6	-0.3	6.3	-1.6
出口	9.1	14.4	1.4	0.3	3.3	5.2	5.3	3.1	0.5	1.6	0.0	3.1	2.7
进口	3.8	8.9	0.9	-2.1	1.9	2.1	3.2	2.6	1.7	2.5	0.1	2.3	3.9
固定资本形成总额	0.9	1.6	-1.0	1.7	-0.3	3.2	0.4	-2.2	0.0	0.2	1.7	1.6	0.9

注:本表为按不变价格(2000 = 100)计算并经季节调整后的数据。

固定资本形成总额 = 民间住宅投资 + 民间企业设备投资 + 政府固定资产投资。

表2　2003－2005年日本GDP各项构成对GDP的贡献

单位:百分点

	2003年	2004年	2003年				2004年				2005年		
			一季度	二季度	三季度	四季度	一季度	二季度	三季度	四季度	一季度	二季度	三季度
国内生产总值	1.4	2.7	−0.5	0.5	0.5	1.6	1.4	−0.5	−0.1	0.1	1.5	0.8	0.4
国内需求	0.7	1.9	−0.6	0.3	0.3	1.2	1.1	−0.6	0.0	0.2	1.5	0.7	0.5
民间需求	1.2	2.0	−0.4	0.5	0.4	1.4	0.4	0.2	0.1	0.0	1.4	0.7	0.4
民间最终消费支出	0.1	0.8	−0.1	−0.2	0.1	0.7	0.3	0.0	0.0	−0.2	0.7	0.4	0.2
民间住宅投资	0.0	0.1	0.0	0.0	0.1	−0.1	0.0	0.1	0.0	0.0	0.0	−0.1	0.1
民间企业设备投资	0.9	0.9	0.0	0.6	0.1	1.0	−0.4	0.3	0.1	0.0	0.5	0.5	0.1
政府需求	−0.4	−0.1	−0.1	−0.2	−0.1	−0.2	0.7	−0.8	−0.1	0.1	0.1	0.0	0.1
政府最终消费支出	0.2	0.5	0.1	−0.1	0.2	0.0	0.3	0.1	0.0	0.1	0.1	0.1	0.1
政府固定资产投资	−0.7	−0.6	−0.2	−0.2	−0.2	−0.2	0.4	−0.9	−0.1	0.0	0.0	−0.1	0.0
国外需求													
净出口	0.6	0.8	0.1	0.3	0.2	0.4	0.3	0.1	−0.1	−0.1	0.0	0.2	−0.1
出口	1.0	1.7	0.2	0.0	0.4	0.6	0.6	0.4	0.1	0.2	0.0	0.4	0.4
进口	−0.4	−0.9	−0.1	0.2	−0.2	−0.2	−0.3	−0.3	−0.2	−0.3	0.0	−0.3	−0.5
固定资本形成总额	0.2	0.4	−0.2	0.4	−0.1	0.8	0.1	−0.5	0.0	0.0	0.4	0.4	0.2

而进口增速加快，净出口又在三季度出现了下降，对总体经济增长的影响起到了不同的促进和阻碍作用。前三季度出口增速分别为零增长，3.1%和2.7%；进口增速分别为0.1%，2.3%和3.9%；净出口增速分别为下降0.3%，增长6.3%和下降1.6%。净出口由下降转为上升，再转为下降在一定程度上加强和抵消了日本国内需求增速放慢对整体经济增长带来的影响，是日本经济逐步放慢的另一个因素。

综合起来看，2005年的前三个季度，日本国内生产总值增长分别为1.5%，0.8%和0.4%。其中，国内需求贡献分别为1.5，0.7和0.5个百分点，国外需求分别为0，0.2和-0.1个百分点。在国内需求中，民间需求贡献分别为0，0.2和-0.1个百分点，政府需求分别为0.1，0和0.1个百分点。在民间需求中，民间最终消费支出贡献分别为0.7，0.4和0.2个百分点，民间住宅投资分别为零，负0.1和0.1个百分点，民间企业设备投资分别贡献0.5，0.5和0.1个百分点。在政府需求中，政府最终消费支出分别贡献0.1，0.1和0.1个百分点，政府固定资产投资分别为0，-0.1和0个百分点。在国外需求中，出口分别为0，0.4和0.4个百分点，进口分别为0，-0.3和0.5个百分点。固定资产投资总额分别为贡献0.4，0.4和0.2个百分点。

三、日本全年经济发展趋势的展望

根据目前日本经济总体运行情况以及进入2005年前三季度以来相关指标变化情况，日本经济总体仍处于复苏状态，并且此次复苏既存在有利因素，也存在不利因素。有利因素包括：各种预警指标显示日本经济将有所增长、民间最终消费支出增长平稳、日本政府将继续执行宽松的货币政策以及日本金融形势继续好转；不利因素包括：国际石油价格高位运行和通货紧缩问题没有根本解决。预计2005年日本经济仍将保持其复苏的态势，其增长速度将比去年有所回落。

（一）有利因素

1. 各种预警指标显示日本经济将有所增长

各种预警指标显示，经济先行指数2005年8月份大幅上升到100点，其他预警指标总体呈上升趋势。经济先行指数自2004年8月份的62.5开始下降，2005年1月份上升为54.2，接下来两个月份下降为16.7

和41.7,4、5两个月份也都在50基点以下,但6月份却升至66.7,7月份为45.5,8月份为100,9月份为50.0。企业家信心指数从2004年7月份的50.2开始下降,2005年5、6和7月份为47.9、48.4和48.8,8月份为48.3,9月份上升为50.4,10月份为50.0,预计11月份上升为51.2。生活水平指数从2005年1、2两月份的46.2和46.4下降为3月份的43.6,4、5两个月份回升为46.0和47.0,6月份又回落为45.2,7、8月份为46.9,9月份为44.2,10月份上升为46.3。这些指标的不断好转表明无论从供给方面,还是从需求方面,企业和消费者信心较强,日本经济前景较为看好。

2. 民间最终消费支出增长平稳

最近的数据显示,2005年全年日本民间最终消费支出将呈现平稳增长的趋势。一是居民对未来收入增长预期略有上升。从2005年1月份以来预期收入指数一直保持较稳定的趋势,1、2两月份该指数水平为45.7,3月份回落为42.1,但4月份又上升为的45.6,5月份略微上升为46.5,6月份回落为43.3,7月份为49.7,8月份为45.9,9月份为43.0,10月份为45.9。二是就业状况有所改善。就业指数从2005年1月份的47.9开始上升为2月份的48.6,3月份回落为46.5,但4月份又上升为48.8,5月份继续上升为49.6,6月份为48.3,7月份为49.7,8月份为50.4,9月份为47.4,10月份为49.9。三是居民购买意愿保持稳定,从2005年1、2月份的49.7开始上升,3月份回落为48.4,但4月份又上升为49.2,5月份继续上升为50.0,6月份为49.7,7月份为50.2,8月份为50.4,9月份为47.5,10月份为49.4。四是消费者信心指数总体持续好转,从2005年1月份的47.4开始上升,2月份为47.6,3月份回落为45.2,但4月份又上升为47.4,5月份继续上升为48.3,6月份为46.6,7月份为48.1,8月份为48.4,9月份为45.5,10月份为47.9。由于民间最终消费支出占日本经济总量的55%以上,长期以来一直是决定日本经济增长的重要因素,其保持平稳增长有利于日本经济将继续保持增长的态势。

3. 日本政府将继续执行宽松的货币政策

鉴于目前的经济形势,日本货币政策没有变化,预期在年内利率不会上升。日本中央银行11月18日举行的政策委员会会议一致决定,继续执行2004年1月20日制定的货币政策：即继续保持宽松的金融政策，将每天向金融市场提供的货币供应量维持在30万亿至35万亿日元之间，并维持每月购买1.2万亿日元日本国债的额度不变。日本央行在与政策决定同时发布的声明中称，如果金融市场面临流动资金需求急剧上升等不稳定风险，央行将不顾上述限制而向市场提供更多流动资金。日本央行表示，若解除宽松的货币政策需要满足三个方面的条件：一是消费者物价指数与上年相比，增长率稳定在正值范围以内；二是政策委员会的大多数委员对增长率是否稳定在正值范围以内达成共识；三是对于经济、物价形势进行综合性的判断。从这些条件形成的过程来看，日本还将在相当长的一段时间内维持宽松的货币政策。日本央行保持现行货币政策基于两方面理由：一方面，从最近相继发表的2005年1-6月份工业生产指数以及经过调整的去年第四季度经济增长率等经济数据来看，日本经济出现了恢复的征兆，但消费价格指数依然处于低位。另一方面，日本将全面恢复"存款限额保护制度"，资金的流向可能会发生变化，金融市场需要足够的资金来支撑经济复苏。

4. 日本金融形势继续好转

日本六大金融集团日前相继发表的2005上半财年(4至9月份)财务决算报告显示，由于日本经济形势好转，企业倒闭减少，财务状况改善，不良贷款减少，预计日本六大金融集团2005财年的最终利润将超过3万亿日元，创历史最高纪录。三菱联合金融控股集团15日发表的财务决算报告表明，在截至9月底的上半财年内，该金融集团的税后纯利达到了5650亿日元，相当于日本最大的企业集团丰田汽车公司上半财年的利润。三井住友金融控股集团上半财年的税后纯利也达到了3920亿日元，比当初的预测增加了1820亿日元。瑞穗金融控股集团和理索纳金融控股集团的税后纯利分别为3300亿和1700亿日元，均比当初预测增长了600亿日元。三井托拉斯金融控股集团和住友信托银行的税后纯利分别为590亿和500亿日元，分别高出预期140亿和130亿日元。日本六大金融集团今年上半财年的税后纯利总额为1.566万亿日元，比当初的预测增加了6140亿日元。日本泡沫经济破灭之后，一直处于困境的日本金融业开始复活，金融体系已经基本稳定。

根据日本金融厅7月29日发表的全国银行不良资产余额统计显示，

截至2005年3月底，包括大型商业银行和地方银行在内的日本全国126家银行的不良资产余额为17.9万亿日元，比去年同期减少了32%，连续第三年呈现减少趋势。日本全国银行系统2005年3月底的平均不良资产比例已经低于4%，完全达到了“金融再生计划”当初提出的要求。如果加上信用金库、信用组合等金融机构，2005年3月底日本全国631个金融机构的不良资产余额为24.9万亿日元，比上年同期减少了28%。

日本银行系统不良资产大幅下降的主要原因是整体经济形势好转，企业倒闭数量减少，新产生的不良资产下降。另一方面，由于企业经营状况改善和收益增加，一些原来作为不良资产的“要管理资产”已经逐步成为正常资产，银行持有的债权质量不断提高。

（二）不利因素

1. 国际石油价格高位运行

目前国际石油价格虽然有所回落，但仍在高位运行。自从8月初，国际油价创下每桶66美元的新高后，现在回落到60美元/桶左右。1－9月OPEC月平均原油价格直线上升，从1月份的40.24美元/桶上升到9月份的57.88美元/桶，美国西德州中级的月平均原油价格从1月份的46.64美元/桶上升到9月份的65.28美元/桶。国际货币基金组织最近发布的报告指出，国际石油价格依然存在着过高的风险，需认真应对。虽然近期国际油价有所回落，但国际能源机构（IEA）近日将2030年国际石油价格预测提高到每桶至少65美元。亚洲开发银行认为，世界油价回落将是短暂的，走高攀升是长期趋势。国际石油价格居高不下对于日本这样一个能源依靠进口的国家来说，意味着生产成本的提高，这也是日本经济2005年将有所放慢的一个重要因素。

2. 通货紧缩问题没有根本解决

从GDP平减指数来看，2001－2004年分别下降1.3%、1.3%、1.4%和1.2%，一直保持下降的趋势。2005年一季度继续下降1.0%，二季度又下降0.9%，三季度进一步下降1.1%。从核心消费者价格（扣除新鲜食品）指数来看，2001－2004年分别下降0.8%、0.9%、0.3%和0.1%。经季节调整后，2005年1月份的核心消费者价格下降0.2%，接下来两个月份为零增长，4、5两个月份增长0.1%，6月份下降0.1%，7月份为零，8、9月份上涨0.1%。国际货币基金组织2005年9月份预测日本消费者价格指数2005年将下降0.2%,2006年上涨0.2,Consensus Forecasts也在2005年10月份预测将下降0.2%,2006年上涨0.2。日本通货紧缩压力虽然出现了缓解的迹象,但并没有根本解决。

根据目前日本经济发展情况及趋势,可以看出2005年日本经济将继续保持增长的态势,但增速将放慢,这从国际组织和机构预测的结果也可以得到佐证。联合国2005年1月份预测日本经济2005年将增长1.75%,回落0.95个百分点;世界银行2005年11月份预测将增长2.3%,2006年增长1.8%;国际货币基金组织在2005年9月份预测将增长2.0%,2006年也增长2.0%;Consensus Forecasts 2005年10月份预测将增长2.1%,2006年增长1.7%。可以看出,与上两年相比,日本经济在2006年增速将略有放慢,总体增速将保持在2.0%左右。

四、当前日本经济对中国经济的影响及相关政策建议

日本经济目前影响我国最主要的方式是通过贸易和投资。在贸易方面,据最新统计资料显示,2005年1-9月我国对日本进出口总额1345.5亿美元,比去年同期增长10.5%。其中,出口617.7亿美元,比去年同期增长18.8%;进口727.8亿美元,增长4.3%。在外商直接投资方面,2005年1-9月,新批设立日本外商投资企业2684家,同比下降5.63%;合同外资金额95.61亿美元,同比增长28.96%;实际使用外资金额54.29亿美元,同比增长19.63%,2005年1-10月对华投资前十位国家/地区(以实际投入外资金额计)依次为:香港(139.21亿美元)、英属维尔京群岛(76.43亿美元)、日本(54.29亿美元)、韩国(39.29亿美元)、美国(24.35亿美元)、新加坡(18.10亿美元)、中国台湾省(17.20亿美元)、开曼群岛(16.02亿美元)、德国(13.56亿美元)、萨摩亚(11.73亿美元),前十位国家/地区实际投入外资金额占全国实际使用外资金额的84.73%。可以看到日本已经超过美国,成为我国吸收外国直接投资的重要来源国之一。

鉴于上述日本经济影响我国的两个渠道,提出以下政策建议:

首先,继续扩大对日本市场的出口,在保持我国总出口不变甚至增加的前提下,改善我国与日本的进出口关系。

其次,日本作为我国吸收外国直接投资的重要来源国,是我国利用外

资的主要来源之一。鉴于目前我国吸引外商直接投资呈现下降趋势,应采取积极措施,利用日本与我国的地缘和文化关联的特点,进一步吸引日本企业对我国的投资。

最后,保持和发展与日本的经济合作关系,加强对话和交流,解决可能加剧的中日贸易摩擦问题。同时要从全局利益出发,妥善处理好目前存在的中日民族感情问题,促进我国经济发展。

(执笔:马岩)

2005年周边国家和地区经济形势回顾及2006年展望

2005年,在世界经济稳定运行和世界需求旺盛的带动下,周边国家和地区经济保持了较快增长。外需对各经济体经济增长有较大拉动,内需在2001年世界经济低迷后也得到稳步改善。就业情况良好,汇率、利率基本稳定,外汇储备稳步增加。但由于世界原油价格的大幅上涨,使该地区的经济发展受到一定程度的抑制,通货膨胀略有上升。2006年,随着世界经济的稳定发展和信息技术产业形势的好转,周边国家和地区经济仍将保持较快增速。但过高的原油价格和外商直接投资流入的下降,会使该地区经济发展略有放慢。另外,近期疫情逐渐加重的禽流感,也会对该地区经济产生较大影响。初步预计,2005年,周边国家和地区经济将增长5.2%左右。

一、2005年周边国家和地区经济运行良好

(一)周边国家和地区经济保持较高速增长但受高油价和禽流感的影响增速略有放慢

2005年,多数周边国家和地区经济都逐渐从去年末和今年初的回落中调整过来,二、三季度经济都逐渐步入稳定、较快增长轨道,全年经济仍会保持较高速增长。但由于国际原油价格的居高不下和疫情加重的禽流感,共识公司在最近的预测中对各个经济体GDP增长率的预测值普遍调低。初步预测,2005年周边10个国家和地区经济将增长5.2%左右,比上半年的预测值调低0.8个百分点,比2004年低1.5个百分点。分国家和地区看,经济大国印度全年经济将增长6.9%左右;俄罗斯将增长6%左右,其他国家和地区经济增长也都在3.6%以上。

表1　周边国家和地区 2005 年经济增长(%)

经济体	2004 年	2005 年(预测)
中国香港	8.1	5.5
中国台湾	5.7	3.6
韩国	4.6	3.7
新加坡	8.4	4.1
马来西亚	7.1	5.1
菲律宾	5.1	4.7
印度尼西亚	5.1	5.5
泰国	6.1	4.0
印度	6.9	6.9
俄罗斯	7.1	6.0
平均	**6.7**	**5.2**

资料来源:共识预测公司和各国政府网站。

(二)周边国家和地区的外部需求仍比较强劲,但出现贸易逆差和顺差额减少的经济体增多

受世界经济稳定增长和美国需求增加的影响,大多数周边国家和地区的出口都保持了较高速增长。其中,俄罗斯、印度尼西亚、印度出口增长最快,分别增长 35%、23.5% 和 20.2%。出口增长较低的国家和地区是中国台湾和新加坡,分别增长 8% 和 2.2%。其他国家和地区增长都在 11 - 19% 之间。但由于受世界电子产品周期性需求萎缩的影响,多数国家和地区的出口增长都比去年同期有所减缓。同时,受国际原油市场价格大幅飚升的影响,多数国家和地区的进口总额明显提高,对国际原油市场依赖程度较大的中国香港、泰国、印度已出现贸易赤字。2005 年,印度贸易赤字将达 429 亿美元,中国香港将达 111 亿美元,泰国将达 79 亿美元。还有一些国家和地区虽然仍保持贸易顺差,但顺差额比去年大幅减少。

(三)通货膨胀压力增大

2005 年,周边国家和地区的消费者价格将上涨 4.8% 左右,比去年上升 0.5 个百分点。其中,中国香港已摆脱前几年的通货紧缩,消费者价格比去年上涨 1.2%;菲律宾比去年上涨 8.5%,上升 2.5 个百分点;印度尼西亚上涨 7.9%,上升 1.8 个百分点;马来西亚、俄罗斯、中国台湾等消费者价格水平也均比去年有不同程度的上升。影响周边国家和地区消费者价格快速上涨的原因主要有四个：一是各经济体经济增长较快，国内需求旺盛，拉动价格的上涨。二是国际原油价格的居高不下。又具体分为两种情况，多数原油净进口国，由于成本效应推动了这些国家和地区价格的上涨。而俄罗斯和印度尼西亚是原油净出口国，油价上升引起的收入效应也拉动了价格的上涨。三是部分国家和地区货币兑美元出现贬值。四是菲律宾和泰国由于农业欠收，引起农产品价格的上涨。

表2　消费者价格上涨率(%)

经济体	2004 年	2005 年
中国香港	-0.4	1.2
中国台湾	1.6	1.9
韩国	3.6	3.0
新加坡	1.7	0.5
马来西亚	1.4	2.9
菲律宾	6.0	8.5
印度尼西亚	6.1	7.9
泰国	2.8	4.0
印度	6.0	4.5
俄罗斯	10.9	11.8
平均	**4.3**	**4.8**

资料来源：共识预测公司和各国政府网站。

(四)外汇储备持续增加结构发生变化

截至2005年三季度，周边10个国家和地区中，除中国香港、印度尼西亚的外汇储备略有减少外，其他国家和地区的外汇储备均比2004年底呈不同程度的上升。但随着近两年国际原油价格的大幅上涨，周边部分国家和地区的外汇储备增长速度有所下降。而且，外汇储备的结构呈现出如下特点：1. 近几年，周边国家和地区的进出口贸易持续增长，经济帐户盈余保持适度、稳定，与几年前的大幅增长形成对比。2. 外商直接投资(FDI 下同)受2001年“9.11事件”和世界经济低迷的影响，2002和2003年出现大幅下滑后，2004年有了较大幅度的上升。但2005年部分国家和地区的FDI出现了增长减缓的趋势。3. 从2002年开始，周边国家和地区非FDI净值增大、占外汇储备比重增多。2004年，非FDI净值占该地区新增外汇储备的40%左右。其中,中国台湾、韩国和印度,自2001年以后的几年中,非FDI在外汇储备增加额中已占到55%以上。这反映出资本的投机因素在外汇的流入和流出中所占的比重在逐渐增大。

表3 周边国家和地区外汇储备

单位:亿美元

经济体	2003年	2004年	截至	
中国香港	1184	1236	1223	(2005年8月底)
中国台湾	2066	2417	2541	(2005年8月底)
韩国	1554	1991	2067	(2005年8月底)
新加坡	950	1128	1163	(2005年7月底)
马来西亚	435	630	803	(2005年9月底)
菲律宾	133	125	179	(2005年8月底)
印度尼西亚	347	337	320	(2005年8月底)
泰国	410	480	499	(2005年9月初)
印度	1006	1310	1438	(2005年8月底)
俄罗斯	778	1207	1519	(2005年9月初)

资料来源:各国央行网站。

二、2005年周边国家和地区经济快速增长的原因

2005年,世界经济的稳定增长为周边国家和地区的经济发展创造了良好的外部环境。而各经济体内政局稳定、政策连续、投资增加、就业良好、居民消费支出增长等,是该地区经济较快增长的主要因素。

(一)世界经济平稳增长

世界经济尤其是美国经济较高的增速和日、欧经济的复苏为周边国家和地区经济发展提供了良好的外部环境。据国际货币基金组织预测,2005年世界经济增长将达到4.3%,是近十年来仅次于2004年(5.1%)的较快增长。世界三大经济体美国、日本、欧元区2005年经济将分别增长3.5%、2%和1.2%。近十年来一直处于萧条中的日本经济终于出现了复苏迹象,这对该地区扩大出口、吸引外资都十分有利。此外,中国经济的持续稳定增长对周边国家和地区经济的快速增长也是一个有力支撑。1991年以来,中国经济保持了9%以上的年平均增长率,2005年中

国经济的增长率预计为9.5%，依然是亚洲经济增长最快的国家。周边国家和地区抓住机遇，对中国的出口屡创新高。而中国—东盟自由贸易区的进一步发展，对周边国家和地区调整出口战略向区内转移、密切与中国的经济合作和交流均十分有利。中印经济交往的加深、中俄双边贸易的迅猛发展及在石油、天然气等方面的合作等，都对该地区经济的发展产生了带动作用。

（二）世界需求仍较旺盛

2005年，世界原油价格升至20多年来的最高点，严重影响了石油进口国家的消费、投资和商业信心，从而也影响了世界贸易的增长。10月27日，WTO预计，受高石油价格的影响，2005年世界货物进出口贸易将增长6.5%，比4月份预计的9%下调2.5个百分点。国际货币基金组织9月份预计，2005年世界贸易将增长7%，比2004年减缓3.3个百分点。但7%左右的贸易增长，仍大大高于2001－2003年的平均水平，也是标志世界贸易较活跃的一个速度。周边国家和地区的区域内贸易及对主要发达国家的贸易与2004年的增速比普遍放慢，但仍基本保持了10%以上的增长。尤其是俄罗斯，受高油价的影响，全年出口将增长35%左右。

（三）内部需求回暖

2005年，多数周边国家和地区内需强劲。中国香港采购经理人指数自7月份扭转下降局面上升到52.7（50预示经济回升），雇佣人数也明显增加，全年失业率为5.6%，大大低于前三年平均7.3%的水平。人民币的升值总体来说对香港经济产生了积极影响。9月份迪斯尼乐园的开张，对香港旅游业及相关产业也会起到较大的推动作用。印度国内需求强劲，从进口的大幅增长可以看出。初步预计，全年进口将增长25.9%。工业生产保持高速增长，全年将达到8.2%。比2004年高1.2个百分点，比2003年高2.4个百分点。马来西亚货币吉林特紧随人民币升值后，有效地阻止了国际热钱的投机行为也抑制了通货膨胀的过快增长。韩国私人消费和固定资产投资增长较快，国内经济形势较好。中国台湾从三季度开始扭转了工业生产下滑趋势，固定资产投资也继2004年增长15.4%后全年将继续增长7.9%。俄罗斯、印度尼西亚和马来西亚是该地区仅有的三个石油净出口国，也是2005年国际原油价格大幅上涨的直接受益者，将会大大有助于国内经济环境的改善。

三、周边国家和地区经济与我国经济的相互影响

随着区域经济一体化的加深,我国与周边10个国家和地区的经济往来、经济合作等日益密切,相互间经济、社会的融合程度也日益增强。中国—东盟自由贸易区进展顺利,中印合作发展迅速,中俄经济、战略等方面的合作也迈上了新的台阶,取得了良好的成绩。

(一)贸易往来更加密切

2005年,我国与周边国家和地区的贸易往来进一步密切。一是贸易量逐年增多,2005年1-9月,我国实现进出口总额10245亿美元,其中与周边10个国家和地区的进出口额为3626亿美元,占35.4%,大大高于北美的16.4%和欧盟的15.4%。其中,出口额占我国总出口额的31.8%;进口额占我国总进口额的39.5%。二是多边贸易发展势头强劲。2005年1-9月,我国与周边10个国家和地区的进出口额均比去年同期增长14.4%以上,最高的达41.7%。从出口来看,对印度出口同比增长57.4%,对俄罗斯增长55.1%,对印度尼西亚和泰国出口也分别增长49.9%和49.6%。从大多数国家的进口也保持较高速增长,从菲律宾的进口增长47%,从印度的进口增长30.6%,从俄罗斯、韩国、新加坡和泰国的进口增长也都在20%以上。

(二)吸引周边国家和地区的外资增加

我国吸引周边国家和地区的外资增长迅速。随着周边国家和地区经济的快速发展,周边国家和地区对我国的投资也逐年增多。2004年,周边10个国家和地区对我国的直接投资达315亿美元,比2003年增加30亿美元,增长10.6%。比2000年增长50%。2004年占我国全部外商直接投资的比重已达52%。

(三)经济合作日益加深

随着我国与周边国家和地区的经贸合作的日益发展,经济合作完成的营业额也迅速增长。从近三年的情况来看,2004年我国与周边10个国家和地区的经济合作完成营业额为58亿美元,比2003年增长10.9%,比2000年增长43%。其中,承包工程完成营业额45亿美元,比去年增长13.3%。设计咨询完成营业额1834万美元,增长2倍多。劳务合作完成营业额已超过了12亿美元,比去年增长9%。这对缓解我国的就业形

势和增加外汇收入起了重要作用。

四、2006年周边国家和地区经济展望

2006年,周边国家和地区的经济发展中既有有利因素也有不利因素,世界经济的稳定增长和全球范围内信息技术产业形势的好转,将为该地区的经济发展提供宽松的环境。而各经济体内需的强劲、政策的持续性和政局的稳定,仍是该地区经济较快增长的主要因素。但国际原油价格和初级品价格的大幅上涨,会制约该地区经济的增长。而近期内已在亚、欧15个国家和地区发生的禽流感,将会使该地区经济受到很大冲击。

(一)周边国家和地区经济发展的有利因素

1. 世界经济将稳定运行。展望2006年,虽然世界经济运行中仍有一些不稳定因素,如国际原油价格仍会居高不下、主要原材料价格持续上涨、贸易磨擦和贸易不平衡加剧等,但经济发展中的积极因素仍占主导地位,世界经济仍会在稳定中保持适度的增长。美、日、欧三大经济体将会有不同的表现。美国经济连续几年高增长后,将会出现周期性回落。近日,美联储将联邦基金利率上调至4%,如此高的水平,一方面会抑制美国个人消费的支出;另一方面资金成本将急剧上升,会使企业投资受挫,公司业绩也会受到影响。这些都会导致美国经济增长的放缓,世界经济也会随之减速。但日、欧经济将逐步复苏,国际货币基金组织9月份预测,2006年日本经济将增长2%,与2005年持平。欧元区经济将增长1.8%,比2005年加快0.6个百分点。中国经济依然保持较强的活力,仍是世界经济增长的重要拉动者。世界经济2006年将增长4.3%,与今年持平。

2. 国内需求成为拉动经济发展的主要因素。自亚洲金融危机和2001年世界经济低迷后,周边国家和地区意识到仅仅依赖外部市场拉动国内经济的危险性,已从多个方面调整本国和地区的经济结构。多数国家和地区已建立起由出口拉动和国内需求共同带动的、平衡的经济增长方式。经过近几年的持续努力和发展,成效已经显现。这不仅为该地区经济的发展增加了活力,也为未来经济的持续、稳定增长奠定了基础。

3. 世界信息技术产业形势开始得到改善。周边国家和地区尤其是四小龙和四小虎是世界电子、信息产品的主要生产地区和出口地区。据

世界贸易组织 2003 年统计，除日本外的亚洲地区，办公设备和通讯设备出口占该地区全部货物出口额的 30% 左右，占制成品出口额的比重为 36%，远远高于世界平均水平的 13% 和 17%。2004 年下半年和 2005 年上半年，由于世界电子、信息产品需求的周期性下降，该地区的出口有所放慢。但今年三季度开始，世界信息技术产业复苏，生产和销售均出现好转，将带动该地区工业生产和进出口贸易的增长。

4. 良好的政策、金融环境及人力资源等成为推动经济持续增长的动力。周边国家和地区的政府均十分重视国内社会安定，注重培育市场，加大对外开放和与世界经济的融合，经过多年努力已形成较好的经济环境和市场秩序。在宏观经济政策方面的驾驽能力也逐步增强，这在几个新兴工业国家和地区中表现的尤为突出。财政政策方面，多数经济体多年来一直维持较低的利率水平和采取积极的财政支出政策。货币政策上也经受住了世界上一些舆论的压力，汇率均基本保持稳定，只在一定区间内上下浮动，收到了积极的效果。资本市场加速改革，股市未出现大起大落。外汇储备持续稳定增加。同时，同边国家和地区一方面拥有优秀的人力资源，另一方面又有大量廉价的劳动力，在开放的环境中与海外资本和技术相结合，形成了强有力的经济增长动力。这些因素都使该地区在 2006 年的经济发展中仍具有较大的潜力。

（二）周边国家和地区经济发展的不利因素

1. 高油价将对周边国家和地区产生较大的影响。2005 年，纽约市场每桶原油的期货价格一度突破 70 美元，预计全年平均每桶原油的价格也在 50 美元以上，在国际社会一度引起是否会出现第三次石油危机的恐慌。高油价对欧美国家的经济不会产生根本性的影响，但对石油资源匮乏的周边国家和地区来说影响却是深远的。周边 10 个国家和地区，除俄罗斯、印度尼西亚和马来西亚石油资源较丰富外，其他国家和地区都属于石油储藏贫瘠的地区。除这三个国家外，其他 7 个国家和地区的石油生产量只占全球生产总量的 3% 左右，进口量却占了全球石油进口总量的 13%。

从石油自给率（（石油生产 - 消费）/消费）来看，对国际市场依赖程度最大的几个国家和地区都在周边这 10 个经济体中。对国际市场依赖 95% 以上的有 5 个国家和地区，分别是中国香港、韩国、中国台湾、新加坡和菲律宾。中国香港的石油自给率是 -1,100% 依赖进口。除俄罗斯、马来西亚、印度尼西亚3个石油净出口国外,其他国家和地区对国际石油市场的依赖程度都远远高于西方七国平均的-0.591。

表4　周边国家和地区及世界主要国家石油自给和消费情况

经济体	石油自给率((生产-消费)/消费)	石油占能源消费的比重	人均用油(桶)
中国香港	-1.000	62.8	13.9
韩国	-0.999	52.0	16.5
中国台湾	-0.991	45.7	14.8
新加坡	-0.988	88.8	60.5
菲律宾	-0.957	55.0	1.5
泰国	-0.685	52.9	4.8
印度	-0.649	34.3	0.8
西方七国	-0.591	40.3	18.6
日本	-0.978	50.5	16.0
美国	-0.561	39.5	25.1

资料来源:亚洲银行《亚洲经济2005年展望》。

由于周边国家和地区对国际原油市场高度的依赖,国际原油价格的持续高位除了将推动该地区的价格上涨外,还将会对经济发展产生一定的抑制作用。如果高油价持续时间较长,对消费者和投资者的信心也将产生较大影响。

2. 初级产品价格上涨。美国商品研究局公布的CRB指数,是反映全球商品价格变化的综合指数。包括6大类17种商品,在很大程度上反映商品市场价格运行的总体趋势,具有较强的预警性。2003年底CRB指数为283.58,2005年3月10日达300.82,上涨了6%。2005年10月初已达325.21,又比3月份上涨了8.1%。其中工业原材料上涨了7.1%,金属上涨了30.5%,食品类上涨了4.2%。而周边国家和地区对初级产品的进口较多,也影响到该地区经济的正常发展。

根据世界银行公布的2003年各国进口商品构成统计,周边国家和地区的农业原材料进口额达190亿美元,占世界农业原材料进口总额的12%;矿物和金属进口额达302亿美元,占世界进口总额的12.6%。初级产品价格的传导对周边国家和地区的通货膨胀将造成一定的压力。

3. 外资流入有所下降。2004 年,随着世界经济的快速增长,全球外商直接投资也得到了迅速恢复,周边国家和地区吸引的外商直接投资大幅增长。但 2005 年,从现有的 7 个国家和地区数据来看,除泰国和印度呈上升趋势外,其他地区大都呈下降趋势。

表 5 周边国家和地区外商直接投资

单位:亿美元

经济体	2000 年	2001 年	2002 年	2003 年	2004 年	2005 年
中国香港	619	238	97	136	338	240
中国台湾	49	41	14	4.5	19	16
韩国	86	37	29	38	81	65
新加坡	172	150	57	114	210	
马来西亚	38	5.5	32	25	43	30
菲律宾	13	10	18	3.2	4.7	
印尼	-45.5	-29.8	1.5	-6	10	9
泰国	28	39	10	19	6	14
印度	23	34	35	43	54	63
俄罗斯	27	25	34	11	100	

资料来源:联合国贸发会议和共识预测公司。

4. 禽流感将对该地区经济生产较大影响。11 月初,由世界卫生组织、联合国粮农组织和世界银行共同发起的全球防治禽流感会议在日内瓦召开,与会代表认为,禽流感在人际间的传播“不可避免”和可能造成的损失“不可计算”。世界银行预计禽流感可能给全球经济造成最少 8000 亿美元的损失。到目前为止,禽流感已造成全球超过 1.5 亿只禽类被扑杀,63 人死亡,直接经济损失高达 100 亿美元。H5N1 型禽流感已经在 15 个亚洲和欧洲国家与地区传播,虽然目前未出现禽流感在人群中传播现象,但有迹象表明,H5N1 型禽流感病毒在人群中传播只是时间问题。亚行最新研究报告《禽流感对亚洲经济的潜在影响》指出,禽流感可能导致亚洲经济零增长,并导致全球商品与服务贸易额减少 14%。报告指出,在预测新型流行性疾病可能造成的后果时还存在许多未知因素。但与非典疫情相比,“禽流感对人类和经济活动的破坏性要大得多”。

(执笔:郑泽香)

专栏

当前世界经济中值得关注的问题及其政策挑战

受国际石油价格高涨和美国紧缩货币政策等因素的影响,2005 年世界经济增长步伐有所放慢。但是由于全球利率普遍较低,通货膨胀率适度,加之各国政府采取有效的宏观调控措施等因素,为 2005 年世界经济提供了良好的发展环境,世界经济增长总体上依然强劲,其增速接近于潜在的增长水平。据世界银行日前公布的《2006 年全球经济展望》报告显示,2005 年世界经济增长率估计为 3.2%,略低于去年 3.8% 的增速。从各个地区来看,发达国家经济增长率估计为 2.5%,比上年低 0.6 个百分点,其中美国增长 3.5%,欧元区增长 1.1%,日本增长 2.3%;发展中国家经济增长率估计为 5.9%,比上年低 0.9 个百分点,其中亚太地区增长 7.8%,东欧和中亚地区增长 5.3%,拉美和加勒比海地区增长 4.5%,撒哈拉以南非洲增长 4.6%。

据世界银行预计,2006 年世界经济增长率为 3.2%,保持基本稳定。近年来,全球经济对外来冲击的抵御能力增强,各国宏观经济政策更为灵活,国际金融货币体系不断改进,新兴市场国家经济机制日益健全,这些构成了当前世界经济发展的有利条件。但是所面临的诸多不利因素仍不容忽视,国际石油价格居高难下,市场动荡不稳,通货膨胀压力加大,各国货币政策趋紧,加之全球发展不平衡持续存在,贸易保护主义情绪抬头等,预计明后两年世界经济发展的不确定因素增加,经济下滑趋势的风险和压力较大,值得关注。

一、国际石油价格高企,仍是制约世界经济未来发展的重要瓶颈

2005 年国际石油价格持续上涨,10 月份 OPEC 平均油价每桶 55 美元,美国西德州市场平均油价为每桶 58 美元,英国布伦特市场平均油价为 59 美元,中东迪拜市场平均油价为 54 美元,其中 8、9 月份涨幅最大,比 2004 年底每桶上升 20 美元左右。据专家分析,国际石油价格上涨总体上对世界经济的不利影响还是十分有限的,其原因有:同期金属、矿石等非石油产品价格呈同步上涨趋势,在一定程度上冲销了油价上涨对发展中国家经济的影响;一些国家的政策在减轻油价上涨带来的负面影响方面发挥了较大的作用,比如欧洲和日本实行高燃油税政策,对石油进口依赖程度较高的东南亚国家直接实行油价补贴政策,这些在一定程度上缓解了石油供需紧张矛盾,减轻了油价上涨对国内消费者的冲击,抑制了国内通货膨胀率的上升。

但是,近期有迹象表明,压制石油价格不利影响的因素和政策正逐渐消失,今后石油价格上涨对世界经济特别是发展中国家经济的负面影响将越来越明显。一方面,受资源短缺和生产能力的限制,石油产量大幅度增加的空间十分有限,石油供应不足问题日益严重,任何一个产油国的生产出现问题都有可能干扰石油供应,进而导致价格升高。另一方面,新能源的开发利用、节能新技术的采用需要有一个较长的时间过程,随着美国、中国和东亚国家经济的快速增长,近期世界对石油总需求不可能有较大幅度的回落。因此,国际石油市场更趋脆弱,更加动荡不稳,油价将在未来较长时期内维持在较高的水平上。从国际商品市场变动趋势来看,非石油商品市场的紧张状况出现缓和迹象,金属、矿石和农产品价格趋于稳定,甚至有所回跌。在这种情况下,如果石油价格继续上涨,势必恶化对石油进口依赖较大的发展中国家的贸易条件,它们可能会被迫减少必要的非石油产品进口,从而遏制国内生产和需求,阻碍经济发展。此外,对于发展中国家来说,如果石油价格继续攀升,目前在一些国家实行的油价补助将成为政府难以承受的财政负担。近几个月以来,印度、印度尼西亚、马来西亚、泰国等正逐渐减少油价补助,有的甚至取消油价补助政策。其后果,将直接导致通胀率上升,居民实际收入下降。

据世界银行《2006 年全球经济展望》报告预计,2006 年国际石油价格将维持在平均每桶 60 美元左右,并有望降至 56 美元,2007 年可能降至平均每桶 52 美元左右。如果按目前石油日产增加 200 万桶这一假设条件推算,石油涨价因素对 2006 年和 2007 年世界经济可能造成的负面影响有:今明两年世界经济增长率可能拖慢 1% 和 1.5%;通货膨胀率可能上升 2.6% 和 0.6%;利率可能提高 1% 和 0.2%;经常项目逆差占 GDP 比重可能扩大 1.1% 和 0.5%。

二、通货膨胀压力增大,构成世界经济增长的潜在威胁

整体上看,2005 年世界大多数国家消费者价格水平较低,通货膨胀压力比较温和。据国际货币基金组织 2005 年《世界经济展望》秋季报告预计,2005 年发达国家消费价格平均上涨率为 2.2%,比去年高 0.2 个百分点;发展中国家平均为 5.9%,比去年高 0.1 个百分点。欧元区、日本、中国等世界主要国家通货膨胀率处于较低的水平,有的甚至比去年略有下降。

但是,受石油价格持续上涨的影响,市场对通货膨胀的预期上升,通胀压力明显增大,特别是美国、印度和东盟等国家近期价格上涨幅度较大。9、10 月份美国消费价格同比分别上涨了 4.7% 和 4.3%,预计全年上涨率为 3.1%,比上年高 0.4 个百分点。印度 9 月份消费价格同比上涨 3.6%,预计 2005 年上涨 3.9%,2006 年升至 5.1%。东盟 4 国逐渐削减燃油补助,直接推高了消费价格的上涨率。据国际货币基金组织预计,2005 年东盟 4 国消费价格平均上涨率为 6.4%,比上年高 1.9 个百分点。其中,印度尼西亚消费价格同比上涨率从9月份的9.1%升至10月份的

17.9%，为6年来最高水平，预计全年为8.2%，比上年高2.1个百分点；泰国9月份消费价格同比上升6%，为7年来最高，预计全年为4.2%，比上年高1.5%；菲律宾10月份消费价格同比上涨率为7%，预计全年为8.2%，比上年高2.2%；马来西亚2005年消费价格预计上涨3%，比上年高1.6个百分点。

目前世界主要国家通货膨胀率维持在较低的水平上，预计短期在全球范围内爆发通货膨胀的可能性不大。但是在局部地区，特别是亚太地区通货膨胀率将有较大幅度的上升，这在很大程度上将抑制该地区的生产投资和消费支出，成为亚太地区经济增长的潜在威胁。随着市场对利率提高的预期不断上升，将进一步加大全球通货膨胀的压力，从而对世界经济发展产生不利影响。

三、利率未来走势是世界经济发展不确定的一个主要因素

近年来，各国货币政策比较宽松，全球利率普遍较低，这对于降低融资成本、促进投资与消费、推动世界经济增长有着直接的贡献。目前维护全球低利率的有利因素仍比较明显，比如欧洲为解决老龄化问题而增加储蓄；中国和前苏联国家逐渐融入世界经济，已形成世界反通胀的强大力量；加上全球通胀率较低，欧洲和日本为了刺激本国消费和投资，低利率可能维持较长一段时期；目前全球长期利率仍稳定在较低的水平上，等等。总体上，利率在全球范围内较大幅度提高的可能性不大。

但是值得注意的是，为了缓解油价上涨带来的通胀压力，一些国家货币政策日渐趋紧，短期利率在不同程度上有所提高。美国自2004年6月起连续14次提高利率，联邦基金利率从1.25%升至4.5%。欧洲央行于今年12月1日将欧元区主导利率提高0.25个百分点，至2.25%，这是欧洲央行最近5年以来首次加息。加拿大央行10月份把隔夜基准利率从2.75%升至3%。韩国央行10月份将隔夜活期贷款利率从3.25%上调至3.50%，为三年以来首次加息。印度尼西亚、泰国、菲律宾、马来西亚东盟4国央行近期也纷纷提高利率，其中泰国央行把短期回购利率从年初的2.25%提高至10月份的3.75%。印度央行自2005年4月份以来已连续两次上调利率，短期基准利率调高50个基点，至5.25%，为两年半以来利率的最高水平。而且，目前市场对全球提高利率的预期不断上升，其结果可能直接冲击房地产市场，增加融资成本，世界经济增长步伐可能因此进一步放慢。

四、持续存在的全球发展不平衡是困扰世界经济发展的一个长期性问题

全球经济失衡的突出表现是美国经常项目逆差。近两年，全球发展不平衡的紧张状况有所缓和，其原因主要有：一是欧洲降低短期和长期利率，美元与欧元之间的利差扩大，外国央行对美元的储备增加，投资者购买美元资产的积极性提高，全球借贷成本下降，为美国弥补经常项目逆差提供了充足的资金。二是一些国家调整了汇率形成机制，国际金融状况有了较大的改善。中国人民币、马来西亚林吉特汇率由盯住单一美元向参考一篮子货币转变，实行更灵活、更富有弹性的汇率形成机制,扩大了汇率浮动范围。相应地,美元汇率保持基本稳定,其贬值趋势有所遏制。自2005年7月起,美元对主要贸易伙伴的实际汇率升值3.5%。这些对于缓和全球经济失衡的紧张状况起到了积极的作用。

尽管如此,目前美国经常项目逆差依然较大,预计2005年将达到7500亿美元,占GDP的比重上升至6.1%,约占全球顺差总额的三分之二,经常项目逆差问题在短期内难以改观。随着全球通胀和升息预期不断提高,美元可能面临再一次贬值压力,全球经济发展不平衡状况可能进一步紧张。

五、全球贸易保护主义情绪抬头,成为世界经济发展的绊脚石

随着世界经济增速放慢,全球经济失衡加剧,以及各国之间经济竞争日趋激烈,特别是担心发展中国家经济竞争实力日益增强所带来的威胁,一些国家贸易保护主义情绪正在增长。今年年初在美国,要求人民币升值否则将对中国实施全面高关税制裁的议案得到美国国会的支持。全球纺织品和服装配额制度取消,也在许多国家引发贸易保护主义情绪。从而拖慢贸易全球化进程,危及世界经济发展。

面对当前世界经济存在的问题和风险,各国政府面临着重大的政策调整挑战。通过政策调整,放慢世界经济增长步伐,有助于缓和国际石油市场的紧张状况和通胀压力,防止世界经济陷入衰退之中。为此,国际货币基金组织和世界银行等有关国际组织提出了许多政策建议,以化解矛盾,促进世界经济发展。

一是各国应采取各种积极措施,减轻石油涨价因素的负面影响。具体建议包括:石油生产国应努力增加石油供应量,缓解市场供需矛盾紧张状况;加强对新能源的开发利用,调整能源消费结构,提高能源利用效率,特别是发达国家应该把节约能源的先进技术提供给发展中国家,这对减少世界能源总需求将十分有效;努力改进石油市场信息质量,提高信息发布的透明度,通过减少石油市场变动风险,降低石油价格。

二是面对潜在的通胀压力,各国政府应采取有序的紧缩货币政策,利率调整要循序渐进,加息步伐应适时适度,使通胀压力保持在可控的范围内,并继续对金融市场实施有序调整。

三是对于经常项目逆差巨大的美国来说,应该增加公共和私人储蓄,减少财政支出。近期美国实行的紧缩财政政策和货币政策,有助于减少经常项目逆差。对于经常项目盈余较大的国家来说,应适当增加开支,努力减少经常项目的盈余。特别是发展中国家应吸收中国和马来西亚的经验,实施更加灵活、更富弹性的汇率形成机制。

四是各国应共同努力,加快贸易全球化和自由化进程,推进多哈回合会谈取得成功。争取在取消农产品出口补贴、降低关税、扩大服务业开放领域等方面能达成协议。

(执笔:余芳东)

中国经济与世界经济篇

中国经济的发展及其对世界经济的影响

改革开放后的中国经济，重新融入世界经济发展的大潮之中，并取得了举世瞩目的成就。随着中国经济快速稳定的增长，对外经济贸易不断扩大，在国际上的政治、经济地位日渐提高，中国经济发展对世界的影响力也进一步扩大。中国经济的崛起到底给世界带来了什么，有人说是威胁，有人说是机会，也有人说是世界经济增长不可或缺的动力。这些说法究竟哪一种符合实际情况，通过对中国经济实际运行情况做深入的了解，并进行认真的分析研究，我们就不难得到真实客观的结论，中国经济保持稳定增长不仅对中国有利，而且对世界经济也具有积极影响，并成为促进世界经济增长的重要驱动力之一。

一、中国经济的发展开拓了一条发展中国家发展经济的成功之路

中国经济的发展开拓了一条发展中国家发展经济的成功之路，主要包括两个方面的含义，一是经过二十多年的改革开放，中国经济发展取得举世瞩目的成就；二是这一成就的取得，是通过本国的经济改革和对外开放，而不是通过损害其他国家的利益的方式取得的。

（一）中国经济发展取得举世瞩目的成就

自1978年改革开放以来，随着改革开放的不断深入，以及加入WTO以来，中国经济持续高速增长，综合国力不断增强，人民生活水平日益提高。与此同时，中国与世界经济的联系不断加深，国际地位显著提高。

首先，经济高速增长，整体经济实力显著增强。2004年，中国国内生产总值达到150589亿元，比1978年增长9.3倍，年均增长9.4%。经济总量居世界第6位。

专栏

2004 年中国国内生产总值位居世界第六位

2005 年 4 月国际货币基金组织(IMF)公布了 2004 年按汇率法计算的世界 180 个国家和地区国内生产总值(GDP)和人均国内生产总值的统计结果。2004 年国内生产总值位居世界前十位的国家分别是美国、日本、德国、英国、法国、中国、意大利、加拿大、西班牙和韩国(见表 1)。

2004 年中国国内生产总值为 19316 亿美元,居世界第 6 位;中国人均国内生产总值为 1490 美元,仍为中下收入国家水平,居世界第 107 位,比上年提高 3 位。中国国内生产总值占世界的比重进一步上升,2004 年占世界的比重为 4.7%,比 2003 年的 4.5% 提高 0.2 个百分点。中国国内生产总值相当于美国的 16.5%,比 2003 年的 14.9% 提高 1.6 个百分点。

2004 年中国香港国内生产总值为 1646 亿美元,位居世界第 35 位,比 2003 年的第 31 位下降了 4 位,中国台湾省国内生产总值为 3052 亿美元,位居世界第 20 位,与 2003 年持平。

表 1　2004 年国内生产总值位居世界前十位的国家及台、港地区情况

单位:亿美元

国家和地区	位次		2004 年		2003 年	
	2004 年	2003 年	GDP	占世界的比重(%)	GDP	占世界的比重(%)
世界总计			406705	100.0	363274	100.0
美国	1	1	117335	28.9	110041	30.3
日本	2	2	46684	11.5	42997	11.8
德国	3	3	27067	6.7	24066	6.6
英国	4	4	21255	5.2	17997	5.0
法国	5	5	20181	5.0	17626	4.9
中国	6	6	19316	4.7	16410	4.5
意大利	7	7	16807	4.1	14711	4.0
加拿大	8	8	9958	2.4	8723	2.4
西班牙	9	9	9930	2.4	8422	2.3
韩国	10	11	6815	1.7	6055	1.7
中国台湾省	20	20	3052	0.8	2858	0.8
中国香港	35	31	1646	0.4	1567	0.4

2004年人均国内生产总值位居世界前十位的国家分别是卢森堡、挪威、瑞士、丹麦、爱尔兰、冰岛、美国、瑞典、卡塔尔和日本(见表2)。中国香港人均国内生产总值为23667美元,位居第24位,比2003年的第21位下降了3位,中国台湾省人均国内生产总值为13260美元,位居第38位,比2003年的第35位下降了3位。

表2 2004年人均国内生产总值位居世界前十位的国家

单位:美元

国家和地区	位次		人均GDP	
	2004年	2003年	2004年	2003年
卢森堡	1	1	69929	60199
挪威	2	2	54521	48325
瑞士	3	3	49305	44439
丹麦	4	4	44929	39467
爱尔兰	5	5	44888	38307
冰岛	6	7	43576	36421
美国	7	6	39934	37821
瑞典	8	9	38449	33678
卡塔尔	9	10	37610	32840
日本	10	8	36575	33705
中国香港	24	21	23667	22760
中国台湾省	38	35	13260	12531
中国	107	110	1490	1270

(执笔:任小燕)

表 1　2004 年国内生产总值位居世界前十位的国家

单位：亿美元

国家和地区	位　次	GDP 总量（现价）（亿美元）	占世界的比重（%）
世界总计		**408878**	**100.0**
美　国	1	116675	28.5
日　本	2	46234	11.3
德　国	3	27144	6.6
英　国	4	21409	5.2
法　国	5	20026	4.9
中　国	6	19316	4.7
意大利	7	16723	4.1
加拿大	8	9914	2.4
西班牙	9	9798	2.4
印　度	10	6919	1.7

资料来源：世界银行。

表 2　中国主要工农业产品产量居世界位次

产品名称	单　位	1978 年		2004 年	
		产量	位次	产量	位次
谷　物	万　吨	26546	2	41357	1
棉　花	万　吨	217	3	1896	1
油菜籽	万　吨	187	2	1304	1
肉　类	万　吨	856	3	7443	1
钢	万　吨	3178	5	27205	1
煤	亿　吨	6	3	16	1
原　油	万　吨	10405	8	17473	6
发电量	亿千瓦小时	2566	7	21140	2
布	亿　米	110	1	420	1
水　泥	万　吨	6524	4	97000	1
化　肥	万　吨	869	3	4469	1
电视机	万　台	52	8	7329	1

其次，主要工农业产品产量居世界第一位。2004 年中国主要工农业产品产量同改革开放的 1978 年相比，有些重要产品不仅产量大幅增加，而且位居世界首位。2004 年，谷物、棉花、菜子油、肉类、钢、煤、布、水泥、化肥、电视机的产量分别是 1978 年的 1.6 倍、8.7 倍、7.0 倍、8.7 倍、8.7 倍、2.7 倍、3.8 倍、14.9 倍、5.1 倍和 141.8 倍，且这些产品产量均位居世界第一位；有些重要产品产量已跃居世界前列。如发电量由 1978 年的世界第 7 位上升至第 2 位，原油产量由第 8 位上升至第 6 位。当然，由于中国人口众多，人均水平仍然较低。

再次，对外贸易升至世界第 3 位。2004 年，中国货物进出口总额由 1978 年的 206 亿美元增至 11546 亿美元，扩大了 56 倍，在全球的位次由第 27 位升至第 3 位。其中，出口额由 98 亿增至 5933 亿美元，扩大了 61 倍，位次由第 28 位升至第 3 位；进口额由 109 亿美元增至 5612 亿美元，扩大了 52 倍，位次由第 27 位升至第 3 位。

表 3　2004 年世界前十位国家和地区货物进出口额

单位：亿美元

国家和地区	位次	进出口总额	出口总额	位次	进口总额	位次
世　界		**180950**	**88800**		**92150**	
美　国	1	23454	8190	2	15264	1
德　国	2	16323	9148	1	7175	2
中　国	3	11546	5934	3	5612	3
日　本	4	10200	5655	4	4545	6
法　国	5	9151	4510	5	4641	4
英　国	6	8076	3456	8	4620	5
意大利	7	6951	3461	7	3490	7
荷　兰	8	6787	3588	6	3199	8
加拿大	9	5978	3220	9	2758	10
比利时	10	5961	3089	10	2872	9

第四,吸收外资总额连续多年居发展中国家和地区首位。改革开放以来,中国吸引外国直接投资获得了长足的发展。从利用外国直接投资规模看,截至 2004 年 12 月底,中国累计实际使用外资金额 5621 亿美元。而改革开放之前,中国利用外资十分有限,即使在改革开放的前四年累计实际利用外资仅有 125 亿美元。从利用外国直接投资流量看,自 1993 年以来,中国每年吸引外国直接投资总额已连续 12 年保持发展中国家首位,连续 6 年位居全球前列。从外国直接投资来源看,中国引进外资的来源,已由改革开放时的亚太国家和地区占 90% 以上的状况,发展到今天的外资来源多元化的局面。目前,全球超过 180 多个国家和地区来中国投资,全球最大的 500 家跨国公司中的 450 多家已在中国投资,部分公司在中国设立了地区总部。

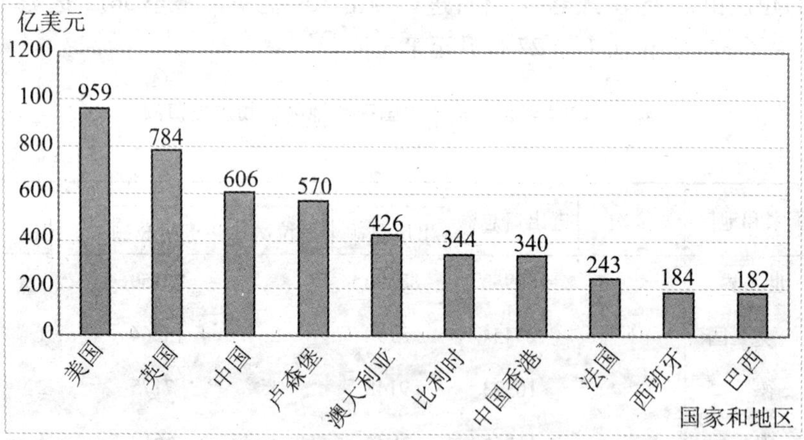

图 1　2004 年吸引外国直接投资最多的前十个国家

第五,外汇储备居连续多年世界第 2 位。改革开放以前,中国外汇储备可以说是微乎其微,到 1978 年外汇储备也仅有 1.67 亿美元,远低于同期韩国的 27.4 亿美元、泰国的 19.7 亿美元和菲律宾的 17.5 亿美元。在改革开放前,外汇收入制约着中国原材料的进口,以及先进技术和设备等方面的引进。自改革开放以来,随着对外贸易的快速增长,中国外汇收入开始好转,特别是 1993 年以后,外汇储备更是迅速上升。到 1996 年底,中国外汇储备首次突破千亿美元大关,达 1050 亿美元,首次居世界第 2 位(仅次于日本)。1996 年以后,中国外汇储备继续增加,到 2005 年 9 月底,中国外汇储备达7690亿美元,连续8年稳居世界第2位。外汇储备的大量增加为抵御金融风险、维护国际信誉以及保持经济稳定提供了坚实的基础,同时还增加了中国对外投资的能力。

第六,国际旅游业收入居世界第6位。2003年,中国接待外国游客、海外华侨和港澳台同胞3297万人次,比1978年扩大18倍。旅游外汇收入174亿美元,比1978年扩大275倍,位居美国、西班牙、意大利、德国和英国之后的世界第6位,比1978年提高25个位次。

第七,科教文卫事业接近或超过世界平均水平。2004年,研究和开发经费占国民生产总值的比重为1.35%,高于发展中国家平均0.7%的水平。截止到2003年底,中国专业技术人员为2775万人,其中,科学研究人员28万人,均居世界首位。

教育是科技的基础,其发展水平的高低是影响人口素质,特别是劳动力素质高低的主要因素,也是影响生产力发展的重要因素。据联合国开发计划署统计,2003年,中国15岁及以上成人识字率为88.4%,高于世界79.1%的平均水平;教育指数为0.84,高于世界0.77的平均水平。

中国居民享有的医疗卫生保健超过世界平均水平。2003年,中国平均预期寿命约为71.6岁,高于世界67.1岁的平均水平;2004年,中国有各类医生535.4万人,居世界首位。

第八,人民生活质量明显提高。改革开放以后,中国政府采取一系列有力措施,改善城乡人民生活,取得了明显的成效,从居民收入看,2004年,城镇居民人均可支配收入为9422元,而1978年仅为316元。从居民消费支出看,1978年中国城乡居民消费支出中,食品消费分别占56.7%和69.6%,至2004年已下降到37.73%和47.23%,城乡居民生活水平已实现从温饱到小康的历史性跨越。

第九,随着国际地位的显著提高,中国在国际舞台上发挥着越来越重要的作用。如2001年2月,国际货币基金组织将中国在该组织中的特别提款权份额由过去的46.9亿(约合61亿美元)提高到63.7亿(约合83亿美元),使中国在IMF中的位次由原来的第11位上升到了第8位。2001年11月,中国加入世界贸易组织,大大提高了世界贸易组织的完整性和影响力。

(二)中国取得成就的主要原因

回顾中国经济的发展历程,不难看出,中国自改革开放以来所取得的成就,主要是通过本国的经济改革和对外开放,而不是通过损害其他国家利益的方式取得的。

首先,中国经济快速增长得益于本国的经济体制改革。自 1978 年起,中国的改革逐步展开。第一步,农村经济体制改革,1982 年开始在全国农村实行的"统分结合"的家庭联产承包责任制,适应了当时手工劳动为主的状况和农业生产的特点及农业现代化进程中生产力发展的需要,极大地调动了农民生产的积极性,解放了农村生产力。第二步,以城市为重点的整体经济体制改革全面展开,1981 年,确认了社会主义社会存在商品生产和商品交换;1982 年,提出了"计划经济为主,市场调节为辅";1984 年,私营经济、三资经济被认为是社会主义经济必要的和有益的补充,中国经济开始进入高速增长时期;1992 年,提出建立社会主义市场经济体制,使市场在国家宏观调控下对资源配置起基础性作用;1997 年,强调要抓紧实现经济体制和经济增长方式的转变,即由计划经济向市场经济转变和由粗放型经济增长向集约型经济增长转变,中国进入了深化改革开放和加快建设现代化的重要时期。进入新世纪,中国又开始为全面建设小康社会而奋斗的新的体制创新活动。

其次,对外开放的战略加快了中国经济的发展。改革开放前,相对封闭的中国,其经济发展的潜力得不到充分的发挥。1978 年以后,中国利用有利的国际形势,实施对外开放战略,极大地推动了经济的发展。

目前看,对外开放至少为中国经济发展带来了两个方面的好处。第一个方面,加入国际经济循环虽有受制于人的风险,但总体看是利大于弊。一是中国经济与世界其他经济有着很强的互补性。中国在改革开放时,资本和资源相对稀缺,而劳动力极为充裕;发达国家则有富余的资本,以及先进的生产与管理技术。许多发展中国家则有富余的资源。二是在改革开放的 1978 年,中国人均国民收入为 190 美元,按照世界银行的划分标准,属于低收入国家。2002 年达到了 970 美元,步入下中等收入国家行列。因此,可以说,改革开放在一定意义上使中国实现了生产要素自由流动,拉平效应使中国人逐步变得富裕起来。

第二个方面,使得中国与世界息息相关、紧密相连。一是对外开放的结果使得中国经济越来越成为世界经济的一部分,如果中国经济发生大的波动,也会影响到世界经济。因此,外部势力冲击中国经济的成本提高了,从而降低了其冲击的意愿;二是对外开放带来了外界在中国利益的增加,也增大了外界通过非经济手段冲击中国的成本,降低了外界使用非经济手段冲击中国经济的可能性,从而使中国相对减少在这方面的防范支出;三是对外开放还使得中国对外界和外界对中国的了解增加,沟通的渠道增多,使由于误解而引起的对抗机会下降。

再次,社会和政治的稳定,也为中国经济的发展提供了坚实的基础。改革开放以来,一是除了1979年的对越自卫反击战,中国与外界基本上没再发生过军事冲突;二是虽然目前还存在台湾问题,但没有发生过对经济建设有影响的国内战争;三是除了1989年的政治风波以外,没有发生过足以对经济发生影响的社会冲突。

二、中国经济的发展为世界经济的稳定发展做出了积极贡献

改革开放20多年来,可以说,随着中国经济的快速发展,综合国力的不断增强,全球经济中的中国色彩将越来越强。但需要客观的指出两点:一是随着中国经济的快速增长,的确对世界经济的影响日益增长。正如世界银行和国际货币基金组织所指出的:"中国经济发展是世界经济增长的主要助推器之一,中国在世界贸易中扮演的角色越来越重要。"二是我们也应客观地认识到,从总体上看,无论是从经济总量,还是从贸易总量及贸易顺差来观察等方面,其影响均是有限的。

(一)中国经济对世界经济的影响有限

改革开放以来,中国经济的强劲发展,正成为世界经济发展的新动力。但是,从总体上看,无论是从经济总量,还是从贸易总量及贸易顺差等方面来观察,其影响均是有限的。

首先,中国经济总体规模相对较小,尚不足以对世界经济产生实质性影响。从经济总量看,2004年中国GDP占世界GDP总值的4.7%,大大低于美国占28.5%、日本占11.3%的比重。

其次,中国对外贸易还不足以对世界进出口市场产生冲击。一是从出口和进口总量来看,2004年,中国出口和进口占全球总量的比重分别为6.7%和6.1%,均列世界第三位,大大低于美国占9.2%和16.6%、德

国占 10.3% 和 7.8% 的水平。如果从中国对美国、欧元区和日本出口额占美国、欧元区和日本 GDP 的比重来看,分别只有 1.1%、1.2% 和 1.6%,可见中国的影响力是很小的。二是从进出口增速看,近年来,中国出口增速加快,但进口增速更快。2000 - 2004 年,中国出口年均增长 24.2%,而进口增长 25.7%,这一增速远远高于日本 20 世纪 60 年代经济腾飞时期的进口平均 19% 的增长。这主要是因为,日本和东南亚国家不同,中国对外贸易对于中国经济增长的重要性主要体现在资金、技术与管理方式的引进和原材料、能源的进口,以及由此带来的经济运行效率的提高。中国在努力扩大对外出口的同时,也非常注意先进技术、关键设备与重要原材料的引进。三是从贸易顺差看,近年来,中国对外贸易顺差虽在不断扩大,但与世界主要贸易大国相比还有很大差距。2000 - 2004 年,中国货物贸易顺差分别为 241 亿美元、226 亿美元、304 亿美元、255 亿美元和 321 亿美元,与同期日本和德国相比,分别为日本的 24.2%、40.8%、38.2%、28.7% 和 28.9%;分别为德国的 44.1%、26.4%、24.2%、17.4% 和 16.3%。四是从出口结构看,中国出口结构与发达国家有很大不同,加工贸易约占全部出口的 55% 以上。中国出口一半多是"两头在外"的来料加工出口和进料加工装配出口,真正的国内原材料和以此为基础的制成品出口不到一半。所以,与美国、日本等发达国家相比,有很大的不可比性。中国目前的出口商品中本身包括了相当一部分为出口而进口的商品。如果按一般贸易出口计算,中国出口在世界贸易的比重不足 3%,影响力更有限。

表 4　最近几年中国进出口增长情况和出口结构

	2000 年	2001 年	2002 年	2003 年	2004 年
进出口情况					
出口增速(%)	27.8	6.8	22.4	34.6	35.4
进口增速(%)	35.8	8.2	21.2	39.8	36.0
净出口额(亿美元)	241	226	304	255	320
出口构成					
一般贸易(%)	42.2	42.0	41.8	41.5	41.1
加工贸易(%)	55.2	55.4	55.3	55.2	55.3

再次,中国还不能对全球资本流动的走势构成实质性影响。从全球资本总流动看,一是虽然近年来中国在吸引外国直接投资方面取得了巨大的成就,但在总量上,中国吸引的外国直接投资占全球流量的比重不足10%。二是全球资本流动,除了外国直接投资外,还包含证券投资、银行信贷以及双边和多边转移等形式。2004年,中国吸引到的各种外资总额为641亿美元,仅为美国的4.4%。因此,中国从资本流动渠道方面对世界的影响极为有限。

第四,在目前中国汇率体制下,中国还难以通过贸易和投资渠道对世界总体价格水平产生影响。现行的国际货币体系是一种美元霸权下的"中心—外围"架构。这种体系不同于金本位的一个显著特征在于,世界范围内的通货膨胀或是通货紧缩,必然来自于"中心国家"向"外围国家"的单向传导。但目前人民币还不是广为接受的国际货币,而是还处于国际货币体系的边缘,从而不具备向世界传递本国价格水平的能力。

第五,中国能源消费对世界的依存度小,不足以对国际能源市场供需状况产生较大影响。近年来,国际能源市场,特别是国际石油市场价格反复攀升。而国际上有些人把价格上涨的原因归结为中国等新兴市场国家原油消费的增长。而这种观点不是客观准确反映中国能源消费和国际能源市场的实际状况。这主要是因为,中国作为一个发展中国家,始终将"立足于国内、节约优先、效率为本"作为本国的能源发展战略。因此,虽然自改革开放以来,特别是近年来,随着中国经济的快速增长,对能源的需求量的确不断扩大,但中国对能源需求的增长不仅低于自身的经济增长,而且小于世界人均水平。统计数据显示,1978年到2004年,中国经济年均增长9.4%,但能源消费仅增长4.8%;从1990年到2004年,中国每万元GDP能耗下降了45%;2004年,中国人均一次能源消费量1.08吨油当量,为世界平均水平1.63吨油当量的66%,是美国人均8.02吨油当量的13.4%,日本人均4.03吨油当量的26.7%,英国人均3.82吨油当量的28.1%;中国人均装机仅0.3千瓦,为美国人均3千瓦的1/10。此外,中国能源消费对外界依存度小。根据有关部门公布是数据显示,目前中国能源自给率为94%,对外依存度仅为6%;2004年,中国原油净进口1.17亿吨,占世界原油贸易量的6.31%,是美国进口原油量的23%,日本进口原油量的56%。

(二)中国经济的发展对世界经济具有积极的影响

中国经济持续稳定快速发展,促进了世界经济的繁荣,突出表现在中国经济和中国现行的政治经济政策这两个方面对世界经济具有积极的影响。并且,随着中国经济的良性发展,中国对世界经济的积极影响将进一步扩大。

1. 在中国经济发展对世界积极影响方面,中国经济的崛起成为世界经济、贸易和投资增长的重要驱动力之一。

首先,中国经济发展是世界经济增长的重要助推之一。根据世界银行统计数据显示,1978 - 2004 年,中国 GDP 年均增长 9.4% ,是世界上经济增长最快的国家,这个速度是同期世界经济平均增速的 3 倍;1980 年到 2000 年期间,中国经济增长对世界 GDP 增长的贡献率为 14% ,仅次于美国的 20.7% ,排名第二。 2000 - 2004 年期间,中国经济增长对世界经济增长的平均贡献率为 11% ,仅次于美国的 29% ,排名仍为第二。值得一提的是,进入新世纪以后,世界经济形势急转直下,2001 年世界经济增长率降到 2.4% ,美国增长仅 0.8% ,欧元区增长仅 1.7% ,日本增长 0.2% 。在此情形下,中国经济却保持了 8.3% 的快速增长,从而给世界经济复苏带来了动力和信心。

表 5 中美对世界经济增长的贡献

汇率法	年份				
	2000 年	2001 年	2002 年	2003 年	2004 年
GDP 总量(2000 年不变价,亿美元)					
世界	316052	320528	326559	336059	349938
中国	11126	12049	13146	14460	15921
美国	97648	98153	100320	103430	107981
GDP 增速(%)					
世界	4.0	1.4	1.8	2.9	4.1
中国	8.4	8.3	9.1	10.0	10.1
美国	3.7	0.5	2.2	3.1	4.4
对世界经济增长的贡献(%)					
中美合计	35.5	31.9	54..1	46.4	43.4
中国	7.1	20.6	18.2	13.8	10.5
美国	28.5	11.3	35.9	32.6	32.9

其次,中国贸易的扩大促进了世界贸易的蓬勃发展。从中国对外贸易总体看,世界银行的数据表明:1990－2004年,中国商品和服务贸易增长对国际商品和服务贸易增长的贡献率为8.4%,美国的贡献为18.4%。世界贸易组织数据显示,2004年中国成为世界第3大商品贸易国和第9大服务贸易国。

从进口方面看,由于经济稳步增长,中国国内的进口需求十分旺盛,为世界各国和地区提供了一个巨大的市场。1990年到2002年,中国货物进口额近2万亿美元,年均增速约为14%,高于同期中国GDP增速近5个百分点。2004年中国货物进口额为5612亿美元,占世界货物进口额的6.1%,居世界第3位,位居前两位的美国和德国分别占16.6%和7.8%。2004年中国分别从美国、欧盟、日本和东盟进口了447亿、701亿、943亿和630亿美元的货物,为这些国家创造了许多生产和就业机会。以美国为例,据有关部门测算,2004年,中国从美国进口447亿美元的货物,从而为美国直接创造就业岗位约50万个,间接创造就业岗位超过150万个。此外,中国巨额的进口还在一定程度上缓解了世界市场日益突出的供需矛盾,扩大了世界各国商品的销路,为各国生产的持续进行创造了关键性的条件,稳定了世界经济的发展。

从出口方面看,改革开放以来,中国出口总体上虽保持较快增长,但到目前为止,中国对外出口仍以粗放型增长为主,出口产品仍以劳动密集型产品为主。即中国主要还是依靠低价竞争和数量扩张来推动出口发展。这种粗放型增长,对中国自身带来了一系列问题,但对外,中国制造的大量劳动密集型产品和一般技术密集型产品投放到各国市场,有效地改善了世界经济的供给结构,为各国消费者创造了可观的经济效益,提高了全人类的生活质量。正如世界银行所指出的:“如果美国从中国以外国家进口同样商品,美国消费者每年需要增加140亿美元的额外支出。”中国之所以能够为改善世界经济的供给结构做出贡献的主要原因在于,中国劳动力成本较低。根据国际劳工组织资料测算,目前我国制造业人工成本1188美元,不足发达国家的3%,相当于亚洲四小龙的5－6%,不到亚洲四小虎的50%。

再次,中国在成为国际资本重要的投资国的同时,也成为中国资本的流出国,对推动国际资本流动起到了非常重要的作用。从吸引外资角度看，中国巨大的市场为世界资本找到了投资机会，而且使各国投资者能够分享中国经济快速发展带来的利益。到 2004 年，中国已连续 12 年位居发展中国家和地区吸引外资的首位。截止到 2005 年 8 月份，中国实际利用外资累计超过了 6000 亿美元；来自近 200 个国家和地区的投资者在中国累计的企业超过 53 万家，外商投资企业遍及制造业、服务贸易业、农业和基础设施等几乎所有行业。与此同时，多数来华投资的外商都获得了较高的投资回报。日本投资促进会调查显示，日本在中国投资的企业中，有 80% 的企业盈利；根据 OECD 的一项研究表明显示，在美国对中国的产业转移中，美国每投入 1 美元，就可以从中国获得平均 33 美分的利润，大大高于在美国投入 1 美元而仅平均获得 11.5 美分的利润。

从对外投资角度看，中国在吸收外国直接投资保持稳定发展的同时，对外投资也保持较快的发展，中国正在形成一个走出去、引进来相结合的双向开放格局。这主要是因为，中国目前巨大的外汇储备无疑成为中国对外投资稳步增长的强有力的保证，进而为世界经济的稳定增长做出贡献。统计数据显示，截止到 2005 年 9 月份，中国外汇储备余额为 7690 亿美元，仅次于日本，位居世界第 2 位。一方面，这些储备的很大一部分被用于购买发达国家，特别是美国的国债，为这些发达国家提供了大量的资本，进而在一定程度上保证了这些发达国家经济的持续繁荣。据美国财政部统计数据显示，截止到 2005 年 8 月份，中国购买美国国库券 2480 亿美元，占世界各国中央银行购买美国国库券总额的 12.0%，占同期我国外汇储备余额的 33.0%。另一方面，这些储备也为中国扩大对外直接投资提供了后盾。随着中国加入 WTO 后涉外投资政策法规的规范和完善及全面实施“走出去”的开放战略，中国的对外投资已开始起步。根据商务部统计，截止到 2004 年年底，中国累计对外直接投资总额 449 亿美元，遍及 160 多个国家和地区。仅 2004 年，中国就对外直接投资 55 亿美元，比上年增长 93%。尽管中国目前对外直接投资的规模尚比较小，但发展很快，引起了国际上的广泛关注，被列为主要的外国直接投资来源国之一。

2. 在中国现行的政治经济政策对世界经济积极影响方面，中国是一个负责任的发展中大国，所制定的各项政治经济政策的出发点和归宿，均是为致力于建立国际政治经济新秩序。事实证明，中国融入世界经济体系后，不仅严格按照国际惯例和规则办事，而且所实施的各项政策均是为了建立公正、合理、平等、互利的国际经济新秩序。

首先，中国对全球减贫事业做出巨大贡献。中国人民的生存与发展状况有了极大的改善。根据我国有关部门的测算资料，从改革开放以来，中国农村的贫困人口从1978年的2.5亿减少到2003年底的2900万，贫困人口占农村总人口的比例由30.7%下降为3%左右。此外，据世界银行统计，1987年至1998年，除中国外的全球贫困人口增加了8200万，而中国减少了近2亿人。

其次，中国为稳定世界金融秩序做出了贡献。进入20世纪90年代以来，世界上发生了一系列的金融体系危机，如墨西哥金融危机、亚洲金融危机、俄罗斯金融危机和巴西的金融动荡。金融危机既对这些国家和地区的实质经济和金融秩序造成了极其严重的损害，也破坏了世界金融秩序和世界经济的稳定和发展。其中，以1997年发生的亚洲金融危机破坏力和冲击力最大。在那场危机中，中国表现出了一个负责任的大国风范，积极采取了果断措施保证人民币币值不贬值，避免了危机的进一步扩大，虽然在危机中，中国也付出了沉重的代价，但中国实施的政策措施有效遏制了亚洲金融危机对世界经济稳定的破坏，为稳定世界金融秩序做出了巨大贡献。

再次，入世以来，中国政府积极履行各项承诺，并做了大量的工作。第一步，中国加强法制建设，全面清理有关法律法规，初步建立起符合社会主义市场经济需要，符合世贸组织规则和国际惯例要求，统一、完备、透明的涉外经济法律体系；第二步，中国履行了降低关税的承诺，到目前已调低了5300个税号的商品关税税率，关税总水平由入世前的15.3%降为12%；第三步，积极、稳妥、有序地扩大服务贸易领域的对外开放，逐步放开资本市场。这些政策的实施，为世界各国和地区提供了更多的贸易机会，扩大了全球市场规模，从而使这些国家和地区享受到自由贸易的好处，

第四，2003年以来，以美国为首的西方发达国家为了转嫁自身的经济问题，不断向中国施压，要求人民币升值。在此情形下，中国政府顶住外部压力，正如温家宝总理所表示，“中国不会因为其他国家的压力而放松人民币兑美元汇率”。与此同时，中国政府以世界经济的大局为重，于

2005 年 7 月 21 日，开始实行以市场供求为基础、参考一篮子货币进行调节、有管理的浮动汇率制度，并让人民币对美元升值 2%。此次中国汇率制度的改革，不仅增加了人民币汇率的弹性，而且给中央银行干预外汇市场留下了足够的空间，从而保证了人民币汇率的稳定，进而对稳定世界经济金融秩序做出了贡献，再一次表现出了负责任的大国风范。正如摩根士丹利首席经济师斯蒂芬·罗奇最近撰文指出："中国这次调整货币政策是全球经济的一大喜讯。因为，中国缓步改革货币政策将全球经济硬着陆的潜在风险减至最低，有利于稳定全球经济。"

3. 随着中国经济的良性发展，必将进一步为世界经济的繁荣，政治的稳定做出更大的贡献。我国有关部门通过研究认为，根据中国目前的经济增长态势和增长的潜力，并综合中国经济在今后发展过程中可能将面临的各种挑战和问题，预测在未来 15 年，即 2005 - 2020 年，中国经济仍将保持较快增长，年均增速将达到 7.8% 左右。因此，可以预见，未来一个时期，中国的经济实力和综合国力就会上一个新的台阶，人民生活就会提高到一个新的水平。而中国经济的发展和崛起，无疑将对世界的稳定和繁荣做出更大的贡献。正如世界银行在最近发布的一份预测报告中所指出的："未来一个时期，以中国为首的新兴市场经济国家对世界经济增长的贡献度将进一步增大，将改变世界经济增长的格局，将在很大程度上抵消了发达国家和地区，如欧元区和日本经济增长缓慢对世界经济增长所产生的不利影响。此外，世界经济增长过分依赖美国等发达国家的风险将显著降低，世界经济增长将获得新的动力。"此外，中国经济的崛起不仅对促进世界经济稳定增长及防止衰退将起到重要作用，而且还将改变大国力量对比，促进世界多极化进程，壮大发展中国家的力量，使发展中国家在国际社会中享有更大的发言权。正如马来西亚前总理马哈蒂尔最近所指出的："和平崛起的中国，将对美国的超级大国地位起到了平衡作用，这让邻国感到更安全。"

总之，通过以上分析不难看出，中国经济发展的确对世界经济产生了的积极影响，中国经济的崛起的确为世界发展带来了机会。但与此同时，也应客观的看到，目前中国经济对世界经济的影响还是相对有限的，或者说，中国经济对世界经济的影响更多是在增量上而不是在存量上，即中国经济可以对世界经济的波动产生积极的影响，但还不能从根本上影响世界经济的发展趋势。此外,中国经济对世界经济的影响更具有将来意义而不是现实意义,随着中国经济实力的不断增强,全球经济中的中国色彩将越来越强。

（执笔:黄朗辉　刘冰）

2005年我国对外贸易形势及2006年走势

2005年，国内外经济环境继续保持较好局面，我国对外贸易仍然呈现大出大进的格局，但出口增长速度快于进口，贸易平衡压力进一步显现。2006年，国际经济将基本保持稳定增长，国内经济中推动对外贸易发展的诸多利好因素将继续发挥作用，预计我国对外贸易仍将明显增长。

一、2005年我国对外贸易呈现良好的发展态势

2005年1至10月，我国进出口总额达到11486亿美元，比去年同期增长了24.0%，出口增长速度明显快于进口，贸易顺差持续扩大。与去年年初连续4个月呈现贸易逆差的格局不同，今年1至10月均呈现顺差较大的局面，7、8、10月份贸易顺差均突破100亿美元。1至10月累计贸易顺差达到803亿美元，是去年同期的7倍。预计全年贸易顺差将突破1000亿美元。前10个月，我国主要的顺差来源地依次为：美国、中国香港、荷兰、英国和阿联酋。主要的贸易逆差来源地依次为：中国台湾、韩国、日本、马来西亚和沙特阿拉伯。2005年我国贸易顺差急剧扩大的主要原因：一是世界经济仍然处于较快增长期，国际市场对我国商品的需求强劲；二是受我国宏观经济调控和内需不足的影响，扩大出口成为各地推动经济增长的重要措施；三是在人民币进一步升值的预期以及“入世”承诺逐步兑现的情况下，我国部分企业纷纷提前出口。

除贸易顺差大幅上涨的特点格外引人注目外，2005年我国对外贸易还呈现出以下几个主要特点：(1)呈现持续大出大进的格局。今年前10个月累计出口6145亿美元，同比增长31.1%，月度出口都在440亿美元以上；进口累计5341亿美元，增长16.7%，月度进口保持在390亿美元以上的水平。(2)加工贸易和一般贸易的进、出口增速均有所放慢，且两种

贸易方式的进口增速放慢的幅度均大于出口。1至10月,加工贸易出口达到3327亿美元,同比增长29.0%,比去年放慢5.7个百分点;进口2200亿美元,增长22.9%,放慢14.6个百分点。一般贸易出口2577亿美元,增长32.9%,放慢0.1个百分点;进口2283亿美元,增长11.8%,放慢21.4个百分点。(3)各种性质的企业的出口增速均大于进口。1至10月,国有企业出口1396亿美元,同比增长13.7%,比去年加快4.4个百分点;进口1620亿美元,增长12.2%,放慢10.7个百分点。外商投资企业出口3542亿美元,增长32.8%,放慢8.0个百分点;进口3109亿美元,增长17.8%,放慢24.6个百分点。其他性质企业出口1206亿美元,增长52.2%,放慢17.4个百分点;进口613亿美元,增长24.3%,放慢36.3个百分点。(4)美、日、欧依然是我国主要的贸易伙伴。1至10月,我国前五大贸易伙伴依次为欧盟、美国、日本、香港和东盟。我国与前五大贸易伙伴的双边贸易额分别增长24.1%、26.2%、10.4%、20.9%和24.4%,占我国同期对外贸易总额的比重分别达到15.4%、15.0%、13.1%、9.2%和9.2%,合计占62.0%。(5)我国初级产品出口增速减慢,工业制成品出口略有加快。前10个月,初级产品出口占同期出口总额的比重为6.5%,比去年全年下降0.3个百分点;工业制成品出口所占比重93.5%,上升0.3个百分点。1至10月主要出口商品依次为服装及衣着附件、自动数据处理设备及其部件、纺织纱线织物及制品、自动数据处理设备零件和手持或车载无线电话机,同比分别增长21.3%、29.3%、25.0%、22.1%和45.4%。主要的进口商品依次为集成电路及微电子组件、原油、液晶显示板、钢材和初级形状的塑料,同比分别增长30.8%、47.4%、23.0%、20.9%和21.2%。

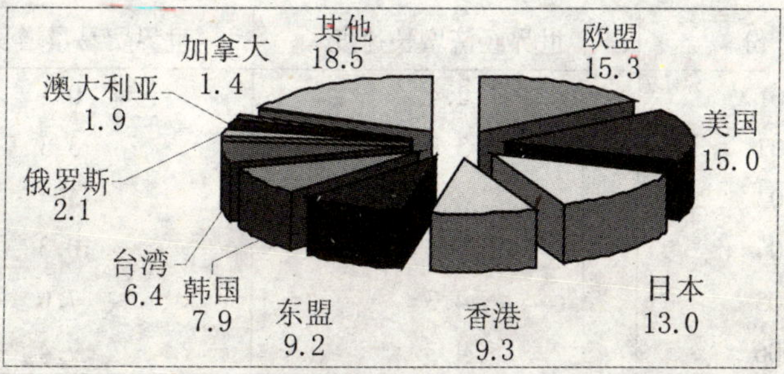

图1 1至10月我国前十大贸易伙伴所占贸易份额

二、2006 年我国对外贸易所面临的国际环境

近期主要国际组织纷纷预测,2006 年世界经济增速将比 2005 年略有放缓,但经济增长仍较为强劲。另外,在全球电子产品市场进一步复苏的带动下,世界贸易量将继续保持增长势头,全球企业并购趋于活跃将继续支撑国际投资回升。国际经济环境既存在有利于我国扩大对外贸易的因素,也存在制约的不利因素。

(一)2006 年我国扩大对外贸易的有利因素

一是世界经济保持良好的增长势头预示着世界总需求将继续增长,有利于我国扩大出口。国际货币基金组织 9 月份预测:2006 年世界经济增长 4.3%,与今年持平。其中,发达国家增长 2.7%,加快 0.2 个百分点。美国增长 3.3%,回落 0.2 个百分点;欧元区增长 1.8%,加快 0.6 个百分点;日本增长 2.0%,持平。发展中国家增长 6.1%,回落 0.3 个百分点。

二是世界贸易继续呈现活跃趋势将扩大我国对外贸易的活动空间。国际货币基金组织 9 月份预测,2006 年世界货物和服务贸易量将增长 7.4%,加快 0.4 个百分点。发达国家的出口将增长 6.3%,加快 1.3 个百分点;进口增长 5.8%,加快 0.4 个百分点。其中,美国出口增长 8.8%,加快 0.6 个百分点;欧元区增长 5.3%,加快 1.8 个百分点;日本增长 5.5%,加快 0.1 个百分点。进口方面,美国增长 5.9%,回落 0.7 个百分

表 1 世界经济和世界贸易量增长率(以上年为 100)

单位:%

年 份	世界经济增长速度	世界贸易量增长速度
2001	2.4	0.1
2002	3.0	3.3
2003	4.0	5.4
2004	5.1	10.3
2005	4.3	7.0
2006	4.3	7.4

资料来源:国际货币基金组织。

点;欧元区增长5.3%,加快1.2个百分点;日本增长6.6%,回落0.1个百分点。发展中国家出口增长10.3%,加快0.1个百分点;进口增长11.9%,回落1.4个百分点。

三是全球已进入新一轮加息周期,但仍远低于2000年的较高水平。由于通货膨胀压力上升,各国纷纷提高利率。美联储已将基准利率从2004年夏季的1.0%提高到目前的4.0%。今年10月,日本央行表示,从2001年以来一直实施的超宽松货币政策即将结束,已连续两年维持利率不变的欧洲央行也表示倾向于加息,亚洲的中国香港、中国台湾、印度尼西亚、菲律宾、泰国和印度等国家和地区也紧随美国,在年内小幅升息,提高了基准利率。但是,与2000年相比,目前世界各国的利率水平仍然较低,世界货币环境仍然较为宽松。

表2 世界利率水平 单位:%

	1997年	1998年	1999年	2000年	2001年	2002年	2003年	2004年	2005年8月
基准利率①									
美国	5.5	4.7	5.3	6.4	1.8	1.2	1.0	2.2	3.3
欧元区	–	–	3.0	4.8	3.3	2.8	2.0	2.0	2.0
日本	0.4	0.3	0.0	0.2	0.0	0.0	0.0	0.0	0.0
英国	7.3	6.3	5.5	6.0	4.0	4.0	3.8	4.8	4.5
加拿大	4.3	5.0	4.8	5.8	2.3	2.8	2.8	2.5	2.5
短期利率②									
发达国家	4.1	4.0	3.4	4.4	3.2	2.0	1.6	1.8	2.5
美国	5.2	4.9	4.8	6.0	3.5	1.6	1.0	1.4	2.9
欧元区	–	3.7	3.0	4.4	4.3	3.3	2.3	2.1	2.1
日本	0.3	0.2	0.0	0.2	0.0	0.0	0.0	0.0	0.0
英国	6.9	7.4	5.5	6.1	5.0	4.0	3.7	4.6	4.8
加拿大	3.2	4.7	4.7	5.5	3.9	2.6	2.9	2.2	2.7
亚洲新兴工业化国家和地区	9.3	10.6	4.6	4.6	3.7	0.7	3.0	3.7	3.4
长期利率③									
发达国家	5.5	4.5	4.7	5.0	4.4	4.2	3.7	3.9	3.6
美国	6.4	5.3	5.6	6.0	5.0	4.6	4.0	4.3	4.2
欧元区	6.1	4.8	4.7	5.5	5.0	4.9	4.2	4.3	3.5
日本	2.1	1.3	1.7	1.7	1.3	1.3	1.0	1.5	1.3
英国	6.8	5.1	5.2	5.0	5.0	4.8	4.5	4.8	4.4
加拿大	6.1	5.3	5.6	5.9	5.5	5.3	4.8	4.6	3.8
亚洲新兴工业化国家和地区	9.0	9.7	6.8	6.9	5.0	4.8	4.8	4.9	4.3

注:①为期末数,②和③为期内平均数。

资料来源:国际货币基金组织。

四是全球外商直接投资总体上将保持增长的势头有利于我国吸收外商投资。2004年外商直接投资同比增长2.0%，达到6480亿美元，呈现出恢复性增长的态势，2005年保持了这一较好的势头。联合国贸发会议9月发布的《全球投资前景评估》认为，2006年全球外商直接投资将继续稳步增长，发达国家吸引外商直接投资以并购型（M&As）为主，发展中国家以设厂型（Green Field）为主。报告认为，2006年发展中国家将获得大额投资，美国、德国和英国将成为最主要的外商直接投资来源国，中国、美国和印度将成为吸引外商直接投资最多的国家。在外商直接投资流入的行业中，服务业成为最有吸引力的行业，尤其是餐饮业、旅游业和信息通讯技术产业吸引的外商直接投资增速最快。

（二）2006年制约我国对外贸易的因素

尽管对外贸易在今后相当长一段时间内依然是我国实现经济增长的重要途径，但受到世界经济增长越来越依赖内需、外国直接投资大量流入发达国家、美元持续走强、世界原油价格居高不下以及世界贸易保护主义抬头等因素的影响，2006年我国对外贸易也面临着一些不利因素的挑战。

一是世界经济增长仍存在隐忧。占世界经济和贸易相当大比重的发达国家经济增速从2005年一季度开始了预期中的回落。发达国家的国内生产总值和包括服务在内的出口分别占世界的54.6%和71.6%。其中，美国、欧元区和日本的国内生产总值分别占世界的20.9%、15.3%和6.9%，包括服务在内的出口分别占世界的10.3%、31.3%和5.7%。但从目前情况来看，三大经济体的经济增长都受到国内一些因素的影响。例如，美国消费者高额的负债将使消费需求受到抑制，短期利率持续调高可能带动长期利率上扬，财政政策对消费的刺激效果将有所减弱，而房地产泡沫化以及高油价导致的问题正在浮现。欧元区从2004年开始有复苏的迹象，但欧盟内部政治不统一导致消费和投资信心下降，法国等国家的经济改革步伐有所减缓将拖累欧元区经济增长。至于外贸依存度较高的日本随着美国和中国经济放缓，出口收入将会减少并影响内需，降低投资和消费需求，再加上日本人口正在迅速老化，劳动力正逐渐减少，这些都加大了日本经济复苏的难度。以上这些情况在一定程度上影响了我国对外贸易的需求。

二是全球经济发展不平衡日益加剧。突出表现在美国的“双赤字”

问题上。1至9月,美国包括商业性服务在内的贸易逆差达到5298亿美元,同比增长18.2%。国际货币基金组织预计2006年美国贸易赤字将增长6.1%,达到8052亿美元,财政赤字占国内生产总值的比重将上升0.2个百分点,达到3.9%。而世界其他国家尤其是一些发展中国家的外汇储备主要表现为持有美元国库券的形式。预计2006年发展中国家的外汇储备将增长19.7%,达到27950亿美元。这一方面支持了美国的借钱行为,另一方面带给储蓄率仅有13.7%的美国的将是经济复苏放缓并导致全球资本市场上长期利率上扬,最终会制约全球投资和经济增长。

三是国际市场商品价格继续保持高位,通货膨胀压力仍然存在。国际商品价格目前处在一个新的上升周期,2005年可能达到这一轮上升周期的顶端,2006年将进入周期的下降阶段,但仍然处于较高水平。2005年10月初,美国商品研究局期货指数、道琼斯美国国际集团商品指数和路透社商品指数等三种国际商品主要市场指标平均值分别达到325.21、173.76和1715.86,与年初相比,分别上涨16.0%、21.4%和10.6%。国际油价在供需不平衡、地缘政治风险加剧和投机炒作三大因素影响下也持续上涨。10月初,英国布伦特、美国西德州中级和中东迪拜三种主要原油市场指标平均价格分别达到60.64美元/桶、64.56美元/桶和57.03美元/桶,比年初分别上涨了46.9%、46.7%和63.8%。原油供求矛盾加大的风险依然存在。在供给方面,世界石油储备减少;在需求方面,据国际能源机构10月份预测,2006年世界原油日需求量将增加175万桶,高于今年已很强劲的126万桶。国际货币基金组织9月预测,2006年世界以美元计价的原油价格将上涨13.9%,工业制成品价格将上涨0.5%,非燃料初级产品价格则下降2.1%。

随着世界经济和国际商品市场价格继续保持较快的增长速度,一些国家的通货膨胀压力继续显现。预计2006年,美国、欧元区和亚洲新兴工业化国家的消费价格同比将分别上涨2.8%、1.8%和2.3%。

四是发达国家对外资的吸引越来越强,有可能改变国际资本的流向。在美元近几个月持续升值(10月末,美元兑欧元比年初升值9.0%,兑日元升值6.4%)、美元利率提升、跨国并购升温以及政府颁布吸引美元回流的政策共同作用下,流入美国的外资迅速上升。今年1至6月,美国外商直接投资流入479亿美元,同比大幅增长36.5%;欧元区流入303亿

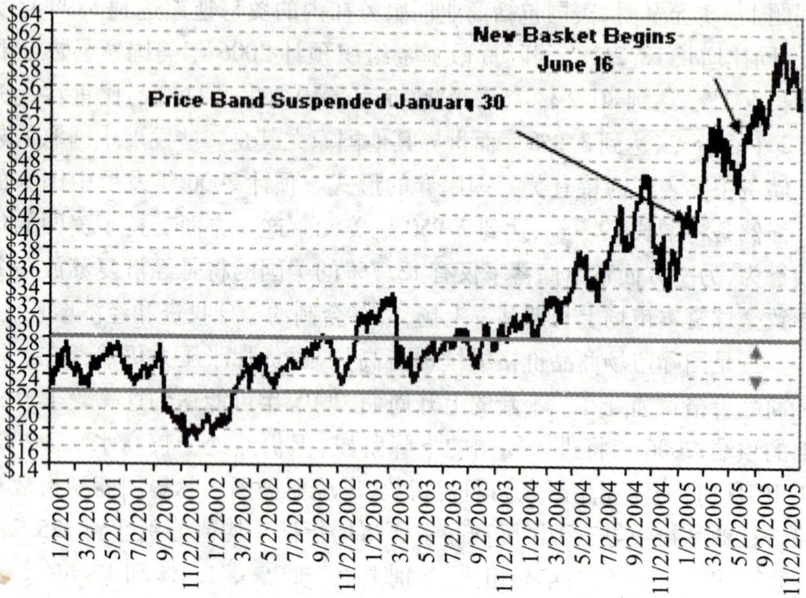

图2　2001年初以来OPEC一揽子原油价格

资料来源:国际能源机构。

欧元,增长5.2%。

三、2006年我国对外贸易的走势

综合考虑2006年影响我国扩大贸易的各种因素,我们认为有利因素仍将占主导地位,明年我国对外贸易还将继续明显增长。其中,出口增幅将有所回落,进口增幅将有所回升,贸易平衡压力将得到一定缓解。全球透视机构(Global Insight)10月预测,2006年我国对外贸易总额将增长21.5%,达到17445亿美元。其中,出口增长20.6%,达到9267亿美元;进口增长22.5%,达到8178亿美元,贸易顺差与2005年相当,为1089亿美元。英国共识预测公司(CONSENSUS FORECASTS)10月预测,2006年我国对外贸易总额将增长17.3%,达到16566亿美元。其中,出口增长16.0%,达到8719亿美元;进口增长18.7%,达到7847亿美元;贸易顺差为872亿美元。亚洲开发银行9月预测,2006年我国进出口增长率分别为19.6%和14.8%,进口增幅大于出口。我国出口增长速度将有所回落的原因主要为:一是世界各国进行的经济结构性调整将减少对我国商品的需求。二是汇率波动的影响。人民币面临进一步升值的压力将抬高了我国出口商品的价格。三是针对我国的贸易调查将抑制我国的出口。我国进口增长速度将有所回升的主要原因:一是人民币面临进一步升值将有利于扩大进口;二是随着入世过渡期即将结束,我国将进一步降低关税也将有利于我国扩大进口。

在看到我国对外贸易平衡将得到改善的同时,也应该看到我国对外贸易中存在的一些问题:首先,我国的外贸依存度过高,经济稳定增长存在较大的风险。我国目前的外贸依存度,即进出口总额占国内生产总值的比重已高达80%,远远高于发达国家和其他发展中国家14% -20%的水平,是世界上外贸依存度最高的国家。净出口对国内生产总值增长的贡献率已达到了37%。其次,我国外贸企业出口成本加大。我国外贸企业国际业务的坏帐率高达5%,远远超出发达国家0.5%的水平。按我国每年6000亿至7000亿美元的出口额简单计算,我国每年出口要新产生300亿至350亿美元的坏帐。即使考虑到我国出口一半属于加工贸易,每年出口净增的坏帐也超过100亿美元。再次,少数出口商品集中在少数几个出口市场,使我国面临的贸易摩擦日益加剧。今年1至8月,中国对美、欧的贸易顺差分别增长了50.7%和1.25倍。这种大幅增长的局面必将引发更多的贸易摩擦,同时成为欧美对人民币继续升值施压的重要筹码。今年1至9月,我国遭遇的各类贸易摩擦涉案金额已达到89亿美元。

四、发展我国对外贸易的政策建议

1. 调整我国的外贸发展战略,确立"内需为本"的原则。由于依赖外需发展经济具有较大的风险和不确定性,因此有必要将"千方百计扩大出口"转向"千方百计扩大内需"上来。具体可以通过改善财政转移支付制度、增加社会保障支出以及建设社会主义新农村以缩小地区差距和贫富差距,增加居民尤其是低收入居民的可支配收入。

2. 提高出口产品的附加值和技术含量。我国应加大研究开发尤其是企业研究开发的力度,逐渐改变产品的生产方式和结构,坚持走产、学、研一体化道路。在加大吸引外资力度的同时,注重提高外资的质量,引导外商直接投资到高科技产品上来,逐步改变低价竞销的局面。

3. 完善我国的技术标准和认证体系,大力培养新型国际复合型人才。针对国际市场对我国实行的技术壁垒、绿色壁垒和反倾销等非关税壁垒日益严重的情况，我国应加紧制定与国际标准接轨的技术标准、法规并大力培养并储备一批熟悉国际贸易、国际金融、国际会计和国际法等专业的复合型人才。在遭遇国际贸易摩擦时，依据世界贸易组织有关协议和规则，运用合理手段，灵活解决贸易摩擦。

4. 积极扶植我国众多中小企业参与国际竞争，降低我国出口企业的出口风险。2004 年 6 月，商务部公布《对外贸易经营者备案登记办法》，废除了对外贸易经营者资格条件，吸引了越来越多的民营企业和中小企业加入到对外贸易的队伍中来，在“WTO”后过渡期即将结束时，更应规范我国中小企业的进出口行为，并可考虑及早合并内外企业所得税，为内外企业参与国际市场竞争提供一个公平合理的舞台。随着我国出口迅猛发展，对外贸易的风险也相应增加了，但我国目前金融市场尚不发达，无法利用出口信用保险、信用风险管理咨询等先进的信用管理工具来防范贸易风险，应尽快加以改进和完善。

5. 重视商业性服务贸易在扩大我国对外贸易中的作用。与发达国家相反，我国的服务贸易总量处于较低的水平，服务贸易出口额在整体出口中的份额比较小且呈现较大的逆差，说明我国服务贸易还存在较大的发展空间。在加入 WTO 后过渡期即将结束之际，更应抓紧时间发展我国的服务业，尤其是出口导向型服务业，并可侧重承接信息技术的服务外包等业务。

6. 适当扩大进口，减少贸易顺差，以缓解人民币升值的压力。当前我国可加紧同相关国家谈判，扩大我国对世界先进技术设备的进口，如争取取消一些国家对我国实行高新技术产品的限制，早日实现发达国家解除对华武器禁运等。

7. 加强建立双边自由贸易区的谈判，扩大自贸区内贸易。在全球化背景下，区域内贸易是扩大对外贸易的现实有效途径。北美自由贸易区和东扩后的欧盟成员国贸易额迅速增长即是很好的例子。我国可加快中国－东盟、“东盟＋中国”（即“10＋1”）和“东盟＋中国、日本和韩国”（即“10＋3”）等区域合作的步伐。

（执笔：王金萍）

外商直接投资与我国经济增长

国际直接投资自产生之日起，就对一国的经济增长产生巨大的影响。尤其是20世纪80年代以来，国际资本流动日趋活跃，直接投资成为主要的资本流动方式，也成为发展中国家获取外部资源的主要渠道。外商直接投资(Foreign Direct Investment，简称FDI)对东道国尤其是发展中国家经济社会发展的影响是多渠道和多途径的，除了可以增加东道国的资本存量、提高投资质量以及缓解东道国的就业压力外，FDI的大量进入对东道国长期且根本性的影响便是其技术的外溢效应。所以，外商直接投资对一国经济增长的影响是综合性的：从本质上看，其促进经济增长的机制属于资本推动，但还包括技术知识等国内资本所不具备的因素。从某种程度上看，外商直接投资对经济增长的促进效应具有潜在的、扩散的和内涵式的发展空间。

一、外商直接投资促进经济增长的理论研究

(一)FDI促进经济增长的一般研究

Demell(1996)以新经济增长理论为基础，认为FDI可以通过增加东道国的资本品新品种，促进经济增长。一方面，通过FDI可以引进先进技术和设备以及管理方法和营销手段；另一方面也可以通过培训员工等增加东道国的资本存量。Chen(1995)认为，外资企业的出现使国内企业面临巨大竞争压力，外资企业雄厚的技术和管理实力迫使国内企业增加R&D投入，从而提高其资本存量的边际生产力。另外外资企业的技术、管理和营销等方面的知识将会产生外溢，使东道国受益，促进经济增长。R. Barro作为新经济增长理论实证分析的先驱之一，对技术进步、技术差距、技术外溢、人力资本及影响经济增长诸要素进行分析，提出了确定各

因素之间关系的模型,并对经济增长与技术进步、人力资本及趋同性关系进行了开拓性研究,为研究国际投资与经济增长的关系提供了基础。Barro 和 N. Pain (1997)通过模型分析了欧洲不断增长的跨国投资对投资国和东道国产生的广泛影响,尤其是对 OECD 几个成员国出口绩效的影响,计量了外资企业的技术转让在多大程度上促进德国和英国的技术进步,提出外国直接投资迅速增长的主要原因之一是为了使企业特有的知识资产的充分利用,这意味着国际投资是技术扩散的主要渠道。Borensztein, Gregorio 和 Lee(1998)在 Barro 和 Sala - i - martin 理论模型基础上,用 20 年间 69 个发展中国家吸收发达国家投资的数据进行回归分析,提出 FDI 是技术转让的重要渠道,FDI 对经济增长的作用比内资大,但前提条件是东道国有吸收先进技术的能力。

(二)对 FDI 促进中国经济增长的研究

我国学者围绕"利用外资"这一热门话题,从各方面展开了一系列卓有成效的研究。赵晋平(2001)在定性和定量分析外资流入的直接经济效果的基础上,建立描述外资与我国 GDP 等主要宏观经济指标之间相互关系的数学模型,对外资流入与经济增长的关系进行了计量分析。姚洋(1998)利用第三次全国工业普查资料,从中随机抽取了 12 个大类行业中的 146704 家企业作为样本进行了多因素回归分析后得出结论认为,与国有企业相比,国外"三资"企业的技术效率要高 39%,港澳台"三资"企业要高 33%;并且在行业中如果国外"三资"企业数量的比重每增加 1 个百分点,每个企业的技术效率就会提高 11 个百分点。沈坤荣(1999)利用各省的外国直接投资总量与各省的综合要素生产率作横截面的相关分析,得出结论:FDI 占国内生产总值的比重每增加 1 个单位,可以带来 0.37 个单位的综合要素生产率增长。

由于以上两个方面的理论进展和国际直接投资的迅猛发展,国外学者对 FDI 与经济增长关系的研究日益重视,取得了长足进展。除少数学者持相反观点外,大多数研究从不同的角度,用不同的方法,得出了外商直接投资与经济增长存在正相关关系的结论。但这些研究中关于中国案例的研究还不够充分,国内学者大多倾向于从总需求的角度,通过 FDI 对总投资、总就业、进出口及税收的影响,分析外商直接投资对中国经济增长的促进作用。近年来出现了一些利用新经济理论从总供给角度分析

FDI 与经济增长关系的研究成果,但还存在一些不足,缺乏系统性和全面性,不成体系,散见于一些文章之中,有些结果甚至还互相矛盾,还需要进一步加以扩展和完善。我们在这些研究成果的基础上,采用横截面数据、时间序列数据以及面板数据对我国外商直接投资与经济增长的关系进行全面分析,以期能有所突破。

二、基本模型分析

新经济增长理论的开拓者们从不同角度来探索技术进步对经济增长的作用机制,产生了各种形式的理论模型,其中产品品种增加模型是公认的比较成熟、影响比较大的模型。该模型主要由罗默(Romer,1990)、格罗斯曼和赫尔普曼(Grossman & Helpman,1991)提出,其主要思路是将技术进步表现为中间产品品种数目的扩大。

(一)模型的推导

构建经济增长模型的关键在于如何规定生产函数的形式。为了体现中间产品数量和种类的增加对于最终产出的影响,罗默等采用了一种特殊形式的生产函数:D - S 生产函数。

这种类型的生产函数最早被当作一种效用函数,由斯蒂格利茨(Stiglitz, 1977)等人提出。他们假定多种消费品以如下形式进入个人的效用函数:

$$y = (\sum_{i=1}^{n} x_i^{\alpha})^{1/\alpha} : 1 > \alpha > 0 \qquad (1)$$

即个人效用是消费品指数 Y 的函数。它被称为 D - S 效用函数。埃尔(Ethier,1982)在考察多种中间产品时,将上述 D - S 效用函数重新解释为生产函数。罗默接受了埃尔的观点,利用 D - S 生产函数把最终产品的生产函数表示为:

$$Y = T \cdot L_z^{1\ \ \alpha} \sum_{z=1}^{n} x_{iz}^{\alpha} : 1 > \alpha > 0 \qquad (2)$$

式中 T 为外生的环境因素(如体制、政策等),Y 表示第 i 个最终产品生产者的产量。L 是所用的劳动投入,X_{iz} 是厂商 i 所用的第 z 种中间品的数量,n 是目前拥有并使用的中间产品的总数,α 为中间产品的产出弹性。

根据现代经济学原理,储蓄是资本积累的决定因素,消费者消费效用函数为:

$$u_t = \int_{\pm}^{\infty} \frac{y^{1-\delta}}{1-\delta} e^{-\rho(s-t)} ds \quad (3)$$

此为跨时期最优消费选择模型—拉姆齐模型，这一模型是在研究家庭消费规律基础上形成的，主要说明最优消费性质的经济增长路径。其中 u 表示消费效用，y 为最终产品消费量，ρ 为时间偏好率，表示人们对推迟现期消费的偏好程度，ρ 越大，与现期消费相比，人们对未来消费的评价越低。δ 为风险偏好率，两者均为已知参数。可以证明，当 $\delta>0$ 时，该效用函数表示的是一种风险回避的情况；当 $\delta=0$ 时，表示一种风险中性情况；当 $\delta<0$ 时，表示一种风险偏爱情况。

当利润率为 r 时，最优消费增长率为：

$$\frac{\Delta Y}{Y} = \frac{1}{\delta}(r-\rho) \quad (4)$$

很显然，在均衡条件下，消费增长率等于产出增长（用 g 表示），我们可得到该国经济增长率函数式：

$$g = \frac{1}{\delta}[C(a^*/A, A^*/A)^{-1}T^{1-\alpha}L\pi - \rho] \quad (5)$$

如上所述，在式(5)中，g 代表增长率，δ 代表风险偏好率，T 代表外生的环境因素（如体制、政策等），α 代表劳动的产出弹性，π 可由 α 推导出来，C 为初始固定成本，α^*/A 表示外资所占比重，A^*/A 表示技术差距，L 表示劳动，ρ 为时间偏好率。其中 δ,α,π,ρ 为自然数。

该模型的经济学含义是，一国的经济增长除了与已知的环境因素 T、两个跨时消费决策指数(δ,ρ)和劳动的产出弹性 α 有关外，与该国的外资比重（用 α^*/A 表示）、技术差距（A^*/A 表示）和人力资本都呈正相关关系。

（二）模型的确定及涵义

结合我国经济增长的现状及特征构造下列模型，重点考察中国外商直接投资和人力资本对经济增长的作用进行计量验证，并考察人力资本与FDI的联合效应。

$$\text{Ln}CGDP_{i,t} = C_0 + C_1 \cdot HUMA_{it} + C_2 \cdot FDI_{i,t} + C_3 \cdot COM_{i,t} + \varepsilon_{i,t}$$

上述模型中的变量分别为：

LnCGDP：全国和各地区年人均国内生产总值（单位：人民币元）的自然对数值，代表全国和各地区的经济增长速度。由因果关系知，其中

LnCGDP 为被解释变量，其余变量均为解释变量。

FDI：全国和各地区外国直接投资年流入量与全国和各地区当年的国民生产总值的比例。从上面的理论分析可认为，FGDP 与解释变量 LnCGDP 应呈正相关关系，以表示 FDI 的技术综合作用对经济的增长效应，即综合效应。

HUMA：全国和各地区的人力资本存量。由于人力资本存量的计量方法存在较大差异，它不同于普通劳动力，本文采用国际上比较通行的做法，以我国每年具有高中学历水平人口占全部人口比例来代表这一变量。具体为全国和各地区每年具有高中学历水平人口与当年全国和地区的年底总人口的比例。从理论上讲，如果经济是内涵式增长，HUMA 与 LnCGDP 应呈正相关关系。

COM：外国直接投资流量比与高校人数比的乘积。这一变量的系数为正，表示 FDI 技术综合效应的发挥需要与一定的人力资本相结合。

本文在现有文献研究的基础上构建内生经济增长模型，根据中国近年来的具体数据，运用计量经济方法进行实证分析和检验，分别对我国的横截面数据，时间序列数据以及 28 个省、市、自治区的面板数据进行全面的综合分析。

三、变量和数据来源

改革开放 20 多年来，中国经济取得了举世瞩目的成就，实际 GDP（根据 GDP 价格平减指数计算，以 1978 年为基点）由 1978 年的 3624 亿元增加到 2003 年的 30407 亿元，按现价计算为 117252 亿元，年均增长率为 9.0 % 以上。与此同时，外商直接投资也急剧增长，实际 FDI（统计口径同上）由 1983 年的 11.33 亿元增长到 2003 年的 1286.83 亿元，年均增长 20% 以上。

在研究过程中，主要采用两种数据：国内生产总值（GDP）和外商直接投资（FDI），时间跨度为 1983 - 2003 年，这是因为《中国统计年鉴》最早只有 1983 年的 FDI 数据。1983 - 2003 年 GDP 数据和 FDI 数据来源于各期《中国统计年鉴》，把 FDI 数据利用当年的汇率（来源于各期《中国统计年鉴》）换算成以人民币为单位的数据。然后利用不变价的 GDP 指数和现价的 GDP 指数生成 GDP 平减指数（DPI），对这两个变量进行调整，得到以 1978 年价格计算的实际 GDP 和 FDI。

(一)横截面数据

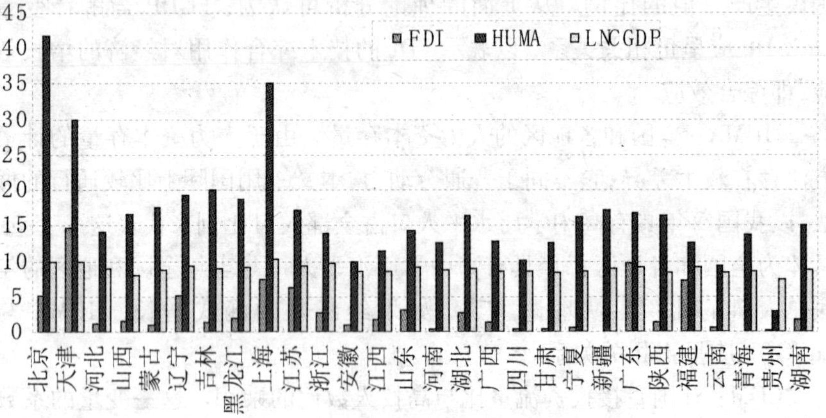

图 1　2001 年我国模型横截面数据

注:西藏、海南、重庆投资外商投资数量较少,没有列入其中。

资料来源:《中国统计年鉴》;《新中国 50 年统计资料汇编》;《中国人口统计年鉴》。

(二)时间序列数据

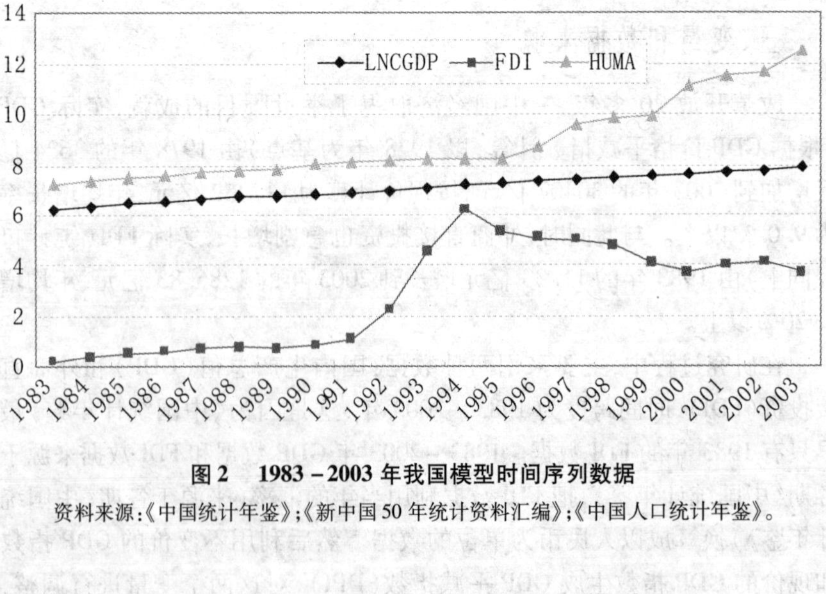

图 2　1983 - 2003 年我国模型时间序列数据

资料来源:《中国统计年鉴》;《新中国 50 年统计资料汇编》;《中国人口统计年鉴》。

四、模型计算结果

(一)中国横截面数据的计量分析结果

根据上述模型,LNCGDP 为 28 个省、市、自治区 2001 年人均 GDP(人民币元)的自然对数值,为被解释变量。FDI 为 28 个省市自治区 2001 年 FDI 占 GDP 的比重;HUMA 为 28 个省市自治区人力资本数量[①],以 28 个省市自治区具有高中学历水平人口占其总人口的比例计算;COM 为二者的乘积,用于检测 FDI 与人力资本的联合效应;ε 为随机扰动项;C_0 为常数项;C_1、C_2、C_3,分别为待估的各种解释变量的系数。

表 1　截面数据模型总体效果

	样本决定系数	修正样本决定系数	估计标准　差	方程显著性水平	D.W 检验
模型 2	0.841	0.686	0.3217	0.005	1.794

表 2　截面数据系数分析

		非标准化系数				共线性判别	
		变量系数	标准差	T 值	显著性水平	容限值	方差扩大因子
模型 2	常数项	8.031	0.137	58.415	0.000		
	HUMA	0.042	0.009	4.521	0.000	0.675	1.481
	FDI	0.065	0.021	3.064	0.005	0.675	1.481

注:上述两表格为采用 SPSS12.0 分析结果。模型标号为逐步回归方法的次序。

方程为:

$$LNCGDP_{2001} = 8.03 + 0.042 \cdot HUMA_{2001} + 0.065 \cdot FDI_{2001}$$

从以上结果可以看出:从经济学检验来说,方程中代表外商直接投资水平的 FDI 和人力资本水平的 HUMA 的系数符号和大小都符合经济理论含义。COM 为交叉影响变量,用于检验外商直接投资 FDI 与人力资本

---

① 根据国家统计局《中国人口统计年鉴》,《2000 年全国人口普查资料》数据计算。

HUMA 的联合效应。此变量因显著性水平小于 5% 而被剔除,表明 FDI 未能与 HUMA 联合发挥效应,显示出我国人力资本水平与外商直接投资联合作用不强,二者没有有机地结合在一起,形成对经济增长的强大推动力。

FDI 与人均 GDP 的增长呈正相关,其系数为 0.065,因为 FDI 是以外国直接投资占国内生产总值的比重衡量的,所以从以上计量结果看,我国吸收外商直接投资占国内生产总值的比重每增加 1 个百分点,人均国内生产总值的对数值将增加 0.065 个百分点。表明 FDI 对经济增长具有一定的促进作用。人力资本对 GDP 的增长也有一定影响,其系数为 0.042,因为人力资本的衡量是以具有高中学历水平人口数占人口总数的比重为标准的。所以我国人力资本存量每增加 1 个百分点,将带动我国人均国内生产总值的对数值增加 0.042 个百分点。

由于 FDI 是外国直接投资占 GDP 的比重,按前述理论模型,这一比例可以近似地代表外商直接投资企业生产的资本品品种数量占全部资本品品种数量的比重,即 A^*/A。按照新经济增长理论中的产品品种增加模型,外商直接投资的增长将导致这一比重的增加,这就意味着 FDI 通过推动东道国的技术进步,促进东道国的经济增长。从计算结果也可以看出,一个国家的人力资本存量也与该国的经济增长有着明显的正相关关系。人力资本是外商直接投资所带来的新技术发挥作用的基本条件,也是一国技术进步、经济增长的最能动的因素,这与新经济增长理论的人力资本模型的论点是一致的。

以上采用全国 28 个省、市、自治区 2001 年最新的横截面数据进行计量,虽然结果符合预期效果,但只能静态地从某种角度反映某一时点的经济情况,而不能动态地从一个时段上描述经济现象的变化态势。应当指出的是,用跨地区截面数据进行计量分析,没有考虑各省市自治区的特殊性,暗含的假设是各省具有相同的经济结构和技术水平,这与现实不符。而且选取哪个年度的数据也会对回归结果产生影响。有鉴于此,下面再对我国的时间序列数据进行分析。

(二) 中国时间序列数据的计量分析

根据上述模型,LNCGDP 为全国 1983 - 2003 年人均 GDP(人民币元)的自然对数值,为被解释变量。FDI 为全国 1983 - 2003 年 FDI 占

GDP的比重；HUMA为为全国1983－2003年人力资本数量，以全国具有高中学历水平人口占总人口的比例计算；COM为二者的乘积，用于检测FDI与人力资本的联合效应；ε为随机扰动项；C_0为常数项。C_1、C_2、C_3，分别为待估的各种解释变量的系数。

表3　时间序列数据模型总体效果

	样本决定系数	修正样本决定系数	估计标准差	方程显著性水平	D.W检验
模型3	0.988	0.973	0.08208	0.001	1.060

表4　时间序列数据系数分析

		非标准化系数				共线性判别	
		变量系数	标准差	T值	显著性水平	容限值	方差扩大因子
模型3	常数项	2.988	0.634	4.710	0.000		
	COM	－0.071	0.022	－3.215	0.005	0.002	585.115
	HUMA	0.463	0.082	5.636	0.000	0.019	51.564
	FGDP	0.671	0.175	3.833	0.001	0.003	382.654

注：上述两表格为采用SPSS12.0分析结果。模型标号为逐步回归方法的次序。

方程为：

$$LNCGDP_t = 2.988 + 0.463 \cdot HUMA_t + 0.671 \cdot FDI_t - 0.071 \cdot COM_t$$

从以上结果可以看出：从经济学检验来说，除COM为负值外，方程中代表外商直接投资水平的FDI和人力资本水平的HUMA的系数符号和大小都符合经济理论含义。COM为交叉影响变量，用于检验FDI与HUMA即外商直接投资与人力资本的联合效应。此变量系数为负，可以解释为FDI未能与HUMA联合发挥效应，原因可能是中国人力资本水平未达到理想水平。

FDI与人均GDP的增长呈正相关，其系数为0.671，因为FDI是以外国直接投资占国内生产总值的比重衡量的。从以上计量结果看，我国吸收外商直接投资占国内生产总值的比重增加1个百分点，人均国内生产总值的对数值将增加 0.671 个百分点。表明 FDI 对经济增长具有明显的促进作用。人力资本对 GDP 的增长也有一定影响,其相关系数为 0.463,意味着我国人力资本存量每增加 1 个百分点,将带动我国人均国内生产总值的对数值增加 0.463 个百分点。COM 通过显著性检验,其系数为负值,意味着我国人力资本与外商直接投资结合还未达到令人满意的程度。

以上采用全国 1983 - 2003 年时间序列数据进行计量,虽然结果符合预期效果,但存在一定的缺点,即时间序列较短,并且我国吸引外商直接投资的政策性变化较大,制度上还有不完善的地方,这些都没有在模型中予以考虑,所以会对数据也会对回归结果产生影响。有鉴于此,下面再对我国 28 个省、市、自治区的面板数据进行分析。

(三)我国面板数据分析结果

表 5 面板数据总体及系数分析

	1.1	1.2	1.3
C	6.432 (0.234) (182.2)	6.457 (0.235) (167.5)	6.456 (0.230) (166.3)
FDI	0.360 (0.123) (3.21)	0.367 (0.145) (8.75)	0.358 (0.243) (9.14)
HUMA		0.231 (0.046) (3.32)	0.426 (0.043) (4.68)
COM			55.16 (20.37) (0.05)
样本决定系数	0.83	0.70	0.56
修正样本决定系数	0.72	0.65	0.43
显著性水平 F 值	122.88	102.5	79.8
样本数	336	336	336

注:各变量系数是按照截距项和系数固定的确定效应(Fixed effect)回归得到的。

本表的估计均由 SPSS12.0 软件包完成,表中括号内数值分别为该系数的标准差、t 统计值。

数据采集使用我国28个省、市、自治区的1991－2002年12年的跨地区面板数据进行分析，变量的含义与上述两个模型相同。在分析面板数据时采用逐渐扩大解释变量的个数，并删除不显著的参数，具体结果见下表。在第一列中，只选取FDI一个解释变量，其对LNCGDP有显著影响（在1％水平上显著），并呈正相关关系。第2列中加入变量HUMA，HUMA与FGDP均呈正相关关系且在1％水平上显著。但当第3列中加入变量COM时，结果COM未能通过显著性检验。

方程为：

$$LNCGDP_{i,t}=6.457+0.231\cdot HUMA_{i,t}+0.367\cdot FDI_{i,t}$$

外国直接投资在一区域内的比重对人均GDP的增长有着非常显著的影响。在上表的估计结果中，它的系数估计值为0.367。由于计量模型中的调整后R2仅为0.65，即该模型自变量的变化只能解释因变量变化的65％，这表明虽然FDI对我国经济长期均衡、稳定增长的作用不容置疑，但作为一个人口众多、幅员辽阔的发展中大国，在大力促进FDI的技术扩散的同时，更要依赖本国的R&D发展和技术创新。

HUMA与LNCGDP呈正相关关系表明，对我国经济有增长效应的、能够带来技术扩散的经济增长一般要求较高的人力资本存量。这从另一个角度说明，地区人力资本存量对于经济增长效应的发挥程度有着至关重要的作用。

人力资本存量与外商直接投资的联合效应没有通过显著性检验，这说明中国经济目前尚未走上内涵式增长道路，人力资本存量对经济增长的促进作用尚未在外商直接投资中显现。目前我国科技转化能力不强、机制尚不健全，各地区人力资本存量并不能完全体现出当地的科技实力，未能转化为真正的生产力。

五、主要结论

根据上面的理论模型以及关于中国FDI与经济增长率之间因果关系的实证分析，可以得出以下几条结论：

1. 外商直接投资对我国经济的促进效应正在逐步缩小。根据对上述我国横截面数据、时间序列数据以及28个省、市、自治区的面板数据的模型分析结果，从回归系数来看，横截面数据表明FDI与人均GDP的增长呈正相关,其系数为0.065,表明我国吸收外商直接投资占国内生产总值的比重每增加1个百分点,人均国内生产总值的对数值将增加0.065个百分点。从时间序列数据来看,FDI与人均GDP的增长也呈正相关,其系数为0.671,即我国吸收外商直接投资占国内生产总值的比重增加1个百分点,人均国内生产总值的对数值将增加0.671个百分点。从面板数据来看,FDI与人均GDP的增长同样呈正相关,其系数为0.367,即我国吸收外商直接投资占国内生产总值的比重增加1个百分点,人均国内生产总值的对数值将增加0.367个百分点。上述三类模型的结果都表明FDI对经济增长具有一定的促进作用。值得注意的是,时间序列回归系数代表着年度的平均水平,为0.671;面板数据的回归系数不但代表着年度水平,还代表着全国平均水平,为0.367;而2001年的回归系数只有0.065。虽然回归系数并不完全精确,但至少可以表明一种趋势:从整体的系数大小的比较上来看,外商直接投资在全国分布不平衡以及对经济增长的促进作用不断下降是这三个模型联合揭示的最深刻的问题。

2. 吸收外国直接投资带来的先进技术,必须要有足够的人力资本存量未发挥效益。如果东道国有一定的科技人才,跨国公司才有可能在东道国安排一些研究与开发项目,培训当地高级技术人才,以降低人力资源的成本和更好地使产品当地化。现在急需把我国丰富的人力资源条件和外商直接投资结合起来,以形成对我国经济增长的更大推动。

3. 根据大推动理论,从资本形成对经济增长的角度看,投资对中国经济的平衡增长至关重要。但由于地理位置以及人为政策上的原因,我国的中西部地区长期以来很少能吸收到国外的直接投资,这种FDI在区域间的不平衡分布加剧了地区间的不平衡发展。为了改变这种区域经济发展呈现的非收敛态势,国家适时地推出了西部大开发战略,在这一宏伟战略的执行过程中要充分重视FDI的作用。

六、政策建议

鉴于上述理论及实证分析结论,外商直接投资的效率正在不断下降,我国目前应该采取措施提高外商直接投资的质量,以投资总量作为衡量吸引外商直接投资绩效的参考指标,尤其是我国2004年初的投资过热与外商直接投资也存在着一定的关系。所以我们更应该注重发展外商直接

投资的技术优势,形成一套提高外商直接投资效率的引导机制:

1. 作为一个发展中大国，要充分利用技术落后的后发优势，通过跨国公司的直接投资这一渠道积极主动地吸收其先进技术。以往通过技术贸易方式引进技术，由于资金供应不配套、技术吸收能力不强、忽视市场开拓、成本居高不下等方面的原因，有相当比例的技术引进项目不能很好地发挥作用，或者当被吸收、消化之时，引进的技术已经落后。而随跨国公司直接投资引进技术，随着技术的转移，资金供应、技术吸收能力、市场开拓能力和相应的管理知识以及进一步的技术开发能力或新技术提供能力都会随之进入，因而引进的技术不但能够更好地发挥作用，而且可以大大降低技术进步的风险。

2. 跨国公司的惟一目的是获得最大利润，这一动机决定其技术转移在促进东道国技术进步方面有着不可避免的局限性。要克服这种局限性，就应保持市场的充分竞争性，只有竞争才能促进跨国公司最大可能地转让技术。首先是要为国内企业创造与外资企业平等的竞争环境,形成国内竞争者；短期内与外资企业相比尚不具备竞争能力的一些领域，要积极引进多家跨国公司的投资，形成跨国公司投资企业之间的竞争。

3. 由于外商直接投资是我国高速经济增长的一个非常重要的原因，同时由于外商直接投资与经济增长之间在长期内并不一定存在共同的增长趋势,因此,我国为了进一步引进外商直接投资,首先应该大力发展国内生产,使国民经济快速稳定增长;其次应该加强人力资本积累,提高劳动生产率,充分而有效地利用我国的比较优势,改善外商直接投资的基础环境,继续深化外贸、外资体制等与之相配套的改革。

（执笔:马岩）

中外信息化发展指数测算与比较研究①

一、建立信息化发展指数的意义

近年来,信息化对社会经济的发展日益显现出极为重要而深远的影响,它在全球化和社会转型中发挥着越来越重要的作用,信息化发展水平已经成为衡量国家综合国力与国际竞争力的重要标志。中国政府适应世界发展的趋势,提出了加快信息化发展的战略,近年来中国信息化水平有了较大的提高。尽管如此,中国信息化发展水平与发达国家还有相当大的差距。为此,中国政府提出以信息化带动现代化、实现跨越式发展的战略。为了科学制定信息化发展战略,目前一个很基础性的工作就是如何量化地比较和评价近十年来中国信息化发展与应用水平,比较和评价中国信息化水平在国际上所处的地位,比较和评价中国各省的信息化发展水平和发展差距,这个问题的研究成为当前亟待解决的重要课题之一。

受国务院信息化领导小组办公室(以下简称国信办)领导的委托,根据制定国家信息化发展战略研究的需要,我们设立了《信息化发展指数(IDI)测算与比较研究》课题。该研究的目标是,建立起一套科学的、综合性较强的信息化发展指数(IDI)评价指标体系和评价方法,衡量世界主要国家和中国各省从1995年以来的信息化发展水平,以便对中国信息化发展水平在世界上的地位、中国各省的信息化发展进程进行比较与评价,为中国政府制定"十一五"信息化宏观发展战略、为在"十一五"期间准确

① 本课题为国务院信息化领导小组办公室委托课题;课题组顾问:邱晓华、杨学山;课题组组长:杨京英;副组长:闾海琪;成员:杨红军 、高析、铁兵、薛芳;审定:邱晓华。

把握我国各省信息化发展水平和发展进程提供科学的、量化的依据。

由于工作的探索性，以及资料、时间和认识水平等限制，我们的研究仅是初步的，希望有关专家和社会各方面提出改进意见，使该项研究成果更趋完善。

二、信息化发展指数的定义与指标体系

(一)信息化发展指数的定义

本课题所建立的信息化发展指数(IDI)是一个衡量社会信息化发展水平的综合指数，由信息化基础设施指数、使用指数、知识指数、环境与效果指数和信息消费指数五个分类指数组成，用来衡量社会利用信息和通讯技术来创建、获取、使用和分享信息及知识的能力，以及信息化发展对社会经济发展的推动作用。

我们构建信息化发展指数主要是以综合性和概括性强的精炼指标来评价信息化发展水平和发展进程。信息化发展指数的测算通过横向比较，可以比较全面、准确地反映一个国家(地区)信息化发展的现状，各国间的相互地位；通过纵向比较，能够反映各地区信息化的发展进程和变化情况。从而为国家制定发展目标或发展政策提供科学的参考依据。

(二)指标体系设计的基本原则

信息化发展指数指标体系，主要是依据我们以前研究的信息化水平总指数等研究成果，同时参考了国际电信联盟(ITU)、联合国贸发会议、经济合作与发展组织(OECD)等国际组织使用和推荐的指标体系，结合中国国情设置的。我们在选取指标时注意了指标的系统性、针对性、数据可获得性和综合性，还注意了直接指标与间接指标的配合使用，解决指标体系的系统性和简洁性的矛盾。而且，该指标体系与原国家信息化指标体系相衔接，没有脱离原来的基础和框架，这样可以最大程度地保持信息化测评指标体系的长期稳定。具体来讲，我们遵循了如下一些基本原则：

1. 科学性的原则。从以信息通讯技术、互联网为核心的信息化的基本定义出发，选取反映信息化发展水平的系列指标，并使指数的计算方法更科学合理，以准确反映信息化应用水平和发展状况。

2. 综合性的原则。精选出来的系列指标具有概括性，能够用尽可能少的指标来反映信息化发展水平。

专栏

国际比较中常见的几种信息化指数

随着信息化日新月异的不断发展,有必要对信息化发展水平进行衡量和国际比较。近年来,一些国际组织构建了一系列信息化指数,并搜集相关国家(地区)的数据进行测算、排序和进行国际比较。目前,较为常见的信息化指数主要有国际电信联盟的数字接入指数、联合国贸发会议的信息通信技术扩散指数、世界经济论坛的网络化准备指数、联合国教科文组织的信息状态指数等。尽管这些指数的侧重点有所不同,计算方法也不尽相同,但这些指数都是基于统计指标体系,采用标准化进行无量纲化并加权汇总得到信息化总指数。这些指标体系繁杂程度各有不同,指标个数和层数也有差别,实际用来衡量的国家和地区数也不尽相同。

国际电信联盟的数字接入指数(Digital Access Index,简称 DAI)是用于衡量一个国家的接入和使用新的信息通信技术的整体能力的指数。该指数的设计有三个主要标准:一是衡量一个国家利用 ICT 的能力;二是全面性,即涵盖尽可能多的国家;三是尽可能使指数透明。

国际电信联盟数字接入指数由五个方面要素所组成,其中四项为影响一个国家信息通信技术接入能力的基本因素,一项为信息通信技术的实际使用因素。属于接入能力的有:基础设施可用性、可购性、教育水平和质量。以上五个方面的内容由 8 项指标代表。

目前已经计算了 178 个经济体的数字接入指数,并按照信息通信技术接入水平的高、较高、中等和低水平四种情况对这些经济体进行了分类。各经济体可以通过数字接入指数与其他经济体进行比较,并了解自己的相对实力和弱势。可见,这一指数提供了一种透明的、可在全球进行衡量的方法,以跟踪改善信息通信技术接入所取得的进展。

联合国贸发会议的信息通信技术扩散指数(Index of Information Communication Technology Diffusion)是用来衡量信息通信技术应用情况的指数,具体指标体系由三个维度(即连接情况、可得性和政策因素)共 22 个指标组成。其中连接情况主要反映信息通信技术的基础设施,主要指标有人均互联网主机数、个人计算机数、电话主线数、移动电话用户数等;可得性主要反映利用信息通信技术的能力,主要指标有互联网用户数、成人识字率、本地电话通话费、人均 GDP(购买力平价法)等;政策因素主要反映互联网服务市场的竞争程度,主要指标有互联网连接通道数、市话竞争程度、长话竞争程度、互联网服务提供商(ISP)市场竞争程度。贸发会议计算并发布了多达200个经济体的扩散指数及其分类指数。

世界经济论坛的网络化准备指数(Network Readiness Index,简称NRI)是反映信息与通信技术的应用现状和发展潜力的指数,由四级要素构成,具体包括2个第一级要素(网络应用指数和网络支撑因素指数)、9个第二级要素、10个第三级要素和60个第四级要素。

网络应用指数用来直接衡量一个国家(或地区)信息通信技术的普及程度,包括每百人互联网用户数、每百人移动电话用户数、每台主机容纳的用户数、接入互联网的计算机的比例、互联网公共接入的方便性等5个第二级要素。

网络支撑因素指数用来评估一个国家(或地区)网络应用环境以及未来网络渗透的潜力,包括网络接入、网络政策、网络化社会、网络化经济4个第二级要素、10个第三级要素和60个第四级要素。网络接入考察的是网络基础设施建设水平、设备普及情况以及推动信息通信技术被广泛应用的支撑服务水平等;网络政策考察的是一个国家(或地区)的信息通信政策环境以及贸易与经济发展氛围。网络化社会考察的是一个国家(或地区)应用信息通信技术提高教育水平的幅度、对教育过程的影响程度、信息通信产业的发展机会以及社会和人口因素等;网络化经济考察的是公共管理机构和私人企业参与信息化社会的程度、附加基础设施的质量和可用性等。

计算所采用的数据除来自世界银行、国际电信联盟和商业软件联盟等组织和机构外,还专门通过《全球竞争力报告高层管理人员观点调查问卷》收集75个国家(或地区)4500多位政府和企业高层领导关于互联网服务提供商水平、市场竞争态势、政府信息通信技术政策有效性等的评价指标。

教科文组织的信息状态指数(Infostate Index)。隶属于教科文组织的Orbicom(全球通信讲席教授网)为衡量全世界信息通信技术的扩散、采用和效果情况,采用了一种综合评估方法。Orbicom的模型不仅包含了与连接性和电子化准备度有关的内容,而且包含了与信息通信技术有关的技能以及个人和公司对这些技能的使用,从而构建了信息状态指数。信息状态指数综合了信息密度和信息使用情况这两类指标。其中信息密度包括两方面的内容,即网络状况和信息通信技能。网络状况包括固定电话主线数、移动电话用户数、互联网主机数、互联网用户数和国际出口总带宽;信息通信技能包括两个指标,即成人识字率和综合入学率。信息使用情况包括两方面的内容,即信息通信技术的采用率和消费流量。信息通信技术采用率包括电视普及率、每百人固定电话主线数、每百人个人计算机拥有量和每百人互联网用户数;信息消费流量包括每百人宽带用户数和人均国际通话时间。

(执笔:闫海琪)

3. 可操作性的原则。在考虑具有科学性的基础上,不仅要使选取的指标能客观地反映问题,而且还要保证所设指标能够获取较为准确的数据,使量化的评价与监测可以进行。

4. 可比性的原则。指标体系既要符合中国国情,能反映中国信息化水平的实际,也考虑能够进行国家间信息化发展水平的比较。最终结果在横向上(世界主要国家间或中国各省间)和纵向上(各个时期)能够进行比较与分析。

5. 导向性的原则。任何一种指标体系的设置,在实施中都将起到引导和导向作用。为了推动信息化的发展,信息化发展指数的测算与评价指标体系将从促进互联网的使用、人的知识与技能的增长、信息消费水平的提高、信息化基础设施的完善等方面加以引导,使中国信息化水平的测算与评价指标体系建立在科学、可靠和可行的基础之上,达到促进中国信息化水平的快速提高、尽快缩小与先进信息化发展水平国家间的差距,促进各方面采取措施缩小我国地区间数字鸿沟的目标。

(三)信息化发展指数指标体系

信息化发展指数指标体系由信息化基础设施、使用、知识、环境与效果和信息消费五个分类指数共计 10 个具体指标组成。总指数与分类指数是一个总体系,各分类指数是相互促进和相互制约的有机整体。信息化发展指数的各类指数及其作用主要是:

基础设施指数:目前基础设施方面的差距被认为是各个国家发展信息化的主要障碍,如果没有足够的基础设施就根本无法应用信息通讯技术,也无法接入互联网。这一类的指标代表了"三网"的应用与发展水平,既包括传统的信息化指标,如每百人电视机数、每百人电话主线数,又包括代表先进 ICT 技术的指标,如每百人移动电话用户数和每百人计算机数。固定电话和移动电话都能提供话音、传真和数据通信,今后也都将成为接入互联网的主要载体。计算机在信息化发展进程的重要性是不言而喻的,它是接入互联网最重要的基础设施。

使用指数:现在的信息化是主要基于互联网的信息化,所以衡量互联网的实际使用情况显得尤其重要,这里选用每百人互联网用户数一个指标。

知识指数:知识水平对新技术使用能力有着非常重要的影响。知识是人们应用信息通讯技术的必要素质，知识水平越高，应用信息通讯技术的技能越高。这里用国际通用的教育指数来反映人们应用信息通讯技术的知识和能力，即由成人识字率和综合入学率两个指标加权平均得到知识指数，而在国内，由于数据的限制，综合入学率由平均受教育年限来替代。

环境与效果指数：这反映了信息化发展的经济基础以及全社会在信息化方面投入和产出的综合情况，通过第三产业增加值占 GDP 比重、研究与开发经费占 GDP 比重、人均 GDP 这 3 个指标来描述。人均 GDP 与信息化发展密不可分。一方面，它能够反映社会信息化投入的能力和个人信息消费的潜力；另一方面，它还反映出信息化对于经济发展的影响和效果。

信息消费指数：信息社会是一个“人人可以创建、获取、使用和分享信息及知识，使每个人均能充分发挥自己的潜力并持续提高生活品质”的社会，个人的信息消费水平在信息化发展过程中将会越来越高，信息消费系数反映了信息消费水平。

表 1　信息化发展指数指标体系

基础设施指数	1. 电视机拥有率（台/百人）
	2. 固定电话主线拥有率（条/百人）
	3. 移动电话拥有率（部/百人）
	4. 计算机拥有率（台/百人）
使用指数	5. 每百人互联网用户数（户/百人）
知识指数	6. 教育指数（国外：成人识字率 ×2/3 + 综合入学率 ×1/3） 国内：成人识字率 ×2/3 + 平均受教育年限 ×1/3）①
环境与效果指数	7. 第三产业增加值占 GDP 比重（%）
	8. 研究与开发经费占 GDP 比重（%）
	9. 人均 GDP（美元/人）
信息消费指数	10. 信息消费系数（%）

注：①为了便于国际对比，我们根据国外口径的中国教育指数，对中国各省的教育指数进行了相应的调整。

三、信息化发展指数的计算

(一)世界主要国家的选取

本课题所选的世界主要国家和地区共有33个,分布于世界各大洲,选取的原则是:

1.对全球各个地区有代表性。

2.有经济发展程度的代表性,包括按人均GDP划分的高收入国家、中上收入国家、中下收入国家和低收入国家。

3.有信息化发展水平的代表性,包括按国际电信联盟数字接入指数(DAI)划分的高水平、中高水平、中等水平和低水平国家。

总的来说,鉴于数据的可得情况,发达国家相对多一些。

(二)原始数据的处理

对于某些指标、某些年份的缺失数据,我们针对每个国家和地区每个指标的具体情况,我们采取了三方面处理办法:

一是采用插值法;

二是采用外推法;

三是采用组平均数以及发展水平相当的国家和地区的数据来代替的方法予以补充。

另外,一些国家和地区某些指标的数据质量和范围不尽合理而缺乏同质性和可比性,对此我们进行了必要的调整。

(三)数据标准化

在对各指标计算前,需要将各指标数据进行标准化处理,消除各指标的量纲,使其能够进行相加计算。

1. 确定指标数据阈值。

每个指标的阈值,原则上根据目前世界各国家(地区)的高水平和低水平,再结合指标的理论最大值和理论最小值来确定。

2. 对指标进行标准化处理。

对指标进行标准化处理,可以使量纲不同的各类指标值转化为可以直接进行相加计算的数值。标准化处理分两种情况:

①如果各地区之间指标数值分布均匀,则采用下列标准化公式计算:

$$\frac{X - X_{\min}}{X_{\max} - X_{\min}}$$

其中，X 为指标值；X_{min} 为最小阈值；X_{max} 为最大阈值

②如果各地区之间指标数值差别较大，则采用取对数的方法，以消除指标数据差别较大的因素，计算公式为：

$$\frac{\log_{10}X - \log_{10}X_{\min}}{\log_{10}X_{\max} - \log_{10}X_{\min}}$$

（四）加权方法

权重的确定采用德尔菲法，即专家评价与打分法。综合各专家打分结果后，确定信息化发展指数的五类指数权重分别为：基础设施指数为25%，使用指数为25%，知识指数为20%，环境与效果指数为20%，信息消费指数为10%。

（五）指数的计算

用简单平均方法对各类具体指标的标准化数据进行计算，分别得出各类指数，然后通过各类指数加权平均计算得出总指数。

其具体计算公式为：

$$IDI = \sum_{i=1}^{n} W_i \left(\sum_{j=1}^{m} W_{ij} P_{ij} \right)$$

其中，IDI 为国家或地区信息化发展指数的数值，n 为信息化发展指数分类的个数，m 表示信息化应用水平第 i 类指数的指标个数，W_i 为第 i 类指数在总指数中的权重，P_{ij} 为第 i 类的第 j 项指标标准化后的值，W_{ij} 为第 j 个指标在第 i 类指数中的权重。

（六）信息化发展指数的发展速度计算

为了反映信息化发展情况，我们需要计算信息化发展指数的发展速度。对反映某一个地区信息化水平在不同年份间的发展变化情况，我们采用逐层实物量计算发展速度的方法，即计算国家或地区信息化发展指数指标体系中每个实物量指标的发展速度，然后加权平均汇总计算的方法，来得到该国家或地区信息化发展指数和分类指数的发展速度和增长速度。

（七）信息化发展指数的聚类分析

我们用系统聚类分析的方法，将各国家或中国各地区的信息化发展指数值相近的归为一类，将差距较大的归入不同的类，然后用类方差来检

验分类结果，以达到“类内差异小，类间差异大”的效果。本课题根据五个类指数值将世界主要国家（地区）的信息化水平分为四类，将中国各省的信息化发展水平也分为四类将中国各省的信息化发展水平也分为五类。

四、中国信息化发展指数与世界 33 个国家（地区）的比较

（一）世界 33 个国家（地区）信息化发展总指数分析

1. 1995 - 2002 年世界信息化发展指数逐年提高

测算结果显示，1995 - 2002 年世界信息化发展指数分别为 0.497、0.517、0.535、0.558、0.570、0.584、0.598 和 0.613，呈现出逐年提高的趋势；其中大部分国家（地区）信息化发展总指数也呈现出这种趋势。

2. 2002 年瑞典信息化发展指数居世界 33 个国家（地区）首位

2002 年，瑞典信息化发展指数为 0.946，位居 33 个国家（地区）之首，这也是该国连续 6 年名列第一；丹麦信息化发展指数为 0.900，居第二位；美国信息化发展指数为 0.899，居第三位；英国信息化发展总指数为 0.889，居第四位；芬兰信息化发展总指数为 0.888，居第五位。排在最后的五个国家分别是斯里兰卡、印度、巴基斯坦、尼日利亚和孟加拉国，他们的信息化发展总指数分别只有 0.417、0.373、0.309、0.283 和 0.249。

（二）世界 33 个国家（地区）信息化发展分类指数比较

2002 年，从世界总体水平来看，构成信息化发展总指数的五个分类指数中，使用指数最高，为 0.825；其次是知识指数，为 0.760，第三是环境与效果指数，为 0.707，第四是信息消费指数 0.563，最后是基础设施指数，为 0.229。

在五个分类指数中，排名首位和末位国家（地区）的差距由最大的是基础设施指数，其差距是 100∶2.1；其次是环境与效果指数，其差距是 100∶17.8；再次为信息消费指数和使用指数，其差距分别是 100∶20.74 和 100∶31.6；知识指数差距最小，其差距为 100∶40.4。

分国家（地区）来看，位居五个分类指数世界第一位的瑞典就占据了四个，即瑞典在基础设施指数、使用指数、知识指数、环境与效果指数排在世界 33 个国家（地区）第一位，韩国在信息消费指数上排在第一位。

（三）世界信息化发展水平的四个类型地区比较

2002 年世界 33 个国家（地区）信息化发展指数测算结果表明，各国

和地区信息化水平差距较大，发展极不平衡。结合 DAI 指数，用聚类分析法，世界 33 个国家（地区）信息化发展水平可分为高、中高、中和低发展水平四个类型地区。

第Ⅰ类型地区（称高信息化水平国家和（地区），包括美国、瑞典、新加坡、荷兰、丹麦、澳大利亚、英国、加拿大、芬兰、中国香港、新西兰、日本、德国、法国、韩国、意大利、西班牙 17 个国家和地区，2002 年这 17 个国家和地区的信息化水平总指数平均值为 0.849，比世界总体平均水平高出 48.9%，他们的信息化发展水平在世界上居于领先地位。

第Ⅱ类型地区（称中高信息化水平国家和地区），中高信息化水平国家（地区），包括波兰、阿根廷、俄罗斯、马来西亚、墨西哥、巴西、泰国、中国 8 个国家。2002 年这 8 个国家信息化发展水平总指数平均值为 0.592，相当于高信息化发展水平国家（地区）的 69.68%。

第Ⅲ类型地区（称中等信息化水平国家和地区），中等信息化水平国家（地区），包括委内瑞拉、菲律宾、斯里兰卡、阿塞拜疆 4 个国家（地区），他们的信息化水平总指数平均值为 0.475，相当于高信息化水平国家（地区）的 55.9%。

第Ⅳ类型地区（称低信息化水平国家和地区），低信息化水平国家（地区），包括印度、巴基斯坦、孟加拉国、尼日利亚 4 个国家，他们的信息化水平总指数平均值为 0.304，相当于高信息化水平国家（地区）的 35.75%。

表 2　2002 年世界及四个类型地区信息化总指数及分类指数比较

	基础设施指数	使用指数	知识指数	环境与效果指数	信息消费指数	总指数
世界总体平均	0.229	0.825	0.760	0.707	0.563	0.613
第Ⅰ类型地区	0.748	0.964	0.962	0.784	0.721	0.849
第Ⅱ类型地区	0.276	0.797	0.890	0.482	0.488	0.592
第Ⅲ类型地区	0.132	0.653	0.865	0.368	0.318	0.475
第Ⅳ类型地区	0.040	0.459	0.508	0.284	0.204	0.304

(四)世界信息化发展指数增长速度分析

1996－2002 年,世界信息化发展总指数年平均增长速度为 16%。其主要特点为:增长速度由高到低分别为使用指数、基础设施指数、信息消费指数、知识指数、环境与效果指数,其增长速度分别为 45%、16%、2%、1%、0.07%;从信息化水平四类地区来看,高信息化水平国家(地区)信息化发展指数年平均增长速度为 17%,中高信息化水平国家(地区)信息化发展指数年平均增长速度为 32%,中等信息化水平国家(地区)信息化发展指数年平均增长速度为 37%,低信息化水平国家(地区)信息化发展指数年平均增长速度为 52%,可见在各类国家地区中,低信息化水平国家(地区)信息化发展指数年平均增长速度最快。

(五)中国信息化发展指数与世界 33 个国家(地区)的比较

1. 中国信息化发展总指数在世界 33 个国家(地区)中的位次较低

1995－2002 年,中国信息化发展指数分别为 0.255、0.274、0.318、0.365、0.419、0.460、0.482 和 0.522,在世界 33 个国家(地区)上的位次分别为 29、28、28、28、27、27、27 和 25。2002 年我国信息化发展指数仅相当于世界位居第一的瑞典的 55.2%。但近年中国信息化发展指数的位次有了提高,到 2002 年中国位次提高到第 25 位,比上年提高了 2 位,比 1995 年上升了 4 位。

2. 中国与世界 33 个国家(地区)在五个分类指数上的比较

从中国信息化发展指数五个分类指数在世界 33 个国家(地区)中的排位来看,信息消费指数排名最靠前,排在 22 位,为 0.510;其次是基础设施指数排在 24 位,为 0.229;再次是使用指数排在 25 位,为 0.704;然后是知识指数和环境与效果指数都排在 28 位,分别为 0.830 和 0.355。

与信息化发展指数最高的国家相比,2002 年我国基础设施、使用、知识和环境与效果指数分别相当于瑞典(居世界首位)的 24.3%、70.8%、83.8%、37.3%,信息消费指数相当于韩国(居世界首位)的 55.7%。由此可见,我国五个分类指数与信息化发展指数最高的国家相比,差距最大的是基础设施指数,其次依次为环境与效果指数、信息消费指数、使用指数,知识指数的差距较小。

3. 中国与世界信息化发展指数增长速度的比较

1996－2002 年,中国信息化发展指数年平均增长速度较快,达到

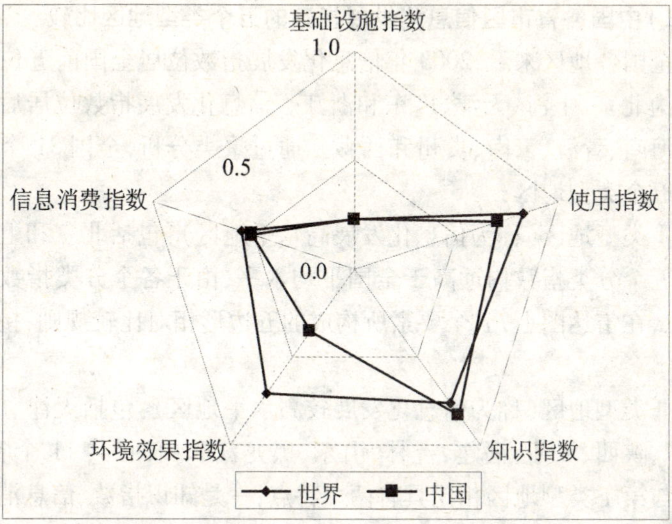

图1　2002 年世界及中国信息化发展分类指数比较

54%，居世界第四位，高于世界16%的年平均增长速度，也高于信息化发展指数年平均增长速度最快的低信息化水平国家（地区）52%的年平均增长速度。五个分类指数年平均增长速度，中国也都居世界前列。

五、中国各省信息化发展指数的比较与分析

（一）2003 年中国信息化发展指数及分类指数的分析

2003 年我国信息化发展指数为 0.551，比 2000 年提高 0.091，比 1995 年提高 0.297。

在五个分类指数中，有三个分类指数值高于总指数，分别是：知识指数最高，为 0.839；其次为使用指数，为 0.757；再次为信息消费指数，为 0.543。另外两个分类指数则低于总指数，分别是：环境与效果指数，为 0.364；基础设施指数，为 0.268。

我国信息化发展不平衡。在雷达图上，我国五个分类指数所构成的多边形是偏向知识指数和信息消费指数的扁平的、不规则的多边形，反应信息化发展的环境与效果及基础设施比较薄弱反映信息化发展的环境与效果及基础设施比较薄弱。

(二)中国各省市区信息化发展指数的五个类型地区比较

从全国各地区来看,2003 年信息化发展指数位居全国前五位的省市区分别为北京、上海、天津、广东和浙江。信息化发展指数位居后五位的分别是河南、青海、云南、贵州和西藏。通过聚类分析,全国 31 个省市区可归为五个类型地区:

第Ⅰ类型地区(称为信息化发展高水平地区):包括北京和上海。其特点是五个分类指数均远高于全国平均水平,由于各个分类指数均比较高,所以,在雷达图上,五个要素所构成的五边形相对比较规则,接近正五边形。

第Ⅱ类型地区(称为信息化发展较高水平地区):包括天津、广东、浙江、辽宁、陕西、江苏、福建、吉林、山东、黑龙江和山西,共 11 个省市区。该地区与第Ⅰ类型地区相比具有两个特点:一是知识指数、信息消费指数和使用指数低于第Ⅰ类型地区,但距离并不太大;二是基础设施指数和环境与效果指数明显低于第Ⅰ类型地区,这正是第Ⅱ类型地区与第Ⅰ类型地区的主要差距。

第Ⅲ类型地区(称为信息化发展中等水平地区):包括湖北、重庆、河北、新疆、湖南、四川、内蒙、海南、江西、宁夏、广西和安徽,共 12 个省市区。该地区与第Ⅱ类型地区相比的特点是:①知识指数低于第Ⅱ类型地区,但差距极小;②信息消费指数和使用指数低于第Ⅱ类型地区,但差距不大;③基础设施指数和环境与效果指数明显低于第Ⅱ类型地区,这同样也是第Ⅲ类型地区与第Ⅱ类型地区的主要差距。

第Ⅳ类型地区(称为信息化发展较低水平地区):包括甘肃、河南、青海、云南和贵州,共 5 个省市区。该地区与第Ⅲ类型地区相比的特点是:①环境与效果指数和信息消费指数低于第Ⅲ类型地区,但差距最小;②基础设施指数和使用指数低于第Ⅲ类型地区,但差距不大;③知识指数明显低于第Ⅲ类型地区,这同样也是第Ⅳ类型地区与第Ⅲ类型地区的主要差距。

第Ⅴ类型地区(称为信息化发展低水平地区):这类地区只有一个,即西藏自治区。与第Ⅳ类型地区相比的特点是:①基础设施指数明显低于第Ⅳ类型地区,这是西藏与第Ⅳ类型地区的主要差距所在。环境与效果指数略高于第 IV 类型地区;②使用指数、知识指数和信息消费指数也低于第Ⅳ类型地区。

表3　2003年我国及五个类型地区信息化总指数及分类指数

	基础设施指数	使用指数	知识指数	环境与效果指数	信息消费指数	总指数
全国合计	0.268	0.757	0.839	0.364	0.543	0.551
第Ⅰ类型地区	0.582	0.907	0.935	0.696	0.674	0.766
第Ⅱ类型地区	0.320	0.785	0.860	0.400	0.579	0.586
第Ⅲ类型地区	0.228	0.719	0.843	0.317	0.515	0.520
第Ⅳ类型地区	0.186	0.678	0.759	0.288	0.487	0.474
第Ⅴ类型地区	0.135	0.639	0.422	0.334	0.232	0.368

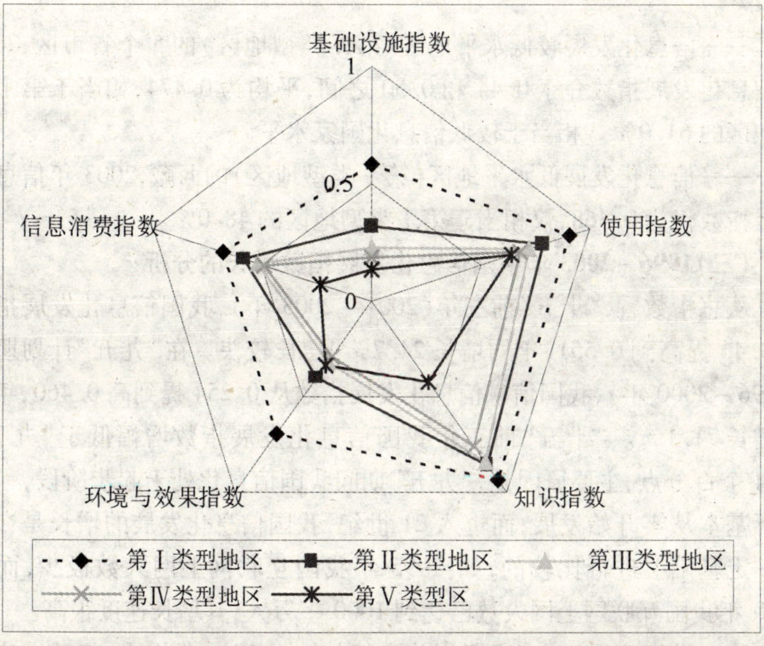

图2　2003年我国五个类型地区信息化分类指数比较

我国信息化发展五个类型地区之间的信息化发展指数存在着巨大差距,表明我国信息化发展在地区上不平衡,地区间存在巨大的数字鸿沟:

——中国信息化发展高水平地区(第Ⅰ类型地区)的北京和上海,2003年信息化发展指数分别为0.794和0.737,达到或接近2002年意大利的0.779和西班牙0.761的水平,达到或接近高信息化国家水平。这类地区的2003年信息化发展指数平均为0.766。

——信息化发展较高水平地区(第Ⅱ类型地区)的11个省市区,2003年信息化发展指数介于0.54和0.66之间,这类地区的2003年信息化发展指数平均为0.586,相当于第Ⅰ类型地区的76.5%。与全国平均水平相同,相当于中高信息化国家水平。

——信息化发展中等水平地区(第Ⅲ类型地区)的12个省市区,2003年信息化发展指数介于0.50和0.54之间,相当于中高等信息化国家中泰国等较低国家的水平;平均为0.520,相当于第Ⅰ类型地区的67.9%。

——信息化发展较低水平地区(第Ⅳ类型地区)的5个省市区,2003年信息化发展指数介于0.44和0.50之间,平均为0.474,相当于第Ⅰ类型地区的61.9%。相当于较低信息化国家水平。

——信息化发展低水平地区(第Ⅴ类型地区)的西藏,2003年信息化发展指数仅为0.368,仅相当于第Ⅰ类型地区的48.0%。

(三)1996-2003年中国信息化发展指数增长的分析

从总指数看,"十五"前三年(2001-2003年),我国信息化发展指数从0.46提高到0.551,年均增长24.7%,增长较快。在"九五"计划期间(1996-2000年),我国信息信息化发展指数从0.254提到高0.460,年平均增长71.1%。"十五"前三年我国信息化发展指数增幅低于"九五"46.4个百分点,主要原因是,"九五"期间我国信息化处于起步阶段,一些指标基本从零开始发展;而进入21世纪,我国信息化发展的增长是在已有一定基础上进行比较的,如:1995年我国互联网上网人数极少,而到2000年我国互联网上网人数已达到1000多万人,其增长速度很高。

从分类指数看,"十五"期间前三年与"九五"时期相比,基础设施建设和互联网使用增长最快。"十五"前三年,基础设施指数年均增长28.1%,比"九五"期间放慢14.8个百分点,显示我国信息化基础设施建设较快的发展势头有所放慢；使用指数提高60%，增幅缩小168.5个百分点，显示尽管我国信息化应用在高速发展中有所放慢，互联网应用初期网民数量突飞猛进的发展势头虽然有所放慢，但仍保持一个相当快的发展速度；知识指数增长1.6%，加快1.1个百分点，随着我国教育事业的稳步发展，我国信息化人力资源正在稳步增强；环境与效果指数提高8.9%，放慢2.2个百分点，主要是产业结构调整有所放缓；信息消费指数提高6%，放慢3.5个百分点，说明我国信息消费增势虽有放缓，但仍保持可观的增速。

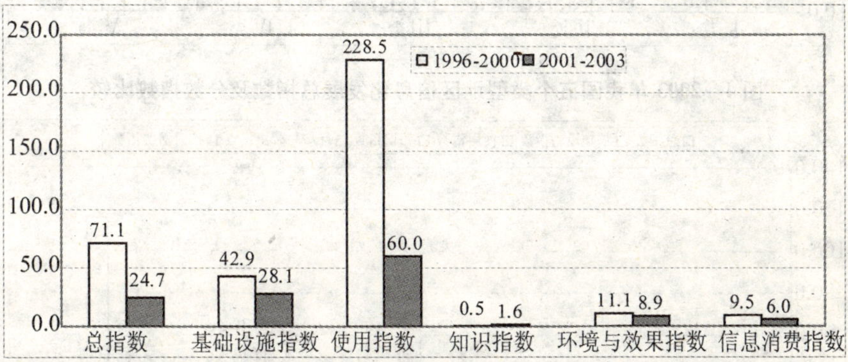

图3 1996－2000年及2001－2003年全国信息化发展指数及分类指数年均增长速度

从信息化发展的五个类型地区比较，由于落后地区在基础设施和使用互联网方面发展的起点低，即基数低，因此近年来增长速度最高，从而带动信息化发展总指数也增长最高。这样，从总的趋势看，“十五”前三年，五大类型地区中，信息化发展较高水平地区的增长速度慢于信息化发展低水平地区。信息化发展总指数以及基础设施指数、使用指数的增长速度从高到低依次为：第Ⅴ类型地区、第Ⅳ类型地区、第Ⅱ类型地区、第Ⅲ类型地区和第Ⅰ类型地区，第Ⅴ类型地区比第Ⅰ类型地区的增长速度快37.39个百分点。具体到各省市区，信息化发展指数提高速度位居前三位的分别为西藏、陕西和山西；居后三位的分别为天津、上海和北京。这表明在信息化发展方面，后进的地区正在努力迎头赶上。

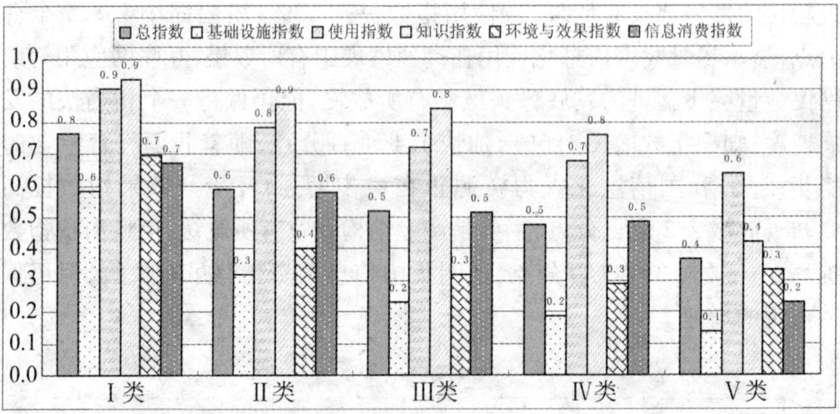

图4　2003年我国五个类型地区信息化发展总指数及分数指数比较

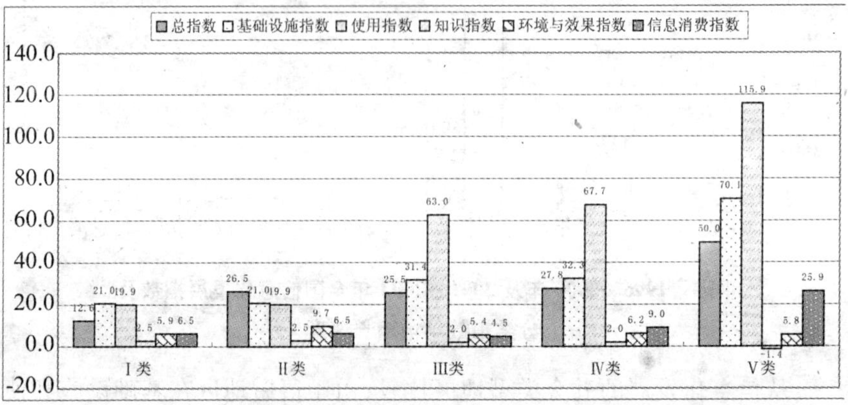

图5　2001－2003年我国五个类型地区信息化发展指数的增长速度比较

2005 年我国经济和社会发展的国际地位比较研究

2001－2004 年是我国实施第十个五年计划的头四年，此期间全球政治经济局势动荡，面对伊拉克战争爆发、美元贬值、国际贸易和股市汇率波动等复杂多变的国际形势，我国经济继续保持了较快增长。2004 年，我国国内生产总值（GDP）居世界第七位，对外贸易总额居世界第三位，吸引外国直接投资居世界第三位。这一时期，我国人均国民总收入首次超过 1000 美元，城乡居民消费中的恩格尔系数低于 40%，这标志着我国经济已经进入新的发展阶段。

一、国民经济保持较快增长，经济规模居世界第七位

2001－2004 年我国国民经济持续快速增长，国内生产总值（GDP）年均增长率高达 9.4%，比世界平均水平高出 5.8 个百分点，分别比发达国家和发展中国家年均增长速度高 7.4 和 3.7 个百分点。2004 年我国 GDP 增长速度高达 10.1%。

表 1　世界主要国家和地区经济增长率

单位：%

国家和地区	2001 年	2002 年	2003 年	2004 年	2001－2004 年平均增长率
世界总计	2.4	3.0	4.0	5.1	3.6
发达国家	1.2	1.5	1.9	3.3	2.0
美国	0.8	1.6	2.7	4.2	2.3
欧盟	2.0	1.3	1.3	2.5	1.8
日本	0.2	-0.3	1.4	2.7	1.0
发展中国家和地区	4.1	4.8	6.5	7.3	5.7

专栏

2005 年我国经济自由度提升 16 位

一、2005 年我国经济自由度大幅提升

1. 2005 年我国经济自由度由 2004 年的 128 位提升到 112 位。在全球 155 个国家和地区参加的经济自由度排名中,2005 年我国位居 112 位,比 2004 年提高 16 位。从分值来看,2005 年我国经济自由指数分值为 3.46 分,比 2004 年的 3.64 分略有下降。从经济自由指数 10 个构成要素来看,自由度较高的是货币政策,已连续几年分值都保持 1。但其他要素分值都在 3 以上。2. 我国经济自由度在亚太地区排第 17 位。2005 年亚太地区有 27 个国家和地区参加了经济自由度的排名,我国排在第 17 位,属于中下水平。从该地区的整体情况来看,有 17 个国家和地区的经济自由度比上年提高,但仍有 10 个国家和地区的经济自由度比上年下降。从平均自由度来看,该地区已连续九年持续下降,这与全球经济自由度不断提高形成鲜明的对比。而且该地区还存在着两极分化的现象,全球最自由的两个经济体和两个最不自由的经济体都在该地区。2005 年中国香港和新加坡位居全球的第 1 和第 2 位,朝鲜和缅甸分别位居全球的倒数第一位和第二位。3. 全球经济自由度水平不断提高。2005 年在参评的 155 个国家中,有 86 个国家和地区的经济自由度比上年提高,12 个国家和地区的经济自由度与上年持平。两者占全部国家和地区的 63%。从自由等级来看,他们将 155 个国家和地区划分为四个级别,分值在 2(不含 2,下同)以下的为自由型经济,共有 17 个国家和地区。分值在 2 - 3 的,为较自由经济,有 56 个国家和地区。分值在 3 - 4 的,为不自由经济,有 70 个国家和地区。分值在 4 以上的,为被压制型经济,有 12 个国家和地区。从覆盖的人口来看,自由型经济覆盖的人口由上年的 3.6 亿增加到 4.8 亿,比上年增长 32%。而被压制型经济覆盖的人口有大幅度下降,由上年的 3.9 亿减少到 2.4 亿,下降 38%。

二、我国经济自由度提升的原因

1. 贸易自由度提高。在我国加入 WTO 的过渡期里,入世履约稳步推进。2005 年我国的关税总水平将降至 9.9%,市场领域将进一步开放、市场环境也将持续改善,可以说国内外市场环境将进一步发生变化。因此,2005 年我国在贸易领域的自由度得到了提高,贸易自由度分值为4,比2004年的5减少1,提高了20%。

这也是我国参评以来贸易政策自由指标值取得的最好成绩，也是三项得到改善的指标中提升幅度最大的一项。说明加入 WTO 后我国贸易领域改革的力度加大，取得的成效显著。2. 政府财政负担减轻。政府财政负担主要是反映政府的收支盈余状况。自经济自由指数测评以来，我国财政收支一直处于赤字状态。因此，我国在此项指标的得分一直在 4.4 以上。2004 年，随着税收收入的增加，我国财政收支状况得到改善。1－11 月我国财政盈余 2836 亿元，是改革开放以来盈余最多的一年。因此，此项指标的自由度得分也得到了提高，分值为 4.1，比 2004 年提高 6.8%。3. 政府对经济的干预程度下降。随着改革的深化，政府在向市场经济转化的过程中所扮演的角色也发生了重大转变。在对宏观经济的调控上，更多地是采用经济和法律的手段，行政手段逐渐减少。计划经济时期的大政府角色逐渐淡化，以市场为主调节经济、政府有计划地进行指导的新模式逐渐形成。在经济领域，确立了以公有制为主导、多种所有制经济共同发展的指导方针。2003 年，我国全部国有及规模以上非国有工业企业单位数和工业总产值中，国有以外的其他所有制成分占的比重已分别达到 82.5% 和 62.5%。2005 年我国在政府干预经济指标的得分是 3.0，比 2004 年的 3.5 下降 14.3%。

三、制约我国经济自由度提升的因素

1. 银行金融领域对外开放还不够。改革开放以来，我国在经济生活的大部分领域都进行了大幅度的改革，取得了举世瞩目的成就。但我们的银行金融系统是向外开放程度比较小的领域，多年来自由度分值一直在 4，属于封闭型体系。被列为自由经济的 17 个国家和地区中，银行金融系统自由度分值基本都是 1，只有四个经济体此项指标得分为 2。2. 产权保护还不够理想。产权，其实就是主体（法人和自然人）对财产的权利。产权保护的制度，就是能保证国民的合法财产权利不被无端剥夺的制度。可实施的这种制度，能使国民对自己的努力和自己的生活（福利）之间的正相关关系有一个稳定的预期。这样就能激发国民创造财富的热情和积极性，就能更快地促进国民经济的发展。在世界上 17 个最自由的经济体中，有 16 个此项指标得分为 1，只有爱沙尼亚得分是 2。我国在产权指标中的得分一直在 4 以上，说明我国政府在保护公民财产权问题上还有许多工作要做。3. 贸易政策、政府干预经济等方面。虽然加入 WTO 后，我国在履约方面做了巨大的努力，开放了农产品进口市场和纺织品领域，但我们在关税方面仍有很大的空间。2005 年我国整体关税将降至 9.9%，但仍比东盟的贸易伙伴高出 8 个百分点左右。在政府角色转换方面，仍存在着许多政府干预和政策性投资行为。此外，我们的政府财政负担仍较重，政府的行政费用也很大。

（执笔：郑泽香）

续表

国家和地区	2001 年	2002 年	2003 年	2004 年	2001–2004 年平均增长率
中国	8.3	9.1	10.0	10.1	9.4
中国香港	0.5	1.9	3.2	8.1	3.4
中国台湾省	–2.2	3.9	3.3	5.7	2.6
韩国	3.8	7.0	3.1	4.6	4.6
新加坡	–1.9	3.2	1.4	8.4	2.7
马来西亚	0.3	4.4	5.4	7.1	4.3
印度	3.9	4.7	7.4	7.3	5.8
俄罗斯联邦	5.1	4.7	7.3	7.2	6.1
巴西	1.3	1.9	0.5	4.9	2.1

资料来源:国际货币基金组织数据库。

2004 年,我国国内生产总值达到 159878 亿元(按汇率法折合 19316 亿美元),居世界第六位。我国国内生产总值占世界的份额由 2001 年的 3.8 % 上升到 2004 年的 4.7%,我国经济总体实力和在世界上的影响力进一步提高。

表 2　2001 – 2004 年国内生产总值居世界前十位国家比较

单位:亿美元

位次	2001 年			2004 年		
	国家和地区	国内生产总值	占世界比重(%)	国家和地区	国内生产总值	占世界比重(%)
	世界总计	313156	100.0	世界总计	408878	100.0
1	美国	100490	32.1	美国	116675	28.5
2	日本	41624	13.3	日本	46234	11.3
3	德国	18557	5.9	德国	27144	6.6
4	英国	14309	4.6	英国	21409	5.2
5	法国	13204	4.2	法国	20026	4.9
6	中国	11757	3.8	中国	19316	4.7
7	意大利	10904	3.5	意大利	16723	4.1
8	加拿大	7047	2.3	西班牙	9914	2.4
9	墨西哥	6221	2.0	加拿大	9798	2.4
10	西班牙	5846	1.9	印度	6919	1.7

资料来源:世界银行数据库。

二、工农业主要产品产量稳居世界前列

2001－2004 年我国工农业生产发展迅速，工农业主要产品产量继续保持世界领先地位。

2004 年工业产品产量中，钢、煤和水泥的产量继续保持世界第一；发电量继续位居世界第二；糖产量居世界第三；棉布由 2001 年第二位跃居世界首位；原油居世界第六位。

2004 年农业产品产量中，谷物、肉类、棉花、花生、油菜籽、水果的产量继续保持世界第一；茶叶产量位居世界第二；甘蔗产量位居世界第三；大豆产量位居世界第四。

表 3　2001－2004 年我国工农业主要产品产量居世界位次

单位：万吨

工业产品	2001 年		2004 年		农业产品	2001 年		2004 年	
	产量	位次	产量	位次		产量	位次	产量	位次
钢	15163	1	27280	1	谷物	39840	1	41357	1
煤	116100	1	195600	1	肉类	6531	1	7443	1
原油	16396	5	17500	6	棉花	532	1	632	1
发电量①	14808	2	21870	2	大豆	1541	4	1760	4
水泥	66104	1	97000	1	花生	1447	1	1439	1
化肥	3383	1	4469	1④	油菜籽	1133	1	1304	1
布②	290	2	420	1	甘蔗	7797	3	9064	3
糖	653	3	1084	3④	茶叶	72	2	84	2
电视机③	4094	1	7329	1	水果	6894	1	8065	1

注：①亿千瓦小时。②亿米。③万台。④2003 年位次。

资料来源：《中国统计年鉴》、联合国数据库和粮农组织数据库。

三、经济实力进一步增强，人均国民总收入超过 1000 美元

2001－2004 年，我国经济实力稳步提高，人均国民总收入于 2001 年首次突破 1000 美元，2004 年进一步上升到 1490 美元，居世界的位次由

2001年的第138位上升到2004年的第129位。这一时期,我国消费结构向着发展型、享受型升级,汽车、电脑、高档电器加速进入家庭,人们对于住房条件改善的需求不断增长。消费结构的升级推动产业结构的升级,进而为我国经济的进一步增长提供新的动力。

表4 2001-2004年中国与世界前十位国家和地区人均国民总收入比较

单位:美元

位次	2001年		2002年		2003年		2004年	
	国家和地区	人均国民总收入	国家和地区	人均国民总收入	国家和地区	人均国民总收入	国家和地区	人均国民总收入
1	卢森堡	43150	卢森堡	40920	卢森堡	45750	卢森堡	56230
2	百慕大	①	百慕大	①	百慕大	①	挪威	52030
3	瑞士	37540	挪威	38990	挪威	43400	百慕大	①
4	挪威	37100	瑞士	36840	瑞士	40680	瑞士	48230
5	日本	35780	列支敦士登	①	美国	37870	美国	41400
6	列支敦士登	①	美国	35430	列支敦士登	①	丹麦	40650
7	美国	34760	日本	33650	日本	34190	列支敦士登	①
8	丹麦	30480	海峡群岛	①	丹麦	33580	冰岛	38620
9	冰岛	28430	丹麦	29880	海峡群岛	①	日本	37180
10	瑞典	26700	冰岛	27450	冰岛	30910	瑞典	35770
	中国	1038	中国	1132	中国	1270	中国	1490

注:①无数据,近似排位。

资料来源:世界银行《世界发展指标》。

四、对外开放水平进一步提高,已跻身于对外贸易大国行列

(一)对外贸易总额从2001年的第六位上升到第三位,占全球贸易总额比重进一步上升

2004年我国对外贸易进出口总额为11546亿美元,居世界的位次由第六位上升到第三位,占全球贸易进出口总额的比重由2001年的4.0%

上升到2004年的6.2%。这表明,我国在世界贸易以及经济发展中发挥着越来越重要的作用。

表5　2001－2004年对外贸易总额居世界前十位国家比较

单位:亿美元

位次	2001年			2004年		
	国家和地区	贸易总额	占世界比重(%)	国家和地区	贸易总额	占世界比重(%)
	世界总计	126533	100.0	世界总计	185818	100.0
1	美国	19100	15.1	美国	23454	12.6
2	德国	10578	8.4	德国	16323	8.8
3	日本	7526	5.9	中国	11546	6.2
4	法国	6520	5.2	日本	10200	5.5
5	英国	6057	4.8	法国	9151	4.9
6	中国	5097	4.0	英国	8076	4.3
7	加拿大	4872	3.9	意大利	6951	3.7
8	意大利	4807	3.8	荷兰	6786	3.7
9	荷兰	4395	3.5	加拿大	5978	3.2
10	中国香港	3931	3.1	比利时	5961	3.2

资料来源:世界贸易组织数据库。

(二)出口额和进口额的位次,均由第六位上升到第三位,占全球比重进一步上升

2004年我国商品贸易出口总额达到5933亿美元,居世界的位次由第六位上升到第三位,占全球商品贸易出口总额的比重由2001年的4.3%上升到2004年的6.5%,比2003年的5.9%提高了0.6个百分点,同期,我国商品贸易进口总额达到5612亿美元,居世界的位次由第六位上升到第三位,占全球商品贸易进口总额的比重由 2001 年的 3.8 % 上升到 2004 年的 5.9%,比 2003 年的 5.3% 也提高了 0.6 个百分点。我国经济发展与世界的联系更加紧密。

表 6　2001－2004 年商品贸易进口和出口额居世界前十位国家比较

单位:亿美元

位次	2001 年				2004 年			
	国家和地区	出口额	国家和地区	进口额	国家和地区	出口额	国家和地区	进口额
	世界总计	61858	世界总计	64676	世界总计	91235	世界总计	94583
1	美国	7308	美国	11792	德国	9148	美国	15264
2	德国	5716	德国	4861	美国	8190	德国	7175
3	日本	4035	日本	3491	中国	5933	中国	5612
4	法国	3234	英国	3330	日本	5655	法国	4641
5	英国	2727	法国	3286	法国	4510	英国	4620
6	中国	2661	中国	2436	荷兰	3588	日本	4545
7	加拿大	2599	意大利	2362	意大利	3461	意大利	3490
8	意大利	2445	加拿大	2273	英国	3456	荷兰	3199
9	荷兰	2309	荷兰	2086	加拿大	3220	比利时	2872
10	中国香港	1911	中国香港	2020	比利时	3089	加拿大	2758

资料来源:世界贸易组织数据库。

五、吸引外国直接投资居世界第三位

由于市场竞争日益激烈,跨国公司加大了向发展中国家转移生产线的力度,并开始把一些研发部门转移到发展中国家,以降低生产成本和占领新兴市场。在此背景下,2004 年发展中国家吸引外国直接投资出现了强劲增长,全球对外直接投资略有反弹,这是全球对外直接投资连续三年下跌后的首次增长。2004 年全球吸引外国直接投资由 2003 年的 6326 亿美元上升到 6481 亿美元,上升幅度为 2%。我国由于廉价的劳动力和巨大的市场潜力,吸引外国直接投资持续增长,2001 年我国为 469 亿美元,2004 年上升到 606 亿美元,增长 29.2%;吸引外国直接投资额仅次于美国和英国,居世界第三位。

表 7 世界主要国家和地区吸引外国直接投资(FDI)比较

单位:亿美元

位次	2001 年		2002 年		2003 年		2004 年	
	国家和地区	FDI	国家和地区	FDI	国家和地区	FDI	国家和地区	FDI
1	美国	1595	卢森堡	1172	卢森堡	911	美国	959
2	比利时-卢森堡	882	美国	713	美国	568	英国	784
3	英国	526	中国	527	中国	535	中国	606
4	荷兰	519	德国	505	法国	425	卢森堡	570
5	法国	505	法国	490	比利时	321	澳大利亚	426
6	中国	469	西班牙	437	西班牙	290	比利时	344
7	西班牙	280	爱尔兰	290	德国	273	中国香港	340
8	加拿大	275	荷兰	250	爱尔兰	269	法国	243
9	墨西哥	268	英国	240	英国	203	西班牙	184
10	中国香港	238	加拿大	215	荷兰	193	巴西	182

资料来源:联合国贸发会议《世界投资报告》2005 年。

六、国际旅游收入和国际入境旅游人数分别居世界第六位和第五位

随着中国改革开放的深入,到中国旅游观光的外国人逐年增长。2004 年我国国际旅游收入增长迅猛,由 2001 年的 177.9 亿美元上升至

257.4 亿美元,增长 44.7%,居世界前列。据世界银行的资料显示,2003 年我国国际旅游收入总额居世界第六位,占世界国际旅游收入总额的 2.8%。

2004 年我国国际入境(过夜)旅游人数达到 4176.1 万人次。据世界银行的资料显示,2003 年我国国际旅游人数居世界第五位。

表 8 2001-2003 年世界前十位国家(地区)国际旅游收入和旅游人数比较

国家和地区	国际旅游收入(亿美元)			国家和地区	国际旅游人数(万人次)		
	2001 年	2003 年			2001 年	2003 年	
		位次	收入			位次	人数
世界总计	5551.2		6266.0	世界总计	67606.0		68172.3
美 国	1069.0	1	998.2	法 国	7520.2	1	7504.8
西班牙	359.7	2	459.7	西班牙	5009.4	2	5247.8
意大利	269.2	3	325.7	美 国	4489.8	3	4035.6
德 国	240.5	4	316.4	意大利	3956.3	4	3960.4
英 国	260.1	5	306.6	中 国	3316.7	5	3297.0
中 国	177.9	6	174.1	英 国	2283.5	6	2478.5
奥地利	120.3	7	162.5	奥地利	1818.0	7	1907.8
澳大利亚	116.3	8	145.3	墨西哥	1981.0	8	1866.5
加拿大	126.8	9	122.1	德 国	1786.1	9	1839.9
日 本	57.5	10	114.8	加拿大	1967.9	10	1753.4

资料来源:世界银行数据库。

七、外汇储备大幅增长,稳居世界第二位

近年来我国外汇储备持续大幅增长,2004 年达到 6099 亿美元,比 2001 年的 2122 亿美元增长 1.87 倍;目前仅次于日本,居世界第二位。

这为我国经济持续稳定发展奠定了重要基础。

表 9 2001－2004 年外汇储备居前十位国家和地区

单位:亿美元

国家和地区	2001 年	2002 年	2003 年	2004 年	
				位次	外汇储备
日本	3877	4515	6528	1	8243
中国	2122	2864	4033	2	6099
中国台湾省	1222	1617	2066	3	2417
韩国	1025	1208	1545	4	1982
印度	453	670	976	5	1252
中国香港	1112	1119	1184	6	1235
俄罗斯联邦	325	441	732	7	1208
新加坡	749	814	950	8	1115
马来西亚	296	333	435	9	654
瑞士	301	382	456	10	536

资料来源:联合国《统计月报》在线数据库。中国台湾省《统计月报》。

八、人民生活水平显著提高

(一)人文发展指数(HDI)居人类发展中等水平

人文发展指数(HDI)是由反映人类生活质量的三大要素指标(出生时预期寿命、受教育程度、实际人均 GDP)合成的一个复合指数,通常作为衡量人类发展水平的综合尺度。据联合国开发计划署公布的《人文发展报告》资料显示,2001 年我国人文发展指数首次超过世界平均水平,居人类发展中等水平。2005 年我国人文发展指数为 0.755,比 2001 年的 0.718 提高了 5.2%;居世界的位次由 2001 年的第 87 位提高到第 85 位。其中,预期寿命指数从 2001 年的 0.75 提高至 0.78,增长了 4.0%,比预期寿命指数中等水平的 0.70 高出 11.4%,居预期寿命指数的世界排名第 73 位。教育指数由 2001 年的 0.80 提高至 0.84,增长了 5.0%,比教育指数中等水平的 0.75 高出 12%,居教育指数的世界排名第 93 位。GDP 指数从 2001 年的 0.60 提高至 0.65,增长了 8.3%,比 GDP 指数中等水平的 0.70 低 7.1%,居 GDP 指数的世界排名第 97 位。这表明,随着改革开放的不断深入和经济的持续发展,我国社会和经济的综合发展水平不断提高。

表 10 2001 – 2005 年我国与世界人文发展指数居前十位国家比较

位次	2001 年①		2005 年②	
	国家和地区	HDI	国家和地区	HDI
1	挪威	0.939	挪威	0.963
2	澳大利亚	0.936	冰岛	0.956
3	加拿大	0.936	澳大利亚	0.955
4	瑞典	0.936	卢森堡	0.949
5	比利时	0.935	加拿大	0.949
6	美国	0.934	瑞典	0.949
7	冰岛	0.932	瑞士	0.947
8	荷兰	0.931	爱尔兰	0.946
9	日本	0.928	比利时	0.945
10	芬兰	0.925	美国	0.944
	中国	0.718	中国	0.755

注:①2001 年人文发展指数用 1999 年数据计算。②2005 年人文发展指数用 2003 年数据计算。

(二)居民生活正从小康水平向富裕水平过渡

根据调查数据测算,2004 年我国城乡居民消费中用于食品消费的比重(恩格尔系数)为 40.6%,比 2001 年的 41.4% 下降了 0.8 个百分点。其中,城镇居民的恩格尔系数为 37.7%,比 2001 年的 38.2% 下降了 0.5 个百分点;农村居民的恩格尔系数为 47.2%,也比 2001 年下降了 0.5 个百分点。作为反映人民生活水平的重要指标,恩格尔系数下降说明我国城乡居民生活水平不断提高。

与高收入国家和中等收入国家现阶段情况相比,我国城乡居民恩格尔系数高于美国、日本等高收入国家水平约 20 个百分点,高于韩国、墨西哥等中等收入国家约 10 个百分点,我国恩格尔系数仍存在较大的下降空间,还有许多工作要做。

专栏

2005 年中国人文发展指数在世界的排位明显攀升

联合国开发计划署公布的人文发展指数(HDI)是由反映人类生活质量的三大要素指标(出生时预期寿命、受教育程度、实际人均 GDP)合成的一个复合指数,通常作为衡量人类发展的综合尺度。据最新公布的《2005 年人文发展报告》资料显示,2005 年世界人文发展指数为 0.741,比上年的 0.729 提高了 1.65%。其中,中国的人文发展指数为 0.755,比上年的 0.745 提高了 1.34%;居世界的位次明显上升,由上年的第 94 位上升到第 85 位,前移 9 位。这表明,随着改革开放的不断深入和经济的持续发展,中国社会和经济发展水平不断提高。

一、人文发展总指数比较

2005 年世界人文发展指数最高的国家仍是挪威,为 0.963。这是自 2001 年以来,挪威连续第 5 年排名世界榜首。本年度排在世界第二位和第三位的是冰岛和澳大利亚。人文发展指数居世界前十位的国家依次还有卢森堡、加拿大、瑞典、瑞士、爱尔兰、比利时和美国。

2005 年中国人文发展指数与世界前十位国家的比较

国家和地区	人文发展指数			
	2004②		2005①	
	位次	HDI	位次	HDI
挪威	1	0.956	1	0.963
冰岛	7	0.946	2	0.956
澳大利亚	3	0.946	3	0.955
卢森堡	15	0.943	4	0.949
加拿大	4	0.942	5	0.949
瑞典	2	0.942	6	0.949
瑞士	11	0.941	7	0.947
爱尔兰	10	0.939	8	0.946
比利时	6	0.938	9	0.945
美国	8	0.936	10	0.944
中国	94	0.745	85	0.755
世界		0.729		0.741
高人文发展水平		0.915		0.895
中等人文发展水平		0.695		0.718
低人文发展水平		0.438		0.486

注:①2005 年人文发展指数用 2003 年数据计算。②2004 年人文发展指数用 2002 年数据计算。

《2005 年人文发展报告》依据人文发展指数，将纳入统计的 177 个国家和地区人文发展水平分为三类：(1)高人文发展水平(HDI 值为 0.800 及其以上)；(2)中等人文发展水平(HDI 值为 0.500 - 0.799)；(3)低人文发展水平(HDI 值为 0.500 及其以下)。处于高人文发展水平的国家和地区有 57 个，其平均 HDI 值为 0.895；中等人文发展水平有 88 个，其平均 HDI 值为 0.718；低人文发展水平有 32 个，其平均 HDI 值为 0.486。

二、人文发展指数构成比较

人文发展指数由预期寿命指数、教育指数、GDP 指数三个分项指数构成：

(一)预期寿命指数。2005 年预期寿命指数最高的国家是日本，其平均预期寿命为 82 岁；中国香港仅次于日本，位居第二，平均预期寿命为 81.6 岁；冰岛第三，平均预期寿命为 80.7 岁。

(二)教育指数。2005 年教育指数最高的国家为澳大利亚、瑞典、挪威、比利时、新西兰、荷兰、芬兰、英国和丹麦 9 个国家，均为 0.99。

(三)GDP 指数。2005 年 GDP 指数最高的国家是卢森堡，其人均 GDP 为 62298 美元；挪威位居第二，人均 GDP 为 37870 美元；爱尔兰位居第三，人均 GDP 为 37738 美元。

2005 年中国人文发展分项指数与世界前十位国家的比较

位次	国家和地区	预期寿命指数	位次	国家和地区	教育指数	位次	国家和地区	GDP 指数
1	日本	0.95	1	澳大利亚	0.99	1	卢森堡	1.00
2	中国香港	0.94	2	瑞典	0.99	2	挪威	0.99
3	冰岛	0.93	3	挪威	0.99	3	爱尔兰	0.99
4	瑞士	0.93	4	比利时	0.99	4	美国	0.99
5	澳大利亚	0.92	5	新西兰	0.99	5	丹麦	0.96
6	加拿大	0.92	6	荷兰	0.99	6	冰岛	0.96
7	瑞典	0.92	7	芬兰	0.99	7	加拿大	0.96
8	意大利	0.92	8	英国	0.99	8	瑞士	0.96
9	挪威	0.91	9	丹麦	0.99	9	澳大利亚	0.95
10	法国	0.91	10	冰岛	0.98	10	荷兰	0.95
73 (84)	中国①	0.78 (0.76)	93 (95)	中国	0.84 (0.83)	97 (99)	中国	0.65 (0.64)

注：①括号内数字为 2004 年数据。

三、2005 年中国人文发展指数在世界的排位明显攀升

2005 年中国人文发展指数为 0.755，比上年提高了 1.34%；在世界的排名明显上升，从上年的第 94 位升至第 85 位，提升了 9 位。自 2001 年中国人文发展指数首次超过世界平均水平以来，中国人文发展指数不仅在总指数方面不断提高，在三个分项指数方面也有不同程度的提高。

2005 年中国预期寿命指数从上年的 0.76 增加至 0.78，增长了 2.63%，比预期寿命指数中等水平的 0.70 高出 11.4%。居预期寿命指数的世界排名第 73 位，比上年的第 84 位，大幅提升了 11 位。

教育指数由上年的 0.83 增加至 0.84，增长了 1.2%，比教育指数中等水平的 0.75 高出 12%。居教育指数的世界排名第 93 位，比上年的第 95 位，提升了 2 位。

GDP 指数从上年的 0.64 增加至 0.65，增长了 1.56%，比 GDP 指数中等水平的 0.70 低 7.14%。居 GDP 分项指数的世界排名第 97 位，比上年的第 99 位，提升了 2 位。

（执笔：铁兵）

从消费支出构成对比情况看，我国居民住房支出比重、交通通讯消费支出比重明显偏低，而医疗、教育等方面的支出比重明显偏高。我国城乡居民住房和交通通讯消费支出比重比发达国家低，2004 年分别为 11.6% 和 10.9%，而 2002 年美、法、英、日四国平均为 21.2% 和 15.5%，分别高出我国 9.6 个和 4.6 个百分点。医疗、教育已成为我国居民消费的支出大项，2004 年我国城乡医疗保健消费支出比重为 6.9%，低于美国（17.6%），高于英国（1.5%）、法国（3.7%）、日本（3.7%）、加拿大（4.6%）、澳大利亚（5.1%）等高收入国家水平。2004 年我国城乡居民教育文化娱乐服务消费支出比重为 13.5%，仅略低于澳大利亚（14.6%），高于美国（12.0%）、法国（9.6%）等发达国家的水平。为了提高我国人口素质，国家应逐步提高在医疗和教育方面财政支出比重，制定更优惠的政策。

表 11 世界主要国家最新年份居民消费支出构成比较

单位:%

国家	年份	食品	衣着	家庭设备用品及服务	医疗保健	交通通讯	教育文化娱乐服务	居住	杂项商品与服务
韩国	2003	17.6	4.3	4.0	4.5	16.7	13.6	17.0	22.3
日本	2002	17.7	5.0	4.2	3.7	13.2	11.9	26.4	17.9
美国	2002	9.0	5.0	5.1	17.6	14.0	12.0	17.1	20.2
法国	2003	17.7	4.5	5.9	3.7	17.1	9.6	24.1	17.3
英国	2002	13.2	6.6	6.7	1.5	17.6	13.9	17.2	23.3
加拿大	2002	13.9	5.2	6.7	4.6	17.3	12.2	23.4	16.9
墨西哥	2002	27.0	3.1	8.2	4.1	19.2	6.0	13.6	18.1
澳大利亚	2002	14.0	4.0	5.7	5.1	14.5	14.6	20.6	21.6
中国	2004	40.6	8.4	5.2	6.9	10.9	13.5	11.6	3.0
#城镇	2004	37.7	9.6	5.7	7.4	11.7	14.4	10.2	3.3
农村	2004	47.2	5.5	4.1	6.0	8.8	11.3	14.8	2.2

2001－2004 年,我国经济和社会发展取得了显著的成绩,国家综合国力和国际竞争力进一步提高,正在跻身于世界大国行列。但必须清醒地看到,我国经济和社会发展水平与发达国家还有很大差距,城乡之间的发展也很不平衡,步入经济强国之列尚有较大差距。在世界政治经济形势比以往更加错综复杂的情况下,我们要进一步加快我国改革开放的步伐,迎接挑战并抓住发展的机遇,推动我国国民经济持续、快速、协调和健康发展,使我国综合国力和国际竞争力提高到一个新的水平。

(执笔:杨京英　王强　郭义民)

2005年我国竞争力的国际比较

近日，瑞士洛桑管理学院公布了2005年世界主要国家和地区的国际竞争力排位，参评的国家和地区有60个。中国、中国浙江省、中国香港和中国台湾被列为测评国家和地区。结果显示，2005年我国国际竞争力在60个国家和地区中位居31位，浙江省位居第20位，位次比去年均下滑。中国香港位居第2位，比去年提升4位；中国台湾位居第12位，位次与去年相同。

瑞士洛桑管理学院是世界上较早进行国际竞争力研究并具有很大影响的机构。其将国际竞争力定义为：国家国际竞争力是一个国家在市场经济竞争的环境和条件下，在与世界各国的竞争比较中，所能创造增加值和国民财富的持续增长和发展的系统能力。因此，国家国际竞争力反映的是一个综合水平：既包括已有的财富基础，也包括未来的竞争潜力；既反映宏观经济发展和市场环境改善，也反映微观企业效益、科技、教育、开放程度等。

一、2005年我国国际竞争力比去年略有下滑

1. 2005年，我国在测评的60个国家和地区中的国际竞争力位次由去年的第24位滑落到31位，下滑了7位。浙江省由第19位滑落到20位。但中国香港国际竞争力大幅提升，由第6位上升到第2位。中国台湾国际竞争力位次未变，仍居第12位。在测评的60个国家和地区中，竞争力排在第1位的仍是美国，自1989年测评以来一直稳居前列。前5位的国家依次是美国、中国香港、新加坡、冰岛和加拿大，2004年位居第4位的加拿大今年退居第9位。但今年第2位的新加坡与美国相比，竞争力总水平相差近7个分值，差距很大。排在最后的委内瑞拉，分值还不及

美国的 1/3。

2. 2005 年,在亚太 15 个参与国际竞争力测评的国家和地区中,前 5 位依次是中国香港、新加坡、澳大利亚、中国台湾和新西兰。我国的位次由去年的第 9 位下滑到第 11 位,但浙江省由第 7 位上升到第 6 位,中国香港由第 3 位上升到第 1 位,中国台湾则稳居第 4 位。2004 年全球经济发展达到了近 10 年来的最高水平,亚洲地区也创造了 1997 年金融危机以来的最高增速,成为全球经济发展的亮点。2005 年在 60 个参评对象中,经济总量前 10 位的国家和地区中亚太地区有 3 个,分别是日本、中国和韩国。经济发展最快的前 10 个国家和地区中,亚太地区有 4 个。其中中国浙江省经济增长达 14.3%,中国增长 9.5%,新加坡增长 8.4%,中国香港增长 8.1%。

但从分值来看,各国家和地区的差别还是很大。第 1 位的中国香港 93.073 分,而第 15 位的印度尼西亚只有 33.811 分,约为前者的 1/3。

3. 2005 年,我国在人口超过 2000 万的 30 个测评国家和地区中的国际竞争力位次,由去年的第 10 位下滑到第 13 位,浙江省由第 6 位上升到第 5 位,中国台湾稳定在第 4 位。前五位依次是美国、加拿大、澳大利亚、中国台湾和马来西亚。从总体来看,发达国家 2005 年总体竞争力表现强劲。美国、加拿大、澳大利亚已连续三年稳居前 3 位。日本和英国的位次也分别比 2004 年上升 3 位和 1 位。而国内局势不稳定的委内瑞拉连续几年都排在最后,印度尼西亚位次也进一步滑落到倒数第 2。中国香港在人口少于 2000 万的国家和地区中竞争力居第 1 位。

4. 2005 年,我国在人均 GDP 低于 10000 美元的 24 个测评国家和地区中的国际竞争力位次,由去年的第 3 位滑落到第 6 位,浙江省稳居第 2 位。前五位依次是智利、中国浙江省、爱沙尼亚、泰国和马来西亚。中国香港和中国台湾在人均 GDP 高于 10000 美元的 36 个国家和地区中位居第 2 位和第 11 位,分别比去年提升 4 位和 1 位。

二、影响 2005 年我国国际竞争力的主要因素

2005 年,我国国际竞争力位次有所下滑,是宏观经济运行、政府效能、企业效益和基础设施四个要素共同作用的结果。除政府效能的国际竞争力位次未变外,其余三项的国际竞争力位次都有不同程度的下滑,其

中企业效益竞争力位次由去年的35位,滑落到2005年的50位,下滑幅度最大。

1. 宏观经济运行的国际竞争力位居第3位。2005年,我国宏观经济运行的国际竞争力分值为70.943分,在60个测评国家和地区中位居第3,仅次于美国和卢森堡。宏观经济运行系统具体分为5个子要素,分别是国内经济、国际贸易、国际投资、就业和价格。2005年具体位次如下表:

	2005年	2004年
国内经济	2	2
国际贸易	11	7
国际投资	30	15
就业	1	1
价格	44	45

2005年,我国宏观经济运行竞争力之所以位居第3,是因为其5个子要素中有3个都在11位之前,具有较强的竞争力。2004年,我国经济总量已居世界第7位,人均GDP也超过1000美元。从GDP增长速度来看,更是连续几年名列世界前茅。投资率和储蓄率也居世界前列。国内经济持续较快、稳定增长。2004年,我国货物进出口贸易总额达11548亿美元,比去年增长35.7%,在世界货物贸易排行榜上首次超过日本,仅次于美国和德国,由世界第四位升至第三位。2005年头7个月仍然保持了较好的发展势头,进出口总额7659亿美元,同比增长22.8%。其中,出口4079亿美元,增长32%;进口3580亿美元,增长13.8%。进出口相抵,顺差达500亿美元。这些都显示2005年我国的对外贸易仍有较强的竞争力。就业问题,共包括8个指标,反映的是8个指标的综合得分。我国的得分排在世界60个国家和地区的第1位,并不是说明2005年我国的就业形势最好,主要是2004年4.2%的登记失业率和就业人口占全部人口的比重较高起了重要作用。

2. 政府效能的国际竞争力位居第21位。2005年,我国政府效能的国际竞争力分值为58.568分,在60个测评国家和地区中位居第21位,与去年持平。政府效能这一要素具体包括 5 个子要素，如下表：

	2005 年	2004 年
中央财政赤字情况、财政管理状况	1	1
财政政策（税收）	9	12
央行地位与货币政策、政府政策法规的制定能力与社会形象	31	30
市场开放与经济立法	46	42
公民的社会性环境	33	35

政府效能主要是反映一国政府制定的政策的可操作性和可竞争性、政府对市场的认识和支持程度及社会的稳定、公平等，完全是从政府是否为市场经济发展考虑，是否为提升国家竞争力水平考虑。在这一指标中，得分较高的是一些中小国家和地区，前 5 位分别是中国香港、新加坡、芬兰、丹麦和澳大利亚。这也从一个侧面反映出，中小国家和地区的经济结构较大国要单一，同样一项政策要比大国灵活和适用。我国这一要素的国际竞争力位居第 21 位，在 60 个国家和地区中属中上水平。但各子要素水平参差不齐，差距很大。我国中央财政收支状况、国内外债务收支状况及公共财政的管理水平等，与其他国家和地区相比都处于理想的状态，居第 1 位。税收政策的制定、执行和效果上也取得了较好的成绩，税收连续几年都增长 20% 以上。但不足之处，仍表现在市场的开放和完善、法规的制定和执行上。社会分配不公、经济发展的地区不平衡等，也影响了这一要素的得分。经济快速发展过程中出现的一些问题，如产权、隐私保护不力，社会歧视，妇女地位及社会中的不安定因素等，都对国际竞争力产生了影响。

3. 企业效益的国际竞争力位居第 50 位。企业效益这一要素所涵盖的范围很广泛：既反映企业的成本、效益，也反映员工的劳动技术水平和报酬；既关注企业的管理文化和理念，也关注企业在全球经济一体化背景下的价值取向。2005 年我国企业效益的国际竞争力分值为 28.594 分，位次由去年的第 35 位滑落到第 50 位，在四个要素中位次最低。企业效益具体包括 5 个子要素，如下表：

	2005 年	2004 年
劳动生产率和效益	51	29
劳动力成本、报酬、技术等	6	6
金融效益(银行、资本市场)	55	53
企业管理文化	56	45
开放度和价值取向	38	29

在企业效益所涉及的69个细项中,我国很多指标的排名都列在60个国家和地区的最后几位。如2004年每个职工创造的GDP我国只有2187美元,排在倒数第3位,只及第1名挪威的2%;我国大企业的国际竞争力分值只有3.81,排在倒数第2位;对雇员的培训排在第46位;有竞争力的高级人员排在倒数第2位;人均信用卡的发行量和交易量排在最后1位;风险投资排在第55位;银行和金融服务排在第53位;股票市场的股东权益排在倒数第1位。我国企业效益整体竞争力水平低,其主要原因:一是我国的企业管理水平和技术等比较落后;二是企业没有形成规模经济,成本高、竞争力差;三是市场竞争意识尤其是国际市场竞争意识还不是太强。这些都说明我国在微观领域中国际竞争力水平较低,与世界企业竞争的基础还不牢固。

4. 基础设施的国际竞争力位居第42位。其中包括5个子要素,如下表:

	2005 年	2004 年
硬件(基本)基础设施	24	16
技术基础设施	38	39
科学基础设施	20	23
健康和环境	50	50
教育	55	53

这一要素虽称为"基础设施",但它除了包括交通、能源等硬件基础设施外,更多地包含了社会发展、人类生存、环境改善等所必须的软环境。

其实质是测评硬件基础设施的完善程度、科学技术普及和发展程度、人力资源素质提升、生态环境保护等。2005 年,我国基础设施的国际竞争力分值为 36.95 分,排在第 42 位,比去年下滑 1 位。近几年,我国一方面拉动内需,另一方面大力投资和完善基础设施,成效相当显著,但与世界其他国家和地区相比仍有相当大的差距,尤其是在健康、环境和教育方面。我国的医疗卫生支出、医疗援助、医疗设施都明显不足,特别是广大的农村地区。废品的再利用率低、污水处理设施不足、二氧化硫排放严重、环保立法不完善、教育支出与教育效果不匹配、教育结构与层次不合理等等,都严重影响了我国的国际竞争力。

三、提升我国国际竞争力的主要对策和建议

从近几年我国国际竞争力四大要素排位变动情况来看,经济运行和政府效能两个要素的位次相对稳定,而企业效益和基础设施两个要素排位很低,明显拖了后腿。因此,我国国际竞争力的提升应在后两个要素上面下功夫。

1. 进一步推行和完善现代企业制度,加大企业市场化和国际化力度。2005 年,从测评的 60 个国家和地区来看,企业效益国际竞争力提升最多的是一些东欧国家和亚洲新兴市场国家,其中,捷克比去年提升 18 位,匈亚利提升 13 位,斯洛伐克和菲律宾也都提升 9 位。印度已居第 22 位,分值达 53.336 分,比我国高出 25 分。在发展中国家中,我国进行经济改革的时间是较早的,但在微观领域尤其是企业效益方面的成效已经落后于一些发展中国家。企业是国民经济的基础和细胞,企业能否持续生存并在国际竞争中争得先机,关系到一国的国民经济基础是否牢固,经济是否能够持续、快速、健康发展。目前来看,改善企业效益的最有效途径就是扎扎实实地推行现代企业制度。因此,我国推行和完善现代企业制度的工作还要下功夫:一是步伐还需加快;二是注重质量和实效;三是加快技术创新进程。各种所有制形式的企业,都应在管理理念、企业结构、成本核算、市场取向、资本技术、人力资源等方面,尽快改革和完善,以适应竞争日趋激烈的国内国际市场。

2. 进一步加强基础设施建设。我国在基础设施四个要素中的国际竞争力位次已连续四年排在第 41 位以后。2005 年的分值为 36.95 分,

仅相当于第1位美国的38.7%,第20位香港的59%。从经济发展来看,不同类型的基础设施在经济发展的过程中所起到的作用也发生着实质性的变化。在经济增长的初级阶段,硬性基础设施,如港口、机场、铁路、能源等必不可少,但随着经济的发展和经济实力的增强,这些设施会逐步完善。而科学、技术基础设施,即生产要素中的高等要素如现代化的通讯、网络等的作用在逐渐增强,且日益成为一国经济增长的重要基础。教育、卫生、环境等也逐渐成为影响一国竞争力的重要因素。因此,软、硬基础设施的加强,在全球经济一体化的今天越来越重要。我国应逐步做到:①加大基础设施投入力度。尤其是解决能源、土地等的瓶颈制约问题。②加大科技投入力度,提高科研经费占GDP的比重。结合实际培养科技人才,提高企业技术创新意识和能力,以科技带动国民经济高质量的发展。③在重视教育的同时,合理调整学校结构、学科设置和教学方式,使教育更好地与经济发展结合起来,更好地为经济发展服务。④加快医疗体制改革步伐,使现有的医疗机构和设施更好地为全民服务,解决看病难、看病贵等与百姓切身利益相关的问题。⑤落实科学发展观,注重环境保护,加强对全民环保知识的教育,提高全民环保意识,构建和谐、健康的生存环境。

以上分析引发我们新的思考。一是要善于学习和借鉴世界文明的先进成果。随着改革开放程度的提高,我国经济、社会宏观的、基本的层面已取得了明显的成效,使得我国的国际竞争力不断提升。但一些微观的、甚至是无形的东西却在起阻碍作用。市场经济的特点和规律有它的巨大的优势,但市场经济也有它的缺陷和不足。发达国家市场经济成功的"基础设施"到底在哪里?他们的竞争力强,除了有较好的基础设施、过硬的科学技术、先进的现代企业制度、完善的法律法规体系外,应该还有他们更利于提高竞争力的社会环境、文化氛围、价值取向和伦理道德。尽管资本主义国家仍存在不少问题和缺陷,但从国际竞争力的角度分析,有不少东西是值得我们借鉴和学习的。

二是要正确对待国际竞争力评价活动。国际竞争力并不完全代表一国的财富。一个国家可以很富有,但在国际上并不一定具有竞争力。国际竞争力也不完全代表一国的经济运行情况。经济运行描述的是短期内增加值的增长情况,而社会经济生活中的很多因素并未包括进去。国际竞争力也并不完全代表一国的强弱,但可以肯定的是,一国具有较强的国际竞争力,在国际社会中就不会是一个弱国。因此,国际竞争力测算了17年后,仍经久不衰,受到世界各国的关注和支持。它在经济全球化的今天,为世界各国综合评价本国在世界舞台上的竞争力和水平提供了一个渠道和参照等,从中可以发现不足,借鉴别国的经验,取长补短,更好地发展。

(执笔:郑泽香)

2004年世界500家最大企业排名与比较分析

《财富》杂志于近期公布了按2004年营业额计算的世界500家最大企业(以下简称世界500强企业)排行榜。资料显示,2004年世界500强企业在上年营业总额和利润总额双双上升的基础上又大幅增长,是排榜公布以来成绩最好的一年。世界500强企业及其排位在企业和行业、国家和地区分布总体稳定的基础上出现了一些新的变化。中国内地企业上榜数量达到15家,比上年增加1家。

一、世界500强企业营业总额和利润总额均大幅上升

2004年世界500强企业营业总额和利润总额在2003年双双上升的基础上又大幅增长。其中,营业总额167981亿美元,比上年增长12.9%;利润总额9295亿美元,比上年增长27.5%,均达到了世界500强企业公布以来的最高值。

2004年是《财富》杂志公布世界500强企业排名以来的第11年①,与1995年相比,营业总额增长47.6%,年均增长4.4%;利润总额增长1.88倍,年均增长12.5%。企业的分布也从26个国家和地区扩展到现在的32个国家和地区。虽然发达国家依然占据了绝对统治地位,但发展中国家正迎头赶上。1994年,发达国家上榜企业479家,发展中国家只有21家。到2004年,发展中国家上榜企业已增加到46家,发达国家减少到454家。

① 1994年只公布营业额资料。从1995年开始,同时公布营业额和利润额资料。

表1　1994－2004年世界500强企业营业总额和利润总额及其增长情况

年份	营业额总计（亿美元）	比上年增长（%）	利润额总计（亿美元）	比上年增长（%）
1994	102460	－	－	－
1995	113784	11.1	3233	14.7
1996	114348	0.5	4044	25.1
1997	114535	0.2	4520	11.8
1998	114634	0.1	4403	－2.6
1999	126960	10.6	5540	25.7
2000	140650	10.8	6670	20.4
2001	140100	－0.4	3060	－54.1
2002	137290	－2	1330	－56
2003	148824	8.4	7291	448.2
2004	167981	12.9	9295	27.5

二、超强企业稳步前进，石油企业抢尽风头

2004年，500强企业行业划分由50个扩展到51个，96%的行业实现盈利，只有两个行业出现亏损。实现利润额最多的仍是银行业，达1801亿美元。两个亏损行业都是受个别企业亏损额较大的影响，而行业中多数企业则都保持了盈利。

（一）超强企业连续领先，前20名两年未变

在世界500强企业排名中，2004年排在前20名的企业与上年相同，只是位次略有变化。而前5名的企业连位次都未变，说明世界超强企业的内部基础都相当稳定，抵抗外部冲击的能力很强。沃尔玛已连续4年排在第1，2004年其营业额2880亿美元，比上年增长9.5%；利润额103亿美元，增长13.4%。沃尔玛的成功不仅仅是依靠低廉的价格，更主要是依靠高科技。技术支持规模，使沃尔玛能将全球5350个分店管理得井井有条并在同行业中具有较强的竞争性。如沃尔玛公司将它全球所有分店的实时数据迅速收集起来，供公司有关人员和供应商利用。同时提供

一个通用平台,无论在世界的哪个角落,都能看到相同的事项、相同的矩阵,并能用相同的手段进行分析等。沃尔玛还是全球最大的无线电频率定位技术的使用者,它能使店内的销售人员随时知道哪种商品库存已不足和如何迅速地进行补充。沃尔玛还建立并维护了一个庞大的数据库供统计学家进行分析,并编制软件来确定最佳的销售方案。

居第2位至第5位的依次是英国石油公司、埃克森-美孚石油公司、英荷壳牌石油集团、通用汽车公司。

(二)石油精炼业成绩骄人,银行业利润最高

分行业看,2004年500强企业中营业额最高的是石油精炼业,营业总额达20728亿美元,比上年增长23.1%;利润总额达1537亿美元,增长34.1%。其总额分别占500强企业的12.3%和16.5%。在前10名企业中,石油企业有4家。2004年居高不下的石油价格,是石油企业受益的直接原因。2004年美国西德州中级市场和英国布兰特市场的平均油价均比2003年增长37%以上;欧佩克平均油价和中东迪拜市场的油价也均比2003年增长27%。国际油价的高企,使本已基础雄厚的石油企业更加强大。位居第2位的英国石油公司,2004年营业额达2851亿美元,直逼第1位的沃尔玛。利润额154亿美元,比上年增长49.7%。而1995年英国石油的营业额只有510亿美元,位居第31名。位居第3位的埃克森-美孚石油利润额达到了253亿美元,创造了500强企业有史以来的最高纪录。

营业额排在第2位至第5位的行业依次是:汽车及汽车零配件业(营业额为17329亿美元,占世界500强企业营业总额的10.3%)、银行业(营业额为17314亿美元,占10.3%)、电信业(营业额为8288亿美元,占4.9%)和食品杂货业(营业额为8072亿美元,占4.8%)。

从利润额来看,位居榜首的仍是银行业。2004年银行业入围500强的企业有56家,比上年的58家减少2家。但实现利润额却是51个行业中最好的。2004年银行业实现利润额1801亿美元,比上年增长20.9%,占500强利润总额的19.4%。自1995年以来,银行业已连续10年利润额排在第1位。这一方面说明资本、金融在社会经济发展中具有无与伦比的重要性,从而推动了银行业持续不断的发展和壮大。另一方面也说明,无论现代货币、资本市场如何创新,直接融资渠道如何发达,传统的间接融资渠道并未受到削弱。

利润额排在第 2 位至第 5 位的行业依次是:石油精炼业(利润额达 1537 亿美元,占世界 500 强企业利润总额的 16.5%)、制药业(利润额达 529 亿美元,占 5.7%)、汽车及汽车零配件业(利润额达 456 亿美元,占 4.9%)、财产与意外保险(利润额达 410 亿美元,占 4.4%)。

(三)少数企业和行业出现亏损

2004 年世界 500 强企业中只有 19 家企业出现亏损,只占 500 强企业的 3.8%。而这 19 家企业中有 11 家企业已连续 3 年出现亏损,亏损较多的企业是美国的维亚康姆娱乐公司、英国沃达丰公司、美国电话电报公司、美国德尔塔航空公司和日联银行。其亏损都在 52 亿美元以上,最多的达 175 亿美元。其中,由于美国维尔康姆公司和德尔塔公司出现巨额亏损,分别使娱乐业和航空业出现了净亏损。

表 2 2004 年世界 500 强企业中营业额和利润额最高的十个行业

营业额最高行业	企业数(家)	营业额(亿美元)	比上年增长(%)	营业额最高行业	企业数(家)	利润额(亿美元)	比上年增长(%)
石油精炼业	32	20728	23.1	银行业	56	1801	20.9
汽车及汽车零配件业	34	17329	12.7	石油精炼业	32	1537	34.1
银行业	56	17314	12.8	制药业	12	529	9.8
电信业	24	8288	7.4	汽车及汽车零配件业	34	456	30.7
食品杂货业	22	8072	12.0	财产与意外保险(股份)	18	410	32.3
人寿与健康保险(股份)	20	7852	16.4	电信业	24	355	-42.9
电子及电器设备	18	7346	7.1	人寿与健康保险(股份)	20	319	88.8
财产与意外保险(股份)	18	6822	10.9	电子及电器设备	18	282	95.8
公用设施	23	5781	15.7	公用设施	23	276	32.1
零售业	12	5587	3.3	多元化金融公司	4	253	-27.0

三、发达国家企业占主导地位,发展中国家企业势头强劲

2004年世界500强企业中,美日欧企业上榜432家,占86.4%,营业额占500强企业的90.5%,利润额占86.9%,在500强企业中仍占绝对统治地位。但发展中国家无论是从企业上榜数,还是营业额和利润额占500强企业的份额上,都是稳步向上的。

(一)美国上榜企业减少较多,利润额占比重也大幅下降

2004年美国上榜企业176家,比上年的189家减少13家。实现营业额62218亿美元,比上年增长6.5%;占500强企业的37%,比上年减少2.3个百分点。实现利润额3934亿美元,比上年增长2.6%;占500强企业的42.3%,比上年减少10.2个百分点。2004年美国上榜企业比上年减少较多的原因,一是部分企业被兼并,二是美元持续贬值。从营业额和利润额占比重下降较多来看,更主要的原因还是美元贬值。2004年美国经济增长4.4%,是近10年来的最高水平,国内经济环境宽松,为企业发展创造了有利条件。但美元兑欧元、日元、英镑等主要货币均大幅贬值,这一方面提升了欧日企业进500强的实力,同时也使美国企业受到影响。但2004年美国有176家企业上榜,虽然比重有所下降,但仍以35.2%的企业数创造了42.3%的利润总额。且前20名企业中美国占了一半。说明美国企业的竞争力仍较强,在世界经济中的主导地位未变。

(二)日本企业表现平淡,汽车企业成为亮点

2001年以来,日本经济一直处于低迷状态,通货紧缩严重,消费者信心不足,经济低速徘徊,直接影响到国内企业的经营和发展。2004年世界500强企业中,日本上榜企业比上年减少1家,达81家。营业总额23921亿美元,比上年增长14.2%;占500强企业的14.2%,比上年略有下降。利润总额683亿美元,增长8.6%;占500强企业的7.3%,比上年下降1.3个百分点。上榜企业数和营业总额都仅次于美国,居第2位。但利润总额被德国赶超居第3位。2004年丰田汽车继2003年快速增长后,再次成为亮点,由2003年的第8位上升到今年的第7位,营业额已超过福特汽车,成为仅次于通用和戴姆勒-克莱斯勒的世界第三大汽车企业。实现营业额1767亿美元,只比戴姆勒-克莱斯勒少41亿美元,也缩小了与通用汽车公司的差距。实现利润额109亿美元,是通用和戴姆勒

-克莱斯勒利润总和的1.9倍。人均劳动生产率也高于前两者的水平。

(三)欧洲上榜企业增加,利润大幅增长

2004年欧洲扭转了连续10年上榜企业不断减少的趋势,上榜企业比上年增加5家,达到175家。营业总额65832亿美元,比上年增长17.7%;利润总额3457亿美元,增长57.1%。营业总额和利润总额占500强的比重为39.2%和37.2%,分别比上年提高1.7个和7个百分点,均比美日上榜企业表现好。主要原因,一是欧元持续升值,折合成美元后增大了欧洲企业的实力;二是2004年欧洲经济增长较好,增强了企业活力。

从欧洲几个主要国家看,法国上榜企业最多,有39家,比上年增加2家。营业额和利润额分别增长8.7%和6.6%。德国新增3家,上榜企业数跃居欧洲第2位,达37家。营业额和利润额分别增长9.4%和8%。英国上榜企业数未变,仍为35家,营业额和利润额分别增长7.7%和5.3%。

(四)发展中国家上榜企业增加,营业额和利润额所占比重提高

1994年发展中国家上榜企业只有15家,10年后已上升到46家。随着发展中国家经济实力逐渐雄厚和企业竞争力增强,上榜企业情况越来越引人瞩目。2004年发展中国家上榜企业实现营业额12170亿美元,比上年增长24.4%;实现利润额903亿美元,增长48.5%。营业额和利润额占500强企业的7.2%和9.7%,分别比上年提升0.6个和1.7个百分点。2004年发展中国家新增上榜企业4家,其中中国增加1家,中国台湾1家,印度1家,沙特阿拉伯1家。

2004年发展中国家经济平均增长7.2%,是近10年来的最高水平,也是世界经济中发展最快的地区。发展中国家已成为世界经济中最活跃和最有发展潜力的地区,未来世界经济的发展如何,在相当程度上要看发展中国家的经济运行状况。随着经济发展和参与世界分工程度加深,发展中国家企业无论从规模上、技术上、还是管理水平上都上了一个新的台阶,在国际市场上的竞争力也逐步增强。世界500强企业公布以来,发展中国家上榜企业数逐年稳步增加,虽然整体实力和企业水平与发达国家企业相比还有差距,但重要性逐年提高,发展势头不可小视。

分国家看，中国上榜企业18家（含中国香港和中国台湾），是发展中国家上榜企业数最多的。其次是韩国，有11家；印度有5家。

表3　世界500强企业最多的前五个国家的情况

位次（按企业数排列）		国家	企业数		营业额（亿美元）	占世界500强企业的%		利润额（亿美元）	占世界500强企业的%	
2004年	2003年		2004年	2003年		2004年	2003年		2004年	2003年
1	1	美国	176	189	62218	37.0	39.3	3934	42.3	52.5
2	2	日本	81	82	23921	14.2	14.7	683	7.3	8.6
3	3	法国	39	37	14574	8.7	8.4	614	6.6	4.5
4	5	德国	37	34	15759	9.4	9.2	490	5.3	2.2
5	4	英国	35	35	12932	7.7	7.3	743	8.0	6.7

四、中国上榜企业增加，位次提升较快

2004年，中国上榜企业18家，其中内地上榜企业15家，中国香港1家，中国台湾2家。内地15家企业中，新上榜企业有2家，分别是中国南方电网和中国一汽集团公司。2003年位居第461位的上海汽车工业（集团）公司未上榜。因此，内地企业上榜数比上年增加1家。中国台湾共有2家企业上榜，为洪海精密实业和中华石油天然气，都是今年新上榜企业。2003年位居第395位的国泰人寿保险今年已退出。因此，中国台湾上榜企业也比上年增加1家。

（一）中国内地企业位次提升较快

2004年，中国内地上榜的15家企业中，除2家新上榜企业和3家企业位次比上年下滑外，其余10家企业的位次均不同程度地比上年有所提升。入围前50名的企业中，内地有3家，分别是中国石油化工集团公司、国家电网公司和中国石油天然气集团公司。受国际油价持续走高的影响，中国内地两家石油巨头的排名也创出了新高。中国石油化工集团公

司比上年提升了23位，以31位的名次居中国内地上榜企业之首。2003年首次上榜的上海宝钢集团公司位居第309位，提升63位，是中国内地上榜企业中位次提升最快的企业。而在世界500强钢铁企业中，上海宝钢集团公司已是世界第6大钢铁企业。2004年以来，面对全球钢铁业竞争日趋加剧而全球资源更趋紧张的格局，上海宝钢集团公司加快了钢铁精品基地建设，一批规划项目陆续建成投产。同时，该集团进一步优化了产品结构，迅速提高了一批高技术含量、高附加值产品的市场占有率。在产品结构、产品档次和规模上都具有了明显的优势。而中国一汽集团公司是今年新上榜企业，2004年汽车产量首次突破100万辆。目前，一汽拥有中国最大的中重型卡车生产基地、6万辆轻型车生产基地、3万辆红旗轿车生产基地和中德合资的15万辆轿车生产基地，已经成为我国汽车业的领头军。

（二）实现利润翻番，但行业盈利差距大

2004年中国内地上榜的15家企业营业总额4472亿美元，比上年增长26.3%；利润总额286亿美元，是2003年140亿美元的2.04倍。利润在12亿美元以上的企业有7家，主要集中在石油精炼业、电信业、银行业和钢铁行业。但行业间盈利相差悬殊，利润额最多的是中国石油天然气集团公司，达88亿美元。而最低的中国人寿保险公司只有0.7亿美元。

（三）多数企业人均劳动生产率低，与世界一流企业存在明显差距

从中国内地上榜企业中挑选出4家盈利较好的企业与世界上同行业的企业相比，结果发现，中国内地电信上榜企业人均劳动生产率较高，甚至高于世界同行业企业水平。其他行业中的企业，人均劳动生产率与同行业企业比都存在较大的差距。如中国石油化工集团公司的人均营业额只及英国石油公司的3.5%，人均利润额只及1.3%；上海宝钢集团公司的人均营业额是日本钢铁公司的30.5%，人均利润额是36.4%；中国工商银行的人均营业额只及花旗银行的16.6%，而人均利润额仅是花旗银行的1.2%。

表 4　中外上榜企业人均劳动生产率水平比较

行业	位次	企业	职工人数（人）	人均营业额（万美元/人）	人均利润额（万美元/人）
一、石油精炼业	31	中国石油化工集团公司	774800	9.7	0.2
	2	英国石油公司	102900	277	14.9
二、电信业	224	中国移动	111399	21.5	3.7
	18	日本电报电话公司	201486	49.9	3.3
三、钢铁业	309	上海宝钢集团公司	94231	20.7	1.6
	157	日本钢铁公司	46451	67.8	4.4
四、银行业	229	中国工商银行	375781	6.2	0.07
	16	花旗银行	290500	37.3	5.9

表 5　2004 年中国企业在世界 500 强企业中的排名情况

	企业数（家）	企业名称	位次		营业额（亿美元）	比上年增长%	润额（亿美元）	比上年增长%
			2004	2003				
中国内地	15	中国石油化工集团公司	31	54	751	36.3	12.7	21.0
		国家电网公司	40	46	713	22.1	6.9	165.4
		中国石油天然气集团公司	46	52	677	20.0	87.6	101.4
		中国人寿保险公司	212	241	250	20.2	0.7	133.3
		中国移动	224	242	240	15.4	40.8	14.0
		中国工商银行	229	243	234	12.5	2.8	-6.7
		中国电信	262	257	216	10.8	24.2	41.5
		中国化工进出口总公司	287	270	204	8.5	2.3	91.7
		上海宝钢集团公司	309	372	195	34.5	15.4	62.1
		中国建设银行	315	331	190	20.3	58.5	117 倍
		中国南方电网	316	-	189	-	2.3	-
		中国银行	339	358	180	5.0	25.3	4.6 倍
		中国农业银行	397	412	153	15.0	2.4	4.3
		中国粮油食品进出口（集团）有限公司	434	415	142	6.8	1.2	9.1
中国香港		中国一汽集团公司	448	-	138	-	2.9	-
中国香港	1	和记黄埔有限公司	347	407	173	28.1	20.7	11.9
中国台湾省	2	洪海精密实业	371	-	162	-	8.9	-
		中华石油天然气	402	-	152	-	5.6	-

（执笔：郑泽香）

人民币汇率形成机制的沿革及现状

2005 年 7 月 21 日,中国人民银行发表公告,将实行以市场供求为基础、参考一篮子货币进行调节、有管理的浮动汇率制度。这是自 1994 年人民币汇率并轨以来汇率机制的又一次重大调整,其核心是放弃事实上盯住美元的做法,而改为"参考一篮子货币"的调节汇率。此次人民币汇率制度的改革在国内外引起了普遍的关注。随后,社会各界就为什么我国货币当局要对人民币汇率机制进行改革、改革的核心内容是什么、以及改革后将会产生那些积极的影响等方面进行了广泛的讨论。但社会各界的讨论大多是针对我国国际收支平衡的相互关系,以及从本专业的角度进行的。在这里,我们从历史的角度,回顾一下人民币汇率机制的改革进程,以助于理解此次人民币汇率机制重大改革的背景和益处。

一、此次调整前人民币汇率制度的沿革

人民币作为我国统一的法定货币,诞生于 20 世纪 40 年代末并在 50 年代初确立了其地位。人民币汇率体制自人民币诞生起至此次调整前,大体上经历了三个时期的演变,每个时期又包括若干个阶段。而人民币汇率制度在每个时期的调整,都是发生在国内外经济环境出现重大变化的背景下,即人民币汇率体制和汇率水平是对国内外经济环境的重大变化所做出的反映。

(一)第一个时期:人民币汇率制度初定时期(1949 - 1952 年)

1948 年 12 月 1 日,中国人民银行成立并发行了统一的货币——人民币。1949 年 1 月 18 日,中国人民银行在天津首次正式公布人民币汇率。在此期间,我国国民经济正处在恢复时期,受国内政治经济形势的影响,在"奖出限入"和"兼顾进出口,照顾侨汇"的经济政策要求下,这一期

间人民币汇率制度的基本框架是盯住美元的浮动汇率制，汇率调整的基本依据是按照国内物价和国外物价相对水平的变化，同时也考虑调节进出口贸易与鼓励侨汇的需要。具体来看，这个时期人民币汇率制度演变又可分为两个阶段。

1. 第一阶段(1949－1950年)。建国初期，由于国民党统治时期遗留下来的恶性通货膨胀和其他因素的影响，我国物价节节上涨。因此，从1949年1月18日至1950年3月13日，人民币汇率经过49次下调，由1美元＝80元旧人民币，调低至1美元＝42000元旧人民币。至于和其他外汇的汇率，则是根据它们对美元的汇率进行间接套算的结果。

2. 第二阶段(1950－1952年)。1950年3月起至1952年底，由于两个原因，我国逐步提高人民币汇率。一是国内物价逐渐由上涨转变为下降；二是我国汇率政策的重点也由“推动出口”改变为“进出口兼顾”，其主要是因为我国坚持抗美援朝，美国及其盟国对我国实施“封锁禁运”的措施，我国必须扩大进口。因此，我国逐步调高人民币汇率。1952年12月，人民币汇率调高至1美元＝26170元旧人民币。

(二)第二个时期：改革开放前的官方固定汇率制度(1953－1979年)

在这个时期，由于我国实行高度集中的计划经济体制，对外贸易由国家垄断，统一平衡，国内价格长期保持稳定。与之相适应，当时人民币汇率也是由中国人民银行根据国家政策进行调整、制定的规定汇率。总的来看，人民币汇率的主要职能是为经济核算和计划编制提供便利，而不是充当调节对外经济交往的工具。具体来看，这个时期的官方固定汇率制度演变又可分为两个阶段。

1. 第一阶段(1953—1972年)。从1953年起，国内物价趋于全面稳定，对外贸易开始由国营公司统一经营，而且主要产品的价格也纳入国家计划管理。计划经济体制和运行机制要求对人民币汇率采取基本稳定的政策，以利于企业内部的核算和各种计划的编制和执行。在国际上，由于确立了以美元为中心的固定汇率制度，各国之间的汇率在一定程度上也保持了相对稳定。再加上我国同西方工业国家的直接贸易关系和借贷关系很少，因此，西方各货币汇率变动对我国人民币汇率几乎没有什么影响。

在国内物价水平趋于稳定的情况下,我国进行建国以来的首次币制改革。1955 年 3 月 1 日,开始发行新人民币,新旧人民币折合比率为 1:10000。自采用新人民币后,1955 年至 1971 年,人民币对美元汇率一直是 1 美元折合 2.4618 元新人民币。1971 年 12 月 18 日,美元兑黄金官价宣布贬值 7.89%,人民币汇率相应上调为 1 美元合 2.2673 元人民币。

2. 第二阶段(1973—1978 年)。1973 年 3 月以后,以美元为中心的国际货币体系——布雷顿森林体系(Bretton Woods System,是指二次世界大战后建立的以美元为中心的国际货币体系,即美元与黄金挂钩,其他国家的货币与美元挂钩的固定汇率体系)彻底解体,西方国家普遍实行了浮动汇率制。为了避免西方国家通货膨胀及汇率变动对我国经济的冲击,我国从 1973 年开始频繁地调整人民币对外币的汇率(仅 1978 年人民币对美元的汇率就调整了 61 次),而且在计算人民币汇率时,采用了盯住加权的"一篮子货币"的办法,所选用的"篮"中货币都是在我国对外贸易的计价货币中占比重较大的外币,并以这些货币加权平均汇率的变动情况,作为人民币汇率相应调整的依据。

这一时期人民币汇率政策的目标仍是维持人民币基本稳定,针对当时美元危机不断发生且汇率持续下浮的状况,人民币汇率变动较为频繁,并呈逐渐升值之势。1972 年为 1 美元 = 2.24 元人民币;1973 年 1 美元 = 2.005 元人民币;1977 年为 1 美元 = 1.755 元人民币。

(三)第三个时期:改革开放后的人民币汇率调整(1979 - 2005 年)

总体看,这一时期人民币汇率变革历程,基本上是随着我国经济体制改革不断推进,人民币汇率由官方固定汇率制度逐步演变为以市场供求为基础、单一的、有管理的浮动汇率制度的过程。在此期间,我国人民币汇率安排大致经历了四个发展阶段。

1. 第一阶段(1979 - 1984 年)。1979 年我国开始经济体制改革和对外开放,作为改革和开放的重要组成部分,我国外汇体制也进行了改革。在此阶段,由于我国的物价一直由国家计划规定,长期没有变动,许多商品价格偏低且比价失调,形成了国内外市场价格相差悬殊且出口亏损的状况,这就使人民币汇率不能同时照顾到贸易和非贸易两个方面。为了加强经济核算并适应外贸体制改革的需要,国务院决定从 1981 年起实行两种汇率制度,即另外制定贸易外汇内部结算价,并继续保留官方牌价用作非贸易外汇结算价。这就是所谓的"双重汇率制"或"汇率双轨制"。

1980 年人民币官方牌价为 1 美元 = 1.5 元人民币，主要适用于进出口贸易及贸易从属费用的结算；从 1981 年 1 月到 1984 年 12 月期间，我国实行贸易外汇内部结算价为 1 美元 = 2.80 元人民币，主要适用于非贸易外汇的兑换和结算，且仍沿用原来的一篮子货币加权平均的计算方法。随着美元在 80 年代初期逐步升值，我国相应调低了公布的人民币外汇牌价，使之同贸易外汇内部结算价相接近。1984 年底公布的人民币外汇牌价已调至 1 美元 = 2.7963 元人民币，与贸易外汇内部结算价基本持平。

2. 第二阶段（1985 - 1990 年）。由于此前一度实行的人民币双重汇率制，使得外贸企业政策性亏损，从而加重了财政补贴的负担，而且国际货币基金组织和外国生产厂商对双重汇率提出异议，我国于 1985 年 1 月 1 日取消了贸易外汇内部结算价，重新恢复单一汇率制，1 美元 = 2.80 元人民币。

事实上，1986 年随着全国性外汇调剂业务全面展开，又形成了统一的官方牌价与千差万别的市场调剂汇率并存的新双轨制。而且当时全国各地的外汇调剂市场在每一时点上，市场汇率水平不尽相同。这种官方汇率与市场汇率并存的多重汇率制一直延续到 1993 年底。其间，外汇调剂市场的汇率形成机制，经历了从开始试办时的人为定价到由市场供求关系决定的过程。

进入 20 世纪 80 年代中期以后，我国物价上涨速度加快，而西方国家控制通货膨胀取得一定成效。在此情况下，我国政府有意识地运用汇率政策调节经济与外贸，对人民币汇率作了相应持续下调。1985 年 8 月 21 日，人民币汇率调低至 1 美元 = 2.90 元人民币；10 月 3 日再次调低至 1 美元 = 3.00 元人民币；10 月 30 日又调至 1 美元 = 3.20 元人民币。

从 1986 年 1 月 1 日起，人民币放弃盯住一篮子货币的做法，改为浮动管理，其目的是要使人民币汇率适应国际价值的要求，且能在一段时间内保持相对稳定。1986 年 7 月 5 日，人民币汇率再度大幅调低至 1 美元 = 3.7036 元人民币。1989 年 12 月 16 日，人民币汇率又一次大幅下调，由此前的 1 美元 = 3.7221 元人民币调至当日的 4.7221 元人民币。1990 年 11 月 17 日，人民币汇率再次大幅下调至当日的 5.2221 元人民币。

从改革开放以后至 1991 年 4 月 9 日的十余年间，人民币汇率政策的特点表现为以下几个方面:一是分别实施过贸易外汇内部结算价与公布牌价并存的双重汇率体制,以及官方汇率与市场汇率并存的多重汇率体制;二是公布的人民币官方汇率按市场情况调整,且呈大幅贬值趋势,这与同期人民币对内实际价值大幅贬值以及我国的国际收支状况是基本上相适应的;三是在人民币官方汇率的调整机制上,做过多种有益的尝试,如盯住一篮子货币的小幅逐步调整方式以及一次性大幅调整的方式,这些为以后实施人民币有管理的浮动汇率制度奠定了基础;四是市场汇率的机制逐步完善;五是市场汇率的调节作用在我国越来越大。

3. 第三阶段(1991 - 1993 年)。自 1991 年 4 月 9 日起,我国开始对人民币官方汇率实施有管理的浮动运行机制。国家对人民币官方汇率进行适时适度、机动灵活、有升有降的浮动调整,改变了以往阶段性大幅度调整汇率的做法。实际上,人民币汇率实行公布的官方汇率与市场汇率(即外汇调剂价格)并存的多重汇率制度。

人民币有管理的浮动汇率制度主要指人民币官方汇率的有管理的浮动,其基本特点是,我国的外汇管理机关即国家外汇管理局根据我国改革开放与发展的状况,特别是对外经济活动的要求,参照国际金融市场主要货币汇率的变动情况,对公布的人民币官方汇率进行适时适度、机动灵活、有升有降的浮动调整。在两年多的时间里,官方汇率数十次小幅调低,但仍赶不上水涨船高的出口换汇成本和外汇调剂价。

4. 第四阶段(1994 - 2005 年)。从 1994 年 1 月 1 日起,我国实行人民币汇率并轨。1993 年 12 月 31 日,官方汇率 1 美元兑换人民币 5. 8 元;调剂市场汇率为 1 美元兑换人民币 8. 7 元左右。从 1994 年 1 月 1 日起,将这两种汇率合并,实行单一汇率,人民币对美元的汇率定为 1 美元兑换 8. 70 元人民币。同时,取消外汇收支的指令性计划,取消外汇留成和上缴,实行银行结汇、售汇制度,禁止外币在境内计价、结算和流通,建立银行间外汇交易市场,改革汇率形成机制。这次汇率并轨后,我国建立的是以市场供求为基础的、单一的、有管理的浮动汇率制度。即人民币汇率在一定区间范围内参考美元价格浮动,前一日收盘价作为当日的中间价格,每日在中间价上下 3‰幅度内浮动。但从严格意义上讲,在这个阶段,我国仍严格管理外汇市场,实际上仍一直执行的是固定汇率制度,人民币交易价格一直为 1 美元 = 8. 2765 元。

二、现行人民币汇率体制改革的形成与影响

2005年7月21日,我国进行了自1994年人民币汇率并轨以来汇率机制的又一次重大改革。此次的人民币汇率体制改革的核心是放弃单盯美元,改盯一篮子货币,以建立调节自如、管理自主的、以市场供求为基础的、更富有弹性的人民币汇率机制。

表1　人民币汇率制度沿革的回顾

时期	汇率制度	汇率水平	主要特点
第一个时期(1949-1952年)	盯住美元的浮动汇率制度	第一阶段(1949-1950年) 1949年1月18日:1美元=80元旧人民币 1950年3月13日:1美元=42000元旧人民币 第二阶段(1950-1952年) 1952年12月:1美元=26170旧人民币	人民币汇率调整的基本依据是按照国内物价和国外物价相对水平的变化,同时也考虑调节进出口贸易与鼓励侨汇的需要。
第二个时期(1953-1979年)	固定汇率制度	第一阶段(1953-1971年) 1955-1971年:1美元=2.4618元新人民币(下同) 第二阶段(1972-1978年) 1972年:1美元=2.24元人民币 1973年:1美元=2.005元人民币 1977年:1美元=1.755元人民币	人民币汇率的主要职能是为经济核算和计划编制提供便利,而不是充当调节对外经济交往的工具。
第三个时期(1979-2005年)	由固定汇率制度逐渐演变为以市场供求为基础、单一的、有管理的浮动汇率制度	第一阶段(1979-1984年) 1980年1月:1美元=1.5元人民币 1984年12月:1美元=2.8元人民币 第二阶段(1985-1990年) 1985年1月1日:1美元=2.8元人民币 1985年8月21日:1美元=2.9元人民币 1985年10月3日:1美元=3.0元人民币 1985年10月30日:1美元=3.2元人民币 1986年7月5日:1美元=3.7036元人民币 1989年12月16日:1美元=4.7221元人民币 1990年11月17日:1美元=5.2221元人民币 1993年12月31日:1美元=5.8元人民币 1994年1月日:1美元=8.7元人民币	在前期,人民币汇率出现多次显著调整,表面上处于不稳定时期,但其背后是人民币汇率体制和汇率政策的调整;后期,人民币汇率与美元的名义汇率基本不变,同时,人民币与其他国际货币的汇率随着美元在国际货币市场上的汇率波动而波动。
目前(2005年7月21日起)	以市场供求为基础、参考一篮于货币进行调节、有管理的浮动汇率制度	2005年7月21日:1美元=8.11元人民币	放弃单盯美元,改盯一篮子货币。

(一)现行人民币汇率体制改革的背景

自人民币诞生以来,其汇率体制和汇率水平的每次重大调整,都是发生在国内外经济环境出现重要变化的背景下,并且对当时我国经济发展

发挥了重大作用。改革开放以来，特别是 1994 年人民币汇率实现并轨的改革，使得人民币汇率机制的发展逐步与我国经济发展、金融监管水平和企业承受能力相适应。人民币汇率对促进我国对外贸易发展，提高利用外资外债水平，平衡国际收支，以及配合中央银行货币政策调控，抑制通货紧缩趋势等方面发挥了重要作用。

与此同时，随着全球金融自由化的不断深入以及我国经济的发展，1994 年人民币汇率并轨后，人民币汇率的不足之处也逐步暴露出来。首先，1994 年我国实行的实际固定汇率制度已难以适应全球金融自由化的发展。从全球看，国际汇率体系逐步向有管理的浮动的汇率体系发展。近年来，随着全球金融自由化的不断深入发展，国际资本自由流动的数量不断增加，速度不断提高。固定汇率制度难以抵抗国际投机资本大规模攻击的弱点就显露出来，东亚金融危机就是一个深刻的教训。为适应这一新形势，各国汇率制度的选择出现了一个新的趋势，即实行浮动汇率制度和固定汇率制度的国家不断减少，实行有管理的浮动汇率制度的国家不断增加。根据国际货币基金组织公布的 2005 年《国际金融统计年报》显示，2004 年，实行有管理、浮动的汇率制度的国家有 63 个，占所有国家的比重为 33.7%。同 2000 年相比，增加了 18 个国家，比例扩大了 9.4%；而实行固定汇率制度和浮动汇率制度的国家分别减少了 1 个和 15 个，比例分别缩小了 1.1% 和 8.3%。因此，国际货币基金组织认为："2004 年同以往趋势一致，有管理的浮动汇率体制继续受到各国的青睐。"

表 2 1981－2004 年世界各国选择汇率制度的变化情况

	2000 年		2004 年	
	国家	比重(%)	国家	比重(%)
固定汇率制度	91	49.2	90	48.1
有管理的浮动汇率制度	45	24.3	63	33.7
浮动汇率制度	49	26.5	34	18.2
总计	**185**	**100**	**187**	**100**

其次，1994 年实行的汇率制度难以适应我国现阶段经济发展的需要。突出表现在：一是在国内金融和外汇管理中的缺陷逐渐暴露出来。

一方面，中央银行货币政策方面的作用受到相当大的限制；另一方面，汇率形成偏离市场基础，汇率的调整缺乏足够准确的根据。二是在我国国际收支持续“双顺差”以及巨额外汇储备的条件下，不能发挥有效的调节作用。一方面，人民币汇率面临强大的升值压力；另一方面，贸易摩擦不断加大。

在这个背景下，我国政府于 2005 年 7 月决定实行有管理的浮动汇率制度，最重要的一个内容就是放弃了事实上盯住美元的做法而改为“参考一篮子货币”。

（二）现行人民币汇率体制改革的主要内容

此次人民币汇率体制改革的内容主要包括：

第一，自 2005 年 7 月 21 日起，我国开始实行以市场供求为基础、参考一篮子货币进行调节、有管理的浮动汇率制度。人民币汇率不再盯住单一美元，形成更富弹性的人民币汇率机制。

第二，中国人民银行于每个工作日闭市后公布当日银行间外汇市场美元等交易货币对人民币汇率的收盘价，作为下一个工作日该货币对人民币交易的中间价格。

第三，2005 年 7 月 21 日 19:00 时，美元对人民币交易价格调整为 1 美元兑 8.11 元人民币，作为次日银行间外汇市场上外汇指定银行之间交易的中间价，外汇指定银行可自此时起调整对客户的挂牌汇率。

第四，现阶段每日银行间外汇市场美元对人民币的交易价仍在人民银行公布的美元交易中间价上下 3‰的幅度内浮动，非美元货币对人民币的交易价在人民银行公布的该货币交易中间价上下一定幅度内浮动。

第五，中国人民银行将根据市场发育状况和经济金融形势，适时调整汇率浮动区间。同时，中国人民银行负责根据国内外经济金融形势，以市场供求为基础，参考一篮子货币汇率变动，对人民币汇率进行管理和调节，维护人民币汇率的正常浮动，保持人民币汇率在合理、均衡水平上的基本稳定，促进国际收支基本平衡，维护宏观经济和金融市场的稳定。

（三）现行人民币汇率体制改革的积极影响

这一次的人民币汇率改革的核心是放弃单盯美元，改盯一篮子货币，以建立调节自如、管理自主的、以市场供求为基础的、更富有弹性的人民币汇率机制。也就是说，我国实际上实施了真正意义上的有管理的浮动

汇率制度。此次汇率制度的改革产生了诸多积极影响。从短期看:

首先,此次改革提高了我国中央银行实行货币政策的独立性。在固定汇率的条件下,货币政策在很大程度受国际收支平衡的影响,而此次改革增强了人民币汇率制度的灵活性,从而使得中央银行执行货币政策时只需考虑国内发展目标即可。

其次,在一定程度上缓解了贸易摩擦。以美国为首的一些西方国家指责我国的汇率体制是造成全球贸易失衡的重要因素。特别是最近我国与美国、欧洲在纺织品等问题上的贸易摩擦,以及美国国会酝酿的限制我国贸易的立法都表明国际贸易摩擦日趋扩大。而根据此次改革后确立的人民币汇率体制将灵活地,有管理地逐步调整人民币币值,则可以在一定程度上缓解这种紧张的局势。

再次,在一定程度上减少了投机性资本流入我国。更加灵活的汇率体制通常更容易遏止投机性资本的流入。在当今国际资本流动不断增加的情况下,固定汇率体制会导致投机者针对单一盯住美元的做法进行"单向赌博",从而引发投机性资本的流入。而在目前人民币弹性汇率机制下,由于双向风险的存在,从而在一定程度上遏止了这种投机活动。

从长期看,资本项目全面放开和人民币汇率制度的市场化是必然趋势。因此,此次人民币汇率新机制的建立,有利于进一步推进人民币汇率市场化改革的进程,最终为人民币在资本项目下实现可兑换创造渐进条件。

(执笔:黄朗辉　刘冰)

国际市场篇

2005年国际商品市场价格回顾及2006年展望

2005年以来,在世界经济稳步增长、世界贸易继续快速增长以及中国强劲需求的带动下,国际商品市场价格持续上涨,但涨幅较去年有所回落。2006年,影响国际商品市场价格的诸多因素不会发生大的改变,国际商品市场价格虽较2005年有所回落,但仍将在2002年以来新一轮上升行情的高位波动。

一、2005年国际商品市场价格回顾

(一)2005年国际商品市场价格形势

2005年11月初,英国《经济学家》以美元计价的世界初级商品价格指数(不含石油)达到134.9(2000年=100),比2004年12月上涨了9.2%。其中,食品、农产品和有色金属价格指数达到123.0、132.4和160.1,分别比2004年12月上涨5.4%、12.1%和13.6%。10月底,美国商品研究局CRB现货价格指数达到297.71,比2004年12月上涨了1.6%,比年初上升了2.8%。11月中旬,道琼斯现货价格指数达到241.38,比2004年12月上升了26.0%,比年初上涨了26.7%。

从全年的情况来看,英国《经济学家》11月预计,2005年世界初级商品价格同比上涨1.9%,涨幅较去年回落11.6个百分点。其中,食品价格下降1.0%,而去年为上涨8.6%;工业原材料价格上涨5.8%,涨幅比去年回落15.2个百分点,其中有色金属价格上涨11.1%,涨幅比去年回落26个百分点。世界银行预计,2005年包括石油在内的能源商品名义价格同比上升11.3%,涨幅较去年回落19.3个百分点;非能源商品上涨4.7%,回落12.8个百分点。非能源商品中,农产品、化肥和金属产品及矿产品的价格同比分别上升4.7%、0.2%和19.0%,涨幅分别回落12.8、

19和18.1个百分点;工业原材料价格同比下降0.9%,而去年为上涨7.7%。国际货币基金组织9月预计,2005年初级产品价格(不含石油)同比上涨8.6%,回落9.9个百分点;制成品价格[1]上涨6.0%,回落3.7个百分点。

表1　英国《经济学家》商品价格指数

	指数(以美元计价,1990=100)			年涨跌率(%)		
	2003年	2004年	2005年	2003年	2004年	2005年
商品价格指数	94.5	107.3	109.4	9.1	13.5	1.9
食品、饲料和饮料	102.0	110.8	109.7	6.6	8.6	-1.0
饮料	95.4	102.3	121.5	3.5	7.2	18.8
粮食	105.0	111.5	106.7	1.7	6.2	-4.4
油籽	109.6	124.8	111.9	17.9	13.8	-10.3
糖	56.6	57.1	76.4	3.0	1.0	33.7
工业原材料	85.2	103.0	109.0	13.0	21.0	5.8
基本金属	77.5	106.2	117.9	10.4	37.1	11.1
纤维原料	93.7	84.0	75.2	11.7	-10.4	-10.4
橡胶	120.5	144.9	154.3	35.6	20.3	6.4

资料来源:英国《经济学家》数据库。

(二)2005年国际商品市场价格总体形势的主要特点

一是今年国际商品市场价格走势呈现出上涨至高位波动的特点。2005年,国际商品市场价格较去年走势更加平稳,仅在年初呈现出短暂的上涨态势。4月份以后,经历了年初三个月价格上涨之后,国际商品市场价格持续高位震荡。1至10月,美国CRB现货价格指数分别达到289.72、295.98、298.11、302.08、296.45、294.15、292.09、292.31、294.61和297.71,最高价格和最低价格之间的波动幅度为4.3%,比去年的5.3%低1个百分点。2005年10月份,CRB现货指数仍然处于自1947年存在该数据以来的高位。美国CRB现货指数短期走势和长期走势分别

① 为发达国家工业制成品的出口价格(以下同)。

见图1和图2。

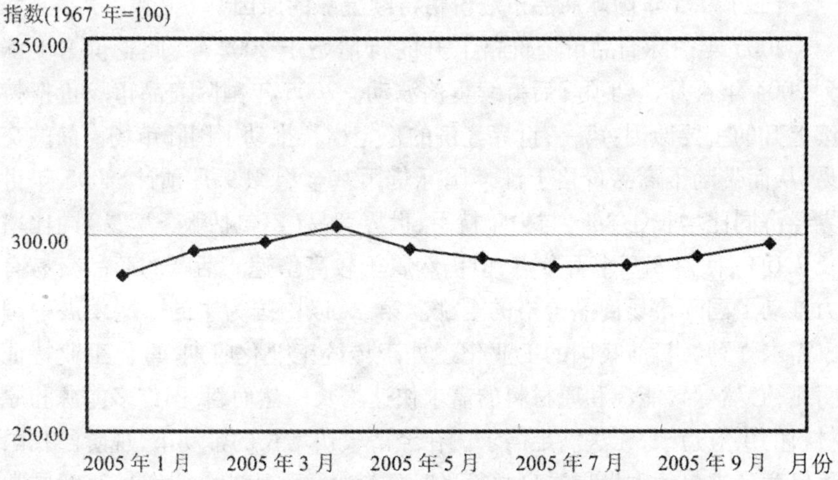

图1　2005年以来美国CRB现货价格指数走势

图2　1995年以来美国CRB现货价格指数走势

二是各类商品价格均有涨跌,上涨幅度较大的为能源和金属产品,跌幅较大的为油脂类产品。据世界银行统计,2005年1至10月,在该机构监测的76种商品中,价格上升的有49种,占64.5%。下跌的有22种,占28.9%,剩余5种为数据缺失。与去年的平均价格相比,今年前10个月平均价格涨幅居前五位的商品依次为:铁矿石(71.5%)、原油(45.6%)、咖啡(44.8%)、天然气(42.5%)和香蕉(34.6%),跌幅居前五位的商品依次为:大豆油(-11.6%)、棉花(-11.4%)、棕榈油(-11.1%)、大豆粉(-10.3%)和大豆(-9.4%)。

(三)2005 年国际商品市场价格持续上涨的原因

2005 年国际商品市场价格上升的行情始于 2002 年,此轮价格上涨到 2004 年 4 月达到顶峰后持续震荡波动。2005 年国际商品市场价格持续上升的主要原因:第一,世界经济的稳定增长推动了国际市场商品的交易,从而带动了商品价格上涨。国际货币基金组织 9 月预计,2005 年世界经济同比增长 4.3%,与去年持平;世界贸易(不包括服务贸易)同比增长 7.0%,回落 3.9 个百分点,但仍然属于较高增速。活跃的商品交易有力推动了国际市场商品价格的上涨。第二,以中国为主的一些发展中国家需求强劲。目前我国的工业化还处于传统工业化时期,重化工业特征明显,必然导致能源和原材料的需求快速增长。然而,我国许多能源和原材料的供应短缺,无法满足需求。在经济较快增长的带动下,现阶段我国不仅商品进口额占世界进口总额的比重较大,而且进口的增长速度异常迅猛。2004 年,我国的商品进口额占世界进口总额的 6.1%,进口增长率达到了 36.0%。我国对能源产品、金属产品和矿产品的强劲需求一定程度上推动了国际市场商品价格的上涨。据国际货币基金组织测算, 2005 年世界原油日需求量跟去年相比,每天增加 160 万桶。其中,中国增加 32 万桶/天,高于美国 29 万桶/天的增量。另外,巴西、印度和俄罗斯等新兴经济体强劲的经济增长也加大了其对原材料的进口需求。第三,部分商品产量下降或投资不足推动了商品价格上涨。如美国农业部 11 月预计,由于种植面积减少,今年全球棉花产量同比下降 8.4%,只有 2390 万吨。而全球棉花的消费量同比增长 3.7%,达到 2439 万吨,期末库存下降 2.1%,只有 1085 万吨,供需缺口较去年进一步拉大。另外,原材料的投资不足也推动了商品价格上涨。例如,尽管今年有色金属的消费量低于去年,但由于投资不足,有色金属的库存逐年降低。2005 年底,铜、铅、锡、铝、镍和锌的库存与 1990 -2004 年 15 年的平均水平相比,分别相当于该年平均水平的 40%、50%、57%、60%、65% 和 75%,造成今年锌、铝、铜和铅的价格仍然分别上涨 24.0%、10.8%、4.7% 和 1.5%。这表明,过去 10 多年的实际价格不足以激励新的开发。事实上,据伦敦金属交易所测算,从 1975 年到 2000 年的 25 年间,国际市场上非石油商品的实际价格下降了 80%。第四,投机因素进一步助长了商品价格上涨。当前世界的低利率和股市的低回报推动了国际投机资本进入国际商品市场。当某种商品价格处于升势时,投机商往往追捧此种商品,趁机炒作,追随商业买盘做多,使商品需求大大超过实际需求,并在价格飙升中获得巨额收益。第五,自然灾害、地区安全等不确定因素加剧了商品价格的波动。如恐怖袭击、飓风袭击等灾难来临时,一方面现实的供给会遭到破坏而减少,另一方面加大了人们对未来供不应求的担忧,从而对商品价格起到了推波助澜的作用。

二、2006年国际商品市场价格展望

2006年,国际商品市场价格在产能过剩、美国消费需求放缓、美元预期进一步升值的共同作用下,较去年将有所回落,但仍然处于高位。

(一)农产品价格将小幅下降,但粮食价格和糖价将上涨

由于产量和库存下降,2006年世界粮食价格将小幅上涨。美国农业部预测,2005/2006年度世界小麦、玉米、棉花和大豆的产量均会有所下降,四种农产品产量同比将分别下降2.4%、5.7%、7.2%和3.8%。其中,小麦、玉米和棉花的期末库存较今年也将下降,降幅分别为6.5%、11.6%和1.3%。由于欧盟糖业体制改革、国际市场上对蔗产酒精的需求增加、西方国家对碳水化合物食品的抵制等因素的影响,2006年,国际市场上食糖的供给仍然将小于需求。2005/2006制糖年,全球食糖市场将出现100多万吨的供给缺口。英国《经济学家》预测,2006年,世界粮食价格将上涨2.8%。其中,小麦、玉米和棉花的价格同比将分别上涨1.7%、5.3%和0.9%,大豆将下跌11.0%,单价分别为163.8美元/吨、102.5美元/吨、54.0美分/磅和235.0美元/吨。糖价同比将上涨12.1%,达到10.75美分/磅。

(二)有色金属的价格在产能过剩形势下,将出现下跌

2006年,世界有色金属将出现过剩,造成有色金属市场供大于求,对有色金属价格形成向下压力。伦敦金属交易所预测,2006年,铅的价格将同比上涨20.8%,达到1600美元/吨;锌、镍和锡的价格将分别下跌17.7%、34.5%和5.4%,达到790美元/吨、9400美元/吨和7000美元/吨;铜的产量将增长8.0%,达到1650万吨,从而带动铜价下跌,预计2006年铜价为3086美元/吨。英国《经济学家》预测,2006年,世界有色

金属价格同比将下降 9.1%。其中，铝、铜、铅、镍和锡的价格均将下跌，跌幅分别为 6.7%、16.7%、11.7%、4.2% 和 5.2%，单价分别达到 1708 美元/吨、127.5 美分/磅、37.3 美分/磅、6.7 美元/磅和 3.3 美元/磅；锌的价格将继续上涨 6.7%，达到 64.1 美分/磅。

（三）原油价格将出现回落

由于今年以来原油价格上涨幅度过大、价格水平过高，全球原油需求开始放缓，一些国际机构对 2006 年全球石油需求预测量进行了向下的调整，预计 2006 年世界原油价格将有所回落。英国《经济学家》预测，2006 年，北海布伦特、中东迪拜原油价格将分别下降 1.3% 和 1.9%，达到 56.3 美元/桶和 47.2 美元/桶；世界银行预测，明年世界原油价格同比将下跌 14.3%，为 36.0 美元/桶。

从整体商品的价格走势来看，英国《经济学家》11 月预测，2006 年世界初级商品价格（不含石油）将比今年下降 4.8%，而今年为上涨 1.9%。国际货币基金组织 9 月预测，2006 年初级产品价格（不含石油）将下降 2.1%，而今年为上涨 8.6%，工业制成品的价格将小幅上涨 0.5%，比今年缩小 5.5 个百分点。世界银行 9 月预测，2006 年，世界能源商品名义价格同比下降 14.3%；非能源商品价格下降 5.2%（具体商品价格预测见附表）。

2006 年国际商品市场价格将有所回落的原因：一是预期美元短期内还将继续 2005 年的走势，明年将继续小幅升值，这使得以美元计价的国际商品市场价格有所回落。CONCENSUS FORECASTS 10 月预测，2006 年 10 月末，1 美元将兑换 1.268 欧元，与今年同期的 1 美元兑换 1.216 欧元相比，美元将升值 4.3%。二是美国的私人消费需求增速放缓，将减少对世界商品的需求。美国私人消费开支数额巨大，占美国国内生产总值的 70%，占世界国内生产总值的 25%。去年，美国的进口额约占世界进口总额的 16.6%，但随着美国联邦基金利率已升至 4%，并有可能继续加息，美国将出现显著的正利率，使美国消费者进一步缩减支出，减少对世界商品的需求。国际货币基金组织 9 月预测，2006 年，美国的私人消费同比增长 2.7%，比今年放慢 0.7 个百分点。三是前两年世界产能的陆续释放，将使部分商品由供应不足转为供应过剩。在世界前两年投资规模较大、投资增长较快带动下，新上了一批项目。目前，这些新投入的项目已开始投入运营,必然增加市场供给,使国际市场物价上涨得到一定程度的缓解。

三、国际商品市场价格处于高位对我国经济的影响

国际市场商品价格高企威胁着全球经济的发展,更给蓬勃发展的中国经济带来新的挑战。

第一,高涨的商品价格将加大我国通货膨胀的压力,影响外贸进出口的收支平衡。高涨的商品价格一方面将导致我国整体经济运营成本增加,加大通货膨胀的压力,另一方面高物价也使我国外汇支出增大,贸易顺差缩小。据统计,2004 年,原油价格上涨给我国带来的直接成本代价是 136 亿美元,是去年国内生产总值的 0.9%。我国今年进口石油大约是 1.3 亿吨,即 9.5 亿桶。国际油价每桶上涨 1 美元,我国的进口就要多支付将近 10 亿美元。国际货币基金组织预测,2006 年我国消费价格将上涨 3.8%,涨幅比今年扩大 0.8 个百分点。经常账户余额占国内生产总值的比重为 5.6%,比今年缩小 0.5 个百分点。经济将增长 8.2%,比今年放慢 0.8 个百分点。

第二,受国际市场商品价格高企的影响,我国的部分行业的利润空间被大大压缩。例如,作为基础能源的原油价格今年持续上涨,8 月底纽约商品交易所原油期货价格一度达到每桶 70.80 美元的历史新高,而我国进口原油占国内原油消费总量的比重已达到 40%,这就使得炼油、化工、塑料、纺织等行业的生产成本普遍上升,加大了物流、交通运输等行业的价格上涨压力。如果油价继续上涨,这一方面将给我国带来输入型通货膨胀,另一方面由于成本推动型通货膨胀影响,我国部分相关企业利润会减少,甚至亏损。

第三,高涨的商品价格将会减少我国居民的实际可支配收入,影响居民实际生活水平,不利于缩小贫富差距。我国的资源状况和出口结构决定我国不可能像中东、拉美和撒哈拉以南非洲国家那样短期内可以从高涨的商品价格中获得巨额收益来发展本国经济,而是需要支付更多的外汇,从国外进口商品来推动本国经济的增长。高涨的国际市场商品价格必然使我国居民为以前同样数量的商品增加支出,从而降低我国居民的实际可支配收入,影响居民的实际生活水平。虽然当前我国的一些重要

商品的价格受到国家的控制,使得价格的上涨对国内物价水平的影响有限,但这种价格调控日益加重了国家的财政负担。

四、我国应对国际市场商品价格持续高位的政策建议

第一,挖掘节能潜力,开发可再生能源。随着我国经济的快速增长,能源的需求量越来越大,但我国能源的利用率较低,产品单耗较高。目前我国的能源利用率仅为36.8%,比世界平均水平的50.3%低13.5个百分点;单位GDP的能源消耗分别是日本、德国、美国和巴西的6.6倍、4.5倍、3.7倍和2.5倍。从主要产品的单耗来看,我国原煤耗电是美国的1.8倍,乙烯综合能耗是日本的1.4倍,吨钢的能耗是日本的1.1倍,水泥的综合能耗是日本的1.4倍,载货汽车的油耗是美国的2.0倍。这说明我国节能潜力较大。我国可再生资源丰富,但利用率不高。如可再生资源发电量占发电总量的比重只有19%。今后可加大在这方面的投资力度,加强水能、风能、太阳能、地热能和沼气能等清洁可再生能源的开发,并想方设法降低成本,扩大在全国的使用范围。

第二,合理利用国外资源。我国经济发展的阶段性特点决定了本世纪前20年将是矿产资源消耗的高峰期。但我国的有色金属、钢铁矿产资源相对贫乏,储藏量难以满足今后的需求。在全国9大有色金属资源基地中,接近枯竭的矿山占56%。为了今后的可持续发展,国内有必要成立矿业联合组织,用同一个声音同国外矿产公司谈判,合理利用国外资源。国家应该通过为企业营造更好的多双边国际环境鼓励企业“走出去”。企业主动参与国际竞争,成为国际市场上商品价格的制定者,不仅可以改变我国资源来源单一,风险较大的局面,还可以为我国的经济发展带来来源稳定的资源,节约外汇。

第三,密切跟踪国际市场商品价格的行情,关注商品价格的起伏变化,在低价时扩大进口,在商品价格上涨时可抓紧时间出口,以扩大经济效益。在出口产品的种类上,逐步减少资源型产品的出口,扩大工业制成品的出口,并关注流行趋势、注重包装,弄清出口市场的技术标准,确保生产出来的产品不仅能在国际市场销售出去,而且还能以较高价位出售。

第四,扩大我国三大商品期货交易所的交易品种,减少国际市场商品价格波动给我国经济带来的风险。我国目前有上海、大连和郑州三大商

品期货交易所。实践证明,这三大期货市场在及时传递信息、降低风险等方面发挥了较大的作用。今后,我国应在此基础上,增加期货市场上商品交易的品种,如可尽快推出石油期货,改进我国石油企业参与国际期货市场交易的方式,增加我国石油企业的石油定价话语权。

第五,逐步取消一些商品的政府补贴,改变价格倒挂现象,使其与国际价格接轨。例如,可以逐步取消对能源价格的补贴,由暗补改为明补,由对全社会的补贴改为对农民和低收入者的补贴,并以此作为缩小贫富差距的一种手段。

第六,充分发挥各行业协会的作用。行业协会可以协调其所在行业的产品价格,确定最低限价,避免行业间竞相压价引起进口国的反倾销诉讼。另外,行业协会可在为行业内企业提供及时准确的信息方面加以改进。如密切跟踪我国新的多双边贸易谈判进展并提供相关信息,便于企业根据降税种类和降税幅度等信息随时调整自己的进出口计划,获得产品进出口的价格优势。

(执笔:王金萍)

2005 年国际石油市场价格回顾及 2006 年展望

——近期内国际石油市场价格走势不容乐观

像所有大型商品价格变动一样,石油价格的上涨同样具有如下特点,即上涨时机、幅度和持续时间均不可预知。尽管国内外专家学者和有关机构对未来国际市场石油价格走势做出了不同的判断,未来石油价格的涨跌、幅度及持续时间仍无法准确预测。但通过近一个时期国际石油价格变动的趋势,特别是刺激石油价格上涨的各种因素依然存在等方面的信息看,近期内国际市场石油价格走势不容乐观。预计 2005 年和 2006 年两年国际市场石油价格水平总体上难以大幅回落,且继续保持居高不下势头的可能性较大。

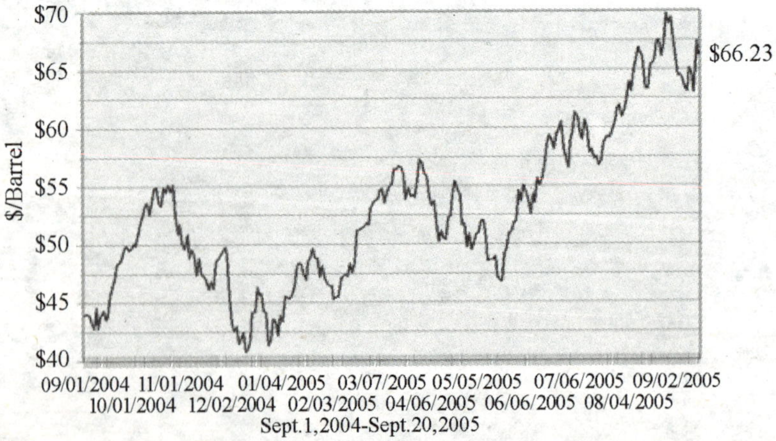

图 1 纽约市场原油期货价格走势

一、从近期国际石油价格变动的趋势看，石油价格仍处在快速上升期

2005年以来，国际市场石油价格总体水平呈现出在波动中不断攀高的运行态势，且在上涨的过程中呈现出三个特点：一是上涨幅度较大。2005年8月份，OPEC（石油输出国组织，以下简称OPEC）月平均油价为57.83美元/桶，比上年年底的35.70美元/桶上涨了62.0%；英国北海布伦特月平均油价为64.06美元/桶，比上年年底的39.43美元/桶上涨了62.5%。2005年的国际石油市场价格创下了20年以来最高水平。二是价格水平呈现在波动中持续走高的运行态势。2005年1至8月，OPEC月平均油价分别为每桶40.24美元、41.68美元、49.07美元、49.63美元、46.96美元、52.04美元、53.13美元和57.82美元。8月29日，受飓风影响，纽约市场原油期货价格甚至一度飙升至70.8美元/桶，再次刷新纽约交易所自1983年开始原油交易以来的历史记录。三是价格在较长的时间内居高不下。纽约市场原油期货价格在7月初至9月初这2个月内均保持在50美元/桶以上的较高水平。尽管近日国际石油市场价格开始出现回落，但幅度有限，基本在60美元/桶左右徘徊。

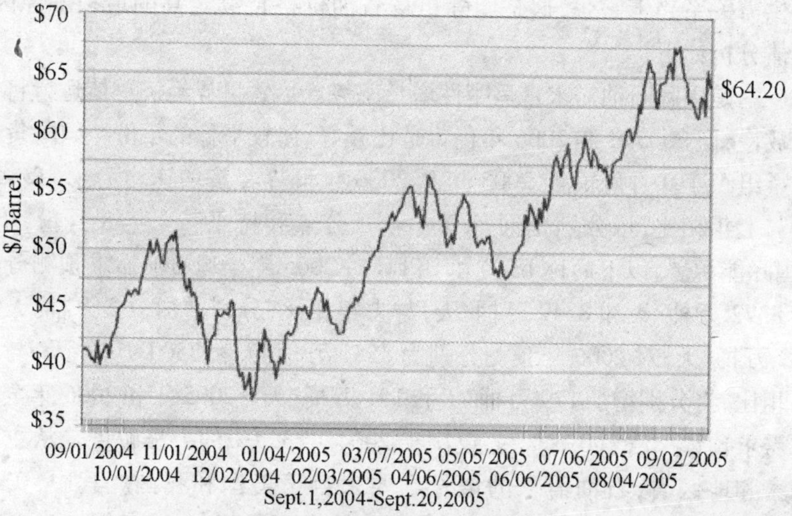

图2　英国北海布伦特石油价格走势

二、国际市场石油价格难以大幅回落,且继续保持居高不下势头的可能性较大

2005 年以来,造成国际石油市场价格继续上涨的原因错综复杂,可以说是多种因素共同作用的结果,既有市场基本面因素的推动,也有投机交易猖獗、某些国家因自身战略利益而人为纵容以及地缘政治等因素的影响。但总的来看,全球石油总需求快速增长是造成石油供需偏紧,进而推动石油价格持续上涨的最基本因素。其他因素只是在供需关系偏紧的情况下才对石油价格上涨产生推波助澜的作用。需要高度关注的是,到目前为止,各种不利和不确定性因素对石油价格上涨的刺激程度不仅没有减弱,反而呈现出进一步加剧的迹象,这预示着今后一段时期石油价格难以大幅回落。

(一)从市场供需基本面来看

由于支持世界经济增长的因素没有发生逆转,在世界经济增长经过 2004 年一个颠峰年后,会在 2005 年和 2006 年继续保持较快的增长势头,只不过增速将适度放慢。加上一些国家不断增加石油储备,这些都将带动世界石油需求总量继续增长,从而逼近石油供应的最大能力,导致石油供需关系趋于紧张,这是国际市场石油价格持续走高的最根本原因。具体分析如下:

一是国际石油需求量呈刚性增长态势。尽管世界经济总体运行将适度放慢,但 2005 年和 2006 年仍将是比较好、比较平稳的年份。国际货币基金组织于 9 月份预测,2005 年和 2006 年世界经济增速均为 4.3%,增速与上年相比,将分别是回落 0.8 个百分点和持平。今年 8 月份,IEA(国际能源署,以下简称 IEA)和 OPEC 对 2005 年全球石油需求预测分别为 8372 万桶/天和 8349 万桶/天,与去年相比,分别增加 160 万桶/天和 142 万桶/天;对 2006 年预测分别为 8551 万桶/天和 8500 万桶/天,与上年相比,将分别增加 179 万桶/天和 151 万桶/天。2005 年和 2006 年全球总需求预计上涨 2.0% 左右,仅次于 2004 年 3.7% 的上涨幅度。从主要国家和地区看,石油需求的增长主要来自于美国和我国。其中,美国 2005 年和 2006 年需求量预计分别为 2093 万桶/日和 2120 万桶/日,预计比上年分别增加 20 万桶/日和 27 万桶/日,分别占世界增长量的 12.5%

和15.1%;我国预计分别为675万桶/日和726万桶/日,分别增加32万桶/日和51万桶/日,分别占世界增长量的20%和28.5%。值得注意的是,我国将继续成为继美国之后的世界上第二大石油消费国。

此外世界上一些国家,尤其是发达国家出于对本国经济安全等方面的考虑,在目前世界石油供需偏紧的情况下,继续增加本国的石油储备,在相当程度上增加了石油总需求。截止到今年二季度,OECD国家石油总储备为41.31亿桶,同去年同期相比,增加了1.6亿桶。其中,美国储备17.4亿桶,增加了1.1亿桶;日本6.3亿桶,增加了740万桶。

二是石油供应难以进一步增加。首先,到目前为止,OPEC石油生产能力已接近极限。作为世界石油的重要供应者,OPEC成员国2005年一季度和二季度实际原油总产量已达到3348万桶/日和3401万桶/日,为近25年以来的季度最高水平,继续增加产量的能力非常有限。

表1　IEA对世界及主要国家和地区石油总需求的预测

单位:万桶/天

	2004年	2005年	2006年	2005年比2004年预计增加	2006年比2005年预计增加
世　界	**8212**	**8372**	**8551**	**160**	**179**
美　国	2073	2093	2120	20	27
欧　洲	1558	1562	1563	4	1
日　本	535	541	541	6	0
中　国	643	675	726	32	51
印　度	259	266	275	7	9

注:2005年和2006年为预测数据。

其次,由于各种原因,OPEC以外的其他石油生产国也难以进一步增加石油的产量。

三是在石油需求迅速增长而产量难以进一步增加的情况下,国际石油市场的供需关系处于非常脆弱的平衡状态,日趋紧张的供需关系将继续推动着石油价格持续上涨。通过近年来世界石油总供应与总需求之间的关系可以看出,1986年至2002年期间,世界石油总供应超过总需求平均为400万桶/天,而2003年和2004年分别减少到130万桶/天和50万

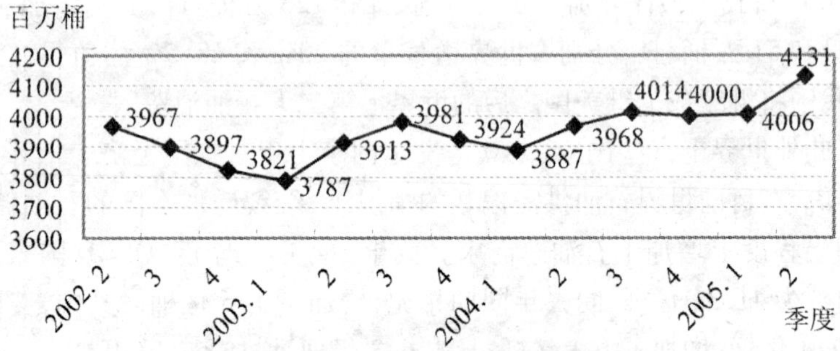

图 3 OECD 国家石油储备情况

桶/天。IEA 认为,即使 OPEC 继续增加原油日产量,但预计 2005 年和 2006 年,世界石油总供应量将仅超过总需求 200 万桶/天,仅占需求总量的 2.5% 左右,调剂余地很小。因此,日趋紧张的供需关系必将继续推动着石油价格持续上涨。

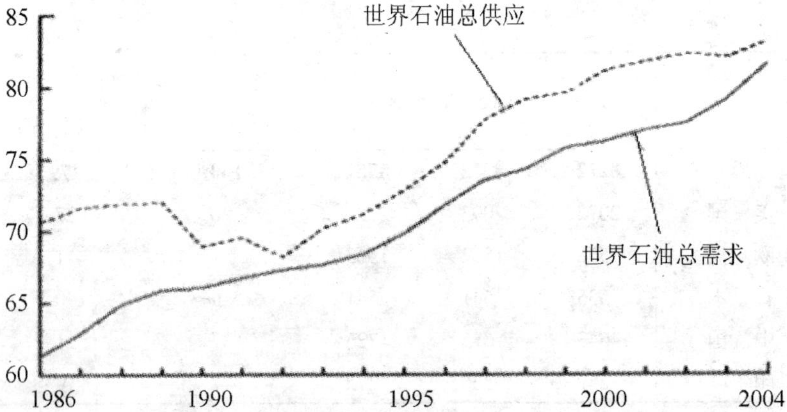

图 4 世界石油总供应与总需求的对比情况

四是石油精炼能力不足。根据 OPEC 近期的分析结果显示,长期以来,跨国石油公司因更关心公司的股价和收益,而极力避免可能导致油价下跌的投资扩张。1993－2003 年,世界炼油能力只增长 2.6%,增幅远远低于同期 24.2% 的全球石油需求增长。最近两年,全球现有的炼油厂已没有多余的生产能力。对于新建炼油厂,在具有生产符合环保标准精炼油技术的国家和地区中,尤其以美国为代表的发达国家,因环保等原因,强烈抵制新建炼油厂。因此,2003 年和 2004 年,在全球石油需求分别增长2.4%和3.6%的情况下,炼油能力仅分别增长0.4%和0.3%。由此可见,即使产油国增加生产,炼油厂也难以马上提高炼油能力。

(二)从非市场因素方面看

投机交易猖獗、国家利益和地缘政治,以及心理恐慌等非市场因素,也在很大程度上推动石油价格上涨。

一是在目前世界石油供需关系已比较脆弱的情况下,大量国际资本涌入国际原油期货市场进行投机性交易,对国际石油市场价格的持续上涨起到了推波助澜的作用。

从原因看,近年来国际市场石油价格反复攀升,与1973年和1979年石油危机时期的油价形成机制是不同的。在1973年和1979年的油价上涨中,推动油价上涨的主导因素是中东地缘政治不稳定引发局部战争冲突导致石油供应减少和不稳定的石油供应预期,推动了油价暴涨。但是,目前的油价上涨的一个重要原因是,随着国际石油期货市场的发展,国际油市的操作实际上已经变成了金融化操作,期货交易量已经在一定程度上脱离了实物供给量与需求量。石油价格已经不仅仅是一个单纯的实物商品价格,而是在很大程度上兼备了现货市场和金融市场的双重性。由于目前世界石油供需偏紧的等原因,使得国际原油市场倍受投机资本的关注。

从过程看,由于新经济泡沫和传统资本市场泡沫相继破裂,而在全球经济发展找不到新的投资热点的时候,国际投机资本先是涌入美国和欧洲等国家的房地产市场,随后又涌入国际汇率市场,如炒作欧元和准备豪赌人民币升值。但在房地产方面,外币操作获利空间已不大。第一,房地产价格上涨过快,继续炒作风险较大。以美国为例,今年一季度和二季度,美国房屋销售价格比去年同期分别上涨9.7%和10.2%,其中二季度涨幅是仅次于去年三季度的美国历史最高水平;美国新房销售分别增长5.1%和7.8%,二季度再次接近历史最高记录。第二,政府已经意识到房地产价格上涨过快,并将采取一些调控政策来遏制房地产泡沫进一步膨胀。这两个因素将会在一定程度上抑制国际资本继续大量流入放地产市场。在汇市方面,由于《欧盟宪法条约》在一些欧元区国家受阻等原因,使得欧元走势不明朗性加大;其他一些国家,如我国加强对金融市场的监管力度,以防止国际资本对本国金融市场造成冲击,从而在一定程度上化解了国际投机资本对人民币的炒作。

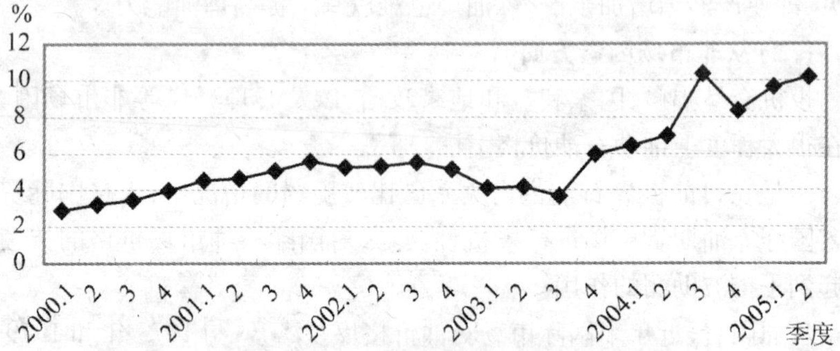

图 5　2000 年以来美国房屋销售价格同比上涨率

这些因素导致国际投机资本对正处于供需偏紧关系国际石油市场的吸引力逐渐大增,使得大量国际资本进入原油交易市场。据美国纽约期货交易所估计,目前,进入石油市场的投资机构已升至 8500 家左右,游资至少达到了 8 万亿美元,原油期货交易的 70% 属于投机性交易,而原油期货市场真正的需求方只占全部交易的 30%。此外,美国纽约期货交易所通过研究分析后认为,考虑到目前的供需状况,以及地缘政治等因素,纽约市场原油期货价格最多为 35 美元/桶,超过这个价格,就是投机交易造成的。随着房地产市场和汇率市场吸引力下降,今明两年可能会有更多的国际投机资本涌入国际石油期货市场,因此,国际石油价格居高不下的势头可能会延续。在世界投资银行排名第二的美国高盛公司所说的国际市场石油价格将上涨到 100 美元/桶可能不是空穴来风,而是反映国际投机资本真实的打算和未来运动的真实方向。

二是目前国际市场石油价格飚升的背后,不排除某些国家为了自身利益需要,而默许、纵容,甚至是恶意操纵石油价格走高的可能性。以美国为例:

1. 在经济方面,美国经济目前面临最大的问题是贸易赤字持续扩大难以扭转,财政赤字居高不下的局面难以改善。IMF 的统计数据显示,2002 年至 2004 年,美国贸易赤字占 GDP 的比重分别为 4.5%、4.7% 和 5.7%;财政赤字占 GDP 的比重分别为 4.0%、4.6% 和 4.0%。IMF 预计 2005 年和 2006 年,美国贸易赤字占 GDP 的比重均为 6.1%;财政赤字占 GDP 的比重分别 3.7% 和 3.9%。在这种情况下,美国必须不断吸引足够的国际资本流入美国,用以弥补“双赤字”。自20世纪90年代以来,美国先是靠股市,后是靠房地产的繁荣吸引外资流入。但目前,美国股市泡沫已破灭,房地产市场又处于高危状态,吸引国际资本流入只能寻找其他途径。可以看出,美国目前制定和实施的各种经济调控手段,在很大程度上是为了吸引外资流入。第一,提高利率,制造出与欧、日不断扩大的利差来吸引国际资本。目前,欧洲央行连续23个月“按兵不动”,继续保持其基准利率2.00%这一水平不变;日本的零利率政策丝毫没有改变的迹象。而自去年6月到现在,美联储已经进行了十一次加息,美国联邦基金利率已升至3.75%。今年一季度和二季度,美国经济分别增长3.8%和3.4%,势头有所放慢;美国核心物价分别上涨1.9%和1.6%,也呈现出走低的趋势。按照常理,利率通常被作为调节国家宏观经济景气的杠杆,主要是用来调节就业与通胀之间的平衡。由此判断,美联储的加息步伐应该停止了。但美联储最近表示:“美联储的加息步伐仍会继续”;格林斯潘甚至公开宣称:“美联储已不应以通胀率作为货币政策的目标”。这些都明显表现出加息的目的并不是针对经济是否景气,而是为了吸引国际资本流入,以弥补美国“双赤字”的需要。国际油价可以说是制造国际资本流向美国的重要机制之一。美国《福布斯》杂志最近发表的一篇分析报道认为,按每年石油的国际贸易量23亿吨计算,若国际市场石油价格保持30美元/桶,流入美国的国际资本不低于5000亿美元;若保持70美元/桶,流入美国的资本可以超过1.1万亿美元;而保持100美元/桶,流入美国的资本可以超过1.6万亿美元。第二,美国国会于去年通过了旨在通过赋税减免鼓励海外企业资本回流的《2004年美国就业创业法》,其中作为《2004年美国就业创业法》中的一部分,《本土投资法》将美国公司汇回美国的海外收益的所得税从35%下调到了5.25%。据权威机构预测,2005年《本土投资法》将最多可以为美国带来3500亿美元的资本回流。这个数字相当于美国2004年称创下历史纪录的6177亿美元贸易逆差的56.7%。

2. 在政治方面,竭力遏止我国的和平崛起,抑制欧盟的经济复苏。石油在一定程度上可以说是政治商品,也可以说石油已变成一种经济武器。而西方国家早在20世纪第二次世界大战之前已经意识到这一点。由此,围绕着石油,世界上产生了一系列的制裁、禁运、封锁、反封锁等。在矛盾初始阶段,OPEC 国家以石油价格作为武器,反对西方国家的控制;后来,以美国为首的一些西方国家推出了石油期货合约,用石油交易作为一个有利的武器,来对冲石油价格变动给石油消费大国所带来的影响。美国首先通过控制纽约交易所的石油价格进而削弱 OPEC 对国际市场石油价格的控制,而后又通过外交甚至是军事手段控制或影响世界石油主要供应来源地,进而获得在全球能源地缘政治格局中的绝对优势地位。因此,美国目前的石油政策不仅局限于确保本国的能源供给,而且体现了美国牵制他国经济和遏止敌对阵营的战略威慑作用。

首先,美国目前通过三个手段控制国际市场石油价格:第一,美国政府说服本国石油公司限制开采量;第二,由于各种原因,目前 OPEC 国家只有沙特有一定增加产量的能力,而沙特作为美国忠实的盟友,一直没有表示大量增加石油供给;三是放纵期货交易价格不断飙升。

其次,通过对国际市场石油价格的影响,把石油价格作为武器来影响其他国家。如,在与欧盟关系方面,美国先是通过"捧杀欧元"的政策,再是通过操纵国际石油市场价格来影响对原油需求量 70% 以上依赖进口的欧盟经济,进而削弱欧盟的竞争力。在与我国关系方面,美国早已将我国视为潜在的竞争对手,极不愿看到我国经济持续、稳定、快速的增长。而我国目前状况是:一是石油消费量达到 643 万桶/天,已成为世界第二大石油消费国;二是自 1993 年起,我国已成为石油净进口国。从 2001 年起,我国石油进口保持逐年增加的势头(见表 2),2004 年原油进口量已突破 1 亿吨,商务部预计 2005 年我国原油进口将增加到 1.3 亿吨。目前我国的石油对外依存度基本保持在 1/3 左右;三是我国目前没有石油报价中心,没有石油期货市场,无法左右国际石油价格;四是在实施走出去战略的同时,受到美国等国家的蓄意阻扰。

由此可以看出,作为石油消费大国,我国是高油价的受害者。美国正是把石油价格当作经济武器用来对付我国,从而遏止我国经济的健康增长。正如美国兰德公司一位战略专家所指出的:"美国有能力,也有经验使用石油作为武器来对付中国。首先,美国可以使国际市场原油维持在 70 - 80 美元/桶这个美国能接受,但中国难以承受的价位对付中国。其次,这种方法美国在过去也应用过,在 20 世纪 80 年代,美国通过与沙特联手把国际石油价格压低到 7 - 8 美元/桶,使得当时的苏联经济受到很大的影响。只不过这次通过抬高油价来遏止中国——这个美国潜在的竞争对手的经济增长。或者说是,美国希望看到中国经济增长最好付出更高的代价,以保证美国在世界政治格局中的绝对优势。”此外,这位专家甚至直言:“控制石油价格就等于控制了中国这台世界经济发动机的‘油箱’。”

表2 近几年我国石油进口情况

	进口数量		进口金额		进口平均价格	
	万吨	同比变化%	亿美元	同比变化%	美元/吨	同比涨跌%
2000 年	7027	91.9	148.6	220.0	211.5	66.8
2001 年	6026	-14.2	116.7	-21.5	193.6	-8.5
2002 年	6941	15.2	127.6	9.4	183.8	-5.1
2003 年	9112	31.3	198.1	55.3	217.4	18.3
2004 年	12272	34.7	339.1	71.2	276.3	27.1
2005 年 1-8 月	8312	3.9	293.9	43.7	353.5	38.3

从经济和政治方面看,美国可以说是国际油价上涨的最大利益获得者。这也是为什么国际石油期货交易的 60% 在欧洲,而美国的石油投机活动却最为剧烈的重要原因。

通过以上分析可以看出,全球石油总需求快速增长是造成石油供需偏紧,进而推动石油价格持续上涨的最基本因素。市场投机、大国利益等其他因素只是在供需关系偏紧的情况下才对石油价格上涨产生推波助澜的作用,而地缘政治、季节用油和自然灾害等因素,在很大程度上是国际炒家,大国政治家炒作的题材。

鉴于这些不利和不确定性因素对石油价格上涨的刺激程度有进一步加剧的迹象,因此,预计 2005 年和 2006 年两年国际石油市场年平均价格仍将保持一个较高的水平。主要国际组织也得出同样的结论。8 月份,OPEC 认为,2005 年和 2006 年 OPEC 年平均油价预计保持在 40 美元/桶左右的可能性较大;9 月份,国际货币基金组织认为,2005 年国际石油期货市场价格年平均水平将保持在 63 美元/桶左右,2006 年将略有回落,但也将达到 61 美元/桶这一高水平。

三、采取有效措施化解国际市场石油价格上涨对我国经济的影响

从目前看,国际石油市场价格上涨,对我国经济发展必定造成一定负面影响,但从总体上看,这种影响相对有限,且在可控范围之内。

国际石油市场价格上涨对我国经济的影响主要体现在三个方面:一是将减少我国的贸易盈余,进而影响经济增长。二是加大了我国通货膨胀的压力,从而在一定程度上增加了宏观调控的难度。三是导致有关行业生产成本上升,进而制约我国经济的发展。当前我国正处于重化工业和城镇化较快发展阶段,对石油的需求和依赖程度都在上升,石油价格的持续上涨造成的生产成本上升无疑将制约我国经济的发展,以致影响到我国经济的国际竞争力。

当然,国际石油市场价格上涨对我国经济的影响相对有限,不足以从根本上影响到我国实现宏观经济调控目标。这是由于:一是我国拥有充足的外汇储备。截止到今年 9 月底,我国外汇储备为 7690 亿美元,充足的外汇储备足以支付石油进口。二是我国国内石油市场开放度有限,尤其是成品油定价权掌握在政府手中,可以通过适当把握调价的幅度和节奏来减缓国际石油价格上涨对国内的影响。三是虽然我国作为世界第二大石油进口国,每年约有 1/3 左右的缺口依赖进口,但是我国每年有 1.8 亿吨左右的自产能力,石油价格上涨不会对我国经济产生很大冲击。亚洲开发银行通过研究分析认为:“如果石油价格持续上涨 10 美元,仅会降低中国经济增速 0.8 个百分点,中国经济仍将保持较快的增长速度。”四是石油价格上涨对我国价格水平的影响也不会很大。一方面,由于国内市场竞争激烈,企业难以将生产成本增加的影响转嫁到最终消费品价格上去;另一方面,成品油消费在居民消费中所占比重较小。因此不足以对消费者产生重大影响。我国有关部门通过研究后认为:“如果石油价格持续上涨 10 美元,则使我国消费者价格水平上涨 0.3 - 0.4 百分点。”

尽管如此,考虑到我国目前正处在经济较快发展时期,特别是重工业化和城市化不断推进,我国石油消费已占全球第二位,对石油的需求稳步增长,如果石油价格持续上涨,对我国经济持续稳定健康发展不利。因此,国家有关主管部门应尽快制定中长期战略与近期措施相结合的对策,

以化解石油价格上涨给我国经济发展带来的不利影响。

(一)研究和制定内外相结合、与我国未来经济发展和能源消费大国地位相适应的国家石油长远发展战略

从对内看,一是抓住适当时机建立和运作国家石油储备机制,主要用于预防石油供应出现短期危机、价格暴涨甚至供应中断的情况,以保证石油供应安全。我国还没有真正意义上的战略石油储备,目前仅仅是处于筹备阶段,即使建成,按计划我国石油储备在第一阶段也仅供21天的消费量;到2010年的第二阶段,储备35天的消费量。而美国、日本、德国和法国目前的石油储备量分别为相当158天、169天、117天、和96天的石油消费量。二是根据国家发改委最新的一项研究结果显示,我国国内石油需求增长主要是由实际GDP和汽车产量决定,其弹性系数分别达到0.34和0.31。因此,应尽快制定和实施循环经济发展战略,努力转变经济增长方式,建设资源节约型和环境友好型社会。三是妥善处理国内资源和国外资源的关系,既要充分开发和利用国内资源,又不能吃光耗尽,危及国家经济安全。我国目前煤炭和天然气资源丰富,如我国煤炭资源占常规能源资源探明总储量的85%,在我国目前一次能源消费量中,煤炭占66%,发挥着不可替代的作用。因此,应采取有效措施,鼓励洁净煤技术的研究、开发和利用,充分利用我国丰富的煤炭资源。此外,我国的天然气储量也很丰富,且该资源是清洁的,但是我国一次能源消费中天然气仅占2.7%,远低于世界24.3%的平均水平,有很广阔的发展空间。四是开发海洋石油,增加我国国内石油供应。

从对外看,一是进一步实施我国石油进口多源化战略,在世界能源地缘政治格局中择机而进,丰富我国石油供应途径。为了我国政治和经济利益的需要,继续同美国政治上敌对或保持距离及心存疑虑的产油国,如伊朗、利比亚、苏丹等国开展石油合作,以制衡美国等国家的影响。二是继续保持和深化与俄罗斯等国家在能源方面的合作,以抗衡美国目前的能源战略。三是作为联合国常任理事国,我国也应义不容辞地积极参与中东地区事务,利用我国的国际地位,发挥我国石油业的优势,以各种形式参与中东地区的重建等相关事务,分享权益。

(二)在短期措施方面

一是我国有关部门应继续发挥新闻媒体的作用,联合、主动、大力宣传我国已经或即将实施的能源节约措施和开展石油替代品战略。一方面降低国际上对我国能源消费增长以及进口量过快的预期;另一方面,也可以淡化我国经济增长对能源特别是对海外石油资源的依赖程度。最近,国际市场石油价格上涨有一定的“消息驱动型”影响,如有些国家或投机机构“放风”——国际市场石油价格上涨,中国是第一因素;国际市场石油价格可能会继续大幅上涨等。我国与其被动接受,不如主动出击。最近,我国有关官员表示:“中国不会用高价油作战略储备,而是用自己的石油向战略石油储备注油。”这个表态在短期内,在一定程度上打消了国际炒家对我国石油进口增加的预期,从而抑制国际市场石油价格进一步上涨。二是坚决控制能源和高能耗产品出口。要充分运用《对外贸易法》赋予的权利,在世贸组织规则允许的范围内,坚决控制能源和高能耗产品出口。在降低出口退税率或取消出口退税的基础上,适当调减高耗能产品的出口配额;对不实行配额管理的重要能源和高耗能产品,要通过加强行业自律等措施,对出口总量进行控制。与此同时,各项鼓励扩大出口的政策,都要向节能型产业、企业和产品倾斜。在推动加工贸易转型升级的过程中,严格控制高能耗产品的加工贸易。三是充分利用能源价格、税收调节等经济杠杆倡导和鼓励能源的节约。

（执笔:黄朗辉　刘冰）

2005年国际金融市场回顾与2006年展望

在世界经济稳定增长的有利条件下,2005年国际金融市场稳定发展,国际融资规模继续呈上升趋势,国际信贷市场稳步增长,国际债券市场加速发展,全球股票市场在波动中持续回升。但受国际石油价格上涨及主要资产价格变化的影响,国际金融市场存在着一定的波动性。展望2006年,预计随着世界经济的继续稳步增长,全球融资规模将会进一步增长,国际信贷市场以稳定为主,国际债券市场将平稳发展,国际股市在发行继续增长的同时价格仍将出现波动,中国金融市场与国际金融市场将进一步相互促进。

一、国际融资规模继续呈上升趋势

2005年国际金融市场融资规模继续呈上升趋势。从全球总规模看,国际股权融资和国际负债证券全面上升,国际银团贷款2004年由2003年下降转为上升,结束了连续三年萎缩下降的局面。2005年前两个季度,国际银团贷款同比增长分别为9.5%和37.7%;全球负债证券净发行额2004年比2003年上升12.1%,2005年一、二季度同比分别增长63%和14.7%;国际股权融资有所上升,2004年比2003年上升了79.3%,2005年一、二季度同比分别增长11.9%和27.5%;国际融资规模总体呈上升趋势,其中,发达国家国际股权融资、国际负债证券和国际银团贷款均有一定程度上升。但相比较而言,发展中国家国际融资、国际负债证券和国际银团贷款上升幅度更大。

十分活跃的全球资本融资活动表明:国际投资者对风险和收益的权衡偏向于风险规避,收益的增长是建立在低风险的基础上的。经济前景发展良好支持了股票和信贷市场在2005年5月中旬和8月中旬之间的反弹。由于公司盈利增长，股票市场增长强劲，尤其是在日本和欧洲创下了近几年的最高水平。信贷市场条件稳定，使公司利差从 2005 年 5 月份开始收窄。同时，虽然新兴市场在国际债券市场发行不断增长，其利差在 2005 年初也接近历史最低水平。

一系列突发事件并没有对金融市场产生影响，七月在伦敦的恐怖袭击并没有抑制投资者热情。巴西和菲律宾的政治不稳定因素只对新兴市场产生了短暂的影响，期待已久的人民币升值的影响很平稳，几乎对主要金融市场的价格没产生持续影响。然而，国际石油价格上涨的确减少了一部分股票市场和信贷市场的收益。

由于名义收益率水平仍然很低，投资者对风险资产的投资热情十分高涨。虽然强劲的经济增长迹象和美联储不断提息使长期收益率在 2005 年 6 月末和 8 月中有所增长，这在美元和日元市场上尤为明显，但长期收益率的变化并没有超出去年的波动范围。

国际投资者降低对投资风险评估以及机构投资者在进行投资组合决策时更少考虑风险等因素，共同推动了全球投资结构重组，促使国际银行借贷、股权融资和债券融资均有所上升。

预计随着世界经济继续保持快速的增长以及经济预期前景不断改善，2006 年全球融资规模将会进一步增长。但是风险和收益的权衡将是国际融资的决定性因素，如果世界经济保持现在的发展势头，种种不确定因素的影响逐渐减少，再加之美国经济的快速增长，世界金融发展环境十分有利，全球融资规模将会继续保持增长趋势。

二、国际信贷市场稳步增长

从最新的数据看，2005 年以来国际信贷市场增长迅速，主要表现是 2005 年一季度以欧元标价的银行间债权大幅增加。银行间债权激增；发达国家银行债权变化有升有降；新兴市场和发展中国家在国际信贷市场中的作用日益增强。

（一）银行间债权激增

国际清算银行成员银行的跨境债券增长迅速，尤其是在欧元市场银行间交易和对美国的非银行机构增长很快。2005 年一季度，国际清算银行成员银行的银行间债权增加了 10401 亿美元，是迄今增幅第二大的一

表 1　2002 –2005 年国际银团贷款

单位:10 亿美元

	2002 年	2003 年	2004 年	2003 年			2004 年				2005 年	
				2 季度	3 季度	4 季度	1 季度	2 季度	3 季度	4 季度	1 季度	2 季度
世界	1296.9	1241.4	1806.9	377.0	286.2	345.3	264.2	521.9	461.9	559.0	435.7	703.3
发达国家	1197.9	1130.7	1634.2	352.8	255.4	308.5	236.1	485.2	412.6	500.3	400.8	644.9
法国	64.0	65.7	150.6	21.0	11.3	13.0	17.8	29.7	70.4	32.7	49.8	64.5
德国	84.0	97.1	115.6	27.5	37.3	26.2	12.1	27.8	16.3	59.4	16.8	48.3
日本	19.5	18.2	27.5	1.9	8.1	3.3	10.3	4.0	9.5	3.8	5.1	4.0
英国	109.2	104.0	148.2	40.7	24.3	21.1	21.0	28.4	37.4	61.4	40.9	58.0
美国	737.2	608.9	898.7	188.7	120.0	166.5	136.5	324.4	211.9	225.9	188.3	328.7
发展中国家	70.5	87.4	128.7	17.9	25.2	29.8	22.2	28.7	35.3	42.5	29.9	45.0
非洲和中东	16.9	19.2	24.3	2.3	7.5	7.0	6.2	3.2	7.4	7.5	9.6	10.0
亚太	28.9	32.5	43.6	7.3	9.3	6.8	8.6	11.0	12.2	11.7	9.4	13.7
中国	4.9	7.7	5.9	1.2	2.3	0.2	1.9	0.9	1.7	1.4	1.0	1.8
东欧	13.4	21.9	34.6	4.4	6.6	9.0	4.1	9.1	8.0	13.5	3.7	11.0
拉美地区	11.3	13.8	26.1	3.9	1.8	7.0	3.0	5.3	7.7	9.8	7.1	10.2

资料来源:国际清算银行。

表 2　2002－2005 年国际负债证券发行

单位:10 亿美元

	未偿还余额				净发行量					
	2003 年 12 月	2004 年 12 月	2005 年 3 月	2005 年 6 月	2003 年	2004 年	2004 年 1 季度	2004 年 2 季度	2005 年 1 季度	2005 年 2 季度
世界	11729.5	13977.1	14116.7	14057.8	1439.0	1613.5	321.6	429.1	524.3	492.2
发达国家	10375.5	12458.1	12583.2	12530.0	1355.6	1491.7	292.2	397.9	484.6	463.3
法国	746.4	930.2	946.1	927.0	131.0	124.7	26.3	41.3	53.7	35.1
德国	1933.5	2317.2	2296.0	2249.0	232.2	233.3	66.9	37.6	73.3	84.6
日本	269.3	295.7	294.8	286.3	－1.1	17.0	0.8	－1.4	6.8	0.1
英国	1090.7	1403.4	1431.8	1448.7	216.0	239.3	55.2	64.8	64.5	75.5
美国	3069.4	3353.1	3393.1	3397.3	269.6	40.6	59.8	72.2	49.0	
发展中国家	713.7	803.2	822.4	824.2	44.4	74.8	12.8	22.5	29.0	15.3
非洲和中东	45.1	55.8	57.2	59.3	5.9	9.6	－0.1	2.1	2.2	3.0
亚太	180.2	215.4	222.6	230.6	20.2	33.7	6.3	11.3	8.4	9.4
中国	19.9	24.7	25.1	26.1	2.3	4.5	1.3	4.0	0.7	1.2
东欧	141.6	173.2	181.2	189.7	14.0	25.6	5.5	6.0	11.8	14.3
拉美地区	346.8	358.8	361.4	344.7	4.3	5.9	1.0	3.1	6.6	－11.4

资料来源:国际清算银行。

表3　2002－2005年国际股权融资

单位:10亿美元

	2002年	2003年	2004年	2003年			2004年				2005年	
				2季度	3季度	4季度	1季度	2季度	3季度	4季度	1季度	2季度
世界	102.9	121.9	218.6	26.9	25.8	57.4	58.1	46.6	43.3	70.6	65.5	59.4
发达国家	81.5	86.0	159.2	22.4	16.1	37.4	39.9	32.8	36.2	50.3	50.3	40.5
法国	11.4	17.1	25.8	4.6	3.8	2.6	2.0	2.6	15.1	6.1	6.4	6.0
德国	5.4	18.5	21.2	5.8	2.3	10.1	5.3	8.1	0.2	7.6	6.5	6.2
日本	2.5	6.4	8.0	0.9	0.6	3.5	2.2	1.3	2.4	2.0	3.0	0.2
英国	14.8	7.8	20.8	2.1	2.8	2.5	6.6	6.4	5.4	2.3	9.9	8.4
美国	1.2	2.5	1.9	–	0.5	1.9	0.4	0.8	0.1	0.6	1.4	1.7
发展中国家	16.4	27.4	47.1	2.2	6.8	17.0	14.9	11.5	6.1	14.7	12.4	17.4
非洲和中东	0.8	1.4	5.0	0.1	0.1	0.5	1.2	1.8	0.7	1.3	1.2	0.7
亚太	12.0	22.4	34.4	1.3	6.4	14.0	12.8	8.4	4.5	8.7	8.6	13.8
中国	5.4	8.9	18.1	0.5	0.4	7.5	7.1	5.5	0.5	4.9	2.2	8.0
东欧	1.6	2.4	5.4	0.7	0.1	1.6	0.8	0.4	0.2	3.9	2.1	2.1
拉美地区	2.0	1.2	2.4	0.1	0.2	0.9	–	0.9	0.7	0.8	0.5	0.9

资料来源:国际清算银行。

个季度。银行向非银行借款人提供的贷款也增长了4380亿美元,使得债权总量比上季度增加了83.8%,存量达到了19.8万亿美元。银行向非银行借款人提供的贷款出现大幅增长,主要是英国和离岸中心的资金大量流入,这两个地区自从2002年末,占了大约流向非银行金融机构资金的40%以上。这说明,离岸中心和其它金融中心的借款人,在这些地区非银行金融活动相对集中。

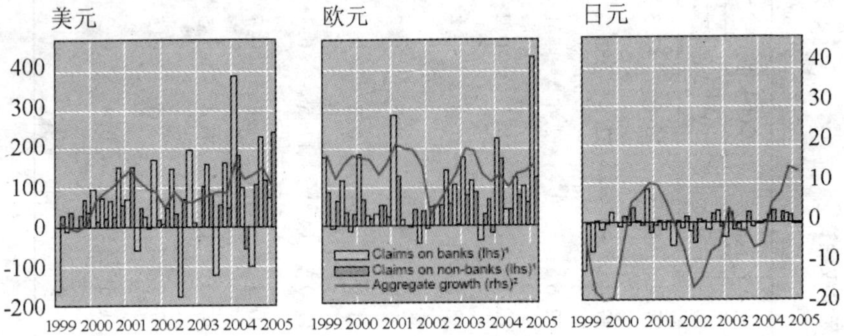

图1 跨境债权,按部门和币种分类

注:经汇率调整的未清偿金额的变化量,单位10亿美元。年增长率为t-3至t期间的经汇率调整的未清偿金额的变化除以t-4期间的未清偿金额,单位%。

(二)发达国家银行债权变化有升有降

1. 对美国银行债权由降转升

2004年对美国银行债权从2003年的1725亿美元减少为1646亿美元,下降了4.6%。但2005年一季度却大幅增长了2070亿美元,比2004全年下降的总额还多。这主要是因为随着对美国经济预期的看好,流入该地区的银行和非银行机构的资金大量增加。

2. 对欧洲银行的债权增加

欧洲银行业进一步推动了国际债务证券债权的增长。英国的银行增加了490亿美元的债务证券债权,主要是对美国和德国非银行部门的债权,这部分是英国的银行投资美国国债的结果;BIS合并数据显示,英国的银行对美国公共部门的国际债权在2004年第三季度增加了130亿美元,达230亿美元。2005年一季度,对欧洲银行的债权增加了1108亿美元。

3. 对日本银行债权有减少的趋势。从2000年一季度以来,国际债务证券债权增量最大的一直是日本的银行。虽然其银行间往来减少了160亿美元,借给美国和离岸中心借款人的贷款也大幅减少,但550亿美元的国际债务证券债权增量抵消了这种减少。BIS的合并银行业统计数据显示,日本银行对公共部门的风险敞口增加了360亿美元,主要是购买了由德国和美国发行的长期债务证券。这使得日本银行对公共部门的未清偿债权余额总额达到了4340亿美元,远高于其他任何国家的银行。但2005年一季度对日本银行的债权继续减少了328亿美元。

表4 国际清算银行成员银行的跨境债权

单位:10亿美元

	2003年	2004年	2004年				2005年	2005年3月末的存量
			1季度	2季度	3季度	4季度	1季度	
跨境债权总计	1076.7	2262.0	1228.8	240.0	227.2	565.9	1040.1	19792.6
持有的银行债权	530.6	1344.7	819.8	191.3	-5.4	339.1	602.1	12552.8
持有的非银行债权	546.1	917.3	409.0	48.8	232.6	226.8	438.0	7239.8
贷款:银行	453.4	911.0	607.5	130.1	-105.4	278.8	372.1	10605.1
非银行	277.9	439.3	271.9	-25.8	57.5	135.7	261.8	3740.7
债权总计,按币种分类								
美元	580.7	1113.1	618.8	61.5	9.6	423.1	267.0	8315.5
欧元	502.7	808.4	400.1	71.0	202.4	125.0	584.6	7884.8
日元	-127.2	96.3	-21.5	50.7	36.8	30.2	-29.8	1059.3
其他货币②	120.5	244.2	231.4	46.8	-21.6	-12.4	218.2	2533.1
按非银行借款人驻地分类								
发达国家	452.3	673.8	362.0	29.6	131.1	151.1	371.0	5628.4
欧元区	157.6	239.3	151.1	33.2	11.0	44.1	110.8	2476.3
日本	38.4	73.3	0.1	21.4	15.6	36.3	-32.8	230.3
美国	172.5	164.6	105.1	-25.1	38.9	45.7	207.0	1871.5
离岸中心	100.0	238.8	41.6	33.8	106.0	57.4	55.8	936.9
新兴市场	6.1	50.4	24.5	2.3	1.2	22.4	17.8	625.9
未分类③	-13.5	-40.7	-15.8	-14.3	-6.2	-4.3	-6.9	20.2
备忘:地方债权④	415.1	221.0	188.6	34.2	3.2	-5.0	231.2	2919.0

注:①未经季节调整;②包括未分类货币;③包括持有的国际组织的债权;④持有的国际清算银行成员银行所在国居民外币债权。

(三)新兴市场和发展中国家的作用日益增强

2005年一季度,新兴市场经济体在BIS成员银行的存款大幅增加,为6320亿美元,从而使得对该地区的债务存量达到了15105亿美元。而BIS成员银行对该地区的债权增加了7610亿美元,存量达到12569亿美元。其中对亚太地区的债权有所增加,一些国家的银行在亚太地区尤其是韩国、印度和台湾(中国)的存款是其出现资金净流出的原因。在新兴欧洲则资金为净流出,这主要归因于俄罗斯银行的海外新增存款连续上升。由于削减了对所有部门的信贷,拉丁美洲已连续一年出现了资金净流出。从存量看,新兴市场资金总体上仍然呈现净流出的态势。

表5　流入新兴市场的银行资金

单位:10亿美元

	银行头寸[①]	2003年	2004年	2004年				2005年	2005年3月末的存量
				1季度	2季度	3季度	4季度	1季度	
合计	债权	64.9	131.6	67.9	26.0	1.6	36.2	76.1	1256.9
	负债	72.3	201.1	107.2	20.8	49.7	23.3	63.2	1510.5
阿根廷	债权	-8.5	-6.3	-2.6	-1.1	-0.8	-0.7	-0.8	17.9
	负债	-0.8	-0.3	0.3	0.1	-0.3	-0.5	-0.3	24.3
巴西	债权	-7.2	-7.4	1.8	-4.0	-2.1	-3.1	4.5	81.6
	负债	14.4	-4.8	5.0	-3.6	-7.0	0.9	13.6	66.1
中国	债权	13.5	24.0	13.9	9.9	-3.1	3.2	10.0	101.5
	负债	-6.4	25.8	21.6	20.3	-2.6	-13.5	-3.4	114.6
捷克	债权	3.7	2.7	-1.7	0.8	0.4	3.1	0.7	24.0
	负债	-2.4	0.8	-2.6	2.5	-0.6	1.5	-0.8	10.3
印尼	债权	-4.6	0.4	0.3	-0.9	0.2	0.7	-0.7	30.2
	负债	0.2	-2.3	-0.2	-1.3	-0.1	-0.6	0.1	10.5
韩国	债权	-1.0	12.6	14.3	-8.6	0.8	6.1	8.8	98.9
	负债	7.3	13.8	21.7	-4.9	2.9	-5.9	-4.6	49.5
墨西哥	债权	-0.7	-0.8	7.5	-0.6	-6.7	-1.0	4.4	69.9
	负债	6.2	-4.7	4.0	-0.7	-6.4	-1.6	2.0	59.7
波兰	债权	3.3	5.9	2.4	2.0	1.5	-0.1	5.5	46.6
	负债	-0.1	11.3	3.0	3.9	-0.2	4.6	1.6	32.3
俄罗斯	债权	12.1	8.9	3.4	-0.3	-1.8	7.6	3.3	65.4
	负债	16.2	23.9	5.0	7.8	5.5	5.6	28.1	110.7

续表

	银行头寸[1]	2003 年	2004 年	2004 年				2005 年	2005 年3 月末的存量
				1 季度	2 季度	3 季度	4 季度	1 季度	
南非	债权	-1.2	0.4	0.1	0.5	-0.3	0.3	-0.2	19.3
	负债	9.5	6.8	4.1	1.9	0.7	0.1	0.5	40.0
泰国	债权	-1.6	0.2	-1.0	-0.4	1.7	1.0	2.6	23.1
	负债	5.7	2.4	-1.5	1.2	1.7	1.0	2.6	23.1
土耳其	债权	5.3	9.1	4.2	3.4	0.0	1.5	2.9	57.5
	负债	-0.4	6.9	2.9	0.9	1.1	2.0	-1.5	26.2
备忘	债权								
入盟国家[2]	债权	20.9	30.3	3.9	6.6	8.4	11.5	15.1	175.5
	负债	-0.4	17.4	3.2	4.8	0.0	9.4	0.7	84.3
OPEC 成员国	债权	-6.5	21.4	9.2	1.7	4.9	5.6	5.3	161.7
	负债	-14.9	34.5	16.4	-1.7	24.1	-4.2	8.6	298.2

注:①国际清算银行统计范围内的地区的银行的头寸,负债主要是存款。债权增加表明资金流入新兴市场,负债增加表明资金从新兴市场流出。②保加利亚、塞浦路斯、捷克、爱沙尼亚、匈牙利、拉脱维亚、立陶宛、马耳他、波兰、罗马尼亚、斯洛伐克和斯洛文尼亚。

1. 亚洲地区资金流入较快

国际清算银行成员银行的大部分存款来自于亚太地区的银行,2005年一季度,对这一地区的债权有所增加,只是中国和韩国就增加了近200亿美元。但从存量来看,这一地区仍然占国际清算银行存款的主要部分,但份额正在减少,这种现象和该地区的巨额贸易赤字不相符合,反映出该地区汇率体制缺乏灵活性,因而该地区的外汇储备增长较快。

2. 流向新兴欧洲借款人的信贷增加

流向新兴欧洲借款人的信贷增势强劲,使得该地区出现了25亿美元的资金净流入。对该地区的债权总额增加了90多亿美元,几乎都流向了新加入欧盟国家的借款人。但是,俄罗斯银行海外存款上升抵消了债权总量的增加。俄罗斯银行在BIS成员银行的存款的持续增加与俄罗斯货币当局的外汇储备积累密切相关。2004年第三季度,俄罗斯的外汇储备增加了69亿美元,达910亿美元。同时,俄罗斯银行在英国、美国和法国的银行存放了57亿美元,而且主要是美元。到2002年中,对俄罗斯银行的存款债务，美元占到了的 80% 以上。2004 年一季度这一比例已经逐渐降到了 64%，同时，欧元面值存款所占的比例却从 8% 上升到了 29%。2005 年一季度，俄罗斯银行在海外存款增加了 281 亿美元，总量达到 1107 亿美元，仅比中国的 1146 亿美元少 3.5%。

3. 拉美资金持续外流

2004 年以来，虽然对于该地区几个最大借款国的未清偿债权余额继续减少，但拉丁美洲出现资金净流出的主要原因是对墨西哥的债权有所减少。该地区债务的下降总体上表现为对巴西所有部门信贷的收缩以及对阿根廷借款人信贷的持续缩减。继墨西哥之后，对巴西的债权减少得最多。离岸中心的银行减少了与巴西银行之间的来往，而美国、英国和欧元区的银行也削减了给巴西非银行部门的信贷。2004 年 BIS 成员银行对巴西的债权总额减少了 74 亿美元，但 2005 年一季度增加 45 亿美元，由于巴西的银行将 136 亿美元海外存款，这一季度巴西还是出现了较大规模的资金净流出。对阿根廷的债权继续减少，由于对阿根廷贷款的不断减少，2005 年一季度债权减少 8 亿美元，使 BIS 成员银行对该国的债权余额为 179 亿美元。与此同时，BIS 成员银行对阿根廷的债务日益增加，表现为阿根廷非银行部门在美国、瑞士和欧元区银行存款的增加。

根据目前的形势分析，2006 年国际信贷市场将进一步增长，主要根据：一是世界经济将继续稳步增长，经济增速相对加快，所以融资需求强烈；二是国际信贷市场目前存在一个稳定的循环体系，不断增长是一个必然的发展趋势；三是全球利率仍然相对较低，对于国际信贷市场十分有利。

三、国际债券市场加速发展

自从 2003 年以来，国际债券市场发展良好。国际债券市场发行额保持快速增长的态势；各国债券发行不平衡；高收益债券发行强劲；债券收益率呈现下降趋势。

（一）国际债券市场整体发行速度较快

国际债券净发行额 2003 年开始回升，到目前为止仍保持同比上升的趋势。与 2004 年二季度相比，2005 年二季度国际债券市场新债发行量上升 39.4%。主要是因为国际金融市场状况良好。新债发行量超过了债务清偿额4735亿美元，虽低于一季度4925亿美元的水平，但高于去年二季度3396亿美元的水平。尽管美国以外的借款人增加了美元的使用量，但由于美国新债发行量明显减少，全球范围内的美元计价债务发行量有所下降。

表6 国际债券净发行量

单位：10亿美元

	2003年	2004年	2004年			2005年		2005年6月末的存量
			2季度	3季度	4季度	1季度	2季度	
净发行量总计	1363.7	1552.2	339.6	303.9	424.9	492.5	473.5	13392.2
浮动利率	384.2	637.3	16.3	129.7	193.9	99.9	236.8	3714.5
固定利率	958.6	921.1	170.6	176.8	235.4	397.1	242.1	9338.8
股益型	20.9	-6.2	7.7	-2.7	-4.4	-4.5	15.4	338.9
发达国家	1282.5	1432.6	311.3	276.6	397.1	459.3	444.8	11889.2
美国	258.9	218.5	4.2	34.8	64.1	64.4	45.7	3306.9
欧元区	733.4	780.8	205.1	139.8	220.4	282.1	289.4	5878.1
日本	11.6	17.4	10.0	1.9	0.4	4.9	-0.6	270.0
离岸中心	16.5	21.4	4.4	8.5	8.9	2.6	8.0	161.2
新兴市场	42.3	75.3	15.1	13.0	21.6	28.7	15.2	816.8
金融机构	1105.1	1302.5	275.0	277.0	365.5	392.2	419.7	9930.3
私人	907.4	1087.2	234.7	220.3	316.8	317.4	349.5	8379.6
公共	197.7	215.2	40.3	56.7	48.7	74.8	70.2	1550.7
企业	108.5	75.7	11.5	12.3	42.9	13.9	10.8	1504.2
私人	90.1	55.9	5.9	12.6	34.8	21.9	3.4	1271.1
公共	18.4	19.B	5.7	10.3	8.1	-8.1	7.4	233.1
政府	127.6	151.2	44.3	8.8	19.2	84.5	37.4	1432.7
国际组织	22.5	22.9	8.8	5.8	12.7	2.0	5.5	524.9

注：①不包括非居民发行人在国内市场发行的票据；②部分2004年二季度数据为估计值。

来源：Dealogic、Euroclear、ISMA、托马斯金融证据数据、各国政府、国际清算银行。

表 7　国际债券和票据发行总量

单位：10 亿美元

	2003 年	2004 年	2004 年			2005 年	
			2 季度	3 季度	4 季度	1 季度	2 季度
宣布发行量总计	2885.2	3300.7	768.7	726.1	822.8	1074.9	975.7
债券发行量	1610.8	1786.5	402.5	378.2	435.4	593.9	532.1
票据发行量	1274.4	1514.3	366.3	347.9	387.4	480.9	443.6
浮动利率	962.6	1257.3	306.4	285.2	328.2	336.9	410.8
固定利率	1834.5	1986.1	444.0	430.3	483.3	723.5	558.2
权益型 1	88.1	57.4	18.3	10.5	11.2	14.5	6.6
美元	1171.8	1154.4	257.3	255.5	284.4	313.6	299.1
欧元	1287.8	1597.8	379.0	350.2	389.8	570.1	530.4
日元	102.7	111.4	33.8	22.4	25.9	30.5	27.0
其他货币	322.9	437.1	98.7	98.0	122.6	160.8	119.2
发达国家	2620.5	3010.3	694.7	655.8	752.6	952.0	883.9
美国	739.9	771.9	167.8	169.7	184.7	215.2	176.5
欧元区	1302.5	1469.8	358.2	306.1	363.1	531.2	505.6
日本	48.3	62.0	19.8	12.1	9.9	13.9	14.9
离岸中心	32.0	41.3	7.0	13.9	13.5	11.7	12.7
新兴市场	140.2	152.0	36.7	35.0	34.9	82.9	50.2
金融机构	2282.0	2687.2	603.4	606.5	688.8	840.0	810.5
私人	1913.3	2276.5	515.4	500.4	592.8	696.7	674.1
公共	368.7	410.7	88.0	106.1	96.0	143.3	136.4
企业	268.2	271.3	72.1	62.3	75.0	58.3	55.5
私人	217.8	231.4	60.6	57.0	60.9	54.9	42.0
公共	50.4	39.9	11.5	5.3	14.0	3.4	13.5
政府	242.6	245.2	62.9	35.9	37.3	148.3	80.7
国际组织	92.5	97.1	30.3	21.3	21.8	28.3	28.9
实际发行量	2866.3	3304.3	796.4	708.9	864.7	1014.3	998.0
注：已清偿额	1502.6	1752.1	456.8	405.0	439.8	521.7	524.5

注：①以股权为抵押的债券和可转换债券。

来源：Dealogic、Euroclear、ISMA、托马斯金融证据数据、国际清算银行。

(二)各国债券发行不平衡

1. 美国债券发行量下降

美国在国际市场上的债务净发行量从2005年一季度的644亿美元下降到二季度的457亿美元,主要是因为二季度总发行量下降,到期债务还款额大幅增加。美国债券发行速度已经放慢,总发行量从一季度的2152亿美元下降到二季度的1762亿美元。美国债务发行量下降主要是因为金融机构债务发行量减少,金融机构在国际市场上的债务总发行量从一季度的8400亿美元下降到二季度的8105亿美元。

2. 日本发行量先增后降

日本在国际市场上的债务净发行量从2005年一季度的490亿美元下降到二季度的减少6亿美元,主要是因为虽然二季度总发行量有所增长,到期债务还款额大幅增加,超过了总发行量。日本债券发行速度略微加快,总发行量从一季度的139亿美元下降到二季度的149亿美元。日本债务发行量增长幅度不大,主要是虽然日本企业发行了较多的债券,但因为金融机构债券净发行量减少,所以总体净发行量下降。

3. 欧元区债券发行强劲增长

欧元区在国际市场上的债务净发行量从2005年一季度的2821亿美元增加到二季度的2894亿美元,主要是因为二季度总发行量有所增长,大幅超过债务还款额。欧元区债券发行速度加快,虽然总发行量从一季度的5312亿美元下降到二季度的5056亿美元,但比2004年4季度的3631亿美元增长了近39%。欧元区债务发行量增长大幅度增长,主要是欧元区企业和金融机构发行了较多的债权,尤其是政府债券发行量大幅上升,带动总体净发行量上升。

(三)高收益债券发行强劲

2005年以来,由于全球投资者继续在寻求高收益,加上高收益债券的利差进一步缩小,发达经济体中利率较低的实体在国际市场上的借款仍然十分活跃。尽管发达国家高收益率债券的发行量已从前一季度的130亿美元降到了126亿美元,但借款水平仍有所提高。事实上,从2004全年来看,总发行量达443亿美元,远高于1999年以来的年发行总量。高收益率债券总发行量的温和下降,掩盖了不同经济体之间的一些明显差异。例如,欧元区高收益债务的利差一直在收缩表明:发行量的陡降是由于在欧元区经济持续不景气的情况下，投机企业融资需求不足。同样，日本企业债券发行总量的减少也似乎表明借款人需求疲弱。

（四）债券收益率呈现下降的趋势

在基准利率上升的情况下，导致长期利率走势受到约束。首先，虽然市场对2005年的增长预期略微上升，但宏观经济数据还是打压了预期，导致收益率下降。在价格方面，所有的核心消费者价格通胀率均在可接受的范围之内，而且不断上涨的油价并未明显超出长期通货膨胀的预期。其次，货币紧缩走势及其影响的不确定性降低了。美联储依然认为这段时期内价格和经济增长之间的风险是平衡，并声明紧缩节奏将是“循序渐进”的。美国政府债券期货的隐含波动性很低，接近20世纪90年代中期的水平，而中短期收益率估计值的风险升水却出现了显著下降。尽管如此，但即使不考虑宏观经济形势和历史因素，美国的长期收益率水平也可能异常地低。

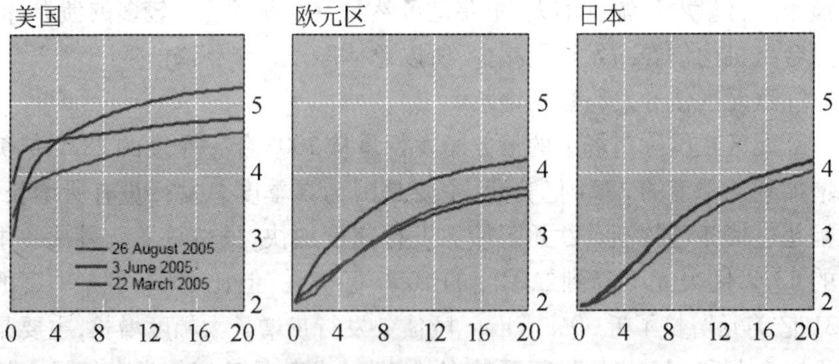

图2 互换收益曲线（%）

注：3、6和12个月美元和日元到期LIBOR；3和6个月到期欧元存款利率。

来源：彭博（Bloomberg）。

伴随着世界经济稳步增长，预计2006全年国际债券市场发行将继续增长，各国债券发行不平衡的情况将取决于各国经济发展速度的差异，发达国家的高收益债券将保持强劲的发行势头。从目前来看，随着国际资金流动从债券市场转移，债券收益率将会有所提高。

四、全球股票市场在波动中持续回升

2004年国际股票发行增长了79.3%左右，2005年一、二季度继续保持增长的态势,同比分别增长 12.7% 和 27.5%,同时全球股票价格大幅度上升。在经历了 2000 年剧烈动荡之后,全球股票市场 2001 年出现全面大幅度下跌,跌势持续到 2003 年初,以全球的股本损失总额表示,全球投资者从 2000 年至 2003 年初在股票市场上的损失达 13 万亿美元,但从 2003 年初到目前为止,全球股市价格持续回升。

(一)国际股票发行保持增长

在经历了连续 3 年急剧下滑后,国际股票发行市场在 2003 呈现上升的态势,为 1219 亿美元。2004 年上升速度继续加快,为 2186 亿美元。2005 年前两个季度,发行额分别为 655 亿美元和 594 亿美元。

发达国家国际股票发行在 2004 年波动变化,四个季度的发行额分别为 399 亿美元、328 亿美元、362 亿美元和 503 亿美元。但受主要经济体股票市场反弹影响,美国、日本、德国、法国和英国的国际股票发行都表现出加快势头。发达国家在 2005 年一、二季度分别为 503 亿美元和 405 亿美元。

发展中国家国际股票发行在 2004 年持续增长,四个季度的发行额分别为 149 亿美元、115 亿美元、61 亿美元和 147 亿美元。虽然 2005 年前两个季度有所减少,但仍保持在 100 亿美元以上,分别为 124 亿美元和 174 亿美元,其中,亚洲和太平洋地区的国际股票发行占据了绝大部分份额,2004 年四个季度的发行额分别为 128 亿美元、84 亿美元、45 亿美元和 87 亿美元,2005 年前两个季度分别为 86 亿美元和 138 亿美元。

离岸金融中心国际股票发行在 2004 年保持了增长势头,四个季度发行额分别为 33 亿美元、24 亿美元、10 亿美元和 56 亿美元,2005 年前两个季度分别为 27 亿美元和 14 亿美元。离岸金融中心国际股票发行的增长再次表明,在金融全球化背景下,具有低税率、宽松的金融监管、为金融交易保密等特性的离岸金融中心,仍然有相当大的吸引力。

(二)国际股市价格在波动中持续回升

在过去的一年时间里,美国股市呈现波动性增长的态势,2005 年 5 月份美国股市增长有所回落,但目前又重新出现上升的势头。道琼斯工业指数 2005 年 4 月份为年内最低谷,最低指数为 10070.37,2005 年 11 月份为最高指数 10940.55;纳斯达克股票指数 2005 年 4 月份为年内最低谷,最低指数为 1904.18,2005 年 11 月份为最高指数 2253.56;标准普尔

500 指数 2005 年 4 月份为年内最低谷，最低指数为 1143.22，目前为 2005 年为最高指数 1261.23。

欧洲股市与美国股市的相关性比较大。在过去的一年时间里，欧洲股市同样也呈现波动性增长的态势，2005 年 5 月份欧洲股市较为低迷，但目前又重新出现上升的势头。CAC40 指数 2005 年 1 月份为年内最低谷，最低指数为 3812.45，目前为最高指数 4589.99；金融时报指数 2005 年 1 月份为年内最低谷，最低指数为 4799.21，目前为最高指数 5593.22；道琼斯欧元区指数 2005 年 1 月份为年内最低谷，最低指数为 2924.01，2005 年 10 月份为最高指数 3464.23。

在过去的一年时间里，日本股市同样波动幅度较小，总体呈现增长态势，2005 年 5 月份日本股市有所回落，但目前又略有回升。日经 225 股票指数 2005 年 5 月份为年内最低谷，最低指数为 10825.39，2005 年 11 月份为最高指数 14708.2；东京证券交易所的东证指数 2005 年 5 月份为年内最低谷，最低指数为 1109.19，2005 年 11 月为最高指数 1531.65。

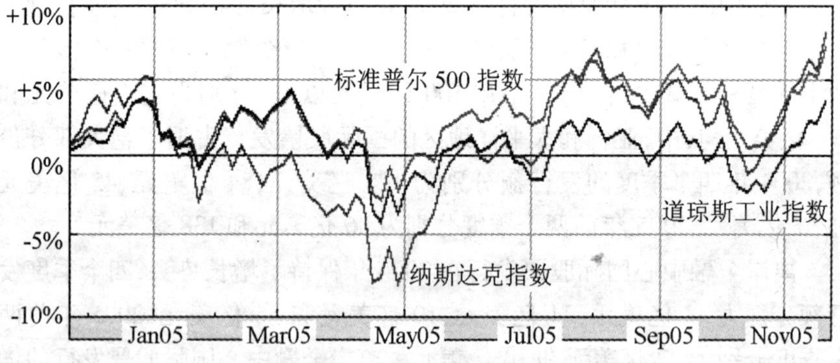

图 3　美国股票走势

来源：www.yahoo.com。

（三）全球股市价格由降转升的原因

世界经济增长加速是股市价格由降转升的主要动力，企业利润增加是另一个重要因素，同时石油价格暂时回落也对股市产生了一定的推动作用，国际证券资本流入的增加对股市价格也产生了积极的正面影响。

1. 世界经济增长加速是股市价格由降转升的主要动力

2005 年以来，世界经济呈现全面快速增长的运行态势，全年经济增

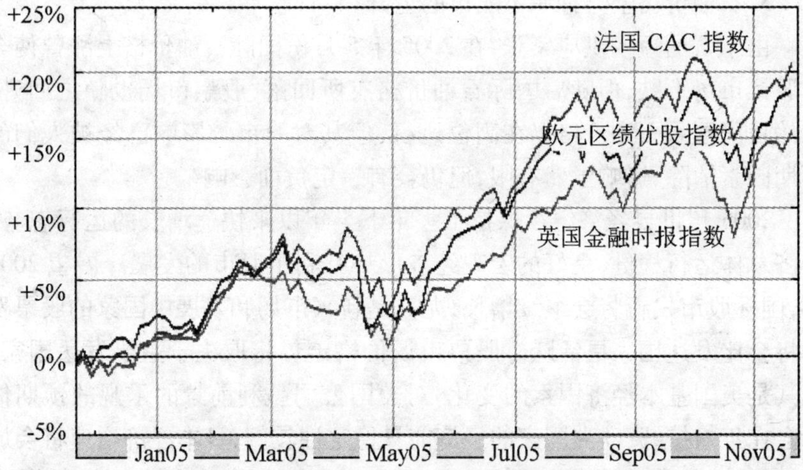

图4　欧洲市场股票指数走势

来源:www. yahoo. com。

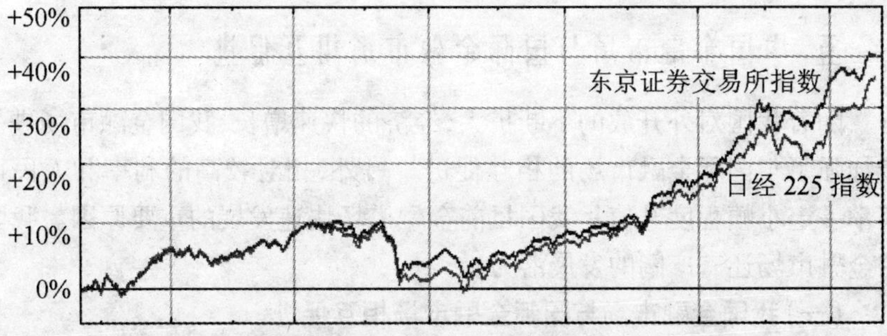

图5　日经股票指数走势

来源:www. yahoo. com。

速虽比上年略低,但高于预期。世界贸易在不平衡中加快增长,外国直接投资出现恢复性增长,通货膨胀压力有所缓解,这些有利的宏观经济形势有助于全球股市价格上升。

2. 企业利润增加是直接因素

股票市场对企业收入增加的利好消息有所反应,标准普尔 500 企业中近 60% 的企业 2005 年二季度的利润好于分析人士的预期,高于去年同期 68% 的水平,企业利润增长是股市价格上升的直接因素。

3. 石油价格上升抑制了股市的上升

由于石油短期供应紧张,在 2005 年 5 月份国际石油价格上涨曾使全球股票市场下跌,但随后国际石油价格有所回落,股票市场也随之回升,虽然目前国际石油价格仍在高位运行,但其对股市的影响已经被人们的预期因素消除,影响虽然有限,但仍会有一定负面影响。

2005 年世界经济继续保持了去年下半年以来快速增长的运行态势,经济总体运行稳健,良好的宏观经济形势有利于股市的发展。展望 2006 年,国际股市发行将会继续增长,尤其是新兴市场和发展中国家的股票发行将会比发达国家更活跃。股票市场价格走势将取决于主要发达国家,尤其是美国基本经济因素的变化,对美国公司赢利前景的乐观的预期估计会在年内持续,欧洲国家的经济前景稳定性较好,日本经济增速将会加快,这些因素将推动股市走高。但从另一方面看,目前全球股市的价格/收益比率高于 1961 - 1995 年的平均值,这意味着股票价格还有下降的空间,所以虽然股市将会保持上升走势,但上升幅度有限。

五、中国金融市场与国际金融市场相互促进

随着我国对外开放的不断扩大,经济的快速增长,我国金融市场进一步加强了与国际金融市场的相互促进。另外,相对较高的利率和人民币汇率一定小幅程度升值是我国目前金融市场快速发展的重要原因。我国的金融市场还有广阔的发展潜力。

(一)我国金融市场与国际金融市场相互促进

虽然国际金融市场发展呈现起伏不定的态势,但我国在国际金融市场上的融资规模不断扩大。2005 年中国国际融资规模总体呈上升趋势,从国际信贷市场来看,中国获得的国际银团贷款总体保持增长,但增速有所下降。2005 年一、二季度分别为 10 亿美元和 18 亿美元,比去年同期分别下降了 47.4% 和上升了一倍,但总体保持平衡;从国际债券市场看,由于国际负债证券扩张,2005 前两个季度中国国际负债证券发行净值有所增长,发行额超过清偿额分别为 7 亿美元和 12 亿美元,而上年一季度发行额超过清偿额 10 亿美元,二季度为净发行 40 亿美元;从国际股票市场看,中国的国际股权融资目前发展较快,2005 年一、二季度分别为 22 亿美元和 80 亿美元,虽比去年同期有所下降,但总体仍然增长较快。

(二)利率和汇率是目前影响我国金融市场发展的主要因素

受汇率和利率这两个价格信号的市场力量影响,大量国际资金流入我国金融市场,使我国金融市场资金供给充足。

人民币存贷款利率高于美元使资金流入。虽然美联储2005年11月2日上调后的联邦基金利率为4.0%,我国目前贷款利率由5.31%上调为5.58%,仍然高于美元,吸引资金流入的利率因素依然存在。另外,2005年7月人民币兑美元升值2%,市场主体开始增持人民币资产和外币负债,减持外币资产和人民币负债,结汇积极性普遍提高,而持汇和购汇的积极性大大减弱,尤其是亚洲国家对人民币的需求上升,这有利于加强人民币的国际地位。

(三)我国金融市场的发展前景广阔

从广义的角度看,中国在利用国际资本方面还包括国际直接投资,并且国际直接投资数额远远超过了国际证券融资和国际银团贷款的总和,是我国利用国际资本的主要形式,2005年前10个月,我国实际使用外资金额484.11亿美元,同比下降2.12%,下降幅度不大。预计今年外商直接投资总额将与上年持平,所以我国在发展国际金融市场融资方面还有很大的潜力。

(执笔:马岩)

国际组织报告篇

世界经济持续增长 储蓄与投资失衡

——国际货币基金组织《世界经济展望》2005年秋季报告摘编

国际货币基金组织(IMF)于2005年9月21日发表了2005年秋季《世界经济展望》(World Economic Outlook)报告。报告指出,全球经济正在消化能源价格上涨带来的影响,但经济增长速度并未大幅放缓,原因是来自美国和中国的强劲需求以及日本经济复苏抵消了欧洲经济再度出现疲弱的影响。

一、经济前景及政策

IMF在本期报告中将春季报告时做出的2006年全球经济增长4.4%的预期仅仅下调了0.1个百分点,即2005和2006年的全球经济增长速度平均为4.3%。

报告预计,全球经济增长将在2006年初小幅放缓后,随着有利的宏观经济政策及金融市场环境,特别是偏低的长期利率水平等日益抵消较高油价造成的负面影响,经济将温和复苏。尽管过去两年中的油价涨幅达到两位数,但无论在工业国还是发展中国家,通货膨胀率依然得到了很好的控制。世界主要国家2003－2006年经济增长率见表1。

(一)美国和加拿大:经济增长强劲,房地产市场风险加大

在美国,由于收入增长强劲,劳动力市场、金融市场稳步提高以及房地产价格上涨,2005年上半年GDP保持强劲增长。报告对美国2006年GDP的增长预期下调了0.3个百分点,降至3.3%,对2005年的GDP增长预期则为3.5%。虽然受卡特里娜(Katrina)飓风影响的地区是一个重要的能源生产中心,但其产值仅占美国GDP的1%,使其造成的损失有可能将被未来的重建工作弥补。能源价格高企使美国经济增长有所减缓,但仍是七大工业国(G7)中增长最强劲的国家。

表1　世界主要国家2003—2006年经济增长率

	2003	2004	2005预测	2006预测	与春季报告相比	
					2005	2006
全球产出(增长率%)	4.0	5.1	4.3	4.3	–	-0.1
发达经济体	1.9	3.3	2.5	2.7	-0.1	-0.3
美国	2.7	4.2	3.5	3.3	-0.2	-0.3
欧元区	0.7	2.0	1.2	1.8	-0.4	-0.5
德国	-0.2	1.6	0.8	1.2	–	-0.7
法国	0.9	2.0	1.5	1.8	-0.5	-0.4
意大利	0.3	1.2	–	1.4	-1.2	-0.6
西班牙	2.9	3.1	3.2	3.0	0.5	0.1
日本	1.4	2.7	2.0	2.0	1.2	–
英国	2.5	3.2	1.9	2.2	-0.7	-0.4
加拿大	2.0	2.9	2.9	3.2	0.1	0.2
其他发达经济体	2.5	4.4	3.2	3.9	-0.2	–
新兴亚洲经济体	3.1	5.6	4.0	4.7	–	-0.1
其他新兴市场经济和发展中国家	6.5	7.3	6.4	6.1	0.1	0.1
非洲	4.6	5.3	4.5	5.9	-0.4	0.5
撒哈拉以南非洲	4.1	5.4	4.8	5.9	-0.4	0.4
中东欧	4.6	6.5	4.3	4.6	-0.2	0.1
独联体	7.9	8.4	6.0	5.7	-0.5	-0.2
俄罗斯	7.3	7.2	5.5	5.3	-0.5	-0.3
俄罗斯以外(独联体)国家	9.2	11.0	7.1	6.8	-0.6	0.2
亚洲发展中国家	8.1	8.2	7.8	7.2	0.3	–
中国	9.5	9.5	9.0	8.2	0.5	0.2
印度	7.4	7.3	7.1	6.3	0.5	-0.1
东盟四国	5.4	5.8	4.9	5.4	-0.5	-0.4
中东	6.5	5.5	5.4	5.0	0.3	0.1
西半球国家	2.2	5.6	4.1	3.8	–	0.1
巴西	0.5	4.9	3.3	3.5	-0.4	–
墨西哥	1.4	4.4	3.0	3.5	-0.8	0.3

从20世纪90年代起美国房地产价格一直急速上升，约有18个州（超过美国GDP的40%）正经历房价的升高。房价升高导致住房抵押贷款比例从2000年约占GDP的3%上升到2005年的接近8%。

在加拿大，就业充分、收入提高及房价增长，使得消费强劲，推动加拿大经济反弹，预计2006年将实现3.2%的经济增长。消费者价格压力保持平稳；核心通货膨胀率保持在2%以下。但随着劳动力市场条件趋紧及单位劳动力成本的增加，需要注意物价的变化。加拿大银行已经适当地取消了货币刺激政策。财政政策预计将保持稳定。

（二）西欧：继续为复苏而努力

在欧元区，发展再显踌躇。报告对德国、法国和意大利2005及2006年的经济增长预期均下调了大约0.5个百分点。只有西班牙的经济状况好于预期水平。近年来，对欧元区经济增长势头的持续高估，以及到目前为止企业尚未显示出将大量利润用于投资的迹象，凸现出欧元区经济将在更长一段时间内表现疲软的风险。值得注意的是，内部驱动力的匮乏使得欧元区极易受到外部因素的影响，如油价上涨、欧元再次大幅升值及全球利率出现反弹。

如果通货膨胀仍如预期般处于可控范围内，欧洲央行应考虑下调利率。总体而言，过度紧缩的货币政策显然比过度宽松的货币政策的风险更大。对近年来经济表现强劲的英国的2005年度经济增长率预期也下调了0.7个百分点，为1.9%。

（三）日本：反弹有力，但改革仍需持续

日本经济运行状况大大好于预期，其2005和2006年经济增长预计均为2.0%。国内消费、就业及商业投资都有所改善，近期经济指标表明，上半年显示出的增长势头将持续。经济前景面临的风险因素有：持续攀升的原油价格以及全球经常账户不平衡可能带来的日元再次升值的压力。

近年来在银行和公司部门中对存在问题的处理已取得巨大进步，但改革仍需继续。政府主张创造一套更有效、更富弹性的财政系统。财经政策专家委员会强调要进行体制性改革。日本央行有必要维持其非常灵活的货币政策。持续有利的财政政策将有助于扭转公共债务持续上扬的局面，缓解老龄化带来的预算压力。

表2 亚洲部分国家和地区主要经济指标

单位:%

	GDP 增长率				消费品价格增长率				经常项目余额增长率			
	2003	2004	2005	2006	2003	2004	2005	2006	2003	2004	2005	2006
亚洲新兴市场经济国家	7.5	7.9	7.3	6.9	2.4	4.0	3.9	4.4	4.3	4.1	3.7	3.4
中国	9.5	9.5	9.0	8.2	1.2	3.9	3.0	3.8	3.2	4.2	6.1	5.6
南亚	7.1	7.1	7.0	6.3	3.9	4.3	4.7	5.6	1.3	-0.2	-1.9	-2.1
印度	7.4	7.3	7.1	6.3	3.8	3.8	3.9	5.1	1.2	-0.1	-1.8	-2.0
巴基斯坦	5.7	7.1	7.4	6.5	2.9	7.4	9.9	9.8	3.4	0.2	-1.7	-2.3
孟加拉国	5.8	5.8	5.7	6.0	5.4	6.1	6.2	5.8	0.2	-0.4	-1.5	-1.8
东盟四国	5.4	5.8	4.9	5.4	4.1	4.5	6.4	5.1	5.5	4.4	2.2	2.4
印度尼西亚	4.9	5.1	5.8	5.8	6.8	6.1	8.2	6.5	3.4	1.2	-0.4	0.7
泰国	6.9	6.1	3.5	5.0	1.8	2.7	4.2	2.7	5.6	4.5	-2.5	-2.5
菲律宾	4.5	6.0	4.7	4.8	3.5	6.0	8.2	7.5	1.8	2.7	2.1	1.9
马来西亚	5.4	7.1	5.5	6.0	1.1	1.4	3.0	2.5	12.9	12.6	13.5	12.4
亚洲新兴经济体	3.1	5.6	4.0	4.7	1.5	2.4	2.2	2.3	7.4	7.2	5.5	5.0
韩国	3.1	4.6	3.8	5.0	3.5	3.6	2.8	2.9	2.0	4.1	2.0	1.5
中国台湾省	3.3	5.7	3.4	4.3	-0.3	1.6	2.0	1.8	10.2	6.1	4.3	4.6
中国香港	3.2	8.1	6.3	4.5	-2.6	-0.4	1.0	1.3	10.3	9.8	10.3	10.2
新加坡	1.4	8.4	3.9	4.5	0.5	1.7	0.7	1.7	29.2	26.1	25.7	22.7

（四）亚洲新兴国家和太平洋地区：需要平衡的、由出口和国内需求带动的经济增长

出口增加和国内需求上升，再加上宏观经济政策和有利的金融市场条件的支持，使包括亚洲发展中国家、亚洲新兴工业经济体在内的亚洲部分地区实际 GDP 在 2004 年增长了 7.9%，高于 2003 年的 7.5%。但从 2004 年中期始，地区内部差异变得更加明显：中、印经济保持强劲增长，其他经济体的增长减缓。

最近，随着信息技术产业形势的改善，上述地区的工业生产和贸易正在增长，今年的经济增长有望得到提高，地区国内生产总值增长速度估计在 7% 以上，明年也有望接近此水平。在有序地减少对外盈余的同时，获得适当平衡的、由出口和内需共同驱动的经济增长，是这个地区在较长时期内面临的主要挑战。亚洲部分国家主要经济指标见表 2。

（五）拉丁美洲：这将是更有弹性的发展吗？

在拉美，经济增长继 2004 年强烈反弹后变得持续平稳。虽然制造业出口有一些减弱，但强大的日用品和原材料出口，仍在继续支持增长。继 2004 年后半年通货膨胀有一些上升后，区域通货膨胀已总体稳定。未来，经济预计保持在稳定的增长速度，但由于外需以及国内需求的增长，2005 – 2006 年的增长速度会比 20 世纪 90 年代快。

虽然经济下滑的风险依然存在，但拉美现在的发展比以前更具弹性。对大多数国家来说，关键的政策性挑战是加强预算和保证公共债务的可持续性。

（六）欧洲新兴地区：存款快速增长

尽管扩张的步伐自去年中期有所减缓，欧洲新兴地区的经济增长仍然强劲。通货膨胀保持稳定，但预期存款会强劲增长，房价高涨，使得外部存在不平衡因素。

存款迅速增长也会带来经济的急速滑坡及财政危机，因此需要采取措施，降低由存款迅速增长带来的风险，一般应采取有效的财政政策来应对需求压力，降低经常帐户亏损，进而为采用欧元铺平道路。

（七）独联体：短期前景看好掩盖了中期的投资风险

在经历了 2003 – 2004 年的加速发展后，2005 年独联体的实际 GDP 增长有很大程度的减缓。2005 年经济增长预计保持在 6%，2006 年为

5.7%。消费需求仍是经济增长的主要驱动力，由于油价上涨，预计许多国家财政收入将减缓，区域经常帐户盈余预计将进一步增长到GDP的10.5%。通货膨胀率在2005年将达到12.6%，反映了消费、生产的快速增长及净汇率的持续增加。虽然短期前景看好，但中期却有较大的风险，尤其是独联体国家的投资支出平均为GDP的21%，比其他欧洲新兴国家的平均水平低5个百分点。

（八）非洲：如何使劳动力的增加带来利益的最大化？

预计今年非洲的经济增长速度将放慢至4.8%，2006年的经济增长预计达5.9%，将是20世纪70年代早期以来最强劲的增长。该地区的经济继续得益于全球需求的持续增长，改善的国内宏观经济政策使非洲各国实现了30年来最低的通货膨胀。

尽管如此，绝大多数非洲国家仍面临为持续消除贫困而必须实现较高经济增长的挑战。劳动力开始增加，并且将持续40－50年。在新增人口进入劳动力市场带来进一步增长的同时，国内储蓄增加，进而增加投资与产出。为在经济增长中获得更大收益，进行经济改革、改善投资环境和鼓励私人部门发展是十分必要的。

（九）中东：石油输出创造的繁荣

油价高涨使中东地区石油出口收益剧增，原油生产达到20年来最高峰，使石油输出国表现出强劲的经济增长态势（这些国家生产总值的95%是石油创造的）。外部经常帐户及财政收支平衡得到了极大改善。虽然国内需求巨大，但通货膨胀总体上有所降低。预计该地区2005年GDP增长将达到5.4%。继续谨慎的金融政策和已经接近最大容量的石油生产，使得预计经济增长速度在2006年放缓到5%。区域经常帐户盈余在2005年将进一步上升至GDP的21%，2006年将达到GDP的23.5%。石油年收入的增长将是长久的，所以对这些收入的控制将成为核心挑战。

二、全球性失衡：储蓄与投资预测

全球储蓄与投资下降及经常帐户不平衡已达到前所未有的水平。这一变化的主要催化剂是亚洲在20世纪90年代的储蓄增加及投资崩盘。那么，哪些因素促成了这些国家的储蓄与投资的变化？哪些政策可以帮

专栏

改善国际不平衡的政策

改善国际不平衡各国均应做出努力。

美国要考虑优先增加国民储蓄,相应的主要政策是财政巩固。财政调整的目标是假定政府预算(社会公债除外)将在2013年达到平衡,而且这一改革将确保财政可持续性。要达到这些目标,需要以下政策支持:一是全力推行现行美国管理目标的调整计划,包括对随意支出的严格控制。抑制赤字增加的财政规则的立法将有利于此目的的实现。二是提高税收收入,包括取消税收减免,增加能源税,实行联邦增值税或征收销售税。

亚洲新兴国家要优先加大汇率弹性,扩大国内需求,重视地区货币。中国应充分利用近期汇率改革带来的汇率弹性强的有利条件,这将有利于提高本地区其他国家的汇率弹性。在需求上,各国优先考虑的方面不同。在中国,投资已经很高,社会保障体系改革的加强将允许家庭降低防备性储蓄,但应进一步改善家庭信用渠道。在其他地区,出现的问题都与低投资相关,政府应集中精力改善投资环境,包括推进尚未完成的金融部门改革、降低市场准入、阐明劳动关系体制等。

西欧需要加速经济增长,扩大国内需求。许多地区已经在体制改革上取得了一定的成绩,但还需进行一系列的改革来增加就业、提高生产率及提高产品市场竞争力,进而降低价格涨幅,提高实际工资。这些政策包括:(1)提高产品市场竞争力。(2)提高劳动力市场弹性和竞争力,为此需要改革最低工资制(法国),增大工资弹性(意大利和德国),降低税收(意大利和德国),以及改善就业保障(所有国家)和社会安全(法国和德国)。

日本为了提高竞争力和推动经济增长要采取以下措施:第一,进一步改革劳动力市场的弹性和参与性,主要措施是阐明解雇工人的条件和采取切实措施以鼓励更多妇女进入劳动力市场。第二,提高产品市场竞争力。进一步放松对于被保护部门的管制,自由贸易委员会应进一步加大对反竞争行为的惩罚,鼓励私人进入保健和教育领域。第三,改革农业部门。减低进口限制和实行直接对农民支付,将有利于提高生产率和加速经济增长。第四,继续加强金融与公司部门改革,竭力推行政府的金融改革以及日本邮政体系的私有化。

石油出产国面临的挑战是在避免浪费性支出的同时,达到国内需求的有序增长。对此,各国措施不一,但应包含以下三要素:一是在社会回报高的地区应增加支出,这些支出应用于教育与保健、基础部门,以及增加私人部门就业和加强社保;二是利降低对增长的结构性制约,例如改善投资环境、降低贸易限制;三是逐渐提高真实利率,加强国内吸收能力。

助缩小现存的投资与储蓄之间的差距,以及全球之间的不平衡呢?

20 世纪 70 年代的石油价格冲击,使随后十年的全球投资与储蓄严重下降,直至 20 世纪 90 年代才趋于稳定。这一趋势主要发生在工业国家,新兴市场经济国家及石油生产国在这一时期的储蓄处于上升水平,而投资情况各不相同。外部经常账户不平衡(相对于本地国内生产总值)情况加剧,工业国与新兴市场国家之间的差距进一步加大。

近年来,新兴市场国家的发展状况难与经济理论的预测或国际资本流动的历史模型相一致。报告以相关储蓄和投资的理论为基础,使用 1972 - 2004 年间 46 个工业国、新兴市场国家和原油生产国的数据,运用分离的动态板模型对未来储蓄和投资进行了预测。

对于储蓄,预测方程与数据吻合得很好:(1)更高的产量增长推动储蓄;(2)财政增长与储蓄增加相关联;(3)私人部门信用度的增加与储蓄的减少相关联;(4)随着人口老龄化的发展,储蓄压力下降;(5)储蓄与贸易的增长成正比;(6)储蓄行为似乎不受利率水平的影响。

对于投资,通过预测得出的结论是:(1)更高的产量增长导致更高的投资比率;(2)信用可用性的增加与更高的投资相关联;(3)资本消耗的增加与低投资有关联。

通过上述预测可以认为,工业国 1997 - 2004 年间的储蓄下降主要是由于私人部门信用的增加与公共储蓄的减少。对于新兴市场国家,公共储蓄明显增长及更强大的产量增长成为最近储蓄增长的关键动力。

从 20 世纪 90 年代始,全球储蓄和投资显著减少的原因有很多,其中最重要的是美国公共储蓄的减少、日本和欧洲人口的变化以及由于亚洲金融危机的余波使对亚洲投资的减少(中国除外)。

三、建设新制度

发展中国家有 10 亿人口每天生活支出低于 1 美元,因此贫困问题仍是国际社会的重要议题。虽然在过去的二十多年中,一些地区在减轻贫困问题上取得了进步,但对大多数发展中国家来说,在 2015 年以前仍不能解决贫困问题。尤其是撒哈拉以南非洲国家面临着情况恶化的挑战,最近几年贫困问题有所加剧。

人们普遍认为,高而持续的经济增长率是社会进步的关键。2004 年

专栏

人口结构的变化对储蓄、投资以及经常帐户平衡造成的影响

世界正处在人口结构变化之中，出生率下降和人口寿命增长极大地改变了国际人口的年龄结构。但是各国间人口结构变化的时间与速度是极不对称的。发达国家的变化要比发展中国家早几十年，而且人口的年龄结构也有巨大的差异。目前的人口结构变化将对储蓄、投资以及经常帐户平衡造成不确定性的影响。

1. 人口结构的变化如何影响储蓄、投资以及经常帐户平衡？

人口结构的变化对于储蓄的影响是由于个人的消费在一生中是平滑的，而个人的收入—年龄曲线却呈倒U形。这一生命周期显示出在生命早期个人支出多于收入，年轻时储蓄很少，在工作生涯的中期和晚期却拥有很高的储蓄，在退休后储蓄下降甚至为负。由此可见，随着青少年人口减少、劳动力人口增加会增加家庭储蓄；而随着退休人口增加会造成储蓄的减少。在生命周期的最后阶段，人口结构的变化对于储蓄的影响是不确定的。基于宏观数据的研究一般都较好的支持生命周期的预测，但基于微观数据的研究则对老年人口动用储蓄金提出了质疑。这可能是因为生命周期的简单运用没有充分考虑老年人口留遗产的愿望、退休后的不确定性以及所需的经济支持。

对于投资，经验研究大都发现投资与人口中年轻人的比例成正相关关系。年轻人占较高比例的国家面临对于人力资本和劳动力发展的投资。随人口老龄化，劳动力增长缓慢，投资便随老龄人口的需求（如医疗）减少。

人口结构的变化对储蓄——投资平衡的净效应在人口结构变化的不同阶段是不同的。在初期，出生率下降和寿限变长使劳动人口比例增加，由此推动储蓄增长高于投资。此后，在人口结构变化的中期，可能会出现经常帐户盈余。在最后阶段，随着人口老龄化，储蓄——投资平衡的净效应变得模糊。

2. 人口变化与资本流动

根据联合国的预测，到2050年，发达国家的老年人口比率将达到50%，而同时发展中国家劳动力人口将急剧上升。那么，这一变化在未来将怎样影响资本流动呢？对发展中国家，经常帐户平衡将得到改善，因为越来越多的人口将经历工资提高时期。对于发达国家，日本和西欧的经常帐户盈余将会在未来50年内有所降低，

而美国的变化却不会太大。很难理清人口结构的变化将对储蓄、投资以及资本流动会造成的什么样的影响,这其中既有人口变动本身的不确定性,也有私人投资与储蓄对人口变动反应的不确定性。家庭将可能根据生命周期的预测作出反应,但储蓄、投资以及资本流动的综合体将受很多其他因素影响(各国政策的不同及商业周期的条件等)。

3. 劳动力流动将扮演何种角色?

大多数宏观模型都假定劳动力是不会跨国界流动的,这一假设会使模型高估资本流动在调整过程中的作用,因为劳动力从工作年龄人口急剧上升的国家流动到老年人口比例很高的国家将会对资本流动带来影响。

需要进行进一步的研究来阐明迁徙对于迁入国和迁出国的净利益。持续的人口迁入对迁入国公共储蓄的影响将是中性的,而对私人储蓄的影响将是积极的。

全球经济增长率达到最近三十年最高峰,非洲近十年的经济增长也很强劲,但大部分国家仍然难以达到千年发展目标的要求。现在最大的挑战在于如何提高国内制度建设的质量(如产权问题、低腐败和高效的政府)。

如果高增长主要依靠好的制度,关键问题就是怎样建立好的制度。对此,报告对目前国际社会讨论的一些主要问题进行归纳,并希望对这些问题做进一步讨论和研究。这些问题是:

(1)在过去的三十年中,制度是怎样变化的?

(2)促使制度变化的主要因素是什么?

(3)在有利于增强资本主义的制度中,外部的制度机制充当了什么角色?

报告对一些影响制度变化的因素进行了简单的理论讨论。对决定制度和制度变迁因素的经济分析主要考虑三个外部因素:外部稳定、援助和透明度。

理论与实践均证明,制度在两种环境下趋于繁荣:一是抑制寻租行为的经济环境;二是能对政治权利进行监督与平衡的环境。

四、通货膨胀是否成为新兴市场经济国家的政策目标

通货膨胀逐渐成为一种普遍的货币政策，目前有21个国家(8个发达工业国和13个新兴市场经济国家)以通货膨胀为目标，其他国家也在发展过程中考虑通货膨胀目标。

目前对发达工业国家通货膨胀的研究远多于新兴市场经济国家。报告以从20世纪90年代末采用通货膨胀目标的新兴市场经济国家的经验数据为依据，集中分析了以通货膨胀为目标的宏观经济形势和潜在的利益与成本。

通货膨胀是货币政策的主要操作目的之一，其目的是为了稳定物价。通货膨胀政策有两个明显特点：一是央行有必要承诺一个唯一的或一定范围的年通货膨胀率；二是通货膨胀目标一般为预期目标。

通货膨胀政策主要有以下优点：(1)帮助建立信用和快速稳定地预期通货膨胀率；(2)更具伸缩性；(3)在货币政策失败时具有比较低的经济成本；(4)不会抑制经济增长；(5)提供了很多随意性所以不能稳定预期。

通货膨胀政策也隐含了较高的汇率波动，而且通货膨胀政策在那些实行了银根紧缩的国家将不能有效。

实证研究一直集中在发达工业国家，认为通货膨胀目标与业绩的提升有联系但显著性不明显，而在新兴市场经济国家却比较明显(虽然样本数据不够充分)。在对13个新兴市场经济国家的研究中发现，实行通货膨胀目标的国家，其通货膨胀比较稳定，通货膨胀率有大的下降，国民生产总值波动较小，发生危机的几率比未实行通货膨胀政策的国家约低5%。

采用通货膨胀政策需要具有如下基本条件：(1)体制的独立性；(2)先进的技术设施；(3)市场经济体制(价格管制少、商品价格和汇率的灵敏性高)；(4)完善的金融体制(银行运行正常、资本市场发达)。通过对一些新兴的市场经济国家的问卷调查可以看出，这些国家大都不具备这些条件。

报告对通货膨胀产生的影响进行了初步估计，从政策执行的初步情况来看，表现很令人鼓舞：相对于未采用通货膨胀政策的国家，通货膨胀

政策与低通货膨胀率、低通货膨胀预期和通货膨胀的波动性是相关联的。

新兴市场经济国家执行通货膨胀政策没必要具有很稳固的制度、先进的技术、完善的经济结构,执行通货膨胀政策的可行性和成功性更依靠当局的承诺和计划以及驾驭体制变革的能力。报告建议:有兴趣执行通货膨胀政策的国家,可以专注于制度和技术目标,这也是央行在执行通货膨胀政策中和以后奋斗的目标,以便使潜在的利益最大化。

(执笔:石婷)

2005年发展中国家对外融资将面临挑战

——世界银行《2005年全球发展金融》报告摘编

世界银行4月6日发表了《2005年全球发展金融》报告。报告认为,在世界经济全面复苏的推动下,2004年发展中国家对外融资在2003年强劲增长的基础上,继续呈现快速增长的态势。展望2005年,发展中国家对外融资虽存在着很多的机遇,但因受世界主要国家宏观调控政策的调整,国际汇率的不稳定性,以及发展中国家的自身问题,发展中国家对外融资将面临着严峻的挑战。因此,发展中国家应继续充分利用好目前有利的机遇,通过各项改革,以保持或扩大对外融资的稳定增长。

一、2004年发展中国家对外融资继续保持强劲增长势头

2004年发展中国家对外融资继续保持2003年强劲的增长势头,高达3238亿美元(私人资本为3013亿美元,官方债务为225亿美元),同上年的2821亿美元相比,增长了14.8%;发展中国家对外融资占其GDP的4.5%,略高于2003年的4.3%。

表1 1996-2004年发展中国家对外融资总额

	1996年	1997年	1998年	1999年	2000年	2001年	2002年	2003年	2004年
总资本净流入	**3118**	**3228**	**2596**	**2391**	**2011**	**2052**	**2009**	**2821**	**3238**
私人资本净流入	2813	2846	1986	1966	1781	1503	1635	2504	3013
外国直接投资净流入	1286	1681	1715	1824	1662	1748	1540	1518	1655
官方债务净流入	305	382	611	424	230	549	374	317	225
官方贷款净额	38	129	344	139	-58	270	52	-116	-249

2004 年发展中国家对外融资有四个特点:一是外国直接投资和官方捐赠的增长是发展中国家对外融资继续保持快速增长主要动力。2004 年发展中国家吸引的外国直接投资扭转了连续两年下降的趋势,达到 1655 亿美元,比上年增加 137 亿美元,但仍低于 1999 年的 1824 亿美元的最高水平。二是外国直接投资集中度仍较高,但流入低收入国家的份额有所上升。全球外国直接投资仍主要集中在五个新兴经济体国家——中国、巴西、墨西哥、俄罗斯和印度(这 5 个国家吸引的外国直接投资占发展中国家吸引外国直接投资总额的 60%,新增加部分的 88%)。而流向低收入国家的比例有所增长,达到 11%,为 15 年以来的最高水平。在亚太地区,2004 年亚太地区吸引外国直接投资为 636 亿美元,主要集中在中国(560 亿美元①,占 88%,且高于前 5 年平均 87% 的水平)、马来西亚(28 亿美元)、越南(18 亿美元)和印尼(17 亿美元)。三是发展中国家对外融资出现一些结构性变化。自 2001 年以来,发展中国家吸收的官方援助从贷款向捐赠结构性转变,且呈现逐年上升的趋势。虽然还没有 2004 年发展中国家吸引捐款的准确统计数据,但世界银行估计,2004 年这个数据在 2003 年 690 亿美元的基础上,增长了 9%,约为 752 亿美元。四是作为出资主体,私人资本是发展中国家对外融资的主体。2004 年流向发展中国家的私人资本达 3013 亿美元,比上年增长 20.3%;流向发展中国家的官方资本达 225 亿美元,下降 29.0%。

2004 年发展中国家对外融资之所以继续保持较快增长的态势,是由发展中国家内外因素共同作用的结果。

从发展中国家外部看,主要有:一是世界经济全面复苏推动了发展中国家对外融资的增长。2004 年世界经济增速高达 3.8%,比上年加快 1.3 个百分点,是相当强劲的一年。全球的经济复苏得以加强,复苏的动力很大程度上来自于美国、亚洲(尤其是中国与印度)和俄罗斯;而且经济复苏的范围也有所扩大,拉丁美洲出现了回升,日本经济加快增长,同时欧洲也处于温和的复苏之中。二是世界贸易快速增长。2004 年世界贸易增长 10.3%,比上年加快 4.7 个百分点。三是世界初级品价格的急剧上涨。2004 年能源产品价格上涨 30.6%,非能源产品价格上涨

① 世界银行的初步估计数据,我国统计的该数据则为 606 亿美元。

17.5%,金融和矿产品价格上涨19.9%。初级产品价格的上涨活跃了国际资本流动。

从发展中国家内部看,一是与发达国家相比,发展中国家经济增速更为强劲。2004年发展中国家增长6.6%,创下了发展中国家30多年来最快的经济增速。二是发展中国家贸易顺差继续扩大。2004年发展中国家贸易顺差占GDP的比重为2.0%,高于2003年1.8%的水平,同时也高于1976-2000年平均1.5%的比重。三是外汇储备的增加。经常项目顺差日益扩大,与不断扩大的资本流入相结合,加速了发展中国家的外汇储备。2004年发展中国家外汇储备为6700亿美元,比上年增加了3780亿美元。在增加的部分中,主要集中在亚洲发展中国家,其中中国增加了2070亿美元,占增加部分的54.8%。发展中国家外汇储备的增加,增强了投资者对这些国家的投资信心,从而进一步促进了发展中国家对外融资的增长。四是发展中国家外债状况有明显的改善。随着发展中国家经常项目盈余、外汇储备和吸引外国直接投资的增多,世界银行估计,发展中国家的对外债务余额占GDP的比重由1999年的45%降为2004年的39%。五是发展中国家信用等级有明显改善。2004年有60个发展中国家具有正式信用评级,为20世纪90年代的4倍。

二、2005年发展中国家对外融资所面临的挑战

总体看,2005年发展中国家对外融资的外部环境和自身条件仍比较好。2005年世界经济增速虽有所放慢,但仍将保持较快的增长。世界银行预测,2005年世界经济增长将达3.1%,比上年回落0.7个百分点;世界贸易量增长将达7.7%,回落2.6个百分点。此外,发展中国家内部融资条件正进一步改善。

因此,2005年发展中国家继续保持或扩大对外融资是有机会的,也是有可能的。但对2005年发展中国家对外融资所面临的挑战也不可忽视。主要表现在:

从发展中国家外部看:一是世界经济将有所放慢。世界经济从2004年下半年起开始放慢,预计这个趋势将持续到2005年和2006年。世界经济的放缓,一方面将削弱发达国家的进口需求,进而影响发展中国家的贸易顺差;另一方面,世界经济放缓可能会削弱世界各国谋求贸易全球化

的意愿,而贸易自由化是2000年以来发展中国家经济状况的改善,对外融资扩大的主要动力。

表2 世界经济展望

单位:%

	2003年	2004年	2005年
世界经济增长	2.5	3.8	3.1
发达国家	1.9	3.1	2.4
发展中国家	5.3	6.6	5.7
世界贸易量增长	5.6	10.3	7.7
初级产品价格上涨			
石油	10.2	17.5	4.7
非石油	28.9	37.7	42.0

注:2004年为估计数据,2005年为预测数据。

二是发达国家在2000年和2001年经济衰退时期实施的积极的宏观调控政策正逐步淡出。2004年,由于发达国家财政赤字占GDP的比重接近4%,通货膨胀的压力可能会超过预期,以及石油价格维持在高位等原因,这些因素导致大多数国家已开始实施紧缩的货币政策,进而推动利率不断提高。2004年,美国、英国、澳大利亚、瑞士和新西兰等国家相继提高了利率。特别是美国,美国的联邦基金利率目前已调高至2.75%,世界银行预计今年美国的联邦基金利率将继续上调200个基点。这将在一定程度上影响国际资本向发展中国家的流动。

三是美元汇率的不稳定性。美国趋紧的财政政策和利率上升可能会阻止甚至是扭转美国不断扩大的经常项目赤字。而且,美国利率的上升可能将提高私人部门的投资者持有美元的意愿。虽然普遍认为以上两个因素会减缓美元贬值的趋势。但实际上,世界各国中央银行积累美元的速度正在降低,投资者对美元的偏好也在减弱,这些将加大美元的不稳定性。因此,美元汇率的波动,特别是同其他发达国家之间双边汇率的大幅波动,将会给希望扩大国际贸易的发展中国家的企业造成了调整的成本。

从发展中国家内部看:一是外汇储备过多也存在风险。近年来,美国经常项目赤字逐步扩大。2001－2004年,美国经常项目逆差占GDP的比重分别为3.8%、4.5%、4.8%和5.6%。与此同时,发展中国家经常项目顺差总体上却日益扩大,2001年至2004年,发展中国家经常项目顺差占GDP的比重分别为0.4%、1.3%、1.8%和2.0%。大多数发展中国家为抵御外部风险,同时也为了提高自身的信用度,将部分顺差用于增加外汇储备积累。但该报告认为,发展中国家外汇储备过多,也存在风险。第一,由于大多数发展中国家的外汇储备是美元资产,如果美元持续贬值,这不仅会造成这些发展中国家的资产损失,而且会加大这些发展中国家的政府和企业偿还外债的风险。第二,面对外汇储备的增加,发展中国家需要用本币来抵消增加的外汇储备,即外汇占款不断增加,这将在一定程度增加这些发展中国家实施宏观调控政策和货币政策的难度。

二是大多数发展中国家的外债没有减轻。2004年发展中国家的外债有所改善。发展中国家公共及私人外债占国民总收入的比重从1999年45%的峰值下降到目前的39%;外债占出口的比例由1975年135%的峰值下降到目前的105%。但实际上发展中国家总债务的下降主要是由少数发展中国家(占债务余额的30%左右)外债的改善所推动。而2/3的发展中国家的外债不仅没有改善,而且更加恶化。同上年相比,2004年阿根廷、巴西、印尼、菲律宾、波兰、俄罗斯、南非和土耳其的外债占国民总收入的比重平均增加了21个百分点。发展中国家外债情况差别加大,将导致向发展中国家的国际资本流动更加集中。

三、对发展中国家对外融资保持持续增长的政策建议

针对以上问题,世界银行认为,在发展中国家新增加外汇储备中,大部分用于购买美国国债,从这一点就可以看出发展中国家和发达国家的经济关系日益紧密。因此,要促进世界经济和贸易继续加快增长,国际资本向发展中国家的持续流动,发达国家和发展中国家必须携手行动,共同克服目前的各种风险和挑战。

对发达国家而言,一是美国应进一步紧缩其货币和财政政策,欧洲应放松货币政策(相对于美国),以保持发达国家经济的持续稳定增长,以及美元汇率的相对稳定性。

二是面对目前发展中国家吸收的官方援助从贷款向捐赠结构性变化,发达国家向发展中国家捐赠时,应履行发达国家在蒙特雷会议作出的

大量增加发达国家对发展中国家资金捐赠的承诺。而且,发达国家在克服自身财政压力的同时,不要将这些承诺附加政治和文化的条件。

三是发达国家应进一步向发展中国家开放市场,并通过更多的运用减轻风险的金融工具来刺激和培育私营部门的参与,这将会鼓励投资,进而加快国际资本流动。

对发展中国家而言,就是继续利用目前有利的金融形势,谋求必要的自身宏观经济和结构性调整,以提高其外部融资来源的长期稳定性。

一是发展中国家特别是亚洲一些发展中国家应有管理地进行本国货币的升值,这将在一定程度上缓解全球失衡,扩大对美元的需求,以及降低发展中国家的通货膨胀的压力并可能减少美元急剧贬值或利率快速提高的压力。

二是采取新的措施,加强宏观经济的稳定性和推进结构性改革。事实上,宏观经济的稳定和结构性的改革,是 2002 年以来国际资本流动的恢复和强劲增长的重要因素。

三是外汇储备较高的国家应该从国内宏观经济管理的角度,根据更容易受到外部环境变化的影响的情况,对外汇储备快速增加的可持续性及其成本进行重新评估。这些国家需要考虑如何处理其货币相对主要货币升值的问题,以及如何分担全球调整的负担等问题。

四是对于那些外债进一步增加的发展中国家,面对世界主要发达国家宏观政策的调整,其负债增加造成的脆弱性则显得更加突出。因此,这些发展中国家应尽量减少外债的继续增加,以避免过度借债而进一步加大风险。与此同时,应积极主动地采取措施来改善偿还外债的能力,如通过与债权国的协商,尽可能地延长还债期限,并提前偿还那些高成本的债务。

五是通过加强审慎的监管,提高银行资本充足率,发展国内债券市场以及消除过度干预外汇的激励机制等措施,进一步强化国内金融体系的稳健性和安全性。

六是对于主要依靠捐赠的低收入国家,应采取各种措施进一步改善本国的政治、经济和社会环境,以便吸引更多的捐赠资金。与此同时,确保这些资金的合理和有效的使用。

(执笔:刘冰)

标准与国际贸易：世界贸易的新焦点

——世界贸易组织《世界贸易报告(2005)》摘编

2005 年 6 月 30 日，世界贸易组织(WTO)发布了《2005 年世界贸易报告》，该报告回顾了 2004 年全球贸易发展情况，并对标准与贸易的关系进行了重点探讨。报告的副标题为《探讨标准、贸易与 WTO 的关系》。报告中关于标准与贸易关系的内容共 141 页，占报告正文篇幅的 42% 之多，凸现了标准在当今国际贸易中的作用。

报告首先对去年全球贸易发展情况作了回顾。2004 年全球货物出口额实际增长了 9%，达到 8.88 万亿美元；全球服务出口额名义增长速度为 16%，达到了 2.1 万亿美元。报告认为，2004 年商品和服务贸易的快速增长在很大程度上是去年惊人强劲的全球经济表现拉动的结果。

报告的第二部分对标准与贸易的关系进行了重点探讨，报告指出，标准在为消费者提供知情信息、保护环境以及使有关商品和服务兼容等方面发挥了重大作用，但是，技术标准也会被用作贸易保护的工具，为发展中国家的产品带来更高的运营成本。

一、国际贸易的最新趋势

(一)2004 年全球贸易和产出的扩张超过了长期的趋势

2004 年，全球经济增长率达到了 4%，是最近十年来最强劲的增长速度，为全球贸易的扩张提供了强有力的支持。2004 年全球货物出口额实际增长了 9%，其增长速度是当年全球 GDP 增长率的两倍多，是自 2000 年以来表现最好的一年。2004 年贸易增长的出色表现，显著提高了近十年贸易增长的平均水平(参见图 1)。

分地区来看，在 2004 年全球经济增长中，亚洲发展中国家和独联体

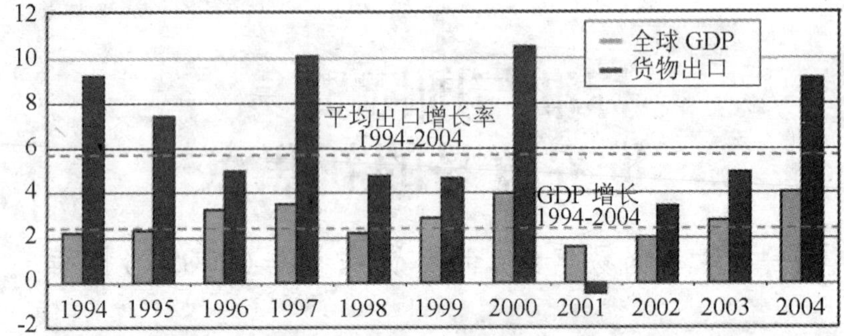

图1　世界货物贸易和 GDP 的增长率:1994－2004 年(年度增长率)

资料来源:WTO。

国家表现最为抢眼,分别达到了 7% 和 8% 的增长速度。南美洲国家的经济增长速度是在所有地区中进步最快的,达到了 6%,而且创造了该地区自 1986 年以来的最快增长速度。非洲与中东国家的经济增速与全球的平均水平持平,大约 4% 左右,但这也要快于这些国家在上个世纪 90 年代的平均增长速度。北美洲的增长速度达到了 4.3%,超过了其 20 年来 3% 的平均水平。欧洲和日本的经济增长虽然开始加快,分别达到了 2.3% 和 2.6%,但与其他地区相比,明显偏弱。特别是欧元区,去年的 GDP 增速只有 2%。

人均收入的增加与降低失业率和减少贫困之间并没有必然的联系,但是强劲的经济增长,改善了包括中北美洲、独联体地区和亚洲国家在内的很多地区就业形势。尽管欧元区的失业率仍然维持在高位,但是在其他主要发达国家,如美国、澳大利亚、加拿大、英国和日本等,失业率有了一定程度的下降。

外商直接投资(FDI)在经历了三年的大幅下降后,2004 年有了温和的增长,随着世界经济的复苏,商业信心也在得以加强。美国、亚洲发展中国家和一些拉美国家是此轮 FDI 温和增长的主要受益国家。虽然 FDI 在去年有了增长,达到了 6000 亿美元的水平,但是还不到 2000 年高峰时期的一半。全球 FDI 流动的一个新动向是,中国作为一个新兴的资本输出方,开始在许多发展中国家投资自然资源产业。2004 年 12 月,中国的联想集团成功收购了 IBM 的个人电脑业务,也暗示着中国的海外投资已经不仅仅局限于初级产品了。

价格和汇率的变动对于以美元为计价货币的全球贸易来说,产生了巨大的影响。2004 年,全球货物和服务出口额的名义增长速度分别达到了 21% 和 16%。价格变动的一个显著特点是燃料和金属原材料价格的大幅飙升,其年度平均价格分别上涨了 31% 和 36%。特别是国际原油价格,在 2004 年 11 月份达到了创纪录的 55 美元/桶。国际原油的年度平均价格也攀升到了 36 美元/桶,已经与上个世纪 80 年代石油危机时的价格持平。

(二)2004 年全球实际货物贸易的发展趋势

在全球六大地区中,亚洲地区 2004 年的货物出口实际增长率是最高的,达到了 14.5%。尤其是中国、韩国和新加坡,其增长率均超过了 20%。与 2003 年相比,2004 年亚洲地区的货物进口增长率略有提速,达到了 15%。虽然从整个亚洲地区来看,货物进出口增长的速度大体相当,但是地区内各个国家之间的增长情况却大不相同。日本和韩国的货物出口增长速度明显高于进口的增长,而其他亚洲国家,货物的实际进口增长速度快于出口的增长(参见图 2)。

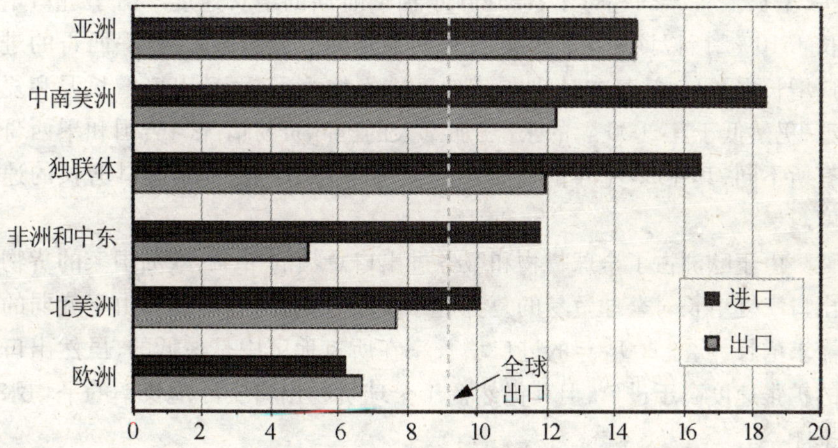

图 2　分地区货物贸易实际增长率:2004 年

资料来源:WTO。

受益于经济的复苏,南美地区的货物贸易实际增长率在 2004 年经历了强有力的反弹,其实际货物进口的增长率在所有地区中最高,然而中美洲和加勒比海国家对此高速增长却贡献甚微。去年,南美洲的货物进口实际增长率达到了 18.5%,是全球平均水平的两倍。巴西和智利的增长率超过了 20%,而阿根廷和委内瑞拉的增长率更是惊人,双双超过了 50%。受主要贸易体阿根廷和哥伦比亚出口增长恢复缓慢,以及委内瑞拉的海运业未完全复苏的影响,该地区货物出口的实际增长远远落后于进口扩张的速度。

2004 年,非洲地区的国际贸易扩张强劲,按实际价值计算,其货物出口和进口分别增长了 6% 和 11%。2004 年货物出口的实际增长率与 2003 年持平,但明显高于 2001 年和 2002 年的水平;对于进口而言,2004 年的增长率却远远高于前几年的平均水平。由于国际原油价格的高涨,非洲地区的货物出口名义增长率远远高于其实际增长率水平。

独联体地区,其货物出口和进口的实际增长率,在 2004 年仍然以高于世界平均水平的速度在稳定增长。受益于燃料和金属原材料价格的上涨,该地区出口创汇收入大幅度增加,使得其货物进口大幅攀升,其实际增长率已经连续四年高于世界的平均水平。

北美地区 2004 年的货物出口增长延续了自 2003 年以来的复苏势头,增长了 7.5%,超过了其 2000 年顶峰时期的增长速度。由于进口增长了 10%,所以该地区仍然表现为贸易逆差。分国家来看,墨西哥的进口增长强劲反弹,基本达到了该地区的平均水平,而且出口增长温和复苏,仍然低于其 2000 年的水准;加拿大的国际贸易情况与美国和墨西哥有所不同,其在 2004 年的货物出口实际增长率超过了其进口增长的速度。

由于欧洲占了全球货物和服务进出口总额的 46%,欧洲国家的货物出口恢复增长对全球贸易的复苏起了决定性的作用。然而,由于疲弱的需求增长,欧洲 2004 年的进口增长率在所有地区中是最低的,虽然出口的扩张速度高于进口,但其仍然低于全球货物出口实际增长率的平均水平。

(三)2004 年名义货物和服务贸易的发展趋势

2004 年,全球货物贸易名义增长了 21%,达到了 8.88 万亿美元,全球服务贸易名义增长了 16%,达到了 2.10 万亿美元(参见表 1)。对于货物和服务贸易的名义增长速度而言,这已经是连续第三年加速增长,并且是自 2000 年以来增长最强劲的一年。去年全球贸易的一个显著特点是,作为货物贸易的燃料和服务贸易的交通运输,取得了高于平均水平的快速增长。在过去的20年间,这两个部门的增长率基本上远远落后于全球的平均增长速度,其去年的高速增长,主要归因于高涨的价格。

表1 世界货物和服务贸易的出口:2001-2004

	出口额（十亿美元）	年增长率(%)			
	2004	2001	2002	2003	2004
货物贸易	8880	-4	5	17	21
服务贸易	2100	0	7	13	16

价格的变化很大程度上解释了去年地区间货物贸易名义增长率存在差异的原因。初级产品和燃料是非洲、独联体、中东和南美洲的主要出口货物。对燃料和金属原材料的强劲需求,加上持续上涨的价格,刺激了上述地区的货物出口,其货物出口的名义增长率从26%到35%不等。尽管如此强劲的增长,上述四个地区的货物贸易总量在2004年只占全球份额的13%。所有上述地区皆为燃料的净出口方,这就导致了该地区的出口增长速度高于进口增长的速度,加大了该地区在2004年的货物贸易顺差。与之相反,亚洲、欧洲和北美洲皆为燃料的纯进口方,其在2004年的进口名义增长率超过了出口增长率。在所有地区中,欧洲和北美的货物出口名义增长是最不活跃的地区,分别只扩张了19%和14%。在全球货物出口前20名的国家中,中国取代了日本,成为世界第三大货物出口国;俄罗斯的位次前进了两位,排名第14。在2004年,中俄两国均取得了超过33%的货物出口名义增长率。

与货物贸易相比,2004年地区间服务贸易名义增长的差异并不明显。亚洲和独联体国家的服务贸易增长超过了全球的平均水平,而北美和南美国家的服务贸易增长落后于全球。然而,上述四个地区的服务贸易进出口增长率都超过了该地区2003年的增长速度。可是,欧洲作为世界最大的服务贸易体,其2004年的进出口增长率都慢于前一年。从国家来看,尽管美国的服务贸易名义进出口增长速度低于世界平均水平,但是美国的服务贸易进出口总量仍然位居世界第一。

(四)2004 年亚洲地区贸易趋势

2004 年,亚洲地区的货物和服务贸易继续以高于世界平均水平的速度高速增长。亚洲的货物出口增长了 25%,达到了 23850 亿美元;服务出口增长了 21%,达到 4360 亿美元。该地区货物和服务的进口名义增长率都快于出口的增长。由于该地区是世界上经济增长最快的区域,地区内的贸易也蓬勃发展。中国经济受自身需求增长和地区内贸易扩张的双重影响,继续保持高速增长,2004 年的 GDP 增长率达到了 9.3%;此外,中国的货物出口也第一次超过了日本,排名世界第三。中国最具活力的出口产品是办公和通信设备,其在 2004 年增长了 45%,达到了 1710 亿美元;纺织品出口增长的速度相对缓慢,仅增长了 19%,达到了 620 亿美元。2004 年,中国的货物进口名义增长率为 36%,略高于出口增长的速度。由于日本经济在 2004 年最后三个季度的疲弱表现,使得其贸易增长率落后于地区的平均水平。虽然美国在亚洲地区贸易总量的份额在 2004 年呈下降趋势,但是美国与亚洲地区的双边贸易逆差却在进一步加大。根据美国的统计,2004 年,美国对亚洲地区的出口增长了 12%,达到 2260 亿美元;但是进口增长的更高,为 17.4%,达到了 5680 亿美元。

二、贸易、标准和 WTO

标准在为消费者提供信息、保护环境和提高相关货物、服务贸易的兼容性做出贡献的同时,也成了贸易保护主义的工具,增加了发展中国家的出口费用。过去几十年间,标准以惊人的速度在国际贸易中被广泛应用,截至 2004 年底,国际标准组织(ISO)已经公布了 14900 余条国际标准;而且,随着双边和多边贸易自由化进程的加深,使得关税不断降低,标准的作用日趋明显。不断增长的标准化活动反映了消费者对更安全和高质量产品的需求,对技术创新的追求,同时也是全球贸易扩展和许多政府和非政府组织对社会事务和环境关注的结果。在满足这些需求的过程中,标准扮演了重要的角色。然而,与此同时,标准也成为了潜在的贸易保护措施。即使标准从制定的本意上不是出于贸易保护的考虑,但是,制定或使用不合理的标准也会对贸易伙伴造成严重影响。关税的降低和多边的贸易规则限制了政府任意增加关税和通过配额限制进口数量的能力,但采取其他措施限制进口却屡见不鲜,这已成为国际贸易关系的常见现象。

对于标准对贸易造成负面影响的关注,有时使人们忽略了标准在增加贸易效率和处理市场失灵上的正面作用,标准在发挥这些功能时创造了社会效益。经济学理论证明,社会福利和贸易量之间并非呈线性关系,贸易流量的变化并不总能带来相应的社会福利变化。实践也证明标准能从正、负两方面影响贸易流量。这份报告旨在研究标准这些不同功能和相应后果。报告中一个重要的主题是:在标准领域中,国际合作在面临贸易管理与公共政策挑战时如何发挥作用,无论这些挑战来自于贸易规则还是标准的制定和管理。报告主要关注以下三个领域:(一)与国际贸易有关的标准经济学;(二)标准制定和评定机构;(三)多边贸易体系中的标准。

(一)与国际贸易有关的标准经济学

标准对国际贸易流动的方向和规模所产生的影响是十分复杂的,需要具体情况具体分析。通常来讲,标准对生产者和消费者都会产生影响。由于标准改变了产品的多样性,这种多样性的变化可能会影响消费者的购买行为。标准也可以通过不同的方式来影响生产者的成本:首先,当生产者采用更高质量的产品技术标准时,这势必会增加该产品的固定成本;其次,为了满足新标准而生产的产品,也可能会增加该产品的变动成本;第三,如果新采用的技术标准要求生产者购置全新的生产线,其必然会增加产品的成本;第四,兼容性标准的引入通常也会增加该产品的成本。总之,新标准的引入,不仅会改变消费者的购买行为,同时由于成本的变动,也会改变生产者对此产品的定价。因此,在国际贸易中,标准的引入,导致了贸易双方对产品需求和供应的变化,势必对国际贸易流动产生影响。

由标准的引入所产生的对国际贸易的影响,会改变一国的社会福利,这其中当然也包括标准的制定国家。如果该标准制定的初衷是增加外国生产者的进入成本,以保护国内产业,这样的标准势必会减少国际贸易流动,同时对该国的社会福利造成损害。但是,以减少国际贸易流动为初衷的标准,并不一定对国内的社会福利带来伤害,特别是这类标准是为了降低由于不完全信息所带来的福利的负面影响。此类标准增强了消费者所消费产品的安全性和减少了环境外部型的负面影响;即使降低了国际贸易流动,但是对国内社会福利确是有好处的。因此,对于个别国家而言,为了提高本国的社会福利,会有制定此类标准的冲动;但是作为其副产品——国际贸易流动,不可避免地要受到影响。如果此类标准损害了贸易伙伴的社会福利,那么两国间的贸易摩擦势必会增加。根据标准的不同功能,标准主要可以分为以下三类:与网络外部性有关的标准;与不完全信息有关的标准;与负生产或生产外部性有关的标准。

1. 网络外部性与兼容性标准

在存在网络外部性的前提下,兼容性标准对于增加市场的经济效率扮演着重要的角色。市场上有很多这样的例子,一种产品,如果缺少了与之相配套产品的支持,那么该种产品对于消费者而言是没有意义的。比如缺少了相应软件支持的电脑,对于消费者而言,就是一堆废铁。然而,多数情况下,由于缺少对整个网络大小和消费者倾向的相关信息,各个厂商之间的竞争,往往会导致市场上的品种供过于求,产生非最优的市场结果。通过设定兼容性标准,增加生产者与消费者之间的沟通,可以有效地解决上述网络外部性问题。兼容性标准有利于减少市场上的品种,但是,在没有政府干预时,市场力往往产生不良的后果。例如在某一行业占据垄断地位的公司,如微软,可能会制定出不利于市场竞争的兼容性标准。在这种情况下,政府的介入,对于保护市场的公平竞争是十分必要的。兼容性标准提高本国市场的效率和增加社会福利,对于全球贸易市场也是可以应用的。随着国际化进程的加快,全球范围的社会化分工越来越细。国际贸易的参与国通过协商,制定统一的兼容性标准,解决网络外部化问题,可以增加国际贸易流量,并改善各贸易国的社会福利。

2. 不完全信息与安全标准

通常情况下,生产者与消费者对于产品性能的信息掌握的程度不同,消费者处于弱势地位,我们称之为不完全信息,或信息不对称。信息不对称会影响市场功能的发挥,我们可以通过制定产品的安全标准来解决这一问题。强制性的安全标准可以在一定程度上弥补消费者的知情权,但其会对国际贸易和社会福利带来不确定的影响。由于进口国设置的安全标准所带来进口量的减少,对于进口国来说,进口量的减少意味着其社会福利的损失;然而,该安全标准解决了市场上的信息不对称问题,提高了市场效率,对该国来讲,又意味着社会福利的增加。因此,从进口国的角度来讲,其最优的方案就是所制定的安全标准要权衡正负两方面的福利得失。同样,对于出口国而言,社会福利的增加与否也存在不确定性。如果该国的消费者同样倾向于消费更高质量(更安全)的产品,安全标准的设定将会提高该国的社会福利;但是,我们仍然不能忽略由于国际贸易量的下降所带来社会福利的损失。我们还应该注意的是,即使安全标准制定的初衷不是出于保护本国的生产者,但由此引发的国际贸易量的下降,还是会增加贸易伙伴之间的摩擦。

3. 生产外部性与环保标准

近十年来,全球政府对于环境问题给予了越来越多的关注。由于人们在生产过程中所使用的自然资源,如水、空气、土地等,并没有被正确地计价,所导致的环境外部性是一种市场失效的表现。因此,生产者对于环境资源的使用,并没有达到社会效益的最优。例如因此所导致的环境污染对社会带来的危害,可能超过了其所生产产品的价值。目前,许多国家的政府通过发布技术标准、认证、许可证等措施来解决环境外部性问题。与环境相关的标准会对一国的国际贸易产生影响。一国为了解决其本国存在的生产外部性问题,而制定了一系列的强制性环境保护标准,比如要求国内的生产企业必须安装污水处理系统。在这种情况下,这势必会增加本国企业的生产成本,降低其国际竞争力。短期来看,该国对国外同类产品的需求会增加,进口量会增长。但是从长期来看,随着各国政府对环境保护问题重视程度的提高,为了解决其本国生产过程中存在的外部性,相关的环境保护标准会越来越多。最早实施环保标准的企业在长期的竞争中,将会处于优势地位。

(二)标准制定和评定机构

虽然国际层次的标准化信息相对全面且易于获得,但对大多数国家来说,根据现有的信息获取标准化机构的整个轮廓还是比较困难。ISO和其他国际标准化机构及ISO成员只不过是冰山一角罢了,体系外的信息零散、不全面而且各不相同。报告的这一部分主要探讨标准由谁制定并如何制定,以及对所制定标准的合格性如何进行评定。

1. 标准化进程

与过去相比,在标准的制定过程中,国家、地区和国际标准机构之间的合作越来越密切,国际组织在标准化过程中的地位得到了加强。对于大部分工业化国家而言,其本国基础标准的制定正在逐渐地与国际标准相融合。以欧洲国家为例,欧洲的标准组织将国际标准转化成欧洲标准,并要求在其成员国内部强制推行。很多发展中国家也正在加入这一体系,例如马来西亚,大约40%的国家标准与国际标准相一致,并且随着其对本国旧标准的修订和越来越多的依照国际惯例制定新标准,这一比例还在迅速上升。但是相当数量的低收入国家和经济转型国家并没有追随这一趋势,他们的国家标准并没有真正成为国际标准体系的一部分。以ISO为例,在其成员中,只有三个最不发达国家成员,过半数的最不发达国家甚至与ISO没有正式交往。事实上,资源的匮乏和能力的薄弱,不但限制了贫穷国家融入到国际标准化体系中来,而且限制了其本国自身的标准化进程。

WTO和ISO制定标准的习惯做法是,要求ISO及其成员国在标准制定的过程中遵循自愿一致的原则。制定过程包括几个不同但密切相关的进程,其过程相当开放且透明;然而更具倾向性和组织性的制定者比普通消费者在标准的制定过程中更占据主导地位。在一些工业化国家里,政府以资助消费者组织的方式积极鼓励消费者参与到标准的制定过程中来。大多数工业化国家的国家标准制定机构现在开始融入到国际标准化网络中,将标准化活动从其管理活动中分离出来,前者由私人部门负责而后者由公共部门负责。但是,制定公共标准和私人部门标准并不总是能够清晰地分开,同时,标准制定组织在各国大不相同。总体而言,政府发布与安全、健康和环境有关的法规,而私人组织制定与政府目标相一致的具体实施措施的技术标准。在欧洲国家,政府对私人部门制定的标准进行监管;而贫穷国家的标准机构通常都设置于公共部门中,很少甚至没有私人部门的参与。截至2002年底,在非洲、独联体和中东的一些国家,由政府部门制定的强制国家标准占标准总数的50%还多。改善发展中国家参与国际标准化活动至关重要。虽然许多努力已经付诸实施,但是近来的证据表明,这些活动并没有取得显著成绩。对发展中国家来说,主要的困难在于制定标准的技术力量欠缺,同时私人部门对于标准制定的支持还十分有限。

2. 合格性评定

标准的合格性评定在日常的商业交易中起着重要的作用。买方和法规制定者都希望强加对供应方的要求,使标准得到落实。由供应方自已或是第三方提供的标准合格性评定过程,增加了交易费用。如果与某一产品法规符合的认证仅由进口国机构授予，那么对国外供应商的影响远甚于国内供应商；特别是在有些时候，该国外供应商的母国可能已经对同样的标准进行过合格性评定，这必然会增加了国外供应商的负担。出现上述情况的原因也是我们可以理解的，各国政府都希望所获得的合格性评定结果是来自于其自身可以完全信任的机构。更多国际合作的介入，有助于建立对其他国家标准合格性评定机构的互信，特别是促成认证机构之间的互认协定(MRAs)。然而，即便互认协定能够帮助买方获得对国外机构的信任，政府管理部门能在多大程度上对其表示认可仍不确定。政府间的双边或多边的互认协定显示，在涉及健康、安全和环境等受关注部门时，关于标准合格性评定的互认承诺十分有限。

在发展中国家，关于标准合格性评定的服务通常不完善，成本较高，而且多为政府所主导。然而，由商业机构来提供诸如检测、认证等标准合格性评定服务也存在着许多问题，严格的市场准入，偏小的国内市场规模，高昂的初期投入和稀缺的人力资源等。与之形成鲜明对比的是，美国的检测机构在近几年已经增长了11%，根据保守的估计，该行业的年收入超过90亿美元。为了帮助发展中国家建立必要的标准合格性评定基础，在国际、地区和双边层次上，为其提供了大量的技术援助。这些技术援助被优先提供给与出口相关联的行业领域，特别是该国出口商面临严格的标准合格性评定限制的部门。出口商可能面临如下的额外成本：很难获得合格性评定的要求和市场准入的信息；重复参与已经过国内机构认证的合格性评定；更高的交通和通讯成本；由于检测报告或其他文件的重新提交和进一步审核所带来时间上的延误。来自各方的技术援助有助于建立必要的标准合格性评定基础设施，但是，许多方面仍需努力，除非具备适当的基础设施，许多发展中国家仍倾向于被排斥在互认协定之外。

(三)多边贸易体系中的标准

在前一部分我们已经讨论过，旨在解决市场失衡的标准，可能会给国际贸易带来负面的影响，从而影响标准制定国贸易伙伴的国内福利；而且这些损失很有可能超过了标准制定国所获得的福利。换句话说，从全球角度来看，该项标准并不能带来全球福利的最大化。在此种情况下，WTO作为全球性多边国际组织的宗旨，即实现全球福利的最大化，并没有得以实现。但是，这种情况又是由于各国为了实现本国福利最大化，运用国内标准所产生的;同时,在 WTO 的法律文件中也明确规定,各成员国有权制定适宜的、有一定程度保护的标准,各国的做法与 WTO 的协定并不矛盾。因此,我们必须承认,以全球福利最大化为目标的标准化进程,需要协调各成员国之间对贸易的保护程度,在实践中是很难达到的。

多边贸易体系中的标准就是探寻在 WTO 承诺与各国实际贸易政策之间的一个恰当的平衡点。WTO 成员国共同对外承诺,技术协定和标准的制定不会对国际贸易设置不必要的障碍,但是也并不阻止各国政府通过实施标准去获得其合法的政策目的。即使各国政府都赞同这样一个观点,即标准不应该具有歧视性,并且尽可能的减少对贸易的限制,但是,在有些时候,针对标准的争端还是时有发生。这就意味着,当各成员国出现贸易争端时,一个仲裁委员会需要对标准的合法性做出判断,以决定其是否与 WTO 的法律相一致。然而,判断一个标准的合法性并不是那么容易。虽然关税的设定都是以阻止进口为目的,在实践中,标准制定的初衷却不是那么容易区分。一国政府可能对外宣称,其发布该标准的目的是更正市场中的信息不对称行为,但实际上该标准的设立给予了国内生产者相对的竞争优势地位。换句话讲,该标准可能就是一种变相的贸易保护主义。也许这并不是政策制定者的初衷,但是广大消费者却会在这种变相的贸易保护主义中受到损害。

总之,《2005 年世界贸易报告》以标准与国际贸易为主题,充分说明了标准问题在国际贸易中的重要地位。同时,我们必须意识到,标准问题属于新问题,国内应当通过解读报告,提高学术、政策和产业界的标准意识,加深对标准问题的理论研究,推动国家标准化战略的发展。

(执笔:张芃　孙振)

专栏

发展中国家面临高油价的挑战

发展中国家是过去四十年间全球石油贸易的主要出口方,大概占了世界石油出口市场一半以上的份额。如果把发展中国家作为一个整体来看待,其石油贸易方面的顺差是相当惊人的。随着石油价格的不同,其顺差在1990—2003年大致在1100亿美元到2300亿美元之间(参见图1)。从1990年开始,发展中国家的石油出口大概占世界石油市场出口贸易额的58%至63%之间。虽然发展中国家的石油出口主要是面向发达国家市场,但是在1990到2003年间,其面向发达国家的出口比例已经从71%下降到56%。其间,发展中国家之间的石油贸易却从25%上升到40%。同时,发展中国家对于石油的进口也在同步上升,从1990年的占全球市场的20%增加到2003年的27%。造成这种迅速上升的主要原因是来自亚洲国家,特别是中国、韩国和印度的强劲需求。

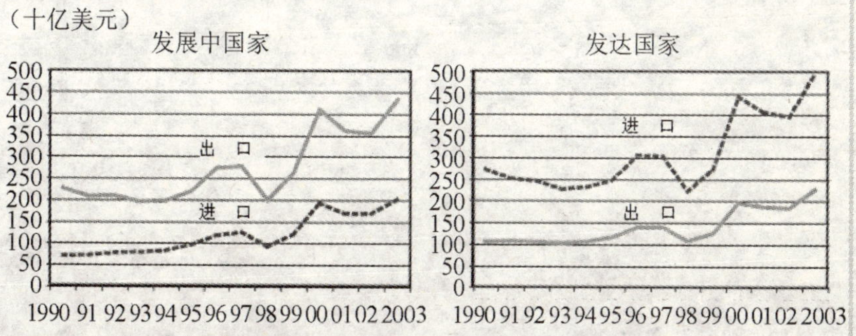

图1 发展中国家和发达国家的石油进出口情况:1990-2003

资料来源:WTO。

发展中国家作为一个整体,是国际石油贸易的净出口国这一事实,使得某些观察家得出这样的结论:高企的石油价格对其是十分有利的。2003年和2004年的石油价格上涨,使石油净出口的发展中国家获益匪浅,外汇收入大幅增加。在2004年,发展中国家的石油出口总额第一次超过了5000亿美元大关,是20世纪90年代平均水平的两倍还多。然而,对于以石油为净进口国的发展中国家而言,其影响却是负面的。由于石油储量和开采在发展中国家间分布得不均匀,高油价对发展中国家的影响大不相同。

以亚洲地区为例,在其 23 个发展中国家里,6 个是石油的净出口国,而 17 个是净进口国。在 2002 年,石油净出口国的人口大约为 3.71 亿人,而净进口国的人口约为 29.48 亿人,几乎 90% 的亚洲发展中国家的人民生活在石油的净进口国中。在所有发展中地区,亚洲是受高油价影响最为严重的地区。由于亚洲地区经济的强劲增长,在可以预见的将来,亚洲发展中国家对于石油的需求还将保持强势。从短期来看,其国内能源的开采不可能完全满足这种日益增长的需求。对于亚洲的发展中国家而言,应该更加积极的参与他国的能源勘探、开发和运输,以保证本国能源的稳定供应。同时,亚洲国家在提高区域内未来能源供应量、保证能源供应稳定方面的合作存在巨大潜力。

跨国公司与研发活动的国际化

——联合国贸发会议 2005 年世界投资报告摘编

第一部分　下滑趋势的终止

一、全球国际直接投资流量恢复增长

(一)国际直接投资开始回升

2004 年,由于流向发展中国家的外国直接投资强劲增长,全球外国直接投资流量在连续三年下滑之后略有回弹。2004 年的世界外国直接投资流入量为 6480 亿美元,比 2003 年多 2%。流入发展中国家的数额激增了 40%,达到 2330 亿美元,但发达国家作为一个整体的外国直接投资流入量减少了 14%。因此,发展中国家在世界外国直接投资流入量中所占的份额增至 36%(见表 1),是 1997 年以来的最高水平。美国保持了外国直接投资最大接受国的地位,排在其后的是联合王国和中国(见图 1)。

外国直接投资的增长 2004 年在发展中国家尤为突出,这是多种因素作用的结果。许多产业中强大的竞争压力迫使企业纷纷探索提高竞争力的新途径。其中有些途径是在新兴市场经济体迅速增长的市场扩展业务,促进销量,有的则是合理调配生产活动以及实现规模经济和降低生产成本。许多初级商品价格的增长,进一步刺激了外国直接投资流向石油和矿物等天然资源丰富的国家。在一些发达国家及发展中国家,2004 年投资流入量的加大是与跨国兼并和收购(并购)活动的上扬联系在一起的。"绿地"式外国直接投资在 2004 年连续第三年持续增长。如果由此带来的经济增长能够得到保持,全球外国直接投资流量在 2005 年进一步增加的前景大有希望。

表 1　1993 – 2004 年按区域及若干国家列出的外国直接投资流量

（单位:10 亿美元和百分比）

区域/国家	外国直接投资流入量							外国直接投资流出量						
	1993 – 1998（年平均值）	1999	2000	2001	2002	2003	2004	1993 – 1998（年平均值）	1999	2000	2001	2002	2003	2004
发达经济体	256.2	849.1	1134.3	596.3	547.8	442.2	380.0	353.3	1014.1	1092.7	662.2	599.9	577.3	637.4
欧洲	147.3	520.4	722.8	393.9	427.6	359.4	223.4	218.1	763.5	866.1	451.3	396.9	390.0	309.5
欧洲联盟	140.3	501.5	696.3	382.6	420.4	338.7	216.4	200.8	724.6	813.4	433.9	384.5	372.4	279.8
美国	86.1	283.4	314.0	159.5	71.3	56.8	95.9	92.3	209.4	142.6	124.9	134.9	119.4	229.3
日本	1.3	12.7	8.3	6.2	9.2	6.3	7.8	21.4	22.7	31.6	38.3	32.3	28.8	31.0
其他发达国家	21.5	32.6	89.2	36.7	39.6	19.6	62.9	21.5	22.7	31.6	38.3	32.3	28.8	31.0
发展中经济体	138.9	232.6	253.2	217.8	155.5	166.3	233.2	56.6	88.2	143.2	78.6	47.8	29.0	83.2
非洲	7.1	11.9	9.6	20.0	13.0	18.0	18.1	2.3	2.5	1.6	–2.6	0.4	1.2	2.8
拉丁美洲和加勒比	47.9	108.6	97.5	89.1	50.5	46.9	67.5	12.7	44.7	60.6	29.1	11.4	10.6	10.9
亚洲和大洋洲	83.9	112.0	146.0	108.7	92.0	101.4	147.6	41.6	41.0	81.1	52.0	36.0	17.2	69.4
亚洲	83.4	111.6	145.7	108.6	92.0	101.3	147.5	41.6	41.0	81.1	52.0	36.0	17.2	69.4
西亚	3.5	1.9	3.8	7.1	5.7	6.5	9.8	0.2	1.6	1.4	1.1	0.9	–4.0	0.0
东亚	51.6	77.3	116.2	78.7	67.3	72.1	105.0	31.7	29.8	72.0	26.1	27.6	14.4	53.5
中国	38.5	40.3	40.7	46.9	52.7	53.5	60.6	2.6	1.8	0.9	6.9	2.5	–0.2	1.8
南亚	2.9	3.1	3.1	4.1	4.5	5.3	7.0	0.1	0.1	0.5	1.4	1.1	1.0	2.3
东南亚	25.3	29.3	22.6	18.8	14.5	17.4	25.7	9.6	9.6	7.2	23.3	6.4	6.8	13.6
大洲洲	0.4	0.4	0.3	0.1	0.0	0.1	0.1	0.0	–0.1	0.0	0.1	0.0	0.0	0.0
东南欧和独联体	6.6	10.5	9.1	11.8	12.8	24.1	34.9	1.3	2.6	3.2	2.7	4.5	10.6	9.7
东南欧	1.6	10.5	9.1	11.8	12.8	24.1	34.9	0.1	0.1	0.0	0.2	0.6	0.1	.2
独联体	5.0	6.8	5.5	7.3	9.0	15.7	24.1	1.3	2.5	3.2	2.5	3.9	10.4	9.5
世界	401.7	1092.1	1396.5	825.9	716.1	632.6	648.1	411.2	1104.9	1239.1	743.5	652.2	616.9	730.3
备注:占世界外国直接投资流量的份额														
发达经济体	63.8	77.7	81.2	72.2	76.5	69.9	58.6	85.9	91.8	88.2	89.1	92.0	93.6	87.3
发展中经济体	34.6	21.3	18.1	26.4	21.7	26.3	36.0	13.8	8.0	11.6	10.6	7.3	4.7	11.4
东南欧和独联体	1.6	1.0	0.6	1.4	1.8	3.8	5.4	0.3	0.2	0.3	0.4	0.7	1.7	1.3

资料来源:贸发会议《2005 年世界投资报告:跨国公司与研发国际化》,附表 B. 1。

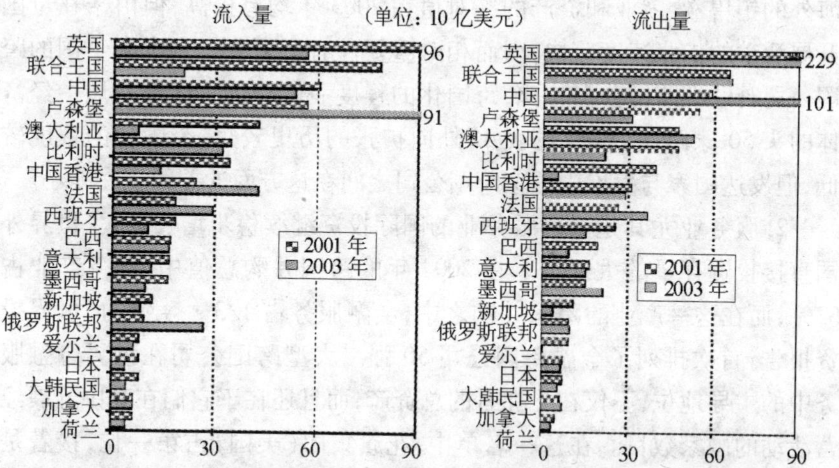

图 1　2003 年和 2004 年在全球外国直接投资流量中列前 10 位[①]的经济体

资料来源：贸发会议《2005 年世界投资报告：跨国公司与研发国际化》，附表 B.1。

①按照 2004 年外资流量规模排列。

外国直接投资流出量在 2004 年增长了 18%，达到 7300 亿美元，设在发达国家的企业占了其中大部分（6370 亿美元）。事实上，全部外国直接投资流出量的几乎半数都出自三个来源：依次为美国、联合王国和卢森堡（见图 1）。发达国家作为一个整体仍然是通过外国直接投资实现净资本出口的主要国家，净流出量大于净流入量 2600 亿美元。虽然欧洲联盟的外国直接投资流出量下降了 25%，减至 2800 亿美元（七年来的最低水平），但多数其他发达国家增加了在国外的投资。美国的流出量增加了 90% 以上，达到了破记录的 2290 亿美元的高水平。

2004 年的外国直接投资存量估计为 9 万亿美元。创造这一存量的是大约 70000 家跨国公司及其设在海外的 690000 家子公司，国外子公司的总销售量几近 19 万亿美元（见表 2）。按照国外资产排列，通用电器公司（美国）仍然是全世界最大的非金融跨国公司，接下来是沃达风（联合王国）和福特汽车（美国）（见表 3）。在世界跨国公司 100 强当中，有四家公司设在发展中经济体，其中排在首位的是和记黄埔（中国香港）（见表 4）。

（二）国际直接投资回升的特点

1. 跨国公司 100 强的国际扩张速度似乎已经放慢。虽然这些公司在海外的销售额、就业和资产的绝对值在2003年均有提高，但由于在母国开展活动的扩张速度较快，因而相对重要性有所下降。日本和美国的跨国公司与欧洲跨国公司相比，跨国化的程度一般较低。设在发展中经济体的头50家跨国公司（见表4）外向扩张的历史较短，跨国化的程度较低，但发达国家与发展中国家跨国公司之间在这方面的差距正在缩小。

2. 服务业尤其是金融服务业的国际投资继续稳步增长，占了世界外国直接投资存量的大部分。在2004年的跨国并购总值中，服务产业占63%，而在这一产业的跨国并购之中，金融服务占1/3。今年的《世界投资报告》首次排列了金融跨国公司50强。大型跨国公司在世界金融服务中的主导地位，不仅在于拥有的总资产，而且还在于它们在其中开展经营活动的国家数目。在这一名单中，花旗集团（美国）占第一位，接着是瑞士联合银行（瑞士）和安联（德国）。法国、德国、日本、联合王国和美国的金融跨国公司2003年占金融跨国公司50强总资产的74%。

促成并购包括跨国并购上扬的，主要是发达国家的低利率、利润增收和资产价格的复苏。此类活动的价值飙升28%，达到3810亿美元。在许多产业的持续重组和合并进程中，尤其是在发达国家，这些交易发挥了重要的作用。2004年最大的并购交易是Santander Central Hispano（西班牙）收购Abbey National（联合王国），价值达160亿美元。在发展中国家，跨国并购在整个外国直接投资活动中的份额较为一般，尽管这些国家的公司正在越来越多地参与并购，其中也有一些重大个案。进入发展中国家的外国直接投资流量上升主要是与亚洲的“绿地”式投资增长相连。中国和印度两国在2004年发展中国家全部新注册的“绿地”（和扩张）项目中占了大约半数。

3. 在外国直接投资三大融资形式当中，股权投资在全球层次占主要地位。在过去十年中，这种投资占外国直接投资总流量的约2/3。公司内贷款和利润再投资这另外两种外国直接投资形式的份额分别平均为23%和12%。这两种外国直接投资的波动一般很大，反映出利润和股息回汇或偿还贷款的必要性发生的年度变化。发达国家和发展中国家在外国直接投资融资格局上存在着明显差异，在发展中国家，利润再投资始终较其他两种形式重要。

表 2　1982 – 2004 年外国直接投资和国际生产的若干指标

项　目	当前价格计算的价值(10 亿美元)				年增长率(百分比)						
	1982	1990	2003	2004	1986 – 1990	1991 – 1995	1996 – 2000	2001	2002	2003	2004
直接外资流入量	59	208	633	648	22.8	21.2	39.7	–40.9	–13.3	–11.7	2.5
直接外资流出量	27	239	617	730	25.4	16.4	36.3	–40.0	–12.3	–5.4	18.4
内向直接外资存量	628	1768	7987	8902	16.9	9.5	17.3	7.1	8.2	19.1	11.5
外向直接外资存量	601	1785	8731	9732	18.0	9.1	17.4	6.8	11.0	19.8	11.5
跨国并购	…	151	297	381	25.9	24.0	51.5	–48.1	–37.8	–19.6	28.2
国外子公司销售额	2765	5727	16963	18677	15.9	10.6	8.7	–3.0	14.6	18.8	10.1
国外子公司总产值	647	1476	3573	3911	17.4	5.3	7.7	–7.1	5.7	28.4	9.5
国外子公司总资产	2113	5937	32186	36008	18.1	12.2	19.4	–5.7	41.1	3.0	11.9
国外子公司出口	730	1498	3073	3690	22.1	7.1	4.8	–3.3	4.9	16.1	20.1
国外子公司雇员(千人)	19579	24471	53196	57394	5.4	2.3	9.4	–3.1	10.8	11.1	7.9
GDP(以当前价格计)	11758	22610	36327	40761	10.1	5.2	1.3	–0.8	3.9	12.1	12.0
固定资本形成总值	2398	4905	7853	8869	12.6	5.6	1.6	–3.0	0.5	12.9	12.9
特许权和许可证收费	9	30	93	96	21.2	14.3	8.0	–2.9	7.5	12.4	5.0
货物和非要素服务的出口	2247	4261	9216	11069	12.7	8.7	3.6	–3.3	4.9	16.1	20.1

资料来源：贸发会议《2005 年世界投资报告：跨国公司与研发国际化，表 I.3.

①仅有 1987 年以后的数据。

②仅为 1987 – 1990 年。

③基于 1980 – 2002 年期间销售额相对内向外资存量(百万美元)所作回归计算的下列结果：销售额 = 2 003.858 + 1.87288 * 内向外资存量。

④基于 1982 – 2002 年期间总产值相对内向外资存量(百万美元)所作回归计算的下列结果：总产值 = 622.0177 + 0.369482 * 内向外资存量。

⑤基于 1980 – 2002 年期间资产相对内向外资存量(百万美元)所作回归计算的下列结果：资产 = –1 179.838 + 4.177434 * 内向外资存量。

⑥1995 – 1998 的数据基于 1982 – 1994 年期间国外子公司出口相对内向外资存量(百万美元)所作回归计算的下列结果：出口 = 357.6124 + 0.5

⑦8331 * 内向外资存量。对于 1999 – 2004 年，使用了 1998 年外国子公司出口在世界出口中的份额（33.3%）获取数值.

⑧基于 1980 – 2002 年期间雇员人数(千人)相对内向外资存量(百万美元)所作回归计算的下列结果：雇员 = 16 552.15 + 4.587846 * 内向外资存量。

⑨基于国际货币基金" World Economic Outlook "的数据，2005 年 4 月。

表 3　按国外资产排列的 2003 年世界非金融跨国公司 25 强[①]

（单位：百万美元和雇员人数）

排名：国外资产	TNI[b]	H[c]	公　司	母经济体	产　业	资产 国外	资产 总计1	销售额 国外	销售额 总计	雇员 国外	雇员 总计	TNI[b]（百分比）	子公司数目 国外	子公司数目 总计	H[c]
1	77	37	通用电器	美国	电器和电子设备	258900	647483	54086	134187	150000	305000	43.2	1068	1398	76.39
2	7	95	活达风集团	联合王国	电信	243839	262581	50070	59893	47473	60109	85.1	71	201	35.32
3	72	12	福特汽车公司	美国	机动年辆	173882	304594	60761	164196	138663	327531	45.5	524	623	84.11
4	90	65	通用汽车	美国	机动车辆	154466	448507	51627	185524	104000	294000	32.5	177	297	59.60
5	10	78	美国石油公司	联合王国	石油开采/冶炼/分销	141551	177572	192875	232571	86650	103700	82.1	60	117	51.25
6	31	41	埃克森美孚公司	美国	石油开采/冶炼/分销	116853	174278	166926	237054	53748	88300	66.1	218	294	74.15
7	22	80	荷兰克牌集团	联合王国/荷兰	石油开采/冶炼/分销	112587	168091	129864	201728	100000	119000	71.8	454	929	48.87
8	68	94	丰田汽车公司	日本	机动车辆	94164	189503	87353	149179	89314	264410	47.3	124	330	37.58
9	16	48	道达尔	法国	石油开采/冶炼/分销	87840	100989	94710	118117	60931	110783	74.1	419	602	69.60
10	62	69	法国电信	法国	电信	81370	126083	21574	52202	88626	218523	48.8	118	211	55.92
11	14	58	苏伊士	法国	电、气、水供应	74147	88343	33715	44720	111445	172291	74.7	605	947	63.89
12	89	34	法国电力公司	法国	电、气、水供应	67069	185527	16062	50699	51847	167309	32.9	204	264	77.27
13	80	63	E. On 能源	德国	电、气、水供应	64033	141260	18659	52330	29651	69383	41.2	478	790	60.51
14	85	74	德意志电信	德国	电信	62624	146601	23868	63023	75241	248519	37.0	97	178	54.49

续表

（单位：百万美元和雇员人数）

排名：			公司	母经济体	产业	资产		销售额		雇员		TNI[b]（百分比）	子公司数目		H[c]
国外资产	TNI[b]	H[c]				国外	总计1	国外	总计	国外	总计		国外	总计	
15	59	67	RWE 集团	德国	电、气、水供应	60345	98592	23729	49061	53554	127028	50.6	377	650	58.00
16	23	23	和记贵埔	中国香港	多种经营	59141	80340	10800	18699	104529	126250	71.4	1900	2350	80.85
17	32	40	西门子公司	德国	电器和电子设备	58463	98011	64484	83784	247000	417000	65.3	753	1011	74.48
18	53	46	大众汽车集团	德国	机动车辆	57853	150462	71190	98367	160299	334873	52.9	203	283	71.73
19	21	35	本田汽车公司	日本	机动车辆	53113	77766	54199	70408	93006	131600	72.0	102	133	76.69
20	34	89	维旺油	法国	多种经营	52421	69360	15764	28761	32348	49617	65.2	106	238	44.54
21	42	83	雪铁龙德士古公司	美国	石油开采/冶炼/分销	50806	81470	72227	120032	33843	61533	59.2	93	201	46.27
22	3	30	新闻公司	澳大利亚	传媒	50806	55317	17772	19086	35604	38500	92.5	213	269	79.18
23	65	29	辉瑞制药	美国	制药	48960	116775	18344	45188	73200	122000	47.5	73	92	79.35
24	93	85	意大利电信公司	意大利	电信	46047	101172	6816	34819	14910	93187	27.0	33	73	45.21
25	50	18	宝马公司	德国	机动车辆	44948	71958	35014	47000	26086	104342	54.0	129	157	82.17

资料来源：贸发会议，《2005 年世界投资报告：跨国公司与研发国际化》，附表 A.I.9.

①除非另有说明，所有数据以公司年度报告为依据。

②在世界头 100 家跨国公司中的排名。TNI 是跨国性指数的缩写，以下列三种比率计算：国外资产与总资产比率、国外销量与总销量比率、国外雇员与总雇员比率

③在世界头 100 家跨国公司中的排名。II 是国际化指数的缩写，以子公司总数除国外子公司数目计算。

注：本表中统计的子公司仅指拥有多数股权的子公司。

表 4　2003 年按国外资产排列的发展中经济体非金融跨国公司 25 强 a

（单位：百万美元、雇员人数）

排名：国外资产	TNI[b]	H[c]	公司	母经济体	产业	资产		销售额		雇员		TNI[b]（百分比）	子公司数目		H[c]
						国外	总计 1	国外	总计	国外	总计		国外	总计	
1	7	41	各记黄埔	中国香港	多种经营	59141	80340	10800	18699	104529	126250	71.4	1900	2350	80.85
2	27	39	新加坡电信	新加坡	电信	17911	21668	4672	68848	8642	21716	43.1	23	30	76.67
3	42	35	国家石油公司	马来西亚	石油开采/冶炼/分销	16114	53457	8981	25661	3625	30634	25.7	167	234	71.37
4	26	48	三星电器	大韩民国	电器和电子设备	12387	56524	41362	54349	19026	55397	44.1	80	89	89.89
5	12	36	Cemex S. A.	墨西哥	建材	11054	16021	5189	7167	17051	25965	69.0	35	48	72.92
6	23	37	Americn Movil	墨西哥	电信	8676	13348	3107	7649	8403	18471	50.4	12	16	75.00
7	31	24	中国海运集团	中国	运输和仓储	8457	18007	6076	9163	4600	64586	40.1	22	56	39.29
8	46	7	巴西石油公司	巴西	石油开采/冶炼/分销	7827	53612	8665	42690	5810	48798	15.6	13	79	16.46
9	25	47	LG 电器	大韩民国	电器和电子设备	7118	20173	14443	29846	36268	63951	46.8	134	151	88.74
10	16	34	怡和集团	中国香港	多种经营	6159	8949	5540	8477	57895	110000	62.3	16	23	69.57
11	10	14	赛佩公司	南非	纸业	4887	6203	3287	4299	9454	16939	70.4	115	456	25.22
12	33	45	萨索尔公司	南非	工业化学品	4226	10536	5033	9722	5643	31150	36.7	21	25	84.00
13	50	30	中国国家石油公司	中国	石油开采/冶炼/分销	4060	97653	5218	57423	22000	1167129	5.0	119	204	58.33
14	22	2	嘉德置地	新加坡	房地产	3936	10316	1449	2252	5033	10175	50.7	2	61	3.28

续表

（单位：百万美元、雇员人数）

排名：国外资产	TNI[b]	H[c]	公司	母经济体	产业	资产 国外	资产 总计1	销售额 国外	销售额 总计	雇员 国外	雇员 总计	TNI[b]（百分比）	子公司数目 国外	子公司数目 总计	H[c]
15	8	43	城市开发公司	新加坡	旅馆	3879	7329	703	930	11549	13703	70.9	228	275	82.91
16	4	49	香格里拉（亚洲）有限公司	中国香港	旅馆	3672	4743	436	542	12619	16300	78.4	29	31	93.55
17	15	33	中信泰富有限公司	中国香港	建筑	3574	7167	2409	3372	8045	12174	62.5	2	3	66.67
18	45	16	中电控股有限公司	中国香港	电、气、水供应	3564	9780	298	3639	488	4705	18.3	3	11	27.27
19	41	21	中国国家建筑工程公司	中国	建筑	3417	9677	2716	9134	17051	121549	26.4	28	75	37.33
20	24	22	MTN 集团有限公司	南非	电信	3374	4819	1308	3595	2601	6063	49.8	6	16	37.50
21	2	26	亚洲食品及不动产有限公司	新加坡	食品和饮料	3331	3537	1232	1273	32295	41800	89.4	2	4	50.00
22	11	46	伟创力国际	新加坡	电器和电子设备	3206	5634	4674	8340	80091	82000	70.2	92	106	86.79
23	30	17	Conpenine Vale do Rio Doce	巴西	采矿和采石	3155	11434	6513	7001	224	29632	40.5	16	55	29.09
24	29	10	杨忠礼国际电力	马来西亚	公用服务	2878	9246	489	1060	1518	4895	41.1	24	115	20.87
25	20	38	鸿海精密	中国台湾省	电器和电子设备	2597	6032	4038	10793	78575	93109	54.9	25	33	75.76

资料来源：贸发会议《2005 年世界投资报告：跨国公司与研发国际化》，附表 A. I. 10.

①除非另有说明，所有数据以公司年度报告为依据。

②在设于发展中国家的头 50 家跨国公司中的排名。TNI 是跨国性指数的缩写，以下列三种比率的平均值计算：国外资产与总资产比率、国外销售与总销售比率、国外雇员与总雇员比率。

③在设于发展中国家的头 50 家跨国公司中的排名。II 国际化指数，以子公司总数除国外子公司数目计算。

注：本表中统计的子公司仅指拥有多数股权的子公司。

表 5　1991 - 2004 年的国家规范改革

项　　目	1991	1992	1993	1994	1995	1996	1997	1998	1999	2000	2001	2002	2003	2004
投资制度实行改革的国家数目	35	43	57	49	64	65	76	60	63	69	71	70	82	102
规范改革的数目	82	79	102	110	112	114	151	145	140	150	208	248	244	271
其中：														
其有利于外国直接投资的 a①	80	79	101	108	106	98	135	136	131	147	194	236	220	235
更有利于外国直接投资的 b②	2	–	1	2	6	16	16	9	9	3	14	12	24	36

资料来源：贸发会议《2005 年世界投资报告：跨国公司与研发国际化》，表 1. 14。

①包括开放改革和旨在加强市场职能以及鼓励措施的改革。

②包括旨在加强管制以及减少鼓励措施的改革。

4. 对于发展中国家来说，外国直接投资流入量继续大于其他私人资本流入量和官方发展援助流量。在2004年，这种资金在流入发展中国家的所有资金中超过半数，远大于官方发展援助。但是，外国直接投资仅集中在少数发展中国家，而在很多其他发展中国家，官方发展援助仍然是最重要的资金来源。大多数最不发达国家的情形尤其是这样，尽管外国直接投资流量在个别国家超过了官方发展援助。

（三）国际直接投资政策进一步发展

为了使投资环境对投资者更有吸引力，各国都继续采纳新的法规。在2004年实行的涉及外国直接投资的271项此类改革中，有235项涉及到利用新的促进措施或对外国直接投资开放新的领域（见表5）。另外，20多个国家为了吸引更多外国直接投资而降低了公司所得税。但是，在拉丁美洲和非洲，一些政策变革降低了法规对外国投资的优惠程度，尤其是在自然资源领域。

在国际层次，双边投资条约和避免双重征税条约的数目在2004年分别达到了2392和2559项，发展中国家之间缔结的此类条约较多。另外，在区域和全球层次也缔结了更多的国际投资协议，这有可能推动对外国直接投资的更大开放。一般而言，各种国际协定的内容正在变得越来越精细复杂，协定中越来越多地纳入了涉及面广泛的投资相关条款。投资者——国家间争端也与国际投资协议的增加并行而不断增多。

二、发展中区域带动外国直接投资增长

在发展中国家中，亚洲和大洋洲地区是最大的外国直接投资接受区，也是最大的来源区。全球外国直接投资上扬的一个明显特点是，各国和各区域之间有明显差异（见图2和表1）。亚洲和大洋洲再次成为发展中区域外国直接投资流入量最大的目的地。该区域吸引的外国直接投资为1480亿美元，比2003年多460亿美元，实现了有史以来的最大涨幅。东亚的流入量上涨了46%，达到1050亿美元，主要的推动因素是中国香港的流入量大增。在东南亚，外国直接投资激增48%，达到260亿美元。南亚的流入量为70亿美元，增长了30%，印度排在第一位。流入西亚的外国直接投资涨幅更大，从65亿美元增加到了98亿美元，其中半数以上集中在沙特阿拉伯、阿拉伯叙利亚共和国和土耳其。中国保持了发展中

国家里最大的外国直接投资接受国的地位,流入量为 610 亿美元。

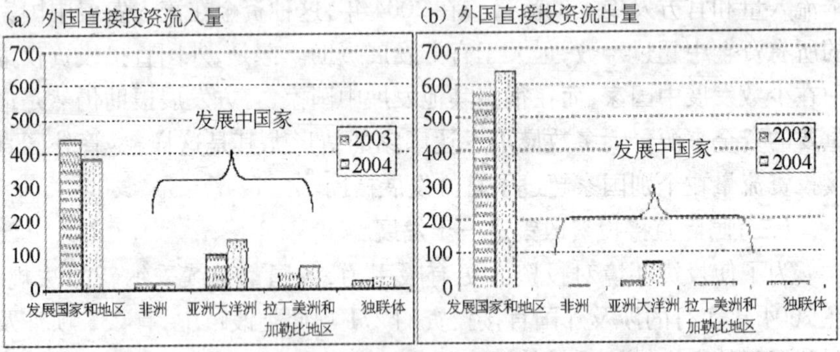

图 2　2003 年和 2004 年按区域分列的外国直接投资流量(单位:10 亿美元)

资料来源:贸发会议《2005 年世界投资报告:跨国公司与研发国际化》,表 2. 14。

(一)亚洲和大洋洲区域目前也正在成为外国直接投资的一个重要来源

该区域 2004 年的流出量增加了三倍,达到了 690 亿美元,主要原因是来自中国香港的外国直接投资大增,另外也由于东亚和东南亚其他国家和其他地区的跨国公司对外投资的增长。多数这些投资是区域内投资,主要是在东亚和东南亚经济体之间。但是,出自亚洲经济体的区域间投资也有所增加。例如,中国对外直接投资的一个主要推动因素是自然资源需求的扩大。这带来了对拉丁美洲的巨额投资项目。印度跨国公司也对其他区域(主要是非洲国家和俄罗斯联邦)的自然资源投入了大量资金。亚洲对发达国家的投资也在增加:尤其是在去年,中国和印度跨国公司实现了对欧美公司的几项大规模收购,例如联想集团(中国)收购了国际商用机器公司(美国)的个人电脑业务。

国家和区域层次的多种政策改革便利了亚洲和大洋洲内、外向外国直接投资流量的增长。例如,东南亚国家联盟(东盟)和中国签订了到 2010 年建立一个自由贸易区的协定,若干亚洲国家也与美国签署了自由贸易协定。

(二)在拉丁美洲,外国直接投资在连续四年下滑之后回升

在拉丁美洲和加勒比地区,外国直接投资流量在连续四年下滑之后,于 2004 年大幅增加,达到了 680 亿美元,比 2003 年的水平高出 44%。该区域的经济复苏、世界经济的较强增长和初级商品价格的提高是这一走势的原因。巴西和墨西哥是最大的接受国，流入量分别为180亿美元和170亿美元。与智利和阿根廷加在一起，这些国家占2004年流入该区域全部外国直接投资的2/3。但是，并非所有拉美国家都实现了外国直接投资流入量的增长。玻利维亚和委内瑞拉出现明显下降，主要原因是与石油和天然气生产相关的法规存在不确定性。厄瓜多尔的原油输送管线的竣工，是外国直接投资流入减少的原因。有些国家为了提高国家在非可再生天然资源收入中的份额而修改了立法和税制。评估这些变化对外国直接投资量的影响尚为时过早。目前有些重要项目仍在制订，2004年期间还宣布了另外一些项目。

拉美和加勒比区域部分地区外国直接投资的产业构成似乎正在发生变化。在该区的若干国家，自然资源和制造业在2004年成为比服务业更热门的外国直接投资目标。在阿根廷、巴西和墨西哥，制造业吸引外国直接投资多于服务业。墨西哥边境出口加工产业的外国直接投资随着美国需求的增长，在连续三年下滑之后激增26%。由于多数私有化方案已经完成，加上近期金融危机之后外国投资者面临重重困难，一些国家陷入经济停滞状态，拉丁美洲服务业降低了对外国直接投资的吸引力。这一产业的公司受经济危机的冲击最大，在减少巨额外汇债务方面面临严重问题，同时又(由于其活动的不可贸易性)没有能力转向出口导向生产活动。但是，在中美洲和加勒比地区，重又兴起的私有化活动使服务业成为了最大的外国直接投资产业。在安第斯共同体，石油和矿物的高位价格维持了初级产品部门作为接受外国直接投资流量的主要产业的地位。

(三)国际直接投资在非洲保持稳定

进入非洲的外国直接投资流量几乎保持了与2003年同样的水平，为180亿美元。对自然资源的外国直接投资尤其强劲，这是矿物和石油高价格以及初级产品部门投资获利性加大的反映。石油、金属和矿物的高价位和价格的上涨吸引了跨国公司保持对勘探项目或提高现有产量的相对较高投资水平。采矿业去年达成了若干项大型跨国并购。尽管有这些发展动态，非洲在世界外国直接投资流量中所占份额仍然很低，为3%。

安哥拉、赤道几内亚、尼日利亚和苏丹(全部是天然资源丰富的国家)以及埃及是最大的接受国，几乎占非洲全部流入量的半数。虽然后三个国家的外国直接投资流入量上升，但同样是外国直接投资重要接受国的南非却减少了流入量。非洲最不发达国家得到的数额很少:2004年总计约为90亿美元。多数对非洲的投资源于欧洲,主要是法国、荷兰和联合王国的投资者,另外还来自南非及美国。所有这些国家占该区域流入量的一半以上。非洲的外国直接投资流出量在2004年翻了一番,达到28亿美元。

在国家和国际层次都再度出台了大量有利于外国直接投资的措施和举措,目的是便利和吸引更多的外国直接投资进入非洲大陆。在国家层次,许多措施的侧重点是,扩大法律框架的自由化和改善总体投资环境。但是,由于没有能够迅速实行对于吸引和留住外国直接投资十分重要的经济和社会政策,对能力建设重视不足,该区域内许多国家吸引外国直接投资的能力受到了妨碍,这在制造业尤为明显。所以,到目前为止,为非洲国家推出的国际市场准入措施和举措(如美国的"非洲增长和机会法案")在吸引外国直接投资方面总体上并不十分成功。为了发挥吸引外国直接投资和从中更多获益的潜力,非洲国家普遍需要发展更强大的工业和技术能力。

最近的若干举措强调了为非洲发展提供国际支持的必要性。例如,支持非洲委员会(联合王国设立)在2005年3月发表了一份报告,建议大幅度增加对非洲的援助:到2010年每年追加250亿美元。报告还提出了可能有助于非洲大陆吸引更多外国直接投资并增强外资对发展的益处的若干措施。具体而言,该份报告呼吁捐助方加倍提供基础设施建设资金,百分之百地取消外债,为《非洲发展新经济伙伴关系》之下的非洲投资环境促进措施提供支持,并创建一个基金在非洲的冲突后国家为外国投资者提供保险。

(四)在东南欧和独联体连续第四年增加

东南欧和独联体在联合国的新分类方法(见插文一)中是一个新的分组,其外国直接投资流入量在2004年实现了连续第四年的增长,达到了350亿美元这一前所未有的高水平。这是避免了世界外国直接投资流量连续三年(2001至2003年)下滑的唯一区域,在2004年又保持了外国直接投资的有力增长(涨幅超过40%)。但是,在各种因素的影响下,这两个分区域的外国直接投资走势略有不同。在东南欧,外国直接投资流入量只是在2003年才开始增加。在大型私有化交易的推动下,流入量在

2004年几乎增加两倍,达到110亿美元。在独联体,流入量从2000年的50亿美元增加到了2004年的240亿美元,这种流入量的增长主要获益于石油和天然气的高价格。俄罗斯联邦是这个区域最大的外国直接投资流入国。

(五)相对发展中国家流入发达国家的外国直接投资继续下降

发达国家现在包括十个欧盟新成员。进入发达国家的外国直接投资流量在2004年下降到了3800亿美元。下降的急剧程度低于2003年,说明始于2001年的下滑趋势可能已经见底。这种下降涉及到发达世界的许多主要接受国。但是,也有一些显著的例外。主要由于跨国并购规模的扩大,美国和联合王国的外资流入量大幅增长。同时,发达国家的对外投资量在2004年再度上扬,达到了6370亿美元。

整个欧盟的外国直接投资流入量下降到了2160亿美元,这是1998年以来的最低水平。但是,各欧盟成员国的业绩不同,丹麦、德国、荷兰和瑞典的下降幅度最大。在一定程度上,欧盟外国直接投资持续下滑反映的是一些成员国公司内部贷款的巨额偿还和收入的回汇。与此同时,所有十个欧盟新成员国由于经济高速增长,有可能以低成本获得有技能人力资源,而且加入欧盟以后法规框架减少了不确定性,因此吸引了更多的外国直接投资流入。进入日本的外资流量激增了24%,达到80亿美元,而进入其他发达国家(以色列、新西兰、挪威和瑞士)的流入量出现下降。

三、预期外国直接投资将会进一步增长

(一)全球2005年的外国直接投资前景看好

可以预期,只要经济增长得到巩固并扩大范围,公司重组稳步推进,保持利润增长,继续开拓新市场,2006年的全球外国直接投资流量将会进一步增加。公司继续需要提高自己的竞争力,向新市场拓展,降低成本和获得国外的自然资源及战略资产,这种种需求为进一步增加尤其是对发展中国家的外国直接投资增长提供了动力。另外,跨国公司盈利能力的提高有可能带动更多的并购活动,这也应能提高在发达国家的外国直接投资水平。

贸发会议对于跨国公司、专家和投资促进机构开展的调查证实了这种相对乐观的前景,其他一些近期调查的结果也是如此。在贸发会议开

展的调查中,作了答复的跨国公司和专家有半数以上以及 4/5 的投资促进机构都预期,外国直接投资流量会在短期内(2005 - 2006 年)有所增长,只有极少数预计外国直接投资会在不远的将来下降。所提到的应能导致外国直接投资增长的因素包括:公司受到的竞争压力、服务业持续向国外发展、正在实行的自由化以及跨国公司在新市场的增长。

同时,在预计外国直接投资流量时,有理由保持慎重。一些发达国家增长放慢,一些区域存在着结构性弱点和金融及公司脆弱性,这些因素继续妨碍着外国直接投资恢复有力增长。许多国家的对外收支不平衡持续不断,汇率急剧波动,初级商品价格居高不下和飘忽不定,所带来的风险有可能阻碍全球外国直接投资流动。

(二)不同区域的外国直接投资前景存在着一定差异

由于亚洲和大洋洲经济形势好转,发挥着全球生产中心的重要角色,改善了政策环境,为区域一体化付出了不懈努力,所以外国直接投资流入该区域的前景十分乐观。贸发会议所调查的跨国公司、专家和投资促进机构认为,该区域的外国直接投资前景光明。拉丁美洲和加勒比地区的外国直接投资流入量预期会在 2005 - 2006 年增加,因为在 2004 年推动外国直接投资增长的大多动力都会持续。非洲的前景也是积极的,部分原因是初级商品价格的上扬和非洲具有自然资源方面的潜力。在调查中作了答复的跨国公司有 1/4 预期非洲 2005 - 2006 年的流入量将增加,这表明对这一区域应持较为谨慎的乐观估计。

由于预期东南欧和独联体尤其是前者有竞争力的工资将会吸引更多的追求效率或出口导向的项目,而资源丰富的独联体各国能够获益于持续高位的石油和天然气价格,因此,可以预期东南欧和独联体的外国直接投资流入量在不远的未来会进一步增加。

发达国家的外国直接投资流入和流出量虽然在 2004 年下滑,但从经济略有增长和企业利润有力上扬的预测看,2005 年恢复增长的前景仍然是积极的。在 2005 年的头六个月中,发达国家的跨国并购大为增加。最大接受国美国的外国直接投资前景良好,尽管流入量可能不会达到 2004 年的高水平。

第二部分　研发国际化与发展

一、跨国公司正在全球实行研发活动的国际化

《2005年世界投资报告》关注的重点是跨国公司研发活动的国际化。这并不是一种新的现象。公司在实行国际扩张时总是需要按照当地情况调整技术以便顺利地在东道国销售产品。在许多情况下中,必须实行研发活动的某种国际化才能做到这一点。但是,传统做法一向是把研发活动保留给跨国公司的母国。与此不同的是,这种国际化的过程正在出现一些新的特征。具体地说,跨国公司正开始在发达国家之外建立研发设施,而且超出了适应当地市场的范围。在一些发展中国家和东南欧及独联体国家,跨国公司的研发活动日趋以全球市场为目标,并与跨国公司的核心创新努力结合为一体。

摩托罗拉公司1993年在中国设立了第一个外资研发实验室,自那时以来,该国的国外研发单位数目已经达到了700个左右。世界最大跨国公司通用电器公司在印度的研发活动雇用人数为2400名,涉及领域之广包括飞机发动机、耐用消费品和医疗器械。阿利斯康公司(Astra - Zeneca)、礼来公司(Eli Lilly)、葛兰索史克公司(Glaxo Smith Kline)、诺华公司(Novartis)、辉瑞公司(Pfizer)、赛诺菲安万特公司(Sanofi - Aventis)等制药公司都在印度开展临床研究活动。东南亚和东亚2002年对全球半导体设计的贡献几乎达到30%,而在1990年代中期却几乎为零。意法半导体公司的一些半导体设计在摩洛哥的拉巴特完成。通用汽车的巴西分公司与在美国、欧洲和亚洲的其他通用汽车公司子公司相互竞争设计和制造新型汽车和为总公司开展其他核心活动的权利。这样的例了很多。

从理论上说,研发活动进入发展中国家的这种国际化既是意料之中,也在意料之外。在意料之中是出于两个原因。第一,由于跨国公司不断扩大在发展中国家的生产,可以预期有些研发活动(调整适应型)会随之跟进。第二,研发活动是服务活动的一种形式,与其他服务一样,有"分解性",其中某些部分放在能够以最高效率实施的地方开展。实际上,贸发会议和罗兰·贝格咨询公司在2004年对欧洲最大公司开展的一次调

查发现,所有服务职能,包括研发,现在都有可能在境外得到满足。在意料之外是因为,研发活动是技能、知识和辅助需要极强的一种服务活动,过去一向只在具有强大创新体系的发达国家才能得到满足。另外,研发被认为是经济活动中"分解可能"最小的活动,因为涉及到的知识对于公司具有战略意义,也因为开展研发经常需要设在局部地区的集群内开展使用者和生产者之间的密集知识交流(其中相当部分是默契性的)。

显然,到目前为止,参与研发国际化进程的只有少数发展中国家和转型经济体。但是,其中有些已经被看作是对极为复杂的研发活动有吸引力的地点,这一事实就表明,各国有可能发展并具备与跨国公司全球研发体系接轨所必要的各种能力。从东道国的角度看,研发国际化不仅为转让在其他地方开创的技术,而且也为技术开发进程本身打开了大门。这有可能帮助一些东道国加强自己的技术和创新能力。但是,这也有可能加大未能与全球创新网络衔接的国家的落后差距。

二、研发活动国际化对创新和发展具有重要影响

创新活动是经济增长和发展的基本条件。另外,可持续的经济发展所要求的并不仅仅是"对外开放"和等待新技术流入。它要求国内企业在政府政策的支持下不断努力提高技术水平。随着生产过程中知识密度的加大,开发新技术能力的需要也不断增加。加大对贸易和资本流动的开放程度并不应该削弱必须开展的本地技术努力。相反,自由化以及与之相连的开放市场环境,要求所有企业,无论大小,也无论是在发达国家还是发展中国家,能够获得为取得或保持竞争力所必需的技术和创新能力。

研发只是创新的来源之一,但却是一个重要的来源。研发有多种形式:基础研究、应用研究和产品及工艺开发。基础研究主要由公共部门开展,而另两种形式是许多公司的竞争力核心。在技术活动的早期阶段,企业并不需要设立正规的研发部门。但随着企业的成熟,就会发现跟踪、引进和使用新技术变得越来越重要。随着公司尝试重大的技术改进和开展产品或工艺创新,正规研发就会日趋壮大。对于复杂和快速发展的技术而言,这是技术学习过程的一个基本部分。

然而,获取技术能力的进程是缓慢和昂贵的。许多产业中的技术变

革和先进的科学技术要求提高技能水平和加强技术努力。这就需要改善基础设施,尤其是在信息和通信技术方面。这还需要强有力的辅助机构以及稳定和高效的法律和治理体制。最后,还需要能够在国际范围内获得知识,同时实行利用这种知识发展本地创新体制的战略。使各国之间创新差距不断加大的各种力量的累积,使得政策的作用在国家和国际层次变得越来越重要。

三、各国创新和获益于研发国际化进程的能力差异很大

按照一种新的国家创新能力衡量尺度——贸发会议创新能力指数——这种差距显然正在随时间而加大(见表6)。发达国家属于高能力组,中国台湾省、韩国和新加坡以及一些东南欧经济体和独联体国家也属于这一类。中能力组包括其他转型经济体、资源丰富和新兴工业化经济体的大多数以及两个撒哈拉以南非洲经济体(毛里求斯和南非)。低能力组包括多数撒哈拉以南非洲国家和若干北非、西亚和拉美国家。在发展中国家当中,东南亚和东亚是创新能力的龙头,而拉丁美洲和加勒比地区的地位随时间出现下降,被北非和西亚超在了前面。

表6　贸发会议创新能力指数区域未加权平均值

区　　域	1995	2001
发达国家(不包括欧盟新成员国)	0.876	0.869
欧盟新成员国	0.665	0.707
东南欧和独联体	0.602	0.584
东南亚和东亚	0.492	0.518
西亚和东非	0.348	0.361
拉丁美洲和加勒比地区	0.375	0.360
南亚	0.223	0.215
撒哈拉以南非洲	0.157	0.160

资料来源:贸发会议《2005 年世界投资报告:跨国公司与研发国际化》,表三.6。

一个国家的创新能力与作为东道国而对跨国公司研发活动的吸引力直接相关,也同获益于此种研发的能力直接相关。在国外开展研发活动的质量取决于东道国的本地能力。这也适用于由此而来的外部效应,也

就是说,要看本地企业和机构在何种程度上能够通过接触来吸收和学习研发方法和技能的最佳做法。研发是否能随时间的发展而深化,能够在何种程度上向各种不同的活动扩散,是跨国公司与本地行为者之间在东道经济体内互动进程的结果,而这一进程又反过来受到东道国的体制框架和政府政策的影响。

四、跨国公司是全球研发的驱动者

全球研发开支在过去的十年中迅速增长,2002年约达6770亿美元。这一开支高度集中。此种开支最大的头十个国家以美国占首位,占了世界总额的4/5以上。在前十位中,只有两个发展中国家(中国和韩国)。但是,发达国家的份额从1991年的97%下降到了2002年的91%,而发展中亚洲的份额从2%增加到了6%。与此相似,创新产出(按照核准的专利数目衡量)也有增长。例如,在1991－1993年和2001－2003年这两个时期,发展中国家、东南欧和独联体向美国专利和商标局提出的外国专利申请从7%跃升到了17%。

跨国公司是这一进程中的主要角色。一项保守的估计是,跨国公司占全球研发开支的近半数,占工商研发开支(估计为4500亿美元)的至少2/3。在一些个别经济体,这些份额还要高得多。事实上,一些大型跨国公司的研发开支高于许多国家的研发开支(见图3)。2003年研发开支超过50亿美元的跨国公司有六家(福特汽车、辉瑞制药、戴姆勒－克莱斯勒、西门子、丰田和通用汽车)。相比之下,在发展中经济体当中,研发总开支接近或超过50亿美元的只有巴西、中国、韩国和中国台湾省。世界上研发开支最大的公司集中于少数产业,主要是信息技术硬件、汽车、制药和生物技术产业。

跨国公司的研发活动日趋国际化。这一趋势对于所有母国来说都是显而易见的,但它们的起始水平不同。就美国跨国公司而言,其拥有多数股权的外国子公司在这些跨国公司全部研发中所占的份额从1994年的11%增长到了2002年的13%。在20世纪90年代,德国跨国公司建立的国外研发单位比过去50年都多。瑞典跨国公司全部研发中的国外份额在1995年到2003年期间从22%增加到了43%。

在研发国际化扩大的过程中,外国子公司在许多东道国的研发活动

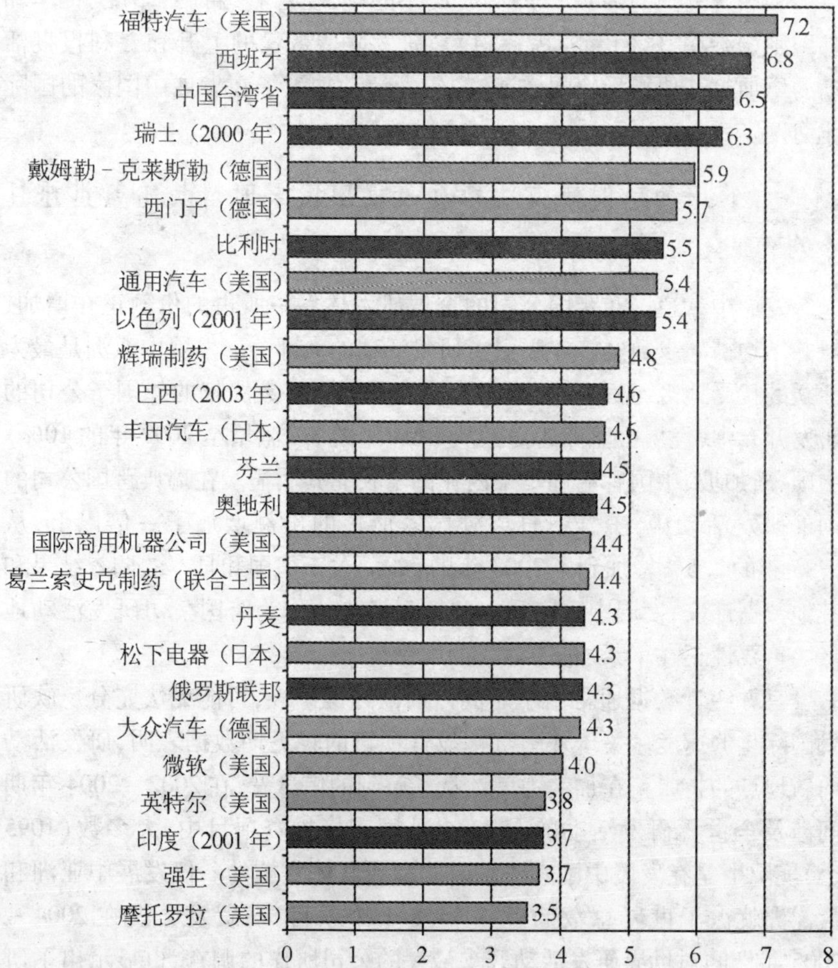

图3　2002年若干跨国公司和经济体的研发开支(单位:十亿美元)

资料来源:贸发会议《2005年世界投资报告:跨国公司与研发国际化》图四.1。

中发挥了较为重要的作用。在1993年到2002年期间,全世界外国子公司的研发开支从大约300亿美元攀升到了670亿美元(即从全球工商研发的10%升至16%)。虽然发达东道国的增幅相对不大,但在发展中国家却相当突出:外国子公司在发展中世界工商研发中的份额在1996年到2002年期间从2%上升到了18%。在2003年,外国子公司占爱尔兰、匈牙利和新加坡全部工商研发的半数以上,占澳大利亚、巴西、捷克共和国、瑞典和联合王国的约 40%。形成反差的是,在智利、希腊、印度、日本和韩国则始终在 10% 以下(见图 4)。研发联盟数量的上升和专利报批活动的增加等其他指标也同样证实,研发活动加大了在发展中国家的国际化力度。

五、跨国公司的研发活动在发展中国家的增长尤为迅速且不均衡

发展中东道国在跨国公司的全球研发体系中所占的份额正在增加,但并不均衡。少数经济体吸引了研发活动的大部分。发展中亚洲是最为活跃的接受地区。例如,在美国跨国公司拥有多数股权的外国子公司的研发开支中,发展中亚洲的份额从 1994 年的 3% 激增至 2002 年的 10%。中国、新加坡、中国香港和马来西亚的增长尤其明显。在瑞典跨国公司的国外研发活动中,美、欧、日以外国家所占的份额增加了一倍以上,从 1995 年的 2.5% 增加到了 2003 年的 7%。关于德国和日本的调查结果和其他数据证实,发展中国家和一些转型经济体作为跨国公司研发活动地点的重要性正在不断加强。

官方统计数据通常由于时间差而缺乏准确性,可能无法充分反映研发国际化的速度。关于外国直接投资项目的较近期数据表明,研发活动向新地点的扩张正在加大力度。从了解到的信息看,在 2002 - 2004 年期间涉及全世界研发活动的 1773 个外国直接投资项目中,大多数(1095 个)实际上是在发展中国家或东南欧和独联体实施的。仅发展中亚洲和大洋洲就占了世界总数的近一半(861 个项目)。贸发会议在 2004 - 2005 年期间对世界研发活动开支最大的公司所作的调查,也显示出了研发活动新地点的重要性正在不断提高。所调查的跨国公司有半数以上已经在中国、印度或新加坡开展研发活动。在东南欧和独联体,作了答复的公司提到的作为研发活动东道地点的唯一重要目标经济体是俄罗斯联邦(见图 5)。

在同一项调查中,高达 69% 的公司说,国外研发的份额将会增长,只有 2% 的公司表示了相反的估计,其余 29% 的公司预计研发国际化的水平保持不变。在以日本和韩国为基地的公司当中,这种走势显得特别有力,这些公司直到最近都还没有实行任何大范围的研发活动国际化。例

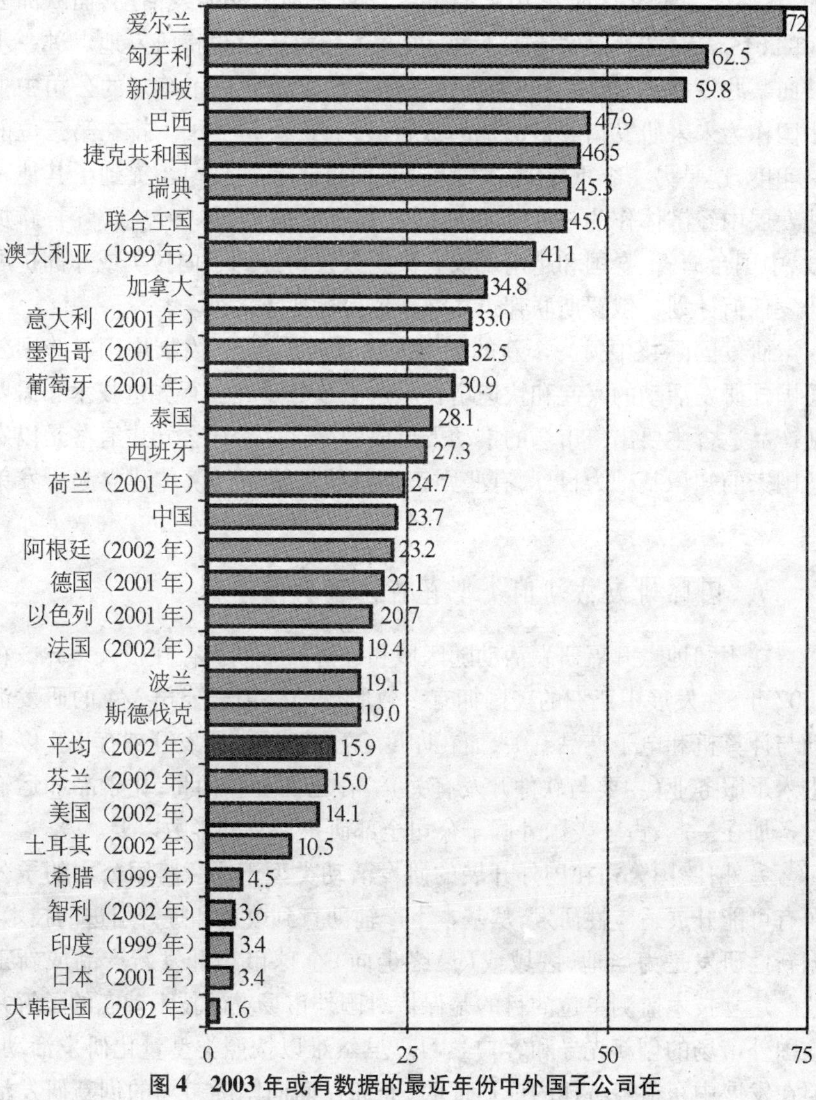

图4　2003年或有数据的最近年份中外国子公司在若干国家工商研发中的份额(百分比)

资料来源:贸发会议《2005年世界投资报告:跨国公司与研发国际化》,图四.5。

注:对阿根廷、智利、以色列、韩国和墨西哥,使用美国拥有子公司的研发开支代替所有外国子公司的研发开支。对印度,使用外国子公司在全部研发开支中的份额代替其在工商研发开支中的份额。

如,在抽样的十家日本公司中,有九家计划增加国外研发活动,而欧洲公司的61%表示有此种意向。另外,被调查公司还设想将研发地点进一步转向某些发展中、东南欧和独联体市场(见图6)。作了答复的公司中把中国作为未来研发拓展目的地的数目最多,接着是美国。排在第三位的是印度,这是另一个重要的研发活动新地点。有些公司还提到了其他一些发展中经济体作为进一步开展研发的可能地点,其中包括韩国、新加坡、中国台湾省、泰国和越南。仅有极少数公司提到了向拉美或非洲扩展研发任何计划。俄罗斯联邦也在前十位目标地点之列。

研发国际化中另一个新的和引人注目的趋势是,发展中国家跨国公司国外研发活动的兴起和快速增长。这一趋势是在获得先进技术和需要使产品适合主要出口市场的推动下形成的。这些跨国公司中有些是以发达国家的知识基础为目标,有些则正在其他发展中经济体建立起研发单位。

六、国际研发活动的类型在各区域有所不同

在不同地点开展研发活动随区域和经济的不同而存在很大差异。在2002年,在发展中亚洲的美国拥有多数股份的外国子公司3/4的研发活动与计算机和电子产品有关,而在印度,这些公司的研发开支有3/4以上进入了服务业(主要与软件开发有关)。在巴西和墨西哥,化学品和运输设备加在一起,占了美国外国子公司全部研发活动的半数以上。

另外,跨国公司在国外开展的研发活动类型不同。跨国公司的子公司有可能开展适应性研发,从基本生产辅助直到改造和提升引进的技术。创新性研发是为当地、区域或(最终走向)全球市场开发新产品或新工艺。建立技术监测单位的目的是保持对国外市场上的技术动态的了解并向国外市场的创新先导和客户学习。虽然难以按照类型量化研发活动,但在发展中东道经济体的证据证明,亚洲在面向国际市场的创新研发活动中占主要地位。中国、印度、大韩民国和中国台湾省等亚洲经济体的研发活动在跨国公司全球研发网络中的重要性与日俱增。这方面的例子有,泰国的丰田亚太技术中心、中国的摩托罗拉研发网和印度班加罗尔微软第六全球研究所。在开展的创新研发活动中,有些是前沿性的。半导体产业就是一个例子。这是最早将生产移向发展中国家的产业之一,也

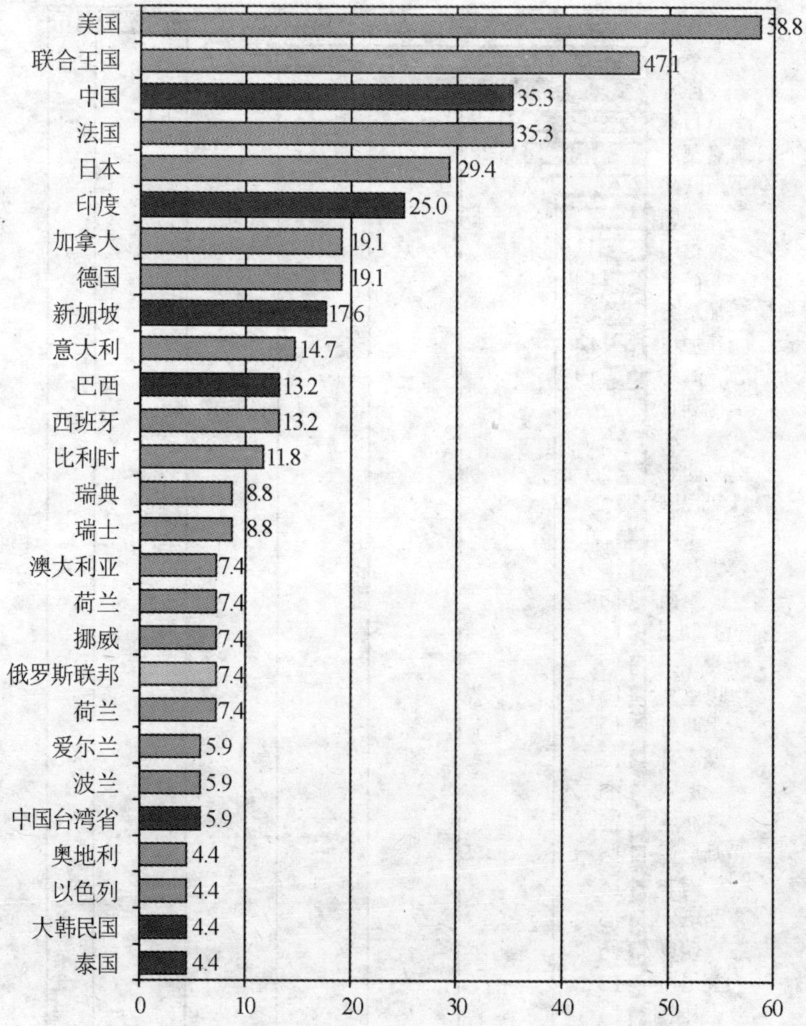

图 5　贸发会议调查中的当前研发国外地点，2004 年（百分比）

资料来源：贸发会议《2005 年世界投资报告：跨国公司与研发国际化》，图四.8。

是最先将先进设计移向某些亚洲发展中经济体的产业之一。有些设计是外国子公司完成的，有些则由当地公司完成。例如，大韩民国和中国台湾省的一些公司以及少量中国和印度公司现在已处在了设计工程的技术前沿。

跨国公司到目前为止在拉丁美洲和加勒比区域定点的研发活动有

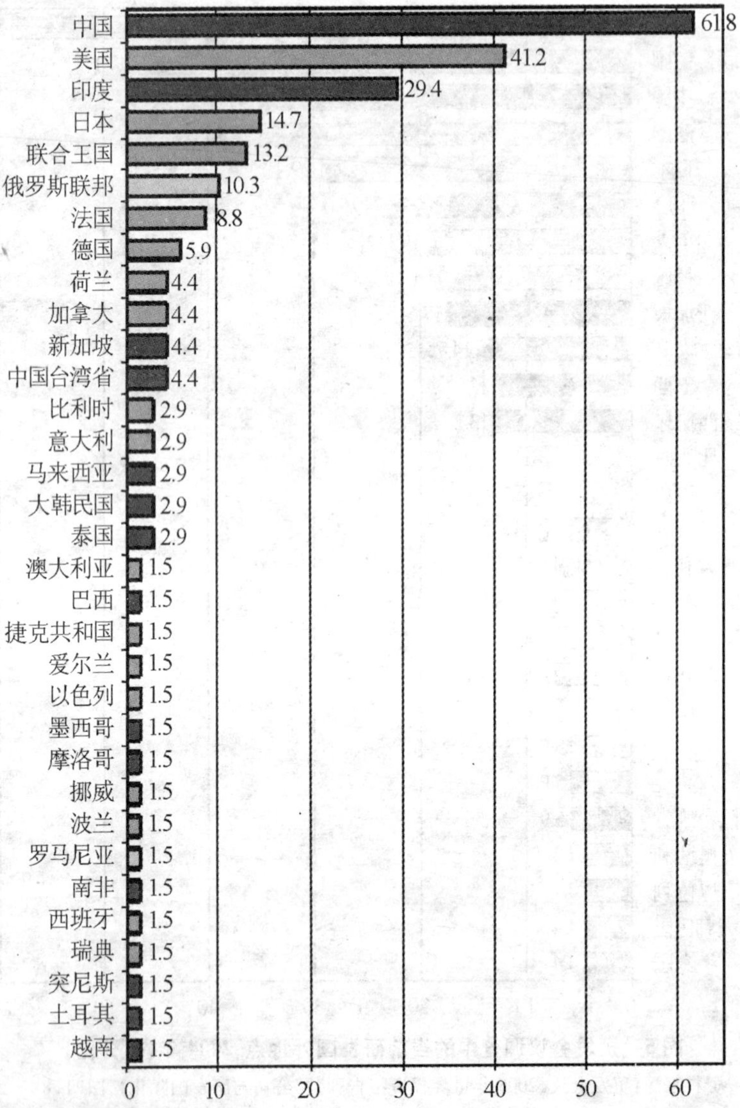

图 6　贸发会议调查中最具吸引力的未来研发地点，2005－2009 年（答复百分比）

资料来源：贸发会议《2005 年世界投资报告：跨国公司与研发国际化》。图四.11。

限。拉丁美洲和加勒比地区研发密集型活动的外国直接投资相对很少，而在外资研发活动中，所开展的研发主要限于使技术和产品适应当地市场，这在拉美被称为“热带化”。但在巴西和墨西哥则存在着一些重要的例外。在非洲,外国直接投资的研发含量一般很低,几乎不存在跨国公司的研发活动,也有某些国家例外,如摩洛哥和特别是南非。其中的部分原因是国内研发能力薄弱,在很多情况下缺乏能够创造足够刺激力推动投资者将资金投入研发的体制机制。

在一些欧盟新成员国,外国子公司已经成为重要的研发角色。外国子公司在捷克共和国、匈牙利和波兰开展的研发活动通常与制造业有关,主要是汽车和电子产业。有些外国子公司也为地区或全球市场开展"创新性"研发活动。

七、国际研发活动进程受到新的推拉因素驱动,也受到扶持性技术和政策的促进

需要使新产品和新工艺适应主要东道国市场,这始终是跨国公司研发活动国际化的一个重要动因。相关文献都普遍提到需要利用国外的知识中心获取新技术,雇用有技能的专业人员和监测竞争者的活动。但是,跨国公司在若干发展中东道经济体内研发活动的近期激增,也反映出力图降低成本,利用这些地点不断扩大的人才库的用意。可以把这看作是跨国公司生产网络全球化必然的下一步骤。这类似于面向出口的制造业和基于信通技术的服务业经历过的国际重组,跨国公司在这个重组过程中力求通过利用不同地点的强项提高自己的竞争力。

研发活动向美、欧、日以外新地点的国际化是由多种推拉因素之间复杂的互动关系所驱动的。就推动因素而言,竞争的不断强化、发达国家研发成本的上升和工程、科技人力的短缺以及研发活动复杂性的不断提高,增强了研发工程专门化和国际化的必要性。就拉动而言,以低成本获得科学和工程技能和人力的可能不断加大、制造过程正在向全球化发展、一些发展中国家有着庞大和迅速扩张的市场,这些因素提高了这些国家作为新地点的吸引力。一些发展中国家和东南欧及独联体的经济体具有不断扩大的人才库,在这方面尤其是在科学活动方面十分重要,对于在母国无法找到足够技能人才的公司来说更是如此。近几年来,发展中国家和转型经济体高等教育的招生人数激增。在2000-2001年期间,中国、印度和俄罗斯联邦几乎占全世界所有高校技术专业类学生的1/3。另外,有更多的科学人员和工程人员留在或回到中国和印度为外国子公司或当

地企业从事研发工作,或开始自办企业。例如,在班加罗尔,大约35000名非常住人口的印度人最近从美国返回,带来了所掌握的培训和工作经验。发达国家和发展中国家现在都在实行新的政策措施从国外吸引技能人才,这反映出人力资源因素的重要性正在不断提高。

通信技术不断改进并降低成本,新的研究方法有利于研发的进一步“分解”,有关世界各地研究能力的信息不断完善,这些因素也促进了研发活动的国际化。与此同时,东道国投资环境的总体改善对于创建一个扶持性更强的框架作出了贡献。例如,重要的政策发展动态涉及到知识产权保护、国家研究活动的改革、基础设施开发、针对与研发相关的外国直接投资的投资促进活动以及研发鼓励措施。

研发国际化的当前趋势将会继续下去,这有一些基本原因。第一,公司受到的竞争压力仍会极大,迫使它们进一步创新。第二,由于技术变革迅速,研发活动需要加强灵活性,这就需要有大量多种专门化的研究人员,因此也就必须把研发活动放在此种研究人员集中的地点。第三,许多发达国家的人口老龄化可能会造成专业人员和掌握最新技能的人员不足,迫使跨国公司到其他地方寻求新人才。第四,通过本地企业和机构参与的累积学习过程,参与研发国际化的发展中国家将逐渐提高自身能力以开展更多的研发活动。但在目前看来,只有在中国和印度带领下的少数发展中国家和东南欧及独联体的若干经济体能够真正符合参与国际化的条件。

八、研发活动对东道国和母国都具有重要影响

知识的创建是经济增长的一个驱动力,但没有任何一个国家能够单独生产保持竞争力和持续增长所必要的全部知识。因此,各国都有接入国际创新网络的急切意愿。与研发活动相关的外向和内向外国直接投资是实现这一点的两种途径。研发国际化为发展中国家开辟了新的机会,可借以获得技术,生产高增值产品和服务,开发新的技能,通过向本地公司和机构溢出的效应培养创新文化。投入研发的外国直接投资能够帮助各国加强自身的创新体制,提升产业和技术,帮助它们发挥要求更高的职能,操作更先进的设备,生产更复杂的产品。

同时,这些好处并不会自动出现,而且也有发生副作用的可能。接纳

研发外国直接投资的经济体主要关注的问题涉及到,外国直接投资接管国内企业可能会使现有的研发活动萎缩,与跨国公司开展研发领域协作的当地企业和机构可能得不到公平的补偿,为了吸引与研发有关的外国直接投资而出现“冲底让利”的竞赛,以及跨国公司的不道德行为。另外,跨国公司与东道国政府之间也可能发生紧张,因为跨国公司可能会力图保留专有知识,而东道国政府则会力求尽可能扩大溢出效应。

对东道经济发展产生影响的一个关键决定因素是吸收能力。的确,国内企业和技术机构的技术能力不仅是吸引研发活动的必要条件,而且也是获益于研发活动外溢影响的必要条件。其他的决定因素包括,开展的研发活动类型和研发活动是否与生产活动相挂钩。跨国公司与东道发展中国家本地企业和研发机构之间的互动越多,本国的创新体制就越先进,东道经济体受到积极影响的可能性也就越大。

研发国际化也会对母国产生影响,无论是发达国家还是发展中国家。这能够帮助一个国家的跨国公司获得战略资产和新技术,以低价格得到独特的知识,加强其研发活动的专业化,降低成本,增强灵活性和扩大自己的市场份额,从而提高这些跨国公司的竞争力。通过向外延伸,跨国公司竞争力的提高往往会对母国经济产生积极影响。在国外开展的研发活动能够为母国经济创造机会和产生外溢效应,有利于本地企业和整个母国经济。与此同时,研发的跨国扩张可能会在母国引起担忧,尤其是担心会发生就业流失的风险。这些担心与关于服务业外移的辩论中提出的关注相似。研发国际化是一种新的趋势,任何评估都只能是尝试性的。但是,施加保护主义压力去限制研发活动向海外扩展看来确实不能有效解决这些担忧,因为这种办法会破坏一国企业的竞争力。相反,将这个国际化进程转化为东道国和母国双赢局面的关键是,应当实行增强特定创新能力和国家创新体制职能的政策。

九、研发活动需要在国家层次采取适当的对策

企业是创新的主要执行者。但是,企业并不是孤立地创新和学习,而是在与竞争对手、供货商和客户、公共研究机构、大学和其他知识创建机构如标准和度量衡机构互动的过程中创新和学习。而这些互动的性质又反过来由周围的体制框架所决定。创新在其中发生的复合网络通常被称

为“国家创新体制”。这个体制的力度可受到政府干预的影响。

为了吸引对于研发的外国直接投资,获得研发活动可能产生的好处,避免可能的负面效应,需要处理一些政策和体制问题。首先要做的是,建立起一个促进创新的体制框架。特别需要对四个方面给予政策上的注意:人力资源、公共研究能力、知识产权保护、竞争政策。为保证充分提供有恰当技能的人力资源的努力,涉及到教育政策——尤其是在高等教育层次——和从海外吸引专业人才的措施。为了使公共研发对于国家创新体制作出有效贡献,就必须与企业的研发挂钩,公共研究机构就必须促进新兴公司的设立。如果一个地点的知识产权制度较为有效,就能增加对于开展研发的吸引力,但有力的知识产权制度并不一定是跨国公司对研发投资的先决条件。摆在面前的政策挑战是,应当落实一种体制鼓励创新和帮助从此类活动中获取更多的好处,尤其是在此种活动涉及跨国公司的情况下。同时,为了兼顾生产者和消费者的利益,对知识产权的保护需要用适当的竞争政策加以补充。

在这些方面开展的努力应反映出每个国家的比较优势和技术专门化,反映出一个国家所计划的发展规划。对于促进所需要的外国直接投资形式和影响而言,外国直接投资政策也极其关键。这方面的选择性政策可包括与科技园区联系在一起的专项投资促进办法、业绩要求和鼓励措施。

在一个国家通过跨国公司研发国际化获益的战略中,投资促进机构可发挥重要作用。这种机构有可能发挥两种基本职能。第一种是宣传和推销现有的投资机会,例如,在认真评估地点的强项和弱势和充分了解相关的当地决定因素的基础上采用专项促进办法。如果一个地点不大可能提供吸引跨国公司研发活动所必要的条件,投资促进机构可转而侧重于政策咨询职能,请有关的其他政府机构注意对于使一个地点改善获益于跨国公司研发活动的条件具有重要意义的问题。

贸发会议开展的一项投资促进机构全球调查发现,接受调查的多数机构都已经把对于研发的外国直接投资定为了自己的目标。发达国家的大多数投资促进机构积极地促进研发活动的外国直接投资(79%),而设在发展中国家的投资促进机构中开展这方面工作的有46%。亚洲和大洋洲投资促进机构的这方面比例最高(94%)。非洲的多数投资促进机构对此积极,而拉丁美洲和加勒比地区的投资机构相反,比例只有11%。

最后,政府需要注意采用重点更为突出的政策促进国内企业的发展,特别是实行专门的特定产业政策和中小企业政策。教育、科技、竞争和投资政策的各项目标是可以互为增强的。无论一国是通过促进内向外国直接投资、外向外国直接投资、技术许可证、引入技能,还是通过任何其他方式与全球网络衔接,所采取的政策必须与增强国家创新体制的努力相一致。国家创新体制越强大,吸引跨国公司的研发活动和获益于此种研发带来的外溢好处的可能性就越大。从本质上说,所实行的政策需要成为旨在增强竞争力和促进发展的大战略的一部分。

注重政策协调,的确可能是从那些现在正成为跨国公司知识网络中较重要节点的发展中国家学到的最重要教益之一。多数这些国家的起点是一种远见,看到了如何使经济向较高增值和以知识为基础的活动发展的方向。一些亚洲经济体取得了成功并不是巧合,而是采取了连贯一致和目标明确的政府政策以加强能够促进创新和知识流入总体框架的结果。这些国家都通过某种形式(和在不同程度上)积极争取从海外吸引技术、专门知识、人力和资本。这些国家都对人力资源进行了战略性投资,而且一般都特别侧重科学和工程技术,都为研发活动进行了基础设施开发投资(如科技园区、公共研发实验室、孵化器),在吸引外国直接投资进入专项活动的总体战略当中使用了业绩要求和鼓励措施,并战略性地实施了知识产权保护政策。

对于处在贸发会议创新能力指数低端的许多发展中国家而言,抱有跨国公司研发活动大量流入的任何期望在短期内是不现实的。但是,这并不能成为不采取行动的一种理由。相反,各国应考虑如何启动一个推动经济和技术升级的进程。建立创新能力是一种取决于走什么道路的长期任务。对于后起者来说,必要的第一步是快速启动一个旨在加强国家创新体制的进程。

对于母国来说,当前的走势突出表明,需要更多地依靠创建、传播和利用科技知识促进增长和提高生产力。母国不应当把研发国际化看作是一种威胁,而是应当抓住由此而产生的机会。必须探索新的途径与新的研发地点开展协作(例如执行联合研究方案和认真注意外包和与研发相关的外向外国直接投资的益处和代价)。各国还应当努力消除国家创新体制中的瓶颈和“体制惰性”以便为获益于研发国际化改善条件。各国在自己掌握了竞争优势的领域内还可能需要加强专门化,增强现有的世界级专才中心和建立新的此类中心。

十、研发活动还要考虑到国际层次的发展动态

国家层次的政策制定还需要考虑到各种层次的国际投资协议动态。许多国际协议对于研发活动的投资给予了特别注意。主要的问题涉及到研发相关外国直接投资的准入和开业、研发业绩要求的处理(是加以限制还是明确允许)、鼓励研发活动投资的激励办法以及主要人员的流动。

一般而言,国际投资协议都确认,促进研发外国直接投资的政策十分重要。虽然多数国家欢迎对研发活动的外国直接投资,但很多政府并不允许外国公司利用某些类型的公共研发支助。许多双边协定还明确规定,政府可以任意实行研发业绩要求,以此作为接受优惠待遇(如某种鼓励措施)的一个条件。有少数协定禁止在研发领域使用强制性业绩要求。

多数国际投资协议没有专门保护研发相关外国直接投资的条款,而是对外国直接投资实行一般性保护。相关的条款包括投资的定义、研发活动收益的自由转移和对外国投资者实行国民待遇和最惠国标准。

在国际层次和按照国际条约规定的起码标准保护知识产权,对于研发相关外国直接投资的关系特别重大。这一领域中最为重要的文书是世贸组织《与贸易有关的知识产权协议》(《涉贸知识产权协议》)。双边和区域层次的一些近期协定扩展了《涉贸知识产权协议》规定的起码标准。在这些文书中列入知识产权保护的目的是鼓励专有知识的开发,但在同时也限制了各国在与研发活动直接相关的一个领域内的政策空间。因此,对于发展中国家而言,必须了解和利用《涉贸知识产权协议》中包含的灵活性。另外,为了以有利于发展的方式落实知识产权,显然还需要提供更多的技术援助。

有些国际投资协议还鼓励母国支持加强发展中国家的国家创新体制,促进对发展中国家的研发相关外向投资。另外,科技和创新领域的国际合作协议,通过便利信息流动,建立联盟关系,集中财力资源,改善知识产权准入,牵线搭桥和建立民营——公共伙伴关系等方法,有助于为研发

国际化建立起扶持框架。

但是,目前也存在着为促进发展中国家制定政策和强化创新体制开展更多合作的余地。一个关键领域是人力资源的开发。国际社会可在这一领域内发挥更为积极的作用,例如支持加强当地的教育基础设施,在发达国家为发展中国家提供教育机会。母国可允许发展中国家使用和向其提供制定标准和评估质量的检测设备以便协助制定技术标准和建立认证体系,从而帮助改善体制框架。在落实知识产权保护制度和发达国家与发展中国家开展机构间研发协作方面,也可采取类似的步骤。

国际层次的政策,对于发展中国家制定研发政策和创造条件获益于跨国公司研发活动国际化的能力,有着直接的影响。

(执笔:马岩)

加强国际合作解决人类发展不均衡问题

——联合国开发计划署《2005 年人类发展报告》摘编

《2005 年人类发展报告》是联合国开发计划署于今年 9 月份出版的关于人类发展的一份报告。报告回顾了过去十年人类发展的成就,展望了未来十年人类发展的前景。报告指出,人类发展在过去十年取得了一定成就,但人类发展在 21 世纪面临的严重分化并没有得到根本改善,有些方面甚至还有所恶化。报告指出了解决人类发展面临的严重分化或不均衡问题的重要意义,并指出了解决人类发展不均衡问题的途径。报告指出,解决人类发展的不均衡问题,关键在于加强人类发展国际合作的三个支柱:发展援助、贸易和安全。发展援助方面,要增加其数量,提高其质量;贸易方面,要加强贸易与人类发展的联系;安全方面,要努力防止暴力冲突。

一、人类发展现状

自第一个《人类发展报告》发表以来,人类发展已取得了许多成就。总体来说,发展中国家的人民现在变得更健康了,受到了更好的教育,贫困状况也有所减少。从 1990 年起,发展中国家的平均预期寿命已增加了两岁,每年儿童的死亡人数减少了 300 万人,失学儿童的人数减少了 3000 万人,有 1.3 亿人摆脱了极度贫困。这些人类发展的成就不应被低估。

但是,成就也不应加以夸大。在 2003 年,有总人口达 4.6 亿人的 18 个国家,其"人类发展指数"比 1990 年还低——这是前所未有的倒退。在全球经济日益繁荣的情况下,每年有 1070 万儿童活不到他们 5 岁生日那一天。并且有 10 亿人靠每天不到 1 美元苟延残喘。

全球一体化使国与国之间的相互联系更加紧密。从经济上讲,人民和国家间的距离正在迅速缩小,然而从人类发展的角度讲,各国之间在收入和生活机会上的差距不仅存在,而且不均衡状况在有些情况下还在不断扩大。

21世纪伊始,我们就生活在一个分化的世界中。分化的严重程度向全球人类社会提出了严峻的挑战。

改变这种状况无论对富国还是穷国都是有利的。缩小使人类社会陷于分化的财富和机遇上的沟壑,并不是一场有些人必须输,其他人才能赢的零和游戏,恰恰相反,它将有助于建立共同的繁荣,并巩固我们的集体安全。

预期寿命上的差距是所有不均衡现象中最根本的一种。今天,生活在赞比亚的有些人活到30岁的可能性还不及1840年生于英格兰的人。而这种差距还在扩大。

再没有别的指标比儿童死亡率更能说明人类发展机会的差异了。从全球来讲儿童死亡率是在下降,可是下降的趋势在减缓,而穷国和富国在这方面的差距正在拉大。根深蒂固的人类发展不均衡是问题的症结所在。

有关全球收入分布走势的争论愈演愈烈,但对不均衡的绝对规模却很少进行公开辩论。世界上最富有的500人的收入总和大于4.16亿最贫穷人的收入总和。除了这些极端现象以外,另有25亿人每天靠不到2美元度日,他们占到世界人口的40%,而他们的收入只占全球总额的5%。占世界人口10%的最富有的人,几乎都住在高收入国家,其收入占全球总额的54%。

很明显,全球极度不均衡的一个自然结果就是:只要将顶端人群的收入稍稍挪一点给底端人群就可产生巨大的扶贫效应。我们利用全球收入分布的数据可以推算出,要使10亿每天生活费不到1美元的人跨越极度贫困线的门槛,需要3000亿美元。这个数目仅仅是占世界人口10%的最富有人收入的1.6%。当然,这个数字只说明了一种静态的资金转移。要持续地减少贫困,需要有一个动态的进程,贫穷的国家和人民可通过这个过程找到他们摆脱极度剥夺的道路。但是在我们这个严重不均衡的世界里,多一点公平就可为减少贫困和实现千年发展目标产生强大的催化作用。

当前全球人类发展的轨迹对实现千年发展目标具有什么含义呢?为研究这个问题,我们采用各国的数据,试图推算与千年发展目标中的一些主要目标相对照,到2015年我们的世界会是什么样。测算结果表明,如继续在目前的道路上走下去,对发展中国家就会产生以下一些后果:

1. 在2015年,关于减少儿童死亡率的千年发展目标由于会多死440万儿童而不能实现,他们的死亡本可以避免。

2. 千年发展目标中关于将贫困人口减半的目标与测算结果的差距意味着2015年每天只能靠1美元生活的贫困人口将额外增加3.8亿人。

3. 千年发展目标中关于普及小学教育的目标按照现在的趋势将无法实现。在2015年将有4700万儿童仍被学校拒之门外。

在各国政府正在筹备2005年联合国峰会之际,对2015年事态的这个测算敲响了警钟。坦率地说,世界正在走向一个挂着严重预警牌的人类发展灾难,其代价将以可避免的死亡、失学的孩子和错失减贫良机来计算。这种灾难正如它可预测那样是可以避免的。如果各国政府严肃对待他们自己对千年发展目标的承诺,放弃墨守成规的作法,2005年的联合国峰会提供了为下一个十年制定一条新路线的机会。

二、为什么解决不均衡问题关系重大

正如本报告指出的,如果不能解决极度不均衡,则将阻碍千年发展目标的实现。在千年发展目标的许多具体目标上,贫穷和处于弱势的群体落到了后面。创造条件让穷人作为人类发展整体进程的一部分将对实现千年发展目标提供一个新的动力。

减少人类发展机会的不均衡是一项需要加以优先考虑的公共政策,它将有利于加快实现千年发展目标的进程。如果能消除20%最富有的人口与20%最贫困的人口之间在儿童死亡率上的差距,我们就能将儿童死亡人数减少几乎2/3,每年就可拯救600多万条生命——从而可让世界重新回到实现将儿童死亡率降低2/3的千年发展目标的轨道上。

更加均衡的收入分布将成为加速减少贫困的一个强有力的催化剂。如果不改进收入分布,撒哈拉以南非洲将很难实现在2015年使贫困人口减半的目标。

用全球收入分布模型来模拟各国的状况可以凸显减少不均衡对全球

减贫所能带来的潜在好处。利用这个模型预测表明,每天只能靠1美元维持生计的人民,如果在未来增长中所得份额增加一倍的话,到2015年,每天靠1美元维持生计的人数将会减少1/3,即2.58亿人。

这样的模拟演示表明,需要重新为公共政策制定方向。需要用更多的力量来改进公共服务的可得到、可享有和可承受性,并增加穷人在增长中得到的份额。

这一切并不是说在人类发展中实现均衡是一件容易的事情。极端不均衡的根源在于剥夺穷人的市场机遇、限制他们使用各种服务设施,而更关键的是否认他们的政治声音的那种权力结构。这些权力的剥夺对实现以市场为基础的发展和保持政治稳定是有害的,是实现千年发展目标的一个障碍。

三、国际援助要增加数量,提高质量

国际援助是在抵抗贫困的战争中最有效的武器之一。目前,这个武器没有得到充分的利用,瞄准的目标也不明确。改革国际援助体系是使实现千年发展目标的进程转入正轨的一项根本要求。

在一个威胁与机遇相互交织的世界里,援助是一种投资,是对共同繁荣、集体安全和共同未来的投资。今天投资规模不足,明天就将付出代价。

发展援助是《千年宣言》中提出的为发展建立新型伙伴关系的核心。和其它伙伴关系一样,新型伙伴关系的双方都要履行各自的责任和义务。发展中国家有责任创造能使援助产生最佳效果的环境。富裕国家则有义务兑现承诺。

为进行有效的援助,需要具备三个条件。第一,必须有足够的数量以支持人类发展的腾飞。第二,援助必须在稳定的和交易成本低廉的货币价值基础上提供。第三,有效的援助需要有"国家所有制"。发展中国家肩负着创造条件使援助产生最佳效果的主要责任。目前尽管援助的数量有所增加,质量也有所提高,但上面提到的三个条件却没有一个到位。

在签署《千年宣言》的时候,发展援助的玻璃杯中3/4是空的,而且杯子还在漏。今天装着财政援助的玻璃杯已接近五成满了,富裕国家用于援助的金额占国民总收入比重平均达到0.25%,尽管低于1990年,但自1997年起一直呈上升趋势,这是令人鼓舞的。

然而,即使预期的增长能完全实现,离达到千年发展目标需要的援助款额仍有一个很大的缺口。如果不能通过逐步增加援助来弥补资金的缺口,那么贫穷国家的政府就无法按照实现千年发展目标所要求的规模,对医疗、教育和改善福利状况及重振经济所需的基础设施进行投资。

尽管富裕国家已经公开承认了援助的重要性,可是他们的行动同他们许下的承诺还差很远。而且,援助国在实现援助目标方面缺乏良好的记录——一些主要的援助国未能从制定援助目标成功过渡到制定具体的、具有约束性的预算。

援助长期得不到充分资助,反映公众支出的优先安排出现了偏斜。集体安全正越来越多地依赖于消除造成贫困和不均衡状况的因素。可是每当富裕国家给援助投入1美元时,他们同时就给国防预算划拨10美元。

援助国已经认识到解决援助质量问题的重要性。协调工作正在改善,附加条件的援助正在减少。但是援助的投放仍然远远落后于所做出的承诺,以致打乱了消除贫困的财政计划。

附带条件的援助仍然是对旨在消除贫困的发展援助的一种最恶劣的滥用。在这类援助中,被援助国被迫同援助国提高交易成本和降低援助价值的做法打交道。

解决发展援助中的以上问题,应明确发展援助的新方向。援助国首先要尊重蒙特雷会议上的承诺,并按这些承诺展开行动。以下是几点关键要求:

1. 制定一个到2015年使援助额占到国民总收入0.7%比例的时间表(并且遵守这个时间表)。

2. 清理无法偿还的债务。

3. 终止附带条件的援助。

四、加强贸易与人类发展的联系

同援助一样,贸易有成为人类发展强有力催化剂的潜力。在适当的条件下,国际贸易能产生强劲的动力来加快实现千年发展目标的进程。问题在于人类发展与贸易相关的固有潜力受到了国家内部及国家之间存在的不公平规则与结构性不均衡的共同阻碍。

国际贸易是推进全球化的最强劲的发动机之一。贸易的模式已经发生了改变,发展中国家在世界制成品出口中所占的比重持续上升,有些国家正在缩小技术上的差距。但是结构上不均衡的局面仍然存在,某些方面还在扩大。在贸易领域中,正如在其他领域中一样,声称全球一体化正在促使穷国和富国趋同是言过其实。

从人类发展的角度来看,贸易本身不是一个目的,而是发展的一个手段。出口增长指标、贸易与国民总收入的比例、进口的自由化并不能等同于人类发展。出口方面的成就并不总能全面的改善人类的福祉,这就需要更加关注各国融入世界市场的条件。

更公平的贸易规则是会有帮助的,尤其是当它涉及到市场准入问题的时候。在大多数税收形式中,应用了一种简单的分级原则:你挣得多,就缴得多。富裕国家的贸易政策却把这个原则抛在脑后。世界上最高的贸易壁垒是针对一些最贫穷的国家而竖立的:贫穷国家向富裕国家出口时遇到的贸易壁垒平均要比富裕国家相互间出口时遇到的壁垒高 3 到 4 倍。

农业与此有特殊的利害关系。富裕国家的农业补贴正在破坏贫穷国家里小农赖以生存的市场,压低他们产品的价格,剥夺他们在世界贸易的好处中应得的份额。

在有些领域,WTO 的规则很可能系统地强化发展中国家所面临的劣势并使全球化的利益进一步向发达国家倾斜。WTO 在知识产权方面的规则具有双重威胁:它们既抬高了技术转让的成本,又潜在地提高了药品的价格,使贫困人群的公共健康面临风险。

但即便是最好的贸易规则也不能消除某些造成世界贸易中的不均衡现象的根本原因。这些根深蒂固的问题,如薄弱的基础设施和有限的供应能力,必须加以解决。

新的贸易结构的出现给实现更公平的农业贸易带来了威胁。连锁超市已经成为富国中农业市场的看门人,但是一些超市的购买惯例把小农业者排除在外,削弱了贸易与人类发展之间的联系。创造一种结构,以促进小农在更公平的条款下进入全球营销链,可使私营部门在全世界与贫困进行的斗争中扮演至关重要的角色。

强化贸易和人类发展的联系是一项长途拖运演习。多哈回合仍然有机会开始这项演习,并有机会树立基于规则的贸易体系的可信性和合法性。

计划于 2005 年 12 月举行的 WTO 部长级会议提供了解决某些最紧迫挑战的机会。尽管存在许多技术问题,现实呼唤建立一个使 WTO 规则为人类发展多提供好处,少带来损害的框架。指望多哈回合纠正规则中所有不和谐之处是不切实际的,但是它能为今后旨在将人类发展置于多边系统中心的几轮谈判搭建一个舞台。评价多哈回合成果的基准包括如下内容:

1. 大幅削减富国政府对农业的扶持和禁止出口补贴。农业扶持应削减到不高于产值的 5 - 10%,并立即禁止直接或间接的出口补贴。

2. 大幅降低针对发展中国家的出口壁垒。

3. 为失去优势的国家提供补偿。应该设立一个基金以减少弱势国家面临的调整费用。

4. 保护人类发展的政策空间。多边规则不应增加与国家减贫战略不一致的义务。发展中国家用以保护本国农业生产者免受富国补贴出口形成的不公平竞争的权利应在 WTO 规则中受到尊重。

5. 承诺避免在地区贸易协定里出现"WTO"附加协议的安排。一些地区贸易协定要求承担超出 WTO 规则的义务,重要的是不要让这些协定凌驾于基于减贫战略而制定的国家政策之上。

6. 重新把重心放在短期劳工流动的服务谈判上。在有关发展的谈判回合中,重点应放在创造使发展中国家的工人更容易进入发达国家劳动力市场的规则上。

五、暴力冲突是人类发展进程的障碍

1945 年,美国国务卿爱德华·R·斯退丁纽斯阐明了人类安全的两个基本组成部分以及二者的联系:"争取和平的战斗必须在两条战线上展开。第一条战线是安全战线,在这条战线上的胜利使自由替代恐惧。第二条是经济和社会战线,在这条战线上的胜利意味着富庶取代短缺。只有在两条战线上都取得胜利,才能保证世界具有持久的和平。"

对很多富国的人来说,全球不安全的观念与恐怖主义和有组织犯罪所产生的威胁相关。这一威胁确实存在,然而缺乏免于恐惧的自由在发展中国家却最为突出。贫穷和暴力冲突的交互作用,正大规模地摧残着很多发展中国家的生命,牵制着朝着千年发展目标前进的进程。如果不能结束这种交互作用,从而建立人类安全,将会产生全球性后果。在一个相互依存的世界中,暴力冲突的威胁不会限制在一些国家的疆界内,不论这些疆界受到怎样的重兵防护。贫穷国家的发展是保卫全球和平和集体安全战斗的前线。目前战斗计划中存在的问题是军事战略发展过度而人类安全战略发展不足。

冲突的本质已发生改变。对国与国之间的战争和超级大国争霸的恐惧已让位于对地区战争和局部战争的恐惧。这些战争主要发生在一些贫穷国家中的弱小或衰败的州。尽管就全世界来讲今天的冲突比 1990 年有所减少,可是发生在贫穷国家中的冲突所占的比重却上升了。

人们对人类发展为暴力冲突付出的代价,还没有足够的认识。尽管暴力冲突的直接影响周期性地在国际媒体上曝光,但是暴力冲突给人类发展造成的长期影响却是更为隐蔽的。

暴力冲突破坏营养和公共卫生系统,毁坏教育系统,剥夺人民的生计并且延迟经济的增长。按我们对 2005 年做的测算,经历过冲突的国家在偏离千年发展目标轨道的国家中所占比例异乎寻常的高。这些冲突付出的巨大代价使冲突自身成为一个案例,表明冲突的预防、冲突的解决和冲突后的重建是建立人类安全和加速千年发展目标进程的三项基本要求。

人类不安全和暴力冲突所提出的挑战,一部分可归咎于那些软弱、脆弱和濒临崩溃的国家。无法保护其人民使之免于安全风险,无法提供基本生活必需品,无法建立被公认为合法的政治机构,成为容易发生冲突国家的标准特征。政治领导能力是在有冲突倾向的国家中实施转变的必要条件,但不是充分条件。富裕国家需要帮助培养这些国家的领导能力。

援助的新途径是一个起点。援助国往往承诺在冲突后立即提供大批的人道主义援助,却不能继续在随后的几年里支持经济的复苏。

矿产和其它的自然资源的出口不会造成暴力冲突。小型武器也一样。但是矿产和其它自然资源以及小型武器的市场可以提供维持暴力冲突的手段。

支持地区能力的发展是富裕国家可以解决暴力冲突对人类发展构成威胁的一种最有效的方法。如果说预防是解决暴力冲突构成威胁的花费最有效的一条路径的话，那么抓住时机进行重建则是紧随其后的第二条路径。和平解决往往是发生新冲突的前奏，所有结束暴力冲突的国家中有一半在五年之内又起硝烟。为打破这种循环，需要政治和金融上的举措，包括提供安全的保障，监督重建，创造条件去发展竞争性的市场和长期的私营部门投资。这样的举措还不是经常能看到的。

千年发展目标为朝着“免于短缺的自由”前进提出了一个聚焦点，但是这个世界仍然缺乏一个扩大“免于恐惧的自由”的前后连贯的议程。目前迫切需要发展一个集体安全框架，该框架除了要对恐怖主义构成的威胁作出军事反应以外，还要承认贫穷、社会崩溃和平民间冲突构成了对全球安全威胁的核心组成部分。缓解这种威胁的关键措施包括：

1. 新的援助协定。作为实现援助占到国民总收入 0.7% 的目标的这一更广泛要求的一部分，援助国应该保证做出更大的提供援助的努力，通过承担长期的资助义务以提高援助的可预测性。

2. 在资源管理上要有更大的透明度。从事矿产出口的跨国公司应该提高透明度，因其作自然资源市场的参与方往往资助冲突并在某些情况下削弱了政府做出的努力。

3. 削减小型武器的流通。应削减对暴力冲突地区的小型武器供应。

4. 构建地区维和能力。对冲突地区应通过发展功能齐备的维和部队，增强维护地区稳定能力。

5. 加强国际上的连贯一致性。联合国秘书长的报告呼吁创建一个“国际和平委员会”，以便为集体安全的统筹规划提供一个战略框架。作为该规划的一部分，须建立一项全球基金，以便为冲突后的援助重建提供资金。

六、结论

本报告通过着重讨论国际合作的三个支柱，阐明了一些亟待解决的问题和导向成功的几个关键因素。毋庸置疑，作为一个全球社会，我们有办法去根除贫困，也有办法消除导致国与国分割及人民之间隔膜而深刻的不均衡现象。在《千年宣言》签署五年后，尚待解决的最根本问题就是各国政府是否有决心与过去决裂，并按照他们对这个世界的穷人作出的承诺而行动。对决策层政治领导人来说，推进人类共同利益的时刻即是此刻。

（执笔：郭义民）

联合国贸发会议《电子商务发展状况报告(2004 年)》摘编

一、信息和通信技术促进经济发展

(一)互联网的普及

2003 年年底,约 6.76 亿人用上了互联网,占全世界总人口的 11.8%。与2002 年底相比,增加了4950 万人,增长7.8%。目前,发展中国家互联网用户占全世界的 36%以上。从 2000 年到 2003 年,这一比例提高了将近 18 个百分点。但是,发展中国家的互联网用户主要集中在中国、韩国、印度、巴西、墨西哥等少数几个国家。这些国家占了发展中国家用户总数的 61.5%。全世界互联网的新增用户几乎 75%是在发展中国家。尽管发展中国家互联网的普及率有大幅度提高,但依然不到发达国家的 1/4。

2004 年 1 月,全世界联网主机总数达到 2.33 亿以上,比 2003 年 1 月的增长 35.8%,增速比 2002 年高一倍。截至 2004 年 6 月,全世界共有 5163.5 万个网站,比上一年增长 26.1%。从 2003 年 4 月到 2004 年 4 月,使用安全套接层协议(SSL 安全协议)支持安全交易的网站数量增长 56.7%,达到 30 万个。

Orbicom(教科文组织全球通信讲席教授网)为衡量全世界信息通信技术(ICT)的扩散、采用和效果情况,采用了一种综合评价方法,即信息状态指数。其评价指标体系不仅包含了与连接性和电子化就绪度有关的内容,而且包含了与 ICT 有关的技能以及个人和公司对这些技能的应用。信息状态综合了信息密度(现有的 ICT 资本和服务总量,包括网络和 ICT 技能)和信息使用情况(ICT 的采用情况和消费流量以及使用密度)这两个指标。统计方法的测算结果表明,ICT 最先进的国家与使用程度最低的国家(大多是亚非国家)之间存在着巨大差距,先进国家的信息状态指数达到200,而落后国家的指数只有5。虽然国际数字鸿沟似乎正在缩小,但这种缩小的速度很慢,而且主要是中等收入国家与发达国家的差距在缩小,那些处境最为困难的国家没有出现多大进展。虽然收入水平与信息状态指数之间具有正相关关系,但也存在着明显的例外:国内生产总值水平不相上下的一些国家在信息状态方面有可能差距很大。因此,选择不同的ICT政策会产生明显不同的结果。

(二)电子商务的增长

美国和欧盟的现有数据表明,虽然在线交易数量正在增加,但其增加的速度没有达到企业竞相与互联网连接的速度。

2002年美国企业之间的电子商务(B2B)约占所有电子商务的93%;B2B电子商务约占企业之间的全部商业交易的16.3%。虽然企业之间的总体交易量(电子商务与非电子商务)在2002年有所下降,但B2B电子商务的年增长率达到6.1%。对于企业与消费者之间的电子商务(B2C),2004年第一季度的销售量占全部零售额的1.9%,这一比例是2001年的近2倍。在截至2004年3月31日的年度里,美国B2C电子商务增长28.1%,而同期全部零售额仅增长8.8%。

2001年欧盟通过互联网实现的销售额达到860亿美元;电子数据交换和其他非互联网销售是互联网销售总额的4倍;二者合计,电子商务销售总额达到约4300亿美元。虽然一些发展中国家已经开始通过其官方统计系统收集ICT的指标,但这种数据在发展中国家之间或与发达国家相比的可比性不很高。这就要求国际社会采取集体行动,协调统计和测算方法,从而建立全球性的ICT指标数据库。联合国贸发会议(UNCTAD)秘书处发起了一场新的数据收集活动,以收集发展中国家的电子商务统计数据,每年以编发《电子商务与发展报告》形式予以公布。

二、互联网管理协调问题

(一)互联网管理协调的原则

2003年12月,在瑞士日内瓦举行的信息社会全球峰会所进行的讨论表明,国际社会对于互联网的管理协调问题看法不尽相同,对于如何做好互联网管理协调工作来促进发展,也是仁者见仁,智者见智。与会大部分发展中国家认为,这方面的现状没有很好地促进发展中国家的利益,需要改变。有的国家提出设立某种形式的政府间机制。例如有的国家对于少数国家支配互联网核心资源表示关切。建立在执行私人合同(主要由一国的本国法院来执行)基础上的法律机制不一定是处理国际公共政策问题的最恰当机制。一些国家认为,互联网是一种新的国际公用事业,它们感到没有在这一公用事业方面发挥其应有的作用。

关于互联网管理协调问题大致可归纳为两类问题:一是互联网作为全球公用事业的管理问题,二是人们使用这一公用事业而造成的国际治理问题。

对于可归入第二类的那些问题,国际管理协调办法已经存在,或者可以容易地制定出来。对于应采用何种水平的管理协调(从建立共识与开展合作到制定规则)以及应采用什么样的办法,所讨论的问题的实质是选择标准。

关于另一个问题,例如域名系统的管理和根服务器(root server)系统的运作,许多发展中国家对下述情况感到不安:在制定和实施政策的过程中,政府的影响力有限。目前较为急迫的一项重要任务是就互联网管理协调制度所必须服务的国际社会的利益达成共识,并就各国政府如何参与这一制度达成协议。虽然在讨论的这一阶段,提出具体的体制性建议为时过早,但最终建立协调机制应遵循如下原则:

首先,要确保互联网的服务能够继续保持稳定和高质量,防止互联网出现支离破碎局面,并维持迄今为止制定标准和政策的自下而上的模式。

第二,不大可能出现包治百病的灵丹妙药。尤其当技术和政策问题相互交织在一起的时候,这些问题要求在国际合作与协调的框架和网络内加以处理。

第三,与自上而下的主动性干预做法相比,逐渐演变更有可能产生结果。目前的制度是在很短时间内的结果,尚未达到所有利益相关者所能接受的成熟程度。

(二)互联网管理协调近期议题

信息社会全球峰会所通过的《行动计划》强调各国电子战略所起的重要作用,认为电子战略是推动发展中国家信息社会发展的关键性手段。《行动计划》还要求采取行动,促进ICT在所有国家面向发展的应用,特别是促进中小型企业使用ICT,用于促进革新,提高生产率,节约交易成本,以及减少贫困。在信息社会全球峰会的背景下处理这些问题,应有助于有关方面达成共识。借助于这种政策和环境,更多地采纳和使用ICT会导致更快更公平的经济增长。

现有的资料表明,ICT货物与服务的国际贸易近年来增长迅速,其增长的速度超过了国际贸易的总体增长速度,并且增长趋势依然强劲。然而,为了扩大ICT对于大多数发展中国家经济增长的有利影响,需要在国家和国际两级建立有利于应用ICT的环境。应当促进企业特别是中小企业采用ICT,也应为其发展创造便利条件。

为了更深入地处理信息社会所涉的经济方面问题,信息社会全球峰会第二阶段会议可以探讨下列问题的答案:

——ICT对发展中国家的经济前景有哪些正面或负面的影响?现有教训经验中有哪些值得借鉴和吸收?

——在使企业特别是中小企业通过使用ICT提高竞争力方面,哪些战略证明是有效的?

——怎样使用ICT促进发展中国家的中小企业参与国家和国际的供应链?

——ICT在企业和整个经济的层面上所带来的变化对劳动力市场有何影响?什么样的政策能够促进这些变化带来公平的结果?

三、电子商务与中小企业

在过去几年里,采用ICT的企业迅速增加,越来越多的公司与互联网连接。企业利用ICT进行内部的自动化,例如办公与生产程序的自动化,既用于客户关系与供应链的管理,也用于配送与后勤网络的管理。这些应用的程度有所差异,从最简单的设立公司网站,到将各种经营职能与互联网完全融为一体。后一种情况对于发展中国家的中小企业来说是重大的一步,要求具有管理和技术技能、组织结构的变化以及必要的投资,它们往往承担不起这样的费用。

ICT改变传统的经营程序,例如市场销售、采购、生产与库存控制、财务以及人力资源管理等。从发达国家的统计数据可以看出,虽然中小企业在通过电子商务提高生产率方面具有最大潜力,但实际生活中,规模较大的公司通常更多地采用ICT。但为了实现ICT的种种好处,公司也需要拥有良好的管理能力、技术能力以及革新能力,而这对发展中国家的中小企业来说似乎有些高不可攀。

总的来说,亚洲和非洲发展中国家的许多中小企业,特别是城市地区的中小企业已经与互联网连接,并大量用来与供应商和客户进行联系。但城市与乡村所存在的数字鸿沟往往把许多主要城市以外的中小企业排除在外。通常情况下,互联网的使用局限于企业的所有人或经理。研究表明,能否盈利对于中小企业是否愿意上网来说最为重要。尽管有好几项研究已经证明ICT的采用与企业的盈利/生产率的提高具有相关关系。但企业应用IC技术存在一个两难选择:一方面如果ICT的确能够对企业经营有所帮助的话,企业很愿意在相关硬件上投资或者上网;另一方面,它们如果没有上网或者应用其它ICT的话,它们也无法知道ICT应用的种种好处。UNCTAD与FUNDES(促进拉丁美洲中小企业可持续发展基金)联合调查拉丁美洲5国(智利、哥伦比亚、哥斯达黎加、墨西哥和委内瑞拉)中小企业使用ICT和互联网的详细情况。调查结果表明,在城市地区的企业中,使用个人电脑、互联网和ICT的情况很普遍,在使用互联网的基本方式(例如发送E-mail)方面中小企业之间没有明显的差距。但中小企业中更为复杂的应用,尤其是使经营程序实现自动化和一体化,则比较少。中小企业的电子商务依然少见,小公司更多地使用网上市场,而中型企业则使用公司网址(第三方的网址或自己的网址)进行网上销售。服务公司是使用ICT和互联网的最活跃的用户,其次是贸易业,而制造业则最少。这种情况与其他发展中国家的调查结果相似。究其原因,通过网络进行市场开拓和提供销售服务要求具备基本的互联网基础设施和设立网站,但制造业部门还更多地要求对供应和价值链管理等的系统进行一体化,因此服务业公司开展电子商务的难度相对较小,门槛也相对较低。

在发达国家和发展中国家,妨碍企业使用互联网的主要障碍十分相似。已经使用互联网的公司认为缺乏网络安全是最重要的问题,其次是上网速度慢和不稳定。另一个重要的发现是,许多公司不上网的主要原因不是缺乏技术技能,而是因为上网往往取决于管理人员的能力以及公司所有人对ICT的总体认识。

因此,接通互联网对于大多数企业来说不是重要的问题,即使联网速度通常很慢。更为困难的是使公司的各种经营职能通过使用ICT而实现充分的一体化,这对于发展中国家的中小企业来说尤为困难。调查结果还证实,随着时间的推移,所有公司在采用ICT时都会经历这样的过程,即先开始使用个人电脑,然后与网络连接并使用电子邮件,之后再建立自己的网页。但是,将互联网引入自己的经营活动(内部或外部的经营活动,包括电子商务)并不是自动发生的,较大的公司更可能使其经营程序自动化,而且自动化开展得也较早。

大多数中小企业没有一项确切的电子商务战略。设置更复杂的电子商务系统、内部网或外部网,并将它们与供应商和客户的电脑系统连接起来,这不仅需要技术和知识,而且也需要对必要的投资所带来的成本和效益进行扎实的分析,并且确信有理由进行这样的投资。不过,中小企业也具有优势,与大型公司相比,它们能够更快地(费用更低地)实施战略性和组织性的改变。在采用电子商务的问题上,这种灵活性能够使它们具有竞争优势。

需要在如下领域制定政策或加以改进:首先,中小企业需要能够获得可靠和费用较低的连接,通常拨号上网服务就足够了。因此,为了弥补城市与乡村之间的差距,重点应是提供普遍的优良的基本上网服务。当然,在这之后应是提供高速上网连接,以使各公司能够全面地实现电子经营活动的一体化。其次,完善互联网经济的法律和制度环境。第三,如果中小企业实现大幅度跨越,从简单的(低成本的)互联网使用,例如使用电子邮件和网络搜索,到建立电子商务系统,与其他客户和供应商的系统完全一体化,则需要另外的投资,并且需要必要的技术和管理技能,以规划和成功地实施电子商务战略。在这些领域,显然公共和私人机构能够为支持中小企业发挥重要作用。

对电子商务情况所作的调查还显示,考虑到现有的资料和统计数字,对一国之内的情况作出比较,即使像公司对互联网和电子邮件的使用或设立网址的情况这些简单指标进行比较,也是十分困难的。为了能够对ICT应用进行比较,有必要通过官方统计渠道连续地收集数据。换而言之,有必要建立定期搜集信息通信技术资料的官方统计渠道。

四、发展中国家面对的在线高等教育问题

在线高等教育是指通过互联网传播、接受和利用包括研究在内的高等教育。现在人们正在探讨并推动在线高等教育的发展,以便为国内和国际学生提供接受教育和使用技术的更多机会。在线高等教育也被用来推动ICT技能的发展,提供另外的收入(或另外的资金来源)以及提高机构和个人在国内和国际的竞争力。

例如,在印度,学生们能够通过互联网从英迪拉·甘地开放大学获得信息技术的学士学位。该大学作为远程教育提供者,正不断扩大现有的设施。它仅凭每年20万美元的预算,向1万名学生提供在线教育,一部分教学内容由本大学制定,另一部分由英国的一家提供者提供。

目前的在线高等教育市场仍然很小(与传统的面对面教育相比),并且十分分散(多种提供者和自行创办者,它们具有灵活性、创新性和多元性,但也制造了一些混乱)。在发达国家,在线高等教育地位比较稳固,那里有较强的教育体系、具有竞争力的市场以及ICT基础设施。这些国家也是重要的高等教育服务的出口国。在发展中国家,互联网正逐步引入到高等教育行业,但它只面向那些能够支付得起的人。在线教学计划集中于最受欢迎和在市场上有吸引力的专业领域(工商业管理、ICT、教育学),并且绝大多数教学是用英语授课。

世界各地都有像英迪拉·甘地开放大学这样的在线高等教育项目,在太平洋的小岛、非洲以及南美洲和其他地方都有。

在线高等教育五花八门,从完全的新型虚拟大学到传统的将互联网作为教育补充的传统机构,应有尽有。发展中国家教育机构所能够采用的在线高等教育战略包括:使教学计划适合当地的需求;充分利用其他机构的经验,例如在提供内容和技术或在承认文凭方面建立伙伴关系。

互联网强化了业已存在的教育发展趋势:越来越多地建立私人与公共部门的伙伴关系;私人公司参与教育;高等教育逐步国际化等。互联网还使得教育服务能够分块零售,从而提高了不同的提供者的专业化程度(这些提供者包括教师、信息技术提供商、媒体和内容制作者以及机构管理人)。更重要的是,互联网对现有的经营模式进行了革新,它提供了更多的可能性,使人们能够以各种方式利用教学软件和学习知识,并有针对

性地利用和再利用高等教育服务。互联网教育对现有的学术研究、出版模式以及现有的法律框架和做法提出了挑战,所涉及的问题包括质量保证、认证和承认措施以及知识产权等。

各国政府肩负着重要责任,必须克服财政、技术和发展方面的障碍,促进高等教育的发展。各国政府可以发挥关键作用,最大限度地发挥在线高等教育的潜力,特别是确保利用在线高等教育缩小而不是扩大数字鸿沟,并支持当地的需要和文化。在这方面报告提出了如下建议:扩大宣传,鼓励不同的利益相关者进行协作和对话;促进学习文化的产生;促进教育战略与ICT战略之间的协调一致;鼓励在高等教育中利用开放的技术和提供开放的教学内容;采取措施鼓励对在线学习和在线高等教育的投资,最大限度实现教育目标;发展透明的质量保证、认证和承认措施;监测并衡量经济、教育、社会效益和成本。

最后,在线高等教育能否成为发展中国家的一项可靠的选择,取决于潜在的财政机会,并取决于满足具体的教育和发展目标的总体能力。各国政府可以采取各种措施为在线高等教育成为可靠的选择而作出贡献,例如创造一种教育和政策环境使高等教育扩展到原先被排斥在外的学生,鼓励采纳有关的、适当的学习内容和程序,促进教育领域的革新和投资,并承认学生的需要和努力。

五、电子采购与发展电子商务能力

ICT,特别是互联网,创造了这样的可能,即可以对政府各部门的服务加以重组并结成网络,使它们更有效率、透明并便于用户使用。实现这种潜在效益的一个重要方式是开展电子采购,即政府部门利用互联网从私营部门采购货物和服务,并公布政府部门的需要,选择销售者,管理服务与履行合同并进行支付。

关于全世界的电子采购市场,尚没有完整的统计数字,但可以概括地说,政府通常是经济中的最大采购者,这个采购市场的价值对于国民经济具有重要意义。例如,据估计,经合组织国家各级政府的总采购额占这些国家1998年国内生产总值的约20%(4.7万亿美元),而对非经合组织国家而言,这个比例大约为14%(8160亿美元)。

虽然电子采购有可观的效益,例如降低了价格,减少了手续费用,但投资电子采购项目能够实现多少收益很难估测。一些早先采用电子采购方式的公司声称能够节省8-15%的成本,并且投资在一年内能产生效益。然而,随着战略性外包的做法开始成熟并且被考虑进来,能节省的费用开始减少。采用电子采购系统的用户能够最大限度地实现短期的效益,具体做法是限制最初的使用范围,先侧重于一些较小的类别(例如办公用品),并给予供应商便利(例如一旦收到发货通知即付款)。

电子采购的其他效益是在行政领域。电子采购透明地实施公共决策,有助于制止不遵守规定和腐败的现象;可以减少官僚主义(包括行政开支,或者说花在行政服务而不是发送货物的费用);可以节省费用和时间。电子采购还会对系统的所有使用者的ICT技能产生影响。

与政府机构进行高效率的在线交易,也能够发挥刺激作用,即促进各种规模的企业采用ICT和开展电子商务。事实上,电子采购战略应明确地促进潜在的供应商使用互联网和电子商务系统。

公共电子采购政策的成功实施往往要求政府机构代表和私人部门代表进行广泛的磋商。对所有国家来说,一项战略的关键性目标是应确保政府所有领域都以一致的方式对待电子采购,并且供应商的费用应最小化。

对发展中国家来说,一项初步的电子采购战略不一定意味着采纳一项全面的电子采购解决办法,它可以是建立一个电子招标系统,或者是为在线采购货物和服务建立一个电子市场,或者设立一个政府网站,为所有与政府交易的机会提供一个单一的入口等。实施电子采购战略可以从某一单项改进开始,例如在线公布最新的招标信息。

任何电子采购系统都要对政府和企业具有高度可操作性,确保任何一个潜在的投标者不会由于使用与政府不同的计算机系统和软件而被排除在外。报告建议使用开放的技术。另外,自由和开放源码软件不要求供应商调整自己的数据,以适应特定的格式,或将数据转换成特定的格式。转换数据格式的要求有可能会增加供应商的成本,从而成为较小公司的进入障碍。此外,使用自由和开放源码软件可鼓励当地的公司在ICT上投资,并支持当地的中心小型ICT企业。自由和开放源码软件也很容易适应当地的语言。

尽管如此,采用专属电子采购解决办法,依然是政府可以选用的办法。通过与专属解决方案的销售商达成协议，政府可容易地订购并获得有关产品和许可证。

为实施电子采购方案而筹集资金的一个办法是采用“建造—经营—转让”（BOT）办法，例如马来西亚政府为建立电子采购系统 e－Perolehan 所采用的方案。e－Perolehan 是通过 BOT 方案来获得资金的，为此建立了一家电子商务合资企业，参与合资企业的是 Puncak Semangat Sdn. Bhd. 和 NTT DataCorporation，后者承诺提供项目的全部资金，以换取相对于马来西亚供应商团体而言的专有服务经营权。截至 2004 年底，交易价值据估计达到 10 亿林吉特（2.6 亿美元），预计随着越来越多的用户采用该系统，交易额还会继续增长。每笔交易的平均成本已经从最初的 250 美元降低到目前的 17 美元。

电子采购系统最适用于采购某一组织所有部门都需要的货物和服务。通常是指物品，包括办公用品、电脑和有关设备，还有维修服务以及会议室和旅行等服务。而某些特种部门的业务所需物品，例如为建造公路所需要的民用工程服务，更为具体和专业，无法从电子采购系统的规模经济中获益，而规模经济是降低成本必不可少的。

发展中国家的政府必须意识到，电子采购系统不一定意味着采用全面的电子采购解决办法，可以采用具有节省成本的程序性改进，这样可以引导政府部门朝着电子采购的方向努力，而这种改进也要与现有的资源相配合。例如，可以通过电子邮件，或通过一体化的在线订单管理系统发出订单。这种系统通常能把信息传到供应链的每一个部分。

电子采购的应用也有必要的前提。在某些国家，只有某些供应商能够利用电子采购系统，中小企业可能被排斥在公共采购市场（在线市场和非在线市场）之外，那么在这样的国家，提议采用电子采购是没有多少用处的。

无论怎样，发展中国家应该牢记，采用电子采购系统可以是一个分阶段进行的过程，这样会限制对有限资源的浪费，使用户能够逐渐积累起有关的能力。为了最大限度发挥最初的技术应用的效用，电子采购项目应该首先瞄准那些可立即将电子采购投入使用的机构和供应商，获得他们的支持，并解决政府工作人员的关切。由于采用新技术，政府工作人员的角色可能发生变化。这一点适用于任何电子政务项目。

随着时间的延伸,随着费用节省和收入增加,投资的回报将会逐步实现。在发展中国家,如果尚未采用电子采购方式,制定电子政务战略时可以设想加强政府与企业(G2B)之间的互动关系,比如在线提供招标信息和表格,向工商界进行宣传,并对潜在的供应商进行登记。设立交易服务门户网站可以是一项长期的目标,可以在一般性的程序改革之后进行。程序改革将涉及调整并简化公共采购业务以及相关的政府手续,并提高手续的透明度。

六、如何在网上保护隐私权

在信息社会里,尤其在互联网与电子商务中,个人资料日益成为一项宝贵的资产。因此,许多发达国家通过了法律和规则,控制对这种资料的使用,这些法律通常被称作资料保护法。不同的司法管辖范围选择了不同的方式来处理资料保护问题,这造成了协调问题,特别是在涉及跨界资料流动时。在欧洲,关于个人资料隐私的法律制订得特别全面。在大多数欧洲国家,禁止将个人资料转移到没有提供充分保护的管辖区。"充分条款"可能影响到没有这种保护的国家与欧洲国家做生意。发展中国家如果想参与到全球信息社会并且促进信息从发达国家流向发展中国家,就必须考虑通过类似法律和规则保护个人隐私的问题。

报告审查了有哪些类型的个人资料是可以通过与互联网有关的活动披露出来,以及他人怎样使用互联网来提供与我们有关的信息。网上资料可以分为几类,一类是我们同意别人收集和使用的资料(同意的资料),另一类是那些我们无意中泄露的资料,别人在获得时既未经我们知道,也未经我们同意(非同意的资料)。在国际场合,隐私原则,或公平信息处理原则,是由各个国际组织拟订的、用于保护个人对自己个人资料隐私权的原则。对于哪些问题应该得到处理,包括收集、使用和披露等问题,国际上存在着普遍的一致意见。

虽然对于资料保护法律方面的原则存在着普遍共识,但本报告分析了管理这一问题的三种不同方法:全面方法、部门方法以及自我管制或共同管制方法。全面方法涉及建立一个管理机构,监督对资料保护制度的执行情况,并代表个人来实施对其权利的保护。部门方法涉及通过一些规则,处理一个行业的具体关切或一种行业做法,这种方法最常见于银行和金融服务业,以及在诸如医生和律师等专业人士中间。自我管制或共同管制是指希望个人资料的收集者或处理者能够采纳并遵守资料保护原则。

所有三种管理方法都涉及了资料的跨界流动问题,以及包括个人资料在内的信息从一国转移到另一国的难度,从而有可能绕过或避免最初获得个人资料时所遵守的管理制度。对来自发达国家的个人资料跨界流动加以控制,可能构成与发展中国家贸易的障碍。报告审查了可用于避免这些障碍的不同的法律机制:充分或相对的控制制度、合同或“安全港”安排等。

(执笔:闫海琪)

《OECD 通信展望(2005)》报告摘编

本报告是两年一次的《OECD 通信展望》的第八版,该报告是在对 OECD(经济合作与发展组织)成员国通信政策的分析的基础上编写的。本报告介绍了 OECD 国家通信业发展政策,提供了 OECD 国家通信部门的最新的可比性的数据,这些数据涵盖了自 1998 年以来的 6 年间,在这段时间里,大多数 OECD 国家完全开放了市场并参与国际竞争。本报告还分析了通信部门在网络泡沫危机后经历的历程和未来的开拓发展。

一、概 论

随着网络泡沫的破灭,2001 年到 2002 年电信行业处于危机中。由此产生了在电信行业内的失业、破产和大规模的财务亏损,这些问题又对投资的增长产生了负面的冲击。然而 2003 年电信行业已经开始反弹,正如本报告所显示的,通信行业收入已经强劲增长,投资集中于新技术的发展传播上。在网络兴盛时期承担了太多债务的运营商已经开始进行实质性的重组,以减少它们的债务水平和运营成本。该行业总体债务水平在 2001 年和 2003 年之间减少了 14%。低效率的公司和那些具有不现实商务运作模式的公司已经退出市场。尽管一些电信市场部门收入近年来持平甚至下降,但电信总体收入持续增长。比起繁荣年代的最高水平,对基础设施的投资规模是下降的,新的投资项目集中于日渐兴旺的固定和无线网络的宽带服务上。这产生了持续的网络接入量增长,特别是巨大的宽带接入量的增长。尽管出现了针对电信行业的危机,电信行业仍然对 GDP(国内生产总值)的增长和对 OECD 国家未来社会经济结构变化产生重要的作用。

二、通信业总体增长情况

本报告重点阐述了政策、法规和电信广播市场的规模和结构等问题。特别考察了在2003年和2004年恢复增长的电信部门,以及近期互联网协议的发展趋势。本报告还考察了当前电信市场竞争和安全法规的发展趋势。在过去几年里,电信行业转向更集中的网络和服务。服务商开始提供三位一体的综合服务,包括视频、音频和数据产品服务。此外,基于互联网协议的音频服务开始整合和向更广泛的方向发展,这种整合是介于移动和固定音频服务之间的。这些在技术和战略上的变化可能将暗示着未来的政策和法规需要作相应的调整。附加的政策包括,外国所有权限制,本地线路分类计价,运营商预先选择和固定与移动通信的互联。本报告考察了整体电信市场,包括移动通信,线路租用,研究和发展活动等。2003年,OECD国家电信市场的收入再次经历快速增长,总收入达到9460亿美元,比2002年增长了10%。随着整体收入的持续增长,该行业来自不同层面的收入结构发生了很大的变动。从传统固定线路获得的收入增长相当平缓甚至减少,而从移动通信和宽带接入中获得的收入增长强劲。

三、通信业务发展和价格下降

随着移动和宽带接入的快速增长,在OECD国家通信网络总的接入数量是增加的。在2003年底,固定和移动电信线路总和超过14亿,比2002年增长了6.7%,比1998年增长了12%。然而,这种增长没有在所有平台上都出现,这种现象还是第一次发生。移动和宽带用户持续上升,同时,在固定电话接入市场的一些层面上出现下降。在OECD国家,互联网连接总体上持续快速增长。2003年底,有大约2.59亿固定互联网用户和8400万宽带用户。2004年8月,宽带用户数量超过1亿,自2000年以来平均每年增长60%。现在,移动互联网接入已经变得越来越普遍了。报告侧重考察网络发展、扩展和数字化。报告分析了互联网基础设施的增长和在OECD国家的应用情况,具体包括用户数量、可用性、互联网主机、安全服务器和域名等。

过去几年来,OECD国家的电视广播部门经历了较大改变。有线电视和直接广播卫星平台(DBS)提高了它们在电视家庭用户中的份额。同时,有线电视,DBS 和地面电视广播也经历了从模拟信号传播到数字信号传播的变化。随着技术的发展,消费者可得到的频道数量也在增长。

通过使用 OECD 收集的指标对 OECD 国家进行考察发现,大多数 OECD 国家在服务质量上达到了非常高的水平。一般新装固定电话的等待时间在 48 小时之内,已装线路出现问题的数量在稳步下降。随着移动电话用户的增加,国家付费电话的数量也在下降。本报告对服务质量,包括连接时间,付费电话的可用性,网络维护,姓名地址簿附加收费等情况进行了考察。此外,它还讨论了服务质量检测方法的变化情况。在移动和宽带接入的快速增长,以及接入和服务质量上的改善的同时,相应的价格水平也在逐渐降低。目前 OECD 电信服务的价格水平是充分竞争的结果。大部分电信价格持续下降,用户们从中受益不少。另外,来自例如 VOIP(基于互联网协议的声频传输)等新技术的竞争,对企业和消费者有着明显的影响。

四、通信业就业、贸易和数字鸿沟

电信行业的就业人数从 20 世纪 90 年代后期的兴旺时期的顶峰开始下降,目前大概在 290 万人左右。移动通信最近已经成为就业增长最主要的驱动力,在 OECD 国家中大概创造了 50 万个就业机会,占全部电信服务就业人口的 17%。员工的平均收入也有了明显的增长。在经过两年的下降后,通讯器材贸易在 2003 年又开始重新增长。通讯器材贸易增长速度要比总体商品贸易增长速度快得多,这表明通讯器材制造业的全球化趋势。OECD 国家进口的通讯器材增长量中相当大部分来自非 OECD 国家。OECD 在扩大农村和边远地区电信市场份额,以及制定政策法规方面做得非常成功,相比而言,数字鸿沟在发展中国家就要比在 OECD 国家明显得多。OECD 国家的经验可以被发展中国家在提高信息通信技术的初期阶段加以吸收和应用。

五、通信政策问题

在过去十年中,电信行业在生产力增长和技术传播中起到越来越重要的作用。这个行业的基础设施和服务为信息经济提供了基础的支撑。

同时,在 2001 和 2002 年,这个行业也是造成股票市场低迷、失业和财务亏损的重要因素。造成这些问题的一个重要原因是对网络泡沫不切实际的预期,导致投资快速增长和错误的经营决策,大量公司在传统核心业务外拓展业务活动。一段时期以来电信市场的增长放缓,使得许多公司大量堆积的债务雪上加霜。

虽然出现了对大量电信行业公司造成影响的危机,但是还没有任何迹象显示,强调竞争的政府电信政策或规章制度应该被逆转。由于政策执行者的努力增强了该部门的竞争,从而在这十年的早期,没有产生困扰该行业的财务问题。投资和就业的减少并没有削弱该部门在 GDP 增长中和在 OECD 国家社会结构中日益突出的重要性。在金融泡沫之后,在所有市场部门竞争增强的同时,该行业持续反弹。

对不同平台上提供的服务进行集中对现行的电信和广播行业法规制度制定框架构成了挑战:现行的电信和广播行业法规制度制定框架是分散的,而这些框架结构的整合并不是一件容易的事情,需要对原有不同部门的法律和政策框架,以及单独的政策框架进行重新审查。全新的平台,特别是宽带互联网,和在这些全新的平台上提供的服务,伴随着传统的建立在广播和电信基础设施上的服务,已经开始实现。这也向政策法规提出了挑战。新的发展并不意味着需要将现有的政策法规覆盖到其它平台或服务上。更确切地说,是它们提供了一个机会来重新审查和明确现有的政策法规。

六、通信市场规模

在 2003 年 OECD 国家电信服务市场的规模低于 9500 亿美元。两个主要的增长驱动力仍然是无线通信和互联网。在 2003 年蜂窝移动电话服务的收入达到 3360 亿美元。这个数字是 1997 年总额的四倍,反映出在这段时期以来无线接入的巨大增长。

互联网对电信收入的增长的冲击更大,这是因为它绕过了一定范围的平台和服务。互联网用户作为新的收入来源是无庸置疑的,但同时也产生了对固定网络接入、骨干网通信能力和线路租赁的需求。就在最近,从固定宽带网络接入和无线数据服务取得的收入开始变得更可观了。1991 年底 OECD 国家只有 1500 万蜂窝移动用户,而到 2003 年底则超过了 7.41 亿用户。

互联网用户的数目在90年代早期是可以忽略不计的。在那个时候,商业化仅仅处于非常早期的阶段,而且是在非常有限数目的几个国家中。在2004年初,通过不同平台接入互联网的用户的数量接近2.6亿。在2004年第三季度,OECD国家宽带用户数超过了1亿。随着宽带接入和固定网络的共同发展,OECD国家,特别是低普及率的国家,接入普及程度在有很大的提高。在2003年,OECD国家有14亿固定PSTN(电话语音网络)、宽带和移动用户线路,这是1997年的两倍。重要的变化出现在不同平台之间。无线接入和宽带接入持续出现大幅增长,OECD国家总体固定线路开始下降。

七、电信市场结构

到2004年,在OECD国家中已经没有国家再对固定网络服务实行垄断制度。在无线部门,最后的垄断已经在1998年被消除,其自由化的进程也得到加速。

在2003年,有78个电信服务提供商和互联网接入服务商的收入超过10亿美元。在2000年这个数字是71个,而在1999年是72个,在2001年是78个。最近几年,电信服务商的并购越来越少了。而退出市场的一些公司,他们的年收入基本上都是少于10亿美元的规模相对较小的公司。

八、近期通信政策的发展

如前所述,电信行业的恢复增长与新技术的应用和他们提供的服务的多样性有很密切的关系。这些技术的发展期望能改变公众变换电信网络的潜在本能。例如,VOIP等提供声音技术服务的发展和WI-FI(Wireless Fidelity,无线相容认证)技术的发展导致了固定和移动声音服务变得更加一体化。持续的技术改进的期望仍将是通信行业发展的一个驱动力。目前,随着提供给公众的DSL速度的不断上升,电信运营商开始通过DSL提供电视服务,并且整合了固定服务和WI-FI的互联网接入。技术上改变,固定服务和移动服务的融合,以及多个运营商共同竞争(例如给顾客提供声音,多媒体编程和互联网接入等服务)都是将来政策和法规制定时需要加以考虑的。广播行业的发展与电信的发展的关联性变得越来越强,电信政策制定者和管理者需要对此问题引起重视。

持续的市场扩张和对新技术的投资不仅要求对政策进行重新修订,同样也要求制定可以使市场产生确定性的政策和法规。在未来的几年时间里,一个关键的法规问题是 VoIP 业务及其管理。目前市场上对 VoIP 业务的商业提供,产生了潜在的高额利润的预期,即它可以将新的语音服务以低价格、可改进增值服务的形式提供给客户,并且长期内可以提供连续的固定和移动服务。

九、结论

2003 年,在 OECD 所有消费品部门中,电信部门是增长最快的。电信市场价格下降,新的服务不断地推出,网络基础设施也在不断改进。OECD 构建了一个更加开放和竞争更加激烈的法规框架,OECD 国家从这个强有力和有效的法规框架中受益。数据鸿沟仍会出现在 OECD 国家中,特别在那些新引入的电信基础设施(例如宽带)方面。但是,OECD 国家的市场功能非常健全,基础设施(例如 DSL 等)正在以超过最初预期的速度增长。数据鸿沟仍然是一个隐患,在 OECD 仍会存在,特别是在农村和边远地区。在过去的二十年里,OECD 国家进行了市场改革,这使那些允许市场机制发挥作用的成员国都具备了竞争基础。

发展中国家和地区要比 OECD 国家面临着更为严重的数字鸿沟问题。然而,各国解决数字鸿沟问题的基本做法是一致的:首先必须有可得的和负担得起的网络连接;其次,用户需要有一定的基本技能来使用这些技术;最后,必须有令人信服的服务和服务内容使网络连接物有所值。

其他国家的政策制定者可以吸收和借鉴 OECD 国家的经验和改进现行政策,或根据各个国家电信市场本身的特点采取正确的政策。很多发展中国家和地区借鉴了 OECD 法规和改革的道路,并取得了很好的效果。在收入水平差不多的发展中国家和地区中,那些进行了政策法规改革的国家要比那些没有进行政策法规改革的国家有着更强的竞争能力。通常来讲,管理体制的改革和竞争意识的建立只是打破数字鸿沟的两个途径。但是对发展中国家和地区来说,这两个途径同样是努力提高信息通信技术的关键一步。

(执笔:高析)

经济复苏的势头仍将延续 升息将是全球经济的主题

——OECD《经济展望》报告(78 卷)摘编

OECD(经济合作与发展组织,以下简称 OECD①)在近期发表的《经济展望》(秋季报告)中称,从目前情况看,预计 2005 年和 2006 年 OECD 总体经济不仅将实现较快增长,而且好于预期;中国等主要非成员国经济仍具有很强的活力;2006 年,利率走势将取代 2005 年的高油价,成为全球经济面临的主要挑战。

一、OECD 成员国总体经济增长好于预期

从 OECD 总体看,大多数 OECD 成员国将在 2005 年和 2006 年成功抵御油价上涨带来的负面作用,在不影响正常生产活动的前提下保持了物价的相对稳定,经济不仅将实现较快增长,而且将好于预期。预计 2005 年和 2006 年,OECD 总体经济将分别增长 2.7% 和 2.9%,略高于其春季报告预测的 2.6% 和 2.8%。

表 1 OECD 对世界主要国家和地区 2005 年和 2006 年经济增长的预测

	2004 年	2005 年	2006 年	与春季报告(2005 年 9 月)预测值相比变化的百分点	
				2005 年	2006 年
OECD 合计	**3.3**	**2.7**	**2.9**	**0.1**	**0.1**
美国	4.2	3.6	3.5	0.0	0.2
欧元区	1.8	1.4	2.1	0.2	0.1
日本	2.7	2.4	2.0	0.9	0.3

① OECD30 个成员国分别为:德国、奥地利、比利时、加拿大、丹麦、西班牙、美国、法国、希腊、爱尔兰、冰岛、意大利、卢森堡、挪威、荷兰、葡萄牙、英国、瑞典、瑞士、土耳其、日本、芬兰、澳大利亚、新西兰、墨西哥、捷克、匈牙利、波兰、韩国和斯洛伐克。

主要国家和地区情况分析如下:

美国:受石油价格上涨、联邦基金利率不断提高以及严重的飓风灾害等因素的影响,2005 年经济增速比上一年有所放慢,但由于美国企业利润增加,使得美国投资增长有所加快。此外,尽管美国的货币政策趋于中性,但仍较为宽松。因此,今明两年美国经济仍将保持较快的增长速度,且好于预期。预计 2005 年和 2006 年美国经济将分别增长 3.6% 和 3.5%,同去年 9 月份的预测结果相比,后者上调了 0.2 个百分点。

欧元区:由于欧元区国家对石油的依赖程度比过去有所降低以及欧元区宽松的宏观经济政策没有明显变化,同去年相比,2005 年欧元区经济增长下滑的态势不明显。此外,从 2005 年年底开始,欧元区经济出现增长加快的迹象。但总的来看,2006 年欧元区经济"拖世界经济后退"的现状难以改变。预计 2005 年和 2006 年欧元区经济将分别增长 1.4% 和 2.1%,同去年 9 月份的预测结果相比,分别上调了 0.2 和 0.1 个百分点。

日本:在内需回暖的刺激下,日本经济于 2005 年上半年开始复苏并显现增长势头。但因受出口不振的影响,全年经济增速同上年相比有所回落。2006 年,支持日本经济增长的有利因素主要有:国内需求将继续加强,家庭收入有望进一步提高。而不利因素主要有:人口老龄化、通货紧缩、财政赤字过高等。预计 2005 年和 2006 年,日本经济将分别增长 2.4% 和 2.0%,同去年 9 月份的预测结果相比,分别上调了 0.9 和 0.3 个百分点。

二、主要非成员国的经济仍具有很强的活力

同 2004 年一样,OECD 主要非成员国经济仍保持较强的增长,特别是中国仍是地区和世界经济增长的发动机。

中国:由于实施宏观调控等政策和石油价格上涨等原因,中国的国内需求和进口自 2005 年上半年开始出现疲软的势头,但出口的强劲增长不仅弥补了内需和投资增长的减缓,而且使得 2005 年中国经济保持快速的增长。此外,该报告还认为,如果中国贸易顺差和资本流入依然延续目前的规模,将会给中国货币政策的实施带来更大的压力。因此,建议人民币汇率进一步升值,这样不仅可以防止通货膨胀的反弹,而且有助于推动经济政策向着运用市场工具的方向演进,减少对信贷进行行政控制的必要

性，从而巩固上年改革银行部门所取得的进步。该报告认为2006年，中国经济仍将保持强劲增长的势头。预计2005年和2006年，中国经济均将增长9.5%；消费者价格将分别上涨4.2%和3.5%。

俄罗斯：石油价格上涨在一定程度上促进俄罗斯经济增速进一步提高。与此同时，内需强劲增长以及实施扩张性财政政策，使得俄罗斯经济将保持较快的增长速度。此外，该报告建议俄罗斯应加快实施各项结构改革，特别是政府部门应尽快强化财政纪律，改善由此而导致的俄罗斯投资环境恶化的局面。该报告预测2005年和2006年俄罗斯经济分别增长6.1%和5.7%；消费者价格上涨11.3%和10.7%。

三、利率走势将成为全球经济面临的主要挑战

该报告认为，2004年和2005年，石油价格走势以及美元汇率走势是市场关注的中心，而在2006年利率将成为全球经济的焦点。这主要是因为，美国因自身的原因将在2006年继续提高利率，而导致美元资产吸引力进一步增大，但美国和其他国家和地区的利差不会继续维持下去，欧元区和英国可能会收紧银根，新兴市场国家也将加快升息速度，由此将可能产生一些风险。

（一）2005年全球利率走势回顾

2005年世界主要国家和地区的利率水平有升有降，也有的维持不变。但全球货币政策总体上呈现进一步趋紧的势头，其中以美国连续不断提高利率最为突出。具体看，美联储在通胀压力不断加大的情况下，采取连续稳步提息的政策；欧元区同样因价格水平走高，在经济增长缓慢的情况下也小幅提高了利率；日本为使经济走向复苏之路继续实施零利率政策；英国则因经济增速放缓和恐怖袭击事件等原因，下调了利率。

总体看，一是2005年世界经济保持了较快增长，但也导致出现需求拉动型通货膨胀；二是国际市场石油价格大幅上涨，从而引发成本推动型通货膨胀。这两个原因使得全球范围内通货膨胀压力加大。因此，世界上大多数国家和地区货币政策日渐趋紧，利率水平在不同程度上有所提高。具体看，提息的国家主要有：

美国：11月13日，进行了2005年第八次加息，加息幅度仍为25个基点。目前联邦基金利率已上调至4.25%。

欧元区:12月6日,将基准利率提高了25个基点,至2.25%,这是自2003年6月6日以来首次加息。

其他国家和地区:2005年,加拿大央行于12月6日进行了第三次加息,把隔夜基准利率从3%升至3.25%。韩国央行于12月8日将隔夜活期贷款利率从3.50%上调至3.75%,为三年以来第二次加息。印尼央行于12月6日进行了第五次加息,加息幅度为50个基点,目前基准利率已上调至12.75%。马来西亚央行于11月30日上调基准利率30个基点至3%,从而结束了金融危机后该国连续7年将基准利率维持2.7%不变的历史。泰国央行把短期回购利率从年初的2.25%提高至10月份的3.75%。

降息的国家:英国央行于8月4日将基准利率下调25个基点至4.5%,是两年内首次调低利率。

保持不变的国家:日本央行在2005年继续保持"零利率"的货币政策不变。

(二)2006年全球利率走势的判断

从目前判断,美联储将继续加息,其他国家和地区可能会紧随其后。

美国:预计2006年美联储将继续加息,联邦基金利率将可能突破5%。这主要是因为,美联储决策层的一个关键目标是实现"中性"的联邦基金利率,也就是说使其与高就业相容,又不致加剧资产价格、尤其是房地产价格的膨胀。目前,美国主流观点认为目前的"中性利率"水平似乎太低了。美联储费城分行于2005年11月14日发布的《2005年利率预测调查》报告认为,如果扣除通胀的因素,2005年底的实际短期利率仍然在负区间内。事实上,自2004年年中以来,实际利率仅仅上升了118个基点,这就加大了美联储在2006年前3季度的升息压力。到2006年9月份,联邦基金利率可能会突破5%。此外,美国有关部门还认为,还有三个原因,使得美联储将继续加息。

一是同历史相比,目前美联储的利率水平仍处在相对较低的水平,因此仍有上升的空间。

二是继续加息将支持美元汇率。由于外汇市场预计美国利率周期将在2006年达到顶点,美元可能会贬值。然而,在美国目前贸易赤字超过GDP的6%的情况下,美联储不会过早放松银根,以免美元遭到抛售而出

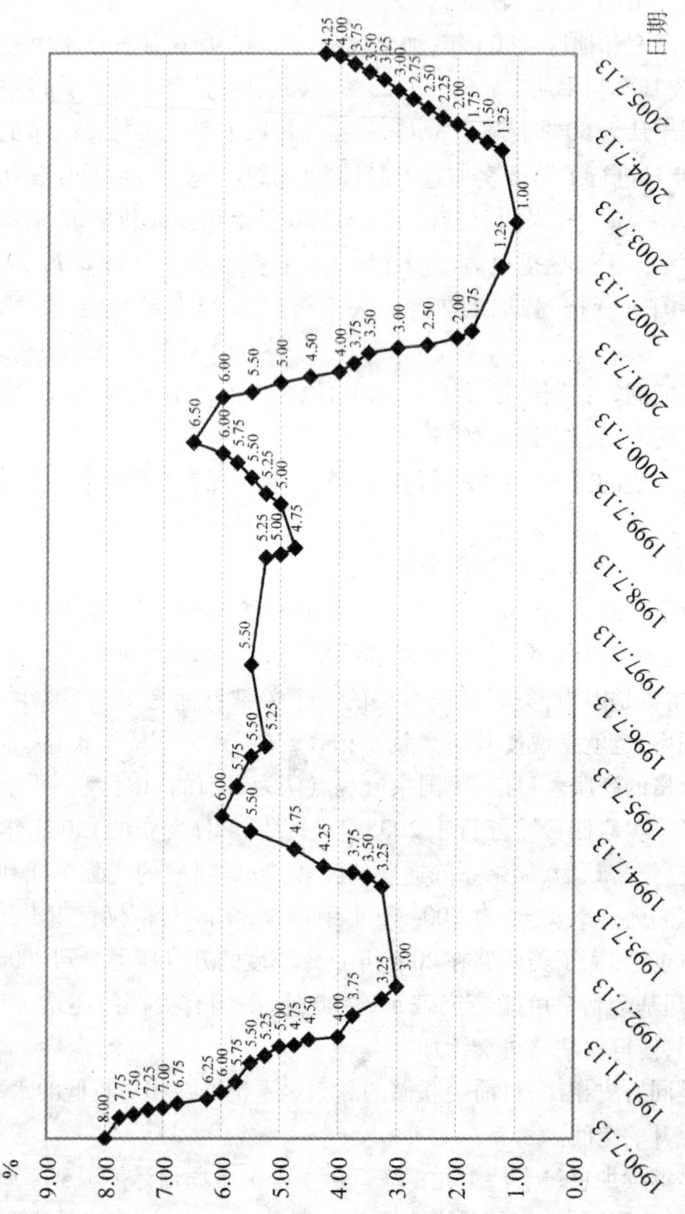

图1 1990年以来美国联邦基金利率走势

现暴跌,以致动摇美国经济。

三是资产价格。高利率的意义还在于,一旦资产价格出现滑坡,继任的美联储主席伯南克将有更大的应对空间。事实上,即将离任的美联储格林斯潘一直是把防止资产泡沫破裂放在第一位。因此,预计2006年美联储加息的步伐不会停止。

新兴市场:美国利率的吸引力将对新兴市场构成升息压力。经常项目薄弱的经济体受到的压力将尤其沉重,因此它们将被迫加快升息步伐。举例来说,2005年中国台湾和菲律宾分别升息175和75个基点,预计2006年这两个新兴经济体将继续升息。

欧元区和英国:随着美国加息,巨大的利差将会使欧元区和英国收紧银根。

(三)利率提高的风险

从目前看,如果全球利率水平继续提高,首要的风险是导致泡沫成分较大的资产价格下跌。其中,风险最大的是初级产品、房地产、OECD成员国的股票市场以及新兴国家的市场债务。就美国而言,美联储将具备大幅降息的行动空间。资产价格调整造成的紧缩性后果是可想而知的,因此继任的美联储主席伯南克可以降低利率而无需顾及通胀水平。但即使美联储降息,股市或楼市下滑也会使居民的财务状况趋于恶化,因而会迫使消费者紧缩开支。

其次,继续提高利率水平将显现一些国家企业的脆弱性。目前,主要国家和地区货币当局在加息时,忽视了一个重要的因素——企业的财务状况,即企业负债是否过重,也就是说,利率上调后,企业资金来源是否受将到限制,企业是否可以承受紧缩的货币政策。通过OECD近期调查的数据可以看出,目前,大多数OECD成员国的企业负债水平已经超出合理的范围。1993年,美国、日本、德国和英国企业平均负债率分别为48.9%、139.2%、125.3%和31.2%;2005年则预计分别为52.7%、188.4%、153.6%和38.7%。在这个背景下,如果继续提高利率,这些国家企业的负债情况将容易受到冲击。

(执笔:刘冰)

亚洲及世界经济展望

——《2005 年亚洲开发银行秋季报告》摘编

一、亚洲 2005 年经济回顾及 2006 年展望

亚洲开发银行(以下简称亚行)最新预测,2005 年亚洲经济将增长 6.6%,比四月份的预测有小幅上调。2006 年的经济增长将基本与今年持平。对亚洲经济发展速度的上调,主要是基于中国的经济增长速度调高,并且中国在该地区的 GDP 总量中占有较大的比重。另一经济大国印度 2006 年的经济增长速度也调高。但部分国家和地区的经济增长速度有所下调,特别是受高油价影响较大的东南亚国家。但对 2006 年的预测,不仅仅考虑了油价持续居高不下的因素,也综合考虑了各经济体针对高油价所做出的政策调整。最近几年,亚洲国家对高油价适应力增强是一个突出特点。尽管 2002 - 2004 年间,国际原油价格每桶上涨到 40 美元,几乎翻了一番,但亚洲经济的平均增长率仍达到了 6.7%。在这期间有多种因素起了积极作用:一是世界经济的稳定增长,尤其是美国对亚洲国家出口需求的较高速增长,增强了亚洲经济的活力;二是较低的通货膨胀率和较强的对外支付能力也消化了部分高油价对其带来的不利影响;三是各经济体正在进行的结构调整,也抵消了部分油价带来的不利影响;四是部分国家和地区采取的积极的财政措施和对消费者利益进行保护的措施,也一定程度上阻挡了高油价向最终产品的传导。

展望未来,国际原油价格不仅受成本、供给的影响,更多地受世界需求增多和投机炒作的影响。油价短时期内恢复到较低水平甚至是恢复到历史平均水平的可能性都较小,过去几年内抑制油价的各种因素终于浮出水面。从亚洲来看,部分国家尽管出台了油价补贴政策,但通货膨胀仍在上升。区域性的石油短缺问题逐渐变得严峻,在一些国家和地区外汇

储备已开始下降。如果过高的石油价格持续上涨的话,将会进一步影响到投资者和消费者的信心,这将不仅影响亚洲国家的经济发展,也将影响世界经济的发展。因此,就要求各国针对高油价在宏观经济调控和促进长期能源利用效率方面作出政策调整。在这种背景下,几个有利的因素将进一步帮助亚洲国家经济持续发展。一是世界经济环境尤其是全球电子、信息产业的复苏将有利于亚洲地区 2006 年经济的发展;二是南亚地区,正在进行的改革尤其是重要的经济结构的调整将推动中期内经济的增长;三是中国进行的新的一轮的宏观调控取得初步成效,经济改革继续推向深入。今年 6 月 21 日进行的汇率改革,将为国内金融市场的管理和未来经济的改革和发展创造有利的条件。四是在东南亚,特别是泰国,早期采取的石油价格补贴政策将会保证财政政策的有效性,并能够在一个较长的时期内促进和提高能源的利用效率;五是该地区的石油净出口国,如果能够较好地利用石油价格上涨带来的收益将会促进经济的发展。

(一)经济增长

2005 年上半年,亚洲经济继续在较快增长的轨道上运行。中亚的石油净出口国,受益于高油价和新的生产能力,2005 年经济增长速度达到 9%。东亚的经济增长预测也进一步上调,主要是较快的投资增长和出口增长拉动的。中国经济在上半年比预测的又进一步调高,最新预计全年将增长 9.2%,比四月份的预测上调 0.7 个百分点。但除了蒙古以外其他东亚国家经济形势并不乐观,主要是受出口增速减缓的影响,最新预测,东亚地区(不含中国)2005 年经济将增长 3.8%,比四月份的预测下调 0.6 个百分点。

南亚地区的经济增长也超出预料,巴基斯坦 2005 年财政年度经济增长达到了 20 年来的最高水平,近几年进行的宏观经济改革成效已经体现在经济发展中,在很多社会和人文发展领域也取得了明显的效果。孟加拉国,与预测的相反,尽管纺织品配额取消,其成衣制造业仍保持了快速发展。印度经济也保持了理性的快速增长。

2005 年上半年,对东南亚地区的经济运行没有存在太大分歧。各种不利因素共同导致该地区经济增长的放缓,如菲律宾、泰国的农业欠收、全球电子产业的周期性衰退、国际原油价格的持续上涨等。但有利的因素也仍然存在,如 2005 年印度尼西亚成功进行的政治改革和投资环境的改善,越南经济的持续增长等。综合分析,东南亚地区的经济运行还是放慢趋势,全年预计,经济将增长5%,低于四月份预计的5.4%。

在太平洋地区,巴布亚新几内亚和东帝汶两个净石油出口国大大受益于国际油价的高涨。但其他国家和地区均对国际原油市场高度依赖,一定程度上影响了该地区经济的发展。而2005年纺织品配额的取消,对裴济这个太平洋地区第二大经济体产生了很大的负面影响。

2006年,亚行预测亚洲经济将增长6.6%,与四月份预测持平。虽然高油价对该地区经济发展产生了较大的影响,但众多积极的、有利的因素仍推动了经济的持续、较快增长。就中亚来说,较高的石油价格将会提升该地区2006年的预测值,因为大部分国家都是石油净出口国。2006年对东亚的预测将比四月份的预测值大幅度调低,对韩国和中国台湾预测值的较大幅度调低将大大抵消对中国预测值的轻微调高。然而,这两个国家和地区的经济增速仍将大大高于2005年。对印度经济增长的高预期,将会提升南亚地区2006年的经济增速。较乐观的预测,反映出基础工作的强化、经济结构的调整和大规模基础设施投资所收到的成效。这些积极的因素将抵消并略高于石油价格上涨带来的负面影响。巴基斯坦的经济运行受转轨时期的影响,经济增长低缓但稳定。

2006年,东南亚的经济增长将持续而稳定,但增长速度会比四月份预测的要低。泰国由于2004年12月的海啸及以后的重建工作,促进了2005年经济的增长。但2006年这一因素将减弱,而基础设施投资的增加将会推动经济的上涨。2006年全球电子产业的复苏也将有利于泰国经济的增长。而对于马来西亚和菲律宾来说,将是更大的利好。2006年印度尼西亚将基本保持今年的增长速度,但财政及其他一些方面的困难,会对经济运行产生不利影响。

(二)通货膨胀

纵观亚洲各个国家和地区的通货膨胀2006年将会有不同的表现。中国和印度受益于2005年农业的丰收,食品价格会下降,通货膨胀不会有过快上涨。但孟加拉国、菲律宾和越南农业欠收,食品价格的上涨将会引起通货膨胀的上升。在一些国家,对石油价格补贴已大幅度的减少,而企业由于成本上升、利润下降,也通过生产和流通领域将油价传导到最终产品,将损失转稼给消费者。而中亚的石油净出口国,由于收入效应的作用也会拉动价格的上涨。就整个亚洲来说,为了使由于成本推动的通货膨胀产生的危害最小化并尽可能降低通货膨胀预期,许多国家和地区的中央银行已提高了利率。但在一些国家和地区,实际的政策利率水平很低,有的甚至是负利率。2005 年末及 2006 年,亚洲多数国家和地区的货币政策将趋向紧缩,而美国利率的持续提升也会刺激该地区利率水平提高。

（三）外部收支平衡

亚洲地区同世界其他地区的经常帐户盈余与 2004 年的水平比将有小幅的缩减,2006 年缩减的幅度会增大。由于油价的持续大幅上涨,已影响到该地区许多和国家和地区的经常帐户状况。东南亚的经常帐户盈余会逐渐下降,而南亚的经常帐户赤字将有所扩大,东亚在 2005 年和 2006 年将有少量的经常帐户盈余。但中国由于 2005 年出口的强劲增长,经常帐户盈余会进一步扩大,2006 年会有一定程度的缩减。中亚地区是石油的净出口区,2005 年经常帐户赤字会有所减少,2006 年可能会扭转赤字出现盈余。

2005 年,亚洲的资本流入仍保持了较好的形势。亚洲仍是外商直接投资较受欢迎的地区,中国吸引的外商直接投资仍占该地区的最大份额,其他国家和地区情况也较好。该地区经济的持续强劲增长和投资环境的进一步改善,吸引了长期投资的流入。2005 年证券资本的流入也增长较快,尽管个人信贷有所减少。2005 年上半年,对该地区货币升值的预期吸引了大量短期资本的流入,这种趋势在 2005 年的下半年也许会继续。

经常帐户和资本帐户的双盈余将进一步推动 2005 年和 2006 年亚洲地区的外汇储备的增加。截至 2005 年 6 月末,中国的外汇储备已达 7110 亿美元。印度尽管经常帐户出现赤字,但资本流入的增加,仍然使外汇储备持续增加。但各个国家和地区的情况也不尽相同,部分国家和地区的外汇储备增速成已开始减慢,有的已接近下降边缘。外汇储备的多少取决于很多因素,如地区货币升值的程度、国际利率的传导、投资者对风险的判断、经常帐户的盈亏、外商直接投资的流入及各个国家为减少外汇投机所采取的各种措施等。而中国和马来西亚 2005 年所采取的汇率改革仅使其货币有微幅上升,但这种倾向会使货币在中期内有一个较大的调整,并为国内金融政策的使用提供较大的杠杆作用。

(四)投资和储蓄

较大的经常帐户盈余和外汇储备的持续增加,使亚洲地区显现出“储蓄过剩”。但除中国外,这种过剩似乎更多地表现在投资上,而不是储蓄上,因而这种过剩更多地表现为外部过剩。1997年亚洲金融危机以后,在很多的亚洲国家和地区较高的投资率已不复存在,而目前的水平也低于危机前的高峰。与长期的平均水平比较,目前的投资率也较低。另一方面,国内和私人储蓄率似乎并没有随着短期内经济增长、金融环境改善和实际汇率的变化而改变。储蓄行为更多地受制于经济结构和制度调整的影响。在中国,储蓄随着生育力的长期下降而提升,而随着国有经济向市场经济的转轨,储蓄的预防性目的也在增强。而在其他国家和地区,为了补偿或矫正外部的不平衡,很多国家仍需要将目前较低的投资率水平进一步提高。

印度、马来西亚、巴基斯坦、泰国以及其他一些国家,正在增加基础设施的投资。加强基础设施在一个中长时期内将有助于生产率的增长并缩小基础设施不足的差距。然而,政府必须充分地把握住这些项目能够发挥持续效益并能以合理的、较低的成本得到融资。这些步骤和措施也进一步要求亚洲地区改善投资环境,并促进建立一个安全和有效的金融体系。这将有助于降低债务、减小风险、提高公司利润。这些措施最终也将促进投资的增长。

二、世界经济展望

(一)主要工业化国家经济运行

与2004年的较快增长相比,2005年工业化国家的经济增长将略有放缓。主要原因是国际原油价格、初级品价格的上涨,宏观经济政策的不适应性及一些国家房地产价格的回落等。亚行是以2005年上半年数据为基础做的预测,全年来看,整个工业化国家经济增长速度没有发生大的变化,日本经济会有新的起色,但欧元区仍显迟缓。

综合分析,工业化国家的经济运行将是适度、健康的,2005年和2006年均将增长2.6%。尽管低于2004年的3.5%,但高于过去五年平均增长2.4%的水平。亚洲,国际贸易和金融环境十分有利,尽管贸易的增长低于2004年,但仍保持了较快的速度。虽然美国利率不断上调,但该地区依然吸引了大量的资本流入，而且在国际市场上的融资成本也大大低于历史平均水平。自亚洲开发银行四月份发布亚洲经济展望以来，国际原油价格持续、大幅上涨。到2005年的8月31日，布伦特原油每桶平均达到53美元，而且价格也一直受供给方面的因素影响。

表1 工业化国家主要经济指标

	2003	2004	2005(预测)		2006(预测)	
			4月份	10月份	4月份	10月份
工业化国家GDP增长(%)	2.0	3.5	2.5	2.5	2.5	2.5
美国	3.0	4.2	3.7	3.6	3.4	3.3
日本	1.4	2.7	1.1	1.6	1.3	1.5
欧元区	0.5	2.0	1.6	1.3	1.8	1.8
美国联邦基金利率(平均,%)	1.1	1.4	3.1	3.2	4.2	4.3
布伦特原油现货价(美元/桶,年平均)	28.8	38.3	41.0	53.0	39.0	55.0
世界贸易量(%)	5.6	10.3	7.4	6.9	6.0	6.7

(二)世界贸易和商品价格

世界贸易继2004年大幅增长后，2005年上半年继续保持上涨势头，但就全年平均来看增长会比2004年有所回落。主要原因有：一是世界高新技术产业的周期性下降影响了全球工业生产；二是2005年年中以后，世界半导体订单、半导体销售及芯片的价格下降。但2005年下半年，电子产品的库存周期缩短及半导体制造业的产权价格上涨，这些领先指标预示着这些领域全球需求的增加。2006年，这一势头将持续上升。

非能源商品的价格在过去几年持续上涨后，2005年的上半年随着全球供给的改善而趋于稳定。软商品的价格，如食品和饮料的价格由于全球大面积农业丰收和供给的增加而有所下降。金属和矿产品的价格，虽然近几个月有大幅度的下降，但由于亚洲地区价格的持续增长，全年来看仍比2004年有大幅上涨。2005年非能源商品价格比2004年上涨2－3%。2006年由于美国利率的调升，将会影响非能源商品价格的下降。

（三）新兴市场的金融发展

近年来美国短期利率的调高似乎没有对新兴市场的金融状况产生多大影响，特别是亚洲的证券和债券市场，2005 年继续受益于国际市场的资本流入。但期间也有曲折，2005 年的三月中旬到四月，资本流入有所减少。但到了年中，资本有回流的迹象，特别是证券投资增长强劲。2005 年，新兴市场的外部金融环境依然较好，这将为他们的经济较快增长提供一个较好的宏观经济环境。但是，如果美国的长期利率上升的话，新兴市场经济 2006 年将面对一个相对困难的环境。

（四）美国利率

多年来，美国经济尤其是私人消费的强劲需求，带动了亚洲地区出口和经济的快速增长。美国私人消费的强劲，历史较低水平的利率、减税措施及房地产市场的快速发展起了主要作用。尽管对将来美国经济的发展依然看好，但一些不确定的因素仍然存在。美国联邦储备委员会为了降低通货膨胀的压力，采取持续紧缩的货币政策。房地产市场的持续增长也存在不确定性，住房贷款增加，潜在的金融危机增加。尽管经济实现了“软着陆”，但价格的稳定性在下降。由于国际原油价格的居高不下，消费者信心受到打击。对很多居民来说，迅速上涨的房屋价格将加重他们的财政负担，而大多数住户只有极少的存款且相当一部分已经债台高筑。综合考虑这些因素，带动美国经济快速增长的消费者需求将会出现下降，进而影响到美国对亚洲的出口需求。而美国利率的持续上调，也会影响到亚洲和其他新兴市场的国际借贷环境。2005 年，新兴市场的借贷规模在一个较低历史平均水平上。如果美国的长期利率水平上升的话，那些具有较高债务的国家将大幅度的增加利息负担并面临着财政危机。而在当前石油成本不断增加、通货膨胀压力加大的背景下，寻求高收益和安全性的资本将会外流，这将给亚洲货币造成很大压力。

（五）全球收支平衡

在世界主要国家和地区普遍存在着低增长、低储蓄和低投资，如果没有强有力的措施这些经济现象不会很快地自动改变。目前，在世界经济领域有一个共识，要改变这些不平衡需要全球范围采取相互协调、相互配合的行动和措施。在亚洲，要想推动经济的快速增长必须要促进各经济体的国内需求。除中国以外的其他亚洲国家投资需求依然较弱。而中国,消费需求不够强劲。因此,要保证亚洲经济在未来持续快速的增长,必须使国内需求和外部需求协调、均衡发展。如果这些问题没有妥善解决的话,效率的成本和未来增长的潜在危机将会很高。

在世界经济领域还有一个共识,世界经济发展的不平衡也需要美元进一步降低其实际价值。实际上,美元实际价值的降低有助于国际投资者增加美元资产的供给,并有助于资源从其他国家贸易品领域转出向美国贸易品领域转移。但对美元贬值的幅度和时间观点不一,这种调整是否顺利也不确定。实际部门调整需要的时间越长,要求美元贬值的呼声就越小。这些措施的潜在危机主要在金融市场,目前在全球已存在较大的不平衡,如果进一步加压将会带来混乱和痛苦的改变。

一个似乎但又不太可能的现象是,国际投资者对美元资产的需求突然下降,这将使美元的价值加速下降,这就需要美国进一步提高利率以缓解随之而来的通货膨胀压力。但是如果过度的银根紧缩影响到美国的房地产价格,将会对美国的消费需求和经济增长产生不利影响。再加上日本和欧元区经济的低速增长,将会给亚洲经济带来长远的冲击。如果全球的经济增长出现下滑,在经济的其他领域也会出现一些困难和混乱,进而会使全球的贸易磨擦逐步升级,使消费者和生产者的利益受到损害。

三、油价高企对亚洲发展中国家和地区的影响

今年1至8月,北海布伦特原油的平均价格达到了每桶53美元(以下均采用北海布伦特原油价格),8月底更是达到近70美元/桶,比年初上涨将近75%。预计2005年12月底和2006年12月底交货的原油期货价格在67美元/桶左右,高于春季报告中2005年为41美元/桶、2006年39美元/桶的预计。

亚洲发展中国家和地区生产了世界11%的原油,但消耗却超过了20%,而且这个缺口还在继续扩大。因此,这个地区原油净进口量(本文所指的原油还包括石油产品)较大。不过,该地区能源效率却比大多数工业化国家低得多。按汇率法计算,亚洲发展中国家和地区单位GDP消耗的能源差不多是日本的5倍、美国的3倍。现在,油价上涨对该地区的负面影响已开始显现,如通货膨胀开始攀升、燃料补贴加大了一些国家和地区的财政负担并且高油价可能加剧该地区(不含中国)自亚洲金融危

机以来的投资需求不足。

（一）油价高企的原因

1. 需求强劲拉动了油价攀升。由于亚洲国家和地区经济增长强劲，原油需求一直在稳定增长。例如，从 1990 年到 2003 年，全球每年的原油需求增长为 1.3%，但中国和印度两国的年度原油需求增长却达到 7%。1990 年以来，中国和印度的原油需求增长几乎占全球原油需求增长的 40%。由于能源利用相当缺乏效率，这两个亚洲大国对原油的需求加剧了原油的供需不平衡。2004 年，亚洲发展中国家和地区的原油需求增长占了全球需求增量的近 50%。尽管 2006 年的原油需求上涨可能放缓，但依然强劲，估计日均需求将增加 150－210 万桶。

2. 一些不确定性因素加剧了原油价格上涨。2005 年上半年，全球原油供应增加到日均 8410 万桶，比 2004 年增加 170 万桶，同期欧佩克的剩余生产能力降到了 220 万桶。如果排除伊拉克、尼日利亚、委内瑞拉这样一些国家，全球剩余产能只有 140 万桶。在产能下降的情况下，一些不确定因素会迅速地影响原油价格。例如，今年美国海湾飓风季节的提早到来使得 7 月份油价猛涨，另外对伊朗恢复核活动的担心以及对沙特遭受恐怖袭击的忧虑使得油价在 8 月上旬进一步上涨，卡特里纳飓风则对 9 月上旬油价上涨起到了推波助澜的作用。

3. 原油精炼设施投资的滞后推动了原油价格的上涨。虽然已探明的原油储藏量足以满足未来 40 多年全球的消费需求。但受到 20 世纪 80 年代末和 90 年代原油价格长期偏低的影响，原油的生产、精炼、运送等方面的基础设施投资一直处于很低的水平。原油产业目前正处于一个从开发转向投资的阶段。在这个阶段，油价持续上涨反映了人们对长期边际生产成本上升的预期。最近，如俄罗斯萨哈林液化气 2 号工程和加拿大阿沙巴斯卡油沙工程成本大量增加，就反映了投资原油面临的资金困难。

（二）油价高企对亚洲发展中国家和地区的影响

油价高企对亚洲发展中国家和地区的影响大小取决于油价上涨的幅度和持续的时间。对原油净进口国来说，影响取决于一系列因素，包括对原油依存度，进行能源结构调整的难易程度等。对原油净出口国来说，油价上涨提高了原油出口带来的的利润，但这些收益常常高度集中，并可能被其他方面的负面影响所抵消。

1. 亚洲对原油和能源的依赖。在原油自给率方面，亚洲发展中国家和地区只有几个国家为原油净出口国，很多国家和地区几乎完全依赖进口并有上升的趋势：20 世纪 80 年代中期这个比重只有大约 10%，到 2003 年，44.7% 的石油消费依赖进口。分地区看，南亚对原油的依赖最高，其次是东亚；由于印度尼西亚的原油生产已赶不上消费步伐，东南亚也已成了一个净进口地区。中亚和太平洋岛国是净出口地区。其实，除东帝汶外，其他太平洋岛国都是净进口国。中亚地区的吉尔吉斯坦、塔吉克斯坦也高度依赖原油进口。对油价上涨的敏感性不仅取决于原油自给率，也取决于原油消费占全部能源消费的比重。20 世纪 80 年代中期，原油满足了亚洲发展中地区 30% 的能源需求，2003 年仍然保持这一水平。

2. 油价上涨对进出口的影响。分地区看，由于油价上涨导致进口燃料费用上升，南亚最易受到损害。南亚的原油自给率也是最低的，按市场汇率测算的 GDP 对能源的依存度也相当高。油价上涨对东亚和东南亚也产生了重要影响。作为原油净出口地区，中亚将从油价上涨中获得较大的出口收益。

3. 油价上涨对经济增长的影响。亚洲开发银行运用牛津经济预测模型来测算油价上涨对经济增长的影响结果。模型结果显示，菲律宾、新加坡、泰国受到的影响最明显。中国的经济增长受到的影响相对要小一些。根据该模型，油价上涨导致印度尼西亚、马来西亚经济增长放缓。尽管印度尼西亚对原油进口的依存度较低、马来西亚作为原油净出口国，能够直接从油价上涨中获益，但模型显示，由于两国的主要贸易伙伴经济增长放慢，原油加工商获得的利益将会减少。韩国与菲律宾也受到油价上涨的影响，但韩国经济受到影响的程度要小得多，原因在于，油价上涨时，韩国进口将大幅减少。

（三）亚洲发展中国家和地区应对油价上涨的对策

亚洲国家和地区情况差异很大，因此，应对油价上涨的对策也多种多样。对原油净进口国来说，油价上涨带来的挑战大小取决于自身的宏观经济环境、可支配的财政收入、经济结构、燃料定价政策等。对原油净出口国来说，原油储量、原油开采和精炼部门的产权结构、石油产品的税制、政府财政状况等因素非常重要。

1. 油价补贴和减税政策。亚洲发展中国家和地区的许多政府对于包括煤油、液化石油气甚至柴油、汽油等在内的石油产品给予了直接补贴。一些国家公开补贴石油产品的零售价格或通过国有的供应渠道加以管理,另一些国家使用间接补贴的手段,如将耗油量大的产品,尤其是电力以低于实际成本的价格出售。还有一些国家在近期的油价上涨中,降低石油产品的税收,以此保护消费者。

油价补贴增加了政府的财政负担。例如,印度尼西亚2005年用于石油产品补贴的财政费用比用在教育和卫生两方面的预算都多。当油价上涨时,增加补贴或减少消费税会使资源配置进一步扭曲。补贴支持了燃料和能源的低效利用,阻碍了清洁技术的发展和传播,导致对环境的污染。财政赤字的上升(一部分由燃料补贴增加引起)已经导致一些国家降低或取消了补贴。例如,由于过去18个月导致了22亿美元的财政负担,7月12日泰国政府宣布,立即取消柴油补贴,并将于2006年2月取消所有的燃料补贴。目前,马来西亚政府也宣布,打算终止对汽油和柴油的补贴,它还采取渐进的方式,在2005年将汽油和柴油价格提高了两倍。印度尼西亚2005年也削减了柴油补贴。在孟加拉国,国有石油运输机构——孟加拉石油公司积累了庞大的营运亏损,石油费用增大了对外汇储备的压力。印度政府对于它的一些主要石油和精炼公司最近公布的亏损数字比较重视。

石油产品的价格将是决定未来亚洲需求(不仅是原油,还有新的能源替代品)的一个主要因素。如果石油产品税收不合理或者给予大量补贴,开发和采用更有效的能源利用技术的动力将受到打击,资源保护的积极性也将受到影响。

2. 宏观经济政策。对原油净进口国来说,油价上涨要求调整国内需求,以适应潜在产出的下降。宏观经济政策的作用应该是有利于供需平衡,防止潜在的通货膨胀压力。

如果一个国家金融当局信誉良好、通货膨胀预期稳定,该国的金融政策就可以适应油价上涨对最终商品价格的部分直接影响。但是,如果油价上涨导致成本上升,进而导致工资上涨,或者通涨预期增大,金融当局就应当考虑实行紧缩政策。这将防止油价上涨引起的成本上升,造成长期产出损失。

财政政策的作用在于帮助实现平稳的调整、提供暂时的缓解措施。

在这方面，应当限制随意的应对措施，特别是那些一旦采取就不易变更的支出项目、补贴和税收。如果是通过随意的财政补贴以保护消费者和生产者，那将带来高昂的机会成本。

油价上涨对原油净出口国同样带来了挑战。主要问题在于：原油出口所获得的收入如何进行分配、非原油部门是否面临更高的生产成本。对于原油收入高度集中的某些国家，油价上涨会对总需求造成负面的影响；有些国家原油收入能使更多经济主体受益，私人需求可能扩大并带来通货膨胀压力。外汇增加造成汇率可能随之上升，由此对非原油类商品部门的活动造成挤出效应。政府如何利用好油价上涨带来的收益，如制定开支计划、减低本国债务、建立石油稳定基金等等，都需要进行认真谨慎的规划。

3. 亚洲发展中国家和地区的长期对策。从长期看，提高能源效率及能源多样性不能单纯依靠能源政策。有关竞争、投资、交通、技术甚至金融等的政策，以及能源定价政策，都将扮演重要的角色。

(1)引入竞争机制，建立石油和其他能源产品的竞争市场十分重要。在许多亚洲发展中国家，低效的国有机构长期以来在石油行业占据主导地位。鼓励个人参与到原油和其他能源行业是有益的，但必须改变相关的法律、制度和规则。

(2)建立中印两国的原油储备。战略储备的主要目的在于一旦供应出现突然的中断，有充备的原油可用。去年初，国际能源机构估计中国的原油储备为35天，印度为15天。两国都已宣布增加战略储备，并开始投资储备设施。今年7月13日，“10+3”(即东盟10国+中国、日本、韩国)举行的能源部长会议也郑重申明了战略原油储备对整个能源安全的重要性。

(四)结论

尽管未来的发展轨迹存在着一些不确定性，但油价上涨可能还会持续一段时间。从长期的能源安全和能源效率着眼，亚洲发展中国家和地区有必要重新思考这样两个问题：原油是否会保持低价以及油价上涨是不是暂时的。

首先，燃料补贴、人为压低油价和石油产品低税制在亚洲发展中国家和地区中普遍存在。补贴的财政费用已经急剧上升并开始造成财政压力。尽管补贴可能减缓油价上涨造成的影响，但增加了成本并影响到一国宏观经济的稳定。

其次，应该对油产品征收足够的税收。大多数亚洲发展中国家和地区的石油产品消费税远低于国际标准。假定未来几十年能源需求呈指数式增长、亚洲对原油的依存度不变，对石油产品征税就将在提高能源可持续利用方面发挥重要作用并提高能源利用效率、为社会带来更加清洁的环境。

第三，市场化对原油和其他能源消费的选择会起到很好的作用。管制应当谨慎的运用，其目的在于改善市场而不是取代市场。依靠直接行政管制必须格外小心。行政管制常常很难实施，并为寻租和腐败提供了机会，导致效率显著下降。此外，行政管制不能抑制消费。

第四，对于原油净进口国来说，应对油价上涨的正确经济政策是对本国的财政政策和金融政策稍作调整，以应对油价上涨。财政调整的着眼点不应该是试图抵消油价上涨带来的产出下降；金融政策应当着眼于化解潜在的通货膨胀压力。对于大多数亚洲发展中国家和地区来说，其良好的经济状况能够承受这些调整带来的损失，不至于对经济增长产生很大的影响。

第五，油价上涨对原油净出口国提供了本国经济发展的资源，但仍然要慎重规划如何利用石油收益。为了避免经济结构畸形发展的危险，必须小心避免实际汇率迅速、过度的升值，否则将影响本国非原油类商品的产出。

（执笔：郑泽香　王金萍）

专栏

印度经济快速崛起的原因分析

政治、宗教、文化的稳定是印度经济快速增长的重要前提。政治上基本稳定。宗教上基本上能和谐共存。印度文化也是一种利于经济发展的软实力。印度文化宗教色彩很深,印度教徒约占全国人口的82%。在印度教宿命论的影响下,大部分印度人普遍固守夫子之道,尊敬法律和制度。表现在工作上,就是循规蹈矩,不浮躁,执着专一,能够踏踏实实地把工作做好。

经济自由化改革是印度经济快速增长的重要基础和保障。1. 产业政策。1991年7月,印公布了新产业政策,随后几年,又对此作了几次修改,对印度几十年来的产业投资政策进行了全面改革。取消投资审批制度,全面向私人投资和外资开放;鼓励和吸引外国直接投资;进一步放宽对外资的限制;逐步推行国营企业私有化。2. 对外贸易改革。开放市场,逐步降低进口商品的关税,取消非关税性贸易壁垒;制定鼓励出口政策。3. 财政、金融改革。加强财政管理;开放资本市场;开放银行业;进行汇率体制改革。

以计算机软件开发、金融为主的服务业是经济快速增长的主要推动力。1. 计算机软件业飞速发展。据印度通讯和信息技术部的资料显示,印度的计算机软件开发业从上世纪末得到了空前的发展。尤其是1998至2001年的三个财政年度,软件的销售收入每年都以50%以上的速度递增。2. 信息技术相关的服务业发展迅猛。在2001-2004年财政年度里,信息技术相关的服务业销售收入由15亿美元增加到36亿美元,年均增长55.8%。雇员人数也由10万人增加到25万人,年平均增长51.8%。3. 通讯业发展迅速。2001至2005年10月,印度固定电话数量由3800万部上升到4400万部。移动电话由600万部上升到4400万部。2001年印度每千人中有6.3人使用移动电话,到2002年增加到12.2人;每千人中使用互联网的人数也由6.8人上长到15.9人。4. 金融服务稳定发展。印度政府在上世纪90年代决定进行银行业改革,从而掀开了该国金融市场新的一页。印度政府参考了几个委员会的研究报告,最终采取了包括降低准备金等措施在内的多项建议,改革为银行业创造了较为宽松的经营环境,各类银行都有一定程度的发展。印度银行体系相对健全,具有较佳的国际信誉;印度金融的体制基础较完善、市场秩序较好、资源配置以市场为主。商业银行全国合计的坏账比率为10.8%。

资本充足率要求比巴塞尔协议高1个百分点,即9%。印度银行的年利润增长率在现有的数据中是世界最高的,1996至2001年印度银行的年利润增长率为39%,而世界银行平均年利润增长率为18%,同期中国银行年均增长率仅为3%。

重视科技、教育是印度经济快速增长的知识和人力保障。1.政府注重科技、教育投入。印度历届政府都对科学技术的发展给予高度的重视。对科学技术发展的投资增加很快。印度历届政府对教育极为重视,而且教育也是印度政府投资的重要领域。从1990年到2000年,印度教育经费支出占GDP的比重都在4%左右,我国基本不到3%,在发展中国家中是比较高的。2004年,印度政府又计划将教育投入进一步提高,每年占GDP的比重超过6%,这在世界上也只有少数几个国家能达到。2.注重全民教育,侧重发展高水平、国际化的大学教育。印度的全民教育自经济自由化改革后取得了前所未有的进步,小学入学率到2002-2003年已提高到82.5%。15岁以上人员的文盲率2002年已降到38.7%。按印度的总人口折算,每年约有1000万人口扫盲。3.注重教育、人才培养的结构合理性。印度的教育体系有很多层次,除了前面提到的高等教育外,印度政府还大力推进职业教育和中等教育的多样化和职业化。这样就形成了一个较稳定的金字塔人才体系,各个层次的人才都有。

限制印度经济发展的一些主要因素。1.多党派牵制、政府效率低下等。在1989年12月到目前,印度一共组织了9届中央政府,其中6届只执政了一年左右的时间,最短的只执政了13天。目前,在印度国家政治发展中,任何党派都不可能占有绝对优势,各利益集团之间的斗争与协调将不断干扰内外政策,从而导致政策连续性减弱。而政府的繁文缛节、决策缓慢也导致效率低下。2.多宗教、多种性、多种语言的限制。印度是一个多民族的国家,因此,形成了多宗教并存的局面。印度种性制度仍然存在,并将种性作为斗争的工具。印度也是一个多语言种类的国家,尽管政府做出种种努力推广印地语,但效果不十分理想,还不及英语使用范围大。3.贫困人口多、贫富差距不断拉大、地域经济不平衡加大。按总数来看,印度是世界上贫困人口最多的国家。据统计,印度5%的富有阶层占有社会财富的50%,而占人口80%的贫困阶层只占有社会财富的10%。富有阶层与贫困阶层人均财富为100:1.25。4.基础设施落后。目前,虽然印度在计算机软件和金融服务方面发展迅速,但长期以来忽略了基础设施的建设,使印度在很多基础设施的建设上都落后于一些低收入国家。

(执笔:郑泽香)

专栏

印度经济概况

近年来,印度经济持续、较快增长。1991 年经济自由化改革至今,印度经济的年均增长率达到 6.5%,而 2003 - 2004 年经济增长率高达 8.5%,令世人瞩目。

一、印度拥有丰富的自然资源和劳动力资源

印度不仅拥有丰富的自然资源,而且还拥有丰富的劳动力资源。印度人口基数大,人口的自然增长率高达 15.5‰,每年新增 800 万劳动力。目前,印度丰富的劳动力资源呈现出两极分化的态势:一方面,大量受过良好教育的专业技术人才表现相当优异,并已跨出国门向世界施展才能;另一方面,普通劳动力没有被广泛利用,印度的失业率还高达 7%。

二、印度的三次产业结构趋于合理

独立后印度经济结构特别是产业结构趋于合理。印度的产业结构与大多数国家的发展历程一样,起初也是以第一产业为主,随着经济的发展,第二、第三产业占国内生产总值的比重不断提高。印度第一产业在 20 世纪 60 至 80 年代得到较快发展,而第二和第三产业在 80 和 90 年代发展较快。目前,印度的农业增加值占国内生产总值的比重为 22%,比 1993 - 1994 年下降了 9 个百分点;工业增加值占国内生产总值的比重为 27%,比 1993 - 1994 年上升了 1 个百分点;服务业增加值占国内生产总值的比重为 51%,比 1993 - 1994 年上升了 9 个百分点。

经过 50 多年的发展,2004 年,印度国内生产总值年达到 299461 亿卢比(合 6610 亿美元),居亚洲第四位,世界第十二位。

三、宏观经济政策调整

总体来看,印度中央银行的紧缩性货币政策和中央政府的扩张性财政政策不协调。印度储备银行要限制货币供应量的过量增加,抑制通货膨胀。中央政府却变本加厉地实行赤字财政的发展策略。作为政府的银行,储备银行不得不承购中央政府为弥补财政赤字而发行的国库券等公债券,从而使中央政府的债务货币化,扩大了货币供应量,助长了物价上涨。独立后至 1992 年,印度实行卢比贬值政策,1992 年之后逐步走向卢比自由兑换政策。目前印度的汇率体制为卢比盯住一揽子货币制度。

四、对外贸易和外商直接投资快速增长

1. 独立后印度对外贸易增长较快。2004－2005 年印度对外贸易总额达 1863 亿美元，比 1949－1950 年增长了 80 倍。同时，贸易逆差也呈逐年扩大的态势。1949－1950 年印度贸易逆差只有 3 亿美元，2003－2004 年则上升到 143 亿美元，增长了 46.6 倍。2004－2005 年，前五大出口商品依次为药品和化妆品（67 亿美元）、成衣（60 亿美元）、机械设备和仪器（35 亿美元）、金属产品（33 亿美元）以及钢铁产品（32 亿美元）；前五大进口商品依次为原油和原油产品（298 亿美元）、金银产品（11 亿美元）、电子产品（97 亿美元）、非电气机械设备（66 亿美元）以及有机和无机化学产品（53 亿美元）。前五大贸易伙伴依次为美国（196 亿美元）、阿拉伯联合酋长国（117 亿美元）、中国（113 亿美元）、英国 70（亿美元）以及德国（65 亿美元）。

2. 外商直接投资在 20 世纪 90 年代后期以后加速发展。据联合国贸发会议统计，2004 年印度吸引的外商直接投资比上年增长 50%，达到 60 亿美元，占当年全球外商直接投资总额的 1%，比上年的 0.7% 提高了 0.3 个百分点，比 1998 年吸引的外商直接投资增长了 1.3 倍。据印度政府统计，从 1991 年到 2004 年 11 月，印度累计吸引外商直接投资为 323 亿美元，主要流向电气设备制造业（包括计算机软件和电子产品）、燃料供应业和服务业，三大行业分别占累计吸引外商直接投资的 15.1%、9.8% 和 8.2%。从投资来源地来看，印度前五大外商直接投资来源地依次为毛里求斯、美国、日本、荷兰和英国，累计投资分别达到 89 亿美元、44 亿美元、19 亿美元、18 亿美元和 17 亿美元，分别占印度 1991 年到 2004 年 11 月累计吸引外商直接投资总额的 34.5%、17.1%、7.3%、7.2% 和 6.6%。

五、公私并存的混合经济体制

独立后，为了促进经济发展，印度政府在允许私营经济发展的同时，又大力发展公营经济，从而建立起公私并存的混合经济体制。为了加强对社会经济发展的宏观管理，印度政府一方面发挥市场机制作用，另一方面又运用计划手段对经济发展过程实行严格的控制。但后来的经济发展实践证明，一些经济计划严重阻碍了经济的进一步发展。因此，印度政府于 90 年代初期和 90 年代末期进行了两次经济改革，对经济政策进行大幅度调整，扩大私营经济的参与范围和力度，缩小公营经济在整个印度经济中的比重，从而使印度的经济体制趋于完善。

（执笔：王金萍）

世界经济论坛《全球竞争力报告 2005－2006》简评

由世界经济论坛(World Economic Forum,简称 WEF)每年发布的《全球竞争力报告》(Global Competitiveness Report,简称 GCR),是世界上最有影响的国家竞争力评比成果之一。它通过对影响国民经济发展和繁荣的多种因素进行跨国比较并排名,显示各经济体的比较竞争力强项和弱势,旨在为企业界和政府的决策提供参照。《全球竞争力报告 2005－2006》的参评经济体达 117 个,其中我国的参评经济体共 3 个:中国内地、中国香港特别行政区、中国台湾省(本文以下将“中国香港特别行政区”简称为“中国香港”,“中国台湾省”简称为“中国台湾”。)。

一、WEF 的评比体系与特点

WEF 所定义的竞争力是“决定一国生产率水平(进而是决定一个经济体所能达到的繁荣程度)的一整套要素、政策和制度”(《全球竞争力报告 2005～2006》)。他们认为,国家竞争力所涉及的领域十分广泛,除了宏观经济方面的因素外,还包括公共制度、技术能力等诸多方面。由于各个国家(地区)所处的发展阶段不同,其重要程度也有差异,并且不同因素的重要性还会随着时间的推移发生变化,以及受到全球化力量的推动。

WEF 评比全球竞争力的重要特点是,主要关注参评经济体未来 5－8 年的经济增长前景和竞争力变化趋势。自 2001 年以来,WEF 一直采用两组指标构成评比体系。

第一组成长竞争力指数(Growth Competitiveness Index,GCI),是全球竞争力排名的主要指标,直接构成全球竞争力排名结果。它从中长期推动经济增长的可变因素层面来衡量一个国家或地区的竞争力,包括宏观经济环境指数(Macroeconomic Environment Index)、公共制度指数(Public

Institutions Index)、技术指数(Technology Index)3 个子项。鉴于技术在推进经济增长中的重要作用,以及在经济发展不同阶段的获得方式不同,WEF 以企业注册实用专利的人均数量为标准,将参评经济体划分为两类。其中,25 个经济体属于"核心创新者"(core innovators),其余经济体被归为"非核心创新者"(non - core innovators),GCI 的 3 个子项在这两类经济体中具有不同的权重。

第二组商业竞争力指数(Business Competitiveness Index,BCI),是弥补 GCI 不足的辅助指标,其评比结果并不影响全球竞争力排名,旨在对微观层面改进效率和生产率提供参照。它反映企业当前生产率和经济体的资源存量有效利用情况,重点关注决定用以从中期考察、界定各经济体生产力率和竞争力的可持续水平的基本潜在条件微观经济因素,包括公司运营与战略(the sophistication of company operations and strategy)和经济体商业环境质量(quality of the national business environment)2 个子项。

表 1 2005 年度 WEF 的全球竞争力前 15 名评比排名

国家和地区	2005 年		2004 年
	排名	得分	排名
芬　　兰	1	5.94	1
美　　国	2	5.81	2
瑞　　典	3	5.65	3
丹　　麦	4	5.65	5
中国台湾	5	5.58	4
新 加 坡	6	5.48	7
冰　　岛	7	5.48	10
瑞　　士	8	5.46	8
挪　　威	9	5.40	6
澳大利亚	10	5.21	14
荷　　兰	11	5.21	12
日　　本	12	5.18	9
英　　国	13	5.11	11
加 拿 大	14	5.10	15
德　　国	15	5.10	13
中国香港	28	4.83	21
中国内地	49	4.07	46

二、全球竞争力的最新评比结果

1. 成长竞争力的基本格局依旧

表 1 可见，上年度排在前 15 位的经济体，全都继续保留在这一序列之中，仅有较小幅度的位置交换，并且前 3 位国家的顺序未变。

处于第一集团（前 30）的主要还是早期工业化国家。其中，芬兰最具竞争力，已连续 4 年名列榜首，在其综合优势明显的同时，主要弱项表现在宏观经济稳定性、政府支出浪费、税收、劳动市场管制等项目。美国仍保持连年排名第 2，其特别突出的技术优势表现为完善的创新环境、大量的研发投入、最高的高等教育入学率。与之形成对比的是，宏观经济稳定性仅列第 47，据 IMF 估计，2005 年美国财政赤字会连续第四年超过 GDP4%，将伴随不断膨胀的政府负债规模。

北欧国家的竞争力表现强劲。除芬兰外，瑞典、冰岛、挪威也位列前 10，其共同的竞争优势在于健康的宏观经济环境，良好的公共制度，社会对政府预算支出的重点的普遍共识等。而传统的欧洲强国英国、德国、法国、意大利都排在 10 名以外，其中意大利排名连续下滑倍受关注，已经从 2001 年的第 26 位下降到今年的第 47 位。WEF 的专门分析认为，其突出问题是公共部门帐户状况持续恶化、经济增速不断放缓，由于过度依赖纺织品、服装、制鞋等低增长的成熟产业，在面临激烈外部竞争的同时，劳动力成本高居不下，严重影响了具有成本竞争特点的传统产业扩张。

在东亚、东南亚地区，台湾和新加坡的排名都进入了前 10，日本和韩国则分别排在了第 12 和第 17。日本的排名较上年下滑 3 位，尽管其技术能力很强，研发投入、公司的技术吸收度、注册专利等指标都接近美国，但宏观经济方面问题严重，如预算赤字仅排第 113 位，公共部门债务水平位居第 114。韩国的排名较上年提升 12 位，在排名榜中的上升幅度最大，主要是由于它已从 2003 年导致上年排名下降 11 位的信用卡危机中恢复过来。印度的排名上升 5 位，缩小了与中国的差距，主要归因于近年来经济增长率保持在 7% 以上、商业环境不断改善、企业的运营与管理也日趋走向成熟。同时，印度需要解决的难题有：高文盲率、官僚主义色彩的繁文缛节和过度监管、基础设施贫乏、较高水平的财政赤字和公共部门债务。

在拉美地区,排名靠前的智利列第23位,与该地区排名第二墨西哥的差距拉大到了32位,是世界其他地区未曾出现过的现象。IMF分析认为,智利的一个突出优势在于,其竞争力表现很少受到政治周期的影响,政策具有连续性。

在中东北非地区,阿联酋、卡塔尔是最具竞争力的经济体。撒哈拉以南非洲地区最具竞争力的当数南非。而纳米比亚、哥斯达黎加是退步较多的国家。同往年一样,排在70名以后的是亚非拉广大发展中国家以及经济转轨国家。

2. 商业竞争力的个例变化较大

2005年度商业竞争力指数评比的经济体116个。位居前3位的排名没有变化,依次是美国、芬兰、德国。丹麦、新加坡、英国、瑞士、日本、荷兰、奥地利分别排在4－10位。值得注意的是,新加坡的排名上升5位,奥地利排名上升6位,而多年来一直排在前10名的瑞典下滑8位,位列第12。

在发展中大国的行列里,印度排名最靠前,显示出微观经济效率的有效提高。巴西则退后11位,列第49,主要因国家商业环境排名从第44下降到第52位。阿根廷前进了10位,排第64,且两个子指数的排名都有提高。俄罗斯排名下降了13位,两个子指数排名的下降都达10位以上。

在前苏联及其他转轨国家中,排名较前的有爱沙尼亚(第26)、捷克(第27)。列排名榜最后的5国依次是乍得、东帝汶、巴拉圭、玻利维亚、阿尔巴尼亚。

三、我国的3个参评经济体概况

1. 成长竞争力有所下降

中国内地的成长竞争力指数排名较去年下降3位,其中一个重要因素是有两个新参评国家的插入(卡塔尔第19、科威特第33)。但是若从评比分值来看,中国内地的得分2002年和2003年都是4.2,2004年是4.3,2005年则为4.07,还是有所降低的。中国台湾的排名较去年下降1位,又回到了前年的位置。中国香港的排名则后退了7位。

表 2　中国 3 个参评经济体的成长竞争力指标排名变化(2002 - 2005 年)

经济体	指标	2002 *	2003	2004	2005
中国内地	GCI	38	44	46	49
	公共制度	38	52	55	56
	技术	63	65	62	64
	宏观经济环境	8	25	24	33
中国台湾	GCI	6	5	4	5
	公共制度	27	21	27	26
	技术	2	3	2	3
	宏观经济环境	6	18	9	17
中国香港	GCI	22	24	21	28
	公共制度	13	10	9	23
	技术	32	37	34	26
	宏观经济环境	3	15	13	8
参评经济体总量		80	102	104	117

从成长竞争力指数的构成看,中国内地的核心优势是稳定的宏观经济环境,但 2005 年该子项的排名下降较为明显、下降了 9 位,WEF 的分析认为,其原因在于官方采取抑制信贷增长政策以及强劲需求推动下的 2004 年物价指数回升。

支持中国台湾竞争力的关键因素是技术子项,仅次于美国和芬兰。中国台湾的宏观经济环境排名从去年的第 9 下降 8 位,主要是因宏观经济的稳定性下滑,其中政府赤字占 GDP 的百分比达到 3.3%,排第 76 位,衰退预期排名从上年的第 18 下降到第 53,政府债务从第 17 降到第 31 位。公共制度是中国台湾竞争力的薄弱环节,其分项指标中,司法独立性排第 44,有组织犯罪排第 41,产权排第 29 位。

中国香港的排名较上年下降 7 位,主要由于公共制度排名严重下降。其司法独立性指标从第 14 位降到了第 25,产权指标从第 3 下降到第 15,裙带关系(favoritism)指标从第 10 下降到了第 32 位,就连原先一直表现比较突出的非正常报酬(腐败)指标排名也出现了下滑。

2. 商业竞争力有升有降

表3 中国3个参评经济体的商业竞争力指标排名变化(2001－2005年)

经济体	指标	2001	2002	2003	2004	2005
中国内地	商业竞争力	43	38	46	47	57
	公司运营与战略	39	38	42	39	53
	国家商业环境	46	38	44	47	58
中国台湾	商业竞争力	21	16	16	17	14
	公司运营与战略	20	16	16	12	13
	地区商业环境	21	13	16	20	15
中国香港	商业竞争力	18	19	19	11	20
	公司运营与战略	21	24	22	15	20
	地区商业环境	17	16	15	10	19
参评经济体总量		75	79	98	101	116

中国内地的商业竞争力指数排名下降10位,降到了参评以来的最低水平,特别是与排在第49位的成长竞争力相比差8位,体现了经济表现中"宏观向好、微观不足"的特征。从子项指标排名来看,一直以来,公司运营与战略排名基本上稍好于国家商业环境排名,只是2005年的这两个子项排名同时大幅下落,前者下滑了14位,后者下降11位。

中国香港的商业竞争力也较上年下降9位,与中国内地的情况相似,两个子项排名同时下降,其中地区商业环境的排名下降明显,但仍保持了商业环境排名好于公司运营与战略的格局。

中国台湾的商业竞争力排名则上升了3位,主要受地区商业环境改善支持。

四、中国内地的竞争力表现与分析

1. 经济高增长与竞争力下滑并存

从1998－2005年的WEF评比结果来看,中国内地一直处于排行榜中上游，虽然两组指标排名分别后退了21位和15位，但是由于同期参评经济体总数增加了64个，据此计算的相对排名变化表明，中国内地的国际竞争力排位仅属有所下滑。

近年来，中国内地保持了全世界最快的经济速增长，经济规模迅速扩张，人均收入也不断提高，但是同期的竞争力排名却没有明显变化，甚至有所下滑。反映出经济高增长并尚未转化为强势竞争力的状况，值得我们关注。

2. 竞争力优势与劣势的主要表现

宏观经济环境是中国内地成长竞争力评比中排名居前的子项指数，总体上看所包含的指标与去年基本相同，但优劣势之间发生了转换。其中，通货膨胀、政府盈余/赤字、实际有效汇率3个指标曾是上年的优势指标，分别排在第17、第44、第35位，2005年则逆转为劣势指标。

公共制度子指数的优劣势指标内容也与上年基本相同，但优势指标明显少于劣势指标。值得注意的是，2004年排第38的优势指标"政府官员决策中的任人唯亲"2005年成为了劣势指标，而2004年排在第54位的劣势指标"进出口过程中的非正常支付"，则变成了优势指标。

技术的排名一直是3个子项中最为落后的，从而劣势指标也最多，其中创新不足是最为主要的问题。该子项所包括5个优势指标、13个劣势指标，与去年完全相同。需要指出的是，在这些劣势指标中，有很多是人均意义上的统计指标，因中国内部巨大的城乡差距、地区差距，实际上的科技发展水平并不见得如此差。

3. 制约微观经济活动的障碍因素排序

WEF的竞争力评比体系还涉及商业活动重大障碍因素分析。其获取方法是：在问卷调查中，要求企业家针对开展商业活动过程中面临的14个主要问题，按照严重程度选择其中的5项并排序。

汇总近3年中国内地的问卷调查意见（表4）可以看到，被调查企业家最为关注的5个问题相对集中。需要指出的是，排序的变化只反映企业家所评价的突出性变化，某一问题的位次更替并不一定表明该问题得到了解决；反之亦然。该表提示了我国当前改善微观经济活动环境的主要着力点：一是抓紧建立廉洁、高效的政府，包括治理腐败、建设公共服务型政府，保持政策的相对稳定。二是克服基础设施供需中的现实矛盾，包括有效增加供给总量和解决体制和结构问题,提高相关服务的数量和质量。第三,加快金融改革,改变银行体系效率低下和结构失衡,证券市场融资功能衰退的现状。第四,改革税收体制,需要解决税收管理规定不合理和税率较高两个方面的问题。第五,重视劳动力资源的合理利用,建立起与市场经济、中国文化相协调的教育体系和职业道德准则。此外,随着物价指数的上升,还需要在宏观经济调控中重视通货膨胀问题。

表4　中国内地从事商业活动的制约性因素排序(2003－2005年)

影响因素	2005排序	2004排序	2003排序
腐败	1	1	4
基础设施供给不足	2	4	5
获得融资	3	5	1
低效的政府官僚体系	4	3	2
政策不稳定性	5	2	3
税收管理规定	6	7	9
缺乏受过教育的劳动力	7	6	6
税率水平	8	9	7
劳动力的职业道德差	9	8	10
通货膨胀	10	14	13
政府的不稳定性/政变	11	11	12
外汇管理规定	12	12	11
限制性的劳动管制	13	11	8
犯罪与盗窃	14	13	14

注:调查问卷要求回答者从以上14个因素中,挑选出5个在商务活动中最具制约性的因素,并将其从1到5排序(1表示制约性最强)。故表中的数字越小,表明紧迫性越强。

(执笔:陈伟　董迎)

统计数据篇

1.1 国土面积

单位:万公顷

国家和地区	2000	位次	2002	位次
俄罗斯联邦	170754.0	1	170754.0	1
加拿大	99706.1	2	99706.1	2
美国	96290.9	3	96290.9	3
中国	96000.0	4	96000.0	4
巴西	85148.8	5	85148.8	5
澳大利亚	77412.2	6	77412.2	6
印度	32872.6	7	32872.6	7
阿根廷	27804.0	8	27804.0	8
哈萨克斯坦	27249.0	9	27249.0	9
苏丹	25058.1	10	25058.1	10
阿尔及利亚	23817.4	11	23817.4	11
刚果(金)	23448.6	12	23448.6	12
沙特阿拉伯	21496.9	13	21496.9	13
墨西哥	19582.0	14	19582.0	14
印度尼西亚	19045.7	15	19045.7	15
利比亚	17595.4	16	17595.4	16
伊朗	16482.0	17	16482.0	17
蒙古	15665.0	18	15665.0	18
秘鲁	12852.2	19	12852.2	19
乍得	12840.0	20	12840.0	20
尼日尔	12670.0	21	12670.0	21
安哥拉	12467.0	22	12467.0	22
马里	12401.9	23	12401.9	23
南非	12190.9	24	12190.9	24
哥伦比亚	11389.1	25	11389.1	25
埃塞俄比亚	11043.0	26	11043.0	26
波利维亚	10985.8	27	10985.8	27
毛里塔尼亚	10255.2	28	10255.2	28
埃及	10014.5	29	10014.5	29
坦桑尼亚	9450.9	30	9450.9	30
尼日利亚	9237.7	31	9237.7	31
委内瑞拉	9120.5	32	9120.5	32
纳米比亚	8242.9	33	8242.9	33
莫桑比克	8015.9	34	8015.9	34
巴基斯坦	7961.0	35	7961.0	35
土耳其	7748.2	36	7748.2	36
智利	7566.3	37	7566.3	37
赞比亚	7526.1	38	7526.1	38

1.1 续表 1

单位:万公顷

国家和地区	2000	位次	2002	位次
缅甸	6765.8	39	6765.8	39
阿富汗	6520.9	40	6520.9	40
索马里	6376.6	41	6376.6	41
中非共和国	6229.8	42	6229.8	42
乌克兰	6037.0	43	6037.0	43
马达加斯加	5870.4	44	5870.4	44
博茨瓦纳	5817.3	45	5817.3	45
肯尼亚	5803.7	46	5803.7	46
法国	5515.0	47	5515.0	47
也门	5279.7	48	5279.7	48
泰国	5131.2	49	5131.2	49
西班牙	5059.9	50	5059.9	50
土库曼斯坦	4881.0	51	4881.0	51
喀麦隆	4754.4	52	4754.4	52
巴布亚新几内亚	4628.4	53	4628.4	53
瑞典	4499.6	54	4499.6	54
乌兹别克斯坦	4474.0	55	4474.0	55
摩洛哥	4465.5	56	4465.5	56
伊拉克	4383.2	57	4383.2	57
格陵兰岛	4104.5	58	4104.5	58
巴拉圭	4067.5	59	4067.5	59
津巴布韦	3907.6	60	3907.6	60
日本	3778.0	61	3778.9	61
德国	3570.3	62	3570.3	62
刚果(布)	3420.0	63	3420.0	63
芬兰	3381.5	64	3381.5	64
越南	3316.9	65	3316.9	65
马来西亚	3297.5	66	3297.5	66
挪威	3237.6	67	3237.6	67
科特迪瓦	3224.6	68	3224.6	68
波兰	3126.9	69	3126.9	69
阿曼	3095.0	70	3095.0	70
意大利	3013.4	71	3013.4	71
菲律宾	3000.0	72	3000.0	72
厄瓜多尔	2835.6	73	2835.6	73
布基纳法索	2740.0	74	2740.0	74
新西兰	2705.3	75	2705.3	75
加蓬	2676.7	76	2676.7	76

1.1 续表2　　　　单位:万公顷

国家和地区	2000	位次	2002	位次
西萨摩亚	2660.0	77	2660.0	77
几内亚	2458.6	78	2458.6	78
英国	2429.1	79	2429.1	79
乌干达	2410.4	80	2410.4	80
加纳	2385.4	81	2385.4	81
罗马尼亚	2383.9	82	2383.9	82
老挝	2368.0	83	2368.0	83
圭亚那	2149.7	84	2149.7	84
白俄罗斯	2076.0	85	2076.0	85
吉尔吉斯斯坦	1999.0	86	1999.0	86
塞内加尔	1967.2	87	1967.2	87
叙利亚	1851.8	88	1851.8	88
柬埔寨	1810.4	89	1810.4	89
乌拉圭	1762.2	90	1762.2	90
突尼斯	1636.1	91	1636.1	91
苏里南	1632.7	92	1632.7	92
尼泊尔	1471.8	93	1471.8	93
孟加拉国	1440.0	94	1440.0	94
塔吉克斯坦	1425.5	95	1425.5	95
希腊	1319.6	96	1319.6	96
尼加拉瓜	1300.0	97	1300.0	97
朝鲜	1205.4	98	1205.4	98
马拉维	1184.8	99	1184.8	99
厄立特里亚	1176.0	100	1176.0	100
贝宁	1126.2	101	1126.2	101
洪都拉斯	1120.9	102	1120.9	102
利比里亚	1113.7	103	1113.7	103
保加利亚	1109.9	104	1109.9	104
古巴	1108.6	105	1108.6	105
危地马拉	1088.9	106	1088.9	106
冰岛	1030.0	107	1030.0	107
塞尔维亚	1021.7	108	1021.7	108
韩国	992.6	109	992.6	109
匈牙利	930.3	110	930.3	110
葡萄牙	919.8	111	919.8	111
法属圭亚那	900.0	112	900.0	112
约旦	892.1	113	892.1	113
阿塞拜疆	866.0	114	866.0	114

1.1 续表3　　单位:万公顷

国家和地区	2000	位次	2002	位次
奥地利	838.6	115	838.6	115
阿联酋	836.0	116	836.0	116
捷克共和国	788.7	117	788.7	117
巴拿马	755.2	118	755.2	118
塞拉利昂	717.4	119	717.4	119
爱尔兰	702.7	120	702.7	120
格鲁吉亚	697.0	121	697.0	121
斯里兰卡	656.1	122	656.1	122
立陶宛	653.0	123	653.0	123
拉脱维亚	646.0	124	646.0	124
多哥	567.9	125	567.9	125
克罗地亚	565.4	126	565.4	126
波斯尼亚和黑塞格维那	512.1	127	512.1	127
哥斯达黎加	511.0	128	511.0	128
斯洛伐克	490.3	129	490.3	129
多米尼加共和国	487.3	130	487.3	130
不丹	470.0	131	470.0	131
爱沙尼亚	452.3	132	452.3	132
丹麦	430.9	133	430.9	133
荷兰	415.3	134	415.3	134
瑞士	412.9	135	412.9	135
几内亚比绍	361.2	136	361.2	136
摩尔多瓦	338.4	137	338.4	137
比利时-卢森堡	331.2	138	331.2	138
莱索托	303.5	139	303.5	139
亚美尼亚	298.0	140	298.0	140
所罗门群岛	289.0	141	289.0	141
阿尔巴尼亚	287.5	142	287.5	142
赤道几内亚	280.5	143	280.5	143
布隆迪	278.3	144	278.3	144
海地	277.5	145	277.5	145
卢旺达	263.4	146	263.4	146
马其顿	257.1	147	257.1	147
吉布提	232.0	148	232.0	148
伯利兹	229.6	149	229.6	149
以色列	221.4	150	221.4	150
萨尔瓦多	210.4	151	210.4	151
斯洛文尼亚	202.7	152	202.7	152

1.1 续表4

单位:万公顷

国家和地区	2000	位次	2002	位次
新喀里多尼亚	185.8	153	185.8	153
斐济	182.7	154	182.7	154
科威特	178.2	155	178.2	155
斯威士兰	173.6	156	173.6	156
东帝汶	148.7	157	148.7	157
巴哈马	138.8	158	138.8	158
瓦努阿图	121.9	159	121.9	159
福克兰群岛	121.7	160	121.7	160
冈比亚	113.0	161	113.0	161
卡塔尔	110.0	162	110.0	162
牙买加	109.9	163	109.9	163
黎巴嫩	104.0	164	104.0	164
塞浦路斯	92.5	165	92.5	165
波多黎各	89.5	166	89.5	166
被占领的巴勒斯坦地区	62.1	167	62.1	167
文莱	57.7	168	57.7	168
特立尼达和多巴哥	51.3	169	51.3	169
佛得角	40.3	170	40.3	170
法属波里尼西亚	40.0	171	40.0	171
萨摩亚	28.4	172	28.4	172
留尼汪	25.1	173	25.1	173
科摩罗	22.3	174	22.3	174
毛里求斯	20.4	175	20.4	175
瓜德罗普	17.1	176	17.1	176
法罗群岛	14.0	177	14.0	177
马提尼克岛	11.0	178	11.0	178
圣多美和普林西比	9.6	179	9.6	179
荷属安的列斯群岛	8.0	180	8.0	180
多米尼克	7.5	181	7.5	181
汤加	7.5	182	7.5	182
基里巴斯	7.3	183	7.3	183
巴林	7.1	184	7.1	184
密克罗尼西亚	7.0	185	7.0	185
新加坡	6.8	186	6.8	186
圣卢西亚	6.2	187	6.2	187
关岛	5.5	188	5.5	188
安道尔	4.8	189	4.8	189
马里亚纳群岛	4.6	190	4.6	190

1.1 续表 5

单位:万公顷

国家和地区	2000	位次	2002	位次
帕劳群岛	4.6	191	4.6	191
塞舌尔	4.5	192	4.5	192
安提瓜和巴布达	4.4	193	4.4	193
巴巴多斯	4.3	194	4.3	194
凯科斯群岛	4.3	195	4.3	195
圣文森特和格林纳丁斯	3.9	196	3.9	196
圣基茨和尼维斯	3.6	197	3.6	197
格林纳达	3.4	198	3.4	198
美属维尔京群岛	3.4	199	3.4	199
马耳他	3.2	200	3.2	200
圣赫勒拿	3.1	201	3.1	201
马尔代夫	3.0	202	3.0	202
开曼群岛	2.6	203	2.6	203
纽埃岛	2.6	204	2.6	204
圣皮埃尔和密克隆	2.4	205	2.4	205
库克群岛	2.3	206	2.3	206
美属萨摩亚	2.0	207	2.0	207
瓦利斯和富图纳	2.0	208	2.0	208
阿鲁巴岛	1.9	209	1.9	209
马绍尔群岛	1.8	210	1.8	210
列支敦士登	1.6	211	1.6	211
英属维尔京群岛	1.5	212	1.5	212
圣诞岛	1.3	213	1.3	213
蒙特塞拉特岛	1.0	214	1.0	214
英属印度洋领地	0.8	215	0.8	215
坎通和恩德比岛	0.7	216	0.7	216
圣马力诺	0.6	217	0.6	217
百慕大	0.5	218	0.5	218
诺福克群岛	0.4	219	0.4	219
图瓦卢	0.3	220	0.3	220
瑙鲁	0.2	221	0.2	221
科克斯(基林)群岛	0.1	222	0.1	222
直布罗托	0.1	223	0.1	223
托克劳	0.1	224	0.1	224

注:本表是在有数据国家和地区的基础上排序的,仅供参考。

资料来源:联合国粮农组织数据库。

1.2 人 口

（年中数） 单位:万人

国家和地区	2000	位次	2003	位次
中国①	126743	1	129227	1
印度	101694	2	106546	2
美国	28500	3	29404	3
印度尼西亚	21156	4	21988	4
巴西	17180	5	17847	5
巴基斯坦	14265	7	15358	6
孟加拉国	13795	8	14674	7
俄罗斯联邦	14561	6	14325	8
日本	12703	9	12765	9
尼日利亚	11475	10	12401	10
墨西哥	9893	11	10346	11
德国	8228	12	8248	12
越南	7814	13	8138	13
菲律宾	7571	14	8000	14
埃及	6778	16	7193	15
土耳其	6828	15	7133	16
埃塞俄比亚	6559	18	7068	17
伊朗	6644	17	6892	18
泰国	6093	19	6283	19
法国	5930	20	6014	20
英国	5891	21	5947	21
意大利	5754	22	5742	22
刚果(金)	4857	24	5277	23
缅甸	4754	25	4949	24
乌克兰	4969	23	4852	25
韩国	4684	26	4770	26
南非	4400	27	4503	27
哥伦比亚	4212	28	4422	28
西班牙	4075	29	4106	29
波兰	3867	30	3859	30
阿根廷	3707	31	3843	31
坦桑尼亚	3484	32	3698	32
苏丹	3144	33	3361	33
肯尼亚	3055	35	3199	34
阿尔及利亚	3025	36	3180	35
加拿大	3077	34	3151	36
摩洛哥	2911	37	3057	37
秘鲁	2595	38	2717	38
乌兹别克斯坦	2491	39	2609	39
乌干达	2349	42	2583	40
委内瑞拉	2428	40	2570	41
伊拉克	2322	43	2518	42
尼泊尔	2352	41	2516	43
马来西亚	2300	44	2443	44
沙特阿拉伯	2215	47	2422	45

1.2 续表1　　单位：万人

国家和地区	2000	位次	2003	位次
阿富汗	2139	48	2390	46
朝鲜	2227	46	2266	47
罗马尼亚	2248	45	2233	48
加纳	1959	49	2092	49
也门	1802	52	2001	50
澳大利亚	1915	50	1973	51
斯里兰卡	1860	51	1907	52
莫桑比克	1786	53	1886	53
叙利亚	1656	54	1780	54
马达加斯加	1597	55	1740	55
科特迪瓦	1583	57	1663	56
荷兰	1590	56	1615	57
喀麦隆	1512	60	1602	58
智利	1522	59	1581	59
哈萨克斯坦	1564	58	1543	60
柬埔寨	1315	61	1414	61
安哥拉	1239	64	1363	62
马里	1190	66	1301	63
厄瓜多尔	1242	63	1300	64
布基纳法索	1191	65	1300	65
津巴布韦	1265	62	1289	66
危地马拉	1142	67	1235	67
马拉维	1137	68	1211	68
尼日尔	1074	71	1197	69
古巴	1120	69	1130	70
希腊	1090	70	1098	71
赞比亚	1042	73	1081	72
塞尔维亚	1056	72	1053	73
比利时	1025	75	1032	74
捷克共和国	1027	74	1024	75
塞内加尔	939	80	1010	76
葡萄牙	1002	77	1006	77
白俄罗斯	1003	76	990	78
索马里	872	82	989	79
匈牙利	1001	78	988	80
突尼斯	952	79	983	81
瑞典	886	81	888	82
波利维亚	832	84	881	83
多米尼加	835	83	875	84
乍得	786	90	860	85
几内亚	812	86	848	86
卢旺达	772	91	839	87
阿塞拜疆	816	85	837	88
海地	801	89	833	89
奥地利	810	87	812	90

1.2 续表2

单位:万人

国家和地区	2000	位次	2003	位次
保加利亚	810	88	790	91
瑞士	717	92	717	92
洪都拉斯	646	93	694	93
布隆迪	627	94	683	94
贝宁	622	95	674	95
萨尔瓦多	621	96	652	96
以色列	604	98	643	97
塔吉克斯坦	609	97	625	98
巴拉圭	547	99	588	99
巴布亚新几内亚	533	101	571	100
老挝	528	103	566	101
利比亚	524	105	555	102
约旦	504	108	547	103
尼加拉瓜	507	107	547	104
斯洛文尼亚	539	100	540	105
丹麦	532	102	536	106
芬兰	518	106	521	107
吉尔吉斯斯坦	492	109	514	108
格鲁吉亚	526	104	513	109
塞拉利昂	442	114	497	110
多哥	456	111	491	111
土库曼斯坦	464	110	487	112
挪威	447	112	453	113
克罗地亚	445	113	443	114
摩尔多瓦	428	115	427	115
新加坡	402	116	425	116
哥斯达黎加	393	118	417	117
波斯尼亚和黑塞哥维那	398	117	416	118
厄立特里亚	371	123	414	119
爱尔兰	382	119	396	120
波多黎各	382	120	388	121
新西兰	378	121	388	122
中非共和国	372	122	387	123
刚果(布)	345	126	372	124
黎巴嫩	348	125	365	125
被占领的巴勒斯坦地区	319	128	356	126
立陶宛	350	124	344	127
乌拉圭	334	127	342	128
利比里亚	294	132	337	129
阿尔巴尼亚	311	129	317	130
巴拿马	295	131	312	131
亚美尼亚	311	130	306	132
阿联酋	282	133	300	133
毛里塔尼亚	265	134	289	134

1.2 续表3 单位:万人

国家和地区	2000	位次	2003	位次
阿曼	261	135	285	135
牙买加	258	136	265	136
蒙古	250	137	259	137
科威特	225	139	252	138
拉脱维亚	237	138	231	139
不丹	206	140	226	140
马其顿	202	141	206	141
纳米比亚	189	143	199	142
斯洛文尼亚	199	142	198	143
莱索托	179	144	180	144
博茨瓦纳	173	145	179	145
几内亚比绍	137	146	149	146
冈比亚	131	148	143	147
加蓬	126	150	133	148
爱沙尼亚	137	147	132	149
特立尼达和多巴哥	129	149	130	150
毛里求斯	119	151	122	151
斯威士兰	104	152	108	152
斐济	81	153	84	153
塞浦路斯	78	154	80	154
东帝汶	70	158	78	155
科摩罗	71	157	77	156
圭亚那	76	155	77	157
留尼汪	72	156	76	158
巴林	68	159	72	159
吉布提	67	160	70	160
卡塔尔	58	161	61	161
赤道几内亚	46	162	49	162
所罗门群岛	44	163	48	163
佛得角	44	164	46	164
卢森堡	43	165	45	165
瓜得罗普	43	166	44	166
苏里南	43	167	44	167
马耳他	39	168	39	168
马提尼克	39	169	39	169
文莱	33	170	36	170
马尔代夫	29	172	32	171
巴哈马	30	171	31	172
西撒哈拉	29	173	31	173
冰岛	28	174	29	174
巴巴多斯	27	175	27	175

1.2 续表4

单位:万人

国家和地区	2000	位次	2003	位次
伯利兹	24	176	26	176
法属波利尼西亚	23	177	24	177
新喀里多尼亚	22	178	23	178
荷属安的列斯群岛	22	179	22	179
瓦努阿图	20	180	21	180
萨摩亚	17	181	18	181
法属圭亚那	16	182	18	182
关岛	16	183	16	183
圣多美和普林西比	15	184	16	184
圣卢西亚	15	185	15	185
圣文森特和格林纳丁斯	12	186	12	186
美属维尔京群岛	11	187	11	187
密克罗尼西亚	11	188	11	188
汤加	10	189	10	189
阿鲁巴岛	9	190	10	190
基里巴斯	8	191	9	191
百慕大	8	193	8	192
塞舌尔	8	194	8	193
格林纳达	8	192	8	194
多米尼克	8	195	8	195
马里亚纳群岛	7	197	8	196
安提瓜和巴布达	7	196	7	197
安道尔	7	198	7	198
美属萨摩亚	6	199	6	199
格陵兰岛	6	200	6	200
马绍尔群岛	5	201	5	201
法罗群岛	5	202	5	202
圣基茨和尼维斯	4	203	4	203
开曼群岛	4	204	4	204
列支敦士登	3	205	3	205
摩纳哥	3	206	3	206
圣马力诺	3	207	3	207
直布罗托	3	208	3	208
英属维尔京群岛	2	209	2	209
凯科斯岛	2	210	2	210
帕劳群岛	2	211	2	211
库克群岛	2	212	2	212
瓦利斯和富图纳	1	213	2	213
瑙鲁	1	214	1	214
安圭拉岛	1	215	1	215
图瓦卢岛	1	216	1	216
圣密克隆岛	1	217	1	217
圣赫勒拿	1	218	1	218

注:本表是在有数据国家和地区的基础上排序的,仅供参考。①中国为年末数。

资料来源:联合国粮农组织数据库。

1.3 国内生产总值

单位:亿美元

国家和地区	2000	位次	2004	位次
美国	97648.00	1	116675.10	1
日本	47460.68	2	46233.98	2
德国	18702.78	3	27144.18	3
英国	14393.48	4	21408.98	4
法国	13084.01	5	20025.82	5
中国	10807.41	6	19316.00 ①	6
意大利	10747.64	7	16723.02	7
西班牙	5617.60	12	9914.42	8
加拿大	7137.96	8	9797.64	9
印度	4573.77	14	6918.76	10
韩国	5119.28	13	6796.74	11
墨西哥	5814.28	11	6764.97	12
澳大利亚	3891.00	15	6312.56	13
巴西	6017.32	10	6048.55	14
俄罗斯联邦	2597.09	18	5823.95	15
荷兰	3706.39	16	5772.60	16
瑞士	2462.40	19	3594.65	17
比利时	2282.96	21	3498.30	18
瑞典	2395.68	20	3464.04	19
土耳其	1992.67	22	3019.50	20
奥地利	1904.10	23	2901.10	21
印度尼西亚	1650.21	28	2576.42	22
沙特阿拉伯	1884.42	24	2505.57	23
挪威	1669.06	25	2501.68	24
丹麦	1582.26	29	2430.43	25
波兰	1665.49	26	2418.33	26
南非	1328.78	30	2127.77	27
希腊	1120.95	35	2034.01	28
芬兰	1199.05	32	1865.97	29
爱尔兰	947.53	39	1835.60	30
葡萄牙	1064.57	36	1682.81	31
泰国	1227.25	31	1634.92	32
中国香港	1653.59	27	1630.05	33
伊朗	962.09	38	1627.09	34
阿根廷	2842.04	17	1515.01	35
马来西亚	903.20	41	1177.76	36
以色列	1154.52	34	1175.48	37
委内瑞拉	1171.48	33	1093.22	38
捷克共和国	557.07	48	1070.47	39
新加坡	914.76	40	1068.18	40
匈牙利	466.81	52	997.12	41
新西兰	521.75	51	996.87	42
哥伦比亚	837.79	42	973.84	43
巴基斯坦	733.21	45	961.15	44
智利	755.15	44	941.05	45
菲律宾	759.13	43	864.29	46

1.3 续表1

单位:亿美元

国家和地区	2000	位次	2004	位次
阿尔及利亚	534.55	49	846.49	47
埃及	994.28	37	751.48	48
罗马尼亚	370.53	55	731.67	49
尼日利亚	420.78	54	721.06	50
秘鲁	530.86	50	683.95	51
乌克兰	312.62	59	651.49	52
孟加拉国	455.24	53	568.44	53
摩洛哥	333.34	58	500.55	54
越南	311.73	60	452.10	55
斯洛伐克	202.18	61	410.92	56
哈萨克斯坦	182.92	70	407.43	57
克罗地亚	184.27	69	342.00	58
斯洛文尼亚	190.67	68	321.82	59
卢森堡	196.03	65	311.43	60
厄瓜多尔	159.42	76	302.82	61
利比亚	344.95	57	291.19	62
突尼斯	194.68	66	281.85	63
危地马拉	192.91	67	274.51	64
保加利亚	126.07	79	241.31	65
塞尔维亚	86.03	91	239.96	66
叙利亚	180.43	71	231.33	67
白俄罗斯	114.17	82	228.49	68
立陶宛	113.81	83	222.63	69
黎巴嫩	165.92	73	217.68	70
安哥拉	91.29	88	201.08	71
斯里兰卡	163.32	74	200.55	72
苏丹	121.92	80	195.59	73
多米尼加	197.03	64	186.73	74
哥斯达黎加	159.46	75	183.95	75
萨尔瓦多	131.34	78	158.24	76
肯尼亚	104.54	85	156.00	77
塞浦路斯	91.47	87	154.18	78
科特迪瓦	105.99	84	152.86	79
喀麦隆	88.79	90	147.33	80
巴拿马	116.21	81	137.93	81
拉脱维亚	77.32	97	136.29	82
乌拉圭	200.86	62	131.38	83
也门	94.38	86	128.34	84
特立尼达和多巴哥	81.54	95	125.44	85
冰岛	84.20	93	123.80	86
乌兹别克斯坦	137.60	77	119.60	87
约旦	84.47	92	111.96	88
坦桑尼亚	90.79	89	108.51	89
爱沙尼亚	54.60	106	108.08	90
波利维亚	83.98	94	87.73	91
博茨瓦纳	52.51	108	86.59	92
加纳	49.78	109	86.20	93

1.3 续表2　　单位:亿美元

国家和地区	2000	位次	2004	位次
阿塞拜疆	52.73	107	85.23	94
波斯尼亚和黑塞哥维那	45.49	113	81.21	95
埃塞俄比亚	65.28	101	80.77	96
牙买加	74.14	99	80.30	97
塞内加尔	43.73	115	76.65	98
洪都拉斯	59.63	103	73.71	99
加蓬	49.32	110	72.28	100
巴拉圭	77.22	98	71.27	101
乌干达	58.89	104	68.33	102
尼泊尔	54.94	105	67.07	103
刚果(布)	43.04	116	65.71	104
土库曼斯坦	28.53	131	61.67	105
毛里求斯	44.24	114	60.56	106
莫桑比克	36.85	121	55.48	107
纳米比亚	34.14	126	54.56	108
马耳他	38.07	120	53.89	109
津巴布韦	32.38	127	53.89	110
马其顿	35.87	123	52.46	111
格鲁吉亚	30.43	130	50.91	112
马里	24.22	135	48.63	113
布基纳法索	26.01	133	48.24	114
柬埔寨	35.94	122	45.97	115
刚果(金)	32.20	128	43.84	116
马达加斯加	38.78	119	43.64	117
尼加拉瓜	39.49	118	43.53	118
乍得	13.90	144	42.85	119
贝宁	22.55	136	40.75	120
巴布亚新几内亚	34.20	125	39.09	121
亚美尼亚	19.12	137	35.49	122
海地	39.54	117	35.35	123
几内亚	31.12	129	35.08	124
赤道几内亚	13.41	147	32.35	125
尼日尔	17.98	140	30.81	126
斐济	16.53	143	26.27	127
摩尔多瓦	12.89	149	25.95	128
斯威士兰	13.88	145	24.13	129
老挝	17.22	142	24.12	130
吉尔吉斯斯坦	13.70	146	22.05	131
塔吉克斯坦	9.91	150	20.78	132
多哥	13.29	148	20.61	133
卢旺达	18.11	139	18.45	134
马拉维	17.44	141	18.13	135
蒙古	9.47	152	15.25	136
莱索托	8.59	155	13.75	137
毛里塔尼亚	9.40	153	13.57	138

1.3 续表3 单位:亿美元

国家和地区	2000	位次	2004	位次
中非共和国	9.53	151	13.31	139
苏里南	8.92	154	11.09	140
伯利兹	8.32	156	10.94	141
塞拉利昂	6.34	162	10.75	142
佛得角	5.31	168	9.48	143
厄立特里亚	6.34	163	9.25	144
安提瓜和巴布达	6.79	161	8.03	145
圭亚那	7.12	158	7.86	146
马尔代夫	6.24	164	7.53	147
圣卢西亚	6.83	159	7.29	148
塞舌尔	6.18	165	7.04	149
不丹	4.88	169	6.73	150
吉布提	5.53	166	6.63	151
布隆迪	6.79	160	6.57	152
利比里亚	5.42	167	4.48	153
格林纳达	4.10	171	4.36	154
冈比亚	4.21	170	4.15	155
圣文森特和格林纳丁斯	3.36	172	4.03	156
圣基茨和尼维斯	3.30	173	3.97	157
科摩罗	2.04	181	3.67	158
萨摩亚	2.31	178	3.63	159
东蒂汶	3.16	174	3.39	160
瓦努阿图	2.45	177	3.16	161
几内亚比绍	2.15	180	2.80	162
多米尼克	2.71	176	2.69	163
所罗门群岛	2.99	175	2.42	164
密克罗尼西亚	2.16	179	2.26	165
汤加	1.53	182	2.13	166
帕劳群岛	1.16	183	1.27	167
马绍尔群岛	0.98	184	1.08	168
圣多美和普林西比	0.46	186	0.62	169
基里巴斯	0.49	185	0.62	170

注:本表是在有数据国家和地区的基础上排序的,仅供参考。①为经济普查数据(按汇率折算)。

资料来源:世界银行数据库。

1.4 人均国民总收入

单位:美元

国家和地区	2000	位次	2004	位次
卢森堡			56230	1
挪威	34530	6	52030	2
百慕大			①	3
瑞士	38140	3	48230	4
美国	34100	7	41400	5
丹麦	32280	8	40650	6
列支敦士登			①	7
冰岛			38620	8
日本	35620	5	37180	9
瑞典	27140	11	35770	10
海峡群岛			①	11
爱尔兰	22660	24	34280	12
英国	24430	21	33940	13
芬兰	25130	16	32790	14
奥地利	25220	14	32300	15
荷兰	24970	18	31700	16
比利时	24540	20	31030	17
德国	25120	17	30120	18
法国	24090	23	30090	19
圣马力诺			①	20
加拿大	21130	26	28390	21
澳大利亚	20240	27	26900	24
中国香港	25920	13	26810	25
意大利	20160	30	26120	26
新加坡	24740	19	24220	28
西班牙	15080	38	21210	31
新西兰	12990	45	20310	35
科威特	18030	31	17970	37
塞浦路斯			17580	39
以色列	16710	36	17380	40
希腊	11960	47	16610	42
巴哈马			14920	43
斯洛文尼亚	10050	50	14810	47
葡萄牙	11120	49	14350	48
韩国	8910	54	13980	49
巴林			12410	51
马耳他			12250	53
沙特阿拉伯	7230	61	10430	55
安提瓜和巴布达			10000	56
巴巴多斯			9270	57
捷克共和国	5250	68	9150	59
特立尼达和多巴哥	4930	70	8580	60
阿曼			7890	61
匈牙利	4710	71	8270	62
塞舌尔			8090	64
圣基茨和尼维斯			7600	65
爱沙尼亚	3580	82	7010	67

1.4 续表1

单位:美元

国家和地区	2000	位次	2004	位次
帕劳群岛			6870	68
墨西哥	5070	69	6770	69
克罗地亚	4620	72	6590	70
斯洛伐克	3700	81	6480	71
波兰	4190	75	6090	72
立陶宛	2930	92	5740	73
拉脱维亚	2920	93	5460	74
黎巴嫩	4010	77	4980	75
智利	4590	73	4910	76
哥斯达黎加	3810	78	4670	78
马来西亚	3380	84	4650	79
毛里求斯	3750	80	4640	80
利比亚			4450	81
巴拿马	3260	86	4450	81
博茨瓦纳	3300	85	4340	83
圣卢西亚			4310	84
委内瑞拉	4310	74	4020	85
乌拉圭	6000	66	3950	86
伯利兹			3940	87
加蓬	3190	88	3940	87
格林纳达			3760	89
土耳其	3100	90	3750	90
阿根廷	7460	58	3720	91
多米尼克			3650	92
圣文森特和格林纳丁斯			3650	92
南非	3020	91	3630	94
俄罗斯联邦	1660	114	3410	95
巴西	3580	82	3090	96
罗马尼亚	1670	113	2920	97
牙买加	2610	96	2900	98
保加利亚	1520	119	2740	99
斐济			2690	100
突尼斯	2100	99	2630	101
塞尔维亚			2620	102
泰国	2000	103	2540	104
马尔代夫			2510	105
马绍尔群岛			2370	106
纳米比亚	2030	101	2370	106
秘鲁	2080	100	2360	108
萨尔瓦多			2350	109
马其顿	1820	108	2350	109
伊朗	1680	111	2300	111
阿尔及利亚	1580	117	2280	112
哈萨克斯坦	1260	125	2260	113
苏里南			2250	114
厄瓜多尔	1210	127	2180	115
约旦	1710	110	2140	116

1.4 续表 2

单位:美元

国家和地区	2000	位次	2004	位次
危地马拉	1680	111	2130	117
白俄罗斯	2870	94	2120	118
阿尔巴尼亚	1120	130	2080	119
多米尼加	2130	97	2080	119
波斯尼亚	1230	126	2040	121
哥伦比亚	2020	102	2000	122
密克罗尼西亚			1990	123
萨摩亚			1860	124
汤加			1830	125
佛得角			1770	126
斯威士兰	1390	123	1660	127
摩洛哥	1180	128	1520	128
中国	840	141	1490②	129
土库曼斯坦	750	143	1340	130
瓦努阿图			1340	130
埃及	1490	120	1310	132
乌克兰	700	144	1260	133
约旦河西岸和加沙地带	1660	114	1120	134
叙利亚	940	135	1190	135
巴拉圭	1440	122	1170	136
菲律宾	1040	131	1170	136
印度尼西亚	570	153	1140	138
亚美尼亚	520	155	1120	139
格鲁吉亚	630	146	1040	141
安哥拉	290	178	1030	142
吉布提			1030	142
洪都拉斯	860	138	1030	142
斯里兰卡	850	140	1010	145
圭亚那			990	146
基里巴斯			970	147
波利维亚			960	148
阿塞拜疆	600	148	950	149
喀麦隆	580	151	800	150
尼加拉瓜	400	162	790	151
刚果(布)	570	153	770	152
科特迪瓦	600	148	770	152
不丹			760	154
莱索托	580	151	740	156
摩尔多瓦	400	162	710	157
塞内加尔	490	157	670	158
印度	450	159	620	159
巴基斯坦	440	161	600	160
蒙古	390	164	590	161
巴布亚新几内亚	700	144	580	162
也门	370	167	570	163
所罗门群岛			550	164
东帝汶			550	164

1.4 续表3 单位:美元

国家和地区	2000	位次	2004	位次
越南	390	164	550	164
贝宁	370	167	530	167
科摩罗			530	167
苏丹	310	175	530	167
几内亚	450	159	460	171
肯尼亚	350	172	460	171
乌孜别克斯坦	360	171	460	171
赞比亚	300	176	450	174
孟加拉国	370	167	440	175
毛里塔尼亚	370	167	420	176
吉尔吉斯斯坦	270	184	400	177
海地	510	156	390	178
老挝	290	178	390	178
尼日利亚	260	186	390	178
加纳	340	173	380	181
多哥	290	178	380	181
圣多美和普林西比			370	183
布基纳法索	210	193	360	184
马里	240	190	360	184
坦桑尼亚	270	184	330	186
柬埔寨	260	186	320	187
中非共和国	280	183	310	188
马达加斯加	250	188	300	189
冈比亚	340	173	290	190
塔吉克斯坦	180	197	280	191
乌干达	300	176	270	192
乍得	200	195	260	193
尼泊尔	240	190	260	193
莫桑比克	210	193	250	195
尼日尔	180	197	230	196
卢旺达	230	192	220	197
塞拉利昂	130	204	200	198
厄立特里亚	170	200	180	200
马拉维	170	200	170	201
几内亚比绍	180	197	160	202
刚果(金)			120	205
埃塞俄比亚	100	206	110	206
利比里亚			110	206
布隆迪	110	205	90	208

注:①没有数据,排序是估计的。②为经济普查数据(按汇率折算)。

资料来源:世界银行《世界发展指标》2002 年和 2004 年。

1.5 货物进出口总额

单位:亿美元

国家和地区	2000	位次	2004	位次
美国	20404.3	1	23454.1	1
德国	10490.2	2	16323.3	2
中国	4743.0	8	11547.9	3
日本	8587.6	3	10200.2	4
法国	6665.6	4	9151.2	5
英国	6292.1	5	8075.9	6
意大利	4792.8	7	6951.1	7
荷兰	4514.0	9	6786.5	8
加拿大	5214.2	6	5977.7	9
比利时	3660.0	11	5960.0	10
中国香港	4167.3	10	5386.8	11
韩国	3327.5	13	4783.5	12
西班牙	2714.0	16	4287.7	13
墨西哥	3490.7	12	3950.5	14
中国台湾省	2913.7	14	3493.0	15
新加坡	2723.5	15	3433.7	16
俄罗斯联邦	1502.2	20	2780.2	17
马来西亚	1801.9	17	2316.7	18
奥地利	1401.1	21	2307.3	19
瑞士	1651.2	18	2298.5	20
瑞典	1600.2	19	2186.6	21
澳大利亚	1354.0	22	1943.5	22
泰国	1309.8	23	1930.9	23
印度	939.0	29	1676.9	24
沙特阿拉伯	1078.2	25	1625.0	25
巴西	1137.2	24	1623.8	26
波兰	805.9	31	1619.4	27
土耳其	822.8	30	1599.4	28
丹麦	968.5	26	1427.6	29
捷克共和国	611.7	37	1338.8	30
挪威	944.5	28	1302.2	31
阿联酋	765.5	34	1268.5	32
印度尼西亚	956.4	27	1158.9	33
芬兰	805.5	32	1121.9	34
南非	596.8	38	1011.3	35
葡萄牙	643.2	36	887.6	36

1.5 续表 1　　　　单位:亿美元

国家和地区	2000	位次	2004	位次
菲律宾	768.1	33	822.3	37
以色列	690.9	35	803.0	38
希腊	452.3	41	678.4	39
乌克兰	285.3	47	616.7	40
越南	300.9	45	572.6	41
斯洛伐克	247.1	49	571.1	42
智利	377.2	42	568.2	43
阿根廷	515.0	39	566.3	44
罗马尼亚	234.2	51	562.4	45
阿尔及利亚	311.8	44	499.1	46
委内瑞拉	480.2	40	486.6	47
尼日利亚	297.0	46	453.1	48
新西兰	271.8	48	435.4	49
伊拉克	339.9	43	378.3	50
卢森堡	196.6	52	359.0	51
哈萨克斯坦	138.5	65	335.5	52
斯洛文尼亚	188.5	55	331.0	53
哥伦比亚	245.8	50	326.2	54
巴基斯坦	192.9	53	312.3	55
白俄罗斯	159.7	59	274.4	56
摩洛哥	189.7	54	271.8	57
利比亚	164.3	57	257.5	58
克罗地亚	123.2	67	246.1	59
卡塔尔	148.5	62	225.5	60
突尼斯	144.2	64	224.2	61
秘鲁	144.4	63	223.5	62
阿曼	163.6	58	221.0	63
立陶宛	92.7	71	214.7	64
埃及	187.0	56	205.1	65
孟加拉国	152.7	60	202.5	66
安哥拉	109.6	69	194.0	67
塞尔维亚	54.3	83	146.0	68
哥斯达黎加	122.4	68	145.7	69
爱沙尼亚	88.8	72	145.2	70
斯里兰卡	126.1	66	137.5	71
巴林	108.3	70	133.7	72

1.5续表2 单位:亿美元

国家和地区	2000	位次	2004	位次
多米尼加	152.2	61	133.2	73
特立尼达和多巴哥	75.8	74	118.9	74
约旦	65.0	79	118.6	75
叙利亚	84.5	73	117.6	76
黎巴嫩	69.5	76	110.9	77
危地马拉	74.9	75	102.1	78
科特迪瓦	66.7	77	91.5	79
苏丹	33.6	99	78.5	80
波斯尼亚和黑塞哥维那	41.8	94	76.7	81
乌兹别克斯坦	60.8	80	75.5	82
肯尼亚	48.4	86	73.1	83
土库曼斯坦	42.9	91	71.9	84
阿塞拜疆	29.2	106	71.0	85
赤道几内亚	15.5	118	70.6	86
塞浦路斯	48.0	87	65.3	87
马耳他	58.4	81	63.9	88
中国澳门	47.9	88	62.9	89
古巴	65.2	78	62.4	90
博茨瓦纳	47.9	89	61.0	91
乌拉圭	57.6	82	59.8	92
文莱	49.8	84	57.7	93
洪都拉斯	42.3	93	54.5	94
柬埔寨	33.4	100	54.4	95
缅甸	40.5	95	51.9	96
牙买加	46.3	90	50.3	97
毛里求斯	36.5	97	47.7	98
喀麦隆	33.2	101	47.3	99
刚果(布)	32.0	103	47.2	100
巴拉圭	30.6	104	45.4	101
马其顿	34.0	98	44.9	102
巴拿马	42.4	92	44.2	103
纳米比亚	28.7	107	42.8	104
津巴布韦	37.9	96	42.4	105
塞内加尔	24.4	110	42.1	106
巴布亚新几内亚	32.5	102	41.3	107
坦桑尼亚	21.9	112	39.8	108
埃塞俄比亚	17.5	116	39.5	109

1.5 续表 3　　单位:亿美元

国家和地区	2000	位次	2004	位次
波利维亚	30.6	105	38.6	110
荷属安的列斯	48.7	85	38.3	111
斯威士兰	19.6	114	38.2	112
莫桑比克	15.2	120	31.6	113
赞比亚	16.6	117	30.8	114
阿富汗	7.4	146	29.5	115
摩尔多瓦	12.5	128	27.6	116
阿尔巴尼亚	13.5	126	27.3	117
尼加拉瓜	24.5	109	26.5	118
尼泊尔	23.8	111	26.3	119
乍得	5.0	153	26.0	120
新喀里多尼亚	15.3	119	25.7	121
巴哈马	26.5	108	25.1	122
马里	13.6	124	23.4	123
塔吉克斯坦	14.6	121	22.9	124
马达加斯加	18.2	115	22.5	125
乌干达	20.0	113	21.9	126
亚美尼亚	11.8	130	20.7	127
斐济	14.2	123	19.3	128
法属波利尼西亚	11.9	129	19.2	129
蒙古	11.5	131	18.5	130
莱索托	10.3	134	18.2	131
海地	13.5	125	16.6	132
吉尔吉斯斯坦	10.6	133	16.6	133
多哥	9.3	139	16.5	134
布基纳法索	8.2	144	15.3	135
巴巴多斯	14.3	122	15.0	136
苏里南	9.3	140	14.8	137
贝宁	10.1	137	13.7	138
几内亚	12.8	127	13.4	139
圭亚那	10.7	132	12.2	140
马拉维	9.1	141	12.2	141
百慕大	7.7	145	12.2	142
老挝	8.7	142	11.1	143
法罗群岛	10.1	136	10.7	144
利比里亚	10.0	138	10.5	145

1.5续表4 单位:亿美元

国家和地区	2000	位次	2004	位次
尼日尔	6.8	147	9.9	146
阿鲁巴岛	10.1	135	9.5	147
格陵兰岛	6.1	150	8.4	148
马尔代夫	5.0	154	8.1	149
毛里塔尼亚	6.7	148	7.7	150
塞舌尔	5.4	151	7.6	151
伯利兹	6.2	149	7.0	152
厄立特里亚	5.1	152	6.9	153
美属萨摩亚	8.5	143	6.2	154
安提瓜和巴布达	4.5	155	5.0	155
不丹	2.8	159	4.8	156
吉布提	3.5	157	4.7	157
塞拉利昂	1.6	168	4.3	158
佛得角	2.4	162	4.0	159
卢旺达	2.6	161	3.3	160
圣文森特和格林纳丁斯	2.1	164	2.6	161
格林纳达	2.9	158	2.6	162
中非共和国	2.8	160	2.6	163
圣基茨和尼维斯	2.3	163	2.5	164
圣卢西亚	4.0	156	2.3	165
布隆迪	2.0	167	2.2	166
冈比亚	2.0	165	2.2	167
所罗门群岛	1.6	169	2.1	168
多米尼克	2.0	166	1.8	169
萨摩亚	1.2	172	1.8	170
瓦努阿图	1.2	173	1.7	171
几内亚比绍	1.2	171	1.6	172
密克罗尼西亚	1.2	170	1.4	173
科摩罗	0.8	175	1.3	174
汤加	0.8	174	1.1	175
库克群岛	0.6	178	1.0	176
马绍尔群岛	0.8	176	0.9	177
关岛	0.7	177	0.5	178
圣多美和普林西比	0.3	179	0.5	179
蒙特塞拉特岛	0.2	180	0.3	180
图瓦卢	0.1	181	0.1	181
纽埃岛	0.0	182	0.0	182

注:本表是在有数据国家和地区的基础上排序的,仅供参考。

资料来源:世界贸易组织数据库。

1.6 货物出口额

单位:亿美元

国家和地区	2000	位次	2004	位次
美国	12593.0	1	15263.8	1
德国	4972.0	2	7174.9	2
中国	2250.9	8	5614.2	3
法国	3389.4	5	4640.9	4
英国	3437.8	4	4619.8	5
日本	3795.1	3	4545.3	6
意大利	2387.6	7	3490.5	7
荷兰	2182.7	9	3198.6	8
比利时	1780.0	12	2870.0	9
加拿大	2447.9	6	2758.0	10
中国香港	2140.4	10	2730.1	11
西班牙	1561.5	14	2498.1	12
韩国	1604.8	13	2244.4	13
墨西哥	1827.0	11	2064.2	14
中国台湾省	1399.1	15	1679.0	15
新加坡	1345.5	16	1638.2	16
奥地利	724.0	20	1150.7	17
瑞士	835.8	17	1114.7	18
澳大利亚	715.3	21	1077.6	19
马来西亚	819.6	18	1051.8	20
瑞典	728.8	19	976.4	21
土耳其	545.0	24	971.6	22
泰国	619.2	22	953.8	23
印度	515.2	25	951.6	24
俄罗斯联邦	446.6	28	948.3	25
波兰	489.4	26	878.5	26
捷克共和国	321.7	36	678.8	27
丹麦	455.6	27	672.0	28
巴西	586.3	23	659.0	29
南非	297.0	38	552.0	30
葡萄牙	399.5	29	537.8	31
希腊	334.8	35	530.8	32
芬兰	344.4	32	510.4	33
挪威	343.9	33	482.0	34
阿联酋	267.2	39	473.5	35
印度尼西亚	335.2	34	461.8	36

1.6 续表1

单位：亿美元

国家和地区	2000	位次	2004	位次
以色列	376.9	30	434.3	37
沙特阿拉伯	302.4	37	429.5	38
菲律宾	370.3	31	426.4	39
罗马尼亚	130.6	48	326.9	40
越南	156.4	43	310.3	41
斯洛伐克	128.2	49	294.5	42
乌克兰	139.6	45	290.0	43
智利	185.1	41	248.2	44
新西兰	139.1	46	231.9	45
阿根廷	251.5	40	223.1	46
卢森堡	112.8	52	197.8	47
伊拉克	133.8	47	192.1	48
阿尔及利亚	91.5	56	182.0	49
巴基斯坦	102.6	53	179.1	50
摩洛哥	115.3	51	175.1	51
委内瑞拉	162.1	42	173.0	52
斯洛文尼亚	101.2	54	173.0	53
克罗地亚	78.9	61	165.8	54
哥伦比亚	115.4	50	165.3	55
白俄罗斯	86.5	59	163.4	56
尼日利亚	87.2	58	141.6	57
哈萨克斯坦	50.4	68	133.0	58
埃及	140.1	44	128.3	59
突尼斯	85.7	60	127.4	60
立陶宛	54.6	66	123.6	61
保加利亚	88.8	57	121.0	62
塞尔维亚	37.1	77	111.9	63
秘鲁	74.2	62	98.8	64
黎巴嫩	62.3	65	93.4	65
爱沙尼亚	50.5	67	86.5	66
哥斯达黎加	63.7	64	82.7	67
斯里兰卡	71.8	63	79.5	68
约旦	46.0	73	78.9	69
阿曼	50.4	69	78.7	70
多米尼加	94.8	55	76.6	71
危地马拉	47.9	71	74.2	72

1.6 续表 2

单位:亿美元

国家和地区	2000	位次	2004	位次
卡塔尔	32.5	83	59.8	73
巴林	46.3	72	59.2	74
波斯尼亚和黑塞哥维那	31.1	84	58.9	75
利比亚	37.3	76	56.0	76
塞浦路斯	38.5	74	56.0	77
特立尼达和多巴哥	33.1	82	54.8	78
叙利亚	38.2	75	53.2	79
安哥拉	30.4	86	49.6	80
古巴	48.4	70	47.0	81
肯尼亚	31.1	85	46.6	82
苏丹	15.5	104	40.8	83
洪都拉斯	28.6	88	38.9	84
马耳他	34.0	79	38.4	85
科特迪瓦	27.9	90	36.5	86
牙买加	33.3	81	36.4	87
阿塞拜疆	11.7	111	35.0	88
中国澳门	22.6	92	34.8	89
巴拿马	33.8	80	34.7	90
土库曼斯坦	17.9	102	33.2	91
乌兹别克斯坦	28.5	89	33.1	92
埃塞俄比亚	12.6	110	33.0	93
乌拉圭	34.7	78	30.7	94
津巴布韦	18.6	99	29.9	95
柬埔寨	19.4	98	29.9	96
巴拉圭	21.9	93	29.2	97
马其顿	20.9	95	28.6	98
荷属安的列斯	28.6	87	27.4	99
毛里求斯	20.9	94	27.2	100
塞内加尔	15.2	108	26.8	101
博茨瓦纳	20.8	96	26.5	102
坦桑尼亚	15.2	107	25.4	103
阿富汗	5.5	140	25.0	104
纳米比亚	15.5	105	24.5	105
缅甸	24.0	91	22.1	106
阿尔巴尼亚	10.9	116	21.5	107
喀麦隆	14.9	109	21.0	108

1.6 续表 3 单位:亿美元

国家和地区	2000	位次	2004	位次
巴哈马	20.7	97	20.7	109
斯威士兰	10.5	117	20.0	110
尼加拉瓜	18.1	101	18.8	111
尼泊尔	15.7	103	18.8	112
赤道几内亚	4.5	148	18.7	113
法属波利尼西亚	9.7	121	18.0	114
摩尔多瓦共和国	7.8	128	17.7	115
波利维亚	18.3	100	17.7	116
莫桑比克	11.6	112	17.7	117
巴布亚新几内亚	11.5	114	16.7	118
赞比亚	9.9	120	16.7	119
新喀里多尼亚	9.2	122	15.9	120
刚果(金)	7.2	130	15.7	121
乌干达	15.4	106	14.8	122
塔吉克斯坦	6.8	131	13.8	123
亚美尼亚	8.8	123	13.5	124
海地	10.4	118	13.0	125
巴巴多斯	11.6	113	12.9	126
马达加斯加	10.0	119	12.6	127
莱索托	8.1	126	12.4	128
斐济	8.3	125	12.3	129
文莱	11.0	115	12.1	130
马里	8.1	127	12.0	131
百慕大	7.2	129	11.6	132
布基纳法索	6.1	136	11.5	133
蒙古	6.2	133	9.9	134
吉尔吉斯斯坦	5.5	139	9.4	135
多哥	5.6	138	9.3	136
阿鲁巴岛	8.4	124	8.6	137
利比里亚	6.7	132	8.5	138
乍得	3.2	155	7.8	139
苏里南	5.3	144	7.8	140
贝宁	6.1	134	7.7	141
马拉维	5.3	143	7.5	142
几内亚	6.1	135	7.0	143
厄立特里亚	4.7	146	6.7	144

1.6 续表 4

单位:亿美元

国家和地区	2000	位次	2004	位次
老挝	5.4	141	6.6	145
马尔代夫	3.9	151	6.5	146
圭亚那	5.7	137	6.2	147
尼日尔	3.9	150	5.6	148
法罗群岛	5.3	142	5.5	149
伯利兹	4.5	147	5.0	150
格陵兰岛	3.5	153	4.8	151
安提瓜和巴布达	4.0	149	4.6	152
塞舌尔	3.4	154	4.5	153
毛里塔尼亚	3.1	156	4.0	154
佛得角	2.3	159	3.8	155
吉布提	2.7	157	3.8	156
美属萨摩亚	5.1	145	3.4	157
不丹	1.8	163	3.3	158
塞拉利昂	1.5	165	2.9	159
卢旺达	2.1	160	2.5	160
格林纳达	2.4	158	2.3	161
圣文森特和格林纳丁斯	1.6	164	2.3	162
圣基茨和尼维斯	2.0	161	2.1	163
冈比亚	1.9	162	2.0	164
布隆迪	1.5	166	1.8	165
萨摩亚	1.1	170	1.7	166
圣卢西亚	3.6	152	1.6	167
中非共和国	1.2	168	1.5	168
多米尼克	1.5	167	1.4	169
瓦努阿图	0.9	172	1.3	170
密克罗尼西亚	1.1	169	1.2	171
科摩罗	0.7	173	1.2	172
所罗门群岛	0.9	171	1.0	173
汤加	0.7	174	0.9	174
库克群岛	0.5	177	0.9	175
马绍尔群岛	0.7	175	0.8	176
几内亚比绍	0.6	176	0.8	177
圣多美和普林西比	0.3	178	0.4	178
蒙特塞拉特岛	0.2	179	0.3	179
图瓦卢	0.1	180	0.1	180

注:本表是在有数据国家和地区的基础上排序的,仅供参考。

资料来源:世界贸易组织数据库。

1.7 货物进口额

单位:亿美元

国家和地区	2000	位次	2004	位次
德国	5518.2	2	9148.4	1
美国	7811.3	1	8190.3	2
中国	2492.0	7	5933.7	3
日本	4792.5	3	5654.9	4
法国	3276.2	4	4510.3	5
荷兰	2331.3	9	3587.8	6
意大利	2405.2	8	3460.6	7
英国	2854.3	5	3456.1	8
加拿大	2766.4	6	3219.7	9
比利时	1880.0	11	3090.0	10
中国香港	2026.8	10	2656.7	11
韩国	1722.7	12	2539.1	12
墨西哥	1663.7	13	1886.3	13
俄罗斯联邦	1055.7	17	1831.9	14
中国台湾省	1514.6	14	1814.1	15
新加坡	1378.0	15	1795.5	16
西班牙	1152.5	16	1789.6	17
马来西亚	982.3	18	1265.0	18
瑞典	871.3	19	1210.1	19
沙特阿拉伯	775.8	21	1195.5	20
瑞士	815.3	20	1183.8	21
奥地利	677.1	23	1156.6	22
泰国	690.6	22	977.0	23
巴西	550.9	27	964.7	24
澳大利亚	638.7	24	865.8	25
挪威	600.6	26	820.2	26
阿联酋	498.4	29	795.0	27
丹麦	512.9	28	755.6	28
波兰	316.5	34	740.9	29
印度	423.8	31	725.3	30
印度尼西亚	621.2	25	697.1	31
捷克共和国	290.0	37	660.1	32
土耳其	277.8	38	627.7	33
芬兰	461.0	30	611.4	34
南非	299.8	36	459.3	35
菲律宾	397.8	32	396.0	36

1.7 续表 1 单位:亿美元

国家和地区	2000	位次	2004	位次
以色列	314.0	35	368.7	37
葡萄牙	243.6	40	349.8	38
阿根廷	263.4	39	343.2	39
乌克兰	145.7	45	326.7	40
智利	192.1	44	320.0	41
阿尔及利亚	220.3	41	317.1	42
委内瑞拉	318.0	33	313.6	43
尼日利亚	209.8	42	311.5	44
斯洛伐克	118.9	50	276.6	45
越南	144.5	46	262.3	46
罗马尼亚	103.7	54	235.5	47
新西兰	132.7	47	203.6	48
哈萨克斯坦	88.1	56	202.5	49
利比亚	127.0	49	201.5	50
伊拉克	206.0	43	186.2	51
卡塔尔	115.9	52	165.8	52
卢森堡	83.8	58	161.2	53
哥伦比亚	130.4	48	160.9	54
斯洛文尼亚	87.3	57	158.0	55
希腊	117.5	51	147.6	56
安哥拉	79.2	59	144.4	57
阿曼	113.2	53	142.4	58
巴基斯坦	90.3	55	133.3	59
秘鲁	70.3	62	124.7	60
白俄罗斯	73.3	61	110.9	61
突尼斯	58.5	66	96.9	62
摩洛哥	74.3	60	96.6	63
立陶宛	38.1	76	91.1	64
孟加拉国	63.9	63	81.5	65
克罗地亚	44.3	71	80.2	66
埃及	46.9	69	76.8	67
巴林	62.0	64	74.6	68
叙利亚	46.3	70	64.4	69
特立尼达和多巴哥	42.7	72	64.1	70
哥斯达黎加	58.7	65	63.0	71
爱沙尼亚	38.3	75	58.6	72

1.7 续表 2

单位:亿美元

国家和地区	2000	位次	2004	位次
斯里兰卡	54.3	68	58.0	73
多米尼加	57.4	67	56.6	74
科特迪瓦	38.9	73	55.0	75
赤道几内亚	11.0	103	51.9	76
文莱	38.8	74	45.6	77
乌兹别克斯坦	32.3	77	42.4	78
约旦	19.0	88	39.7	79
土库曼斯坦	25.1	81	38.7	80
苏丹	18.1	90	37.8	81
阿塞拜疆	17.5	91	36.0	82
博茨瓦纳	27.1	78	34.5	83
塞尔维亚	17.2	93	34.1	84
刚果(布)	24.9	82	31.5	85
缅甸	16.5	95	29.8	86
乌拉圭	23.0	84	29.1	87
中国澳门	25.4	80	28.1	88
危地马拉	27.0	79	27.9	89
肯尼亚	17.3	92	26.5	90
喀麦隆	18.3	89	26.3	91
马耳他	24.4	83	25.5	92
巴布亚新几内亚	21.0	85	24.6	93
柬埔寨	14.0	97	24.6	94
波利维亚	12.3	102	20.9	95
毛里求斯	15.6	96	20.5	96
纳米比亚	13.2	99	18.3	97
斯威士兰	9.1	107	18.2	98
乍得	1.8	149	18.2	99
波斯尼亚和黑塞哥维那	10.7	104	17.8	100
黎巴嫩	7.2	113	17.5	101
马其顿	13.2	100	16.4	102
巴拉圭	8.7	108	16.3	103
洪都拉斯	13.7	98	15.6	104
古巴	16.8	94	15.5	105
塞内加尔	9.2	106	15.3	106
坦桑尼亚	6.6	116	14.4	107
赞比亚	6.7	114	14.1	108

1.7 续表 3　　　　　　　　　　　　　　　　　单位:亿美元

国家和地区	2000	位次	2004	位次
莫桑比克	3.6	132	13.9	109
牙买加	13.0	101	13.8	110
津巴布韦	19.3	87	12.5	111
马里	5.5	121	11.4	112
荷属安的列斯	20.1	86	10.9	113
马达加斯加	8.2	110	9.9	114
摩尔多瓦	4.7	127	9.9	115
新喀里多尼亚	6.0	118	9.8	116
巴拿马	8.6	109	9.5	117
塞浦路斯	9.5	105	9.3	118
塔吉克斯坦	7.9	112	9.1	119
蒙古	5.4	122	8.6	120
尼加拉瓜	6.5	117	7.7	121
尼泊尔	8.0	111	7.6	122
多哥	3.6	133	7.2	123
吉尔吉斯斯坦	5.1	123	7.2	124
亚美尼亚	2.9	139	7.2	125
乌干达	4.6	128	7.1	126
苏里南	4.0	129	7.0	127
斐济	5.9	119	7.0	128
埃塞俄比亚	4.9	125	6.5	129
几内亚	6.7	115	6.4	130
圭亚那	5.0	124	6.0	131
贝宁	3.9	130	6.0	132
莱索托	2.2	145	5.9	133
阿尔巴尼亚	2.6	143	5.8	134
法罗群岛	4.7	126	5.2	135
马拉维	3.8	131	4.7	136
老挝	3.3	136	4.6	137
阿富汗	1.9	148	4.5	138
巴哈马	5.8	120	4.4	139
尼日尔	2.8	140	4.3	140
布基纳法索	2.1	146	3.8	141
毛里塔尼亚	3.6	134	3.7	142
海地	3.2	138	3.6	143
格陵兰岛	2.6	142	3.6	144

1.7 续表 4

单位:亿美元

国家和地区	2000	位次	2004	位次
塞舌尔	1.9	147	3.1	145
美属萨摩亚	3.5	135	2.8	146
巴巴多斯	2.7	141	2.2	147
利比里亚	3.3	137	2.0	148
伯利兹	1.7	151	2.0	149
马尔代夫	1.1	153	1.7	150
不丹	1.0	154	1.6	151
塞拉利昂	0.1	173	1.4	152
法属波利尼西亚	2.2	144	1.3	153
中非共和国	1.6	152	1.2	154
所罗门群岛	0.7	157	1.1	155
吉布提	0.8	155	0.9	156
阿鲁巴岛	1.7	150	0.9	157
几内亚比绍	0.6	158	0.9	158
卢旺达	0.5	160	0.8	159
圣卢西亚	0.4	165	0.7	160
百慕大	0.5	161	0.6	161
关岛	0.7	156	0.5	162
圣基茨和尼维斯	0.3	168	0.5	163
布隆迪	0.5	162	0.4	164
多米尼克	0.5	159	0.4	165
瓦努阿图	0.3	169	0.4	166
圣文森特和格林纳丁斯	0.5	164	0.4	167
安提瓜和巴布达	0.4	166	0.4	168
格林纳达	0.5	163	0.3	169
冈比亚	0.2	171	0.2	170
厄立特里亚	0.4	167	0.2	171
密克罗尼西亚	0.2	170	0.2	172
萨摩亚	0.1	172	0.2	173
佛得角	0.1	174	0.2	174
汤加	0.1	176	0.1	175
科摩罗	0.1	177	0.1	176
库克群岛	0.1	175	0.1	177
马绍尔群岛	0.1	178	0.1	178
圣多美和普林西比	0.0	179	0.1	179

注:本表是在有数据国家和地区的基础上排序的,仅供参考。

资料来源:世界贸易组织数据库。

1.8 外国直接投资(流入)

单位:亿美元

国家和地区	2000	位次	2004	位次
美国	3009.12	1	958.59	1
英国	1165.52	4	783.99	2
中国	407.72	9	606.30	3
卢森堡			570.00	4
澳大利亚	119.57	18	425.94	5
比利时	2455.61①	2	343.66	6
中国香港	619.38	6	340.35	7
法国	429.30	8	243.18	8
西班牙	375.23	10	183.61	9
巴西	327.79	11	181.66	10
意大利	133.77	17	168.15	11
墨西哥	147.06	16	166.02	12
新加坡	54.07	29	160.60	13
俄罗斯联邦	27.14	38	116.72	14
爱尔兰	241.17	13	91.20	15
日本	83.22	25	78.16	16
韩国	92.83	22	76.87	17
智利	36.74	35	76.03	18
加拿大	666.17	5	62.93	19
波兰	93.42	21	61.59	20
印度	23.19	41	53.35	21
罗马尼亚	10.25	49	51.74	22
奥地利	88.40	23	48.65	23
阿塞拜疆	1.30	107	47.69	24
芬兰	88.34	24	46.48	25
马来西亚	37.88	34	46.24	26
瑞士	162.85	15	44.78	27
捷克共和国	49.86	30	44.63	28
哈萨克斯坦	12.78	44	42.69	29
阿根廷	111.52	19	42.54	30
匈牙利	24.14	39	41.67	31
百慕大	109.80	20	38.00	32
开曼群岛	68.58	26	30.00	33
哥伦比亚	23.74	40	27.39	34
土耳其	9.82	51	27.33	35
保加利亚	10.02	50	24.88	36

1.8 续表 1　　单位:亿美元

国家和地区	2000	位次	2004	位次
新西兰	32.09	36	24.41	37
挪威	63.12	28	21.59	38
尼日利亚	9.30	53	21.27	39
安哥拉	8.79	55	20.48	40
中国台湾省	49.28	31	18.98	41
沙特阿拉伯	-18.84	178	18.67	42
秘鲁	6.81	60	18.16	43
乌克兰	5.95	65	17.15	44
赤道几内亚	1.20	111	16.64	45
以色列	43.92	33	16.19	46
越南	12.89	43	16.10	47
委内瑞拉	44.64	32	15.18	48
苏丹	3.92	70	15.11	49
希腊	10.89	48	13.51	50
埃及	12.35	46	12.53	51
厄瓜多尔	7.20	58	12.41	52
叙利亚	2.70	80	12.06	53
塞浦路斯	1.63	96	11.46	54
斯洛伐克	20.75	42	11.22	55
葡萄牙	64.64	27	11.12	56
克罗地亚	11.27	47	10.76	57
泰国	28.13	37	10.64	58
印度尼西亚	-45.50	179	10.23	59
巴拿马	6.03	63	10.12	60
巴哈马	2.50	88	10.12	61
特立尼达和多巴哥	6.62	61	10.01	62
巴基斯坦	3.05	74	9.52	63
爱沙尼亚	3.87	71	9.26	64
刚果(金)	0.23	140	9.00	65
巴林	3.58	73	8.65	66
摩洛哥	2.01	90	8.53	67
阿联酋	2.60	82	8.40	68
立陶宛	3.79	72	7.73	69
卡塔尔	2.52	86	6.79	70
刚果(布)	-0.75	173	6.68	71
牙买加	4.71	66	6.50	72

1.8 续表2

单位:亿美元

国家和地区	2000	位次	2004	位次
拉脱维亚	4.08	69	6.47	73
多米尼加	9.53	52	6.45	74
突尼斯	7.79	56	6.39	75
约旦	0.39	130	6.20	76
哥斯达黎加	4.09	68	6.18	77
中国澳门	-0.07	169	6.00	78
南非	8.88	54	5.85	79
缅甸	2.55	83	5.56	80
埃塞俄比亚	1.35	103	5.45	81
斯洛文尼亚	1.76	94	5.16	82
伊朗	0.39	131	5.00	83
格鲁吉亚	1.31	105	4.99	84
波斯尼亚	1.31	106	4.97	85
乍得	0.15	152	4.78	86
坦桑尼亚	1.93	91	4.70	87
菲律宾	12.41	45	4.69	88
萨尔瓦多	1.73	95	4.66	89
孟加拉国	2.80	78	4.60	90
阿尔及利亚	4.38	67	4.26	91
阿尔巴尼亚	1.43	99	4.26	92
马耳他	6.52	62	4.21	93
科特迪瓦	2.55	84	3.60	94
赞比亚	1.22	110	3.34	95
加蓬	2.52	87	3.23	96
冰岛	1.59	97	3.08	97
毛里塔尼亚	0.09	157	3.00	98
伊拉克	-0.03	168	3.00	99
洪都拉斯	2.82	77	2.93	100
黎巴嫩	2.98	75	2.88	101
纳米比亚	1.53	98	2.86	102
塔吉克斯坦	0.22	145	2.72	103
尼加拉瓜	2.65	81	2.50	104
乌干达	2.54	85	2.37	105
亚美尼亚	1.33	104	2.35	106
斯里兰卡	1.78	93	2.33	107
马里	1.06	114	1.80	108
伯利兹	0.28	138	1.70	109

1.8 续表 3

单位:亿美元

国家和地区	2000	位次	2004	位次
白俄罗斯	0.90	118	1.69	110
危地马拉	2.30	89	1.55	111
摩尔多瓦	1.38	102	1.51	112
蒙古	0.54	126	1.47	113
乌兹别克斯坦	0.73	120	1.40	114
加纳	1.15	113	1.39	115
莫桑比克	1.39	101	1.32	116
柬埔寨	1.79	92	1.31	117
阿鲁巴岛	-2.26	177	1.31	118
乌拉圭	2.85	76	1.19	119
巴拉圭	0.96	116	1.19	120
玻利维亚	6.93	59	1.17	121
圣卢西亚	0.49	127	1.11	122
安提瓜和巴布达	0.33	136	1.06	123
安圭拉岛	0.39	132	1.04	124
文莱	6.00	64	1.03	125
几内亚	0.33	137	1.00	126
吉尔吉斯斯坦	0.22	146	0.77	127
塞内加尔	0.88	119	0.70	128
斯威士兰	-0.19	171	0.69	129
毛里求斯	2.77	79	0.65	130
圣基茨和尼维斯	0.96	117	0.62	131
贝宁	0.97	115	0.60	132
多哥	0.57	123	0.60	133
塞舌尔	0.56	125	0.60	134
冈比亚	0.44	129	0.60	135
津巴布韦	0.23	141	0.60	136
圣文森特和格林纳丁斯	0.28	139	0.56	137
圣多美和普林西比	0.02	165	0.54	138
莱索托	1.19	112	0.52	139
巴巴多斯	0.19	149	0.50	140
圭亚那	0.67	122	0.48	141
博茨瓦纳	0.57	124	0.47	142
肯尼亚	1.27	109	0.46	143
马达加斯加	0.70	121	0.45	144
格林纳达	0.36	133	0.42	145
朝鲜	0.05	159	0.40	146

1.8 续表 4

单位:亿美元

国家和地区	2000	位次	2004	位次
布基纳法索	0.23	142	0.35	147
吉布提	0.03	164	0.33	148
厄立特里亚	0.35	134	0.30	149
巴布亚新几内亚	1.30	108	0.25	150
瓦努阿图	0.20	148	0.22	151
佛得角	0.21	147	0.20	152
尼日尔	0.19	150	0.20	153
利比里亚	0.12	155	0.20	154
利比亚	-1.42	174	0.20	155
多米尼克	0.11	156	0.19	156
老挝	0.34	135	0.17	157
马拉维	0.45	128	0.16	158
直布罗陀	1.41	100	0.15	159
马尔代夫	0.13	153	0.13	160
卢旺达	0.09	158	0.11	161
尼泊尔			0.10	162
海地	0.13	154	0.07	163
几内亚比绍	0.23	143	0.05	164
塞拉利昂	0.05	160	0.05	165
新喀里多尼亚	0.05	161	0.05	166
马其顿	0.04	162	0.02	167
蒙特塞拉特岛	0.04	163	0.02	168
古巴	-0.10	170	0.02	169
萨摩亚	-0.02	167	0.01	170
阿富汗			0.01	171
所罗门	0.01	166	-0.05	172
斐济	-0.69	172	-0.09	173
阿曼	0.23	144	-0.18	174
科威特	0.16	151	-0.20	175
也门	-2.01	176	-0.21	176
荷属安的列斯	7.77	57	-0.30	177
苏里南	-1.48	175	-0.60	178
瑞典	233.67	14	-3.71	179
荷兰	524.53	7	-46.05	180
丹麦	322.89	12	-107.22	181
德国	1951.22	3	-385.57	182

注:本表是在有数据国家和地区的基础上排序的。①包括卢森堡。

资料来源:联合国贸发会议数据库。

1.9 外国直接投资(流出)

单位:亿美元

国家和地区	2000	位次	2004	位次
美国	1649.69	5	2292.94	1
英国	2539.29	1	653.91	2
卢森堡			590.08	3
西班牙	546.75	8	542.46	4
法国	1755.04	4	478.02	5
加拿大	474.99	9	474.53	6
中国香港	593.74	7	397.53	7
日本	315.58	13	309.51	8
比利时	2419.97②	2	261.25	9
瑞士	426.50	10	252.07	10
意大利	123.19	15	192.62	11
澳大利亚	50.91	23	162.88	12
瑞典	405.78	11	151.47	13
新加坡	49.66	25	106.67	14
俄罗斯联邦	32.08	28	96.01	15
巴西	22.82	30	94.71	16
奥地利	57.40	22	71.64	17
中国台湾省	67.01	21	71.45	18
葡萄牙	76.74	18	61.78	19
韩国	49.99	24	47.92	20
以色列	28.02	29	30.37	21
冰岛	3.62	45	25.94	22
墨西哥	9.84	36	22.40	23
印度	3.36	46	22.22	24
马来西亚	20.26	33	20.61	25
挪威	73.32	19	18.66	26
中国①	9.16	38	18.05	27
南非	2.71	47	16.06	28
荷兰	713.46	6	14.58	29
阿塞拜疆			13.83	30
巴林	0.10	86	10.36	31
智利	47.78	26	9.43	32
土耳其	8.70	40	8.59	33
新西兰	9.63	37	8.39	34
波兰	0.17	81	8.06	35
塞浦路斯	2.02	52	6.30	36
希腊	21.02	31	6.07	37
捷克共和国	0.43	70	5.46	38
匈牙利	5.55	44	5.38	39

1.9 续表 1

单位:亿美元

国家和地区	2000	位次	2004	位次
斯洛文尼亚	0.66	64	4.98	40
菲律宾	1.07	56	4.12	41
泰国	0.52	68	3.62	42
阿根廷	9.12	39	3.19	43
克罗地亚	0.29	74	3.14	44
博茨瓦纳	0.02	95	2.74	45
立陶宛	0.04	94	2.63	46
尼日利亚	0.85	62	2.61	47
阿尔及利亚	0.18	80	2.58	48
爱沙尼亚	0.63	65	2.57	49
埃及	0.51	69	1.59	50
哥伦比亚	2.50	50	1.42	51
拉脱维亚	0.10	87	1.09	52
印度尼西亚	1.50	55	1.07	53
牙买加	0.74	63	0.90	54
沙特阿拉伯	0.99	58	0.73	55
罗马尼亚	-0.11	101	0.70	56
利比亚	0.98	59	0.62	57
哥斯达黎加	0.05	92	0.62	58
利比里亚	6.08	43	0.60	59
巴基斯坦	0.11	85	0.56	60
肯尼亚	0.40	72	0.49	61
黎巴嫩	-0.13	102	0.45	62
秘鲁	0.92	60	0.40	63
毛里求斯	0.13	84	0.33	64
摩洛哥	0.59	66	0.31	65
安哥拉			0.30	66
特立尼达和多巴哥	0.25	77	0.29	67
荷属安的列斯群岛	7.55	42	0.25	68
中国澳门			0.25	69
乌拉圭	0.09	88	0.11	70
柬埔寨			0.10	71
格鲁吉亚			0.10	72
马耳他	0.29	75	0.09	73
萨尔瓦多	-0.05	100	0.07	74
巴拉圭	0.06	91	0.06	75
斯里兰卡	0.02	96	0.06	76
加蓬	0.43	71	0.05	77
塞舌尔	0.07	90	0.05	78

1.9 续表 2 单位:亿美元

国家和地区	2000	位次	2004	位次
塞内加尔	0.26	76	0.04	79
孟加拉国	0.20	78	0.04	80
突尼斯	0.02	97	0.04	81
乌克兰	0.01	98	0.04	82
斯威士兰	-0.19	103	0.04	83
玻利维亚	0.14	83	0.03	84
摩尔多瓦			0.03	85
亚美尼亚	0.08	89	0.02	86
马其顿	1.78	53	0.01	87
马里	1.06	57	0.01	88
瓦努阿图	0.20	79	0.01	89
冈比亚	0.05	93	0.01	90
波斯尼亚			0.01	91
布基纳法索			0.01	92
几内亚比绍			0.01	93
白俄罗斯	0.90	61	-0.01	94
阿鲁巴岛	-2.26	104	-0.01	95
卡塔尔	2.52	49	-0.02	96
多哥	0.57	67	-0.03	97
巴哈马	2.50	51	-0.06	98
纳米比亚	1.53	54	-0.21	99
阿联酋	2.60	48	-0.30	100
伊朗	0.39	73	-1.14	101
斯洛伐克	20.75	32	-1.55	102
吉尔吉斯斯坦	-0.02	99	-1.73	103
开曼群岛	68.58	20	-2.05	104
保加利亚	10.02	35	-2.28	105
委内瑞拉	44.64	27	-3.48	106
百慕大	109.80	16	-10.06	107
芬兰	88.34	17	-10.28	108
哈萨克斯坦	12.78	34	-12.79	109
科威特	0.16	82	-18.73	110
英属维尔京群岛	8.30	41	-23.64	111
德国	1951.22	3	-72.67	112
爱尔兰	241.17	14	-74.00	113
丹麦	322.89	12	-103.63	114

注:本表是在有数据国家和地区的基础上排序的,仅供参考。①中国数据来源于贸发会议数据库。②包括卢森堡。

资料来源:联合国贸发会议数据库。

1.10 外汇储备

单位:亿美元

国家和地区	2000	位次	2004	位次
日本	3472.12	1	8242.64	1
中国	1655.70	2	6099.32	2
中国台湾省①	1067.40	4	2417.00	3
韩国	958.55	5	1981.75	4
印度	372.64	9	1251.64	5
中国香港	1075.42	3	1235.40	6
俄罗斯联邦	242.63	23	1208.05	7
新加坡	796.85	6	1114.98	8
马来西亚	286.25	18	654.09	9
墨西哥	351.42	10	627.78	10
瑞士	308.54	15	536.34	11
巴西	324.88	11	527.36	12
泰国	319.33	13	484.98	13
阿尔及利亚	119.10	39	431.13	14
挪威	267.07	20	430.78	15
美国	312.38	14	427.18	16
德国	496.67	7	398.99	17
英国	392.81	8	394.82	18
丹麦	144.69	30	381.96	19
土耳其	223.13	26	354.80	20
印度尼西亚	282.80	19	347.24	21
波兰	263.20	21	345.53	22
澳大利亚	167.82	28	339.01	23
加拿大	288.41	17	301.67	24
法国	321.14	12	290.77	25
捷克共和国	130.16	35	278.44	26
以色列	231.63	24	266.16	27
利比亚	114.08	40	243.36	28
意大利	224.23	25	240.11	29
沙特阿拉伯	180.36	27	232.73	30
瑞典	137.57	31	206.11	31
阿联酋	133.04	33	182.09	32
阿根廷	244.14	22	180.08	33
委内瑞拉	126.33	38	178.67	34
尼日利亚	99.10	42	169.55	35
摩洛哥	46.12	54	161.07	36
智利	146.86	29	154.95	37
匈牙利	109.15	41	153.12	38
罗马尼亚	24.69	64	146.16	39
斯洛伐克	40.22	55	144.16	40
埃及	129.13	37	141.08	41
菲律宾	129.75	36	129.80	42

1.10续表1　　　　单位:亿美元

国家和地区	2000	位次	2004	位次
南非	57.93	52	127.94	43
哥伦比亚	84.09	44	127.69	44
秘鲁	83.73	45	121.76	45
黎巴嫩	58.95	51	116.72	46
芬兰	73.41	47	115.22	47
西班牙	295.16	16	104.81	48
巴基斯坦	14.99	72	95.54	49
乌克兰	11.04	81	93.01	50
克罗地亚	33.77	57	87.58	51
保加利亚	30.28	61	87.12	52
斯洛文尼亚	31.10	60	86.62	53
哈萨克斯坦	15.94	71	84.72	54
比利时	79.88	46	77.15	55
科威特	65.04	49	73.47	56
越南	34.16	56	70.41	57
奥地利	134.92	32	67.63	58
荷兰	70.04	48	66.57	59
也门	28.16	63	56.13	60
博茨瓦纳	62.56	50	55.76	61
中国澳门	33.23	59	54.36	62
约旦	33.31	58	52.65	63
新西兰	29.97	62	47.86	64
葡萄牙	85.39	43	46.31	65
突尼斯	17.81	68	38.95	66
塞浦路斯	16.94	70	38.33	67
立陶宛	13.10	77	35.12	68
阿曼	23.11	66	34.85	69
危地马拉	17.37	69	34.18	70
卡塔尔	10.79	82	32.25	71
孟加拉国	14.85	73	31.71	72
特立尼达和多巴哥	13.86	75	29.93	73
马耳他	13.86	76	25.89	74
乌拉圭	24.32	65	25.07	75
爱尔兰	49.83	53	23.24	76
坦桑尼亚	9.61	85	22.80	77
斯里兰卡	9.76	84	20.58	78
洪都拉斯	13.02	78	19.57	79
拉脱维亚	8.51	93	19.12	80
萨尔瓦多	18.90	67	18.88	81
哥斯达黎加	12.91	79	18.87	82
牙买加	10.54	83	18.46	83
爱沙尼亚	9.21	88	17.88	84

1.10 续表 2

单位:亿美元

国家和地区	2000	位次	2004	位次
科特迪瓦	6.66	98	16.93	85
苏丹	2.47	122	16.26	86
加纳	2.32	126	16.06	87
毛里求斯	8.57	92	15.45	88
肯尼亚	8.81	90	14.99	89
埃塞俄比亚	9.21	89	14.85	90
尼泊尔	9.38	86	14.53	91
塞内加尔	3.81	108	13.77	92
安哥拉	11.98	80	13.74	93
乌干达	8.05	94	13.07	94
阿尔巴尼亚	5.35	101	12.52	95
莫桑比克	7.25	95	11.30	96
阿塞拜疆	6.73	97	10.75	97
冰岛	3.65	110	10.17	98
巴拉圭	6.33	99	10.01	99
厄瓜多尔	9.24	87	9.87	100
赤道几内亚	0.23	166	9.44	101
柬埔寨	5.02	102	9.43	102
马其顿			9.04	103
马里	3.70	109	8.46	104
喀麦隆	2.04	132	8.28	105
玻利维亚	8.79	91	8.17	106
多米尼加	6.27	100	7.97	107
白俄罗斯	3.50	111	7.49	108
希腊	131.16	34	7.44	109
缅甸	2.23	127	6.72	110
尼加拉瓜	4.88	103	6.68	111
巴哈马	3.41	112	6.65	112
布基纳法索	2.34	125	6.58	113
巴林	14.78	74	6.37	114
巴布亚新几内亚	2.74	119	6.31	115
巴拿马	7.07	96	6.11	116
巴巴多斯	4.67	104	5.72	117
亚美尼亚	2.97	115	5.64	118
吉尔吉斯斯坦	2.38	124	5.29	119
马达加斯加	2.85	117	5.03	120
莱索托	4.13	106	4.97	121
摩尔多瓦	2.22	128	4.70	122
斐济	3.86	107	4.46	123
加蓬	1.90	134	4.37	124
荷属安的列斯	2.61	120	4.15	125
不丹	3.16	114	3.97	126

1.10 续表 3 单位:亿美元

国家和地区	2000	位次	2004	位次
多哥	1.52	138	3.59	127
纳米比亚	2.60	121	3.45	128
赞比亚	2.22	129	3.12	129
斯威士兰	3.40	113	3.10	130
阿鲁巴岛	2.08	131	2.95	131
卢旺达	1.90	135	2.84	132
尼日尔	0.69	148	2.44	133
蒙古	1.79	137	2.36	134
圭亚那	2.96	116	2.25	135
乍得	1.10	145	2.21	136
老挝	1.39	140	2.08	137
马尔代夫	1.21	142	2.01	138
中非共和国	1.33	141	1.46	139
卢森堡		170	1.44	140
佛得角	0.28	163	1.39	141
圣卢西亚	0.77	147	1.30	142
马拉维	2.44	123	1.29	143
格林纳达	0.58	153	1.22	144
安提瓜和巴布达	0.64	151	1.20	145
苏里南	0.53	155	1.18	146
海地	1.82	136	1.14	147
刚果(布)	2.21	130	1.12	148
科摩罗	0.42	159	1.03	149
吉布提	0.66	150	0.91	150
萨摩亚	0.60	152	0.91	151
冈比亚	1.07	146	0.81	152
所罗门群岛	0.31	161	0.80	153
圣基茨和尼维斯	0.45	156	0.78	154
圣文森特和格林纳丁斯	0.54	154	0.74	155
塞拉利昂	0.44	157	0.74	156
几内亚比绍	0.67	149	0.72	157
布隆迪	0.25	164	0.65	158
瓦努阿图	0.35	160	0.56	159
汤加	0.25	165	0.55	160
密克罗尼西亚	1.12	144	0.53	161
多米尼克	0.29	162	0.42	162
伯利兹	1.16	143	0.39	163
塞舌尔	0.44	158	0.35	164
安圭拉	0.20	167	0.34	165
利比里亚			0.19	166
毛里塔尼亚	2.80	118	0.14	167

注:本表是在有数据国家和地区的基础上排序的,仅供参考。①中国台湾省数据来源于台湾省《统计月报》2005 年 3 月。

资料来源:联合国《统计月报》数据库。

1.11 人文发展指数

国家和地区	2000	位次	2003	位次
挪威	0.942	1	0.963	1
冰岛	0.936	7	0.956	2
澳大利亚	0.939	4	0.955	3
卢森堡	0.925	16	0.949	4
加拿大	0.940	3	0.949	5
瑞典	0.941	2	0.949	6
瑞士	0.928	11	0.947	7
爱尔兰	0.925	17	0.946	8
比利时	0.939	5	0.945	9
美国	0.939	6	0.944	10
日本	0.933	9	0.943	11
荷兰	0.935	8	0.943	12
芬兰	0.930	10	0.941	13
丹麦	0.926	14	0.941	14
英国	0.928	12	0.939	15
法国	0.928	13	0.938	16
奥地利	0.926	15	0.936	17
意大利	0.913	20	0.934	18
新西兰	0.917	19	0.933	19
德国	0.925	18	0.930	20
西班牙	0.913	21	0.928	21
中国香港	0.888	23	0.916	22
以色列	0.896	22	0.915	23
希腊	0.885	24	0.912	24
新加坡	0.885	25	0.907	25
葡萄牙	0.880	28	0.904	26
斯洛文尼亚	0.879	29	0.904	27
韩国	0.882	27	0.901	28
塞浦路斯	0.883	26	0.891	29
巴巴多斯	0.871	31	0.878	30
捷克	0.849	33	0.874	31
马耳他	0.875	30	0.867	32
文莱	0.856	32	0.866	33
阿根廷	0.844	34	0.863	34
匈牙利	0.835	35	0.862	35
波兰	0.833	37	0.858	36
智利	0.831	38	0.854	37
爱沙尼亚	0.826	41	0.853	38
立陶宛	0.808	49	0.852	39
卡塔尔	0.803	51	0.849	40
阿联酋	0.812	46	0.849	41
斯洛伐克	0.835	36	0.849	42
巴林	0.831	39	0.846	43
科威特	0.813	45	0.844	44
克罗地亚	0.809	48	0.841	45

1.11 续表 1

国家和地区	2000	位次	2003	位次
乌拉圭	0.831	40	0.840	46
哥斯达黎加	0.820	43	0.838	47
拉脱维亚	0.800	52	0.836	48
圣基茨和尼维斯	0.814	44	0.834	49
巴哈马	0.826	42	0.832	50
塞舌尔	0.811	47	0.821	51
古巴	0.795	55	0.817	52
墨西哥	0.796	54	0.814	53
汤加		174	0.810	54
保加利亚	0.779	61	0.808	55
巴拿马	0.787	57	0.804	56
特立尼达和多巴哥	0.805	50	0.801	57
利比亚	0.773	64	0.799	58
马其顿	0.772	65	0.797	59
安提瓜和巴布达	0.800	53	0.797	60
马来西亚	0.782	59	0.796	61
俄罗斯联邦	0.781	60	0.795	62
巴西	0.757	73	0.792	63
罗马尼亚	0.775	63	0.792	64
毛里求斯	0.772	66	0.791	65
格林纳达	0.747	82	0.787	66
白俄罗斯	0.788	56	0.786	67
波黑		175	0.786	68
哥伦比亚	0.772	67	0.785	69
多米尼克	0.779	62	0.783	70
阿曼	0.751	78	0.781	71
阿尔巴尼亚	0.733	91	0.780	72
泰国	0.762	70	0.778	73
西萨摩亚	0.715	100	0.776	74
委内瑞拉	0.770	69	0.772	75
圣卢西亚	0.772	68	0.772	76
沙特阿拉伯	0.759	71	0.772	77
乌克兰	0.748	80	0.766	78
秘鲁	0.747	83	0.762	79
哈萨克斯坦	0.750	79	0.761	80
黎巴嫩	0.755	75	0.759	81
厄瓜多尔	0.732	93	0.759	82
亚美尼亚	0.754	76	0.759	83
菲律宾	0.754	77	0.758	84
中国①	0.726	96	0.755	85
苏里南	0.756	74	0.755	86
圣文森特和格林纳丁斯	0.733	92	0.755	87
巴拉圭	0.740	90	0.755	88
突尼斯	0.722	97	0.753	89
约旦	0.717	99	0.753	90

1.11 续表 2

单位:亿美元

国家和地区	2000	位次	2003	位次
伯利兹	0.784	58	0.753	91
斐济	0.758	72	0.752	92
斯里兰卡	0.741	87	0.751	93
土耳其	0.742	85	0.750	94
多米尼加	0.727	94	0.749	95
马尔代夫	0.743	84	0.745	96
牙买加	0.742	86	0.738	97
土库曼斯坦	0.741	88	0.738	98
伊朗	0.721	98	0.736	99
格鲁吉亚	0.748	81	0.732	100
阿塞拜疆	0.741	89	0.729	101
巴勒斯坦		176	0.729	102
阿尔及利亚	0.697	106	0.722	103
萨尔瓦多	0.706	104	0.722	104
佛得角	0.715	101	0.721	105
叙利亚	0.691	108	0.721	106
圭亚那	0.708	103	0.720	107
越南	0.688	109	0.704	108
吉尔吉斯斯坦	0.712	102	0.702	109
印度尼西亚	0.684	110	0.697	110
乌兹别克斯坦	0.727	95	0.694	111
尼加拉瓜	0.635	118	0.690	112
玻利维亚	0.653	114	0.687	113
蒙 古	0.655	113	0.679	114
摩尔多瓦	0.701	105	0.671	115
洪都拉斯	0.638	116	0.667	116
危地马拉	0.631	120	0.663	117
瓦努阿图	0.542	131	0.659	118
埃及	0.642	115	0.659	119
南非	0.695	107	0.658	120
赤道几内亚	0.679	111	0.655	121
塔吉克斯坦	0.667	112	0.652	122
加蓬	0.637	117	0.635	123
摩洛哥	0.602	123	0.631	124
纳米比亚	0.610	122	0.627	125
圣多美和普林西比	0.632	119	0.604	126
印度	0.577	124	0.602	127
所罗门群岛	0.622	121	0.594	128
缅甸	0.552	127	0.578	129
柬埔寨	0.543	130	0.571	130
博茨瓦纳	0.572	126	0.565	131
科摩罗	0.511	137	0.547	132
老挝	0.485	143	0.545	133
不丹	0.494	139	0.536	134
巴基斯坦	0.499	138	0.527	135

1.11 续表3　　单位:亿美元

国家和地区	2000	位次	2003	位次
尼泊尔	0.490	142	0.526	136
巴布亚新几内亚	0.535	132	0.523	137
加纳	0.548	129	0.520	138
孟加拉国	0.478	145	0.520	139
东帝汶		177	0.513	140
苏丹	0.494	140	0.512	141
刚果	0.512	135	0.512	142
多哥	0.493	141	0.512	143
乌干达	0.444	150	0.508	144
津巴布韦	0.551	128	0.505	145
马达加斯加	0.469	147	0.499	146
斯威士兰	0.577	125	0.498	147
喀麦隆	0.512	136	0.497	148
莱索托	0.535	133	0.497	149
吉布提	0.445	149	0.495	150
也门	0.479	144	0.489	151
毛里塔尼亚	0.438	152	0.477	152
海地	0.471	146	0.475	153
肯尼亚	0.513	134	0.474	154
冈比亚	0.405	160	0.470	155
几内亚	0.414	159	0.466	156
塞内加尔	0.431	154	0.458	157
尼日利亚	0.462	148	0.453	158
卢旺达	0.403	161	0.450	159
安哥拉	0.403	162	0.445	160
厄立特里亚	0.421	157	0.444	161
贝宁	0.420	158	0.431	162
科特迪瓦	0.428	156	0.420	163
坦桑尼亚	0.440	151	0.418	164
马拉维	0.400	163	0.404	165
赞比亚	0.433	153	0.394	166
刚果(金)	0.431	155	0.385	167
莫桑比克	0.322	170	0.379	168
布隆迪	0.313	171	0.378	169
埃塞俄比亚	0.327	168	0.367	170
中非	0.375	165	0.355	171
几内亚比绍	0.349	167	0.348	172
乍得	0.365	166	0.341	173
马里	0.386	164	0.333	174
布基纳法索	0.325	169	0.317	175
塞拉利昂	0.275	173	0.298	176
尼日尔	0.277	172	0.281	177

注:本表是在有数据国家和地区的基础上排列的,仅供参考。①中国数据来源于联合国开发计划署数据库。

资料来源:联合国开发计划署数据库。

1.12 2005年世界60个国家和地区竞争力总分值

国家和地区	2005年		国家和地区	2005年	
	排名	得分		排名	得分
美国	1	100	中国	31	63.219
中国香港	2	93.073	卡特劳尼亚(西班牙)	32	62.164
新加坡	3	89.679	巴黎大区(法国)	33	61.7
冰岛	4	85.349	罗纳－阿尔卑斯省(法国)	34	61.448
加拿大	5	82.648	苏格兰	35	61.314
芬兰	6	82.627	捷克	36	60.131
丹麦	7	82.545	匈牙利	37	59.867
瑞士	8	82.534	西班牙	38	59.43
澳大利亚	9	81.975	印度	39	59.035
卢森堡	10	80.311	斯洛伐克	40	58.621
爱尔兰	11	80.303	伦巴第(意大利)	41	54.156
中国台湾省	12	78.319	马赫拉什特(印度)	42	53.494
荷兰	13	77.4	圣保罗(巴西)	43	53.308
瑞典	14	76.261	约旦	44	52.684
挪威	15	76.157	葡萄牙	45	52.426
新西兰	16	75.459	南非	46	51.95
奥地利	17	74.328	哥伦比亚	47	51.407
巴伐利亚(德国)	18	74.101	土耳其	48	51.293
智利	19	72.184	菲律宾	49	51.103
浙江(中国)	20	69.721	希腊	50	50.332
日本	21	68.652	巴西	51	49.856
英国	22	68.518	斯洛维尼亚	52	49.304
德国	23	67.842	意大利	53	45.819
比利时	24	67.456	俄罗斯	54	43.591
以色列	25	67.304	罗马尼亚	55	41.784
爱沙尼亚	26	66.71	墨西哥	56	41.483
泰国	27	66.012	波兰	57	39.016
马来西亚	28	65.844	阿根廷	58	37.826
韩国	29	64.239	印尼	59	33.811
法国	30	64.203	委内瑞拉	60	30.282

1.13 2005年世界60个国家和地区宏观经济运行竞争力排行榜

国家和地区	2005年		国家和地区	2005年	
	排名	得分		排名	得分
美国	1	100	丹麦	31	46.965
卢森堡	2	77.22	芬兰	32	46.076
中国	3	70.943	巴西	33	45.643
中国香港	4	70.11	卡特劳尼亚(西班牙)	34	45.323
新加坡	5	69.155	巴伐利亚(德国)	35	45.291
爱尔兰	6	61.818	捷克	36	45.208
泰国	7	59.687	意大利	37	44.16
马来西亚	8	59.527	以色列	38	43.93
法国	9	58.939	斯洛维尼亚	39	43.295
荷兰	10	58.405	苏格兰	40	43.287
加拿大	11	57.924	菲律宾	41	43.074
印度	12	56.849	南非	42	42.584
浙江(中国)	13	56.725	韩国	43	42.48
英国	14	56.497	葡萄牙	44	42.399
新西兰	15	54.609	伦巴第(意大利)	45	41.705
爱沙尼亚	16	54.424	墨西哥	46	41.113
冰岛	17	54.223	罗马尼亚	47	40.597
中国台湾省	18	54.186	巴黎大区(法国)	48	40.553
瑞士	19	54.068	希腊	49	40.183
比利时	20	54.061	匈牙利	50	39.826
日本	21	53.238	罗纳-阿尔卑斯省(法国)	51	39.769
澳大利亚	22	53.026	圣保罗(巴西)	52	38.59
德国	23	52.454	土耳其	53	37.101
智利	24	52.131	哥伦比亚	54	36.457
西班牙	25	50.817	波兰	55	35.489
奥地利	26	50.794	斯洛伐克	56	33.778
挪威	27	50.26	俄罗斯	57	32.331
马赫拉什特(印度)	28	49.516	约旦	58	29.375
阿根廷	29	49.296	委内瑞拉	59	29.076
瑞典	30	49.209	印尼	60	28.106

1.14 2005年世界60个国家和地区政府效能竞争力排行榜

国家和地区	2005年		国家和地区	2005年	
	排名	得分		排名	得分
中国香港	1	83.293	韩国	31	47.567
新加坡	2	79.248	罗纳-阿尔卑斯省(法国)	32	47.336
芬兰	3	75.865	苏格兰	33	46.513
丹麦	4	74.337	南非	34	46.002
澳大利亚	5	73.391	德国	35	45.908
冰岛	6	72.913	巴黎大区(法国)	36	45.522
瑞士	7	72.754	马赫拉什特(印度)	37	44.936
新西兰	8	72.607	匈牙利	38	43.892
加拿大	9	69.971	印度	39	42.831
爱尔兰	10	68.917	日本	40	42.223
智利	11	68.223	葡萄牙	41	42.204
卢森堡	12	66.500	比利时	42	41.886
爱沙尼亚	13	65.252	哥伦比亚	43	41.878
泰国	14	64.513	捷克	44	40.336
挪威	15	64.17	法国	45	38.634
美国	16	62.721	俄罗斯	46	37.285
斯洛伐克	17	61.431	菲律宾	47	36.986
浙江(中国)	18	60.992	墨西哥	48	33.701
中国台湾省	19	60.193	斯洛维尼亚	49	33.32
奥地利	20	58.887	伦巴第(意大利)	50	31.864
中国	21	58.568	土耳其	51	31.703
瑞典	22	57.946	希腊	52	31.117
荷兰	23	56.223	印尼	53	29.958
巴伐利亚(德国)	24	54.151	圣保罗(巴西)	54	29.322
卡特劳尼亚(西班牙)	25	51.513	罗马尼亚	55	28.6
马来西亚	26	51.224	波兰	56	21.223
英国	27	51.029	巴西	57	19.961
约旦	28	50.01	意大利	58	18.058
以色列	29	47.859	阿根廷	59	9.644
西班牙	30	47.81	委内瑞拉	60	3.699

1.15 2005 年世界 60 个国家和地区企业效益竞争力排行榜

国家和地区	2005 年		国家和地区	2005 年	
	排名	得分		排名	得分
中国香港	1	98.6	巴西	31	48.869
冰岛	2	86.46	捷克	32	47.696
美国	3	84.003	匈牙利	33	47.368
澳大利亚	4	78.616	苏格兰	34	47.107
新加坡	5	78.609	日本	35	46.101
中国台湾省	6	77.19	德国	36	44.739
丹麦	7	77.074	斯洛伐克	37	44.066
智利	8	76.962	菲律宾	38	43.421
芬兰	9	75.657	卡特劳尼亚(西班牙)	39	42.887
爱尔兰	10	73.435	南非	40	41.766
加拿大	11	72.502	罗纳－阿尔卑斯省(法国)	41	40.301
奥地利	12	68.945	马赫拉什特(印度)	42	39.838
浙江(中国)	13	68.445	哥伦比亚	43	39.18
瑞士	14	68.038	伦巴第(意大利)	44	37.517
荷兰	15	67.929	法国	45	37.459
瑞典	16	67.61	巴黎大区(法国)	46	36.264
巴伐利亚(德国)	17	66.586	约旦	47	34.813
新西兰	18	63.442	西班牙	48	34.313
卢森堡	19	60.836	希腊	49	31.078
挪威	20	60.496	中国	50	28.594
以色列	21	55.74	葡萄牙	51	25.12
圣保罗(巴西)	22	55.242	斯洛维尼亚	52	21.801
印度	23	53.336	意大利	53	21.635
比利时	24	51.28	墨西哥	54	17.978
马来西亚	25	51.111	俄罗斯	55	15.331
英国	26	51.008	罗马尼亚	56	13.415
土耳其	27	50.911	委内瑞拉	57	12.069
泰国	28	50.577	波兰	58	11.469
爱沙尼亚	29	49.275	印尼	59	9.317
韩国	30	49.207	阿根廷	60	3.241

1.16 2005年世界60个国家和地区基础设施竞争力排行榜

国家和地区	2005年		国家和地区	2005年	
	排名	得分		排名	得分
美国	1	95.456	爱尔兰	31	49.393
瑞士	2	77.456	伦巴第(意大利)	32	47.717
日本	3	75.228	西班牙	33	46.962
芬兰	4	75.092	马来西亚	34	43.695
丹麦	5	73.985	葡萄牙	35	42.16
新加坡	6	73.882	意大利	36	41.605
巴伐利亚(德国)	7	72.557	希腊	37	41.133
瑞典	8	72.459	斯洛维尼亚	38	40.98
加拿大	9	72.375	爱沙尼亚	39	40.07
挪威	10	71.882	约旦	40	38.717
德国	11	70.448	斯洛伐克	41	37.39
冰岛	12	69.981	中国	42	36.95
荷兰	13	69.223	浙江(中国)	43	34.903
巴黎大区(法国)	14	66.642	智利	44	33.602
澳大利亚	15	65.048	圣保罗(巴西)	45	32.26
比利时	16	64.778	俄罗斯	46	31.597
法国	17	63.962	泰国	47	31.452
中国台湾省	18	63.885	阿根廷	48	31.301
以色列	19	63.868	哥伦比亚	49	30.292
中国香港	20	62.472	波兰	50	30.062
奥地利	21	60.865	土耳其	51	27.639
罗纳-阿尔卑斯省(法国)	22	60.565	巴西	52	27.131
韩国	23	59.884	罗马尼亚	53	26.705
卢森堡	24	58.867	印度	54	25.705
英国	25	57.718	菲律宾	55	23.112
新西兰	26	53.358	委内瑞拉	56	22.164
卡特劳尼亚(西班牙)	27	51.112	马赫拉什特(印度)	57	21.865
苏格兰	28	50.529	南非	58	19.627
匈牙利	29	49.609	墨西哥	59	15.32
捷克	30	49.464	印尼	60	10.044

1.17 2005年世界主要国家和地区经济自由指数排名

序号	国家和地区	总得分	贸易政策	财政负担	政府干预经济	货币政策	外国投资	银行金融系统	工资和物价	产权	法规	黑市
1	中国香港	1.35	1.0	2.0	2.0	1.0	1.0	1.0	2.0	1.0	1.0	1.5
2	新加坡	1.60	1.0	2.5	3.5	1.0	1.0	2.0	2.0	1.0	1.0	1.0
3	卢森堡	1.63	2.0	3.3	2.0	1.0	1.0	1.0	2.0	1.0	2.0	1.0
4	爱沙尼亚	1.65	1.0	2.0	2.0	1.0	1.0	1.0	2.0	2.0	2.0	2.5
5	爱尔兰	1.70	2.0	2.5	2.0	2.0	1.0	1.0	2.0	1.0	2.0	1.5
6	新西兰	1.70	2.0	4.0	2.0	1.0	1.0	1.0	2.0	1.0	2.0	1.0
7	英国	1.75	2.0	4.0	2.5	1.0	1.0	1.0	2.0	1.0	2.0	1.0
8	丹麦	1.76	2.0	3.6	3.0	1.0	2.0	1.0	2.0	1.0	1.0	1.0
9	冰岛	1.76	2.0	2.6	3.0	2.0	2.0	1.0	1.0	1.0	2.0	1.0
10	澳大利亚	1.79	2.0	3.9	2.0	1.0	2.0	1.0	2.0	1.0	2.0	1.0
11	智利	1.81	1.0	2.6	2.0	1.0	2.0	2.0	2.0	1.0	3.0	1.5
12	瑞士	1.85	2.0	3.0	2.5	1.0	2.0	1.0	2.0	1.0	3.0	1.0
13	美国	1.85	2.0	4.0	2.0	1.0	2.0	1.0	2.0	1.0	2.0	1.5
14	瑞典	1.89	2.0	3.9	3.0	1.0	1.0	1.0	2.0	1.0	3.0	1.0
15	芬兰	1.90	2.0	3.5	2.5	1.0	2.0	2.0	2.0	1.0	2.0	1.0
16	加拿大	1.91	2.0	2.6	2.5	1.0	3.0	2.0	2.0	1.0	2.0	1.0
17	荷兰	1.95	2.0	4.5	3.0	1.0	1.0	1.0	2.0	1.0	3.0	1.0
18	德国	2.00	2.0	3.5	2.0	1.0	1.0	3.0	2.0	1.0	3.0	1.5
19	澳地利	2.09	2.0	4.4	2.0	1.0	2.0	2.0	2.0	1.0	3.0	1.5
20	巴哈林	2.10	3.0	2.0	4.5	1.0	2.0	1.0	2.0	1.0	2.0	2.5
21	比利时速	2.13	2.0	4.3	2.5	1.0	1.0	2.0	3.0	1.0	3.0	1.5
22	塞浦路斯	2.13	3.0	1.8	2.0	2.0	3.0	2.0	2.0	1.0	2.0	2.5
23	立陶宛	2.18	2.0	2.8	2.0	1.0	2.0	1.0	2.0	3.0	3.0	3.0
24	萨尔瓦多	2.20	2.0	3.0	1.5	1.0	2.0	2.0	2.0	3.0	2.0	3.5
25	巴哈马	2.25	5.0	1.5	2.0	1.0	3.0	2.0	3.0	1.0	2.0	2.0
26	意大利	2.28	2.0	4.3	2.0	1.0	2.0	2.0	2.0	2.0	3.0	2.5
27	中国台湾	2.29	2.0	3.4	3.0	1.0	2.0	2.0	2.0	2.0	3.0	2.5
28	拉脱维亚	2.31	2.0	2.1	2.5	1.0	2.0	2.0	2.0	3.0	3.0	3.5
29	马尔他	2.33	3.0	4.3	3.0	1.0	3.0	1.0	2.0	1.0	2.0	3.0
30	挪威	2.33	2.0	3.8	3.5	1.0	3.0	3.0	2.0	1.0	3.0	1.0
31	西班牙	2.34	2.0	4.4	2.0	2.0	2.0	2.0	2.0	2.0	3.0	2.0
32	巴巴多斯	2.35	4.0	4.5	2.0	1.0	3.0	2.0	2.0	1.0	2.0	2.0
33	捷克	2.36	3.0	3.6	2.5	1.0	2.0	1.0	2.0	2.0	3.0	3.5
34	以色列	2.36	2.0	4.1	2.5	1.0	2.0	3.0	2.0	2.0	3.0	2.0
35	匈亚利	2.40	3.0	2.0	2.0	2.0	2.0	2.0	3.0	2.0	3.0	3.0
36	斯洛伐克	2.43	3.0	1.8	2.0	3.0	2.0	1.0	2.0	3.0	3.0	3.5
37	波斯瓦那	2.44	1.0	3.4	4.5	3.0	2.0	2.0	2.0	2.0	2.0	2.5
38	葡萄牙	2.44	2.0	3.9	2.5	2.0	2.0	3.0	2.0	2.0	3.0	2.0
39	日本	2.46	2.0	3.6	2.0	1.0	3.0	4.0	2.0	2.0	3.0	2.0
40	特立尼达和多巴哥	2.49	2.0	3.9	2.0	2.0	2.0	2.0	3.0	2.0	3.0	3.0

1.17 续表 1

序号	国家和地区	总得分	贸易政策	财政负担	政府干预经济	货币政策	外国投资	银行金融系统	工资和物价	产权	法规	黑市
41	波兰	2.54	2.0	2.9	2.0	1.0	3.0	2.0	3.0	3.0	3.0	3.5
42	阿美尼亚	2.58	2.0	2.3	2.5	2.0	2.0	1.0	3.0	3.0	4.0	4.0
43	乌拉圭	2.60	2.0	3.0	2.5	4.0	2.0	3.0	2.0	2.0	3.0	2.5
44	法国	2.63	2.0	4.3	5.0	1.0	2.0	3.0	2.0	2.0	3.0	2.0
45	韩国	2.64	3.0	3.9	2.5	2.0	2.0	3.0	2.0	2.0	3.0	3.0
46	斯洛文尼亚	2.64	2.0	3.4	2.5	3.0	3.0	3.0	2.0	3.0	2.0	2.5
47	伯利兹	2.66	4.0	2.6	2.0	1.0	3.0	3.0	2.0	3.0	3.0	3.0
48	马达加斯加	2.68	2.0	3.3	1.5	2.0	3.0	3.0	2.0	3.0	3.0	4.0
49	阿拉伯联合酋长国	2.68	2.0	1.3	4.0	1.0	3.0	4.0	3.0	3.0	3.0	2.5
50	玻利维亚	2.70	2.0	3.0	2.0	1.0	3.0	2.0	2.0	4.0	4.0	4.0
51	蒙古	2.70	1.0	3.5	2.5	2.0	3.0	3.0	2.0	3.0	4.0	3.0
52	保加利亚	2.74	2.0	2.4	2.5	2.0	3.0	2.0	2.0	4.0	4.0	3.5
53	巴拿马	2.74	3.0	3.4	3.5	1.0	2.0	2.0	2.0	4.0	3.0	3.5
54	哥斯达黎加	2.76	3.0	3.6	2.0	3.0	2.0	3.0	2.0	3.0	3.0	3.0
55	科威特	2.76	2.0	1.6	4.5	1.0	4.0	3.0	3.0	3.0	3.0	2.5
56	秘鲁	2.78	4.0	3.3	2.0	1.0	2.0	2.0	2.0	4.0	4.0	3.5
57	南非	2.78	2.0	3.8	2.0	3.0	3.0	3.0	2.0	3.0	3.0	3.0
58	约旦	2.79	4.0	3.9	3.0	1.0	2.0	2.0	3.0	3.0	3.0	3.0
59	希腊	2.80	2.0	4.0	2.0	2.0	3.0	3.0	3.0	3.0	3.0	3.0
60	牙买加	2.81	4.0	4.1	2.5	3.0	1.0	2.0	2.0	3.0	3.0	3.5
61	澳门	2.81	3.0	1.6	4.5	1.0	3.0	3.0	4.0	3.0	3.0	2.0
62	佛得角	2.84	5.0	3.4	2.0	1.0	3.0	3.0	2.0	3.0	2.0	4.0
63	柬埔寨	2.89	4.0	2.4	2.5	1.0	3.0	2.0	2.0	4.0	4.0	4.0
64	墨西哥	2.89	3.0	3.9	3.5	2.0	3.0	2.0	2.0	3.0	3.0	3.5
65	毛里求斯	2.90	5.0	3.0	2.0	2.0	3.0	2.0	4.0	2.0	3.0	3.0
66	尼加拉瓜	2.90	2.0	3.0	2.0	2.0	3.0	2.0	3.0	4.0	4.0	4.0
67	阿尔巴尼亚	2.93	4.0	2.8	2.5	1.0	2.0	3.0	2.0	4.0	4.0	4.0
68	毛里塔尼亚	2.93	3.0	3.3	2.0	2.0	2.0	2.0	3.0	4.0	4.0	4.0
69	马其顿	2.95	4.0	2.0	3.5	1.0	3.0	2.0	2.0	4.0	4.0	4.0
70	马来西亚	2.96	3.0	3.1	3.0	1.0	4.0	4.0	3.0	3.0	3.0	2.5
71	泰国	2.98	3.0	3.8	2.5	1.0	4.0	3.0	3.0	3.0	3.0	3.5
72	沙特阿拉伯	2.99	4.0	1.4	4.5	1.0	4.0	4.0	2.0	3.0	3.0	3.0
73	塞内加尔	2.99	3.0	4.4	2.0	1.0	3.0	3.0	3.0	3.0	4.0	3.5
74	克罗地亚	3.00	4.0	3.0	2.5	1.0	3.0	2.0	3.0	4.0	4.0	3.5
75	乌干达	3.00	3.0	4.0	2.0	2.0	3.0	2.0	2.0	4.0	4.0	4.0
76	黎巴嫩	3.05	3.0	2.5	3.0	1.0	4.0	2.0	3.0	4.0	4.0	4.0
77	摩尔多瓦	3.06	2.0	2.6	2.0	3.0	4.0	3.0	3.0	3.0	4.0	4.0
78	斯威士兰	3.06	2.0	3.6	2.0	3.0	4.0	3.0	3.0	3.0	3.0	4.0
79	圭亚纳	3.08	4.0	3.8	3.0	2.0	3.0	2.0	2.0	3.0	4.0	4.0
80	斯里兰卡	3.08	3.0	3.3	2.0	3.0	3.0	4.0	3.0	3.0	3.0	3.5

1.17 续表2

序号	国家和地区	总得分	贸易政策	财政负担	政府干预经济	货币政策	外国投资	银行金融系统	工资和物价	产权	法规	黑市
81	那米比亚	3.10	2.0	4.0	3.0	3.0	3.0	3.0	3.0	4.0	3.0	3.0
82	卡塔尔	3.10	3.0	2.0	4.5	2.0	4.0	3.0	3.0	3.0	4.0	2.5
83	突尼斯	3.14	5.0	3.9	2.5	1.0	4.0	4.0	2.0	3.0	3.0	3.0
84	波斯尼亚	3.16	3.0	2.6	2.5	1.0	4.0	2.0	3.0	5.0	5.0	3.5
85	危地马拉	3.18	3.0	3.8	2.0	3.0	4.0	2.0	2.0	4.0	4.0	4.0
86	马里	3.18	3.0	4.3	2.5	1.0	3.0	4.0	3.0	4.0	3.0	4.0
87	摩洛哥	3.18	5.0	3.8	2.5	1.0	2.0	4.0	3.0	4.0	3.0	3.5
88	哥伦比亚	3.21	4.0	4.1	3.5	3.0	3.0	2.0	2.0	4.0	3.0	3.5
89	乌克兰	3.21	3.0	2.6	2.5	2.0	4.0	3.0	3.0	4.0	4.0	4.0
90	巴西	3.25	4.0	3.0	4.0	4.0	3.0	3.0	2.0	3.0	3.0	3.5
91	菲律宾	3.25	2.0	3.5	2.0	2.0	4.0	4.0	3.0	4.0	4.0	4.0
92	象牙海岸	3.26	4.0	4.6	2.0	2.0	3.0	2.0	3.0	4.0	4.0	4.0
93	布基纳法索	3.28	4.0	3.8	3.0	1.0	3.0	3.0	3.0	4.0	4.0	4.0
94	斐济	3.28	4.0	3.3	2.5	2.0	4.0	3.0	3.0	4.0	3.0	4.0
95	几内亚	3.28	4.0	4.3	1.5	3.0	4.0	2.0	2.0	4.0	4.0	4.0
96	肯尼亚	3.28	5.0	3.3	2.0	3.0	3.0	3.0	2.0	3.0	4.0	4.5
97	吉尔吉斯坦	3.29	3.0	3.4	2.5	2.0	4.0	3.0	3.0	4.0	4.0	4.0
98	吉布提	3.30	5.0	3.5	3.5	1.0	3.0	3.0	2.0	4.0	4.0	4.0
99	加纳	3.30	4.0	3.0	1.5	5.0	3.0	4.0	3.0	3.0	3.0	3.5
100	格鲁吉亚	3.34	4.0	2.4	1.5	3.0	4.0	3.0	3.0	4.0	4.0	4.5
101	莫桑比克	3.34	4.0	3.4	2.0	4.0	2.0	3.0	3.0	4.0	4.0	4.0
102	来索托	3.36	2.0	4.1	3.5	3.0	4.0	3.0	3.0	3.0	4.0	4.0
103	阿塞拜缰	3.38	3.0	3.3	3.0	1.0	4.0	4.0	3.0	4.0	4.0	4.5
104	乍得	3.38	5.0	4.8	2.0	1.0	3.0	3.0	2.0	4.0	4.0	5.0
105	埃及	3.38	4.0	4.3	3.0	2.0	3.0	4.0	3.0	3.0	4.0	3.5
106	加逢	3.40	5.0	4.0	3.0	1.0	3.0	4.0	3.0	3.0	4.0	4.0
107	赞比亚	3.40	3.0	4.0	2.0	4.0	3.0	3.0	3.0	4.0	4.0	4.0
108	赞比亚	3.40	3.0	4.0	2.0	5.0	3.0	3.0	3.0	3.0	4.0	4.0
109	坦桑尼亚	3.41	5.0	3.6	2.5	2.0	4.0	2.0	3.0	4.0	4.0	4.0
110	洪都拉斯	3.43	3.0	3.3	4.0	3.0	4.0	2.0	3.0	4.0	4.0	4.0
111	巴拉桂	3.45	3.0	3.0	3.0	4.0	3.0	3.0	3.0	4.0	4.0	4.5
112	中国	3.46	4.0	4.1	3.0	1.0	4.0	4.0	3.0	4.0	4.0	3.5
113	土耳其	3.46	3.0	3.6	2.5	5.0	3.0	4.0	3.0	3.0	4.0	3.5
114	阿尔及利亚	3.49	5.0	3.9	4.0	1.0	3.0	4.0	3.0	4.0	3.0	4.0
115	阿根廷	3.49	4.0	3.9	2.0	4.0	3.0	4.0	3.0	4.0	3.0	4.0
116	厄瓜多尔	3.49	4.0	2.9	2.0	4.0	4.0	3.0	3.0	4.0	4.0	4.0
117	中非	3.51	5.0	4.1	4.0	2.0	2.0	3.0	3.0	4.0	4.0	4.0
118	赤道几内亚	3.53	4.0	2.8	1.5	3.0	4.0	3.0	4.0	4.0	4.0	5.0
119	印度	3.53	5.0	4.3	3.0	2.0	3.0	4.0	3.0	3.0	4.0	4.0
120	尼日尔	3.53	5.0	4.3	3.0	1.0	3.0	3.0	3.0	4.0	4.0	5.0

1.17 续表 3

序号	国家和地区	总得分	贸易政策	财政负担	政府干预经济	货币政策	外国投资	银行金融系统	工资和物价	产权	法规	黑市
121	多米尼克	3.54	4.0	3.4	1.5	4.0	3.0	4.0	4.0	4.0	4.0	3.5
122	印度尼西亚	3.54	2.0	3.4	3.5	3.0	4.0	4.0	3.0	4.0	4.0	4.5
123	卢旺达	3.54	3.0	4.4	2.0	2.0	4.0	4.0	3.0	4.0	4.0	5.0
124	俄罗斯	3.56	3.0	3.1	2.5	4.0	4.0	4.0	3.0	4.0	4.0	4.0
125	罗马尼亚	3.58	3.0	3.3	2.5	5.0	4.0	3.0	3.0	4.0	4.0	4.0
126	喀麦隆	3.60	5.0	4.0	3.5	1.0	3.0	4.0	3.0	4.0	4.0	4.5
127	尼泊尔	3.60	5.0	3.0	2.0	2.0	4.0	4.0	3.0	4.0	4.0	5.0
128	倍宁	3.63	5.0	4.3	4.0	1.0	4.0	3.0	3.0	4.0	4.0	4.0
129	马拉维	3.65	4.0	4.0	3.5	4.0	3.0	4.0	3.0	3.0	4.0	4.0
130	卡吉克斯坦	3.66	4.0	3.1	2.5	3.0	5.0	4.0	3.0	4.0	4.0	4.0
131	多哥	3.68	3.0	4.8	3.0	1.0	4.0	4.0	3.0	4.0	5.0	5.0
132	也门	3.70	4.0	4.0	4.0	3.0	3.0	4.0	3.0	4.0	4.0	4.0
133	埃塞俄比亚	3.73	5.0	4.3	3.0	3.0	3.0	4.0	3.0	4.0	4.0	4.0
134	巴基斯坦	3.73	5.0	4.3	3.0	2.0	4.0	4.0	4.0	4.0	3.0	4.0
135	塞拉利昂	3.78	5.0	4.3	2.5	2.0	4.0	4.0	2.0	5.0	5.0	4.0
136	刚果共和国	3.80	5.0	5.0	4.0	1.0	4.0	4.0	3.0	4.0	4.0	4.0
137	越南	3.83	5.0	3.8	3.5	1.0	4.0	4.0	3.0	5.0	5.0	4.0
138	几内亚比绍	3.85	5.0	3.0	2.5	2.0	3.0	5.0	3.0	5.0	5.0	5.0
139	叙利亚	3.90	5.0	4.0	4.5	1.0	4.0	5.0	4.0	4.0	4.0	3.5
140	苏里南	3.93	4.0	4.3	3.0	5.0	4.0	4.0	3.0	3.0	4.0	5.0
141	孟加拉国	3.95	5.0	3.5	3.5	2.0	4.0	5.0	3.0	4.0	5.0	4.5
142	尼日利亚	3.95	5.0	3.0	4.0	4.0	4.0	4.0	3.0	4.0	4.0	4.5
143	白俄罗斯	3.99	3.0	3.4	3.5	5.0	4.0	4.0	5.0	4.0	5.0	3.0
144	塔基克斯坦	4.00	3.0	3.5	4.0	4.0	4.0	5.0	4.0	4.0	4.0	4.5
145	海地	4.04	3.0	3.9	3.0	5.0	4.0	4.0	3.0	5.0	5.0	4.5
146	委内瑞拉	4.09	4.0	3.4	3.5	5.0	5.0	4.0	4.0	4.0	4.0	4.0
147	乌兹别克斯坦	4.10	3.0	3.0	4.0	5.0	4.0	5.0	4.0	4.0	5.0	4.0
148	伊朗	4.16	2.0	3.6	5.0	4.0	4.0	5.0	4.0	5.0	5.0	4.0
149	古巴	4.29	4.0	4.4	4.5	2.0	4.0	5.0	5.0	5.0	4.0	5.0
150	老挝	4.33	4.0	4.3	3.0	4.0	4.0	5.0	4.0	5.0	5.0	5.0
151	土库曼斯坦	4.36	5.0	2.6	5.0	4.0	4.0	5.0	4.0	5.0	4.0	5.0
152	津巴布韦	4.36	4.0	4.1	2.5	5.0	5.0	5.0	5.0	5.0	4.0	4.0
153	利比亚	4.40	5.0	5.0	4.0	1.0	5.0	5.0	5.0	5.0	5.0	4.0
154	缅甸	4.60	5.0	3.0	4.5	5.0	5.0	5.0	4.0	5.0	5.0	4.5
155	朝鲜	5.00	5.0	5.0	5.0	5.0	5.0	5.0	5.0	5.0	5.0	5.0
156	安哥拉	n/a	n/a	n/a	n/a	n/a	n/a	n/a	n/a	n/a	n/a	n/a
157	布隆迪	n/a	n/a	n/a	n/a	n/a	n/a	n/a	n/a	n/a	n/a	n/a
158	刚果	n/a	n/a	n/a	n/a	n/a	n/a	n/a	n/a	n/a	n/a	n/a
159	伊拉克	n/a	n/a	n/a	n/a	n/a	n/a	n/a	n/a	n/a	n/a	n/a
160	塞尔维亚和黑山	n/a	n/a	n/a	n/a	n/a	n/a	n/a	n/a	n/a	n/a	n/a
161	苏丹	n/a	n/a	n/a	n/a	n/a	n/a	n/a	n/a	n/a	n/a	n/a

1.18 2004 年世界最大

位次 2004 年	位次 2003 年	企业名称	国家和地区	营业额（万美元）
1	1	沃尔玛公司	美国	28798900
2	2	英国石油公司	英国	28505900
3	3	埃克森－美孚石油	美国	27077200
4	4	英荷壳牌石油集团	英/荷	26869000
5	5	通用汽车	美国	19351700
6	7	戴姆勒－克莱斯勒	德国	17668750
7	8	丰田汽车	日本	17261630
8	6	福特汽车	美国	17223300
9	9	通用电气	美国	15286600
10	10	托塔尔石油公司	法国	15260950
11	12	雪佛龙	美国	14796700
12	14	菲利普斯石油公司	美国	12166300
13	13	安盛公司	法国	12160630
14	11	安联保险	德国	11893720
15	15	大众汽车	德国	11064870
16	18	花旗银行集团	美国	10827600
17	17	荷兰国际集团	荷兰	10588640
18	16	日本电报电话公司	日本	10054530
19	20	美国国际集团	美国	9798700
20	19	国际商用机器	美国	9629300
21	21	西门子	德国	9149320
22	22	家乐福	法国	9038170
23	23	日立	日本	8399390
24	29	忠利保险公司	意大利	8326760
25	31	松下电器工业	日本	8107770
26	26	麦克逊公司	美国	8051460
27	25	本田汽车	日本	8048660
28	24	惠普	美国	7990500
29	32	日产汽车	日本	7979960
30	51	福特斯	比、荷	7551810
31	54	中国石油化工集团公司	中国	7507670
32	35	伯克希尔－哈撒韦公司	美国	7438200
33	43	埃尼公司	意大利	7422770
34	34	家居百货	美国	7309400
35	42	商联保险	英国	7302520
36	47	汇丰银行控股公司	英国	7255000
37	38	德国电信	荷兰	7198890
38	28	维里森通讯	美国	7156330
39	55	三星电子公司	韩国	7155590
40	46	国家电网公司	中国	7129020
41	39	标志	法国	7064190

500 家企业排序

比上年增长%	利润额（万美元）	比上年增长%	资产额（万美元）	股东权益（万美元）	雇用数（人）
9.5	1026700	13.4	12022300	4939600	1700000
22.6	1537100	49.7	19110800	7665600	102900
21.5	2533000	17.8	19525600	10175600	85900
33.2	1818300	45.5	19281100	8457600	114000
-0.9	280500	-26.6	47960300	2772600	324000
12.8	306700	504.9	24832400	4558900	384723
12.7	1089800	5.9	22751300	8456300	265753
4.7	348700	604.4	29265400	1604500	324864
13.5	1681900	10.4	75050700	11082100	307000
28.8	1195500	50.4	11439300	4248900	111401
29.0	1332800	84.3	9320800	4523000	56000
22.3	812900	71.7	9286100	4272300	35800
8.7	313300	175.5	65371800	3555500	89927
3.5	273500	49.5	135201400	4190200	162180
12.2	84200	-32.1	17258300	3243800	342502
14.3	1704600	-4.5	148410100	10929100	290500
10.4	742300	62.2	117735800	3515800	113000
2.4	660800	15.9	17855700	6328000	201486
23.3	973100	21.5	79866000	8060700	92000
8.0	843000	11.2	10918300	2974700	329001
13.7	414500	56.3	9876200	3335400	430000
13.3	172500	-6.4	5297800	936000	430000
9.9	47900	240.9	9102600	2157600	347424
24.7	163500	42.3	38237300	1269100	58354
22.4	54400	45.8	7532500	3312600	334752
15.8	-15700	-124.2	1877500	527500	25200
11.4	452400	10.0	8710600	3075200	137827
9.4	349700	37.7	7613800	3756400	151000
21.3	476700	6.9	9207600	2305300	169644
33.2	417700	68.0	77563600	1952500	50846
36.3	126900	21.1	7494100	2308300	774800
16.5	730800	-10.3	18887400	8590000	180176
25.2	904700	43.1	9393800	4123600	71497
12.8	500100	16.2	3809700	2415800	273000
22.3	193700	24.8	44593600	1597400	55872
25.9	1184000	34.9	127677800	8662300	244727
13.9	576400	306.4	14654600	4610200	244645
5.6	783100	154.5	16595800	3756000	211746
31.5	942000	88.2	6665800	3327200	66586
22.2	69400	166.5	13430000	4776500	729327
15.1	168800	-0.4	8218700	1725800	207200

1.18 续表 1

位次		企业名称	国家和地区	营业额
2004 年	2003 年			（万美元）
42	41	梅特罗	德国	7015930
43	33	雀巢	瑞士	6982570
44	27	美国邮政总局	美国	6899600
45	48	巴黎国民银行	法国	6865440
46	52	中国石油天然气集团公司	中国	6772380
47	30	索尼	日本	6661800
48	50	卡地纳健康	美国	6513060
49	37	皇家 AHOLD 公司	荷兰	6467560
50	40	菲利普－莫里斯	美国	6444000
51	66	墨西哥石油公司	墨西哥	6369050
52	72	美洲银行集团	美国	6332400
53	49	沃达丰	英国	6297140
54	60	特斯科公司	英国	6245870
55	44	慕尼黑再保险集团	德国	6070550
56	36	日本人寿保险公司	日本	6052080
57	58	菲亚特	意大利	5997290
58	84	苏格兰皇家银行	英国	5975000
59	61	苏黎世金融服务公司	瑞士	5967800
60	78	农业信贷银行	法国	5905380
61	45	雪佛龙	瑞士	5882500
62	53	州立农业保险公司	美国	5881890
63	59	法国电信	法国	5865210
64	62	法国电气	法国	5836720
65	81	摩根大通集团	美国	5693100
66	73	瑞士联合银行	瑞士	5691780
67	56	克罗格公司	美国	564340
68	68	德意志银行	德国	5566950
69	67	费巴集团	德国	5565210
70	75	德国邮政	德国	5538840
71	74	宝马汽车	德国	5514220
72	65	东芝	日本	5430350
73	99	Valero Energy	美国	5391860
74	64	AmerisourceBergen	美国	5317900
75	77	辉瑞公司	美国	5292100
76	63	波音	美国	5255300
77	86	宝洁	美国	5140700
78	69	莱茵集团	德国	5095190
79	80	苏黎士里昂水务公司	法国	5067010
80	89	雷诺公司	法国	5063970
81	70	联合利华	英/荷	4996070
82	71	塔吉特公司	美国	4993400

比上年增长%	利润额（万美元）	比上年增长%	资产额（万美元）	股东权益（万美元）	雇用数（人）
15.7	102900	83.2	3818300	644100	208616
6.7	540500	17.0	7659000	3448900	247000
0.7	306500	-20.8	2497900	393100	807596
19.9	580600	36.4	123136900	4104000	94892
20.1	875700	101.3	11039600	7193500	1133985
0.4	152500	94.5	8880900	2683500	151400
14.6	147500	7.2	2136900	797600	55000
1.9	-54200	-	2814300	625200	206441
6.2	941600	2.3	10164800	3071400	156000
29.3	-225900	-	8500300	299100	138215
31.7	1414300	30.8	111045700	9964500	175742
10.8	-1391000	-	25302900	18766900	57378
21.1	251100	36.4	3930300	1734300	242980
2.7	228000	-	29194800	2745100	40962
-5.2	188600	7.3	43733700	3137100	69182
8.2	-197300	-	7780600	693100	161494
36.9	826700	25.2	112019900	6117800	137000
16.2	258700	22.0	34608300	2218100	53246
28.6	493700	66.2	124048600	5674300	111401
-	452900	-	95808200	3189800	60532
4.9	530900	87.9	14982700	4651900	68681
12.4	346300	-4.6	13092700	2131400	206524
14.8	166800	72.0	20167400	2387700	161310
28.3	446600	-33.5	115724800	10565300	160968
19.2	651000	37.1	152555200	3075900	67424
4.9	-10000	-131.8	2049100	354000	289000
14.4	307500	99.0	114183700	3520900	65417
14.3	539700	2.6	15503500	4561500	69710
18.7	197500	33.3	20844600	980900	379828
17.3	276400	25.4	9163200	2380900	105972
9.9	42800	67.9	4273900	762400	166000
45.1	180400	190.2	1939200	779800	19797
7.1	46800	6.2	1165400	433900	13450
15.2	1136100	190.6	12368400	6827800	115000
4.1	187200	160.7	5396300	1128600	159000
18.5	648100	25.0	5704800	1727800	110000
5.3	265800	146.4	12691000	1312500	97777
13.0	224400	-	8560600	1076800	160712
19.2	441700	57.4	8283400	2182900	130573
3.4	233300	-25.4	4604400	752200	223000
3.7	319800	73.7	3229300	1302900	292000

1.18 续表2

位次		企业名称	国家和地区	营业额（万美元）
2004年	2003年			
83	94	罗伯特—博施有限公司	德国	4975920
84	93	戴尔计算机	美国	4920500
85	97	蒂森.克虏伯公司	德国	4875610
86	88	COSTCO WHOLESALE	美国	4810700
87	107	HBOS	英国	4775570
88	92	强生公司	美国	4734800
89	109	保诚	英国	4705580
90	87	东京电力	日本	4696270
91	100	巴斯夫	德国	4668660
92	98	现代汽车	韩国	4635820
93	110	国家电力公司	意大利	4553040
94	102	美国马拉松石油公司	美国	4544400
95	112	挪威国家石油公司	挪威	4544000
96	85	日本电气	日本	4517550
97	91	雷普索尔公司	西班牙	4485750
98	79	第一相互生命保险公司	日本	4446880
99	90	富士通	日本	4431600
100	83	美国在线时代华纳	美国	4286900
101	101	荷兰公司	荷兰	4231900
102	96	西南贝尔通讯公司	美国	4109800
103	105	特科国际	美国	4104200
104	125	陶氏化学公司	美国	4016100
105	111	艾伯森公司	美国	4005200
106	120	圣戈班公司	法国	3983150
107	115	摩根斯坦利添惠	美国	3954900
108	106	大都会人寿保险公司	美国	3953500
109	118	欧洲航空防御及航天公司	荷兰	3950310
110	142	柏克莱	英国	3934720
111	113	雪佛龙	意大利	3922820
112	140	AEON	日本	3894360
113	82	明治相互生命保险公司	日本	3883510
114	137	西班牙电话	西班牙	3818800
115	147	乐喜金星电子公司	韩国	3775750
116	124	皇家飞利浦电子	荷兰	3770960
117	119	SK	韩国	3769160
118	148	Arcelor	卢森堡	3753170
119	126	沃尔格林公司	美国	3750820
120	141	联合技术公司	美国	3744500
121	127	欧尚	法国	3737010
122	114	葛兰素史克	英国	3730420
123	154	联合健康集团	美国	3721800

比上年增长%	利润额（万美元）	比上年增长%	资产额（万美元）	股东权益（万美元）	雇用数（人）
20.9	195000	76.6	4808900	1724200	242348
18.7	304300	15.0	2321500	648500	55200
24.4	110000	98.2	3867800	1034200	184358
13.1	88200	22.4	1509300	762500	82150
32.6	560100	39.7	85028800	3383400	61091
13.1	850900	18.2	5331700	3181300	109922
32.7	76600	127.4	33509900	821900	21715
9.3	210500	59.0	12854100	2339300	53380
23.7	234200	127.3	4609900	2097700	81955
18.6	147300	-1.2	5417400	1259100	53218
28.0	352200	28.2	9430900	2697600	61898
22.4	126100	-4.5	2342300	811100	25804
28.9	369700	58.0	4098800	1403900	23899
4.0	63200	73.6	3684200	742600	147753
25.8	242500	6.1	5293200	1976900	33337
-1.3	130200	48.0	27968800	1521900	54685
5.0	29700	-32.5	3403300	801200	150970
-2.3	336400	27.5	12333900	6077100	84900
12.3	511100	42.9	82725300	2035000	97276
0.6	588700	-30.8	10884400	4050400	162700
11.5	287900	193.9	6366700	3029200	258400
23.1	279700	61.7	4588500	1227000	43203
13.0	44400	-20.1	1831100	542100	241000
18.9	134700	14.5	4198200	1570700	181228
13.2	448600	18.5	77541000	2820600	53284
9.0	275800	24.4	35680800	2282400	53920
15.8	128100	644.7	7919800	2307000	110662
27.6	598800	33.5	100236000	3343900	82700
11.4	97100	-28.0	10412900	2062200	91365
25.0	57600	18.5	2639000	606100	51147
-11.9	175500	-9.7	23594200	1424600	45302
17.6	357900	43.5	8626500	2205400	173554
26.4	140400	137.3	2844500	536000	32000
14.7	352700	348.4	4175900	2019800	161586
11.6	147400	26.5	4162000	607500	27026
27.9	287800	889.5	4243800	1481800	94601
15.4	136000	15.7	1334200	822800	140000
20.7	278800	18.1	4003500	1400800	209700
15.0	59200	-9.0	2864400	574300	155000
6.4	809500	10.1	4334800	1137500	100019
29.1	258700	41.8	2787900	1071700	40000

1.18 续表 3

位次		企业名称	国家和地区	营业额（万美元）
2004 年	2003 年			
124	129	拜尔	德国	3701190
125	144	巴西石油公司	巴西	3698770
126	143	法国国家人寿保险公司	法国	3694290
127	130	微软	美国	3683500
128	121	联合包裹运输公司	美国	3658200
129	139	劳氏	美国	3646400
130	122	诺基亚	芬兰	3640120
131	145	阿彻－丹尼尔斯－米德兰公司	美国	3615140
132	95	西尔斯. 罗巴克	美国	3609900
133	186	国营石油公司	马来西亚	3606480
134	108	塞夫韦公司	美国	3582290
135	134	洛克希德－马丁公司	美国	3546300
136	131	全球保险集团	荷兰	3546340
137	117	MEDCO HEALTH SOLUTIONS	美国	3535190
138	171	摩托罗拉公司	美国	3534900
139	167	俄罗斯天然气工业股份公司	俄罗斯	3508950
140	136	英国电信	英国	3467270
141	146	英特尔公司	美国	3420900
142	157	日本三菱石油公司	日本	3415070
143	132	好事达保险	美国	3393600
144	135	富国	美国	3387600
145	149	伊藤洋华堂	日本	3363190
146	150	英国煤气	英国	3353690
147	138	三井住友金融集团	日本	3331820
148	177	三井物产	日本	3280590
149	389	三菱商事	日本	3273500
150	104	弗雷德马克	美国	3256400
151	163	美林公司	美国	3246700
152	158	兴业银行	法国	3241120
153	156	德国德众银行	德国	3226190
154	165	佳能公司	日本	3207150
155	174	桑坦德集团	西班牙	3180360
156	151	三菱电机	日本	3173540
157	182	新日本制铁	日本	3153690
158	103	住友生命保险公司	日本	3100020
159	170	沃尔特·迪斯尼公司	美国	3075200
160	128	Veolia Environnement	法国	3068770
161	175	雪佛龙	美国	3059430
162	116	美国电话电报	美国	3053700
163	209	卡特彼勒公司	美国	3025100
164	180	弗朗茨－哈尼尔有限公司	德国	3024450

比上年增长%	利润额（万美元）	比上年增长%	资产额（万美元）	股东权益（万美元）	雇用数（人）
14.5	75000	–	5138400	1667500	113000
20.1	610600	-6.9	5536000	2344600	52037
19.9	78300	18.7	24766700	746600	3913
14.4	816800	-18.3	9238900	7482500	57000
9.2	333300	15.0	3302600	1638400	384000
16.6	217600	15.9	2120900	1153500	143500
9.2	398900	-1.9	3081200	1935300	55505
17.7	49500	9.7	1936900	769800	26317
-12.2	-50700	-114.9	2247400	609200	247000
40.5	935700	50.3	6291500	3404800	33944
0.8	56000	–	1537700	430700	191000
11.6	126600	20.2	2555400	702100	130000
10.2	206800	1.9	32417300	1959000	27906
3.2	48200	13.1	1054200	571900	13250
30.6	153200	71.6	3088900	1333100	68000
27.5	696700	25.1	10509600	7439600	388714
9.5	336000	40.0	5092500	727700	102100
13.5	751600	33.2	4814300	3857900	85000
19.6	122400	–	3285600	891200	13424
5.6	318100	17.6	14972500	2182300	38700
6.5	701400	13.1	42784900	3786600	145500
8.1	15900	-66.1	2469000	1097500	46841
14.4	253200	209.8	1660900	451600	43414
5.9	-217900	-174.5	93241300	2595100	40683
24.3	112700	86.2	7099200	1049800	38210
131.9	169600	66.1	8554500	1406500	51381
-11.6	282700	-41.3	79517400	3130600	5280
17.0	443600	11.2	64805900	3137000	50600
13.5	388700	37.8	81701200	2803400	93359
12.6	42800	28.6	48420000	507100	23307
16.2	317500	33.5	3500500	2156600	108257
18.0	389900	32.0	78209200	5260900	126488
8.3	66200	66.8	2956700	673700	97661
21.8	205300	458.5	3620100	1111100	46451
-16.0	79600	12.3	19889800	580700	48245
13.6	234500	85.1	5390200	2608100	129000
-5.2	15600	–	4929200	484300	111401
15.1	91900	8.4	1454700	698700	112000
-11.6	-646900	-446.9	3280400	701900	47565
32.9	203500	85.2	4309100	746700	76920
16.0	49400	55.4	1654400	431900	42884

1.18 续表 4

位次		企业名称	国家和地区	营业额（万美元）
2004 年	2003 年			
165	166	皮诺春天集团	法国	3011480
166	155	诺斯洛普格拉曼	美国	2986800
167	202	高盛集团	美国	2983900
168	133	德国联邦铁路	德国	2980300
169	172	FONCIERE EURIS	法国	2966620
170	189	印度石油公司	印度	2964320
171	179	西斯科	美国	2933540
172	173	百事公司	美国	2926100
173	208	Groupe Caisse D'epargne	法国	2917490
174	183	美国运通公司	美国	2911500
175	194	布伊格公司	法国	2910650
176	169	瑞士再保险公司	瑞士	2904510
177	188	劳埃德集团	英国	2892500
178	259	卢克石油公司	俄罗斯	2881000
179	160	德尔福	美国	2870000
180	212	沃尔沃公司	瑞典	2864310
181	200	拉博银行	荷兰	2851320
182	152	桑斯博里	英国	2842780
183	162	宝德信金融集团	美国	2834800
184	159	瑞穗控股公司	日本	2827870
185	196	丸红	日本	2827370
186	193	诺华	瑞士	2824700
187	198	Wachovia Corp.	美国	2806700
188	164	杜邦	美国	2799500
189	201	A. P. MOLLER – MERSK GROUP	丹麦	2792070
190	187	法国国营铁路公司	法国	2743610
191	192	Best Buy	美国	2743300
192	178	斯普林特公司	美国	2742800
193	185	纽约人寿保险公司	美国	2717550
194	190	KDDI	日本	2717010
195	161	德国联合抵押银行集团	德国	2714010
196	176	维亚康姆	美国	2705480
197	195	千喜股份	日本	2697870
198	191	国际造纸公司	美国	2672200
199	153	威望迪环球	法国	2665130
200	215	约翰逊控制器公司	美国	2653340
201	197	泰森食品公司	美国	2644100
202	227	JFE Holdings	日本	2608760
203	213	日本电装公司	日本	2605270
204	.	Caremark Rx	美国	2580110
205	123	彭尼公司	美国	2567800
206	206	霍尼韦尔国际公司	美国	2560100

比上年增长%	利润额（万美元）	比上年增长%	资产额（万美元）	股东权益（万美元）	雇用数（人）
9.2	117000	60.4	3119500	1045700	82150
4.1	108400	25.2	3336100	1670000	125400
26.3	455300	51.5	53137900	2507900	20722
-6.7	19300	–	6472000	935700	225512
9.9	6200	-50.5	2490600	7300	124226
17.1	121900	-25.3	1680900	628700	36687
12.2	90700	16.6	784800	256500	47800
8.5	421200	18.0	2798700	1357200	153000
26.4	222000	7508.0	73929500	2111400	52800
12.6	344500	15.3	19263800	1602000	77500
17.9	106700	109.5	3379700	541400	113300
7.2	199200	57.4	16224000	1686400	8359
14.0	443600	-16.6	53727100	1915500	69985
48.9	424800	14.8	2976100	2081100	150000
2.1	-3600	–	2120000	141000	185000
26.2	127400	3351.9	3354100	1044500	81080
18.2	191000	20.3	64575000	2988900	50216
-2.1	11300	-83.2	2195300	826500	97400
1.6	225600	78.5	40105800	2234400	39418
-0.2	583800	62.0	133764800	3651500	45180
15.1	38400	25.4	3934200	414300	24106
13.6	576700	15.0	5446900	3378300	81392
14.7	521400	22.3	49332400	4731700	96030
1.0	178000	82.9	3563200	1137700	60000
15.7	406700	54.9	3543800	2087900	60000
7.6	40200	3126.9	4777700	437600	229877
10.2	98400	39.6	1029400	444900	109000
4.7	-101200	-178.4	4132100	1352100	59900
5.7	121300	74.6	14442100	970800	12650
7.8	186600	80.2	2311400	1086600	12373
-3.4	-283300	–	63531000	1561100	57806
1.8	-1746200	-1332.4	6800200	4202400	38350
9.8	62900	-36.2	10867900	2155200	18910
6.1	-3500	-111.6	3421700	825400	79400
-7.6	93800	–	5883800	1851400	37906
17.3	81800	19.7	1509100	520600	123000
7.7	40300	19.6	1046400	429200	114000
19.1	148900	57.4	3418400	905600	52503
14.8	123400	26.7	2600000	1536200	104183
184.6	60000	106.4	1230900	754000	11133
-22.0	52400	–	1412700	485600	151000
10.8	128100	-3.2	3106200	1125200	109000

1.18 续表 5

位次		企业名称	国家和地区	营业额（万美元）
2004 年	2003 年			
207	218	英格雷姆麦克罗	美国	2546210
208	223	BUNGE	美国	2516800
209	205	罗氏制药	瑞士	2516630
210	234	Vinci	法国	2510630
211	184	雪佛龙	日本	2508140
212	241	中国人寿保险公司	中国	2498060
213	275	Anglo American	英国	2493000
214	404	阿尔坎公司	加拿大	2488500
215	221	联邦捷运公司	美国	2471000
216	199	Norsk Hydro	挪威	2455290
217	217	三菱东京金融集团	日本	2445750
218	252	Almanij	比利时	2440110
219	220	关西电力公司	日本	2431770
220	253	英美烟草公司	英国	2420130
221	238	三菱重工	日本	2410600
222	375	法国航空公司	法国	2401130
223	229	美国铝公司	美国	2396000
224	242	中国移动通信集团公司	中国	2395760
225	249	夏普公司	日本	2363260
226	219	东日本铁路	日本	2361050
227	214	富士胶卷公司	日本	2351640
228	228	HCA	美国	2350200
229	243	中国工商银行	中国	2344460
230	181	美国教师退休基金会	美国	2341130
231	210	TUI	德国	2329390
232	371	莱茵集团	德国	2325490
233	244	法国邮政局	法国	2322970
234	326	太阳石油	美国	2322600
235	324	科尔斯美亚公司	澳大利亚	2318440
236	236	麻省相互人寿保险公司	美国	2315920
237	225	三洋电气公司	日本	2311880
238	240	乔治韦斯顿公司	加拿大	2301540
239	222	默克公司	美国	2293860
240	.	ST. Paul Travelers	美国	2293400
241	341	BHP BILLITON	澳大利亚	2288700
242	230	Delhaize Group	比利时	2279300
243	204	杜克能源	美国	2277900
244	216	贝尔南方	美国	2272900
245	274	哈特福德金融服务公司	美国	2269300
246	251	惠好公司	美国	2266500
247	168	MCI	美国	2261500
248	.	UES of Russia	俄罗斯	2260290

比上年增长%	利润额（万美元）	比上年增长%	资产额（万美元）	股东权益（万美元）	雇用数（人）
12.6	21900	47.4	692700	224000	13600
12.6	46900	14.1	1090700	337500	24621
8.4	534400	134.2	5107100	2481900	64703
17.5	90900	48.4	3196500	427800	111401
-2.8	42500	41.9	1652800	250400	35680
13.2	7400	131.2	6935200	250900	75984
33.8	291300	83.0	5220600	2499800	209000
82.3	25800	235.1	3334100	1072600	82500
9.9	83800	1.0	1913400	803600	195838
1.1	186400	20.2	3306200	1434600	34648
8.1	314900	-36.6	103108100	4466900	43948
23.6	141500	33.4	38332000	1194400	51802
8.1	64900	-18.7	6411600	1539500	33276
22.9	201200	95.0	3393600	1002200	60953
14.7	3770	-80.5	3581800	1224700	59240
65.5	44180	303.9	2795100	670700	102077
10.3	131000	39.7	3260900	1330000	119000
15.4	407700	13.9	5673400	3716300	111399
18.3	71500	33.0	2229800	938900	46751
4.9	103800	-2.2	6279200	1106500	74923
3.7	78600	7.9	2789300	1728800	75638
7.8	124600	-6.5	2146500	440700	164650
12.9	27900	-6.5	68513500	1969200	375781
-10.0	54100	5.1	34758000	1117700	5607
2.5	60700	95.1	1674500	374200	57716
59.7	-1640	–	4042800	314000	103960
14.0	46500	103.5	7486700	299600	309286
45.8	60500	93.9	807900	160700	14200
44.5	34200	47.2	638000	212400	176000
9.9	67700	-7.9	12450900	629100	11334
4.1	-159600	-1445.5	2431400	269500	96023
10.4	32900	-41.8	1494300	365600	149000
2.0	581300	-14.9	4257300	1728800	63000
159.0	95500	44.5	11181500	2120100	29700
46.6	337900	77.7	3086000	1403800	35070
4.9	26300	35.7	1278000	456500	137900
-3.0	149000	–	5547000	1644100	21500
0.4	475800	21.9	5949600	2306600	62564
21.1	211500	–	25973500	1423800	30000
14.0	128300	363.2	2995400	925500	53600
-17.3	-400200	-118.0	1706000	423000	40000
16.9	84900	-3.0	4038900	2151800	196300

1.18 续表 6

位次		企业名称	国家和地区	营业额
2004 年	2003 年			（万美元）
249	271	法国煤气	法国	2254820
250	250	布里奇斯通轮胎公司	日本	2235000
251	263	三星生命	韩国	2234790
252	·	威廉莫里森超市	英国	2224630
253	·	米塔尔钢铁	荷兰	2219700
254	268	思科系统	美国	2204500
255	256	铃木汽车	日本	2201090
256	273	Endesa	西班牙	2196980
257	237	可口可乐	美国	2196200
258	207	阿西布朗勃法瑞	瑞士	2188600
259	239	百时美施贵宝	美国	2188600
260	369	希尔顿集团	英国	2179250
261	338	雪佛龙	英国	2176980
262	257	中国电信	中国	2156180
263	·	T&D Holdings	日本	2155690
264	211	日联控股	日本	2145080
265	278	阿第克	瑞士	2144220
266	292	出光兴产	日本	2143490
267	269	阿斯利康	英国	2142600
268	264	毕尔巴鄂比斯开银行	西班牙	2133550
269	332	澳洲银行	澳大利亚	2131390
270	301	雷曼兄弟	美国	2125000
271	266	贝塔斯曼	德国	2116380
272	286	金巴斯集团	英国	2110380
273	287	汉莎集团	德国	2110040
274	232	电子数据系统	美国	2103300
275	431	Plains All American Pipeline	美国	2097550
276	361	浦项制铁	韩国	2092910
277	265	韩国电力	韩国	2091420
278	304	耆卫公司	英国	2089210
279	458	宏利保险	加拿大	2085540
280	315	Wellpoint	美国	2081510
281	260	巴登－符腾堡州立银行	德国	2080750
282	295	新闻集团	美国	2080200
283	328	玛格纳	加拿大	2065300
284	313	全国保险公司	美国	2055800
285	254	雅培	美国	2047310
286	322	哈利伯顿	美国	2046600
287	270	中国化工进出口总公司	中国	2038070
288	308	三菱化学	日本	2037230
289	340	伍尔沃斯公司	澳大利亚	2033450
290	235	康卡斯特	美国	2030700

比上年增长%	利润额（万美元）	比上年增长%	资产额（万美元）	股东权益（万美元）	雇用数（人）
19.7	130100	26.3	4554300	1410500	36282
12.4	105900	38.3	2277400	912400	113699
16.6	51960	87.8	8954580	812560	6293
172.5	37780	15.7	1389900	757740	95340
310.2	470100	7022.7	1915300	584600	164393
16.8	440100	23.0	3559400	2582600	34000
13.1	56300	45.1	1583150	696530	39454
18.7	171510	15.5	6528470	1288130	26985
4.4	484700	11.5	3132700	1593500	50000
-5.1	-3500	—	2467700	282400	102537
4.7	238800	-23.1	3043500	1020200	43000
49.3	47790	161.0	980010	489810	111401
38.4	85020	28.7	29112430	648160	8387
10.8	242200	41.8	6533270	3304000	406885
—	34550	—	12194560	544430	23501
-5.6	-515980	—	77181070	1103300	31453
16.6	41290	19.6	875470	240990	30000
21.3	-5480	-265.8	2083540	275120	7872
13.7	381300	25.6	2561600	1441800	64200
11.4	348500	38.3	4281530	2839820	84117
34.7	230890	-4.7	29792760	1876040	43517
22.9	236900	39.4	35716800	1492000	19579
11.3	128360	636.4	2850280	1020770	76266
16.8	32270	9.5	1530520	449130	402375
16.8	50250	—	2456110	540150	90673
-2.6	15800	—	1774400	744000	117000
66.6	13000	118.7	316040	107020	1950
40.2	332990	98.8	2330830	1553130	30000
9.4	251690	29.1	6988550	3910230	18073
21.9	88680	98.7	12721270	623010	41336
75.4	197030	79.7	25217170	1956790	42000
24.1	96010	24.0	3973840	1945900	38000
8.0	59530	54.4	46187440	1276760	12184
19.6	153300	84.5	4834300	2087500	38800
30.1	69200	32.6	1160900	544200	81600
22.3	101000	54.6	15737100	1185300	32933
4.0	323590	17.5	2876750	1432580	60600
25.8	-97900	—	1579600	393200	97000
8.1	22970	86.1	615630	131020	15978
19.5	51520	68.5	1842290	416950	33261
29.7	52170	37.1	428090	102000	77996
-4.5	97000	-70.1	10469400	4142200	74000

1.18 续表 7

位次		企业名称	国家和地区	营业额（万美元）
2004 年	2003 年			
291	267	Dexia Group	比利时	2029200
292	284	雷神	美国	2024500
293	283	甘保险集团	法国	2023720
294	288	米其林	法国	2014820
295	281	3M	美国	2001100
296	344	迪尔	美国	1998610
297	282	胜腾	美国	1997900
298	289	安泰	美国	1990410
299	246	乔治亚－太平洋	美国	1987600
300	277	中部电力	日本	1984900
301	306	日本航空	日本	1981780
302	298	技术数据	美国	1979030
303	311	利宝相互保险	美国	1975400
304	224	三菱汽车	日本	1975040
305	258	全美汽车租赁	美国	1973410
306	203	凯马特	美国	1970100
307	280	莎莉	美国	1956600
308	318	通用动力	美国	1955200
309	372	上海宝钢集团	中国	1954330
310	247	超价商店	美国	1954320
311	285	意大利联合信贷银行	意大利	1952780
312	303	加拿大皇家银行	加拿大	1910380
313	355	住友商事	日本	1906810
314	305	麦当劳	美国	1906470
315	331	中国建设银行	中国	1904790
316	·	中国南方电网	中国	1892880
317	400	奥托集团	德国	1887030
318	342	日本矿业控股公司	日本	1881700
319	279	三井住友保险	日本	1881330
320	290	日本烟草	日本	1873900
321	·	赛诺菲安万特	法国	1870990
322	312	PUBLIX 超级市场	美国	1868640
323	487	加拿大鲍尔集团	加拿大	1868380
324	293	伟世通	美国	1865700
325	296	美利坚公司	美国	1864500
326	309	曼恩集团	德国	1859050
327	348	伊藤忠	日本	1852790
328	300	德国商业银行	德国	1846360
329	325	瑞士人寿	瑞士	1843480
330	356	固特异轮胎橡胶	美国	1837040
331	·	沙特基础工业公司	沙特	1832940
332	226	康尼格拉	美国	1817870

比上年增长%	利润额（万美元）	比上年增长%	资产额（万美元）	股东权益（万美元）	雇用数（人）
7.4	220390	36.1	52894730	1422290	24019
11.8	41700	14.2	2415300	1055100	79000
11.5	44650	154.5	9425650	546950	25758
11.6	64070	78.3	2197930	625500	126500
9.8	299000	24.4	2070800	1037800	67071
28.7	140610	118.6	2875400	639280	46500
9.8	208200	77.6	4255500	1269500	87000
10.7	224510	140.4	4213370	908140	26700
-1.9	62300	145.3	2307200	622500	55000
6.7	84920	-16.4	5332370	1321260	24716
15.9	28000	—	2021910	182070	53962
13.7	16250	56.0	455770	192750	8500
16.8	124500	46.3	7235900	869700	38283
-11.5	-441770	—	1485860	303650	36970
1.8	43360	-9.5	869890	426310	27000
-15.3	110600	—	865100	446900	133000
7.0	127200	4.2	1488300	294800	150400
17.7	122700	22.2	1754400	718900	70200
34.3	153730	62.5	2342050	1295960	94231
-3.3	38580	37.7	627830	251060	56000
8.0	264990	19.4	36135570	1907710	68571
11.0	213520	2.5	35186780	1492420	62566
26.1	79160	34.2	5173030	874050	39797
11.2	227850	54.9	2783750	1420150	438000
20.4	584620	—	47179180	2352980	310391
24.4	23140	52.8	2972840	1157730	134805
8.9	12050	832.3	1572230	169400	54428
21.0	47060	257.9	1477310	330440	9274
2.8	61160	-11.2	6920570	1366460	16432
4.8	58230	—	2787980	1400700	33460
105.4	-449000	-291.1	10432690	4835290	96439
10.3	81940	24.0	596430	358570	93500
66.2	72900	-19.4	8800340	551020	21500
5.6	-149900	—	1030900	40700	70200
6.9	-76100	—	2877300	-58100	92100
9.4	38310	49.1	1593550	400290	61259
20.4	72380	—	4181280	477180	40890
6.3	48880	—	57750410	1332170	32820
15.0	50220	189.9	14563840	588930	9419
21.5	11480	—	1653330	7280	84000
46.9	379900	112.8	3335940	1357530	16000
-17.6	87980	13.6	1423010	483950	39000

1.18 续表 8

位次		企业名称	国家和地区	营业额（万美元）
2004 年	2003 年			
333	272	信诺	美国	1817600
334	299	可口可乐企业	美国	1815800
335	291	联合商业银行	意大利	1815520
336	327	欧莱雅	法国	1807670
337	297	日本邮政	日本	1800640
338	370	爱立信	瑞典	1796610
339	358	中国银行	中国	1796040
340	346	拉法基	法国	1795490
341	418	沃尔斯利公司	英国	1781650
342	307	西北相互	美国	1780630
343	302	卡尔施泰特	德国	1778220
344	314	日本财产保险公司	日本	1767710
345	364	拉卡德尔	法国	1738430
346	330	惠氏	美国	1735800
347	407	和记黄埔	中国香港	1728080
348	255	阿尔斯通	法国	1719480
349	378	阿拉美达赫斯	美国	1712600
350	420	康力斯集团	英国	1709920
351	321	达能集团	法国	1703950
352	466	技术数据	荷兰	1702270
353	294	大荣	日本	1702050
354	384	爱信精机	日本	1701890
355	336	里尔	美国	1696000
356	335	理光	日本	1687970
357	319	来德爱	美国	1681640
358	337	永明金融	加拿大	1670580
359	399	BAE Systems	英国	1666490
360	262	皇家太阳保险	英国	1653670
361	368	皇家邮政集团	英国	1652280
362	320	Skanska	瑞典	1650820
363	343	巴伐利亚银行	德国	1643510
364	349	伊莱克斯	瑞典	1642490
365	390	克里斯汀迪奥	法国	1641890
366	398	联合航空	美国	1639100
367	362	Migros	瑞士	1633840
368	367	日本通运	日本	1631400
369	379	单化联盟	英国	1630470
370	329	加普公司	美国	1626700
371	·	鸿海精密	中国台湾	1623950
372	403	住友电工	日本	1619200
373	456	泰国国家石油	泰国	1602330
374	276	华盛顿互助	美国	1596200

比上年增长%	利润额（万美元）	比上年增长%	资产额（万美元）	股东权益（万美元）	雇用数（人）
-3.4	143800	115.3	8105900	520300	28600
4.8	59600	-11.8	2635400	537800	74000
2.1	234320	70.5	37323910	2115490	56958
13.9	450950	167.1	2470940	1435270	52081
3.3	23450	0.6	2102540	-492330	114000
23.3	258980	—	2754390	1163200	50534
19.6	252900	356.3	51597200	2481130	181894
16.2	107960	31.0	3367060	1152210	77075
36.2	69840	47.0	970390	345850	49908
4.4	81670	18.0	12395700	893400	4572
2.9	202890	1566.8	1202330	75050	92546
5.3	48170	-1.2	5492520	843570	16193
17.5	47500	25.7	2587480	547900	47287
9.5	123400	-39.8	3362970	984790	51401
28.3	207070	12.1	8417060	3355850	182000
-12.4	-108870	—	2296060	153620	69594
18.3	97700	51.9	1631200	559700	11119
31.5	81720	—	1395580	625500	48300
14.7	39430	-58.5	1794310	622120	89449
46.4	39440	30.4	787120	213700	27546
-2.8	-474470	-3075.3	1559950	-395160	20012
19.8	43470	41.4	1405480	516780	53200
7.7	42220	11.0	994440	273010	110000
7.1	77360	-4.8	1826520	806830	75100
1.3	30250	263.1	593260	32290	54824
6.1	129130	38.2	13714720	1202870	13802
21.5	-85570	-8823.9	2920550	906960	73300
-14.1	-27300	—	4670350	513000	28355
13.0	43350	3556.4	1111650	449910	212156
0.3	36050	5.5	940640	241760	53803
5.7	10130	31.8	45275840	1211060	8940
6.9	42860	-27.6	1127580	352270	72382
16.4	57710	68.3	3516710	544100	58679
9.8	-172100	—	2070500	-768000	61000
9.8	43860	58.6	1480800	784150	59812
10.5	29950	24.1	1203570	415980	65321
13.3	30620	45.8	675330	205640	22691
2.6	115000	11.6	1004800	493600	152000
50.4	89230	34.5	957280	379570	166509
18.6	34000	49.8	1622850	645910	107285
34.6	155760	64.0	1254120	423100	4807
-14.3	287800	-25.8	30791800	2122600	52579

1.18 续表 9

位次		企业名称	国家和地区	营业额（万美元）
2004 年	2003 年			
375	374	伟创力	新加坡	1590820
376	353	布瑞德斯克银行	巴西	1589900
377	386	大成建设	日本	1589200
378	366	计算机科学	美国	1584910
379	310	宠巴迪	加拿大	1583900
380	365	阿克苏诺贝尔	荷兰	1578080
381	339	施乐	美国	1572200
382	351	国家电力供应公司	英国	1572020
383	408	TNT	荷兰	1571490
384	380	鹿岛	日本	1570060
385	419	大陆	德国	1566820
386	432	西班牙石油公司	西班牙	1565000
387	352	联合百货	美国	1563000
388	392	艾默生电气	美国	1561500
389	·	KOC 集团	土耳其	1557880
390	480	Mediceo Holdings	日本	1549990
391	393	Vattenfall	瑞典	1543310
392	396	斯道拉恩索	芬兰	1541740
393	323	韩华集团	韩国	1540630
394	381	金伯利克拉克有限公司	美国	1540090
395	·	Premcor	美国	1533480
396	427	科斯莫石油公司	日本	1529650
397	412	中国农业银行	中国	1528460
398	444	CRH	爱尔兰	1527350
399	385	阿尔卡特	法国	1525470
400	383	KFW Bankengruppe	德国	1521890
401	430	澳大利亚电信	澳大利亚	1519310
402	·	中油公司	中国台湾	1518950
403	·	威廉希尔	英国	1518570
404	421	Gasunie	荷兰	1511720
405	414	Express Scripts	美国	1511470
406	·	澳大利亚联邦银行	澳大利亚	1508390
407	454	豪赫蒂夫	德国	1506630
408	413	德尔塔航空	美国	1500200
409	394	东北电力	日本	1499420
410	436	日本邮船	日本	1494430
411	387	安海斯布希	美国	1493420
412	445	万宝盛华	美国	1493000
413	410	TJX	美国	1491350
414	406	韩国电信	韩国	1490110
415	402	意大利圣保罗银行	意大利	1489900
416	388	加拿大贝尔电子	加拿大	1484150

比上年增长%	利润额（万美元）	比上年增长%	资产额（万美元）	股东权益（万美元）	雇用数（人）
9.5	33990	—	1100760	522400	92000
4.7	104610	39.5	6962590	572840	73644
12.3	17770	93.9	1697190	240970	16723
7.3	81020	56.0	1263390	649470	79000
-6.8	-8500	—	2008000	229800	59500
6.8	106470	56.3	1686110	412660	61450
0.1	85900	138.6	2488400	624400	58100
2.7	167520	-10.0	4669390	256800	24406
17.0	82960	144.3	1125710	375820	162244
9.4	12300	—	1699430	205440	16003
20.0	83800	135.8	1316200	386330	80586
24.3	80820	16.7	938930	447450	10640
2.4	68900	-0.6	1488500	616700	112000
11.5	125700	15.4	1636100	723800	107800
51.1	35580	40.1	1417030	308210	37606
36.4	8120	16.5	793200	157160	9496
11.4	160310	41.9	3866060	937730	33017
11.9	92000	454.5	2230740	1094320	45307
-4.8	20940	620.6	4158540	112990	2766
7.3	180020	6.3	1701800	662950	60000
74.2	47790	309.9	568960	213440	2300
20.5	24580	239.5	1237040	213060	5793
14.9	24200	4.2	48495960	943190	489425
25.3	94790	30.7	1613070	709210	60411
7.7	34950	—	2587550	457790	55718
6.9	45830	63.7	44663450	1135620	3697
20.2	293940	48.1	2437610	1069910	41941
29.9	56170	153.9	1512910	837310	15089
56.2	27170	32.3	180620	48190	11217
16.5	4510	9.9	508430	29600	1477
13.7	27820	11.5	360010	119630	10828
51.8	183630	56.1	21315610	1560730	36296
24.9	5120	178.7	990230	210500	36409
12.8	-519800	—	2180100	-579600	69150
8.4	53000	17.2	3854190	869260	22627
20.7	66370	115.4	1380150	399930	23232
5.6	224030	7.9	1617340	266810	31435
22.5	24570	78.4	584310	217400	27100
11.9	66410	0.9	507550	165350	113000
10.5	111940	62.3	2557290	697140	37703
9.1	173260	57.5	28700880	1604420	42738
5.1	122370	-5.5	3266990	1171150	61739

1.18 续表 10

位次		企业名称	国家和地区	营业额（万美元）
2004 年	2003 年			
417	482	瑞来斯实业	印度	1484100
418	377	皇家 KPN 电信	荷兰	1482810
419	363	巴西银行	巴西	1476850
420	350	合众银行	美国	1470570
421	391	马克斯思班塞	英国	1465260
422	405	安宝	澳大利亚	1460080
423	334	洛斯	美国	1458420
424	333	Exelon	美国	1451500
425	422	富腾	芬兰	1450850
426	·	国家电力公司（联邦电力委员会）	墨西哥	1446500
427	417	斯特普尔斯	美国	1444840
428	409	五月百货	美国	1444100
429	450	布哈拉特石油	印度	1443690
430	·	埃德卡	德国	1441850
431	423	英国航空	英国	1441410
432	425	GUS	英国	1436610
433	347	美国电力	美国	1435700
434	415	中国粮油食品进出口公司	中国	1418940
435	·	ASC	西班牙	1415290
436	462	印度斯坦石油	印度	1411490
437	·	美国钢铁公司	美国	1410800
438	373	翠丰	英国	1406090
439	401	Countrywide Financial	美国	1405070
440	449	多米宁资源公司	美国	1398000
441	473	欧洲抵押银行	德国	1395250
442	493	三星物产	韩国	1391920
443	434	索迪斯联合	法国	1389980
444	428	五十铃汽车	日本	1389720
445	433	礼来大药厂	美国	1385790
446	·	SK Netwoks	韩国	1384430
447	411	伊士曼柯达	美国	1382900
448	·	中国一汽集团	中国	1382540
449	·	阿海珐	法国	1381690
450	397	清水建设	日本	1381120
451	360	奎斯特通讯	美国	1380900
452	457	技术数据	美国	1378210
453	435	精工爱普生	日本	1376860
454	·	印度石油天然气公司	印度	1375170
455	460	埃森哲	美国	1367360
456	·	日本旭硝子株式会社	日本	1364780
457	438	ONEX	加拿大	1361480
458	416	北欧联合银行	瑞典	1358060

比上年增长%	利润额（万美元）	比上年增长%	资产额（万美元）	股东权益（万美元）	雇用数（人）
31.0	169990	51.0	1862140	941110	12113
2.8	187930	-39.2	3090320	927120	28056
-0.5	103370	33.6	8999030	531090	82671
-4.2	416680	11.6	19510400	1953900	48831
4.2	108290	15.8	809690	98520	48302
8.0	68830	—	5572350	325710	3600
-7.8	123130	—	7374950	1218330	22000
-8.2	186400	106.0	4277000	942300	17300
12.5	152610	75.3	2270440	1005010	13175
11.7	-73660	—	5661020	3221830	63950
9.6	70840	44.5	707140	411520	49328
8.2	52400	20.7	1516300	447500	101000
18.9	34340	-22.5	606470	175310	14641
9.3	11820	114.3	467660	66670	999
12.6	46310	110.3	2142050	465790	49490
12.4	78040	-2.6	1304580	530980	51485
-7.0	108900	890.0	3466300	851500	19893
6.8	12140	8.1	722050	184060	23658
38.0	57260	120.5	1713900	285970	106994
20.1	31550	-26.7	459230	191270	10561
49.2	109100	—	1095600	397000	48000
-3.3	86140	127.1	1485150	928240	58712
6.2	219760	-7.4	12849570	1031010	42141
15.7	124900	292.8	4544600	1142600	16500
20.9	53610	1483.6	30844510	780870	2734
26.0	7160	-0.3	1129840	415190	4288
10.9	22130	27.4	929340	266390	313000
9.7	55860	15.3	1068220	148150	19600
10.1	181010	-29.3	2486700	1091990	44500
14.5	39220	-72.9	894470	60180	3340
3.7	55600	119.8	1473700	381100	54800
0.4	29340	-58.1	1243090	197610	138049
47.9	53230	20.9	3351700	576450	70069
0.6	19070	135.1	1535960	257780	12190
-7.5	-179400	-218.7	2432400	-261200	41401
15.9	164870	31.3	1718430	515540	27085
10.0	51820	53.9	1213330	442100	85647
37.6	31950	56.5	1904270	946790	38033
15.7	69080	38.7	798770	147180	100000
33.8	72400	64.5	1839810	682280	56776
10.2	2690	—	985610	18950	83000
2.9	238060	41.2	37519910	1705690	28929

1.18 续表 11

位次		企业名称	国家和地区	营业额（万美元）
2004 年	2003 年			
459	437	Office Depot	美国	1356470
460	·	西德意志银行	德国	1354830
461	426	富士重工	日本	1345920
462	·	神户钢铁公司	日本	1343380
463	·	美国 NEXTEL 通信公司	美国	1336800
464	·	日本小松公司	日本	1335030
465	477	美国家庭人寿保险公司	美国	1328100
466	·	办公麦克斯公司	美国	1327020
467	451	大日本印刷公司	日本	1325860
468	446	惠而浦公司	美国	1322000
469	479	丘博	美国	1317720
470	·	汉高	德国	1317390
471	475	凸版印刷	日本	1315290
472	442	东海旅客铁道	日本	1311490
473	439	九州电力	日本	1310780
474	443	胡曼纳	美国	1310430
475	455	大林组	日本	1306970
476	441	第一能源	美国	1294900
477	·	西太平洋银行	澳大利亚	1294330
478	464	旭电	美国	1290320
479	·	施耐德电气	法国	1289200
480	476	丹斯克银行	丹麦	1289030
481	·	桑达克斯	美国	1285970
482	490	伊维尔德罗拉	西班牙	1282880
483	491	旭化成	日本	1281900
484	261	williams	美国	1281470
485	452	泰雷兹集团	法国	1279630
486	471	积水建房	日本	1271950
487	497	大和房建	日本	1270940
488	459	加拿大帝国商业银行	加拿大	1266180
489	·	苏格兰电力	英国	1263520
490	·	澳新银行	澳大利亚	1261840
491	·	德州仪器	美国	1258000
492	·	星象能源	美国	1254970
493	468	废物管理	美国	1251600
494	453	丰业银行	加拿大	1250420
495	316	Tenet 保健	美国	1249600
496	·	雅马哈发动机	日本	1247150
497	·	喜力控股	荷兰	1244380
498	·	爱生雅集团	瑞典	1243340
499	·	加拿大能源	加拿大	1243300
500	489	马斯柯	美国	1243100

比上年增长%	利润额（万美元）	比上年增长%	资产额（万美元）	股东权益（万美元）	雇用数（人）
9.8	33550	21.4	676740	322300	47000
46.3	-144180	—	34496000	520410	7154
5.6	16970	-50.4	1269120	440490	26989
24.5	47720	144.3	1777470	354530	27067
23.5	300000	98.3	2274400	940800	19000
26.0	54910	130.0	1354760	446090	33008
16.0	129900	63.4	5932600	757300	6531
60.9	17310	1992.1	754300	261050	33200
10.6	55770	18.9	1495990	942350	34939
8.6	40600	-1.9	818100	160600	68000
15.7	154840	91.4	4426030	1012640	11800
23.4	215790	267.4	1785740	623610	49947
14.5	37750	36.6	1386930	718250	32724
7.0	89410	39.7	4963950	795110	23326
6.4	83080	28.9	3786160	915520	18864
7.2	28000	22.3	565760	209010	13700
9.7	23330	24.4	1722370	340590	13533
5.1	87820	107.7	3106790	858930	15245
48.4	184520	37.9	17752050	866530	27013
10.3	-16890	—	581700	237880	59500
29.7	70220	43.4	1773140	1029620	84866
12.3	176320	24.9	37980170	1111100	15382
18.8	101140	22.2	2001110	428080	17134
15.5	150580	25.5	3525000	1184830	13019
15.5	52530	114.4	1187400	478420	23820
-33.5	16370	—	2399300	495590	3656
7.0	24680	94.0	2239230	285030	55476
10.2	21930	-33.3	1102150	644210	19926
17.2	37460	13.6	1270370	490000	19770
6.7	166680	16.6	22853910	1084060	37281
28.7	-56840	-162.4	2710840	752440	14339
59.4	204580	42.2	18785400	1297080	28755
27.9	186100	55.3	1629900	1306300	35472
29.3	53970	94.6	1734710	472690	9570
8.1	93900	49.0	2090500	597100	51000
4.5	222160	29.4	22890640	1249010	43928
-25.4	-264000	—	1007800	173200	78346
38.1	56880	60.1	800980	299190	36668
18.8	33460	-25.9	1416040	229710	49467
15.2	49540	-21.2	1761340	752960	49919
20.7	351300	48.9	3121300	1430800	4090
11.6	89300	10.8	1254100	542300	62000

1.19 2004 年世界 1000 家银行排名

排名 2004 年	排名 2003 年	公司名称	国家或地区	一级资本额（万美元）
1	1	花旗集团	美国	7441500
2	5	JP 摩根	美国	6862100
3	3	汇丰控股有限公司	英国	6725900
4	4	美洲银行	美国	6428100
5	2	农业信贷银行集团	法国	6342200
6	8	苏格兰皇家银行	英国	4382800
7	7	三菱东京金融集团	日本	3993200
8	6	瑞穗银行	日本	3886400
9	11	HBOS	英国	3658700
10	10	巴黎国民银行	法国	3568500
11	29	中国银行	中国	3485100
12	22	桑坦德中央银行	西班牙	3325900
13	13	巴克莱银行	英国	3217800
14	15	荷兰合作银行	荷兰	3081000
15	9	三井住友金融集团	日本	3038900
16	14	美国富国银行	美国	2906000
17	17	荷兰商业银行	荷兰	2879200
18	19	维超维亚公司	美国	2858300
19	18	瑞士联合银行	瑞士	2744000
20	20	荷兰银行有限公司	荷兰	2699300
21	12	德意志银行	德国	2550700
22	30	储蓄集团	法国	2505600
23	23	兴业银行	法国	2500800
24	27	国民互助信贷银行	法国	2477300
25	21	中国建设银行	中国	2353000
26	26	劳埃德 TSB 集团	英国	2264400
27	33	瑞士信贷集团	瑞士	2173600
28	24	日本联合金融控股集团	日本	2155000
29	32	HypoVereins 银行	德国	2141200
30	34	因特撒银行	意大利	2119900
31	28	都市寿险公司	美国	2096800
32	25	中国工商银行	中国	2017000
33	31	毕尔巴鄂比斯开银行	西班牙	2003300
34	37	富通银行	比利时	1948900
35	42	农林中央银行	日本	1849300
36	38	大众银行	法国	1828000
37	36	中国农业银行	中国	1667000
38	40	华盛顿共同基金	美国	1636600
39	41	意大利联合信贷	意大利	1617500
40	44	国立澳大利亚银行	澳大利亚	1504400
41	43	Dexia	比利时	1501400

资料来源：2005 年 7 月英国《银行家》杂志（以下同）。

1.19 续表 1

排名 2004年	排名 2003年	公司名称	国家或地区	一级资本额（万美元）
42	46	圣保罗 IMI 银行	意大利	1479200
43	39	美国银行公司	美国	1472000
44	49	Nordea 集团	瑞典	1443200
45	45	德国商业银行	德国	1427900
46	47	Scotia 银行	加拿大	1413500
47	51	NBNA 公司	美国	1396800
48	52	KBC 银行	比利时	1335100
49	48	加拿大皇家银行	加拿大	1333000
50	50	巴伐利亚银行	德国	1284400
51	56	Caja de Ahorros y Pen. De Barcelona – la Caixa	西班牙	1153800
52	61	DZ BANK Deutsche Zentral – Genossenschaftsbank	德国	1143600
53	55	Danske 银行	丹麦	1143400
54	62	Resona 集团	日本	1111100
55	58	蒙特利尔银行	加拿大	1103500
56	54	巴登 – 符腾堡州银行	德国	1091800
57	63	多伦多银行	加拿大	1035500
58	66	Countrywide 金融公司	美国	1033200
59	57	加拿大最高商业银行	加拿大	996700
60	64	国民城市银行	美国	981500
61	60	Sun Trust 银行	美国	978400
62	68	ANZ 银行集团	澳大利亚	969600
63	59	Dresdner 银行	德国	935300
64	70	Capitalia Gruppo Bancario	意大利	867500
65	78	国民银行集团	澳大利亚	867200
66	65	三五银行	美国	852200
67	92	爱尔兰联合银行	爱尔兰	847200
68	67	HSH Nordbank	德国	844500
69	74	Banca Monte dei Paschi di Siena	意大利	817200
70	·	Capital One Financial Corporation	美国	815000
71	80	Nykredit 集团	丹麦	813500
72	71	Eurohypo 银行	德国	803600
73	72	Sumitomo Trust & Banking	日本	802800
74	77	Standard Chartered	英国	796400
75	85	西部金融公司	美国	782600
76	79	Kookmin 银行	韩国	780300
77	69	Shinkin 中央银行	日本	779500
78	76	西太平洋银行公司	澳大利亚	777600
79	83	瑞典商业银行	瑞典	754000
80	93	爱尔兰银行	爱尔兰	748100
81	87	DnB 集团	挪威	746000
82	98	Caja de Ahorros y Monte de Piedad de Madrid	西班牙	723400

1.19 续表 2

排名 2004 年	排名 2003 年	公司名称	国家或地区	一级资本额（万美元）
83	91	星展银行	新加坡	720700
84	·	John Hancock Holdings(Delaware)	美国	712400
85	73	科凯国际集团	美国	694400
86	88	Skandinaviska Enxkilda Banken	瑞典	669200
87	84	BB & T Corp	美国	668700
88	103	NBL - Banca Nazionale del Lavoro	意大利	659600
89	89	ForeningsSparbanken(Swedbank)	瑞典	650000
90	100	西班牙人民银行	西班牙	627000
91	95	纽约银行	美国	611800
92	86	Shoko Chukin 银行	日本	606200
93	82	印度国家银行	印度	598100
94	114	Banco Ltau	巴西	596600
95	99	Erste 银行	奥地利	596200
96	81	北德意志州银行	德国	594400
97	96	Mitsui 信托控股公司	日本	592100
98	129	区域金融公司	美国	588800
99	108	Desjardins 集团	加拿大	587000
100	94	PNC 金融服务公司	美国	579400
101	105	Banco Comercial Portugues	葡萄牙	578200
102	90	海外联合银行	新加坡	577700
103	132	Deutsche 邮政储蓄银行	德国	576300
104	120	伍里银行	韩国	575100
105	101	交通银行	中国	573400
106	·	Hypo Real Estate Holding	德国	573400
107	109	Bradesco 银行	巴西	572000
108	116	标准银行集团	南非	568800
109	118	Aozora 银行	日本	563200
110	144	Turkiye Is Bankasi	土耳其	552900
111	102	WestLB	德国	535600
112	97	科美利加	美国	530100
113	110	华侨银行有限公司	新加坡	529000
114	104	道富银行	美国	523300
115	112	美国 Merrill Lynch 银行	美国	517100
116	121	韩国农业协会联盟	韩国	516200
117	113	台湾银行	中国台湾	502700
118	176	Fubon 金融控股银行	中国台湾	502600
119	119	OKO 银行集团	芬兰	502000
120	135	Shinhan 金融集团	韩国	499800
121	111	Helaba - Ladesbank Hessen - Thuringen Girozentrale	德国	499500
122	106	静冈银行	日本	493900
123	107	横滨银行	日本	492700

1.19 续表 3

排名 2004年	排名 2003年	公司名称	国家或地区	一级资本额（万美元）
124	125	Banca Popolare di Bergamo – Credito Varesino	意大利	476400
125	131	Akbank	土耳其	462800
126	158	柏林银行	德国	461000
127	124	希腊国民银行	希腊	445000
128	75	Shinsei 银行	日本	431300
129	122	Schweizer Verband der Raiffeisenbanken	瑞士	426800
130	126	Gruppo Banco Popolare di Verona e Novara	意大利	426800
131	162	Raiffeisen Zentralbank Osterreich	奥地利	426300
132	123	Zurcher Kantonalbank	瑞士	426300
133	117	巴西银行	巴西	420600
134	155	Sabadell 银行	西班牙	419200
135	169	Hana 银行	韩国	406200
136	128	葡萄牙储金总局	葡萄牙	401800
137	146	Alliance & leicester	英国	400900
138	152	俄国联邦储备局储蓄银行	俄罗斯	391600
139	139	Northern Rock	英国	389100
140	136	Hapoalim 银行	以色列	385700
141	145	ABSA 集团	南非	378300
142	138	Banco Espirito santo Group	葡萄牙	372700
143	160	Sovereign 银行	美国	371000
144	115	TC Ziraat Bankasi	土耳其	369300
145	156	国家商业银行	沙特阿拉伯	367800
146	148	Bancaja 集团	西班牙	366200
147	134	Chiba 银行	日本	353800
148	163	欧洲金融集团 EFG 银行	瑞士	353800
149	137	以色列国民银行	以色列	352000
150	157	FCE 银行	英国	350400
151	143	bank Nederlandse Gemeenten	荷兰	349800
152	130	嘉信理财	美国	348500
153	141	M&T Bank Corporation	美国	334100
154	142	北部信托公司	美国	333100
155	147	AmSouth Bancorp	美国	332400
156	150	Popular	美国	331600
157	159	Joyo 银行	日本	328200
158	293	North Fork Bancorporation	美国	328100
159	149	加拿大国民银行	加拿大	320500
160	164	Alpha 银行	希腊	320400
161	127	May 银行	马来西亚	320100
162	161	韩国实业银行	韩国	318100
163	194	Franklin Resources	美国	314500
164	165	Banca Antoniana Popolare Veneta	意大利	313400

1.19 续表 4

排名 2004 年	排名 2003 年	公司名称	国家或地区	一级资本额（万美元）
165	252	Nedcor	南非	306800
166	168	Banca Popolare dell'Emilia Romagna	意大利	304600
167	171	Unibanco – Uniao de Bancos Brasileiros	巴西	304400
168	172	Chugoku 银行	日本	295400
169	207	英格兰爱尔兰银行公司	爱尔兰	292800
170	235	Hokuriku 银行	日本	292700
171	319	大众汽车银行	德国	292600
172	154	Hachijuni 银行	日本	291900
173	178	Sampo 集团	法国	289200
174	187	Irish Life & Permanent	爱尔兰	277500
175	151	DekaBank Deutsche Girozentrale	德国	276300
176	188	Banca Popolare di Lodi（Gruppo Bipielle）	意大利	268900
177	174	亨丁顿银行	美国	268300
178	·	Chinatrust Financial Holding	中国台湾	265900
179	208	DEPFA 银行	爱尔兰	264900
180	183	Bradford & Bingley	英国	263200
181	166	77 银行	日本	262000
182	177	Mellon 金融公司	美国	261800
183	218	FirstRand 银行集团	南非	258000
184	185	Zions Bancorporation	美国	255900
185	179	对外贸易银行	俄罗斯	254000
186	181	美国 Saudi 银行	沙特阿拉伯	253100
187	192	Yapi ve Kredi Bankasi	土耳其	252100
188	210	Bilbao Bizkaia Kutxaa	西班牙	252100
189	170	Marshall & Isley Corp	美国	251900
190	205	世华联合商业银行	中国台湾	251800
191	203	IKB Deutschi Industrie 银行	德国	249800
192	198	Banca Popolare di Milano	意大利	248700
193	180	Landesbank Rheinland – Pfalz Girozentrale	德国	248600
194	184	台湾土地银行	中国台湾	248500
195	215	福冈银行	日本	247800
196	167	曼谷银行	泰国	246000
197	186	阿拉伯银行	约旦	244800
198	214	中国商业银行	中国	242800
199	196	Bank fur Arbeit udn Wirtschaft – PSK – Group	奥地利	241400
200	202	中信实业银行	中国	237600
201	199	Synovus 金融公司	美国	236900
202	204	SNS 银行	荷兰	234800
203	253	Turkiye Garanti Bankasi	土耳其	234400
204	268	ICICI 银行	印度	234200
205	217	Caixa Economica Federal	巴西	231100

1.19 续表 5

排名 2004年	排名 2003年	公司名称	国家或地区	一级资本额（万美元）
206	175	Gunma 银行	日本	231000
207	200	Banque Cantonale Vaudoise	瑞士	228300
208	211	AI Rajhi Banking & Investment Corporation	沙特阿拉伯	227900
209	224	中国国际商业银行	中国台湾	227800
210	189	Riyad 银行	沙特阿拉伯	225200
211	459	FinansBank	土耳其	224900
212	441	Turkiye Halk Bankasi（Foreign Relations）	土耳其	224600
213	243	韩国外汇银行	韩国	223800
214	234	Lombarda 银行	意大利	222600
215	223	圣乔治银行	澳大利亚	222300
216	232	Caua de Ahorros del Mediteraneo	西班牙	221600
217	190	Yamaguchi 银行	日本	220800
218	247	Macquarie 银行	澳大利亚	220300
219	206	Wustenrot & Wurttemburgische	德国	220100
220	201	东亚银行	中国香港	219700
221	225	Mandiri 银行	印尼	217600
222	195	NiB Capital Bank	荷兰	216000
223	357	国民储蓄和商业银行	匈牙利	215800
224	220	Schroders	英国	215200
225	271	希腊商业银行	希腊	213200
226	227	Sapporo Hokuyo 控股	日本	212200
227	230	Caixa de Catalunya	西班牙	210600
228	213	Bancshares 银行	美国	208900
229	228	田纳西州第一国民公司	美国	208000
230	219	WGZ 银行	德国	207700
231	233	Caja Gipuzkoa San Sebastian（kutxa）	西班牙	207500
232	209	Iyo 银行	日本	207200
233	193	大众银行	马来西亚	206400
234	241	北部银行集团	美国	206000
235	302	日本银行	日本	205800
236	248	第一商业银行	中国台湾	203700
237	222	华南商业银行	中国台湾	202300
238	216	彰化银行	中国台湾	201100
239	270	Osterreichische Volksbanken	奥地利	195800
240	250	Deutsche Apotheker und Arztebank	德国	194800
241	212	San – In Godo Bank	日本	194100
242	221	Grupo Financiero Inbursa	墨西哥	192800
243	231	Hamburger Sparkasse（Haspa）.	德国	191400
244	249	Landwirtschaftliche Rentenbank	德国	189700
245	295	韩国第一银行	韩国	189000
246	237	比雷埃夫斯银行	希腊	187300

1.19 续表 6

排名 2004 年	排名 2003 年	公司名称	国家或地区	一级资本额（万美元）
247	292	PKO Bank Polski	波兰	186500
248	260	Unicaja	西班牙	186300
249	265	商业银行	美国	183500
250	277	Banca March	西班牙	182500
251	239	科威特国民银行	科威特	182500
252	334	Investec	南非	182100
253	229	Aareal 银行	德国	180500
254	263	纽约公众银行	美国	177900
255	274	Ibercaja(Caja de Zaragoza, Aragon &Rioja)	西班牙	176100
256	238	广岛银行	日本	175700
257	422	Sal Oppenheim Jr. & Cie. Komm. auf Aktien	德国	174600
258	342	Caixa Galicia	西班牙	174000
259	259	Banque et Caisse d'Epargne de I'Etat Luxembourg	卢森堡	172900
260	282	Bankinter	西班牙	171600
261	264	Doral 金融公司	美国	170600
262	236	台湾合作银行	中国台湾	170500
263	·	Commerce Asset - Holding	马来西亚	169500
264	266	Krung Thai Bank	泰国	168600
265	359	Migros 银行	瑞士	167700
266	240	京都银行	日本	166300
267	242	角桐树银行	中国台湾	166300
268	278	Hokkoku 银行	日本	166200
269	255	BPI - SGPS	葡萄牙	164800
270	261	上海浦东发展银行	中国	163200
271	256	Shiga 银行	日本	162600
272	376	暹罗商业银行	泰国	162200
273	284	Basler Kantonalbank	瑞士	161300
274	257	Hibermia 公司	美国	161200
275	361	Jyske 银行	丹麦	160800
276	254	Daishi 银行	日本	160200
277	251	Higo 银行	日本	160000
278	258	欧罗克里尔银行	比利时	159300
279	285	Nanto 银行	日本	159200
280	280	Landesbank Sachsen Girozentrale	德国	159000
281	290	鹿儿岛银行	日本	158800
282	296	Emirates 国际银行	阿拉伯联合酋长国	158400
283	412	VakifBank（Turkiye Vakiflar Bankasi TAO）	土耳其	158200
284	275	列支敦士登 LGT 银行	列支敦士登	155700
285	289	Caja Laboral	西班牙	153700
286	281	以色列贴现银行	以色列	153600
287	310	中国民生银行	中国	151800

1.19 续表 7

排名 2004年	排名 2003年	公司名称	国家或地区	一级资本额（万美元）
288	350	Banca Popolare di Sondrio	意大利	148600
289	276	Juroku 银行	日本	147800
290	286	Banque Saudi Fransi	沙特阿拉伯	147300
291	294	Nederlandse Waterschapsbank	荷兰	147000
292	300	Suncorp – Metway	澳大利亚	146400
293	269	Hyakugo 银行	日本	146100
294	297	英国 Saudi 银行	沙特阿拉伯	143800
295	273	中国光大银行	中国	143500
296	287	波斯湾国际银行	巴林	143300
297	306	Johnan Shinkin 银行	日本	142300
298	304	联合银行公司	美国	142000
299	197	American Express Centurion Bank	美国	141000
300	283	Hyakujushi 银行	日本	139300
301	245	Astoria 金融公司	美国	138000
302	298	上海商业储蓄银行	中国台湾	137700
303	299	商业银行公司	美国	137000
304	322	Banca Popolare di Vicenza	意大利	136500
305	426	Raiffeisenlandesbank Oberosterreich	奥地利	135900
306	314	Merrill Lynch 国际银行	英国	135800
307	352	Gazprom 银行	俄罗斯	135600
308	321	合作银行	英国	135600
309	305	Julius Baer Group	瑞士	135400
310	325	Cassa di Risparmio di Firenze	意大利	135300
311	·	American Express Bank FSB	美国	134300
312	288	商业银行	美国	134200
313	356	第一银行	美国	133600
314	329	Okazaki Shinkin 银行	日本	132500
315	328	Abu Dhabi 国民银行	阿拉伯联合酋长国	131700
316	311	上海商业银行	中国香港	130400
317	411	Kreissparkasse Koln	德国	130100
318	317	Colonial BancGroup	美国	130000
319	191	阿拉伯银行公司	巴林	129200
320	469	Banco Pastor	西班牙	129000
321	262	Hudson City MHC	美国	128300
322	337	阿拉伯国民银行	沙特阿拉伯	128000
323	338	Safra 银行	巴西	127400
324	345	Berner Kantonalbank	瑞士	125900
325	434	工业银行	中国	125800
326	339	Emiliano 信贷	意大利	125700
327	303	Carige 银行	意大利	125100
328	272	Kasikornbank	泰国	124900

1.19 续表 8

排名 2004 年	排名 2003 年	公司名称	国家或地区	一级资本额（万美元）
329	349	Mashreq 银行	阿拉伯联合酋长国	124400
330	326	Liechtensteinische Landesbank	列支敦士登	124100
331	·	Banco Votorantim	巴西	123700
332	372	Romana 商业银行	罗马尼亚	123100
333	315	卡塔尔国民银行	卡塔尔	122800
334	373	Suruga 银行	日本	122700
335	333	Union Bancaire Privee	瑞士	122500
336	316	杜拜国民银行	阿拉伯联合酋长国	121800
337	320	第一国民银行	美国	121700
338	327	BNI 银行	印度尼西亚	120700
339	347	Graubunder Kantonalbank	瑞士	119500
340	394	Westcorp	美国	119400
341	323	中亚银行	印度尼西亚	119100
342	362	Caja Espana de Inversiones, C. A. &M. P.	西班牙	119000
343	336	Stadtsparkasse Koln	德国	118700
344	335	塞浦路斯银行	塞浦路斯	118700
345	343	Grupo Finaciero Banorte	墨西哥	117800
346	413	R&G Financial Corporation	美国	117300
347	331	Keiyo 银行	日本	117300
348	318	Allgemeine Hypothekenbank Rheinboden	德国	117200
349	354	Luzerner Kantonalbank	瑞士	116800
350	364	名古屋银行	日本	116600
351	358	Valiant Holding. Berne	瑞士	115700
352	369	St. Galler Kantonalbank	瑞士	115400
353	341	RHB Bank Berhad	马来西亚	114600
354	377	BOK 金融公司	美国	114100
355	332	台湾企银	中国台湾	113100
356	324	Abu Dhabi 商业银行	阿拉伯联合酋长国	112700
357	291	Kredietbank SA Luxembourgeoise	卢森堡	112500
358	330	Yamanashi Chuo 银行	日本	111800
359	404	F. vna Lanschot Bankiers	荷兰	111600
360	348	华夏银行	中国	111000
361	363	台北国际银行	中国台湾	110900
362	381	Downey 金融公司	美国	110500
363	382	人民相互持股银行	美国	110300
364	301	希腊农业银行	希腊	110200
365	384	Sky 金融集团	美国	109600
366	355	IndyMac 银行	美国	109300
367	388	美国仓库业协会银行	日本	108800
368	313	Punjab 国民银行	印度	108100
369	379	城市国民银行	美国	108000
370	410	W 控股公司	美国	107800

1.19 续表 9

排名 2004 年	排名 2003 年	公司名称	国家或地区	一级资本额（万美元）
371	386	Caja Duero	西班牙	107700
372	516	Hypo Alpe – Adria – 银行	奥地利	107700
373	346	埃及国民银行	埃及	107600
374	360	电力银行	法国	106100
375	390	印度尼西亚 Rakyat 银行	印度尼西亚	105800
376	309	Banco de la Nacion Argentina	阿根廷	105600
377	368	Webster 金融公司	美国	105600
378	340	Iwate 银行	日本	105100
379	383	Caixanova	西班牙	104700
380	351	Taishin 国际银行	中国台湾	104600
381	419	Ogaki Kyoritsu 银行	日本	104100
382	365	Washingtom Federal	美国	103700
383	396	Aichi 银行	日本	103500
384	436	Caja de Ahorros de Murcia	西班牙	103200
385	391	Tochigi 银行	日本	102900
386	560	东太阳银行	中国台湾	102600
387	405	Canara 银行	印度	102500
388	402	Toho 银行	日本	101900
389	392	国际工业银行	俄罗斯	101200
390	393	第十八银行	日本	101200
391	398	Ahli 联合银行	巴林	101100
392	407	秋田犬银行	日本	100700
393	353	AMMB 控股	马来西亚	100600
394	409	FBOP 公司	美国	99300
395	400	Hong Leong 银行	马来西亚	98600
396	366	菲律宾群岛银行	菲律宾	97500
397	406	科威特金融公司	科威特	97300
398	432	南方金融集团	美国	96700
399	·	NewAlliance Bancshares	美国	94700
400	374	Mizrahi 联合银行	以色列	94500
401	420	Basellandschaftliche Kantonalbank	瑞士	94400
402	430	Musashino 银行	日本	94300
403	370	工矿银行	伊朗	93800
404	462	沙乌地投资银行	沙特阿拉伯	93700
405	378	Chiba Kogyo 银行	日本	93500
406	375	Banco de Chile	智利	93200
407	501	Banca delle Marche	意大利	93000
408	473	Friesland 银行	荷兰	92400
409	387	Yamagata 银行	日本	92300
410	451	Cullen/Frost Bankers	美国	91700
411	389	南部银行	美国	91500
412	439	Oita 银行	日本	91400

1.19 续表 10

排名 2004 年	2003 年	公司名称	国家或地区	一级资本额（万美元）
413	397	内布拉斯加州第一国民银行	美国	91300
414	438	Aargauische Kantonalbank	瑞士	91100
415	559	HDFC 银行	印度	90600
416	457	独立公众银行公司	美国	90500
417	385	Michinoku 银行	日本	90500
418	425	Baroda 银行	印度	90400
419	437	Nova Ljubljanska Banka	斯洛文尼亚	90200
420	642	Stadtsparkasse Hannover	德国	89900
421	553	Finansbank	土耳其	89600
422	403	Wing Lung 银行	中国香港	89300
423	414	以色列第一国际银行	以色列	89300
424	458	Sinopac 银行	中国台湾	89300
425	416	Fulton 金融公司	美国	88700
426	417	Valley 国民银行	美国	88000
427	433	Stadtsparkasse Munchen	德国	87400
428	395	FirstMerit 公司	美国	87100
429	531	Emigrant 银行	美国	86500
430	486	摩洛哥人民信贷银行	摩洛哥	86200
431	515	北京城市商业银行	中国	86100
432	477	Daegu 银行	韩国	86100
433	·	Vontobel Holding	瑞士	85900
434	449	Thurgauer Kantonalbank	瑞士	85900
435	461	Ryukyus 银行	日本	85100
436	601	EI Monte – Caja de Ahorros de Huelva & Sevilla	西班牙	85000
437	344	上海银行	中国	84400
438	500	Caja de Ahorros y Monte de Piedad de Navarra	西班牙	84400
439	442	Sparkasse Nurnberg	德国	83900
440	408	Caja de Ahorros y Monte de Piedad de Cordoba	西班牙	83200
441	635	Islandsbank	冰岛	82400
442	511	东京凑银行	日本	81700
443	467	Laiki 集团	塞浦路斯	81400
444	452	台湾工业银行	中国台湾	81300
445	421	Caribbean 第一国际银行	巴巴多斯	81200
446	456	Sydbank 集团	丹麦	81000
447	418	Westamerica Bancorp	西班牙	80500
448	428	夏威夷公司银行	美国	80500
449	435	TCF 金融公司	美国	80400
450	429	Higashi – Nippon Bank	日本	80200
451	506	Nossa Caixa	巴西	80200
452	478	Yachiyo 银行	日本	79800
453	463	Banca del Gottardo	瑞士	79300
454	424	波斯湾银行	科威特	79100

1.19 续表 11

排名 2004年	排名 2003年	公司名称	国家或地区	一级资本额（万美元）
455	475	投资信托	奥地利	78500
456	498	Caja de Burgos	西班牙	78200
457	468	Saudi Hollandi Bank	沙特阿拉伯	77200
458	446	惠特尼控股银行	美国	76800
459	444	UMB 金融公司	美国	76600
460	504	中信嘉华银行	中国香港	75700
461	431	美国运通银行	美国	75400
462	440	CajAstur	西班牙	75200
463	371	Capitol Federal Financial	美国	75000
464	476	Raiffeisenlandesbank Niederosterreich - Wien	奥地利	74600
465	503	Close Brothers Group	英国	74600
466	445	Shikoku 银行	日本	74100
467	488	Banco de Credito del Peru	秘鲁	73700
468	484	Wing Hang 银行	中国香港	73600
469	510	Schwyzer Kantonalbank	瑞士	73500
470	448	釜山银行	韩国	73500
471	724	Landsbanki Islands	冰岛	73400
472	465	Fukui 银行	日本	73100
473	544	Daisan 银行	日本	73000
474	481	Dah Sing Financial Holdings	中国香港	73000
475	591	永世银行	马来西亚	72900
476	493	Caja Inmaculada	西班牙	72900
477	455	宫崎银行	日本	72800
478	454	Greater Bay Bancorp	美国	72700
479	443	Aomori 银行	日本	72200
480	489	Ober 银行	奥地利	72000
481	423	Provident 金融服务公司	美国	71800
482	565	Veneto Banca	意大利	71800
483	492	Corus 银行	美国	71700
484	464	Kiyo 银行	日本	71400
485	471	广东发展银行	中国	70700
486	450	Frankfurter Sparkasse	德国	70600
487	514	Mercantil 金融服务	委内瑞拉	70400
488	533	Credito Baltelinese	意大利	70400
489	494	Metro 银行	菲律宾	70300
490	552	Alfa Bank	俄罗斯	70300
491	505	Credit Andorra	安道尔	70200
492	512	Zuger Kantonalbank	瑞士	70100
493	555	Cassa di Risparmio di Bolzano - Sudtiroler Sparkasse	意大利	69700
494	575	Southern Bank Berhad	马来西亚	69700
495	380	Ayudhya 银行	泰国	69600
496	517	Sparkasse Aachen	德国	69500

1.19 续表 12

排名 2004 年	排名 2003 年	公司名称	国家或地区	一级资本额（万美元）
497	453	叙利亚商业银行	叙利亚	69500
498	518	Sarasin 银行	瑞士	69200
499	490	科威特 Al - Ahli 银行	科威特	69100
500	460	联邦商业公司	美国	69100
501	520	Munchener Hypothekenbank	德国	69000
502	497	Bank Danamon Indonesia	印度尼西亚	68900
503	482	MDM 金融集团	俄罗斯	68800
504	523	Kagawa 银行	日本	68800
505	507	摩洛哥对外贸易银行	摩洛哥	68800
506	485	加拿大 Laurentian 银行	加拿大	68700
507	508	Singer & Friedlander Group	英国	68600
508	466	Nassauische Sparkasse	德国	68500
509	583	RBTT 金融控股	特立尼达和多巴哥	68300
510	640	莫斯科银行	俄罗斯	68200
511	529	Caja General de Ahorros de Canarias	西班牙	67900
512	470	旧国民银行	美国	67800
513	472	Shinwa 银行	日本	67700
514	474	印度银行	印度	67600
515	519	Banco Hipotecario	阿根廷	67300
516	643	Badische Beamtenbank	德国	66600
517	556	Credito Agricola	葡萄牙	66600
518	401	伊朗 Melli 银行	伊朗	66600
519	588	Corp Banca	智利	66500
520	528	Shimizu 银行	日本	66100
521	524	Banco del Estado de Chile	智利	66100
522	522	Banco Latinoamericano de Exportaciones	巴拿马	65600
523	496	Achmea 银行	荷兰	65600
524	427	Egg	英国	65400
525	745	卡塔尔商业银行	卡塔尔	64900
526	641	Farmers Bank of China	中国台湾	64700
527	568	Blom 银行	黎巴嫩	64600
528	487	Banque Commerciale du Maroc	摩洛哥	64600
529	447	科威特商业银行	科威特	64300
530	536	冲绳岛银行	日本	64300
531	532	Irwin 金融公司	美国	64100
532	491	土耳其对外贸易银行	土耳其	64000
533	495	Bancshares 国际公司	美国	64000
534	521	中央银行	美国	63900
535	499	廖创兴银行	中国香港	63900
536	603	比利时 Axa 银行	比利时	63900
537	593	投资者金融服务公司	美国	63600
538	582	Banque Cantonale de Fribourg	瑞士	62200

1.19 续表 13

排名 2004年	排名 2003年	公司名称	国家或地区	一级资本额（万美元）
539	546	第一银行	美国	62100
540	509	Burgan 银行	科威特	61500
541	538	Siam 城市银行	泰国	61200
542	572	Berliner Volksbank	德国	61100
543	513	Gifu Shinkin 银行	日本	60800
544	589	Banco de Credito &Inversiones	智利	60200
545	550	Verwaltungs & Privat – Bank	列支敦士登	60200
546	600	Bank of Ikeda	日本	59800
547	564	Hudson United Bancorp	美国	59600
548	596	BANIF – SPGS	葡萄牙	59600
549	653	东京 Star 银行	日本	59500
550	527	公众银行公司	美国	59300
551	677	Corner Bank	瑞士	59300
552	598	新竹国际银行	中国台湾	59000
553	581	联邦商业银行	中国台湾	58700
554	549	Sa Nostra – Caixa de Baleares	西班牙	58400
555	619	印度联合银行	印度	58200
556	526	Trustmark 公司	美国	57700
557	535	长堤市农民和商人银行	美国	57600
558	597	SpareBank 1 SR – Bank	挪威	57400
559	660	Caixa de Sabadell	西班牙	57100
560	592	Chukyo 银行	日本	56700
561	576	Deutsche Schiffsbank	德国	56500
562	561	科威特和中东银行	科威特	56400
563	530	万泰商业银行	中国台湾	56200
564	665	Kocbank	土耳其	56000
565	554	德克萨斯南银行公司	美国	56000
566	558	GMAC 银行	德国	55700
567	645	Entie 商业银行	中国台湾	55600
568	790	Denizbank	土耳其	55500
569	534	Caja de Ahorros de Vitoria & Alava	西班牙	55300
570	578	Banque Cantonale de Geneve	瑞士	55100
571	537	泰国军事银行	泰国	55000
572	557	First Midwest Bancorp	美国	55000
573	502	Kumamoto 家族银行	日本	55000
574	595	中央信托局	中国台湾	54900
575	637	尼加拉瓜第一金融集团	美国	54900
576	584	莫斯科 Narodny 银行	英国	54900
577	608	UCBH 控股	美国	54800
578	547	Mie 银行	日本	54800
579	615	Stadtsparkasse Dusseldorf	德国	54500
580	590	Confederacion Espanola de Caja de Ahorros	西班牙	54200

1.19 续表 14

排名 2004 年	排名 2003 年	公司名称	国家或地区	一级资本额(万美元)
581	541	Sparkasse in Bremen	德国	54100
582	542	Vnesheconombank	俄罗斯	54100
583	626	硅谷银行	美国	53900
584	587	科罗拉多第一控股公司	美国	53900
585	607	Banque Misr	埃及	53500
586	569	Raiffeisenlandesbank Steiermark	奥地利	53500
587	545	Wilmingto 信托公司	美国	53100
588	570	联合银行	美国	52900
589	620	Tokushima 银行	日本	52700
590	610	京都 Shinkin 银行	日本	52700
591	780	Sparkasse Pforzheim	德国	52700
592	586	Susquehanna Bancshares	美国	52500
593	551	Banque de la Mediterranee	黎巴嫩	52500
594	573	Cassa di Risparmio di Ferrara	意大利	52100
595	614	Hokuetsu 银行	日本	52100
596	698	East West Bancorp	美国	51800
597	649	Wintrust Financial Corp	美国	51500
598	669	Banque Audi	黎巴嫩	51000
599	623	First Bank of Toyama	日本	50900
600	566	企业银行	印度	50900
601	622	Provident Bankshares Cor	美国	50900
602	567	Towa 银行	日本	50900
603	563	Park National Corp.	美国	50800
604	657	Cathay Bancorp	美国	50500
605	611	Chittenden 公司	美国	50300
606	571	Findomestic Banca	意大利	50300
607	574	Banco Nacional de Panama	巴拿马	50000
608	599	Banca dello Stato del Cantone Ticino	瑞士	50000
609	579	Ta Chong Bank	中国台湾	49800
610	617	Banca Popolare di Intra	意大利	49800
611	715	General Banking and Trust Co	匈牙利	49300
612	681	Spardasse Bochum	德国	49100
613	710	Sparebanken Vest	挪威	48800
614	585	Sparkasse Mainfranken Wurzburg	德国	48600
615	613	Bremer Financial Corp	美国	48600
616	605	第一联邦金融公司	美国	48600
617	859	Caja General de Ahorros de Granada	西班牙	48500
618	562	乌兹别克斯坦国民银行	乌兹别克斯坦	48500
619	654	Banque du Caire	埃及	48200
620	540	联合国民银行	阿拉伯联合酋长国	48000
621	602	阿拉伯国际银行	埃及	47800
622	658	Sparebanken Hedmark	挪威	47800

1.19 续表 15

排名 2004 年	2003 年	公司名称	国家或地区	一级资本额（万美元）
623	612	SNBNY 控股	美国	47600
624	609	中华商业银行	中国台湾	47600
625	624	Union de Banques Arabes et Francaises – U. B. A. F	瑞士	47400
626	718	Kazkommertsbank	哈萨克斯坦	47300
627	631	Kreissparkasse Ludwigsburg	德国	47300
628	580	共和国银行	特立尼达和多巴哥	47200
629	594	Saga 银行	日本	47000
630	830	GE Capital Bank	捷克共和国	46900
631	656	Sparebanken Nord-Norge	挪威	46900
632	630	Bancolombia	哥伦比亚	46800
633	652	Taiko 银行	日本	46700
634	687	Stadtsparkasse Dortmund	德国	46600
635	957	第一海湾银行	阿拉伯联合酋长国	46500
636	675	远东国际银行	中国台湾	46400
637	733	Sparkasse Krefeld	德国	46100
638	684	Sparebanken Midt – Norge	挪威	45900
639	604	Oriental Bank of Commerce	印度	45900
640	752	Banco Guipuzcoano	西班牙	45800
641	659	Vorarlberger Landes – und Hypothekenbank	奥地利	45800
642	636	Republic Bancorp	美国	45700
643	672	Teas Regional Bancshares	美国	45600
644	606	伊朗 Saderat 银行	伊朗	45600
645	616	Byblos 银行	黎巴嫩	45400
646	629	Banco de Galicia y Buenos Aires	阿根廷	45300
647	707	Arvest 银行集团	美国	45200
648	618	Equitable PCI Bank	菲律宾	45200
649	753	联合国民公司	美国	45200
650	644	Kreissparkasse Esslingen – Nurtingen	德国	45100
651	639	农业信贷银行	比利时	45000
652	686	Banca Sella	意大利	44800
653	655	印度中央银行	印度	44700
654	696	Ocean Bankshares	美国	44500
655	646	Andbanc	安道尔	44100
656	399	Banco de la Provincia de Buenos Aires	阿根廷	44000
657	691	N M Rothschild & Sons	英国	43800
658	668	Keshavarzi 银行	伊朗	43600
659	648	Investors Bancorp MHC	美国	43500
660	736	东方金融公司	美国	43500
661	662	台中商业银行	中国台湾	43500
662	621	杜拜商业银行	阿拉伯联合酋长国	43300
663	846	Primer Banco del Istmo	巴拿马	43100
664	836	Umpqua Holdings Corporation	美国	43100

1.19 续表 16

排名 2004 年	排名 2003 年	公司名称	国家或地区	一级资本额（万美元）
665	693	Oyak 银行	土耳其	43000
666	685	日本 Kita 银行	日本	43000
667	670	Bank fur Tirol & Vorarlberg	奥地利	43000
668	676	MB Financial	美国	42900
669	774	Alabama National Bancorporation	美国	42700
670	628	Brookline Bancorp	美国	42600
671	627	Banco do Nordeste do Brasil	巴西	42500
672	708	Caja San Fernando de Sevilla y Jerez	西班牙	42500
673	750	Northwest Bancorp	美国	42400
674	577	Riggs 国民公司	美国	42400
675	632	Banco Macro Bansud	阿根廷	42400
676	697	Ehime 银行	日本	42300
677	650	杜拜回教银行	阿拉伯联合酋长国	42300
678	785	Belagroprobank	白俄罗斯	41900
679	809	印第安海外银行	印度	41900
680	714	Hypo Tirol 银行	奥地利	41800
681	850	Allahabad 银行	印度	41800
682	726	Banco Desio	意大利	41700
683	960	Andhra 银行	印度	41500
684	748	越南对外贸易银行	越南	41500
685	680	化学金融公司	美国	41300
686	638	Sugamo Shinkin 银行	日本	41200
687	701	Habib Bank AG Zurich	瑞士	41000
688	688	BankMuscat	阿曼	40900
689	779	非洲银行	南非	40700
690	·	BankAtlantic Bancorp	美国	40500
691	860	辛迪加银行	印度	40500
692	663	希腊银行	塞浦路斯	40500
693	548	深圳发展银行	中国	40400
694	634	长野银行	日本	40300
695	647	Cassa di Risparmio di Ravenna	意大利	40300
696	740	Sparkasse Munsterland Ost Munster – Warendorf	德国	40000
697	·	Kwangju Bank	韩国	40000
698	674	Hancock Holding Co	美国	39900
699	709	Banca Popolare dell'Etrria e del Lazio	意大利	39800
700	713	圆木柱 Nord 银行	丹麦	39800
701	862	Bank Al – Jazira	沙特阿拉伯	39700
702	704	Sparkasse Bielefeld	德国	39700
703	754	First Citizens Bancorp of South Carolina	美国	39700
704	·	Banesco Banco Universal	委内瑞拉	39700
705	690	巴林国民银行	巴林	39400
706	·	Indian Bank	印度	39400

1.19 续表 17

排名 2004年	排名 2003年	公司名称	国家或地区	一级资本额（万美元）
707	678	Amcore Financial	美国	39300
708	699	东部银行公司	美国	39300
709	761	Bendigo 银行	澳大利亚	39200
710	712	Banque Cantonale du Valais	瑞士	39200
711	756	Länsförsäkringar 银行	瑞典	39200
712	791	Kreissparkasse Waiblingen	德国	39100
713	716	Landessparkasse zu Oldenburg	德国	39100
714	797	Banco do Estado do Rio Grande do Sul (Banrisul)	巴西	38700
715	737	Caixa d'Estalvis de Tarragona	西班牙	38600
716	667	Alliance Bank Malaysia Berhad	马来西亚	38500
717	539	BSI	瑞士	38500
718	760	Kreisspardasse Heilbronn	德国	38300
719	734	Spardasse im Kreis Herford	德国	38300
720	921	印尼国际银行	印度尼西亚	38300
721	702	Globesbank	俄罗斯	38200
722	747	Sparkasse Essen	德国	38200
723	711	Kyongnam 银行	韩国	38100
724	741	Schaffhauser Kantonalbank	瑞士	38100
725	768	Bnbank	挪威	38000
726	798	Ural 西伯利亚银行	俄罗斯	37300
727	732	Dickinson Financial Corporation ll	美国	37300
728	720	Raiffeisen - Landesbank Tirol	奥地利	37300
729	749	Kochi 银行	日本	37200
730	742	Caixa d'Estalvis Laietana	西班牙	37200
731	682	广岛 - Sogo 银行	日本	37100
732	929	Stadtsparkasse Duisburg	德国	37100
733	·	Bank Maskan	伊朗	37000
734	759	华侨银行有限公司	中国台湾	37000
735	700	Pacific Capital Bancorp	美国	36900
736	738	Caja de Ahorros y M. P. del C. C. O. de Burgos	西班牙	36900
737	·	Oatar Islamic Bank	卡塔尔	36800
738	694	First Financial Bancorp	美国	36700
739	758	Nomura 国际银行	英国	36700
740	728	Banco General	巴拿马	36600
741	865	Queensland 银行	澳大利亚	36600
742	769	温哥华市储金信用合作社	加拿大	36600
743	731	Egnatia 银行	希腊	36500
744	689	Caja Insular de Ahorros de Canarias	西班牙	36500
745	692	Jih Sun Internatioanl 银行	中国台湾	36400
746	778	Sparkasse Neuss	德国	36300
747	744	CVB 金融公司	美国	36300
748	799	National Bank of Paistan	巴基斯坦	36200

1.19 续表 18

排名		公司名称	国家或地区	一级资本额（万美元）
2004 年	2003 年			
749	695	阿拉伯投资和外贸银行	阿拉伯联合酋长国	36100
750	722	1st Source Corporation	美国	36100
751	795	Habib 银行	巴基斯坦	36000
752	671	房屋贸易与融资银行	约旦	35900
753	773	Wesbanco	美国	35900
754	735	Panin 银行	印度尼西亚	35900
755	787	Cassa di Risparmio di Rimini – CARIM	意大利	35700
756	·	Kreissparkasse Biberach	德国	35700
757	666	M. M. Warburg and Co	德国	35400
758	739	Mellat 银行	伊朗	35400
759	831	CPB	美国	35200
760	706	缅甸东方银行	缅甸	35200
761	832	Tejarat 银行	伊朗	34600
762	705	KNBT 银行	美国	34500
763	717	Kreissparkasse Munchen Starnberg	德国	34500
764	828	Nomos – 银行（Novaya Moskva）	俄罗斯	34400
765	719	Gruppo Bancario UNIBANCA	意大利	34300
766	751	Pinnacle Bancorp	美国	34200
767	727	Caja de Ahorros y M. P. de Extremadura	西班牙	33900
768	789	Arbejernes Landsbank	丹麦	33800
769	723	菲律宾开发银行	菲律宾	33600
770	730	Fuhwa 商业银行	中国台湾	33500
771	721	菲律宾土地银行	菲律宾	33500
772	776	Banque Cantonale Neuchateloise	瑞士	33500
773	772	Sparkasse Ulm	德国	33400
774	816	Capitol Bancorp	美国	33300
775	764	瓦莱塔银行	马耳他	33200
776	725	Marquette Financial Companies	美国	33100
777	847	Storebrand 银行集团	挪威	32900
778	743	Bank of Bahrain & Kuwait	巴林	32900
779	755	Sterling Bancshares	美国	32900
780	782	蕃茄银行	日本	32900
781	910	法兰克福 Volks 银行	德国	32800
782	·	First National Bankshares of Florida	美国	32800
783	786	Tottori 银行	日本	32700
784	757	Westamerica Bancorp	美国	32700
785	783	Rosbank	俄罗斯	32700
786	766	Golc Banc Corporation	美国	32700
787	840	National Penn Bancshares	美国	32600
788	·	BAC International Bank	巴拿马	32600
789	781	Laredo National Bancshares	美国	32600
790	763	Raiffeisenlandesbank Salzburg	奥地利	32500

1.19 续表 19

排名 2004年	排名 2003年	公司名称	国家或地区	一级资本额（万美元）
791	543	F. N. B. 公司	美国	32300
792	·	Bank TuranAlem	哈萨克斯坦	32300
793	767	高雄银行	中国台湾	32200
794	703	Bank of N. T. Butterfield & Son	百慕大群岛	32200
795	805	Affin 银行	马来西亚	32100
796	801	Societe Tunisienne de Banque	突尼斯	32100
797	827	联合公众银行	美国	32000
798	775	Lauritzen 公司	美国	32000
799	·	International Banking Corporation	巴林	31800
800	·	Industry Construction Bank	俄罗斯	31800
801	826	Sparkasse Rhein Neckar Nord	德国	31700
802	792	Sparkasse Osnabruck	德国	31700
803	·	Doha Bank	卡塔尔	31400
804	800	Fransabank	黎巴嫩	31400
805	794	Cassa di Risparmio de Asti	意大利	31300
806	765	海湾联合银行	巴林	31100
807	817	Sparebanken More	挪威	31000
808	796	埃及国际商业银行	埃及	31000
809	913	Sparkasse Karlsruhe	德国	31000
810	874	Turk Ekonomi Bankasi	土耳其	31000
811	806	First Interstate Bancsystem	美国	31000
812	867	Stadsparkasse Wuppertal	德国	30900
813	934	Banco de Oro Universal Bank	菲律宾	30900
814	839	Istituto Centrale delle Banche di Credito Coop.	意大利	30800
815	·	Partners Trust Financial Group	美国	30700
816	954	Banco de la Nacion	秘鲁	30600
817	·	Bank Parsian	伊朗	30500
818	868	Sparkasse Freiburg - Nordlicher Breisgau	德国	30400
819	771	马来西亚伊斯兰教银行	马来西亚	30300
820	856	Adelaide 银行	澳大利亚	30200
821	814	Banca di Piacenza	意大利	30100
822	679	Valley View Bancshares	美国	30100
823	888	Glacier Bancorp	美国	30000
824	912	Gorenjska Banka d. d. Kranj	斯洛文尼亚	29900
825	824	Jammu & Kashmir Bank	印度	29800
826	762	Banco de Bogota	哥伦比亚	29800
827	821	Bank fur Karnten udn Steiermark	奥地利	29800
828	808	First Charter Corporation	美国	29800
829	811	NBT Bancorp	美国	29700
830	833	Saikyo 银行	日本	29600
831	·	Canadian Western Bank	加拿大	29500
832	999	Natsionalnyy Reservnyy 银行	俄罗斯	29500

1.19 续表 20

排名 2004年	排名 2003年	公司名称	国家或地区	一级资本额（万美元）
833	858	BancFirst Corp	美国	29400
834	·	Export Development Bank of Iran	伊朗	29200
835	·	Sparkasse Westmünsterland	德国	29100
836	823	Cassa dei Risparmi di Forli	意大利	28800
837	·	Sparkasse Koblenz	德国	28800
838	777	Kreissparkasse Boblingen	德国	28800
839	902	中国银行公司	菲律宾	28500
840	843	公众银行系统	美国	28500
841	664	Caja Cantabria	西班牙	28400
842	810	Chinfon 商业银行	中国台湾	28300
843	841	Volkskreditbank	奥地利	28200
844	895	Kanto 银行	日本	28100
845	793	印度联合银行	印度	28000
846	837	UCO 银行	印度	28000
847	857	Sharjah 银行	阿拉伯联合酋长国	27900
848	·	Bank of Attica	瑞典	27900
849	870	Tajima Bank	日本	27900
850	945	莫斯科国际银行	俄罗斯	27700
851	959	Promsvyabank	俄罗斯	27600
852	838	S & T Bancorp	美国	27600
853	803	Caiwa 证券信托银行	英国	27600
854	835	菲律宾联合银行	菲律宾	27600
855	820	Banca Popolare de Cremona	意大利	27500
856	·	Russian Standard Bank	俄罗斯	27400
857	804	菲律宾国民银行	菲律宾	27400
858	·	Intercontinental Bank	尼日利亚	27300
859	829	Macoto 银行	中国台湾	27300
860	893	Kreissparkasse Goppingen	德国	27200
861	812	阿曼国际银行	阿曼	27200
862	938	尼日利亚第一银行	尼日利亚	27100
863	907	Sparkasse Darmstadt	德国	27000
864	813	Sahara 银行	利比亚	26900
865	852	英国阿拉伯商业银行	英国	26800
866	·	Nord - ostsee Sparkasse	德国	26800
867	815	Sparbanken Finn	瑞典	26800
868	900	Banco Continental de Panamá	巴拿马	26700
869	848	阿曼国民银行	阿曼	26600
870	819	Banco wiese Suadmeris	秘鲁	26600
871	872	Aktia 储蓄银行	芬兰	26600
872	·	Shamil Bank of Bahrain	巴林	26600
873	875	Biwako Bank	日本	26500
874	818	尼日利亚工会银行	尼日利亚	26500

1.19 续表21

排名 2004年	排名 2003年	公司名称	国家或地区	一级资本额（万美元）
875	878	约翰逊国际	美国	26500
876	845	Banco de la Ciudad de Buenos Aires	阿根廷	26400
877	822	Banque Natioanle Agricole	突尼斯	26300
878	927	朱利安农工银行	英国	26300
879	884	Chikuho 银行	日本	26200
880	911	Sparebanken Sor	挪威	26100
881	885	Harleysville National Corp	美国	26000
882	825	Bank Gospodarki Zywnosciowej	波兰	26000
883	770	毛里求斯商业银行	毛里求斯	26000
884	886	Setouchi 银行	日本	26000
885	898	冲绳岛 Kaiho 银行	日本	25900
886	926	Bank Petrocommerce	俄罗斯	25900
887	863	信托金融公司	美国	25800
888	924	Maharashtra 银行	印度	25800
889	·	Stadtsparkasse Augsburg	德国	25800
890	988	Banque Socredo	法属波利尼西亚	25800
891	·	Banque Libano - Francaise	黎巴嫩	25800
892	784	Asahi Shinkin 银行	日本	25700
893	·	Hanmi Financial Corporation	美国	25700
894	881	Stadtsparkasse Monchengladbach	德国	25700
895	890	Minami - 日本银行	日本	25600
896	853	ITLA 资本公司	美国	25500
897	834	NIKoil IBG 银行	俄罗斯	25500
898	·	Invest Bank	阿拉伯联合酋长国	25500
899	876	Sterling financial Corporation	美国	25500
900	·	Guaranty Trust Bank	尼日利亚	25300
901	869	第一金融公司	日本	25300
902	955	越南工商银行	越南	25200
903	864	Dusseldorfer Hypothekenbank	德国	25200
904	891	Banner Corporation	美国	25200
905	871	千安培银行	荷兰	25000
906	889	Nova Kreditna banka Maribor	斯洛文尼亚	25000
907	883	Stadt - Sparkasse Gelsenkirchen	德国	24900
908	·	Shenzhen Commercial Bank	中国	24700
909	971	第一公众银行	美国	24600
910	880	以色列联合银行	以色列	24500
911	901	Bank Linth	瑞士	24500
912	866	Amalgamated Bank	美国	24500
913	917	Frontier Financial Corporation	美国	24400
914	651	Banco de la Republica Oriental del Uruguay	乌拉圭	24300
915	906	波士顿私人金融公司	美国	24300
916	·	Monte de Piedad y Caja General de A. de Badajoz	西班牙	24200

1.19 续表 22

排名 2004 年	排名 2003 年	公司名称	国家或地区	一级资本额（万美元）
917	897	USB 控股	美国	24100
918	896	Kreissparkasse Tubingen	德国	24100
919	802	亚历山大银行	埃及	24100
920	·	Banque Jacob Safra(Suisse)	瑞士	24000
921	·	Sparkasse Saarbrücken	德国	23800
922	963	Indover Bank	荷兰	23700
923	861	利比亚阿拉伯外国人银行	利比亚	23700
924	873	BankThai Public Company	泰国	23600
925	947	Fionia 银行	丹麦	23600
926	930	城市持股公司	美国	23600
927	982	Parex 银行	拉托维亚	23500
928	919	Fujairah 国民银行	阿拉伯联合酋长国	23400
929	937	台南商业银行	中国台湾	23300
930	909	国民银行	德国	23300
931	923	Sparkasse Rhein - Nahe	德国	23300
932	·	Bank Sepah	伊朗	23300
933	·	Ningbo Commercial Bank	中国	23200
934	·	PrivatBank	乌克兰	23100
935	950	Banco del Desarrollo	智利	23100
936	962	Banco Pactual	巴西	23100
937	908	Community Trust Bancorp	美国	23100
938	916	白俄罗斯银行	白俄罗斯	23100
939	887	W. T. B. 金融公司	美国	23100
940	981	Gospodarstwa Krajowego 银行	波兰	23000
941	·	United Bank	巴基斯坦	23000
942	855	Banco Agricola S. A.	萨尔瓦多	23000
943	961	Shizuoka Chuo Bank	日本	22900
944	899	第一商业公司	美国	22800
945	·	Main Street Banks	美国	22800
946	903	Unizan 金融公司	美国	22700
947	879	Prva Stavebna Sporitelna	斯洛伐克	22700
948	995	Sparkasse Rosenheim	德国	22600
949	·	Banco Occidental de Descuento	委内瑞拉	22400
950	951	Prominvestbank	乌克兰	22400
951	969	Gifu Bank	日本	22300
952	·	vijaya bank	印度	22200
953	·	kreissparkasse ostalb	德国	22200
954	940	City National Bancshares	美国	22200
955	914	银行业联盟公司	菲律宾	22200
956	920	第一公众银行	特立尼达和多巴哥	22100
957	892	First Financial Bankshares	美国	22100
958	849	Sabanci 银行	英国	22000

1.19 续表 23

排名 2004年	排名 2003年	公司名称	国家或地区	一级资本额（万美元）
959	633	Banca Unione di Credito	瑞士	22000
960	952	Amboy Bancorporation	美国	21800
961	990	Rakbank	阿拉伯联合酋长国	21700
962	979	Independent Bank Corporation	美国	21700
963	·	Sun Bancorp	美国	21700
964	915	Dena 银行	印度	21700
965	994	Stadt – & Kreissparkasse Erlangen	德国	21700
966	975	Riverside Banking Co	美国	21600
967	991	Amagerbanken	丹麦	21500
968	905	信托投资银行	俄罗斯	21400
969	953	Banque de Tunisie	突尼斯	21300
970	976	Yamagata Shiawase 银行	日本	21200
971	933	Mid – State Bancshares	美国	21200
972	967	Yardville National Bancorp	美国	21200
973	·	Omega Financial Corp	美国	21100
974	970	德克萨斯 Capital Bancshares	美国	21100
975	973	Ringkj? bing Landbobank	丹麦	21100
976	935	Sandy Spring Bancorp	美国	21000
977	918	Avtobank – Nikoil	俄罗斯	20900
978	·	Kreissparkasse Reutlinggen	德国	20900
979	·	Sandnes Sparebank	挪威	20700
980	·	Chongqing Commercial Bank	中国	20700
981	1000	Miyazaki Taiyo Bank	日本	20600
982	844	泛亚银行	中国台湾	20600
983	987	Hypothekarbank Lenzburg	瑞士	20600
984	942	Compagnie Financiere E. de Rothschild	法国	20600
985	978	Bankhaus Lampe	德国	20500
986	·	Evrofinance Mosnarbank	俄罗斯	20400
987	948	加州第一国民银行	美国	20400
988	932	Banque Internationale Arabe de Tunisie	突尼斯	20400
989	·	Sparkasse Marburg – Biedenkopf	德国	20400
990	931	缅甸投资与商业银行	缅甸	20400
991	·	Banque Intercontinentale Arabe	法国	20300
992	882	Integra 银行公司	美国	20300
993	925	Simmons First National Corp	美国	20200
994	980	Independent Bank Corp	美国	20200
995	·	EuroBancshares	美国	20200
996	·	Banca di Credito Cooperativo dell'Alta Padovana	意大利	20200
997	·	Cassa di Risparmio Della Provincia di Chieti	意大利	20100
998	939	Shokusan 银行	日本	20100
999	·	Sparkasse Ingolstadt	德国	20000
1000	·	Sparkasse Harburg – Buxtehude	德国	20000

2.1 国内生产总值增长率

单位:%

	2002	2003	2004	2005①	2006①
世　界	**3.0**	**4.0**	**5.1**	**4.3**	**4.3**
发达国家	**1.5**	**1.9**	**3.3**	**2.5**	**2.7**
美　国	1.6	2.7	4.2	3.5	3.3
欧元区	0.9	0.7	2.0	1.2	1.8
德　国	0.1	-0.2	1.6	0.8	1.2
法　国	1.3	0.9	2.0	1.5	1.8
意大利	0.4	0.3	1.2	—	1.4
西班牙	2.7	2.9	3.1	3.2	3.0
荷　兰	0.1	-0.1	1.7	0.7	2.0
比利时	0.9	1.3	2.7	1.2	2.0
奥地利	1.0	1.4	2.4	1.9	2.2
芬　兰	2.2	2.4	3.6	1.8	3.2
希　腊	3.8	4.7	4.2	3.2	2.9
葡萄牙	0.4	-1.1	1.0	0.5	1.2
爱尔兰	6.1	4.4	4.5	5.0	4.9
卢森堡	2.3	2.4	4.4	3.1	3.2
日　本	-0.3	1.4	2.7	2.0	2.0
英　国	2.0	2.5	3.2	1.9	2.2
加拿大	3.1	2.0	2.9	2.9	3.2
其他发达国家和地区②	3.2	2.4	3.9	2.8	3.3
韩　国	7.0	3.1	4.6	3.8	5.0
澳大利亚	4.0	3.3	3.2	2.2	3.2
中国台湾省	3.9	3.3	5.7	3.4	4.3
瑞　典	2.0	1.5	3.6	2.6	2.8
瑞　士	0.3	-0.4	1.7	0.8	1.8
中国香港	1.9	3.2	8.1	6.3	4.5
丹　麦	0.5	0.7	2.4	2.2	2.1
挪　威	1.1	0.4	2.9	3.1	3.3
以色列	-1.2	1.7	4.4	4.2	3.9
新加坡	3.2	1.4	8.4	3.9	4.5
新西兰	4.7	3.4	4.8	2.5	2.5
塞浦路斯	2.1	1.9	3.7	3.8	4.0
冰　岛	-2.1	4.2	5.2	5.8	4.9

2.1 续表1

单位:%

	2002	2003	2004	2005①	2006①
新兴市场和发展中国家	**4.8**	**6.5**	**7.3**	**6.4**	**6.1**
非　　洲	**3.6**	**4.6**	**5.3**	**4.5**	**5.9**
阿尔及利亚	4.7	6.9	5.2	4.8	5.3
安哥拉	14.4	3.4	11.1	14.7	27.6
贝　宁	4.5	3.9	3.1	3.9	4.4
博茨瓦纳	5.0	6.6	4.9	3.8	3.5
布基纳法索	5.2	7.9	4.6	3.5	5.0
布隆迪	4.5	-1.2	4.8	5.0	5.0
喀麦隆	4.0	4.1	3.5	2.8	4.3
佛得角	5.4	6.2	4.4	6.3	7.7
中　非	-0.6	-7.6	1.3	2.2	3.5
乍　得	9.9	11.3	29.7	5.9	7.6
科摩罗	2.3	2.1	1.9	2.8	3.3
刚果(金)	3.5	5.7	6.8	6.6	7.0
刚果(布)	5.4	0.3	3.6	9.2	4.9
科特迪瓦	-1.6	-1.6	1.6	1.0	2.0
吉布提	2.6	3.2	3.0	3.2	3.8
赤道几内亚	9.7	21.3	32.8	0.2	6.4
厄立特里亚	0.7	3.0	1.8	0.8	0.4
埃塞俄比亚	1.6	-4.2	11.5	7.3	5.0
加　蓬	—	2.4	1.4	2.2	2.7
冈比亚	-3.2	6.9	5.1	4.7	4.7
加　纳	4.5	5.2	5.8	5.8	5.8
几内亚	4.2	1.2	2.7	3.0	4.9
几内亚比绍	-7.2	0.6	4.3	2.3	2.6
肯尼亚	0.3	2.8	4.3	4.7	4.9
莱索托	3.7	3.2	3.0	0.8	1.9
马达加斯加	-12.7	9.8	5.3	6.3	7.0
马拉维	2.1	3.9	4.6	2.1	8.2
马　里	4.3	7.2	2.2	6.4	6.7
毛里塔尼亚	2.3	6.4	6.9	5.4	26.9
毛里求斯	3.5	3.2	4.3	3.6	3.6
摩洛哥	3.2	5.5	4.2	1.0	5.9
莫桑比克	8.2	7.8	7.2	7.7	7.4
纳米比亚	2.5	3.7	4.2	3.6	3.8
尼日尔	3.0	5.3	0.9	4.2	4.2
尼日利亚	1.5	10.7	6.0	3.9	4.9
卢旺达	9.4	0.9	4.0	4.0	4.3
圣多美和普林西比	4.1	4.0	3.8	3.2	4.5

2.1续表2

单位:%

	2002	2003	2004	2005①	2006①
塞内加尔	1.1	6.5	6.2	5.7	5.0
塞舌尔	1.3	-6.3	-2.0	-2.8	-2.0
塞拉利昂	27.5	9.3	7.4	7.5	7.1
南非	3.6	2.8	3.7	4.3	3.9
苏丹	6.3	4.6	6.9	8.0	13.6
斯威士兰	2.9	2.7	2.1	2.0	1.7
坦桑尼亚	7.2	7.1	6.7	6.9	7.2
多哥	4.5	4.4	2.9	3.0	3.0
突尼斯	1.7	5.6	5.8	5.0	5.9
乌干达	6.9	4.5	5.8	5.9	6.6
赞比亚	3.3	5.1	5.0	5.0	5.0
津巴布韦	-4.4	-10.4	-4.2	-7.1	-4.8
欧洲中部和东部	**4.4**	**4.6**	**6.5**	**4.3**	**4.6**
阿尔巴尼亚	3.4	6.0	5.9	6.0	6.0
波黑	5.3	4.0	5.7	5.4	5.7
保加利亚	4.9	4.3	5.6	5.5	5.5
克罗地亚	5.2	4.3	3.8	3.4	3.9
捷克	1.5	3.2	4.4	4.1	3.9
爱沙尼亚	7.2	6.7	7.8	7.0	6.0
匈牙利	3.5	2.9	4.2	3.4	3.6
拉脱维亚	6.4	7.5	8.5	7.8	6.8
立陶宛	6.8	9.7	6.7	6.8	6.5
前南马其顿	0.9	3.5	2.4	3.8	3.7
马尔他	1.0	-1.9	1.0	1.5	1.8
塞黑	3.8	2.7	7.2	4.6	4.8
波兰	1.4	3.8	5.4	3.0	4.0
罗马尼亚	5.1	5.2	8.3	5.0	5.0
斯洛伐克	4.6	4.5	5.5	5.0	5.4
斯洛文尼亚	3.3	2.5	4.6	3.9	4.0
土耳其	7.9	5.8	8.9	5.0	5.0
独联体和蒙古	**5.3**	**7.9**	**8.4**	**6.0**	**5.7**
俄罗斯联邦	4.7	7.3	7.2	5.5	5.3
俄罗斯联邦以外国家	6.6	9.2	11.0	7.1	6.8
亚美尼亚	13.2	13.9	10.1	8.0	6.0
阿塞拜疆	8.1	11.5	10.2	18.7	26.6
白俄罗斯	5.0	7.0	11.0	7.1	4.0

2.1 续表 3　　单位:%

	2002	2003	2004	2005①	2006①
格鲁吉亚	5.5	11.1	6.2	7.5	4.5
哈萨克斯坦	9.8	9.3	9.4	8.8	7.7
吉尔吉斯斯坦	—	7.0	7.1	4.0	5.5
摩尔多瓦	7.8	6.6	7.3	6.0	5.0
蒙　古	4.0	5.6	10.6	5.0	6.0
塔吉克斯坦	9.1	10.2	10.6	8.0	7.0
土库曼斯坦	15.8	17.1	17.2	9.6	6.5
乌克兰	5.2	9.6	12.1	5.5	5.4
乌兹别克斯坦	3.1	1.5	7.1	3.5	2.5
亚　洲	**6.6**	**8.1**	**8.2**	**7.8**	**7.2**
阿富汗	28.6	15.7	7.5	13.6	10.9
孟加拉国	4.8	5.8	5.8	5.7	6.0
不　丹	7.1	6.8	7.9	7.7	13.3
文　莱	2.8	3.8	1.7	3.0	2.2
柬埔寨	5.3	7.1	7.7	6.3	6.1
中　国	8.3	9.5	9.5	9.0	8.2
斐　济	4.3	4.8	4.1	1.2	2.5
印　度	4.7	7.4	7.3	7.1	6.3
印度尼西亚	4.4	4.9	5.1	5.8	5.8
基里巴斯	-4.2	2.2	-1.4	0.3	0.8
老　挝	5.8	5.8	6.4	7.3	7.0
马来西亚	4.4	5.4	7.1	5.5	6.0
马尔代夫	6.5	8.4	8.8	1.0	9.0
缅　甸	12.0	13.8	5.0	4.5	3.5
尼泊尔	-0.6	3.4	3.4	2.5	4.0
巴基斯坦	4.1	5.7	7.1	7.4	6.5
巴布亚新几内亚	-0.8	2.7	2.5	2.8	2.8
菲律宾	4.4	4.5	6.0	4.7	4.8
萨摩亚	1.8	3.1	3.2	3.2	3.2
所罗门群岛	-2.4	5.6	5.5	4.4	5.0
斯里兰卡	4.0	6.0	5.4	5.3	6.0
泰　国	5.3	6.9	6.1	3.5	5.0
东帝汶	-6.7	-6.2	1.8	2.5	4.9
汤　加	2.1	2.9	1.5	2.5	2.8
瓦努阿图	-4.9	2.4	3.0	2.8	2.6
越　南	7.1	7.3	7.7	7.5	7.0

2.1 续表 4 单位:%

	2002	2003	2004	2005①	2006①
中　东	**4.2**	**6.5**	**5.5**	**5.4**	**5.0**
巴　林	5.2	7.2	5.4	7.1	5.2
埃　及	3.2	3.1	4.1	4.8	5.0
伊　朗	7.5	6.7	5.6	5.7	5.4
约　旦	5.7	4.1	7.7	5.0	2.5
科威特	-0.5	9.7	7.2	3.2	3.2
黎巴嫩	2.9	5.0	6.0	—	3.0
利比亚	3.3	9.1	4.4	4.3	4.4
阿　曼	2.3	1.9	4.5	3.8	6.2
卡塔尔	7.3	8.6	9.3	5.5	7.1
沙特阿拉伯	0.1	7.7	5.2	6.0	4.7
叙利亚	4.2	2.6	3.4	3.5	4.0
阿联酋	4.1	11.3	8.5	5.6	4.2
也　门	3.9	3.1	2.5	3.7	2.0
西半球	**—**	**2.2**	**5.6**	**4.1**	**3.8**
安提瓜和巴布达	2.4	4.9	4.1	2.4	2.6
阿根廷	-10.9	8.8	9.0	7.5	4.2
巴哈马	1.4	1.9	3.0	3.5	4.0
巴巴多斯	0.5	2.0	4.4	3.1	3.3
伯利兹	4.7	9.2	4.6	2.2	2.7
玻利维亚	2.4	2.8	3.6	3.9	2.5
巴　西	1.9	0.5	4.9	3.3	3.5
智　利	2.2	3.7	6.1	5.9	5.8
哥伦比亚	1.9	4.1	4.1	4.0	4.0
哥斯达黎加	2.9	6.5	4.2	3.2	2.7
多米尼克	-3.7	0.9	3.7	2.8	2.8
多米尼加	4.3	-1.6	2.0	4.5	4.5
厄瓜多尔	3.4	2.7	6.9	2.7	2.8
萨尔瓦多	2.2	1.8	1.5	2.0	2.0
格林纳达	0.8	5.8	-3.0	0.9	7.0
危地马拉	2.2	2.1	2.7	3.2	3.2
圭亚那	1.1	-0.7	1.6	-2.6	3.4
海　地	-0.5	0.5	-3.8	1.5	2.5
洪都拉斯	2.7	3.5	4.6	4.2	4.5
牙买加	1.9	2.0	2.5	0.7	3.7
墨西哥	0.8	1.4	4.4	3.0	3.5
荷属安的列斯	1.2	1.7	-0.1	0.7	1.5

2.1 续表5

单位:%

	2002	2003	2004	2005①	2006①
尼加拉瓜	0.8	2.3	5.1	3.5	4.0
巴 拿 马	2.2	4.3	6.0	3.5	4.0
巴 拉 圭	—	3.8	4.0	3.0	3.5
秘　　鲁	4.9	4.0	4.8	5.5	4.5
圣基茨和尼维斯	-0.3	0.6	4.0	3.5	3.6
圣卢西亚	0.1	2.9	4.0	5.1	5.8
圣文森特和格林纳丁斯	3.7	3.9	4.0	4.4	4.2
苏 里 南	3.0	5.3	4.6	4.9	3.3
特立尼达和多巴哥	6.8	13.2	6.2	6.3	10.1
乌 拉 圭	-11.0	2.2	12.3	6.0	4.0
委内瑞拉	-8.9	-7.7	17.9	7.8	4.5
发展中国家分析组					
按出口收入来源					
燃料	3.6	6.4	7.2	6.0	6.2
非燃料	4.9	6.5	7.3	6.4	6.1
其中:初级产品	2.9	3.3	5.6	4.4	5.1
按外部资金主要来源					
净债务国	3.3	4.9	6.1	5.2	5.2
其中:官方融资	1.6	5.3	6.1	5.9	5.3
有债务史的净债务国					
1999-2003年欠债和/或重新制定偿还计划的国家	2.2	5.8	6.6	6.0	5.9
备忘					
国内生产总值增长率中位数					
发达国家	1.9	1.9	3.2	2.6	3.0
新兴市场和发展中国家	3.5	4.5	5.0	4.3	4.5
人均国内生产总值增长速度					
发达国家	0.9	1.3	2.7	2.0	2.2
新兴市场和发展中国家	3.5	5.2	6.0	5.1	4.9
按市场汇率计算的世界增长率	**1.7**	**2.6**	**4.0**	**3.1**	**3.2**
世界总产出(10亿美元)					
按市场汇率计算	32517	36481	40895	43886	45942
按购买力平价法计算	49015	51824	55655	59560	63420

注:①为预测数。②不包括美国、欧元区国家和日本。以下表同。

资料来源:国际货币基金组织《世界经济展望》2005年9月。

2.2 消费者价格指数上涨率

单位:%

	年均上涨率 1987－1996	2002	2003	2004	2005①	2006①
发达国家	**3.5**	**1.5**	**1.8**	**2.0**	**2.2**	**2.0**
美国	3.7	1.6	2.3	2.7	3.1	2.8
欧元区		2.3	2.1	2.1	2.1	1.8
德国	2.6	1.3	1.0	1.8	1.7	1.7
法国	2.6	1.9	2.2	2.3	1.9	1.8
意大利	5.2	2.6	2.8	2.3	2.1	2.0
西班牙	5.4	3.6	3.1	3.1	3.2	3.0
荷兰②	1.6	3.8	2.5	0.9	1.4	1.5
比利时②	2.6	1.8	2.0	2.3	2.0	1.7
奥地利②	2.9	1.4	1.4	2.0	1.8	1.8
芬兰②	3.7	1.0	－0.3	0.5	0.3	0.6
希腊②	14.4	4.0	3.5	3.4	3.1	3.0
葡萄牙②	8.5	4.4	2.8	2.5	2.5	2.7
爱尔兰②	2.9	5.0	2.0	2.2	2.8	2.6
卢森堡②	2.7	1.2	2.6	1.9	2.3	2.6
日本	1.3	－1.0	－0.2	—	－0.4	－0.1
英国	4.2	1.3	1.4	1.3	2.0	1.9
加拿大	3.1	2.3	2.7	1.8	2.2	2.5
其他发达国家和地区	5.1	1.7	1.8	2.0	2.0	2.3
韩国②	7.4	2.8	2.7	2.7	0.4	2.7
澳大利亚②	3.4	2.5	3.1	3.6	4.4	2.7
中国台湾省②	2.6	－0.9	－2.1	－1.9	－0.5	2.0
瑞典②	4.8	1.7	2.1	0.8	0.7	2.1
瑞士②	2.5	1.7	0.9	0.9	1.3	1.2
中国香港②	8.0	－3.6	－5.2	－3.1	－0.6	1.1
丹麦②	3.0	1.6	2.2	1.6	2.1	2.0
挪威②	3.2	－1.6	2.4	5.0	9.0	5.8
以色列②	15.3	4.4	—	－0.2	1.7	2.3
新加坡②	3.0	－0.4	0.4	3.5	0.7	1.7
新西兰②	3.5	0.4	2.2	3.3	2.9	2.6
塞浦路斯②	4.3	2.2	4.8	2.2	2.5	2.5
冰岛②	9.7	5.7	－0.2	2.4	2.8	1.9
新兴市场和发展中国家	**56.6**	**5.9**	**6.0**	**5.8**	**5.9**	**5.7**
非洲	**28.6**	**9.6**	**10.4**	**7.8**	**8.2**	**7.0**
阿尔及利亚	18.2	1.4	2.6	3.6	3.5	4.3
安哥拉	313.3	108.9	98.3	43.6	22.0	10.5

2.2 续表 1

单位:%

	年均上涨率 1987－1996	2002	2003	2004	2005①	2006①
贝　　宁	6.4	2.4	1.5	0.9	2.5	2.5
博茨瓦纳	11.6	8.1	9.6	6.6	6.8	7.3
布基纳法索	3.7	2.3	2.0	－0.4	4.0	2.0
布隆迪	11.3	－1.3	10.7	8.0	16.3	7.8
喀麦隆	4.4	6.3	0.6	0.3	1.5	1.8
佛得角	6.7	1.8	1.2	－1.9	0.7	2.3
中　　非	2.6	2.3	4.4	－2.2	2.4	2.3
乍　　得	4.7	5.2	－1.8	－5.3	3.0	3.0
科摩罗	3.1	3.5	3.8	4.5	3.0	3.0
刚果(金)	776.8	25.3	12.8	3.9	23.2	8.0
刚果(布)	3.3	3.1	1.5	3.6	2.0	2.5
科特迪瓦	6.2	3.1	3.3	1.5	3.0	3.0
吉布提	5.1	0.6	2.0	3.1	3.0	2.2
赤道几内亚	4.9	7.6	7.3	4.2	6.0	5.5
厄立特里亚		16.9	22.7	25.1	14.0	12.1
埃塞俄比亚	7.1	－7.2	15.1	8.6	6.8	6.0
加　　蓬	3.9	0.2	2.1	0.4	1.0	1.0
冈比亚	8.8	8.6	17.0	14.2	5.0	5.2
加　　纳	31.1	14.8	26.7	12.6	14.3	8.7
几内亚	8.4	3.0	12.9	17.5	26.3	11.8
几内亚比绍	55.9	3.3	3.0	3.0	2.0	2.0
肯尼亚	16.1	2.0	9.8	11.6	11.0	5.1
莱索托	12.4	11.7	7.6	5.0	4.3	5.0
马达加斯加	19.7	16.2	－1.1	14.0	10.4	4.8
马拉维	27.9	14.9	9.6	11.6	12.3	9.0
马　　里	2.9	2.4	－1.3	－3.1	3.8	2.5
毛里塔尼亚	6.9	3.9	5.5	10.4	13.5	7.2
毛里求斯	7.5	5.9	5.1	4.3	5.3	5.8
摩洛哥	4.8	2.8	1.2	1.5	2.0	2.0
莫桑比克	56.1	16.8	13.4	12.6	7.7	7.3
纳米比亚	11.9	11.3	7.2	4.1	5.8	5.0
尼日尔	3.2	2.7	－1.8	0.4	2.4	2.0
尼日利亚	35.9	13.7	14.0	15.0	15.9	7.3
卢旺达	15.5	2.0	7.4	12.0	7.0	4.0
圣多美和普林西比	37.1	9.2	9.6	12.8	15.1	13.4

2.2续表2

单位:%

	年均上涨率 1987-1996	2002	2003	2004	2005①	2006①
塞内加尔	3.1	2.3	—	0.5	1.5	1.9
塞舌尔	1.7	0.2	3.2	3.9	2.3	4.5
塞拉利昂	58.5	-3.7	7.5	14.2	8.5	7.4
南非	12.1	9.2	5.8	1.4	3.9	5.3
苏丹	84.8	8.3	7.7	8.4	7.5	7.0
斯威士兰	11.5	11.7	7.4	3.5	5.5	5.8
坦桑尼亚	27.6	4.6	4.5	4.3	4.1	4.0
多哥	5.3	3.1	-0.9	1.2	1.7	2.0
突尼斯	6.2	2.8	2.8	3.6	2.9	2.5
乌干达	54.3	-2.0	5.7	5.0	8.2	4.5
赞比亚	85.5	22.2	21.5	18.0	17.0	11.5
津巴布韦	20.7	133.2	365.0	350.0	190.4	253.1
欧洲中部和东部	**61.3**	**14.7**	**9.2**	**6.5**	**4.8**	**4.3**
阿尔巴尼亚	28.4	3.1	2.4	2.9	2.4	3.0
波黑		0.3	0.6	0.4	1.0	1.9
保加利亚	63.2	5.8	2.3	6.1	4.4	3.5
克罗地亚		1.7	1.8	2.1	3.0	2.5
捷克		1.8	0.1	2.8	2.0	2.5
爱沙尼亚		3.6	1.3	3.0	3.9	2.8
匈牙利	21.8	5.3	4.7	6.8	4.0	3.6
拉脱维亚		1.9	2.9	6.3	6.3	5.1
立陶宛		0.3	-1.2	1.2	2.7	2.5
前南马其顿		2.4	1.2	-0.3	1.2	1.8
马尔他	2.4	2.7	1.9	2.7	2.4	1.9
波兰	78.2	1.9	0.8	3.5	2.2	2.5
罗马尼亚	76.8	22.5	15.3	11.9	8.8	6.9
塞黑		21.2	11.3	9.5	15.4	9.3
斯洛伐克		3.3	8.5	7.5	2.7	2.7
斯洛文尼亚		7.5	5.6	3.6	2.6	2.5
土耳其	70.9	44.8	25.2	10.3	8.4	6.9
独联体和蒙古		**13.8**	**12.0**	**10.3**	**12.6**	**10.5**
俄罗斯联邦		15.8	13.7	10.9	12.8	10.7
俄罗斯联邦以外国家		9.3	8.3	9.0	12.1	10.1
亚美尼亚		1.1	4.7	6.9	2.2	3.9
阿塞拜疆		2.8	2.2	6.7	12.7	8.3
白俄罗斯		42.6	28.4	18.1	12.1	12.5

2.2 续表 3

单位:%

	年均上涨率 1987－1996	2002	2003	2004	2005①	2006①
格鲁吉亚		5.6	4.8	5.7	9.0	7.0
哈萨克斯坦		5.9	6.4	6.9	7.4	7.1
吉尔吉斯斯坦		2.1	3.1	4.1	5.0	4.0
摩尔多瓦		5.3	11.7	12.5	13.3	11.9
蒙　古	50.0	0.9	5.1	7.9	12.1	4.3
塔吉克斯坦		12.2	16.4	7.1	7.2	5.0
土库曼斯坦		8.8	5.6	5.9	13.5	5.0
乌克兰		0.8	5.2	9.0	14.2	12.1
乌兹别克斯坦		44.3	14.8	8.8	14.1	13.0
亚　洲	**11.0**	**2.1**	**2.6**	**4.2**	**4.2**	**4.7**
阿富汗		5.0	23.9	14.3	12.0	7.5
孟加拉国	7.4	3.8	5.4	6.1	6.2	5.8
不　丹	9.8	2.7	1.8	4.5	5.0	5.0
文　莱		－2.3	0.3	0.9	1.0	1.0
柬埔寨		3.7	0.5	5.6	5.5	3.5
中　国	11.9	－0.8	1.2	3.9	3.0	3.8
斐　济	5.4	0.8	4.2	2.8	4.2	3.5
印　度	9.5	4.3	3.8	3.8	3.9	5.1
印度尼西亚	8.3	11.8	6.8	6.1	8.2	6.5
基里巴斯	1.8	1.1	1.6	－0.6	0.5	2.5
老　挝	11.2	10.6	15.5	10.5	5.9	5.0
马来西亚	3.0	1.8	1.1	1.4	3.0	2.5
马尔代夫	10.1	0.9	－2.9	6.4	6.5	2.8
缅　甸	24.3	58.1	24.9	10.0	21.0	32.5
尼泊尔	10.6	2.9	4.7	4.0	4.1	4.0
巴基斯坦	9.7	3.2	2.9	7.4	9.9	9.8
巴布亚新几内亚	6.7	11.8	14.7	2.1	2.4	2.5
菲律宾	9.7	3.0	3.5	6.0	8.2	7.5
萨摩亚	5.7	8.1	4.2	2.4	2.4	2.2
所罗门群岛	12.1	9.4	10.1	6.9	6.2	8.1
斯里兰卡	12.1	9.6	6.3	7.6	14.0	9.5
泰　国	4.8	0.6	1.8	2.7	4.2	2.7
东帝汶		4.8	7.1	3.3	2.5	2.5
汤　加	5.7	10.0	10.7	11.8	11.2	9.0
瓦努阿图	2.7	2.0	3.0	1.0	1.9	2.7
越　南	71.0	4.0	3.2	7.7	8.0	5.5

2.2续表4

单位:%

	年均上涨率 1987-1996	2002	2003	2004	2005①	2006①
中　东	**15.3**	**6.5**	**7.1**	**8.4**	**10.0**	**9.7**
巴　林	0.6	-0.5	1.6	4.9	3.7	1.6
埃　及	15.3	2.4	3.2	8.1	8.8	8.0
伊　朗	25.5	15.8	15.6	15.6	18.5	18.5
约　旦	5.4	1.8	1.6	3.4	3.7	8.4
科威特	3.1	0.8	1.0	1.8	1.8	1.8
黎巴嫩	72.8	1.8	1.3	3.0	2.0	2.0
利比亚	7.2	-9.9	-2.1	-1.0	1.8	2.5
阿　曼	2.1	-0.2	0.2	0.8	1.9	1.1
卡塔尔	3.5	1.0	2.3	6.8	3.0	2.7
沙特阿拉伯	1.1	0.2	0.6	0.3	1.0	1.0
叙利亚	18.1	0.6	5.0	4.6	10.0	5.0
阿联酋	4.2	2.9	3.1	4.6	6.0	4.5
也　门	38.1	12.2	10.8	12.5	10.3	11.4
西半球	**181.9**	**8.9**	**10.6**	**6.5**	**6.3**	**5.4**
安提瓜和巴布达	4.4	2.2	1.0	-1.3	—	—
阿根廷	182.0	25.9	13.4	4.4	9.5	10.4
巴哈马	4.0	2.2	3.0	0.9	1.8	2.0
巴巴多斯	3.6	0.2	1.6	1.4	3.2	2.0
伯利兹	2.8	2.2	2.6	3.1	3.5	1.9
玻利维亚	13.5	0.9	3.3	4.4	5.5	3.2
巴　西	656.6	8.4	14.8	6.6	6.8	4.6
智　利	15.3	2.5	2.8	1.1	2.9	3.3
哥伦比亚	25.0	6.3	7.1	5.9	5.2	4.8
哥斯达黎加	18.7	9.2	9.4	12.3	12.6	9.5
多米尼克	3.3	0.1	1.6	2.4	1.3	1.5
多米尼加	21.8	5.2	27.4	51.5	3.7	7.8
厄瓜多尔	42.4	12.6	7.9	2.7	2.0	2.0
萨尔瓦多	16.0	2.8	2.5	5.4	4.0	4.0
格林纳达	2.8	1.1	2.2	2.3	3.0	2.0
危地马拉	16.1	8.1	5.6	7.6	7.6	5.3
圭亚那	36.1	5.4	6.0	4.7	6.0	4.6
海　地	17.2	8.7	32.5	27.1	16.6	9.6
洪都拉斯	16.7	7.7	7.7	8.1	8.1	5.8
牙买加	27.5	6.5	12.9	12.8	12.5	8.1
墨西哥	36.7	5.0	4.5	4.7	4.3	3.6
荷属安的列斯	2.8	0.4	1.9	1.5	2.7	2.4

2.2 续表 5

单位:%

	年均上涨率 1987－1996	2002	2003	2004	2005①	2006①
尼加拉瓜	497.8	4.0	6.6	9.3	9.0	6.0
巴拿马	0.9	1.0	1.4	2.3	2.6	1.8
巴拉圭	20.8	10.5	14.2	4.3	4.8	4.7
秘　鲁	287.4	0.2	2.3	3.7	1.8	2.6
圣基茨和尼维斯	2.6	2.1	2.3	2.1	1.8	2.0
圣卢西亚	3.7	－0.3	1.0	1.5	3.0	4.0
圣文森特和格林纳丁斯	3.4	1.3	0.2	3.0	2.6	1.9
苏里南	63.8	15.5	23.1	9.0	8.6	6.6
特立尼达和多巴哥	7.9	4.2	3.8	3.7	5.3	5.0
乌拉圭	64.0	14.0	19.4	9.2	5.2	6.5
委内瑞拉	49.0	22.4	31.1	21.7	16.6	18.0
发展中国家分析组						
按出口收入来源						
燃料	27.0	10.3	11.1	10.3	11.2	10.0
非燃料	59.6	5.6	5.6	5.4	5.5	5.4
其中:初级产品	62.9	14.6	17.5	12.6	13.7	12.0
按外部资金主要来源						
净债务国	65.4	8.3	7.6	6.0	6.2	5.8
其中:官方融资	41.7	9.4	7.8	6.9	8.1	6.9
有债务史的净债务国						
1999－2003 年欠债和/或重新制定偿还计划的国家	50.2	13.6	11.0	9.5	10.4	9.2
备忘						
消费者价格上涨率中位数						
发达国家	3.5	2.1	2.1	1.9	2.0	2.0
新兴市场和发展中国家	10.5	3.2	4.4	4.6	5.0	4.5

注:①为预测数。②为国内生产总值缩减指数。

资料来源:国际货币基金组织《世界经济展望》2005 年 9 月。

2.3 失业率

单位:%

	平均失业率①		2002	2003	2004	2005②	2006②
	1987-1996	1997-2006					
发达国家	**6.8**	**6.3**	**6.4**	**6.6**	**6.3**	**6.1**	**5.9**
美国	6.1	5.0	5.8	6.0	5.5	5.2	5.2
欧元区		8.9	8.3	8.7	8.9	8.7	8.4
德国	7.3	8.9	8.7	9.6	9.2	9.5	9.3
法国	10.4	9.8	8.9	9.5	9.7	9.8	9.6
意大利	11.3	9.7	9.0	8.7	8.5	8.1	7.8
西班牙	20.0	13.0	11.5	11.5	11.0	9.1	8.0
荷兰	6.4	3.8	2.8	3.7	4.6	5.0	4.5
比利时	8.4	8.0	7.3	7.9	7.8	7.9	8.0
奥地利	3.4	4.3	4.1	4.3	4.8	5.0	4.7
芬兰	9.7	9.6	9.1	9.0	8.8	8.0	7.8
希腊	8.4	10.7	10.3	9.7	10.5	10.5	10.5
葡萄牙	5.8	5.7	5.0	6.3	6.7	7.4	7.7
爱尔兰	14.5	5.3	4.4	4.7	4.5	4.2	4.0
卢森堡	2.0	3.6	3.0	3.8	4.4	4.8	5.2
日本	2.6	4.6	5.4	5.3	4.7	4.3	4.1
英国	8.5	5.5	5.2	5.0	4.8	4.7	4.8
加拿大	9.5	7.5	7.7	7.6	7.2	6.8	6.7
韩国	2.5	4.2	3.3	3.6	3.5	3.6	3.3
澳大利亚	8.4	6.4	6.4	6.0	5.5	5.1	5.1
中国台湾省	1.7	3.9	5.2	5.0	4.4	4.3	4.2
瑞典	4.7	5.3	4.0	4.9	5.5	5.2	4.9
瑞士	2.1	3.0	2.3	3.4	3.5	3.7	3.7
中国香港	1.9	5.6	7.3	7.9	6.8	5.7	4.6
丹麦	9.8	5.8	4.9	5.8	6.0	5.6	5.5
挪威	4.9	3.9	3.9	4.5	4.5	4.2	4.0
以色列	8.4	9.2	10.3	10.7	10.3	9.1	8.7
新加坡	2.6	3.5	4.4	4.7	4.0	3.6	3.4
新西兰	7.5	5.4	5.2	4.7	3.9	4.0	4.2
塞浦路斯	2.6	3.3	3.1	3.5	3.6	3.2	3.0
冰岛	2.8	2.4	2.5	3.4	3.1	2.3	1.7
备忘							
主要发达国家	6.6	6.2	6.6	6.7	6.4	6.1	6.0
亚洲新工业化国家	2.3	4.2	4.2	4.4	4.1	4.0	3.7

注:①平均失业率为算术平均值。②为预测数。

资料来源:国际货币基金组织《世界经济展望》2005年9月。

2.4 工资和劳动生产率

单位:%

	平均增长率		2002	2003	2004	2005①	2006①
	1987-1996	1997-2006					
每小时工资							
发达国家	**4.9**	**3.7**	**4.2**	**5.1**	**2.5**	**4.4**	**3.5**
美　国	3.4	5.2	7.3	8.3	2.2	6.9	4.0
欧元区		3.3	3.4	2.5	2.6	2.8	3.1
德　国	5.8	2.3	2.4	2.5	0.7	2.5	3.0
法　国	4.0	2.5	4.1	4.1	3.4	3.2	3.9
西班牙	6.8	2.6	2.3	3.0	3.5	2.9	2.7
意大利	6.6	3.7	5.2	5.1	3.2	3.0	3.0
日　本	3.7	0.7	-1.3	1.0	0.4	1.4	1.3
英　国	6.8	3.8	3.5	3.6	3.6	2.6	3.4
加拿大	3.8	3.2	2.7	3.7	3.9	3.6	3.8
其它发达国家	9.2	4.7	3.1	4.4	4.9	4.6	5.1
备忘							
主要发达国家	4.3	3.6	4.4	5.3	2.1	4.6	3.3
亚洲新兴工业化国家	14.0	5.8	3.1	6.3	6.5	6.2	6.4
劳动生产率							
发达国家	**3.1**	**3.4**	**4.4**	**4.0**	**4.3**	**2.7**	**2.6**
美　国	2.8	4.4	7.5	5.2	5.2	4.4	3.0
欧元区		3.0	1.6	1.1	3.0	1.5	2.3
德　国	3.3	3.2	1.1	4.3	4.9	2.8	2.8
法　国	3.9	3.6	3.8	0.1	3.9	2.6	4.5
西班牙	2.8	0.4	-2.0	-0.8	-0.3	-0.4	1.1
意大利	2.9	1.5	2.2	4.2	2.6	0.3	0.3
日　本	2.7	2.6	3.7	5.3	5.3	1.8	1.7
英　国	3.4	3.4	1.5	5.1	5.8	0.3	1.4
加拿大	2.3	3.1	3.6	1.5	3.1	3.1	3.1
其它发达国家	4.0	3.5	4.2	3.7	3.2	2.2	3.3
备忘							
主要发达国家	3.0	3.5	4.7	4.2	4.7	3.0	2.6
亚洲新兴工业化国家	6.8	5.0	6.2	5.7	4.6	4.0	5.3
单位劳动成本							
发达国家	**1.9**	**0.3**	**-0.2**	**1.0**	**-1.7**	**1.6**	**0.9**
美　国	0.5	0.8	-0.2	2.9	-2.9	2.4	1.0
欧元区		0.3	1.8	1.4	-0.4	1.2	0.8
德　国	2.4	-0.9	1.3	-1.7	-4.0	-0.3	0.2
法　国	0.1	-1.1	0.3	4.0	-0.4	0.6	-0.6
西班牙	3.9	2.2	4.3	3.9	3.7	3.3	1.5
意大利	3.6	2.1	2.9	0.9	0.6	2.7	2.7
日　本	1.0	-1.8	-4.8	-4.1	-4.7	-0.4	-0.4
英　国	3.3	0.4	2.0	-1.5	-2.0	2.3	2.0
加拿大	1.5	0.1	-0.8	2.1	0.8	0.6	0.7
其它发达国家	5.0	1.0	-1.1	0.4	1.3	2.1	1.5
备忘							
主要发达国家	1.3	0.1	-0.3	1.1	-2.4	1.5	0.7
亚洲新兴工业化国家	6.6	0.5	-3.0	-0.1	1.1	1.7	0.8

注:①为预测数。

资料来源:国际货币基金组织《世界经济展望》2005 年 9 月。

2.5 发达国家财政收支差额占GDP的比重

单位:%

	2001	2002	2003	2004	2005①	2006①
政府财政收支						
发达国家	**-1.5**	**-3.4**	**-3.9**	**-3.4**	**-3.3**	**-3.4**
美国	-0.7	-4.0	-4.6	-4.0	-3.7	-3.9
欧元区	-1.8	-2.5	-2.8	-2.7	-3.0	-3.1
德国	-2.8	-3.7	-4.0	-3.7	-3.9	-3.7
法国	-1.5	-3.1	-4.2	-3.7	-3.5	-3.9
意大利	-3.2	-2.7	-3.2	-3.2	-4.3	-5.1
西班牙	-0.5	-0.3	0.3	-0.3	0.3	0.3
荷兰	-0.3	-2.0	-3.2	-2.1	-2.3	-2.5
比利时	0.6	0.1	0.4	—	-0.8	-2.0
奥地利	0.1	-0.4	-1.3	-1.2	-2.0	-1.8
芬兰	5.2	4.2	2.3	1.9	1.5	1.5
希腊	-3.6	-4.2	-5.2	-6.1	-4.3	-4.1
葡萄牙	-4.4	-2.7	-2.8	-2.9	-6.2	-4.8
爱尔兰	0.8	-0.4	0.2	1.4	-1.1	-0.6
卢森堡	6.4	2.8	0.8	-1.3	-1.7	-2.1
日本	-6.1	-7.9	-7.8	-7.2	-6.7	-6.2
英国	0.8	-1.5	-3.2	-3.0	-3.2	-3.4
加拿大	0.7	-0.1	—	0.7	0.5	0.3
韩国	0.6	2.3	2.7	2.3	2.2	2.8
澳大利亚	0.9	1.1	1.7	1.6	1.3	1.1
中国台湾省	-6.7	-4.5	-2.9	-3.4	-3.0	-2.8
瑞典	2.9	-0.3	0.5	0.7	0.6	0.4
瑞士	0.1	-1.2	-1.6	-1.0	-1.4	-1.2
中国香港	-5.0	-4.9	-3.2	-0.8	-0.7	0.1
丹麦	2.8	1.6	1.2	1.4	1.6	1.7
挪威	13.6	9.3	7.6	11.4	16.7	18.3

2.5 续表

单位:%

	2001	2002	2003	2004	2005①	2006①
以色列	-3.9	-4.2	-6.5	-5.1	-5.1	-4.7
新加坡	4.8	4.0	5.8	5.2	4.5	4.2
新西兰	1.6	1.7	3.5	4.6	4.1	3.7
塞浦路斯	-2.3	-4.5	-6.3	-4.2	-3.0	-2.8
冰岛	0.2	0.2	-1.0	0.4	1.0	0.8
备忘						
主要发达国家	-1.8	-4.1	-4.6	-4.1	-4.0	-4.1
亚洲新兴工业化国家	-4.8	-3.5	-1.9	-1.7	-1.5	-1.2
不包括社会保险的财政收支状况						
美国	-1.5	-4.4	-5.1	-4.3	-4.1	-4.4
日本	-6.2	-7.7	-7.9	-6.9	-6.3	-5.8
德国	-2.6	-3.4	-3.6	-3.6	-3.2	-3.0
法国	-1.7	-2.9	-3.5	-2.7	-2.9	-3.3
意大利	0.8	1.5	1.1	1.2	0.2	-0.3
加拿大	2.4	1.4	1.4	2.1	1.9	1.7
中央政府财政收支						
发达国家	**-1.0**	**-2.4**	**-3.0**	**-2.8**	**-2.6**	**-2.6**
美国	0.5	-2.4	-3.4	-3.1	-2.6	-2.9
欧元区	-1.6	-2.1	-2.3	-2.3	-2.3	-2.3
德国	-1.3	-1.7	-1.8	-2.3	-2.1	-2.1
法国	-2.2	-3.8	-3.9	-3.2	-3.1	-2.8
意大利	-3.0	-2.9	-2.7	-2.6	-3.2	-3.7
西班牙	-0.6	-0.5	-0.3	-1.2	-0.5	-0.4
日本	-6.3	-6.9	-7.1	-7.0	-6.9	-6.7
英国	0.9	-1.6	-3.5	-3.0	-3.2	-3.5
加拿大	1.1	0.8	0.1	0.6	0.3	0.3
其它发达国家	0.3	0.1	0.6	0.9	1.3	1.6
备忘						
主要发达国家	-1.2	-3.0	-3.6	-3.5	-3.2	-3.4
亚洲新兴工业化国家	-0.8	-0.3	0.2	0.4	0.5	0.9

注:①为预测数。

资料来源:国际货币基金组织《世界经济展望》2005 年 9 月。

2.6 发展中国家中央财政收支差额占 GDP 的比重

单位:%

	2001	2002	2003	2004	2005①	2006①
发展中国家	**-3.3**	**-3.5**	**-2.9**	**-1.7**	**-1.1**	**-0.7**
地区分组						
非洲	-2.1	-2.5	-1.9	-0.2	0.6	2.4
撒哈拉以南非洲	-2.5	-2.7	-2.5	-0.8	-0.3	1.2
不包括尼日利亚和南非	-2.8	-3.4	-3.1	-2.1	-1.5	-0.2
中欧和东欧	-7.1	-7.5	-5.7	-4.7	-4.1	-3.7
独联体	1.8	1.0	1.2	2.7	6.0	6.6
俄罗斯	2.7	1.3	1.6	4.4	8.6	9.6
其他独联体国家	-0.7	0.2	0.1	-1.7	-1.2	-1.6
亚洲	-4.2	-4.0	-3.5	-2.6	-2.7	-2.5
中国	-3.1	-3.3	-2.8	-1.7	-1.7	-1.5
印度	-6.6	-6.1	-5.3	-4.5	-4.5	-4.1
其他亚洲发展中国家	-4.1	-3.3	-3.2	-2.9	-3.0	-3.1
中东	-0.5	-2.2	-0.1	1.6	6.8	7.8
西半球	-2.6	-3.1	-3.1	-1.5	-2.1	-1.6
巴西	-2.1	-0.8	-4.0	-1.5	-3.8	-2.6
墨西哥	-1.3	-1.6	-1.6	-0.3	-0.7	-0.7
分析组						
根据出口收入来源						
燃料	0.2	-1.8	1.0	4.1	10.1	12.4
非燃料	-3.5	-3.6	-3.2	-2.1	-2.0	-1.6
其中:初级产品	-2.9	-3.0	-3.0	-1.6	-1.0	-0.9
根据外部资金来源						
净债务国	-4.3	-4.3	-3.9	-2.9	-3.0	-2.6
官方融资的	-4.0	-4.6	-3.0	-2.6	-2.5	-2.6
有债务史的净债务国						
1999-2003 欠债和/或重新制定偿还计划的国家	-3.3	-3.9	-2.3	-1.3	-0.9	-0.3
其它组						
重债穷国	-4.1	-4.4	-4.5	-3.6	-2.9	-2.6
中东和北非	-0.5	-2.1	-0.1	1.6	5.9	7.3
备忘						
中位数						
发展中国家	-3.6	-3.7	-3.1	-2.6	-2.5	-2.1
非洲	-3.4	-4.1	-3.1	-3.0	-2.4	-2.1
中欧和东欧	-3.5	-5.1	-3.5	-3.0	-3.5	-2.7
独联体	-1.6	-0.6	-0.7	-0.9	-1.6	-1.9
亚洲	-4.4	-4.2	-3.2	-2.5	-3.5	-2.9
中东	0.8	-0.8	-0.2	-0.2	3.4	3.6
西半球	-4.1	-5.0	-3.9	-2.9	-2.8	-1.9

注:①为预测数。

资料来源:国际货币基金组织《世界经济展望》2005 年 9 月。

2.7 广义货币供应量年增长率

单位:%

	2000	2001	2002	2003	2004
发达国家	**4.9**	**8.7**	**5.8**	**5.5**	**5.1**
美国	6.1	10.2	6.8	5.4	5.2
欧元区①	4.1	11.2	6.7	6.5	6.4
日本	1.9	3.3	1.8	1.6	1.8
英国	8.4	6.7	7	7.2	8.8
加拿大	6.6	6.0	5.0	6.0	6.3
备忘					
亚洲新兴工业化国家	14.4	7.3	5.7	6.8	3.4
发展中国家	**13.1**	**14.5**	**17.5**	**16.7**	**16.8**
地区分组					
非洲	20.1	18.3	21.4	20.1	17.9
撒哈拉以南非洲	22.9	18.5	24.8	23.1	20.6
中欧和东欧	24.0	30.6	12.2	11.6	13.2
独联体	25.4	40.9	64.0	38.7	34.1
俄罗斯	15.0	40.1	77.3	39.4	33.7
其他独联体国家	58.2	43.0	34.2	36.6	35.1
亚洲	12.3	13.1	15.5	16.2	14.6
中国	12.3	14.8	19.7	19.6	14.5
印度	16.2	13.9	15.1	15.9	18.0
其他亚洲发展中国家	9.6	9.5	8.5	10.3	12.1
中东	12.5	14.0	17.1	13.8	19.0
西半球	7.1	6.5	13.6	15.0	15.9
巴西	3.3	13.3	23.6	3.7	19.3
墨西哥	12.9	16.0	10.8	13.5	12.6
分析组					
根据出口收入来源					
燃料	18.9	14.6	19.3	20.5	23.2
非燃料	12.5	14.5	17.3	16.3	16.0
其中:初级产品	22.4	21.5	20.7	22.2	25.7
根据外部资金来源					
净债务国	12.8	13.0	14.0	13.9	15.1
官方融资的	10.2	-1.0	10.3	20.7	13.3
有债务史的净债务国					
1999-2003 欠债和/或重新制定偿还计划的国家	14.9	0.4	14.3	26.8	17.3
其它组					
重债穷国	30.2	21.1	19.5	15.2	15.4
中东和北非	12.7	14.7	16.4	13.8	17.4
备忘					
中位数					
发展中国家	14.0	13.6	13.2	13.3	13.1
非洲	14.1	14.4	17.7	14.3	13.4
中欧和东欧	16.5	21.4	10.4	10.9	13.5
独联体	39.0	36.4	34.1	29.8	16.1
亚洲	12.3	11.7	13.4	14.6	14.1
中东	10.2	13.4	12.8	10.9	12.6
西半球	8.5	8.9	7.5	9.7	11.3

注:①2001 年之前不包括希腊。

资料来源:国际货币基金组织《世界经济展望》2005 年 9 月。

2.8 发达国家货物和服务贸易年增长率

单位：%

	1987-1996	1997-2006	2002	2003	2004	2005①	2006①
出口量							
发达国家	6.7	5.6	2.2	3.1	8.3	5.0	6.3
美国	9.1	4.5	-2.3	1.8	8.4	8.2	8.8
欧元区	5.8	5.6	1.8	0.9	6.1	3.5	5.3
德国	4.9	7.2	4.2	2.4	9.3	5.5	5.3
法国	5.4	4.9	1.5	-1.7	2.0	2.1	6.2
意大利	6.2	2.1	-3.2	-1.9	3.2	-0.8	3.2
西班牙	7.8	6.1	1.7	3.5	2.7	2.7	4.0
日本	4.2	5.6	7.2	9.1	14.5	5.4	5.5
英国	5.2	4.3	0.2	1.2	3.4	5.8	5.5
加拿大	6.4	4.5	1	-2.1	5.0	2.8	5.7
其它发达国家	8.7	7.2	5.9	8	12.8	5.9	6.9
备忘							
主要发达国家	6.1	4.9	1.1	1.7	7.4	5.0	6.2
亚洲新兴工业化国家	12.1	8.8	9.4	12.8	17.3	7.6	8.5
进口量							
发达国家	6.6	6	2.6	4.1	8.8	5.4	5.8
美国	6.1	7.7	3.4	4.6	10.7	6.6	5.9
欧元区	5.6	5.7	0.4	2.9	6.2	4.1	5.3
德国	5.2	5.7	-1.4	5.1	7.0	4.2	5.1
法国	4.4	6.1	1.5	1.3	6.1	5.2	6.6
意大利	5.3	3.7	-0.5	1.3	2.5	0.6	1.3
西班牙	9.9	8.8	3.8	6.2	8.0	7.0	7.0
日本	8.5	3.2	1.2	3.8	8.9	6.7	6.6
英国	5.4	6.0	4.5	1.8	5.4	4.1	3.7
加拿大	6.0	5.6	1.5	4.1	8.1	6.9	6.1
其它发达国家	9.3	6.2	5.7	7.0	13.5	6.3	7.1
备忘							
主要发达国家	5.9	5.9	1.9	3.6	7.9	5.3	5.3
亚洲新兴工业化国家	14.3	6.6	8.1	9.2	16.5	7.0	8.9
贸易条件							
发达国家	0.1	-0.2	0.8	1.1	-0.2	-1.0	-0.5
美国	-0.2	—	0.6	-0.9	-1.3	-1.6	-0.6
欧元区	-0.3	-0.2	1.2	1.2	-0.2	-0.7	-0.3
德国	-1.2	-0.2	1.6	1.9	—	-0.3	-0.7
法国	-0.6	-0.1	0.6	0.8	0.6	-0.9	—
意大利	0.5	-0.6	1.0	2.2	—	-2.4	-1.1
西班牙	1.1	0.3	3.0	1.7	-0.5	0.4	—
日本	0.4	-2.1	0.1	-2.0	-3.7	-4.6	-1.5
英国	0.4	0.6	2.8	1.1	-0.2	-0.9	-1.3
加拿大	0.4	0.8	-2.4	5.9	3.9	1.6	0.1
其它发达国家	0.4	-0.3	0.2	—	-0.3	—	0.3
备忘							
主要发达国家	—	-0.2	0.9	1.6	-0.1	-1.6	-1.0
亚洲新兴工业化国家	0.3	-1.3	0.2	-1.6	-2.0	-2.4	-0.1
备忘							
货物贸易							
发达国家							
出口量	6.7	5.6	2.3	3.2	8.6	4.5	6.4
进口量	6.8	6.4	2.9	4.8	9.6	5.6	6.0
贸易条件	0.3	-0.1	0.9	1.6	—	-0.8	-0.6

注：①为预测数。

资料来源：国际货币基金组织《世界经济展望》2005 年 9 月。

2.9 发展中国家货物贸易年增长率

单位:%

	1987-1996	1997-2006	2002	2003	2004	2005①	2006①
发展中国家							
贸易额(按美元计算)							
出口	10.0	12.4	8.9	22.3	28.8	24.4	14.0
进口	9.9	10.7	7.6	21.6	28.2	20.9	13.8
贸易量							
出口	6.7	9.3	7.0	10.0	14.4	10.2	10.4
进口	6.2	9.2	6.9	10.6	17.4	14.1	12.2
单位价格(按美元计算)							
出口	3.9	3.2	1.9	11.2	13.1	13.6	3.3
进口	4.5	1.5	0.9	9.8	9.5	6.1	1.6
贸易条件	**-0.6**	**1.6**	**1.0**	**1.3**	**3.3**	**7.1**	**1.7**
备忘							
发展中国家贸易伙伴 GDP 增长	3.5	3.2	2.2	2.9	4.5	3.4	3.4
发展中国家非燃料商品出口市场价格	2.8	0.7	2.2	8.4	20.8	10.5	-2.3
按地区划分							
非洲							
贸易额(按美元计算)							
出口	6.3	11.0	2.6	25.5	28.8	26.5	18.0
进口	5.8	9.0	10.7	22.0	26.1	19.5	8.3
贸易量							
出口	3.8	4.9	1.7	6.4	7.1	4.5	8.6
进口	3.1	6.6	9.7	6.1	8.8	11.4	7.1
单位价格(按美元计算)							
出口	2.6	5.9	1.2	18.3	20.4	21.9	7.8
进口	3.0	2.6	2.8	15.5	16.0	7.4	1.1
贸易条件	**-0.4**	**3.2**	**-1.6**	**2.5**	**3.8**	**13.5**	**6.7**
撒哈拉以南非洲							
贸易额(按美元计算)							
出口	5.9	10.7	3.0	26.2	29.9	25.0	18.0
进口	5.8	9.3	10.4	24.6	26.1	21.8	8.2
贸易量							
出口	4.2	4.9	0.6	7.1	7.6	5.2	10.2
进口	3.4	6.6	10.4	7.1	9.0	12.8	6.9
单位价格(按美元计算)							
出口	1.9	5.5	2.6	18.4	20.8	19.8	6.1
进口	2.7	3.0	2.6	17.1	15.8	8.5	1.0
贸易条件	**-0.8**	**2.5**	**0.1**	**1.1**	**4.3**	**10.4**	**5.0**

2.9 续表 1 单位：%

	1987-1996	1997-2006	2002	2003	2004	2005①	2006①
中欧和东欧							
贸易额(按美元计算)							
出口	7.4	13.0	13.8	28.9	31.1	15.9	9.6
进口	9.4	12.2	13.4	29.6	31.0	17.4	9.1
贸易量							
出口	3.2	11.1	8.6	14.3	15.3	8.2	9.0
进口	7.1	9.8	9.7	13.8	16.0	7.4	7.8
单位价格(按美元计算)							
出口	4.9	1.9	4.9	13.1	14.0	7.3	0.6
进口	4.7	2.3	3.9	14.3	13.3	9.4	1.2
贸易条件	**0.2**	**-0.4**	**0.9**	**-1.0**	**0.6**	**-2.0**	**-0.6**
独联体							
贸易额(按美元计算)							
出口		12.6	6.3	26.8	37.0	34.6	15.0
进口		8.3	8.4	26.6	28.5	28.4	14.7
贸易量							
出口		5.5	7.2	8.1	12.1	7.0	6.7
进口		7.2	8.3	13.9	16.7	20.4	12.9
单位价格(按美元计算)							
出口		7.0	-0.9	17.5	22.3	26.6	7.8
进口		1.3	1.7	11.3	10.3	6.9	1.8
贸易条件		**5.6**	**-2.6**	**5.5**	**10.9**	**18.5**	**5.9**
亚洲							
贸易额(按美元计算)							
出口	17.1	13.7	14.0	23.1	28.2	21.0	16.6
进口	15.7	12.7	12.9	26.9	31.4	23.2	19.3
贸易量							
出口	12.5	13.1	12.6	12.7	19.4	15.6	15.5
进口	11.6	11.4	12.3	15.7	22.6	17.8	17.1
单位价格(按美元计算)							
出口	4.2	0.8	1.2	9.2	7.8	4.6	1.0
进口	4.1	1.6	0.5	9.4	7.6	4.6	2.1
贸易条件	**0.2**	**-0.8**	**0.7**	**-0.2**	**0.2**	**—**	**-1.1**

2.9 续表2 单位:%

	1987-1996	1997-2006	2002	2003	2004	2005①	2006①
不包括中国和印度							
贸易额(按美元计算)							
出口	16.6	7.7	6.1	11.9	18.3	12.1	9.4
进口	17.9	6.0	6.3	13.4	23.4	18.2	10.1
贸易量							
出口	11.9	6.3	5.9	4.9	7.9	5.5	6.5
进口	14.1	4.3	7.1	7.6	13.7	11.1	8.6
单位价格(按美元计算)							
出口	4.4	1.8	0.3	6.9	9.9	6.3	2.7
进口	3.7	2.2	-0.7	5.5	9.1	6.5	1.5
贸易条件	**0.7**	**-0.4**	**1.0**	**1.3**	**0.7**	**-0.2**	**1.3**
中东							
贸易额(按美元计算)							
出口	9.5	13.5	6.2	22.5	27.8	40.4	14.3
进口	5.0	9.0	9.0	14.9	19.8	18.1	9.9
贸易量							
出口	7.5	5.7	2.7	9.5	9.1	8.9	5.8
进口	1.4	9.1	9.8	4.9	13.0	13.4	8.5
单位价格(按美元计算)							
出口	2.4	7.7	3.9	11.8	17.9	29.9	8.2
进口	3.9	—	-0.7	9.5	6.1	4.2	1.4
贸易条件	**-1.5**	**7.7**	**4.6**	**2.1**	**11.1**	**24.6**	**6.7**
西半球							
贸易额(按美元计算)							
出口	10.9	8.4	1.1	11.1	24.4	18.0	7.2
进口	13.1	7.0	-8.5	4.3	22.7	17.9	8.5
贸易量							
出口	8.7	6.4	-0.1	3.4	10.6	4.4	5.1
进口	10.0	5.7	-7.7	0.6	12.9	10.9	7.1
单位价格(按美元计算)							
出口	3.6	2.1	1.4	7.6	12.2	13.5	2.2
进口	4.1	1.2	-1.0	3.7	8.8	6.1	1.2
贸易条件	**-0.5**	**0.9**	**2.4**	**3.7**	**3.1**	**7.0**	**1.0**

注:①为预测数。

资料来源:国际货币基金组织《世界经济展望》2005 年 9 月。

2.10 发达国家经常项目收支差额

单位:亿美元

	2001	2002	2003	2004	2005①	2006①
发达国家	**-2108**	**-2225**	**-2196**	**-3140**	**-4511**	**-4990**
美国	-3895	-4752	-5197	-6681	-7590	-8052
欧元区②	70	485	267	467	237	184
德国	30	455	511	1038	1211	1219
法国	215	145	79	-84	-273	-310
意大利	-7	-95	-196	-150	-299	-244
西班牙	-236	-225	-316	-553	-694	-801
荷兰	98	128	151	203	307	330
比利时	89	141	137	120	152	145
奥地利	-37	7	-13	17	-1	-10
芬兰	86	89	64	74	65	85
希腊	-73	-81	-98	-80	-86	-91
葡萄牙	-111	-92	-79	-127	-145	-135
爱尔兰	-7	-12	—	-15	-28	-37
卢森堡	23	24	26	22	28	31
日本	878	1126	1362	1721	1531	1405
英国	-319	-248	-274	-421	-410	-401
加拿大	162	135	132	222	167	195
韩国	80	54	119	276	162	125
澳大利亚	-82	-166	-302	-398	-388	-354
中国台湾省	182	256	293	186	144	163
瑞典	97	124	230	285	263	236
瑞士	200	233	424	430	393	405
中国香港	99	126	162	161	178	187
丹麦	48	39	70	60	48	55
挪威	262	244	283	338	540	671
以色列	-16	-13	8	15	21	16
新加坡	144	157	270	279	296	282
新西兰	-13	-22	-33	-61	-79	-83
塞浦路斯	-3	-5	-5	-9	-7	-6
冰岛	-3	1	-5	-10	-17	-17
备忘						
主要发达国家	-2936	-3234	-3583	-4355	-5663	-6188
欧元区③	-30	610	231	581	384	282
亚洲新兴工业化国家	506	593	844	902	780	757

注:①为预测数。②欧元区国家收支总和。③区内交易误差修正后数据。

资料来源:国际货币基金组织《世界经济展望》2005年9月。

2.11 发达国家经常项目收支差额占 GDP 比重

单位:%

	2001	2002	2003	2004	2005①	2006①
发达国家	**-0.8**	**-0.9**	**-0.8**	**-1.0**	**-1.3**	**-1.4**
美国	-3.8	-4.5	-4.7	-5.7	-6.1	-6.1
欧元区②	0.1	0.7	0.3	0.5	0.2	0.2
德国	0.2	2.2	2.1	3.8	4.3	4.4
法国	1.6	1.0	0.4	-0.4	-1.3	-1.5
意大利	-0.1	-0.8	-1.3	-0.9	-1.7	-1.4
西班牙	-3.9	-3.3	-3.6	-5.3	-6.2	-6.9
荷兰	2.4	2.9	2.8	3.3	4.9	5.3
比利时	3.9	5.7	4.5	3.4	4.2	4.0
奥地利	-1.9	0.3	-0.5	0.6	—	-0.3
芬兰	7.0	6.7	4.0	4.0	3.4	4.4
希腊	-6.2	-6.1	-5.6	-3.9	-3.9	-4.0
葡萄牙	-10.1	-7.6	-5.4	-7.5	-8.4	-7.7
爱尔兰	-0.6	-1.0	—	-0.8	-1.4	-1.8
卢森堡	11.7	11.2	9.4	6.9	8.4	9.1
日本	2.1	2.8	3.2	3.7	3.3	3.0
英国	-2.2	-1.6	-1.5	-2.0	-1.9	-1.8
加拿大	2.3	1.8	1.5	2.2	1.5	1.7
韩国	1.7	1.0	2.0	4.1	2.0	1.5
澳大利亚	-2.3	-4.1	-5.9	-6.4	-5.7	-5.0
中国台湾省	6.5	9.1	10.2	6.1	4.3	4.6
瑞典	4.4	5.1	7.6	8.2	7.4	6.7
瑞士	8.0	8.4	13.2	12.0	10.8	11.3
中国香港	6.1	7.9	10.3	9.8	10.3	10.2
丹麦	3.0	2.2	3.3	2.5	1.9	2.2
挪威	15.4	12.8	12.8	13.5	18.3	21.4
以色列	-1.4	-1.2	0.7	1.3	1.7	1.3
新加坡	16.8	17.8	29.2	26.1	25.7	22.7
新西兰	-2.5	-3.7	-4.2	-6.4	-7.4	-7.7
塞浦路斯	-3.3	-4.5	-3.4	-5.8	-4.0	-3.2
冰岛	-4.6	1.4	-5.1	-8.5	-12.0	-11.4
备忘						
主要发达国家	-1.4	-1.5	-1.5	-1.7	-2.1	-2.2
欧元区③	—	0.9	0.3	0.6	0.4	0.3
亚洲新兴工业化国家	5.0	5.5	7.4	7.2	5.5	5.0

注:①为预测数。②欧元区国家收支总和。③区内交易误差修正后数据。

资料来源:国际货币基金组织《世界经济展望》2005 年 9 月。

2.12 发展中国家经常项目收支差额

单位:亿美元

	2001	2002	2003	2004	2005①	2006①
发展中国家	**425**	**858**	**1439**	**2277**	**4101**	**4936**
地区分组						
非洲	**7**	**-82**	**-31**	**6**	**125**	**309**
撒哈拉以南非洲	-72	-133	-128	-110	-60	53
不包括尼日利亚和南非	-95	-86	-87	-75	-63	-2
中欧和东欧	**-166**	**-245**	**-373**	**-501**	**-564**	**-616**
独联体	**326**	**321**	**359**	**631**	**1053**	**1220**
俄罗斯	334	309	354	599	1018	1196
其他独联体国家	-8	12	5	32	35	24
亚洲	**407**	**723**	**848**	**930**	**1097**	**1134**
中国	174	354	459	687	1156	1213
印度	14	71	69	-8	-135	-164
其他亚洲发展中国家	218	298	321	251	77	84
中东	**393**	**300**	**573**	**1028**	**2176**	**2727**
西半球	**-542**	**-160**	**63**	**183**	**215**	**163**
巴　西	-232	-76	42	117	131	60
墨 西 哥	-176	-135	-86	-74	-83	-64
分析组						
根据出口收入来源						
燃料	461	325	643	1169	2416	3115
非燃料	-37	533	797	1108	1685	1821
其中:初级产品	-37	-28	-28	-13	-17	-22
根据外部资金来源						
净债务国	-657	-327	-282	-487	-863	-890
官方融资的	-79	103	97	-53	-173	-191
有债务史的净债务国						
1999-2003 欠债和/或重新制定偿还计划的国家	-63	18	48	-17	-52	68
其它组						
重债穷国	-70	-76	-70	-78	-90	-91
中东和北非	450	337	656	1128	2340	2985

注:①为预测数。

资料来源:国际货币基金组织《世界经济展望》2005 年 9 月。

2.13 发展中国家经常项目收支差额占商品和服务出口比重

单位:%

	2001	2002	2003	2004	2005①	2006①
发展中国家						
地区分组	**2.3**	**4.2**	**5.8**	**7.2**	**10.5**	**11.2**
非洲	**0.4**	**-5.3**	**-1.6**	**0.3**	**4.1**	**8.8**
撒哈拉以南非洲	-6.6	-11.8	-9.0	-6.1	-2.7	2.0
不包括尼日利亚和南非	-17.9	-15.0	-12.8	-8.6	-5.8	-0.2
中欧和东欧	**-6.4**	**-8.5**	**-10.1**	**-10.6**	**-10.3**	**-10.3**
独联体	**19.7**	**18.0**	**16.0**	**20.8**	**26.2**	**26.5**
俄罗斯	29.7	25.7	23.3	29.4	35.8	36.5
其他独联体国家	-1.5	2.1	0.7	3.2	3.0	1.8
亚洲	**5.9**	**9.2**	**8.9**	**7.5**	**7.3**	**6.5**
中国	5.8	9.7	9.5	10.5	14	12.1
印度	2.3	10.0	8.3	-0.7	-8.8	-9.0
其他亚洲发展中国家	6.6	8.5	8.3	5.4	1.5	1.5
中东	**14.9**	**10.7**	**16.8**	**23.8**	**36.6**	**40.3**
西半球	**-15.8**	**-4.6**	**1.7**	**3.9**	**3.9**	**2.8**
巴西	-34.4	-10.9	5.0	10.8	10.0	4.3
墨西哥	-15.5	-11.8	-7.3	-5.5	-5.4	-3.9
分析组						
根据出口收入来源						
燃料	17.1	11.5	18.7	26.0	38.2	42.2
非燃料	-0.2	3.0	3.8	4.1	5.2	4.9
其中:初级产品	-7.8	-5.7	-4.9	-1.7	-2.0	-2.4
根据外部资金来源						
净债务国	-6.2	-2.9	-2.1	-3.0	-4.5	-4.2
官方融资的	-3.8	4.8	4.0	-1.8	-5.2	-5.3
有债务史的净债务国						
1999-2003 欠债和/或重新制定偿还计划的国家	-2.6	0.7	1.7	-0.5	-1.2	1.4
其它组						
重债穷国	-29.3	-30.7	-24.0	-21.4	-21.9	-20.2
中东和北非	14.6	10.3	16.5	22.5	34.4	38.2

注:①为预测数。

资料来源:国际货币基金组织《世界经济展望》2005 年 9 月。

2.14 发展中国家债务率和偿债率

单位：%

	2001	2002	2003	2004	2005①	2006①
债务率②						
发展中国家	**135.4**	**128.1**	**115.2**	**95.9**	**81.6**	**75.1**
地区分组						
非洲	172.6	170.8	146.7	119.4	94.0	73.7
中欧和东欧	121.3	127.8	124.9	114.9	105.9	102.3
独联体	117.4	111.9	106.6	92.3	72.8	71
亚洲	96.2	84.6	73.1	60.1	55.6	52.5
中东	116.1	111.7	94.9	78.8	58.1	52.3
西半球	232.3	230.1	218.5	177.6	153.6	144.6
分析组						
根据外部资金来源						
净债务国	186.7	182.3	168.4	141.5	124.2	113.9
官方融资的	286.1	274.7	264.7	225.7	202	190.4
有债务史的净债务国						
1999－2003欠债和/或重新制定偿还计划的国家	293.0	281.4	255.2	211.3	178.1	153.2
偿债率③						
发展中国家	**23.4**	**20.3**	**18.3**	**14**	**12.5**	**11.4**
地区分组						
非洲	18.6	15.0	13.8	12.0	10.5	7.8
中欧和东欧	28.7	26.7	26.1	21.6	21.3	22.1
独联体	19.9	18.0	12.9	7.6	12.5	7.6
亚洲	15.4	14.7	12.0	7.9	7.0	6.8
中东	10.1	6.5	7.5	7.9	6.9	6.3
西半球	49.7	42.5	41.4	33.2	26.3	25.4
分析组						
根据外部资金来源						
净债务国	32.6	29.3	27.4	21.2	18.6	17.9
官方融资的	45.8	37.6	33.3	22.5	18.5	17.5
有债务史的净债务国						
1999－2003欠债和/或重新制定偿还计划的国家	39.3	30.3	27.4	19.3	16.4	13.6

注：①为预测数。②债务率为外债与当年货物和服务出口之比。③偿债率为外债还本付息额与当年货物与服务出口之比。

资料来源：国际货币基金组织《世界经济展望》2005年9月。

2.15 世界储蓄率和投资率

单位:%

	1991-1998	2002	2003	2004	2005①	2006①
世界						
储蓄率	22.0	20.6	20.9	21.5	22.1	22.4
投资率	22.7	20.9	21.1	21.9	22.2	22.4
发达国家						
储蓄率	21.7	19.3	19.2	19.5	19.5	19.6
投资率	22.0	19.9	19.9	20.6	20.8	20.9
美国						
储蓄率	16.1	14.2	13.4	13.4	13.7	13.7
投资率	18.5	18.4	18.5	19.6	19.8	19.8
欧元区						
储蓄率	21.3	21.1	20.7	21.1	21.0	21.0
投资率	20.5	19.2	18.8	19.2	19.3	19.4
德国						
储蓄率	21.3	19.4	19.3	21.0	21.0	20.8
投资率	22.3	17.2	17.2	17.2	16.7	16.4
法国						
储蓄率	19.8	20.0	19.5	19.2	19.1	18.8
投资率	18.8	19.0	19.1	19.6	20.4	20.3
意大利						
储蓄率	20.1	19.2	18.1	18.9	18.2	18.7
投资率	19.4	20.0	19.5	19.8	20.0	20.1
日本						
储蓄率	31.6	26.8	27.1	27.6	27.5	27.6
投资率	29.2	24.0	23.9	23.9	24.3	24.5
英国						
储蓄率	15.6	15.2	14.8	14.8	14.8	15.1
投资率	16.8	16.7	16.3	16.7	16.7	16.9
加拿大						
储蓄率	16.7	21.3	21.7	22.9	22.6	22.7
投资率	18.9	19.4	20.2	20.7	21.0	21.1
备忘						
亚洲新兴工业化国家						
储蓄率	34.2	30.0	31.6	33.0	32.3	32.4
投资率	32.0	24.5	24.4	26.0	26.4	26.9

2.15 续表 单位:%

	1991-1998	2002	2003	2004	2005①	2006①
发展中国家						
储蓄率	23.5	25.9	27.7	29.3	30.9	31.3
投资率	26.0	24.8	25.9	26.9	26.9	27.0
非洲						
储蓄率	17.1	18.6	20.4	21.5	23.1	24.9
投资率	19.8	19.2	20.5	21.3	21.3	21.3
中欧和东欧						
储蓄率	20.7	18.8	18.6	19.6	20.0	20.3
投资率	23.3	22.8	23.2	24.5	24.3	24.7
独联体	-2.5	-4.0	-4.6	-4.9	-4.3	-4.4
储蓄率	1.8	26.8	26.8	29.3	30.5	30.1
投资率	-1.9	19.7	20.6	20.9	19.9	19.8
亚洲						
储蓄率	31.4	34.7	37.0	38.3	39.8	39.8
投资率	33.7	31.8	33.7	35.4	36.6	37.1
中东						
储蓄率	20.7	24.5	28.1	33.1	40.6	42.6
投资率	24.2	21.8	22.4	22.4	21.2	20.9
西半球						
储蓄率	18.3	18.5	19.9	21.1	21.5	21.3
投资率	21.1	19.5	19.6	20.4	20.7	20.8
分析组						
根据外部资金来源						
燃料						
储蓄率	20.8	25.5	29.4	34.0	40.8	42.6
投资率	23.9	22.7	23.1	22.9	21.5	20.9
非燃料						
储蓄率	23.8	26.0	27.5	28.8	29.6	29.8
投资率	26.3	25.1	26.2	27.3	27.6	27.9
净债务国						
储蓄率	19.7	19.9	20.7	21.5	21.4	21.7
投资率	23.3	20.8	21.3	22.5	22.7	23.0
官方融资的						
储蓄率	17.5	19.6	20.1	20.2	20.3	20.1
投资率	24.0	18.5	18.8	20.8	21.5	21.9
有债务史的净债务国						
1999-2003 欠债和/或重新制定偿还计划的国家						
储蓄率	17.1	18.9	19.6	20.6	21.1	21.6
投资率	24.0	18.6	18.7	20.7	21.1	21.2

注:①为预测数。

资料来源:国际货币基金组织《世界经济展望》2005 年 9 月。

3.1 2004年主要总量指标

	人口总量 （万人）	人口密度 （人/平方公里）	国民总收入（GNI）[a]	
			总量 （亿美元）	人均GNI （美元）
阿尔巴尼亚	319	116	66.4	2080
阿尔及利亚	3237	14	736.8	2280
安哥拉	1396	11	144.4	1030
安提瓜和巴布达	8	182	8.0	10000
阿根廷	3823	14	1423.4	3720
亚美尼亚	305	108	34.2	1120
澳大利亚	2012	3	5411.7	26900
奥地利	812	98	2621.5	32300
阿塞拜疆	828	100	78.3	950
巴哈马	32	32	46.8①	14920①
巴林	73	1022	88.3②	12410②
孟加拉国	14049	1079	612.3	440
巴巴多斯	27	632	25.1②	9270②
白俄罗斯	983	47	208.6	2120
比利时	1041	344	3228.4	31030
伯利兹	28	12	11.1	3940
贝宁	689	62	36.7	530
不丹	90	19	6.8	760
玻利维亚	899	8	86.6	960
波黑	384	75	78.4	2040
博茨瓦纳	173	3	74.9	4340
巴西	17872	21	5521.0	3090
保加利亚	778	70	213.3	2740
布基纳法索	1239	45	44.4	360
布隆迪	734	286	6.7	90
柬埔寨	1363	77	44.3	320
喀麦隆	1640	35	131.4	800
加拿大	3190	3	9056.3	28390
佛得角	48	119	8.5	1770
中非	395	6	12.3	310
乍得	882	7	22.8	260
智利	1596	21	784.1	4910
中国	129650	139	16768.5	1290
中国香港	685	6569	1835.2	26810
中国澳门	45	21381	63.4③	14600③
哥伦比亚	4530	44	906.3	2000
科摩罗	61	276	3.3	530
刚果(金)	5477	24	64.2	120

3.1 续表1

	按购买力平价法计算的国民总收入[b]		增长率(%)	
	总量 (亿美元)	人均 GNI (美元)	国内生产总值 (GDP) 2003	人均 GDP 2003
阿尔巴尼亚	161.6	5070	6.2	5.6
阿尔及利亚	2026.5	6260	5.2	3.4
安哥拉	283.5	2030	11.2	7.7
安提瓜和巴布达	8.3	10360	4.1	2.3
阿根廷	4763.0	12460	9.0	8.0
亚美尼亚	130.2	4270	10.1	10.3
澳大利亚	5875.0	29200	3.0	1.8
奥地利	2579.8	31790	2.2	1.9
阿塞拜疆	317.1	3830	11.2	10.6
巴哈马	50.7①	16140①	0.7①	-0.6①
巴林	128.6②	18070②	6.8②	4.7②
孟加拉国	2781.8	1980	5.5	3.7
巴巴多斯	40.7②	15060②	1.3②	0.9②
白俄罗斯	678.4	6900	11.0	11.5
比利时	3263.0	31360	2.9	2.6
伯利兹	18.4	6510	4.2	0.9
贝宁	77.2	1120	2.7	0.2
不丹			4.9	2.3
玻利维亚	232.7	2590	3.6	1.6
波黑	285.0	7430	4.7	4.6
博茨瓦纳	154.0	8920	4.6	4.3
巴西	14333.2	8020	5.2	3.9
保加利亚	612.3	7870	5.6	6.1
布基纳法索	151.1	1220	3.9	1.6
布隆迪	48.5	660	5.5	3.5
柬埔寨	297.1	2180	6.0	4.2
喀麦隆	342.8	2090	4.8	2.8
加拿大	9781.3	30660	2.9	2.0
佛得角	27.2	5650	5.5	2.9
中非	43.8	1110	0.9	-0.8
乍得	125.3	1420	31.0	27.4
智利	1675.4	10500	6.1	4.9
中国	71696.5	5530	9.5	8.8
中国香港	2156.9	31510	8.1	7.7
中国澳门	96.1①	21800①	10.1①	8.9①
哥伦比亚	3089.5	6820	4.0	2.3
科摩罗	11.3	1840	1.9	-0.5
刚果(金)	372.5	680	6.3	3.2

3.1 续表2

	人口总量（万人）	人口密度（人/平方公里）	国民总收入（GNI）[a]	
			总量（亿美元）	人均 GNI（美元）
刚果(布)	385	11	29.7	770
哥斯达黎加	406	80	189.7	4670
科特迪瓦	1714	54	132.6	770
克罗地亚	451	81	297.0	6590
古　　巴	1136	103		
塞浦路斯	78	84	136.3	17580
捷　　克	1018	132	931.5	9150
丹　　麦	540	127	2194.2	40650
吉 布 提	72	31	7.4	1030
多米尼克	7	95	2.6	3650
多米尼加	886	183	184.4	2080
厄瓜多尔	1321	48	287.8	2180
埃　　及	6874	69	901.3	1310
萨尔瓦多	666	321	156.1	2350
赤道几内亚	51	18	3.3③	700③
厄立特里亚	448	44	8.1	180
爱沙尼亚	135	32	94.3	7010
埃塞俄比亚	6996	70	77.5	110
斐　　济	85	46	22.8	2690
芬　　兰	522	17	1710.2	32790
法　　国	5999	109	18587.3	30090
法属波利尼西亚	25	67	38.0④	16150④
加　　蓬	137	5	54.2	3940
冈 比 亚	145	145	4.1	290
格鲁吉亚	452	65	46.8	1040
德　　国	8263	237	24889.7	30120
加　　纳	2105	93	80.9	380
希　　腊	1107	86	1839.2	16610
格林纳达	11	311	4.0	3760
危地马拉	1263	116	269.5	2130
几 内 亚	807	33	36.8	460
几内亚比绍	153	55	2.5	160
圭 亚 那	77	4	7.7	990
海　　地	859	312	33.8	390
洪都拉斯	714	64	73.2	1030
匈 牙 利	1007	109	833.1	8270
冰　　岛	29	3	112.0	38620
印　　度	107972	363	6745.8	620
印度尼西亚	21759	120	2480.1	1140
伊　　朗	6693	41	1539.8	2300

3.1 续表 3

	按购买力平价法计算的国民总收入[b]		增长率	
	总量（亿美元）	人均 GNI（美元）	国内生产总值（GDP）2003	人均 GDP 2003
刚果（布）	28.9	750	4.0	1.4
哥斯达黎加	387.1	9530	4.2	2.7
科特迪瓦	238.3	1390	-2.3	-4.0
克罗地亚	526.1	11670	3.7	2.2
古　巴			1.1①	0.9①
塞浦路斯	173.2	22330	3.7	2.9
捷　克	1873.7	18400	4.0	4.2
丹　麦	1702.8	31550	2.4	2.2
吉布提	16.2	2270	3.0	1.6
多米尼克	3.8	5250	2.0	1.6
多米尼加	598.1	6750	2.0	0.6
厄瓜多尔	487.6	3690	6.6	5.0
埃　及	2832.0	4120	4.3	2.5
萨尔瓦多	331.6	4980	1.7	-0.2
赤道几内亚	37.4	7400	10.0	7.4
厄立特里亚	47.0	1050	1.8	-0.2
爱沙尼亚	177.4	13190	6.2	6.8
埃塞俄比亚	566.7	810	13.4	11.2
斐　济	48.9	5770	3.8	2.2
芬　兰	1541.6	29560	3.7	3.6
法　国	17589.2	29320	2.3	1.9
法属波利尼西亚	57.9④	24680④	4.0④	2.4④
加　蓬	76.9	5600	2.0	-0.2
冈比亚	27.5	1900	8.3	6.2
格鲁吉亚	132.5	2930	8.5	9.6
德　国	23095.3	27950	1.6	1.5
加　纳	480.0	2280	5.2	3.3
希　腊	2436.4	22000	4.2	3.8
格林纳达	7.4	7000	-2.8	-3.8
危地马拉	522.8	4140	2.7	0.1
几内亚	172.0	2130	2.6	0.5
几内亚比绍	10.6	690	4.3	1.3
圭亚那	31.7	4110	1.6	1.1
海　地	144.3	1680	-3.8	-5.5
洪都拉斯	193.5	2710	4.6	2.1
匈牙利	1573.2	15620	4.0	4.6
冰　岛	93.8	32360	5.2	4.8
印　度	33471.4	3100	6.9	5.4
印度尼西亚	7528.5	3460	5.1	3.7
伊　朗	5053.1	7550	6.5	5.7

3.1 续表 4

	人口总量（万人）	人口密度（人/平方公里）	国民总收入(GNI)[a]	
			总量（亿美元）	人均 GNI（美元）
爱尔兰	402	58	1377.6	34280
以色列	680	313	1181.2	17380
意大利	5757	196	15035.6	26120
牙买加	266	246	77.4	2900
日本	12776	351	47499.1	37180
约旦	544	61	116.3	2140
哈萨克斯坦	1496	6	337.8	2260
肯尼亚	3245	57	149.9	460
吉布提	10	134	1.0	970
韩国	4814	488	6730.4	13980
科威特	246	138	430.5②	17970②
吉尔吉斯斯坦	510	27	20.5	400
老挝	579	25	22.4	390
拉脱维亚	230	37	125.7	5460
黎巴嫩	455	445	226.7	4980
莱索托	181	60	13.4	740
利比里亚	345	36	3.9	110
利比亚	567	3	252.6	4450
立陶宛	344	55	197.3	5740
卢森堡	45	174	253.0	56230
马其顿	206	81	48.5	2350
马达加斯加	1733	30	51.8	300
马拉维	1118	119	19.2	170
马来西亚	2521	77	1171.3	4650
马尔代夫	30	998	7.5	2510
马里	1194	10	43.3	360
马尔他	40	1253	49.1	12250
马绍尔群岛	6	331	1.4	2370
毛里塔尼亚	291	3	12.1	420
毛里求斯	123	608	57.3	4640
墨西哥	10380	54	7030.8	6770
密克罗尼西亚	13	181	2.5	1990
摩尔多瓦	422	128	25.6	710
蒙古	251	2	14.8	590
摩洛哥	3059	69	465.2	1520
莫桑比克	1913	24	47.1	250
缅甸	4991	76		
纳米比亚	203	2	48.1	2370
尼泊尔	2519	176	65.4	260
荷兰	1625	480	5151.5	31700
新喀里多尼亚	23	13	29.9④	14060④
新西兰	406	15	824.6	20310
尼加拉瓜	560	46	44.5	790

3.1续表5

	按购买力平价法计算的国民总收入[b]		增长率(%)	
	总量 (亿美元)	人均GNI (美元)	国内生产总值(GDP) 2003	人均GDP 2003
爱尔兰	1333.1	33170.0	4.9	4.2
以色列	1598.1	23510	4.3	2.6
意大利	16039.9	27860	1.2	1.3
牙买加	96.7	3630	2.0	1.2
日本	38380.4	30040	2.7	2.5
约旦	252.4	4640	7.5	4.9
哈萨克斯坦	1044.0	6980	9.4	8.8
肯尼亚	340.7	1050	2.1	0.4
吉布提			1.8	0.3
韩国	9821.0	20400	4.6	4.1
科威特	437.5②	19510②	9.9②	7.1②
吉尔吉斯斯坦	93.8	1840	7.1	6.1
老挝	107.2	1850	6.0	3.6
拉脱维亚	272.9	11850	8.5	9.4
黎巴嫩	245.0	5380	6.3	5.0
莱索托	58.1	3210	3.0	2.1
利比里亚			2.0	-0.2
利比亚			4.5	2.4
立陶宛	433.7	12610	6.7	7.1
卢森堡	275.5	61220	4.5	4.0
马其顿	133.6	6480	2.5	1.9
马达加斯加	143.9	830	5.3	2.6
马拉维	69.3	620	3.8	1.8
马来西亚	2427.6	9630	7.1	5.2
马尔代夫			8.8	6.5
马里	117.0	980	2.2	-0.3
马尔他	75.1	18720	1.4	0.9
马绍尔群岛	59.6	2050	1.5	-3.6
毛里塔尼亚	146.5	11870	6.6	4.5
毛里求斯			4.2	3.2
墨西哥	9954.0	9590	4.4	2.9
密克罗尼西亚	16926.7	5760	-3.8	-5.5
摩尔多瓦	81.4	1930	7.3	7.8
蒙古	50.8	2020	10.6	9.1
摩洛哥	1254.0	4100	3.5	1.9
莫桑比克	221.9	1160	7.8	5.9
缅甸			9.7③	8.3③
纳米比亚	141.5	6960	4.2	3.2
尼泊尔	370.3	1470	3.7	1.6
荷兰	5073.3	31220	1.4	1.2
新喀里多尼亚	47.2④	22210④	2.1④	0.3④
新西兰	898.7	22130	4.4	3.1
尼加拉瓜	184.9	3300	3.7	1.4

3.1 续表6

	人口总量（万人）	人口密度（人/平方公里）	国民总收入（GNI）[a]	
			总量（亿美元）	人均 GNI（美元）
尼日尔	1209	10	28.4	230
尼日利亚	13982	154	539.8	390
挪威	458	15	2384.0	52030
阿曼	266	9	205.1②	7890②
巴基斯坦	15206	197	906.6	600
帕劳	2	43	1.4	6870
巴拿马	303	41	134.7	4450
巴布亚新几内亚	563	12	32.6	580
巴拉圭	578	15	67.5	1170
秘鲁	2755	22	650.4	2360
菲律宾	8299	278	969.3	1170
波兰	3816	125	2324.0	6090
葡萄牙	1044	114	1497.9	14350
波多黎各	393	443	420.6④	10950④
卡塔尔	64	58	639.1	2920
罗马尼亚	2186	95	639.1	2920
俄罗斯联邦	14281	8	4873.3	3410
卢旺达	841	341	18.8	220
萨摩亚	18	63	3.3	1860
圣马力诺	3	463	6.5①	
圣多美和普林西比	16	167	0.6	370
沙特阿拉伯	2321	11	2421.8	10430
塞内加尔	1045	54	69.7	670
塞尔维亚和黑山	815	80	217.1	2620
塞舌尔	8	188	6.8	8090
塞拉利昂	544	76	11.1	200
新加坡	434	6470	1049.9	24220
斯洛伐克	539	110	349.1	6480
斯洛文尼亚	200	99	295.5	14810
所罗门群岛	47	17	2.6	550
南非	4558	38	1653.3	3630
西班牙	4129	83	8758.2	21210
斯里兰卡	1944	301	196.2	1010
圣基茨和尼维兹	5	131	3.6	7600
圣卢西亚	16	268	7.1	4310
圣文森特和格林纳丁斯	11	278	4.0	3650
苏丹	3436	14	181.5	530
苏里南	44	3	10.0	2250
斯威士兰	112	65	18.6	1660
瑞典	899	22	3214.0	35770
瑞士	738	187	3560.5	48230
叙利亚	1778	97	211.2	1190
塔吉克斯坦	643	46	17.8	280
坦桑尼亚	3657	41	115.6	330
泰国	6239	122	1587.0	2540

3.1 续表 7

	按购买力平价法计算的国民总收入[b]		增长率(%)	
	总量（亿美元）	人均 GNI（美元）	国内生产总值（GDP）2003	人均 GDP（%）2003
尼日尔	100.4	830	0.9	-1.9
尼日利亚	1300.4	930	3.6	1.1
挪威	1766.4	38550	2.9	2.5
阿曼	344.3②	13250②	2.5②	
巴基斯坦	3284.5	2160	6.4	3.9
帕劳			2.0	0.5
巴拿马	208.0	6870	6.2	4.7
巴布亚新几内亚	129.4	2300	2.8	0.5
巴拉圭	281.6	4870	2.9	0.4
秘鲁	1479.3	5370	5.1	3.5
菲律宾	4058.1	4890	6.1	4.3
波兰	4823.4	12640	5.3	5.4
葡萄牙	2008.9	19250	1.0	1.1
波多黎各	623.2④	16230④	5.6④	4.9④
卡塔尔	1790.1	8190	8.3	
罗马尼亚	1790.1	8190	8.3	7.7
俄罗斯联邦	13738.7	9620	7.2	7.7
卢旺达	109.4	1300	3.7	3.5
萨摩亚	10.1	5670	3.2	2.6
圣马力诺			2.3①	
圣多美和普林西比			4.5	2.4
沙特阿拉伯	3252.4	14010	5.2	2.1
塞内加尔	179.8	1720	6.0	3.8
塞尔维亚和黑山			7.2	7.0
塞舌尔	13.2	15590	-2.0	-3.2
塞拉利昂	42.9	790	7.4	5.4
新加坡	1152.7	26590	8.4	6.3
斯洛伐克	774.6	14370	5.5	5.5
斯洛文尼亚	413.6	20730	4.6	4.6
所罗门群岛	8.3	1760	3.8	0.7
南非	41028.9	10960	3.7	4.3
西班牙	10350.5	25070	3.1	2.6
斯里兰卡	777.8	4000	6.0	4.8
圣基茨和尼维兹	5.3	11190	4.0	3.3
圣卢西亚	9.1	5560	3.5	1.6
圣文森特和格林纳丁斯	6.8	6250	4.0	4.8
苏丹	642.5	1870	6.0	3.5
苏里南	55.7	4970	4.6	3.5
斯威士兰	55.7	4970	2.1	0.8
瑞典	2674.8	29770	3.6	3.3
瑞士	2611.0	35370	1.7	1.3
叙利亚	631.3	3550	3.6	1.3
塔吉克斯坦	73.9	1150	10.6	9.4
坦桑尼亚	241.4	660	6.3	4.3
泰国	5003.5	8020	6.1	5.4

3.1 续表 8

	人口总量（万人）	人口密度（人/平方公里）	国民总收入(GNI)[a]	
			总量（亿美元）	人均 GNI（美元）
东帝汶	93	62	5.1	550
多哥	497	91	18.7	380
汤加	10	141	1.9	1830
特立尼达和多巴哥	132	258	113.6	8580
突尼斯	1001	64	263.0	2630
土耳其	7173	93	2687.4	3750
土库曼斯坦	493	10	66.2	1340
乌干达	2592	132	69.1	270
乌克兰	4801	83	603.0	1260
阿联酋	428	51	504.0⑤	17790⑤
英国	5941	247	20163.9	33940
美国	29351	32	121509.3	41400
乌拉圭	340	19	134.1	3950
乌兹别克斯坦	2593	63	118.6	460
瓦努阿图	21	18	2.9	1340
委内瑞拉	2613	30	1049.6	4020
越南	8216	252	450.8	550
约旦河西岸和加沙地带	351	564	37.7②	1120②
也门	1976	37	112.2	570
赞比亚	1055	14	47.5	450
津巴布韦	1315	34	61.7③	480③
世界	**634513**	**49**	**398335.6**	**6280**
低收入国家	**233808**	**80**	**11842.5**	**510**
重债穷国	53724	35②	1859.9	350
中等收入国家	**300623**	**44**	**65941.9**	**2190**
下中等收入国家	243031	63	38469.4	1580
上中等收入国家	57592	20	27478.4	4770
中、低收入国家	**534431**	**55**	**77775.3**	**1460**
东亚和太平洋	187023	118	23894.4	1280
欧洲和中亚	47207	20	15533.1	3290
拉丁美洲和加勒比	54132	27	19481.0	3600
中东和北非	29399	33	5886.4	2000
南亚	144767	303	8602.8	590
撒哈拉以南非洲	71902	30	4320.3	600
高收入国家	**100081**	**30**	**320640.5**	**32040**
非经组织成员国	8183	122②	12895.0	15760
经合组织成员国	91898	30②	307610.2	33470
欧元区	30745	126	84950.1	27630

3.1 续表 9

	按购买力平价法计算的国民总收入[b]		增长率(%)	
	总量（亿美元）	人均 GNI（美元）	国内生产总值（GDP）(%) 2003	人均 GDP (%) 2003
东帝汶			1.8	-3.5
多哥	83.9	1690	3.0	0.8
汤加	7.4	7220	1.6	1.3
特立尼达和多巴哥	148.0	11180	6.2	5.3
突尼斯	731.9	7310	5.8	4.5
土耳其	5508.6	7680	8.9	7.4
土库曼斯坦	340.7	6910	17.0	15.4
乌干达	394.0	1520	5.7	3.1
乌克兰	3000.5	6250	12.1	12.9
阿联酋	788.3①	21000①	1.8①	-5.4①
英国	18688.8	31460	3.1	3.0
美国	116551.8	39710	4.4	3.4
乌拉圭	308.3	9070	12.3	11.6
乌兹别克斯坦	482.3	1860	7.7	6.3
瓦努阿图	6.0	2790	3.0	0.7
委内瑞拉	1504.9	5760	17.3	15.3
越南	2218.4	2700	7.5	6.4
约旦河西岸和加沙地带			-1.7②	-5.6②
也门	162.1	820		-0.4
赞比亚	93.9	890		
津巴布韦	283.4①	2180①	-5.6①	-6.7①
世界	**555837.4**	**8760**		**2.9**
低收入国家	**52793.1**	**2260**	**6.3**	**4.4**
重债穷国	6693.2	1250	5.2	3.0
中等收入国家	**194825.7**	**6480**	**7.0**	**6.0**
下中等收入国家	137087.7	5640	7.2	6.2
上中等收入国家	58139.0	10090	6.6	5.9
中、低收入国家	**247531.0**	**4630**	**6.8**	**5.5**
东亚和太平洋	94878.1	5070	8.5	7.6
欧洲和中亚	39472.7	8360	7.2	7.0
拉丁美洲和加勒比	41456.3	7660	6.0	4.5
中东和北非	194825.7	6480	5.1	3.3
南亚	41028.9	2830	6.7	5.0
撒哈拉以南非洲	13309.5	1850	4.4	2.4
高收入国家	**310001.9**	**30970**	**3.4**	**2.8**
非经组织成员国	14223.3③	18410③	6.1	4.3
经合组织成员国	294432.4	32040	3.3	2.8
欧元区	85586.4	27840	2.0	1.8

注：①2002 年数据。②2003 年数据。③2001 年数据。④2000 年数据。⑤1998 年数据。

a. 使用《世界银行图表集》方法估算。b. 购买力评价，各国的综合价格之比，指两种或多种货币在不同国家购买相同质量和数量的商品和服务时的价格比率，用来衡量对比国之间价格水平的差异。

3.2 主要社会指标

	出生时预期寿命（岁）2003	5岁以下儿童死亡率（‰）2003	15岁以上人口识字率（%）2002	CO_2 排放量（万吨）2000
阿尔巴尼亚	74.3	21	98.7①	286
阿尔及利亚	70.9	41	69.8	8942
安哥拉	46.7	260	66.8①	640
安提瓜和马布达	75.4	12		35
阿根廷	74.5	20	97.0①	13819
亚美尼亚	75.0	33	99.4①	351
澳大利亚	79.8			34476
奥地利	79.1			6085
阿塞拜疆		91	98.8②	2904
巴哈马	69.8	14		180
巴林	73.4	15	87.7①	1950
孟加拉国	62.4	69	41.1	2925
巴巴多斯	74.8	13	99.7	118
白俄罗斯	68.2	17	99.6②	5915
比利时	78.3	5		10224
伯利兹	71.2	39	76.9③	78
贝宁	53.0	154	33.6	162
不丹	63.5	85		40
玻利维亚	64.1	66	86.5①	1107
波斯尼亚和黑山	74.0	17	94.6③	1925
博茨瓦纳	38.0	112	78.9	385
巴西	68.7	35		30752
文莱	76.8	6	92.0①	
保加利亚	72.1		98.2①	4234
布基纳法索	42.8	207		103
布隆迪	41.6	190	58.9③	24
柬埔寨	54.0	140		53
喀麦隆	48.0	166	67.9①	654
加拿大	79.3			43586
佛得角	69.2	35	75.7	14
中非	41.8	180	48.6③	27
乍得	48.3	200	25.5③	12
智利	76.4	9	95.7	5950
中国	70.8	37	90.9③	279045
中国香港	80.1			3307

3.2 续表 1

	出生时预期寿命(岁)2003	5 岁以下儿童死亡率(‰)2003	15 岁以上人口识字率(%)2002	CO_2 排放量(万吨)2000
中国澳门	79.3		91.①	163
哥伦比亚	71.9	21		5846
科摩罗	61.6	73	56.2	8
刚果(金)	45.2	205	65.①	273
刚果(布)	51.7	108	82.8	181
哥斯达黎加	78.6	10	95.8	542
科特迪瓦	45.1	192	48.1③	1048
克罗地亚	74.0	7	98.1①	1958
古巴	76.9		96.9	3091
塞浦路斯	78.2	5	96.8①	642
捷克	75.2			11877
丹麦	77.1			4461
吉布提	43.0	138		38
多米尼克	76.7	14		10
多米尼加	67.1	35	87.7③	2513
厄瓜多尔	71.0	27	91.0①	2545
埃及	69.1	39		14223
萨尔瓦多	70.4	36	79.7	666
赤道几内亚	52.2	146	84.2③	21
厄立特里亚	51.1	85		61
爱沙尼亚	71.2	9	99.8③	1600
埃塞俄比亚	42.0	169	41.5	558
斐济	69.7	20		73
芬兰	78.3			5343
法国	79.3			36243
法属波利尼西亚	73.9			54
加蓬	53.0	91		350
冈比亚	53.4	123		27
格鲁吉亚	73.5	45		617
德国	78.3			78551
加纳	54.4	95	54.1③	590
希腊	78.0	5		8960
格陵兰				56
格林纳达	73.1	23		21
关岛	77.9			407
危地马拉	66.1	47	69.1	989

3.2 续表2

	出生时预期寿命(岁) 2003	5岁以下儿童死亡率(‰) 2003	15岁以上人口识字率(%) 2002	CO_2 排放量(万吨) 2000
几内亚	46.2	160		129
几内亚比绍	45.5	204		26
圭亚那	62.2	69		160
海地	51.9	118	51.9	142
洪都拉斯	66.1	41	80.0①	479
匈牙利	72.6	7	99.3①	5416
冰岛	79.9	4		216
印度	63.4	87	61.0①	107086
印度尼西亚	66.9	41	87.9	26957
伊朗	69.4	39	77.0	31030
伊拉克	63.1			7634
爱尔兰	77.7			4223
以色列	78.8	6		6310
意大利	79.8			42817
牙买加	75.8	20	87.6	1078
日本	81.7			118450
约旦	72.1	28		1555
哈萨克斯坦	61.3	73	99.5②	12127
肯尼亚	45.4	123	73.6③	935
基里巴斯	63.1	66		3
朝鲜	62.8	55		18886
韩国	74.2	5		42701
科威特	77.0	9	82.9	4789
吉尔吉斯斯坦	65.0	68	98.7②	464
老挝	54.7	91	68.7①	41
拉脱维亚	70.7	12	99.7③	599
黎巴嫩	70.9	31		1516
莱索托	37.2	110	81.0①	
利比里亚	47.1	235	55.9	40
利比亚	72.7	16	81.7	5713
立陶宛		11		
卢森堡	71.9	11	99.6①	1187
中国澳门	78.3			848
马其顿	73.6	11	96.1	1119
马达加斯加	55.7	126	70.6③	227
马拉维	37.5	178	64.1④	77

3.2续表3

	出生时预期寿命(岁) 2003	5岁以下儿童死亡率(‰) 2003	15岁以上人口识字率(%) 2002	CO_2排放量(万吨) 2000
马来西亚	73.0	7	88.7③	14441
马尔代夫	69.5	72	97.2	50
马　里	40.6	220	19.0④	56
马尔他	78.5	6		281
毛里塔尼亚	51.0	107	51.2③	307
毛里求斯	72.3	18	84.3③	289
墨西哥	73.6	28	90.3	42397
密克罗尼西亚	68.9	23		
摩尔多瓦	67.0	32	96.2③	657
蒙　古	65.9	68	97.8③	750
摩洛哥	68.6	39	50.7	3655
莫桑比克	40.7	147	46.5	118
缅　甸	57.3	107	89.7③	915
纳米比亚	40.3	65	85.0①	182
尼泊尔	60.2	82	48.6①	340
荷　兰	78.5	5.7		13887
荷属安的列斯	76.3		96.7	993
新加里多尼亚	73.7			167
新西兰	79.1	6		3207
尼加拉瓜	68.8	38	76.6①	374
尼日尔	46.4	262	14.0①	118
尼日利亚	44.9	198	66.8	3615
挪　威	79.0			4991
阿　曼	74.2	12	74.4	1977
巴基斯坦	64.1	98		10481
帕　劳		28		24
巴拿马	75.0	24	91.9③	634
巴布亚新几内亚	57.2	93	57.3③	243
巴拉圭	71.0	29	91.0①	366
秘　鲁	70.0	34		2954
菲律宾	69.9	36	92.6③	7753
波　兰	74.6	7		30135
葡萄牙	76.2	5		5983
波多黎各	76.7		94.1	873

3.2 续表 4

	出生时预期寿命(岁) 2003	5 岁以下儿童死亡率(‰) 2003	15 岁以上人口识字率(%) 2002	CO_2 排放量(万吨) 2000
卡 塔 尔	75.0	15		4069
罗马尼亚	70.1	20	97.3	8628
俄罗斯联邦	65.7	21	99.4	143506
卢 旺 达	39.8	203	64.0③	57
萨 摩 亚	69.5	24	98.7	14
圣多美和普林西比	66.0	118		9
沙特阿拉伯	73.3	26	79.4③	37434
塞内加尔	52.3	137	39.3	418
塞尔维亚和黑山	72.8	14	96.4	
塞 舌 尔	73.2	15		23
塞拉利昂	37.4	284	29.6③	56
新 加 坡			92.5③	5905
斯洛伐克	73.4	8	99.6①	3541
斯洛文尼亚	76.1	4	99.7	1460
所罗门群岛	69.5	22		16
索 马 里	47.4	225		
南　　非	45.7	66		32728
西 班 牙	79.6	4		28293
斯里兰卡	74.0	15	90.0①	1018
圣基茨和尼维斯	71.5	22		
圣卢西亚	74.0	18	90.0①	
圣文森特和格林纳丁斯	72.9	27		
苏　　丹	58.6	93	59.0③	522
苏 里 南	70.4	39	88.0③	212
斯威士兰	42.5	153	79.2③	38
瑞　　典	80.1			4694
瑞　　士	80.5			3906
叙 利 亚	70.5	18	82.9	5419
塔吉克斯坦	66.3	95	99.5③	397
坦桑尼亚	42.7	165	69.4	431
泰　　国	69.3	26	92.6③	19865
多　　哥	49.7	140	53.0③	180
汤　　加	71.5	19		12
特里尼达和多巴哥	72.3	20	98.5	2636
突 尼 斯	73.2	24		1839

3.2 续表 5

	出生时预期寿命（岁）2003	5 岁以下儿童死亡率（‰）2003	15 岁以上人口识字率（%）2002	CO_2 排放量（万吨）2000
土耳其	68.6	39		22155
土库曼斯坦	64.5	102		3459
乌干达	43.2	140	68.9	152
乌克兰	68.3	20	99.4①	34277
阿联酋	75.4	8	77.3	5891
英国	77.6			56784
美国	77.4			560151
乌拉圭	75.4	14	97.7	541
乌兹别克斯坦	66.7	69	99.3	11863
瓦努阿图	68.7	38	74.0②	8
委内瑞拉	73.9	21	93.0①	15775
越南	69.9	23	90.3②	5746
也门	57.7	113	49.0	844
赞比亚	36.5	182	67.9②	182
津巴布韦	38.5	126	90.0	1480
世界	**66.9**	**86**		**2294207**
低收入国家	**58.3**	**122**		**176437**
最不发达国家	51.1	155		10714
重债穷国	47.9	163		18128
中等收入国家	**69.6**	**40**		**940877**
下中等收入国家	69.8	42		739733
上中等收入国家	68.8	30		201434
中、低收入国家	**64.7**	**87**		**1117324**
东亚和太平洋	69.6	41		375271
欧洲和中亚	68.5	36		314485
拉丁美洲和加勒比	70.9	33		135918
中东和北非	68.5	56		122834
南亚	63.5	92		122030
撒哈拉以南非洲	45.6	171		48045
高收入国家	**78.3**			**1178925**
非经合组织成员国	75.9			60151
经合组织成员国	78.5			1119082
欧元区	78.9			241459

注：①2001 年数据。②1999 年数据。③2000 年数据。④1998 年数据。

3.3 贫困情况

	调查年份	基尼系数	调查年份	国家贫困线以下的人口(%)		
				全国	乡村	城市
阿尔巴尼亚	2002[cd]	28.2	2002	25.4	29.6	19.8
阿尔及利亚	1995[cd]	35.3	1998	12.2	16.6	7.3
阿根廷	2001[ef]	52.2	1998			29.9
亚美尼亚	1998－1999[cd]	37.9	2001	50.9	48.7	51.9
澳大利亚	1994[ef]	35.2				
奥地利	1997[ef]	30.0				
阿塞拜疆	2001[cd]	36.5	2001	49.0	42.0	55.0
孟加拉国	2000[cd]	31.8	2000	49.8	53.0	36.6
白俄罗斯	2000[cd]	30.4	2000	41.9		
比利时	1996[ef]	25.0				
贝宁			1999	29.0	33.0	23.3
玻利维亚	1999[cd]	44.7	1999	62.7	81.7	50.6
波黑	2001－2002[cd]	26.2	2002	19.5	19.9	13.8
博茨瓦纳	1993[cd]	63.0				
巴西	2001[ef]	59.3	1998	22.0	51.4	14.7
保加利亚	2001[ef]	31.9	2001	12.8		
布基纳法索	1998[cd]	46.7	1998	45.3	51.0	16.5
布隆迪	1998[cd]	33.3	1990	36.4	36.0	43.0
柬埔寨	1997[cd]	40.4	1999	35.9	40.1	13.9
喀麦隆	2001[cd]	44.6	2001	40.2	49.9	22.1
加拿大	1998[ef]	33.1				
中非	1993[cd]	61.3				
乍得			1995－1996	64.0	67.0	63.0
智利	2000[ef]	57.1	1998	17.0		
中国	2001[cd]	44.7	1998	4.6	4.6	2.0
中国香港	1996[ef]	43.4				
哥伦比亚	1999[ef]	57.6	1999	64.0	79.0	55.0
哥斯达黎加	2000[ef]	46.5	1992	22.0	25.5	19.2
科特迪瓦	2002[cd]	44.6				
克罗地亚	2001[cd]	29.0				
捷克	1996[ef]	25.4				
丹麦	1997[ef]	24.7				

3.3续表1

	调查年份	国际贫困线(%)			
		每天贫困缺口为1美元的人口	每天贫困缺口为2美元的人口	每天不足1美元的人口	每天不足2美元的人口
阿尔巴尼亚	2002[a]	0.5	2.0	2.0	11.8
阿尔及利亚	1995[a]	0.5	3.8	2.0	15.1
阿根廷	2001[a]	0.5	4.7	3.3	14.3
亚美尼亚	2003[a]	0.5	7.1	2.0	31.1
澳大利亚					
奥地利					
阿塞拜疆	2001[a]	0.6	9.1	3.7	33.4
孟加拉国	2000[a]	8.1	36.3	36.0	82.8
白俄罗斯	2000[a]	0.5	0.5	2.0	2.0
比利时					
贝宁					
玻利维亚	1999[a]	5.4	14.9	14.4	34.3
波黑					
博茨瓦纳	1993[a]	12.7	28.5	30.7	55.7
巴西	2001[b]	2.1	8.8	8.2	22.4
保加利亚	2003[a]	0.5	1.5	2.0	6.1
布基纳法索	1998[a]	14.4	40.6	44.9	81.0
布隆迪	1998[a]	22.7	48.9	54.6	87.6
柬埔寨	1997[a]	9.7	34.5	34.1	77.7
喀麦隆	2001[a]	4.1	19.4	17.1	50.6
加拿大					
中非	1993[a]	38.1	58.4	66.6	84.0
乍得					
智利	2000[b]	0.5	2.5	2.0	9.6
中国	2001[a]	3.9	18.4	16.6	46.7
中国香港					
哥伦比亚	1999[b]	2.2	8.8	8.2	22.6
哥斯达黎加	2000[b]	0.7	3.0	2.0	9.5
科特迪瓦	2002[a]	4.1	18.4	14.8	48.8
克罗地亚	2001[a]	0.5	0.5	2.0	2.0
捷克	1996[b]	0.5	0.5	2.0	2.0
丹麦					

3.3 续表2

	调查年份	基尼系数	调查年份	国家贫困线以下的人口(%)		
				全国	乡村	城市
吉布提			1996	45.1	86.5	
多米尼加	1998[ef]	47.4	1998	28.6	42.1	20.5
厄瓜多尔	1998[cd]	43.7	1994	35.0	47.0	25.0
埃及	1999－2000[cd]	34.4	2000	16.7		
萨尔瓦多	2000[ef]	53.2	1992	48.3	55.7	43.1
厄立特里亚			1993－1994	53.0		
爱沙尼亚	2000[ef]	37.2	1995	8.9	14.7	6.8
埃塞俄比亚	1999－2000[cd]	30.0	2000	44.2	45.0	37.0
芬兰	2000[ef]	26.9				
法国	1995[ef]	32.7				
冈比亚	1998	47.5	1998	57.6	61.0	48.0
格鲁吉亚	2001[cd]	36.9	1997	11.1	9.9	12.1
德国	2000[ef]	28.3				
加纳	1999[cd]	40.7	1999	39.5	49.9	18.6
希腊	1998[ef]	35.4				
危地马拉	2000[ef]	59.9	2000	56.2	74.5	27.1
几内亚	1994[cd]	40.3	1994	40.0		
圭亚那	1999	43.2				
海地			1995		66.0	
洪都拉斯	1999[ef]	55.0	1993	53.0	51.0	57.0
匈牙利	2002[cd]	26.9	1997	17.3		
印度	1999－2000[cd]	32.5	1999－2000	28.6	30.2	24.7
印度尼西亚	2002[cd]	34.3	1999	27.1		
伊朗	1998[cd]	43.0				
爱尔兰	1996[ef]	35.9				
以色列	1997[ef]	38.1				
意大利	2000[ef]	36.0				
牙买加	2000[cd]	37.9	2000	18.7	25.1	12.8
日本	1993[ef]	24.9				
约旦	1997[cd]	36.4	1997	11.7		
哈萨克斯坦	2003[cd]	32.3	1996	34.6	39.0	30.0
肯尼亚	1997[cd]	44.5	1997	52.0	53.0	49.0
韩国	1998[ef]	31.6				

3.3 续表 3

	调查年份	国际贫困线(%)			
		每天贫困缺口为1美元的人口	每天贫困缺口为2美元的人口	每天不足1美元的人口	每天不足2美元的人口
吉布提					
多米尼加	1998[b]	0.5	0.5	2.0	2.0
厄瓜多尔	1998[b]	7.1	17.7	17.7	40.8
埃及	2000[a]	0.5	11.3	3.1	43.9
萨尔瓦多	2000[b]	14.1	29.7	31.1	58.0
厄立特里亚					
爱沙尼亚	1998[a]	0.5	0.7	2.0	4.7
埃塞俄比亚	1999-2000[a]	4.8	29.6	23.0	77.8
芬兰					
法国					
冈比亚	1992	23.3	47.5	53.7	84.0
格鲁吉亚	2001[a]	0.9	4.6	2.7	15.7
德国					
加纳	1999[a]	17.3	40.8	44.8	78.5
希腊					
危地马拉	2000[b]	4.6	16.0	16.0	37.4
几内亚					
圭亚纳	1998	0.6	3.8	3.0	11.2
海地	2001	40.0	58.5	67.0	83.3
洪都拉斯	1999[b]	7.5	20.2	20.7	44.0
匈牙利	2002[b]	0.5	0.5	2.0	2.0
印度	1999-2000[a]	7.2	34.9	35.3	80.6
印度尼西亚	2002[a]	0.9	15.7	7.5	52.4
伊朗	1998[a]	0.5	1.5	2.0	7.3
爱尔兰					
以色列					
意大利					
牙买加	2000[a]	0.5	2.7	2.0	13.3
日本					
约旦	2002[a]	0.5	1.4	2.0	6.5
哈萨克斯坦	2003[a]	0.5	6.3	2.0	24.9
肯尼亚	1997[a]	5.9	23.9	22.8	58.3
韩国	1998[b]	0.5	0.5	2.0	2.0

3.3 续表4

	调查年份	基尼系数	调查年份	国家贫困线以下的人口(%)		
				全国	乡村	城市
吉尔吉斯斯坦	2002[cd]	34.8	2001	47.6	51.0	41.2
老　　挝	1997-1998[cd]	37.0	1998	38.6	41.0	26.9
拉脱维亚	1998[ef]	33.6				
莱索托	1995[cd]	63.2				
立陶宛	2000[cd]	31.9				
卢森堡	2000	30.8				
马其顿	1998[cd]	28.2				
马达加斯加	2001[cd]	47.5	1999	71.3	76.7	52.1
马拉维	1997[cd]	50.3	1997-1998	65.3	66.5	54.9
马来西亚	1997[ef]	49.2	1989	15.5		
马　　里	1994[cd]	50.5	1998	63.8	75.9	30.1
毛里塔尼亚	2000[cd]	39.0	2000	46.3	61.2	25.4
墨西哥	2000[ef]	54.6	1988	10.1		
摩尔多瓦	2002[cd]	36.9	1997	23.3	26.7	19.3
蒙　　古	1998[cd]	30.3	1998	35.6	32.6	39.4
摩洛哥	1998-1999[cd]	39.5	1998-1999	19.0	27.2	12.0
莫桑比克	1996-1997[cd]	39.6	1996-1997	69.4	71.3	62.0
纳米比亚	1993[ef]	74.3				
尼泊尔	1995-1996[cd]	36.7	1995-1996	42.0	44.0	23.0
荷　　兰	1999[ef]	30.9				
新西兰	1997[ef]	36.2				
尼加拉瓜	2001[ef]	43.1	1998	47.9	68.5	30.5
尼日尔	1995[cd]	50.5	1993	63.0	66.0	52.0
尼日利亚	1996-1997[cd]	50.6	1993	34.1	36.4	30.4
挪　　威	2000[ef]	25.8				
巴基斯坦	1998-1999[cd]	33.0	1998-1999	32.6	35.9	24.2
巴拿马	2000[ef]	56.4	1997	37.3	64.9	15.3
巴布亚新几内亚	1996[cd]	50.9	1996	37.5	41.3	16.1
巴拉圭	2002[ef]	57.8	1991	21.8	28.5	19.7
秘　　鲁	2000[ef]	49.8	1997	49.0	64.7	40.4
菲律宾	2000[cd]	46.1	1997	36.8	50.7	21.5
波　　兰	2002[cd]	34.1	1999	38.5		
葡萄牙	1999[ef]	38.5				

3.3 续表 5

	调查年份	国际贫困线(%)			
		每天贫困缺口为1美元的人口	每天贫困缺口为2美元的人口	每天不足1美元的人口	每天不足2美元的人口
吉尔吉斯斯坦	2002[a]	0.5	5.8	2.0	24.7
老　　挝	1997-1998[a]	6.3	29.6	26.3	73.2
拉脱维亚	1998[a]	0.7	2.6	2.0	11.5
莱 索 托	1995[a]	19.0	33.1	36.4	56.1
立 陶 宛	2000[a]	0.5	1.5	2.0	6.9
卢 森 堡					
马 其 顿	2003[a]	0.5	0.5	2.0	2.0
马达加斯加	2001[a]	27.9	51.8	61.0	85.1
马 拉 维	1997-1998[a]	14.8	38.3	41.7	76.1
马来西亚	1997[b]	0.5	2.0	2.0	9.3
马　　里	1994[a]	37.4	60.5	72.3	90.6
毛里塔尼亚	2000[a]	7.6	26.8	25.9	63.1
墨 西 哥	2000[b]	3.7	10.9	9.9	26.3
摩尔多瓦	2001[a]	5.7	25.2	21.8	64.1
蒙　　古	1998[a]	8.1	30.6	27.0	74.9
摩 洛 哥	1999[a]	0.5	3.1	2.0	14.3
莫桑比克	1996[a]	12.0	36.8	37.9	78.4
纳米比亚	1993[b]	14.0	30.4	34.9	55.8
尼 泊 尔	1995[a]	11.0	37.6	39.1	80.9
荷　　兰					
新 西 兰					
尼加拉瓜	2001[a]	16.7	41.2	45.1	79.9
尼 日 尔	1995[a]	34.0	54.6	60.6	85.8
尼日利亚	2003[a]	34.5	59.5	70.8	92.4
挪　　威					
巴基斯坦	2001[a]	3.1	26.1	17.0	73.6
巴 拿 马	2000[b]	2.3	7.4	7.2	17.6
巴布亚新几内亚					
巴 拉 圭	2002[b]	7.4	16.2	16.4	33.2
秘　　鲁	2000[b]	9.1	18.5	18.1	37.7
菲 律 宾	2000[a]	3.0	17.8	15.5	47.5
波　　兰	2001[b]	0.5	0.5	2.0	2.0
葡 萄 牙	1994[b]	0.5	0.5	2.0	2.0

3.3续表6

	调查年份	基尼系数	调查年份	国家贫困线以下的人口(%)		
				全国	乡村	城市
罗马尼亚	2002[cd]	30.3	1994	21.5	27.9	20.4
俄罗斯联邦	2002[cd]	31.0	1994	30.9		
卢旺达	1985[cd]	28.9	2000	60.3	65.7	14.3
塞内加尔	1995[cd]	41.3	1992	33.4	40.4	23.7
塞拉利昂	1989[cd]	62.9	2004	70.2	79.0	56.4
新加坡	1998[ef]	42.5				
斯洛伐克	1996[ef]	25.8				
斯洛文尼亚	1998－1999[ef]	28.4				
南非	2000[cd]	57.8				
西班牙	1990[ef]	32.5				
斯里兰卡	2000[cd]	33.2	1996	25.0	27.0	15.0
斯威士兰	1994[cd]	60.9	1995	40.0		
圣卢西亚	1995[cd]	42.6				
斯威士兰	1994[cd]	60.9	1995	40.0		
瑞典	2000[ef]	25.0				
瑞士	1992[ef]	33.1				
塔吉克斯坦	2003[cd]	32.6				
坦桑尼亚	1991[cd]	59.0	2000－2001	35.7	38.7	29.5
泰国	2000[cd]	43.2	1992	13.1	15.5	10.2
多哥			1987－1989	32.3		
特立尼达多巴哥	1992[cd]	40.3	1992	21.0	20.0	24.0
突尼斯	2000[cd]	39.8	1995	7.6	13.9	3.6
土耳其	2000[cd]	40.0				
土库曼斯坦	1998[cd]	40.8				
乌干达	1999[cd]	43.0	1997	44.0		
乌克兰	1999[cd]	29.0	1995	31.7		
英国	1999[ef]	36.8				
美国	2000[ef]	40.8				
乌拉圭	2000[ef]	44.6				
乌兹别克斯坦	2000[cd]	26.8	2000	27.5	30.5	22.5
委内瑞拉	1998[ef]	49.1	2000	31.3		
越南	2002[cd]	37.0	2002	28.9	35.6	6.6
也门	1998[cd]	33.4	1998	41.8	45.0	30.8
赞比亚	1998[cd]	52.6	1998	72.9	83.1	56.0
津巴布韦	1995[cd]	50.1	1996	34.9	48.0	7.9

3.3 续表 7

	调查年份	国际贫困线(%)			
		每天贫困缺口为 1 美元的人口	每天贫困缺口为 2 美元的人口	每天不足 1 美元的人口	每天不足 2 美元的人口
罗马尼亚	2002[a]	0.5	3.4	2.0	14.0
俄罗斯联邦	2002[a]	0.5	1.3	2.0	7.5
卢旺达	2000[a]	20.0	45.5	51.7	83.7
塞内加尔	1995[a]	5.7	25.2	22.3	63.0
塞拉利昂	1989[a]	39.5	51.8	57.0	74.5
新加坡					
斯洛伐克	1996[b]	0.5	0.8	2.0	2.9
斯洛文尼亚	1998[b]	0.5	0.5	2.0	2.0
南非	2000[a]	1.7	12.6	10.7	34.1
西班牙					
斯里兰卡	2002[a]	0.5	11.9	5.6	41.6
斯威士兰	1994[a]	2.5	8.9	8.0	22.6
圣卢西亚	1995[a]	8.5	26.0	25.4	59.8
斯威士兰	1994[a]	2.5	8.9	8.0	22.6
瑞典					
瑞士					
塔吉克斯坦	2003[a]	1.3	13.0	7.4	42.8
坦桑尼亚	1991[a]	24.4	43.3	48.5	72.5
泰国	2000[a]	0.5	9.0	2.0	32.5
多哥					
特立尼达多巴哥	1992[a]	1.0	6.3	4.0	20.0
突尼斯	2000[a]	0.5	1.3	2.0	6.6
土耳其	2002[a]	1.0	7.5	4.8	24.7
土库曼斯坦	1998[a]	2.6	15.4	12.1	44.0
乌干达					
乌克兰	1999[a]	0.6	16.3	2.9	45.7
英国					
美国					
乌拉圭	2000[a]	0.5	0.8	2.0	3.9
乌兹别克斯坦	2000[a]	4.3	25.2	17.3	71.7
委内瑞拉	2000[b]	3.6	12.2	9.9	32.1
越南	1998[a]	0.5	10.6	3.8	39.7
也门	1998[a]	4.5	15.0	15.7	45.2
赞比亚	1998[a]	32.7	55.4	63.7	87.4
津巴布韦	1995-1996[a]	24.2	48.2	56.1	83.0

注：a. 根据消费。b. 根据收入。c. 按百等分法划分的人口的支出份额。d. 按人均支出排序。e. 按百等分法划分的人口的收入份额。f. 按人均收入排序。

3.4 2003年主要经济活动

	国内生产总值（百万美元）	增加值占GDP的比重(%)		
		农业	工业	服务业
阿尔巴尼亚	5705	24.7	19.2	56.1
阿尔及利亚	68019	10.2	55.1	34.7
安哥拉	13825	8.8	64.6	26.6
安提瓜和巴布达①	727	3.7	21.7	74.6
阿根廷	129596	11.1	34.8	54.1
亚美尼亚	2805	23.5	39.2	37.3
澳大利亚	522378	2.9①	25.9①	71.1①
奥地利	253126	2.3	31.7	65.9
阿塞拜疆	7138	14.3	54.5	31.1
巴林	9607			
孟加拉国	51914	21.8	26.3	52.0
巴巴多斯	2627	5.8①	20.8①	73.4①
白俄罗斯	17622	9.8	30.1	60.1
比利时	301896	1.3	26.5	72.2
伯利兹	1023	15.1①	19.7①	65.2①
贝宁	3557	35.7	14.4	50.0
不丹	596	33.2	39.5	27.3
玻利维亚	8089	14.9	30.1	55.1
波黑	6973	14.9	32.1	53.0
博茨瓦纳	7530	2.4	45.2	52.5
巴西	505747	5.8	19.1	75.1
保加利亚	19939	11.7	30.7	57.5
布基纳法索	4182	31.0	18.9	50.1
布隆迪	595	49.0	19.0	32.0
柬埔寨	41	34.5	29.7	35.9
喀麦隆	12491	44.2	16.7	39.1
加拿大	856523	2.3②	33.8②	63.8②
佛得角	797	6.8	19.7	73.4
中非	1203	60.8	24.9	14.3
乍得	2608	45.6	13.5	40.9
智利	72412	8.8	34.3	56.9
中国	1416593	14.6	52.3	33.1
哥伦比亚	79958	12.3	29.4	58.3
科摩罗	319	40.9	11.9	47.2
刚果(金)	5671	57.9①	19.3①	22.8①
刚果(布)	3564	6.2	60.1	33.8
哥斯达黎加	17485	8.8	28.7	62.5
科特迪瓦	13964	26.2	18.6	55.2
克罗地亚	28810	8.4	30.1	61.5
古巴②		6.7	46.4	46.9

3.4 续表 1

	家庭最终消费支出占GDP的比重(%)	一般政府最终消费支出占GDP的比重(%)	资本形成总额占GDP的比重(%)	货物服务差额占GDP的比重(%)
阿尔巴尼亚	90.1	9.7	25.0	-24.8
阿尔及利亚	42.4	13.8	29.3	14.4
安哥拉			12.8	7.3
安提瓜和巴布达①	50.3	28.1	29.5	-7.9
阿根廷	62.7	11.4	15.1	10.8
亚美尼亚	83.0	10.3	24.7	-17.9
澳大利亚	59.9①	17.8①	24.7①	2.5①
奥地利	56.7	18.7	23.0	1.5
阿塞拜疆	63.2	11.7	49.1	-24.0
巴林	41.0	18.6	22.5	17.9
孟加拉国	77.1	5.3	23.4	-5.8
巴巴多斯	72.0①	16.7①	17.4①	-5.1
白俄罗斯	57.5	22.7	23.7	-3.9
比利时	54.8	22.8	19.9	2.5
伯利兹	78.0①	12.3①	20.5	-13.3
贝宁	80.3	12.6	18.6	-11.6
不丹	49.2①	18.4①	53.3①	-20.9①
玻利维亚	71.6	16.1	10.8	1.4
波黑	91.8	22.3	19.9	-33.9
博茨瓦纳	26.5	35.5	27.5	10.6
巴西	60.3	18.8	17.3	3.6
保加利亚	69.2	18.9	21.6	-9.7
布基纳法索	83.4	12.8	18.7	-14.8
布隆迪	87.2	8.5	15.3	-11.0
柬埔寨	80.1	6.7	22.8	-9.5
喀麦隆	70.9	12.0	17.0	0.1
加拿大	56.2①	19.2①	20.2①	4.4①
佛得角	99.6	14.7	20.2	-34.5
中非	85.7	10.4	6.0	-2.1
乍得	69.9	8.0	55.0	-32.9
智利	60.7	12.0	24.2	3.1
中国	40.6	12.6	44.3	2.5
哥伦比亚	65.2	21.0	14.9	-1.1
科摩罗	87.8	13.9	11.8	-13.5
刚果(金)	92.1①	3.8①	13.7	-3.2①
刚果(布)	35.6	17.0	22.9	24.5
哥斯达黎加	67.3	14.5	20.1	-2.0
科特迪瓦	69.4	8.0	9.7	12.9
克罗地亚	58.7	20.6	30.4	-9.7
古巴②	69.6	23.1	9.7	-2.4

3.4 续表2

	国内生产总值（百万美元）	增加值占GDP的比重（%）		
		农业	工业	服务业
塞浦路斯	13172			
捷　　克	90423	3.5	39.4	57.1
丹　　麦	211888	2.1	26.4	71.5
吉 布 提	625	3.7②	14.2②	82.1②
多米尼克	258	18.6①	21.0①	60.4①
多米尼加	16541	11.2	30.6	58.1
厄瓜多耳	27201	7.7	28.7	63.6
埃　　及	82427	16.1	34.0	49.8
萨尔瓦多	14940	8.5	32.1	59.4
赤道几内亚	2915	6.8	88.9	4.3
厄立特里亚	751	13.9	24.7	61.4
爱沙尼亚	9082	4.5	28.5	67.0
埃塞俄比亚	6652	41.8	10.7	47.4
斐　　济	2243	16.2①	27.0①	56.8①
芬　　兰	161876	3.5	30.5	66.0
法　　国	1757613	2.7	24.5	72.8
法属波利尼西亚②	3450	4.7		
加　　蓬	6057	8.1	62.1	29.8
冈 比 亚	366	30.1	14.6	55.2
格鲁吉亚	3996	20.5	25.5	54.1
德　　国	2403160	1.1	29.4	69.4
加　　纳	7624	35.8	24.9	39.3
希　　腊	172203	6.9	23.8	69.3
格林纳达	437	7.5①	22.6①	69.8①
危地马拉	24730	22.3	19.3	58.5
几 内 亚	3630	24.6	36.4	39.0
几内亚比绍	239	68.7	13.3	17.9
圭 亚 那	741	30.8①	28.6①	40.6①
海　　地	2919	27.9①	16.8	54.9①
洪都拉斯	6868	13.5	30.7	55.8
中国香港	155123	0.1①	12.4①	87.5①
匈 牙 利	82781	4.3①	31.2①	64.5①
冰　　岛	10513	9.6⑤	27.8⑤	62.7⑤
印　　度	600637	22.2	26.6	51.2
印度尼西亚	238525	16.6	43.6	39.9
伊　　朗	137144	11.3	41.2	47.6
爱 尔 兰	153719	3.3①	41.5①	55.2①
以 色 列	110227			
意 大 利	1468314	2.6	27.8	69.5
牙 买 加	7514	5.2	29.8	65.0

3.4 续表 3

	家庭最终消费支出占 GDP 的比重(%)	一般政府最终消费支出占 GDP 的比重(%)	资本形成总额占 GDP 的比重(%)	货物服务差额占 GDP 的比重(%)
塞浦路斯	68.2③	16.8③	18.7③	-3.7③
捷　克	50.9	24.0	27.3	-2.2
丹　麦	47.3	26.5	19.6	6.6
吉布提	80.1②	25.2②	12.9②	-18.2②
多米尼克	77.5	20.4	14.4	-12.2
多米尼加	72.4	7.0	23.1	-2.5
厄瓜多耳	67.9	9.5	27.7	-5.1
埃　及	72.2	12.5	17.1	-1.9
萨尔瓦多	89.5	10.6	16.2	-16.4
赤道几内亚	59.2④	21.0④	91.6④	-71.7④
厄立特里亚	111.3	51.7	22.4	-85.4
爱沙尼亚	57.9	19.0	31.1	-8.0
埃塞俄比亚	75.2	23.8	20.5	-19.4
斐　济	75.4②	17.8②	13.7⑤	6.6⑤
芬　兰	52.4	22.1	18.5	7.0
法　国	55.1①	24.3	19.2①	1.2
法属波利尼西亚②		20.3		-19.3
加　蓬			23.9	21.4
冈比亚	79.0	11.0	19.2	-9.2
格鲁吉亚	81.4	8.9	24.4	-14.6
德　国	58.6	19.3	17.9	4.2
加　纳	77.4	11.5	22.9	-11.9
希　腊	66.6	15.5	26.2	-8.2
格林纳达	73.8	14.5	40.0	-28.3
危地马拉	90.0	4.9	16.7	-11.6
几内亚	85.2	7.5	9.9	-2.5
几内亚比绍	85.9	13.0	12.4	-11.2
圭亚那	67.0①	25.9①	20.0①	-12.9①
海　地	91.3	8.4	31.0	-30.8
洪都拉斯	74.2	13.8	29.4	-17.4
中国香港	57.9	10.8	22.4	9.0
匈牙利	68.0	10.8	25.3	-4.2
冰　岛	55.6	26.4	21.5	-3.4
印　度	66.7	11.3	23.0	-1.0
印度尼西亚	66.8	8.0	17.6	7.6
伊　朗	42.6	14.0	41.0	2.4
爱尔兰	44.1①	15.1①	22.2①	18.7①
以色列	58.8	30.2	16.9	-5.9
意大利	60.4	19.5	19.6	0.5
牙买加	71.4	16.3	32.3	-20.0

3.4 续表 4

	国内生产总值（百万美元）	增加值占 GDP 的比重（%）		
		农业	工业	服务业
日　　本	4300858	1.3①	30.4①	68.3①
约　　旦	9946	2.2	26.0	71.8
哈萨克斯坦	30834	7.8	38.3	53.9
肯 尼 亚	14376	15.8	19.6	64.7
基里巴斯	58	14.2①	10.9①	75.0①
韩　　国	608124	3.2	34.6	62.2
科 威 特	41748	0.4⑦	53.5⑦	46.1⑦
吉尔吉斯斯坦	1919	38.7	22.9	38.4
老　　挝	2088	48.6	25.9	25.5
拉脱维亚	11073	4.5	24.4	71.0
黎 巴 嫩	19895	12.2	20.0	67.7
莱 索 托	1077	16.6	43.5	39.8
利比里亚	442			
利 比 亚	23465			
立 陶 宛	18360	7.3	33.8	59.0
卢 森 堡	26496	0.6	20.5	78.9
中国澳门	6760①		11.3⑤	71.7⑤
马 其 顿	4666	12.2	30.4	57.3
马达加斯加	5474	29.2	15.4	55.4
马 拉 维	1701	38.4	14.9	46.7
马来西亚	103737	9.7	48.5	41.8
马尔代夫	691			
马　　里	4346	38.4	26.1	35.5
马 尔 他	4769	3.2⑧	34.9⑧	62.0⑧
马绍尔群岛	105	13.8⑤	16.0⑤	70.2⑤
毛里塔尼亚	1182	19.3	30.0	50.8
毛里求斯	5241	6.1	30.6	63.3
墨 西 哥	639075	4.0	26.4	69.6
摩尔多瓦	1981	22.5	24.7	52.8
蒙　　古	1274	28.1	14.9	57.0
摩 洛 哥	43727	16.8	29.6	53.6
莫桑比克	4321	26.1	31.2	42.8
缅　　甸		57.2②	9.7②	33.1②
纳米比亚	4271	10.8	25.6	63.6
尼 泊 尔	5851	40.6	21.6	37.8
荷　　兰	511502	2.6①	25.8①	71.6①
新 西 兰	79609	9.0②	25.3②	65.7②
尼加拉瓜	4135	17.9	25.7	56.3
尼 日 尔	2731	39.9	16.8	43.4
尼日利亚	57622	26.4	49.5	24.2

3.4 续表 5

	家庭最终消费支出占 GDP 的比重(%)	一般政府最终消费支出占 GDP 的比重(%)	资本形成总额占 GDP 的比重(%)	货物服务差额占 GDP 的比重(%)
日　本	56.9	17.5	24.0	1.6
约　旦	79.8	23.0	22.5	-25.3
哈萨克斯坦	57.2	11.1	25.7	6.0
肯尼亚	74.4	17.9	12.9	-5.2
基里巴斯	90.9⑥	54.2⑥	56.3⑥	-40.4②
韩　国	55.0	13.3	29.3	2.5
科威特	49.6	25.9	8.6	15.9
吉尔吉斯斯坦	71.0	17.1	16.1	-4.2
老　挝	78.8	4.9	22.0	-5.7
拉脱维亚	63.0	20.8	28.8	-12.7
黎巴嫩	83.4	16.3	20.3	-20.0
莱索托	92.7	19.4	44.3	-56.5
利比里亚	95.1	7.9	8.7	-11.6
利比亚	58.2①	16.6①	13.9①	11.3①
立陶宛	65.0	18.7	21.7	-5.5
卢森堡	42.5	18.6	21.4	17.5
中国澳门	39.0①	11.4①	10.6①	39.0①
马其顿	74.1	20.8	21.7	-16.6
马达加斯加	81.9	9.2	17.9	-9.0
马拉维	88.1	16.9	11.2	-16.2
马来西亚	43.7	13.9	21.4	21.0
马尔代夫	30.5①	23.2①	25.5①	20.8①
马　里	76.5	8.5	23.9	-8.9
马尔他	62.9	21.9	20.7	-5.4
马绍尔群岛				
毛里塔尼亚				
毛里求斯	61.8	12.9	22.8	2.4
墨西哥	68.6	12.4	20.6	-1.6
摩尔多瓦	94.7	17.5	21.4	-33.6
蒙　古	57.6	20.0	38.0	-15.7
摩洛哥	59.2	21.0	23.8	-4.1
莫桑比克	78.4	11.5	26.9	-16.7
缅　甸			15.0⑤	-0.6④
纳米比亚	55.8	28.8	22.7	-7.3
尼泊尔	76.0	10.3	25.8	-12.1
荷　兰	49.9①	24.5①	20.5①	5.1①
新西兰	59.9①	17.6①	21.1①	1.5①
尼加拉瓜	73.6	15.6	37.1	-26.3
尼日尔	83.7	11.3	14.2	-9.2
尼日利亚	45.2	24.0	23.1	7.6

3.4 续表6

	国内生产总值（百万美元）	增加值占 GDP 的比重（%）		
		农业	工业	服务业
挪　威	220854	1.5	37.5	61.0
阿　曼	21698	3.3⑥	53.4⑥	43.2⑥
巴基斯坦	82350	23.3	23.5	53.2
帕　劳	124	3.9⑤	12.7⑤	83.4⑤
巴拿马	12862	7.5	16.3	76.2
巴布亚新几内亚	3425	25.7	39.1	35.2
巴拉圭	6030	27.2	24.2	48.5
秘　鲁	60577	10.3	29.3	60.4
菲律宾	79330	14.5	32.3	53.2
波　兰	209551	3.1	30.7	66.1
葡萄牙	147899	3.7①	28.7①	67.6①
波多黎各⑤	67900	0.7	42.8	56.5
卡塔尔	20426			
罗马尼亚	56951	11.9	36.1	52.0
俄罗斯联邦	430115	5.2	34.2	60.7
卢旺达	1684	41.6	21.9	36.5
圣多美和普林西比	60	17.0	14.6	68.4
沙特阿拉伯	212581	4.5	55.2	40.3
塞内加尔	6485	16.8	21.2	62.0
塞尔维亚和黑山	20665	15.0②	32.2②	52.8②
塞舌尔	703	3.3	35.1	61.7
塞拉利昂	990	52.7	30.8	16.5
新加坡	92369	0.1	34.9	65.0
斯洛伐克	32693	3.7	29.7	66.6
斯洛文尼亚	27749	3.1①	36.2①	60.7①
西班牙	838652	3.3	29.6	67.1
南　非	165434	3.8	31.0	65.2
斯里兰卡	18246	19.0	26.3	54.7
圣基茨和尼维斯	369	3.0	28.3	68.7
圣卢西亚	694	5.4	18.0	76.6
圣文森特和格林纳丁斯	376	8.7	24.4	66.9
苏　丹	17792	39.2①	18.3①	42.5①
苏里南	1021	11.1①	19.6①	69.3①
斯威士兰	1904	12.2	51.5	36.2
瑞　典	301606	1.8	27.9	70.3
瑞　士	320118			
叙利亚	21470	23.5	28.6	48.0
塔吉克斯坦	1553	23.4	20.2	56.4
坦桑尼亚④	10297	45.0	16.4	38.6
泰　国	142953	9.8	44.0	46.3

3.4 续表 7

	家庭最终消费支出占 GDP 的比重(%)	一般政府最终消费支出占 GDP 的比重(%)	资本形成总额占 GDP 的比重(%)	货物服务差额占 GDP 的比重(%)
挪　威	46.2	22.6	17.6	13.6
阿　曼	43.8	22.2	15.7	18.4
巴基斯坦	73.6	9.1	16.7	0.6
帕　劳				-69.9①
巴拿马	62.5	10.5	25.7	1.3
巴布亚新几内亚	69.7③	16.9③	15.0	11.0
巴拉圭	87.7	6.9	19.8	-14.5
秘　鲁	71.0	10.1	18.8	0.1
菲律宾	75.0	11.0	16.6	-2.6
波　兰	65.1	18.5	18.8	-2.5
葡萄牙	60.9①	21.1①	25.3①	-7.3①
波多黎各⑤				-19.7
卡塔尔	40.9⑨	27.1⑨	31.7⑨	0.2⑨
罗马尼亚	70.8	12.4	24.6	-7.8
俄罗斯联邦	50.8	17.0	20.7	11.5
卢旺达	85.7	15.1	18.4	-19.3
圣多美和普林西比	87.2	21.6	30.1	-38.9
沙特阿拉伯	33.6	24.9	19.4	22.2
塞内加尔	77.4	14.6	20.1	-12.0
塞尔维亚和黑山	87.7	18.2	16.1	-22.0
塞舌尔	65.6	21.5	9.0	3.9
塞拉利昂	91.4	15.6	14.3	-21.3
新加坡	41.4	11.8	14.8	32.0
斯洛伐克	55.2	20.8	25.4	-1.5
斯洛文尼亚	54.4	20.3	25.3	0.0
西班牙	57.9	17.9	25.9	-1.8
南　非	62.0	19.1	17.2	1.8
斯里兰卡	76.2	7.9	22.1	-6.2
圣基茨和尼维斯	47.5	22.4	47.9	-17.8
圣卢西亚	57.2	27.6	28.8	-13.6
圣文森特和格林纳丁斯	64.3	19.3	33.7	-17.2
苏　丹	75.5	10.6	18.2	-4.2
苏里南	72.3	29.9	33.9	-36.1
斯威士兰	76.2	14.8	18.0	-9.0
瑞　典	49.0	28.3	16.0	6.7
瑞　士	60.9①	11.7①	20.0①	7.3①
叙利亚	58.4	10.7	23.7	7.3
塔吉克斯坦	87.4	8.3	18.0	-13.7
坦桑尼亚④	79.1	11.4	18.6	-9.1
泰　国	57.6	10.6	25.0	6.8

3.4 续表8

	国内生产总值（百万美元）	增加值占 GDP 的比重（%）		
		农业	工业	服务业
多　哥	1759	40.8	22.2	37.1
汤　加	169	28.5①	15.1①	56.3①
特里尼达和多巴哥	10511	1.2	48.8	50.0
突尼斯	25037	12.1	28.1	59.8
土耳其	240376	13.4	21.9	64.7
土库曼斯坦	5837	25.2⑤	44.4⑤	30.4⑤
乌干达	6297	32.4	21.2	46.4
乌克兰	50133	14.1	40.3	45.6
阿联酋	71000①	2.2⑧	57.5⑧	40.3⑧
英　国	1794878	1.0	26.6	72.4
美　国	10948550	1.6⑤	23.0⑤	75.3⑤
乌拉圭	11191	12.8	27.3	59.9
乌兹别克斯坦	10128	35.2	21.7	43.1
瓦努阿图	276	15.0⑤	9.4⑤	75.6⑤
委内瑞拉	83436	4.5	41.1	54.4
越　南	39164	21.8	40.0	38.2
约旦河西岸和加沙地带	3454	6.2	12.0	81.8
也　门	11002	15.0	40.0	45.0
赞比亚	4335	22.8	27.0	50.2
津巴布韦①	17800	17.4	23.8	58.8
世界	**36527820**			
低收入国家	**1086886**	**24.2**	**27.1**	**48.7**
重债穷国	177729	31.5	22.2	46.3
中等收入国家	**5888453**	**9.8**	**35.5**	**54.7**
下中等收入国家	3392450	12.0	38.6	49.3
上中等收入国家	2496109	6.7	31.3	62.0
中、低收入国家	**6974032**	**11.8**	**34.3**	**53.8**
东亚和太平洋	2061936	14.4	49.3	36.3
欧洲和中亚	1402108	8.3	30.8	60.9
拉丁美洲和加勒比	1766169	7.1	26.7	66.3
中东和北非	532111	13.4	36.9	49.7
南亚	764881	22.4	26.2	51.4
撒哈拉以南非洲	445406	16.5	31.0	52.5
高收入国家	**29558940**	**1.9⑤**	**27.0⑤**	**71.1⑤**
非经合组织成员国	1171216	2.0①	31.8①	66.2①
经合组织成员国	28372350	1.9⑤	26.9⑤	71.3⑤
欧元区	8196456	2.2	27.8	70.0

3.4续表9

	家庭最终消费支出占GDP的比重(%)	一般政府最终消费支出占GDP的比重(%)	资本形成总额占GDP的比重(%)	货物服务差额占GDP的比重(%)
多哥	84.8	9.8	18.9	-13.6
汤加	101.7⑤	22.5⑤	20.3⑤	-44.5⑤
特里尼达和多巴哥	61.8	10.4	19.4	8.4
突尼斯	62.4	16.6	25.1	-4.1
土耳其	66.9	13.6	22.8	-3.3
土库曼斯坦	51.1	13.6	27.1	8.3
乌干达	78.2	15.2	20.7	-14.0
乌克兰	57.1	20.2	20.2	2.6
阿联酋	53.1④	16.8④	30.1④	8.8⑨
英国	65.6	21.1	16.3	-2.9
美国	70.8①	15.2①	18.0①	-4.1①
乌拉圭	72.9	11.7	13.0	2.4
乌兹别克斯坦	55.6	18.2	19.5	6.7
瓦努阿图	66.7③	26.1③	20.0③	-12.9③
委内瑞拉	54.7	12.9	15.6	16.8
越南	66.0	6.9	35.1	-8.0
约旦河西岸和加沙地带	83.8	52.7	2.5	-39.0
也门	74.1	13.6	16.9	-4.6
赞比亚	66.6	14.6	26.1	-7.4
津巴布韦①	72.5	16.9	8.3	2.3
世界				
低收入国家	**68.6**	**11.5**	**22.2**	**-2.4**
重债穷国	75.8	12.6	18.8	-7.1
中等收入国家	**57.5**	**14.4**	**25.6**	**2.3**
下中等收入国家	54.2	14.3	29.8	1.7
上中等收入国家	61.8	14.7	20.1	3.1
中、低收入国家	**59.0**	**14.0**	**25.1**	**1.6**
东亚和太平洋	46.7	11.9	37.6	3.6
欧洲和中亚	60.9	16.8	22.3	-0.2
拉丁美洲和加勒比	64.3	14.6	18.3	2.8
中东和北非	57.4	15.4	26.7	-0.6
南亚	68.6	10.5	22.4	-1.9
撒哈拉以南非洲	65.1	17.7	18.5	-0.6
高收入国家	**62.6①**	**17.7①**	**19.9①**	**-0.2①**
非经合组织成员国	52.9	17.4	18.0	9.0
经合组织成员国	62.9①	17.7①	19.9①	-0.5①
欧元区	58.7	20.5	20.0	1.9

注:①2002年。②2000年。③1999年。④1998年。⑤2001年。⑥1992年。⑦1995年。⑧1993年。⑨1997年。

3.5 2003年贸易、援助和外债情况

	商品贸易(百万美元)		制成品出口占货物出口的比重(%)	高科技产品出口占制成品出口的比重(%)	经常项目差额(百万美元)
	出口	进口			
阿尔巴尼亚	453	1864	84.2	1.0	-1415
阿尔及利亚	24612	13533	2.1	2.2	9825
安哥拉	10240	4130	13.9①		1015
安提瓜和巴布达	47	399			-57②
阿根廷	29566	13813	27.1	8.7	13957
亚美尼亚	678	1269	62.1	1.4	-503
阿鲁巴	83	848	62.2	4.7	-527②
澳大利亚	71546	89084	30.2	13.8	-10151②
奥地利	97146	99532	77.7	13.4	3857
阿塞拜疆	2592	2626	6.5	4.7	-1712
巴哈马	425	1762	37.5①	0.7①	
巴林	6601	5393	9.3	0.1	1718
孟加拉国	6990	10427	89.5		-3022
巴巴多斯	210	1133	51.8	14.5	-134
白俄罗斯	9964	11558	62.0	3.6	-687
比利时	255521	234800	79.8	8.5	7637
伯利兹	205	552	0.7②		-136
贝宁	541	758	7.6②	1.7②	-411
不丹	133	249	39.9③		-125②
玻利维亚	1573	1630	16.9②	7.9	116
波黑	1373	4802	16.8		-2366
博茨瓦纳	2866	2500	90.6①	0.2①	797
巴西	73084	50697	51.8	12.0	18388
文莱	4144	1244	5.6		
保加利亚	7540	10902	65.8	4.3	-1937
布基纳法索	326	925	17.1①	2.2②	-620
布隆迪	38	157	1.9①	22.3②	-66
柬埔寨	2046	2596	0.7		-392
喀麦隆	2246	2021	6.9	2.1	15
加拿大	272739	245021	61.1	14.0	31550②
佛提角	13	350	95.7①	0.9①	-275
中非	122	131	36.6	0.1	-26
乍得	446	930			-859
智利	21046	19413	16.4	3.4	2249
中国	438371	412836	90.6	27.1	36079
哥伦比亚	12671	13892	36.0	6.5	-857
科摩罗	21	120	8.2⑤	0.5⑤	-43
刚果(金)	1242	1370	9.6		-176②
刚果(布)	2514	1230			875
哥斯达黎加	6102	7663	65.5	44.8	-346

3.5 续表 1

	净私人资本流量（百万美元）	外国直接投资（百万美元）	官方发展援助（人均美元）	外债	
				总额（百万美元）	现值占国民总收入的比重（%）
阿尔巴尼亚	176	178	108	1482	21.0
阿尔及利亚	593		7	23386	39.6
安哥拉	1903	16②	37	9698	99.8
安提瓜和巴布达			64		
阿根廷	1169	1113	3	166207	114.8
亚美尼亚	115	121	81	1127	29.2
阿鲁巴		168	770		
澳大利亚		-8980			
奥地利		215			
阿塞拜疆	3235	2352	36	1681	22.7
巴哈马		102①	12		
巴林		-225	53		
孟加拉国	86	266	10	18779	25.1
巴巴多斯	141	58	74	721	325.8
白俄罗斯	127	170	3	2692	18.0
比利时					
伯利兹	218	28	44	1058	140.7
贝宁	51		44	1828	28.0
不丹		2②		422	73.3
玻利维亚	295	164	105	5684	37.1
波黑	400	382	141	2921	36.6
博茨瓦纳	84		17	514	7.7
巴西	13432	9894	2	235431	53.7
文莱			1		
保加利亚	1655	1398	53	13289	85.6
布基纳法索	11	8①	37	1845	19.5
布隆迪	8		31	1310	150.4
柬埔寨	87	77	38	3139	70.8
喀麦隆	154		55	9189	52.4
加拿大		-15967	306		
佛提角	16	9①	-33	480	50.9
中非	4		13	1328	154.7
乍得	837		29	1499	44.9
智利	3844	2501	5	43231	67.0
中国	59455	47229	1	193567	14.8
哥伦比亚	-1185	855	18	32980	46.3
科摩罗	1		41	288	80.3
刚果(金)	187	201	101	11171	149.1
刚果(布)	201	201	19	5516	368.1
哥斯达黎加	842	550	7	5424	36.0

3.5 续表2

	商品贸易(百万美元)		制成品出口占货物出口的比重(%)	高科技产品出口占制成品出口的比重(%)	经常项目差额(百万美元)
	出口	进口			
科特迪瓦	5844	3320	20.0	8.4	1795
克罗地亚	6187	14209	71.6	12.3	-2804
古　巴	1513	4461	10.1①	29.1①	
塞浦路斯	923	4466	49.2	4.7	
捷　克	48702	51728	90.1	13.2	-1991
丹　麦	66512	57429	66.3	19.6	13926
吉布提	89	338			-101⑤
多米尼克	39	126	59.7	7.2	-32
多米尼加	5439	7883	34.2①	1.3①	-417
厄瓜多耳	6039	6535	11.7	6.0	-1377
埃　及	6161	10893	31.0	0.5	-1552
萨尔瓦多	3136	5763	57.1	5.4	-2443
赤道几内亚	2949	1225			-327④
厄立特里亚	20	610			-641
爱沙尼亚	5597	7930	74.5	12.6	-729
埃塞俄比亚	504	2143	11.4	0.2	-1291
斐　济	679	1170	44.4	1.2	109①
芬　兰	53171	42513	84.2	23.7	11384
法　国	392039	398840	80.9	19.5	21755
法属波利尼西亚	156	1586	83.2	3.1	-666⑤
加　蓬	2826	1036	2.3⑤	6.5⑤	1297
冈比亚	12	185	17.0⑤	3.1⑤	-34
格鲁吉亚	465	1142	30.9	24.2	-584
德　国	751560	604612	84.0	16.4	100689
加　纳	2360	3250	16.3①	2.6①	-906
希　腊	13651	44875	57.8	12.2	-14070
格陵兰	350	370	5.1②	54.0②	
格林纳达	38	253	17.8	1.0	-124
危地马拉	2489	6488	40.3	7.4	-2863
几内亚	609	640	25.3②		-92
几内亚比绍	69	69		0.7	-27
圭亚那	521	571	24.1		-93②
海　地	347	1188			-899
洪都拉斯	1332	3276	21.0②	0.1②	-1194
中国香港	228654	233194	93.4	12.7	13921
匈牙利	43094	47808	87.4	25.6	-3436
冰　岛	2385	2789	14.5	6.3	-354
印　度	57085	71238	76.5	4.8	-6022
印度尼西亚	61058	32551	52.1	14.5	18196
伊　朗	33788	26158	7.5	1.7	3345

3.5 续表3

	净私人资本流量（百万美元）	外国直接投资（百万美元）	官方发展援助（人均美元）	外债	
				总额（百万美元）	现值占国民总收入的比重（%）
科特迪瓦	69	213②	15	12187	89.3
克罗地亚	8031	2025	27	23452	101.5
古　巴			6		
塞浦路斯		487	24		
捷　克	5342	2272	26	34630	47.7
丹　麦		329			
吉布提	11		110	396	43.1
多米尼克	-1	11②	153	294	119.0
多米尼加	1113	310	8	6291	33.3
厄瓜多耳	2143	1555	14	16864	82.0
埃　及	-361	217	13	31383	31.0
萨尔瓦多	406	153	29	7080	55.7
赤道几内亚	1431		43	319	
厄立特里亚	22		70	635	57.2
爱沙尼亚	2170	743	62	6972	101.0
埃塞俄比亚	54		22	7151	24.4
斐　济	19		61	264	14.1
芬　兰		6020			
法　国		-10288			
法属波利尼西亚			2134		
加　蓬	-20	-231③	-8	3792	88.8
冈比亚	60		42	629	92.2
格鲁吉亚	320	334	48	1935	43.7
德　国		29967			
加　纳	-166	137	44	7957	38.0
希　腊		708			
格陵兰					
格林纳达	4	58②	112	376	95.8
危地马拉	68	116	20	4982	21.4
几内亚	79	79	30	3457	58.7
几内亚比绍	2	3②	98	745	245.7
圭亚那	25		113	1447	85.4
海　地	8	8	24	1308	28.6
洪都拉斯	140	198	56	5641	54.7
中国香港		8132	1		
匈牙利	5149	538	25	45785	70.4
冰　岛		-7			
印　度	10651	3260	1	113467	19.1
印度尼西亚	-3685	145②	8	134389	71.5
伊　朗	1151	39⑤	2	11601	8.3

3.5 续表4

	商品贸易(百万美元)		制成品出口占货物出口的比重(%)	高科技产品出口占制成品出口的比重(%)	经常项目差额(百万美元)
	出口	进口			
爱尔兰	92727	53879	86.0	34.5	22722②
以色列	31577	36282	92.5	18.1	-6549
意大利	299333	297519	86.7	7.9	7770
牙买加	1175	3642	64.0②	0.1②	-1501
日本	471817	382930	93.1	24.1	68884
约旦	3082	5743	68.8	1.7	-2515
哈萨克斯坦	13150	8986	18.0	8.7	1855
肯尼亚	2411	3725	24.2	3.7	-746
基里巴斯	3	40			-20⑤
朝鲜	1066	167			
韩国	193817	178827	92.7	32.1	15272
科威特	20685	10794	6.8②	1.0①	6621
吉尔吉斯斯坦	582	717	39.0	1.9	-80
老挝	378	524			-119
拉脱维亚	2893	5234	60.0	4.4	-1408
黎巴嫩	1524	7171	68.1	2.1	-3988
莱索托	480	1113			-608
利比里亚	230	680			-51
利比亚	14344	4330	6.7④		7464
立陶宛	7234	9843	63.0	4.7	-1002
卢森堡	13318	16290	83.9	12.0	4643
中国澳门	2581	2755	98.6	0.5	2638②
马其顿	1363	2300	71.7	1.3	-773
马达加斯加	856	1109	38.4	0.5	-491
马拉维	459	702	11.8	1.2	-275
马来西亚	104968	83618	76.9	58.4	21756
马尔代夫	152	471	32.0		133②
马里	929	1130	40.0①	8.3①	-385
马尔他	2252	3227	96.2①	61.7①	-260
毛里塔尼亚	335	360	20.8		-201②
毛里求斯	1898	2363	73.6	5.2	126
墨西哥	165396	178503	81.5	21.3	-10362
摩尔多瓦	791	1403	32.2	3.0	-666
蒙古	615	801	37.9	0.2	-200
摩洛哥	8777	14231	68.6	11.3	-1773
莫桑比克	860	1275	7.5①	3.5①	-721
缅甸	2483	2091			
纳米比亚	1290	1975	40.9	2.9	-314
尼泊尔	662	1754	66.7⑤		-709
荷兰	296012	264704	70.6	30.9	21378②
荷属安的列斯	1161	2606	0.9		
新喀里多尼亚	785	1541	69.3	0.7	-609③
新西兰	16505	18565	29.3	10.2	890②
尼加拉瓜	608	1884	12.9	4.3	-1088

3.5 续表5

	净私人资本流量（百万美元）	外国直接投资（百万美元）	官方发展援助（人均美元）	外债	
				总额（百万美元）	现值占国民总收入的比重（%）
爱尔兰		23071			
以色列		1813	66		
意大利		7551			
牙买加	513	604	1	5584	86.2
日本	-161	-22528			
约旦		376	233	8337	81.6
哈萨克斯坦	5674	2210	18	22835	93.9
肯尼亚	195	80	15	6766	42.9
基里巴斯			191		
朝鲜			7		
韩国		-207	-10		
科威特		4916	2		
吉尔吉斯斯坦	-12	46	39	2021	97.5
老挝	19	24①	53	2846	91.3
拉脱维亚	570	264	49	8803	91.6
黎巴嫩	394	1700	51	18598	103.7
莱索托	36	81②	44	707	48.8
利比里亚		3②	32	2568	646.2
利比亚		79	2		
立陶宛	-141	142	108	8342	57.6
卢森堡		-8843			
中国澳门			75		
马其顿	90	94	114	1837	40.5
马达加斯加	13	13	32	4958	31.0
马拉维	23	45		3134	108.8
马来西亚	2207	1104	4	49074	56.4
马尔代夫	24	14	61	281	35.2
马里	129	131	45	3129	42.3
马尔他		286	25		
毛里塔尼亚	218		85	2360	72.6
毛里求斯	88	69	-12	2550	52.2
墨西哥	9541	9589	1	140004	25.2
摩尔多瓦	84	68	28	1901	94.8
蒙古	131	78②	100	1472	96.9
摩洛哥	2395	2295	17	18795	47.2
莫桑比克	313	337	55	4930	38.0
缅甸	98		3	7318	
纳米比亚		157	73		
尼泊尔	14		19	3253	37.7
荷兰		-19509			
荷属安的列斯		-80	158		
新喀里多尼亚			2022		
新西兰		2139			
尼加拉瓜	230	201	152	6915	39.7

3.5 续表6

	商品贸易(百万美元)		制成品出口占货物出口的比重(%)	高科技产品出口占制成品出口的比重(%)	经常项目差额(百万美元)
	出口	进口			
尼日尔	339	475	7.9	3.2	-250
尼日利亚	19887	10853	0.2⑤	0.4⑤	4407
挪威	67480	39486	21.0	18.7	30075
阿曼	11669	6572	13.8	1.7	3982
巴基斯坦	11930	13038	85.1	1.1	494
巴拿马	864	3086	11.2	0.9	171
巴布亚新几内亚	2174	1345	5.6	39.4	378
巴拉圭	1242	2051	13.7	5.6	-871
秘鲁	8986	8414	22.1	1.8	36
菲律宾	37026	39502	90.1	73.6	-2065
波兰	53762	68272	81.2	3.1	-5219
葡萄牙	31753	47146	85.8	8.6	-8945②
卡塔尔	13193	4897	10.5②		
罗马尼亚	17619	24003	82.5	3.6	-4467
俄罗斯联邦	135930	74231	21.1	18.9	49368
卢旺达	58	245	10.3	25.4	-324
萨摩亚	15	137	81.4	0.1	-113②
圣多美和普林西比	7	42			-23
沙特阿拉伯	93370	36964	9.7②	0.3②	47213
塞内加尔	1331	2392	34.3	9.2	-779
塞尔维亚和黑山	2537	7510			-4551
塞舌尔	278	430	4.6②		28
塞拉利昂	92	303	7.5②	31.1②	-211
新加坡	144182	127934	84.7	58.7	29525
斯洛伐克	21837	22523	87.8	3.7	-484
斯洛文尼亚	12766	13845	90.0	6.3	-9
所罗门群岛	74	82			-4②
南非	36482	41084	58.2	5.0	2918
西班牙	156147	208602	77.4	7.3	-15074
斯里兰卡	5125	6672	74.2②	0.5②	-1127
圣基茨和尼维斯	48	205	73.2	0.2①	-66
圣卢西亚	40	173	25.6	8.3	-94
圣文森特和格林纳丁斯	38	200	9.5		-65
苏丹	2542	2881	3.3②	7.3②	-754
苏里南	638	704	7.1②		-368
斯威士兰	1420	1570	76.4②	0.5②	-172
瑞典	102100	83519	81.5	15.4	20080
瑞士	100693	96448	93.2	21.8	20064②
叙利亚	5731	5111	10.7	0.8	1560
塔吉克斯坦	798	881	13.3⑤	41.8⑤	-213
坦桑尼亚	1218	2189	18.1	2.3	-936

3.5 续表 7

	净私人资本流量（百万美元）	外国直接投资（百万美元）	官方发展援助（人均美元）	外债	
				总额（百万美元）	现值占国民总收入的比重（%）
尼日尔	23		39	2117	25.5
尼日利亚	952		2	34963	76.1
挪威	-557	-255		3886	
阿曼	132	138	17	36346	19.2
巴基斯坦	1077	515	7	8770	40.8
巴拿马		792	10		92.5
巴布亚新几内亚	2	296③	40	2463	81.1
巴拉圭	121	85	9	3210	50.6
秘鲁	2562	1317	18	29857	60.0
菲律宾	1350	161	9	62663	80.9
波兰	7118	3927	31	95219	48.3
葡萄牙		-745			
卡塔尔			3		
罗马尼亚	3880	1805	28	21281	46.0
俄罗斯联邦	15784	-1769	9	175257	52.2
卢旺达	5	3②	39	1540	57.8
萨摩亚			186	365	110.9
圣多美和普林西比	10	3①	239	338	299.5
沙特阿拉伯		-587	1		
塞内加尔	79	44②	44	4419	36.4
塞尔维亚和黑山	1462	1405	162	14885	83.7
塞舌尔	21	53②	110	548	89.9
塞拉利昂	3	3	56	1612	100.1
新加坡		5894	2		
斯洛伐克	1525	536	30	18379	69.5
斯洛文尼亚		-129	33		
所罗门群岛	-5	10③	132	186	59.4
南非	4148	205	14	27807	22.4
西班牙		2163			
斯里兰卡	236	201	35	10238	50.4
圣基茨和尼维斯	94	80②	0	310	99.9
圣卢西亚	41	48②	92	368	57.8
圣文森特和格林纳丁斯	58		58	230	56.2
苏丹	1349	1349	19	17496	120.4
苏里南		-76	25		
斯威士兰	44	54②	24	400	26.4
瑞典		-14073			
瑞士		2204			
叙利亚	146	1084	9	21566	112.8
塔吉克斯坦	6	32	23	1166	76.9
坦桑尼亚	264	240②	47	7516	22.2

3.5 续表8

	商品贸易(百万美元)		制成品出口占货物出口的比重(%)	高科技产品出口占制成品出口的比重(%)	经常项目差额(百万美元)
	出口	进口			
泰国	80333	75805	75.4	30.2	9673
多哥	616	825	58.0	1.0	-239
汤加	16	93	4.4⑤		-60①
特立尼达和多巴哥	5178	3892	33.1②	2.0②	888
突尼斯	8027	10910	81.5	4.1	-1014
土耳其	47253	69340	83.7	2.1	-7910
土库曼斯坦	3632	2512	6.9⑤	4.9⑤	483
乌干达	562	1252	9.4	7.8	-884
乌克兰	23080	23021	67.3②	4.7②	1288
阿联酋	65835	39454	3.6①	1.9①	
英国	305627	391964	78.1	25.8	-52901
美国	724771	1303050	80.4	30.8	-426300②
乌拉圭	2198	2190	36.7②	2.1	266
乌兹别克斯坦	3260	2570	34.0		679
瓦努阿图	27	105	7.9⑤	1.2⑤	-32③
委内瑞拉	23990	9256	12.7	4.1	14025
越南	20176	25227	50.0②	1.7②	-3124
也门	3734	3675	0.4⑤		-509
赞比亚	940	1503	13.6②	1.7②	-320
津巴布韦	1235	2935	38.4②	2.7②	410②
世界	**7545646**	**7716407**	**76.7**	**18.1**	**56551**
低收入国家	**168657**	**199284**	**60.3①**	**4.0②**	**-25400**
重债穷国	35348	44862	19.9②	3.2②	-12285
中等收入国家	**1747984**	**1655559**	**64.4**	**20.4**	**139555**
下中等收入国家	940437	892946	67.8	21.7	64214
上中等收入国家	807547	762613	61.1	19.0	74609
中、低收入国家	**1916647**	**1854833**	**64.4**	**19.4**	**114640**
东亚和太平洋	751792	681070	80.8	33.1	76271
欧洲和中亚	462365	479183	56.9	11.5	8737
拉丁美洲和加勒比	375797	359935	56.5	14.3	21506
中东和北非	131623	118599	20.5	2.8	15500
南亚	82327	105249	79.0	4.0	-10949
撒哈拉以南非洲	112730	110806	29.6⑤	3.8⑤	362
高收入国家	**5629014**	**5861563**	**80.2**	**17.5**	**-55119②**
非经合组织成员国	780643	659056	78.5②	21.4②	63498①
经合组织成员国	4848371	5202423	79.5	17.9	-152191②
欧元区	2452378	2313311	81.0	13.9	164520

3.5 续表 9

	净私人资本流量（百万美元）	外国直接投资（百万美元）	官方发展援助（人均美元）	外债	
				总额（百万美元）	现值占国民总收入的比重（%）
泰　国	1155	1461	-16	51793	40.6
多　哥	20	51②	9	1707	91.1
汤　加	3		270	84	39.5
特立尼达和多巴哥	616	684②	-2	2751	34.5
突尼斯	1326	539	31	15502	74.6
土耳其	2849	1063	2	145662	81.3
土库曼斯坦	405④	226	6	23④	37.2②
乌干达	202	212	38	4553	32.6
乌克兰	1550	1411	7	16309	37.1
阿联酋			1		
英　国		-44741			
美　国		-133909			
乌拉圭	37	271	5	11764	90.6
乌兹别克斯坦	79	70	8	5006	46.5
瓦努阿图	19	15	154	95	28.3
委内瑞拉	3539	1341	3	34851	42.6
越　南	1192	14②	22	15817	38.7
也　门	-89	-89	13	5377	40.2
赞比亚	91	122⑤	54	6425	121.1
津巴布韦	-5		14	4445	50.1①
世界		**61076②**	**12**		
低收入国家	**21541**		**14**	**424472**	
重债穷国					
中等收入国家	**177903**	**10375②**	**9**	**2129666**	
下中等收入国家	124703	81011	8	1392764	
上中等收入国家	53200	47280②	10	736902	
中、低收入国家	**199445**	**139222②**	**14**	**2554138**	
东亚和太平洋	62049		4	525535	
欧洲和中亚	67110	22042	22	675998	
拉丁美洲和加勒比	41087	31628	12	779632	
中东和北非	4848	4769⑤	26	158828	
南亚	11143	4992②	4	182785	
撒哈拉以南非洲	13208		34	231361	
高收入国家			**1**		
非经合组织成员国					
经合组织成员国		-205686			
欧元区		30311			

注:①2001 年。②2002 年。③1999 年。④1998 年。⑤2000 年。

4.1.1 国际市场商品价格及其预测值（年平均，现价美元）

	单　位	2000年	2003年	2004年	2005①	2006年①
能源						
煤炭(澳大利亚)	美元/吨	26.3	27.8	54.7	50.0	45.0
原油(平均现货价)	美元/桶	28.2	28.9	37.7	54.0	56.0
天然气(欧洲)	美元/百万英国热值单位	3.9	3.9	4.3	6.3	7.2
天然气(美国)	美元/百万英国热值单位	4.3	5.5	5.9	9.0	8.8
非能源初级品						
农产品						
饮品						
可可	美分/千克	90.6	175.1	155.0	155.0	162.0
咖啡(软)	美分/千克	192.0	141.5	177.4	257.9	242.0
咖啡(硬)	美分/千克	91.3	81.4	79.3	109.1	108.2
茶(平均)	美分/千克	187.6	151.7	168.6	166.0	166.0
食品						
植物油及油品						
椰子油	美元/吨	450.3	467.3	660.8	630.0	601.5
椰肉	美元/吨	304.8	299.9	450.0	425.0	429.9
花生油	美元/吨	713.7	1243.2	1161.0	1100.0	1030.8
棕榈油	美元/吨	310.3	443.3	471.3	420.0	420.0
豆粕	美元/吨	189.2	210.9	241.2	216.0	205.0
豆油	美元/吨	338.1	553.9	616.0	540.0	524.0
大豆	美元/吨	211.8	264.0	306.5	275.0	255.0
谷物						
玉米	美元/吨	88.5	105.4	111.8	100.0	98.0
稻米(泰国,5%碎粒)	美元/吨	202.4	197.6	237.7	285.0	275.0
高粱	美元/吨	88.0	106.5	109.8	97.0	94.0
小麦(美国硬红冬小麦)	美元/吨	114.1	146.1	156.9	150.0	145.0
其他食品						
香蕉(美国)	美元/吨	424.0	374.8	524.6	575.0	565.7
牛肉(美国)	美分/千克	193.2	198.0	251.3	263.0	245.0
柑橘	美元/吨	363.2	680.8	857.5	850.0	800.0
虾(墨西哥)	美分/千克	1514.9	1144.0	1022.1	1025.0	1090.0
糖(ISA 世界平均)	美分/千克	18.0	15.6	15.8	21.0	20.0

4.1.1 续表1

	单　位	2000年	2003年	2004年	2005年①	2006年①
原材料						
木材						
圆木(马来西亚)	美元/立方米	189.9	187.2	197.3	205.0	220.0
锯材(马来西亚)	美元/立方米	594.7	551.0	581.3	650.0	675.0
其他原材料						
棉花	美分/千克	130.2	139.9	136.6	120.0	124.3
橡胶(马亚西亚)	美分/千克	66.7	108.3	130.4	144.0	119.1
烟草	美元/吨	2976.2	2646.1	2740.2	2735.0	2738.0
肥料						
磷酸氢二铵	美元/吨	154.2	179.4	221.2	245.0	230.0
磷酸盐矿石	美元/吨	43.8	38.0	41.0	42.0	42.0
氯化钾	美元/吨	122.5	113.3	124.6	155.0	145.0
三过磷酸钙	美元/吨	137.7	149.3	186.3	200.0	195.0
尿素(东欧,袋装)	美元/吨	101.1	138.9	175.3	215.0	210.0
金属和金属矿						
铝	美元/吨	1549.1	1431.3	1715.5	1865.0	1900.0
铜	美元/吨	1813.5	1779.1	2865.9	3600.0	3200.0
金	美元/盎司	279.0	363.5	409.2	440.0	450.0
铁矿石(加拉加斯)	美分/吨	28.8	32.0	37.9	65.0	65.0
铅	美分/千克	45.4	51.5	88.7	96.0	90.0
镍	美元/吨	8637.7	9629.5	13823.2	15500.0	14000.0
银	美分/盎司	499.9	491.1	669.1	700.0	650.0
锡	美分/千克	543.6	489.5	851.3	750.0	700.0
锌	美分/千克	112.8	82.8	104.8	133.0	150.0

注:①为预测数。

资料来源:世界银行。

4.1.2 国际市场商品价格及其预测值（年平均，1990 年价美元）

	单　位	2000 年	2003 年	2004 年	2005①	2006 年①
能源						
煤炭（澳大利亚）	美元/吨	27.0	27.8	51.1	45.6	40.1
原油（平均现货价）	美元/桶	29.0	28.9	35.3	49.3	49.9
天然气（欧洲）	美元/百万英国热值单位	4.0	3.9	4.0	5.8	6.4
天然气（美国）	美元/百万英国热值单位	4.4	5.5	5.5	8.2	7.8
非能源初级品						
农产品						
饮料						
可可	美分/千克	93.2	175.0	144.8	141.4	144.4
咖啡（软）	美分/千克	197.5	141.5	165.8	235.4	215.6
咖啡（硬）	美分/千克	94.0	81.4	74.1	99.6	96.4
茶（平均）	美分/千克	193.1	151.6	157.5	151.5	147.9
食品						
植物油及油品						
椰子油	美元/吨	463.4	467.2	617.4	574.8	536.0
椰肉	美元/吨	313.6	299.8	420.4	387.8	383.0
花生油	美元/吨	734.4	1242.7	1084.8	1003.7	918.5
棕榈油	美元/吨	319.3	443.1	440.4	383.2	374.2
豆粕	美元/吨	194.7	210.8	225.3	197.1	182.7
豆油	美元/吨	347.9	553.7	575.5	492.7	466.9
大豆	美元/吨	218.0	263.9	286.4	250.9	227.2
谷物						
玉米	美元/吨	91.1	105.3	104.5	91.2	87.3
稻米（泰国，5%碎粒）	美元/吨	208.3	197.5	222.1	260.0	245.0
高粱	美元/吨	90.6	106.5	102.6	88.5	83.8
小麦（美国硬红冬小麦）	美元/吨	117.4	146.1	146.6	136.9	129.2
其他食品						
香蕉（美国）	美元/吨	436.3	374.6	490.1	524.6	504.1
牛肉（美国）	美分/千克	198.8	197.9	234.8	240.0	218.3
柑橘	美元/吨	373.8	680.5	801.2	775.6	712.8
虾（墨西哥）	美分/千克	1558.9	1143.5	955.0	935.2	971.2
糖（ISA 世界平均）	美分/千克	18.6	15.6	14.8	19.2	17.8

4.1.2 续表1

	单　位	2000 年	2003 年	2004 年	2005 年①	2006 年①
原材料						
木材						
圆木(马来西亚)	美元/立方米	195.5	187.1	184.3	187.1	196.0
锯材(马来西亚)	美元/立方米	612.0	550.8	543.1	593.1	601.5
肥料						
磷酸氢二铵	美元/吨	158.7	179.3	206.7	223.5	204.9
磷酸盐矿石	美元/吨	45.0	38.0	38.3	38.3	37.4
氯化钾	美元/吨	126.1	113.2	116.4	141.4	129.2
三过磷酸钙	美元/吨	141.7	149.3	174.1	182.5	173.8
尿素(东欧,袋装)	美元/吨	104.1	138.8	163.8	196.2	187.1
金属和金属矿						
铝	美元/吨	1594.1	1430.7	1602.9	1701.7	1693.0
铜	美元/吨	1866.1	1778.5	2677.7	3284.7	2851.3
金	美元/盎司	287.1	363.4	382.3	401.5	401.0
铁矿石(加拉加斯)	美分/吨	29.6	31.9	35.4	59.3	57.9
铅	美分/千克	46.7	51.5	82.8	87.6	80.2
镍	美元/吨	8888.4	9625.8	12915.3	14142.6	12474.5
银	美分/盎司	514.4	490.9	625.1	638.7	579.2
锡	美分/千克	559.3	489.3	795.4	684.3	623.7
锌	美分/千克	116.1	82.7	97.9	121.4	133.7

注:①为预测数。

资料来源:世界银行。

4.1.3 国际市场商品价格(月平均,现价美元)

	单　位	2003年	2004年	2005年		2005年1-10月比2004年平均上涨(%)
				1-10月平均	10月平均	
能源						
煤炭(澳大利亚)	美元/吨	27.84	54.70	51.34	44.94	-6.14
煤炭(美国)	美元/桶	n. a.	n. a.	n. a.	n. a.	
原油(平均现货价)	美元/桶	28.90	37.73	52.92	58.19	40.26
原油(北海布伦特)	美元/桶	28.85	38.30	54.09	58.52	41.23
原油(迪拜)	美元/桶	26.74	33.46	48.71	53.67	45.58
原油(西德州中级)	美元/桶	31.11	41.44	55.96	62.36	35.04
天然气(欧洲)	美元/百万英国热值单位	3.91	4.28	6.10	7.28	42.52
天然气(美国)	美元/百万英国热值单位	5.49	5.89	8.37	13.52	42.11
非能源初级品						
农产品						
饮品						
可可	美分/千克	175.1	155.0	155.1	145.7	0.05
咖啡(软)	美分/千克	141.5	177.4	256.8	231.6	44.75
咖啡(硬)	美分/千克	81.5	79.3	110.0	104.8	38.68
茶(平均)	美分/千克	151.7	168.6	164.5	167.3	-2.39
茶(科伦坡)	美分/千克	154.1	178.1	183.2	194.0	2.89
茶(Kokata)	美分/千克	146.5	172.2	162.7	153.4	-5.48
茶(蒙巴萨)	美分/千克	154.4	155.4	147.6	154.5	-5.01
食品						
植物油及油品						
椰子油	美元/吨	467.3	660.8	626.8	586.0	-5.14
椰肉	美元/吨	299.9	450.0	420.9	384.0	-6.47
花生油	美元/吨	1243.2	1161.0	1081.9	983.0	-6.81
棕榈油	美元/吨	443.3	471.3	419.2	442.0	-11.06
棕榈仁油	美元/吨	458.8	648.1	631.9	618.0	-2.50
豆粕	美元/吨	210.9	241.2	216.4	203.0	-10.29
豆油	美元/吨	553.9	616.0	544.3	580.0	-11.64
大豆	美元/吨	264.0	306.5	277.8	258.0	-9.38

4.1.3 续表1

	单　位	2003年	2004年	2005年 1-10月平均	2005年 10月平均	2005年1-10月比2004年平均上涨(%)
谷物						
玉米	美元/吨	105.4	111.8	98.7	101.9	-11.75
稻米(泰国,5%碎粒)	美元/吨	197.6	237.7	287.9	288.0	21.12
稻米(泰国,25%碎粒)	美元/吨	181.7	225.4	267.1	266.3	18.50
稻米(泰国,35%碎粒)	美元/吨	178.1	222.3	263.4	263.8	18.51
稻米(泰国,A1特级)	美元/吨	151.5	205.1	219.8	218.3	7.17
高粱	美元/吨	106.5	109.8	96.6	97.4	-12.05
小麦(加拿大)	美元/吨	177.4	186.5	196.3	203.2	5.27
小麦(美国硬红冬小麦)	美元/吨	146.1	156.9	150.3	167.8	-4.22
小麦(美国软红冬小麦)	美元/吨	138.6	144.4	135.9	135.3	-5.93
其他食品						
香蕉(欧盟)	美元/吨	790.4	892.0	1200.5	1063.7	34.59
香蕉(美国)	美元/吨	374.8	524.6	599.9	630.4	14.36
牛肉	美分/千克	198.0	251.3	262.8	256.8	4.60
鱼粉	美元/吨	610.7	648.6	684.1	793.0	5.48
羔羊肉	美分/千克	388.5	459.9	451.0	423.3	-1.93
柑橘	美元/吨	680.8	857.5	870.8	756.4	1.55
虾(墨西哥)	美分/千克	1144	1020	1032	1003.1	1.18
糖(欧盟)	美分/千克	59.72	66.97	67.12	64.49	0.22
糖(美国)	美分/千克	47.37	45.47	46.71	47.89	2.73
糖(ISA世界平均)	美分/千克	15.63	15.80	20.71	24.52	31.08
原材料						
木材						
圆木(马来西亚)	美元/立方米	187.2	197.3	202.1	211.3	2.47
胶合板	美分/张	431.9	464.8	509.9	496.4	9.70
锯材(喀麦隆)	美元/立方米	551.6	586.4	565.8	534.6	-3.52
锯材(马来西亚)	美元/立方米	551.0	581.3	654.2	671.3	12.54
纸浆	美元/吨	525.7	640.8	641.2	603.4	0.06

4.1.3 续表 2

	单　位	2003 年	2004 年	2005 年 1－10 月平均	2005 年 10 月平均	2005 年 1－10 月比 2004 年平均上涨(%)
其他原材料						
棉花(北欧五种廉价棉平均)	美分/千克	139.9	136.6	121.0	128.3	－11.39
棉花(孟斐斯)	美分/千克	156.6	137.5	127.8	132.3	－7.05
黄麻	美元/吨	242.2	280.6	n. a.	n. a.	
橡胶(马亚西亚)	美分/千克	105.6	n. q.	n. q.	n. q.	
橡胶(美国)	美分/千克	122.5	148.3	162.8	193.8	9.74
橡胶(新加坡)	美分/千克	108.3	130.4	147.0	171.9	12.71
剑麻	美元/吨	697.9	862.1	885.0	885.0	2.66
羊毛	美分/千克	538.8	541.0	581.0	575.0	7.40
肥料						
磷酸氢二铵	美元/吨	179.4	221.2	243.7	266.4	10.16
磷酸盐矿石	美元/吨	38.0	41.0	42.0	42.0	2.49
氯化钾	美元/吨	113.3	124.6	155.8	170.0	25.09
三过磷酸钙	美元/吨	149.3	186.3	201.6	201.0	8.20
尿素(东欧,散装)	美元/吨	138.9	175.3	218.0	225.5	24.36
金属和金属矿						
铝	美元/吨	1431	1716	1848	1929	7.73
铜	美元/吨	1779	2866	3530	4060	23.17
金	美元/盎司	363.5	409.2	435.1	469.9	6.33
铁矿石(加拉加斯)	美分/吨	31.95	37.90	65.00	65.00	71.50
铅	美元/吨	51.5	88.7	95.7	100.5	8.00
镍	美元/吨	9629	13823	15138	12403	9.51
银	美分/盎司	491.1	669.1	715.1	769.9	6.88
日本 8 种钢铁产品价格指数	1990＝100	78.8	121.5	137.8	138.6	13.39
冷轧卷材	美元/吨	444.6	607.1	730.0	750.0	20.25
热轧卷材	美元/吨	320.2	502.5	630.0	650.0	25.37
螺纹钢筋	美元/吨	265.8	428.8	421.8	430.0	－1.63
线材	美元/吨	300.0	487.5	575.0	600.0	17.95
锡	美分/千克	489.5	851.3	756.8	642.3	－11.09
锌	美分/千克	82.8	104.8	131.4	148.8	25.43

资料来源:世界银行。

4.1.4 国际市场商品价格指数及其预测值(年平均)

(1990 = 100)

	2000 年	2004 年	2005 年①	2006 年①
按现价美元计算				
能源	**123.4**	**164.9**	**236.0**	**244.8**
非能源商品	86.7	107.5	120.9	116.8
农产品	87.5	104.7	112.1	108.5
饮料	88.4	94.0	118.3	115.2
食品	84.5	110.0	108.9	104.8
植物油及油品	96.2	137.1	123.3	118.5
谷物	79.5	100.2	102.8	99.6
其他食品	77.7	93.2	100.5	96.6
原材料	90.8	105.8	111.6	108.1
按 1990 年美元价格计算				
能源	**127.0**	**154.1**	**215.4**	**218.1**
非能源商品	89.3	100.4	110.4	104.0
农产品	90.1	97.8	102.2	96.6
饮品	90.9	87.8	107.9	102.6
食品	87.0	102.7	99.4	93.4
植物油及油品	99.0	128.1	112.5	105.6
谷物	81.8	93.6	93.8	88.8
其他食品	80.0	87.1	91.7	86.1
原材料	93.4	98.8	101.8	96.4
肥料	108.8	118.3	122.4	117.4
金属和金属矿	85.4	105.0	129.1	120.9

注:①为预测数。

资料来源:世界银行。

4.2.1 国际市场石油价格(月平均)

年份	月份	OPEC平均油价（桶/美元）	英国布伦特（桶/美元）	英国布伦特（桶/欧元）	美国西德州中级（桶/美元）	中东杜拜（桶/美元）
2000		**27.60**	**27.60**	**31.00**	**30.37**	**26.25**
2001		**23.60**	**24.41**	**27.80**	**25.93**	**22.74**
2002		**24.40**	**24.94**	**26.50**	**26.05**	**23.78**
2003		**28.10**	**28.84**	**25.10**	**31.06**	**26.77**
2004		**36.01**	**38.20**	**30.50**	**41.39**	**33.60**
	1	30.33	31.33	24.2	34.33	28.93
	2	29.56	30.65	24.1	34.62	28.49
	3	32.05	33.70	26.7	36.59	30.77
	4	32.35	33.23	27.7	36.80	31.69
	5	36.27	37.71	30.9	40.11	34.65
	6	34.61	35.21	29.3	38.18	33.58
	7	36.29	38.33	30.7	40.69	34.70
	8	40.27	42.87	34.1	44.77	38.22
	9	40.36	43.43	35.0	45.98	35.52
	10	45.37	49.74	39.4	53.32	37.61
	11	38.96	42.80	34.5	48.22	34.87
	12	35.70	39.43	30.0	43.12	34.16
2005						
	1	40.24	44.01	24.2	46.64	37.78
	2	41.68	44.87	24.1	47.69	39.35
	3	49.07	52.60	26.7	54.09	45.60
	4	49.63	51.87	27.6	53.09	47.24
	5	46.96	48.90	30.9	50.25	45.68
	6	52.04	54.73	29.3	56.60	51.37
	7	53.13	57.47	30.7	58.66	52.78
	8	57.82	64.06	34.1	64.96	56.55
	9	57.88	62.75	35.0	65.28	56.41
	10	54.63	58.75	39.4	62.67	54.20

资料来源：OPEC数据库及欧洲央行月报。

4.2.2 国际市场

	2003 年年平均	2004 年年平均	2005 年		
			1 季度平均	2 季度平均	3 季度平均
世界	**7970**	**8310**	**8370**	**8450**	**8410**
OECD 国家	2160	2130	2090	2090	1980
北美洲	1460	1460	1440	1460	1370
欧洲	630	610	590	570	540
太平洋地区	70	60	50	60	60
非 OECD 国家	2560	2700	2750	2770	2820
前苏联地区	1030	1120	1140	1150	1160
欧洲	20	20	20	20	20
中国	340	350	360	360	360
亚洲其他地区	260	280	270	260	270
拉丁美洲	400	410	420	440	430
中东地区	200	190	180	190	190
非洲	300	340	350	360	380
OPEC 国家	3070	3300	3350	3400	3440

注:2005 年四季度数据和 2005 年年平均数据,以及 2006 年数据均为预测数据。

资料来源:国际能源署。

石油总供应

单位:万桶/天

		2006年				
4季度平均	年平均	1季度平均	2季度平均	3季度平均	4季度平均	年平均
2010	2040	2090	2040	2000	2040	2040
1380	1410	1450	1440	1420	1440	1440
570	570	570	540	520	540	550
60	60	60	60	60	60	60
2870	2800	2890	2910	2940	2980	2930
1190	1160	1190	1200	1220	1230	1210
20	20	20	20	20	20	20
370	360	360	360	360	360	360
280	270	280	290	280	280	280
440	430	440	450	450	460	450
190	190	180	180	180	180	180
400	370	410	420	430	450	420

4.2.3 国际市场

	2003 年年平均	2004 年年平均	2005 年		
			1 季度平均	2 季度平均	3 季度平均
世界	**7921**	**8215**	**8385**	**8193**	**8251**
OECD 国家	4865	4949	5058	4874	4916
北美洲	2453	2534	2553	2533	2545
美　国	2003	2073	2080	2066	2075
加拿大	221	229	235	225	233
墨西哥	195	197	201	208	202
欧洲	1543	1562	1556	1531	1561
日本	550	535	605	499	506
韩国	218	215	240	206	200
太平洋地区	869	853	949	810	809
非 OECD 国家	3056	3266	3327	3319	3335
前苏联地区	359	374	373	357	363
欧　洲	69	71	78	72	67
中　国	558	643	655	641	664
亚洲其他地区	805	853	871	885	849
印度	247	260	277	264	250
拉丁美洲	467	486	482	498	503
中东地区	527	559	579	574	608
非洲	273	280	290	292	281
巴西	204	214	209	215	222

注:2005 年四季度数据和 2005 年年平均数据,以及 2006 年数据为预测数据。

资料来源:国际能源署。

石油总需求

单位:万桶/天

		2006年				
4季度平均	年平均	1季度平均	2季度平均	3季度平均	4季度平均	年平均
8509	**8335**	**8523**	**8336**	**8447**	**8697**	**8501**
5059	4976	5086	4890	4984	5134	5023
2578	2552	2581	2554	2596	2631	2591
2102	2081	2100	2085	2118	2144	2112
237	232	234	226	234	240	234
204	204	209	209	208	211	209
1591	1560	1553	1525	1563	1597	1560
550	540	607	494	512	559	543
232	219	239	209	206	236	223
889	864	952	811	825	906	873
3450	3358	3437	3446	3463	3563	3478
413	377	381	362	375	408	382
72	72	79	73	68	74	74
698	665	690	692	708	740	708
884	872	887	905	869	907	892
267	264	282	271	255	273	270
499	496	492	508	516	510	507
592	589	610	605	638	622	619
292	289	298	301	289	301	297
221	217	213	219	255	273	270

4.2.4 OECD 国家

	2001 年	2002 年	2003 年
OECD 国家石油库存总计	**391800**	**382300**	**392800**
OECD 国家商业石油库存	263000	247600	251700
北美洲	126200	117400	116100
西　欧	92500	89500	92200
太平洋地区	44300	40800	43500
OECD 国家战略石油库存	128800	134700	141100
北美洲	55200	60100	64000
西　欧	35600	35700	37400
太平洋地区	38000	38900	39600

注:均为期末数据。

资料来源:OPEC 数据库。

石油库存情况

单位:万桶

2004 年				2005 年		
1 季度	2 季度	3 季度	4 季度	1 季度	2 季度	3 季度
388800	**397400**	**401900**	**400800**	**400900**	**412000**	**414100**
246500	254500	258400	256100	254900	262600	264500
114500	119300	120900	120000	120000	127400	125700
91900	93300	94500	93100	96000	92900	95200
40000	42000	43000	43000	38900	42200	43600
142300	142900	143500	144700	145900	149400	149600
65400	66400	67200	67800	69000	69800	69500
37100	36600	36700	37400	37300	40100	40600
39800	39800	39600	39600	39600	39500	39500

4.3.1 股票

(2000年=100)

国别(地区)	2002年	2003年	2004年	2004年			
				9月	10月	11月	12月
加拿大①	73.2	74.5	90.0	90.2	92.3	94.0	96.2
墨西哥①	100.0	110.3	163.9	168.2	177.5	185.7	198.3
美国	82.0	80.0	97.2	96.3	97.1	101.9	104.8
澳大利亚①②	100.2	96.1	111.7	114.4	117.9	122.7	126.4
日本	63.3	59.4	72.3	72.6	71.7	71.2	71.8
韩国	103.5	92.9	113.9	114.2	116.0	117.9	119.3
新西兰	103.0	107.8	127.0	130.8	129.3	136.4	139.9
奥地利③	101.3	112.8	160.7	162.8	170.3	176.6	191.2
比利时④	83.7	71.0	93.1	96.1	100.2	103.7	107.5
捷克共和国	79.5	101.2	148.4	153.7	162.0	176.5	184.2
丹麦	78.2	77.2	98.8	100.9	102.6	104.1	106.0
芬兰	44.5	38.1	41.0	38.5	40.3	42.6	42.0
法国	63.3	52.9	63.3	63.1	63.7	65.1	65.5
德国	57.9	44.8	55.2	53.9	54.6	56.5	58.0
希腊	50.7	44.8	57.6	54.7	58.5	62.4	65.5
匈牙利	88.9	96.0	135.3	140.2	147.7	159.3	165.8
冰岛	86.6	107.5	185.6	229.2	205.1	208.5	204.3
爱尔兰⑤	87.4	81.3	102.0	105.0	105.6	111.6	114.8
意大利	64.3	58.1	66.8	66.4	68.1	70.6	73.2
荷兰	62.9	46.7	52.6	52.0	52.1	53.3	54.2
挪威	76.2	73.1	111.7	117.2	122.7	122.9	127.1
波兰	76.1	89.8	126.9	131.5	132.4	133.4	137.3
葡萄牙	62.9	58.5	74.6	74.9	76.7	77.9	78.0
斯洛伐克共和国	141.0	198.5	257.3	261.3	300.8	334.9	381.3
西班牙	72.3	70.0	85.4	84.5	87.2	90.1	93.6
瑞典①	54.0	47.9	61.5	61.3	62.8	64.9	65.8
瑞士	72.5	61.7	72.8	71.6	70.7	72.4	73.0
土耳其①	77.0	89.1	143.2	156.3	163.0	160.1	177.8
英国	67.7	60.3	69.1	69.5	70.8	72.6	72.5
欧元区⑥	61.4	50.3	59.3	58.5	59.5	61.4	62.5

注:本表数据包括英国和瑞士100支贸易股以外的所有股票。除特别说明外,月度数据是在日平均的基础上统计的,季度和年度数据是在月平均数的基础上统计的。

①月度数据为月末数据。②2000年4月之前的股票价格数据是在"普通股指数"的基础上计算的。③月度数据为每月15日数据。④月度数据为每月25日数据。⑤月度数据为每月月初数据。⑥道琼斯欧洲指数由欧元区超过320家上市公司组成,并占据了资本市场价值的80%。

资料来源:OECD数据库。

价格指数

2005年								
1月	2月	3月	4月	5月	6月	7月	8月	9月
95.8	100.6	100.0	97.5	100.0	103.1	108.5	111.0	114.6
201.0	211.6	194.6	189.1	199.0	207.0	221.1	218.6	247.4
103.7	106.4	106.9	104.0	104.2	106.4	108.6	109.9	111.4
128.2	130.2	128.2	124.3	128.1	133.5	136.9	138.8	144.8
74.0	75.0	77.1	74.9	73.3	75.0	76.9	80.3	86.2
123.4	131.7	135.0	130.5	128.3	135.4	144.6	150.5	159.9
140.4	145.1	136.4	132.5	133.8	141.5	146.5	144.2	146.7
197.4	208.3	217.5	213.2	207.2	233.3	241.4	251.9	263.4
109.9	114.4	115.9	116.2	114.8	116.7	119.8	123.6	125.5
194.7	207.2	216.1	212.9	203.6	217.2	225.0	234.8	255.5
108.7	114.4	118.5	120.8	119.7	127.3	132.2	137.9	140.5
41.8	44.3	44.9	44.1	45.9	48.2	49.4	49.3	51.4
67.0	69.5	70.6	70.0	70.3	73.1	76.1	77.7	78.8
58.6	60.0	60.2	59.2	58.8	62.0	64.3	66.5	67.5
68.6	73.9	67.1	67.4	69.5	71.9	76.9	75.9	79.5
172.7	193.1	199.6	195.2	188.4	208.5	226.4	239.1	260.0
223.5	227.5	235.7	246.7	243.7	248.8	258.2	278.3	275.9
120.4	124.5	114.8	112.7	114.2	119.6	124.4	125.6	126.0
75.5	77.6	77.3	77.2	76.1	78.1	80.3	81.5	83.6
55.6	58.5	58.9	57.4	56.7	59.9	62.3	62.6	63.4
131.7	140.6	145.6	144.7	144.1	156.9	170.8	181.4	191.5
135.6	143.5	143.9	140.8	137.3	145.9	154.3	162.9	172.9
80.7	83.1	81.6	81.4	81.4	80.0	80.3	82.2	84.1
399.7	469.4	578.6	547.7	533.4	525.2	547.3	579.4	566.7
95.7	100.2	99.5	98.2	99.5	103.4	106.8	108.2	112.7
66.5	68.7	70.0	70.4	69.5	72.6	76.3	77.6	78.9
74.7	76.7	77.8	77.6	78.3	81.2	83.7	86.0	88.1
194.6	202.2	182.0	168.0	179.7	191.9	210.9	220.1	237.3
73.9	76.9	77.0	76.2	76.3	78.8	81.2	83.1	85.0
63.6	65.8	66.0	65.2	65.2	68.2	70.4	71.6	72.8

4.3.2 短期

国别(地区)	2002 年	2003 年	2004 年	2004 年			
				9 月	10 月	11 月	12 月
加拿大①	2.62	2.97	2.31	2.40	2.57	2.73	2.58
墨西哥	7.46	6.51	7.10	7.75	8.11	8.58	8.72
美国	1.73	1.15	1.56	1.86	2.04	2.26	2.45
澳大利亚	4.75	4.90	5.48	5.42	5.41	5.43	5.41
日本	0.06	0.04	0.03	0.04	0.03	0.03	0.03
韩国	4.80	4.30	3.78	3.50	3.50	3.40	3.40
新西兰	5.67	5.42	6.13	6.64	6.75	6.72	6.71
捷克共和国	3.55	2.28	2.36	2.72	2.67	2.61	2.57
丹麦	3.48	2.36	2.14	2.15	2.16	2.16	2.15
匈牙利	8.91	8.22	11.30	11.00	10.72	10.10	9.33
冰岛②	8.00	5.01	6.08	6.77	7.05	6.78	7.60
挪威	6.91	4.10	2.01	1.96	2.00	1.99	1.99
波兰③	8.77	5.69	6.24	6.91	6.84	6.77	6.64
瑞典	4.07	3.03	2.11	2.00	1.99	1.99	2.00
瑞士④	1.13	0.33	0.48	0.70	0.73	0.74	0.72
英国	3.99	3.67	4.57	4.87	4.83	4.82	4.81
欧元区	3.32	2.34	2.11	2.12	2.15	2.14	2.14

注:①为周三利率的平均数。

②为月末利率。

③未公布 2003 年 11 月以及 2004 年 2 月和 5 月的利率。单个季度和年度数据为已公布利率的月份的平均数。

④2001 年后为月末利率。

资料来源:OECD 数据库。

利率(年率)

单位:%

2005年								
1月	2月	3月	4月	5月	6月	7月	8月	9月
2.57	2.58	2.64	2.59	2.59	2.58	2.63	2.77	2.90
8.74	9.31	9.74	10.00	9.92	9.76	9.74	9.69	9.14
2.61	2.77	2.97	3.09	3.22	3.38	3.57	3.77	3.87
5.42	5.63	5.81	5.75	5.68	5.66	5.65	5.62	5.62
0.02	0.02	0.04	0.03	0.02	0.03	0.03	0.03	0.03
3.50	3.60	3.60	3.50	3.50	3.50	3.50	3.50	3.70
6.76	6.83	6.99	7.05	7.05	7.03	7.03	7.03	7.09
2.53	2.25	2.08	2.03	1.78	1.75	1.78	1.79	1.80
2.15	2.14	2.13	2.13	2.12	2.11	2.12	2.13	2.13
9.00	8.71	7.41	7.42	7.41	7.10	6.60	6.16	6.10
7.23	7.99	8.85	8.85	8.81	9.16	9.12	9.46	9.40
1.96	1.92	2.02	2.05	2.08	2.15	2.22	2.25	2.35
6.61	6.31	5.91	5.59	5.44	4.90	4.67	4.60	4.50
2.00	1.97	1.97	1.99	1.90	1.65	1.48	1.48	1.47
0.75	0.76	0.78	0.76	0.75	0.75	0.76	0.76	0.79
4.80	4.82	4.92	4.88	4.83	4.78	4.59	4.53	4.54
2.14	2.13	2.11	2.12	2.13	2.14	2.20	2.11	2.12

4.3.3 长期

国别(地区)	2002 年	2003 年	2004 年	2004 年			
				9 月	10 月	11 月	12 月
加拿大①	5.30	4.80	4.58	4.60	4.56	4.48	4.33
美国②	4.61	4.02	4.27	4.13	4.10	4.19	4.23
澳大利亚②	5.82	5.36	5.61	5.47	5.39	5.23	5.33
日本	1.26	1.00	1.49	1.39	1.48	1.45	1.40
韩国	6.48	4.95	4.46	3.90	3.80	3.60	3.50
新西兰②	6.53	5.87	6.07	6.16	6.08	6.05	5.95
奥地利	4.97	4.15	4.15	4.14	3.99	3.86	3.66
比利时	4.89	4.15	4.06	4.04	3.91	3.78	3.59
丹麦	4.88	4.12	4.75	5.02	4.82	4.55	4.05
芬兰	5.06	4.31	4.30	4.38	4.23	4.09	3.85
法国③	4.98	4.14	4.11	4.14	4.01	3.89	3.68
德国	4.86	4.13	4.10	4.09	3.98	3.86	3.64
希腊	4.78	4.07	4.04	4.02	3.89	3.78	3.58
冰岛②	5.03	4.27	4.26	4.22	4.11	3.97	3.77
爱尔兰②	7.96	6.65	7.49	7.63	7.70	7.95	8.13
意大利	4.99	4.13	4.06	3.98	3.87	3.75	3.67
卢森堡	5.03	4.30	4.26	4.25	4.13	4.00	3.79
荷兰	4.89	4.12	4.10	4.09	3.96	3.85	3.63
挪威	6.38	5.05	4.37	4.23	4.19	4.05	3.94
葡萄牙	5.01	4.18	4.14	4.12	3.99	3.86	3.64
西班牙	4.96	4.13	4.10	4.08	3.97	3.85	3.64
瑞典	5.30	4.64	4.43	4.37	4.25	4.13	3.90
瑞士②	3.20	2.66	2.74	2.75	2.62	2.44	2.38
英国	4.91	4.52	4.87	4.90	4.77	4.69	4.50
欧元区	4.92	4.16	4.14	4.11	3.98	3.87	3.69

注:①为本时间段最后一个星期三的数据。

②为月底利率。

③为月度最后一个星期五的数据。

资料来源:OECD 数据库。

利率(年率)

单位:%

2005年								
1月	2月	3月	4月	5月	6月	7月	8月	9月
4.26	4.20	4.37	4.18	4.08	3.82	3.92	3.92	3.87
4.22	4.17	4.50	4.34	4.14	4.00	4.18	4.26	4.20
5.40	5.57	5.67	5.35	5.15	5.11	5.13	5.06	5.33
1.31	1.42	1.33	1.26	1.24	1.14	1.30	1.37	1.45
4.00	4.60	4.40	4.20	4.00	4.10	4.50	4.80	5.00
5.99	5.95	6.16	5.99	5.81	5.71	5.75	5.77	5.70
3.57	3.53	3.69	3.49	3.39	3.23	3.26	3.29	3.10
3.53	3.49	3.67	3.54	3.36	3.19	3.22	3.24	3.08
3.84	3.55	3.62	3.55	3.49	3.31	3.35	3.37	3.26
3.73	3.64	3.81	3.58	3.39	3.16	3.20	3.24	3.05
3.60	3.57	3.72	3.51	3.33	3.16	3.18	3.21	3.04
3.58	3.60	3.75	3.54	3.38	3.20	3.27	3.30	3.13
3.56	3.54	3.70	3.48	3.30	3.13	3.20	3.23	3.07
3.69	3.69	3.92	3.76	3.60	3.44	3.46	3.47	3.30
8.35	8.62	8.80	9.00	9.10	9.06	8.99	8.99	9.00
3.48	3.65	3.60	3.38	3.23	3.13	3.21	3.05	3.08
3.71	3.68	3.84	3.65	3.55	3.41	3.44	3.45	3.29
3.56	3.55	3.69	3.48	3.30	3.13	3.27	3.28	3.12
3.90	3.77	4.02	3.87	3.70	3.55	3.56	3.62	3.49
3.56	3.55	3.70	3.50	3.35	3.19	3.35	3.39	3.23
3.59	3.58	3.73	3.53	3.36	3.19	3.22	3.23	3.09
3.84	3.76	3.86	3.58	3.34	3.11	3.06	3.14	2.98
2.25	2.38	2.36	2.07	2.01	2.00	1.96	1.93	1.95
4.48	4.61	4.80	4.63	4.42	4.28	4.29	4.31	4.24
3.63	3.62	3.76	3.57	3.40	3.25	3.32	3.32	3.16

4.3.4 汇

(每一美元兑换

国别(地区)	货币单位	2002 年	2003 年	2004 年	2004 年			
					9 月	10 月	11 月	12 月
加拿大	加拿大元	1.57	1.40	1.30	1.29	1.25	1.20	1.22
墨西哥	墨西哥比索	9.66	10.79	11.28	11.49	11.40	11.37	11.20
澳大利亚	澳元	1.84	1.54	1.36	1.43	1.36	1.30	1.30
日本	日元	125.30	115.90	108.10	110.10	108.80	104.70	103.80
韩国	韩圆	1251.00	1191.00	1145.00	1147.00	1142.00	1088.00	1051.00
新西兰	新西兰元	2.16	1.72	1.51	1.52	1.46	1.43	1.40
捷克共和国	捷克克郎	32.73	28.13	25.69	25.87	25.21	24.14	22.88
丹麦	丹麦克郎	7.88	6.58	5.99	6.09	5.95	5.72	5.54
匈牙利	福林	257.40	224.30	202.60	202.70	197.40	189.20	183.60
冰岛①	冰岛克郎	91.59	76.69	70.19	71.73	70.16	67.10	62.71
挪威	挪威克郎	7.99	7.08	6.74	6.85	6.59	6.27	6.14
波兰	兹罗提	4.08	3.89	3.65	3.58	3.46	3.29	3.09
斯洛伐克共和国	捷克克郎	45.30	36.76	32.23	32.79	32.03	30.52	29.03
瑞典	瑞典克郎	9.72	8.08	7.35	7.43	7.24	6.93	6.69
瑞士	瑞士法郎	1.56	1.35	1.24	1.26	1.23	1.17	1.15
土耳其①	1000 土耳其里拉	1.51	1.50	1.43	1.50	1.48	1.44	1.39
英国	英镑	0.67	0.61	0.55	0.56	0.55	0.54	0.52
欧元区	欧元	0.77	0.71	0.68	0.68	0.68	0.66	0.65
特别提款权②	特别提款权	1.06	0.89	0.81	0.82	0.80	0.77	0.75

注:①最近月份的日价格还未得到。

②1 特别提款权的价值为一揽子货币的市场汇率兑美元的加权平均值。

资料来源:OECD 数据库。

率

本国货币数)

2005年								
1月	2月	3月	4月	5月	6月	7月	8月	9月
1.23	1.24	1.22	1.24	1.25	1.24	1.23	1.21	1.18
11.25	11.13	11.12	11.12	10.97	10.82	10.69	10.68	10.77
1.31	1.28	1.27	1.29	1.31	1.30	1.33	1.31	1.31
103.40	105.00	105.30	107.30	106.60	108.70	112.00	110.20	111.10
1039.00	1021.00	1008.00	1010.00	1002.00	1012.00	1037.00	1021.00	1033.00
1.42	1.40	1.37	1.39	1.39	1.41	1.47	1.44	1.43
23.07	23.06	22.59	23.27	23.80	24.70	25.06	24.06	23.91
5.68	5.71	5.65	5.76	5.87	6.13	6.19	6.07	6.09
187.60	187.50	185.70	191.50	198.30	204.80	204.60	198.70	200.60
62.65	62.01	60.13	62.32	64.88	65.14	65.11	63.75	62.12
6.25	6.39	6.21	6.32	6.36	6.49	6.58	6.44	6.38
3.10	3.07	3.05	3.21	3.29	3.34	3.40	3.29	3.20
29.38	29.25	29.02	30.26	30.71	31.68	32.25	31.44	31.40
6.909	6.97	6.90	7.08	7.25	7.63	7.82	7.58	7.62
1.18	1.19	1.18	1.20	1.22	1.29	1.29	1.26	1.27
1.35	1.31	1.31	1.36	1.36	1.35	1.34	1.34	1.32
0.53	0.53	0.53	0.53	0.54	0.55	0.57	0.56	0.55
0.66	0.66	0.66	0.66	0.67	0.68	0.69	0.68	0.68
0.76	0.77	0.76	0.77	0.79	0.82	0.83	0.81	0.82

4.3.5 实际

(2000 年=100)

国别(地区)	2002 年	2003 年	2004 年	2004 年			
				9 月	10 月	11 月	12 月
加拿大	96.0	106.7	112.4	113.5	116.5	121.2	118.4
墨西哥	106.7	95.3	91.5	90.3	90.9	91.1	92.4
美国	105.8	99.6	95.4	96.2	95.0	92.4	91.0
澳大利亚	101.5	114.7	124.0	118.8	123.4	126.8	124.5
日本	83.9	85.0	86.1	84.8	85.5	87.3	86.5
韩国	99.6	101.1	102.7	104.0	103.3	105.6	108.6
新西兰	108.2	122.9	131.5	133.1	136.0	135.0	136.7
奥地利	100.5	103.2	104.0	103.8	104.0	104.7	104.9
比利时	102.0	106.6	108.2	108.0	108.7	109.3	109.3
捷克共和国	118.7	115.8	116.4	116.5	117.5	118.2	120.5
丹麦	103.3	108.1	108.7	108.2	108.7	108.9	108.7
芬兰	102.4	106.6	106.3	105.8	106.2	106.6	106.9
法国	101.0	105.7	107.2	106.8	107.1	107.8	108.2
德国	100.6	105.3	106.4	105.7	105.9	106.2	107.8
希腊	103.6	109.6	111.8	111.7	112.6	113.3	113.9
匈牙利	119.1	121.6	129.5	131.0	132.4	133.4	132.9
冰岛	94.8	99.4	101.9	101.1	102.0	103.4	108.1
爱尔兰	109.1	120.0	122.4	122.2	122.9	124.7	125.7
意大利	103.1	108.6	110.2	110.0	109.9	110.7	111.2
卢森堡	101.9	105.5	106.8	106.8	107.1	107.9	107.9
荷兰	106.6	113.9	115.4	115.4	115.7	116.4	116.1
挪威	111.9	109.9	104.8	104.3	106.3	108.0	106.9
波兰	107.7	95.4	94.4	97.5	99.4	101.2	104.1
葡萄牙	104.7	108.4	109.1	108.5	108.8	109.7	109.8
斯洛伐克共和国	102.4	115.4	126.3	125.7	125.8	127.0	128.4
西班牙	104.4	109.1	111.1	111.0	112.1	112.9	112.9
瑞典	93.9	99.1	99.2	99.3	100.0	100.5	101.1
瑞士	105.8	106.0	104.9	104.0	105.4	107.7	106.8
土耳其	88.6	96.1	100.9	97.3	98.6	99.4	100.8
英国	98.5	95.5	100.7	100.1	99.2	99.1	100.9
欧元区①	104.7	117.3	123.8	122.5	123.3	125.1	127.7
欧盟 15 国②	105.5	117.7	121.4	120.4	121.3	122.9	124.5

注:①不包括欧元区成员国之间的贸易。

②不包括欧盟成员国之间的贸易。

资料来源:OECD 数据库。

汇率指数

2005年								
1月	2月	3月	4月	5月	6月	7月	8月	9月
117.8	116.4	118.3	116.2	114.9	116.9	118.3	120.0	122.7
92.1	92.9	92.7	92.7	93.9	95.5	97.0	96.3	94.9
91.9	92.2	92.0	93.3	93.5	94.4	95.1	94.1	94.7
126.0	128.0	127.7	127.2	126.4	128.7	128.5	128.1	128.6
86.8	84.4	84.0	82.8	83.7	82.5	80.2	80.5	79.9
111.2	113.5	115.4	116.0	116.7	116.7	115.3	115.9	115.2
136.2	137.1	138.8	139.3	139.8	139.3	136.3	137.6	138.0
104.7	104.3	104.6	103.9	103.7	103.2	102.8	102.9	102.7
109.2	109.1	109.6	109.1	108.6	107.6	108.3	108.4	107.7
122.9	123.1	123.8	122.3	121.7	122.2	121.7	124.1	124.3
108.2	108.5	108.8	108.9	108.3	107.3	107.3	107.1	107.1
105.8	105.6	105.8	105.4	104.3	103.3	103.2	103.4	103.3
107.3	107.1	107.6	107.0	106.5	105.5	105.4	105.7	105.5
106.6	106.1	106.3	105.7	105.3	103.9	104.5	104.5	104.1
113.5	111.2	113.5	113.7	113.2	111.7	110.4	109.9	111.7
133.7	134.1	134.7	133.5	131.6	132.1	133.2	133.7	132.4
110.6	111.9	114.7	112.2	108.8	112.5	114.1	114.3	118.6
124.0	123.8	124.1	123.1	122.5	120.5	120.9	121.6	121.5
110.7	110.2	110.4	109.8	109.5	108.2	108.7	108.8	108.1
106.6	107.5	107.3	107.2	106.8	106.0	105.2	106.5	106.4
115.9	115.5	116.5	115.7	114.7	112.6	112.5	113.1	113.2
107.0	104.8	106.8	107.0	108.4	110.0	109.7	109.7	111.3
106.0	107.1	106.2	103.0	102.2	104.2	103.0	104.2	107.5
109.4	108.7	108.6	108.6	108.6	107.8	108.4	108.3	107.8
131.3	132.2	131.2	128.4	128.8	129.5	128.0	128.1	128.2
111.7	111.2	111.9	112.9	112.5	111.7	111.1	111.5	111.5
99.2	98.7	98.5	97.2	96.4	94.4	92.5	93.8	93.5
105.1	104.3	104.5	104.8	104.1	102.8	100.9	101.6	101.6
106.6	110.1	109.1	107.6	109.4	114.2	116.6	115.1	118.3
99.2	100.0	100.0	101.3	100.4	101.3	98.3	99.0	99.7
124.4	123.6	124.7	124.0	122.1	118.9	117.9	118.9	118.4
122.6	121.5	122.6	121.6	120.4	117.3	117.8	118.3	117.6

5.1.1 美国国内生产总值及其构成增长率（环比）

单位：%

	2003 年	2004 年	2004 年				2005 年		
			一季度	二季度	三季度	四季度	一季度	二季度	三季度
国内生产总值	**2.7**	**4.2**	**4.3**	**3.5**	**4.0**	**3.3**	**3.8**	**3.3**	**3.8**
个人消费支出	2.9	3.9	4.7	1.9	4.4	4.3	3.5	3.4	3.9
耐用消费品	6.6	6.0	4.4	0.4	10.8	5.5	2.6	7.9	10.8
非耐用消费品	3.2	4.7	6.6	2.6	3.9	5.5	5.3	3.6	2.6
服务	2.0	3.0	3.8	1.8	3.4	3.6	2.8	2.3	3.2
私人投资总额	3.9	11.9	10.1	20.9	4.6	6.8	8.6	-3.7	2.3
固定资产投资	3.6	9.7	6.9	15.1	8.4	7.2	7.0	9.5	5.7
非住宅投资	1.3	9.4	7.9	13.5	11.8	10.4	5.7	8.8	6.2
建筑	-4.2	2.2	-3.5	8.8	1.4	4.7	-2.0	2.7	-1.4
设备和软件	3.2	11.9	12.0	15.2	15.5	12.4	8.3	10.9	8.9
住宅投资	8.4	10.3	5.2	17.8	2.6	1.6	9.5	10.8	4.8
库存变动	…	…	…	…	…	…	…	…	…
净出口	…	…	…	…	…	…	…	…	…
出口	1.8	8.4	5.0	6.9	5.5	7.1	7.5	10.7	0.8
货物	1.8	8.9	7.5	7.9	8.2	3.7	5.3	16.0	2.8
服务	1.7	7.4	-0.4	4.8	-0.6	15.5	12.5	-0.4	-3.9
进口	4.6	10.7	12.0	14.5	4.7	11.3	7.4	-0.3	0.0
货物	4.9	11.0	12.4	14.7	4.7	13.0	8.2	-1.1	1.1
服务	3.0	9.6	10.0	13.7	4.6	3.1	3.7	4.4	-5.8
政府支出	2.8	2.2	3.3	2.3	1.8	0.9	1.9	2.5	3.2
联邦政府	6.9	5.2	10.7	3.2	3.6	-0.6	2.4	2.4	7.7
国防	8.8	7.0	13.8	0.8	9.0	-3.3	3.0	3.7	10.2
其他	3.4	1.8	4.9	8.1	-6.4	5.2	1.1	-0.2	2.6
州及地方政府	0.6	0.4	-0.7	1.8	0.8	1.8	1.6	2.6	0.7
备注									
国民总收入	3.0	4.0	3.8	2.2	4.0	2.9	3.9	3.2	…
个人可支配收入	2.4	3.4	3.6	1.2	2.8	9.1	-3.4	1.5	-0.9
名义增长率									
国内生产总值	4.8	7.0	8.1	7.5	5.3	6.1	7.0	6.0	7.0
国民总收入	5.1	6.8	7.7	6.1	5.4	5.7	7.0	5.9	…
个人可支配收入	4.3	6.1	7.6	5.1	4.3	12.5	-1.3	4.9	2.8

注：季度数据为经季节调整的、折合年率的环比增长速度。

资料来源：美国商务部经济分析局。

5.1.2 美国国内生产总值构成对经济增长的贡献

单位:百分点

	2003 年	2004 年	2004 年				2005 年		
			一季度	二季度	三季度	四季度	一季度	二季度	三季度
国内生产总值	**2.7**	**4.2**	**4.3**	**3.5**	**4.0**	**3.3**	**3.8**	**3.3**	**3.8**
个人消费支出	2.05	2.71	3.27	1.33	3.05	3.01	2.44	2.35	2.73
耐用消费品	0.57	0.51	0.38	0.03	0.88	0.45	0.22	0.64	0.87
非耐用消费品	0.63	0.94	1.31	0.53	0.78	1.09	1.07	0.74	0.54
服务	0.85	1.27	1.58	0.77	1.39	1.47	1.15	0.97	1.32
私人投资总额	0.58	1.82	1.52	3.10	0.75	1.11	1.42	-0.63	0.38
固定资产投资	0.54	1.47	1.04	2.22	1.31	1.13	1.12	1.51	0.93
非住宅投资	0.13	0.92	0.76	1.29	1.15	1.04	0.58	0.90	0.65
建筑	-0.11	0.06	-0.09	0.22	0.04	0.12	-0.05	0.07	-0.04
设备和软件	0.24	0.86	0.85	1.07	1.12	0.92	0.64	0.83	0.69
住宅投资	0.41	0.55	0.28	0.93	0.15	0.09	0.54	0.62	0.28
库存变动	0.05	0.35	0.48	0.87	-0.56	-0.03	0.29	-2.14	-0.55
净出口	-0.46	-0.73	-1.16	-1.37	-0.17	-0.98	-0.40	1.11	0.08
出口	0.17	0.80	0.49	0.67	0.53	0.70	0.74	1.07	0.08
货物	0.12	0.59	0.50	0.53	0.55	0.25	0.37	1.08	0.21
服务	0.05	0.22	-0.01	0.14	-0.02	0.44	0.37	-0.01	-0.13
进口	-0.63	-1.53	-1.65	-2.03	-0.70	-1.68	-1.14	0.04	0.00
货物	-0.56	-1.30	-1.41	-1.71	-0.59	-1.60	-1.05	0.15	-0.15
服务	-0.07	-0.23	-0.23	-0.32	-0.11	-0.08	-0.10	-0.11	0.16
政府支出	0.53	0.41	0.62	0.43	0.35	0.17	0.35	0.47	0.61
联邦政府	0.45	0.36	0.71	0.22	0.25	-0.04	0.17	0.17	0.53
国防	0.37	0.32	0.60	0.04	0.41	-0.16	0.14	0.17	0.47
其他	0.08	0.04	0.11	0.19	-0.16	0.12	0.03	-0.01	0.06
州及地方政府	0.08	0.05	-0.09	0.21	0.10	0.21	0.19	0.31	0.08
备注									
货物	1.10	2.06	2.29	1.53	2.10	1.26	1.41	1.58	1.69
服务	1.30	1.59	1.90	0.71	1.75	1.82	1.86	0.88	1.98
建筑	0.31	0.57	0.06	1.26	0.13	0.23	0.53	0.85	0.14
汽车	0.14	0.16	0.49	-0.26	0.11	0.29	0.15	-0.01	0.48
计算机	0.15	0.15	0.08	0.08	0.10	0.36	0.37	0.32	0.11

注:季度数据为经季节调整的、折合年率的环比增长速度。

资料来源:美国商务部经济分析局。

5.1.3 美国国内生产总值及其构成增长率(同比)

单位:%

	2003 年	2004 年	2004 年				2005 年		
			一季度	二季度	三季度	四季度	一季度	二季度	三季度
国内生产总值	**2.7**	**4.2**	**4.7**	**4.6**	**3.8**	**3.8**	**3.6**	**3.6**	**3.6**
个人消费支出	2.9	3.9	4.3	3.9	3.5	3.8	3.5	3.9	3.8
耐用消费品	6.6	6.0	9.4	5.8	3.7	5.2	4.7	6.7	6.6
非耐用消费品	3.2	4.7	4.9	5.1	4.0	4.6	4.3	4.6	4.2
服务	2.0	3.0	3.0	2.9	3.2	3.1	2.9	3.0	3.0
私人投资总额	3.9	11.9	10.5	15.1	11.8	10.4	10.1	4.0	3.4
固定资产投资	3.6	9.7	9.3	10.9	9.3	9.4	9.4	8.0	7.3
非住宅投资	1.3	9.4	7.9	9.2	9.4	10.9	10.3	9.2	7.8
建筑	-4.2	2.2	2.6	1.5	1.9	2.7	3.1	1.7	0.9
设备和软件	3.2	11.9	9.8	11.9	12.0	13.8	12.8	11.7	10.1
住宅投资	8.4	10.3	11.9	13.9	9.1	6.6	7.7	6.1	6.6
库存变动	…	…	…	…	…	…	…	…	…
净出口	…	…	…	…	…	…	…	…	…
出口	1.8	8.4	8.1	10.5	9.0	6.1	6.7	7.7	6.5
货物	1.8	8.9	8.3	10.4	10.1	6.8	6.2	8.2	6.8
服务	1.7	7.4	7.8	10.9	6.4	4.6	7.9	6.5	5.6
进口	4.6	10.7	8.8	11.7	11.8	10.6	9.4	5.7	4.5
货物	4.9	11.0	9.2	11.2	12.3	11.1	10.1	6.1	5.2
服务	3.0	9.6	7.3	13.8	9.7	7.7	6.2	3.9	1.3
政府支出	2.8	2.2	2.9	1.7	2.0	2.1	1.7	1.8	2.1
联邦政府	6.9	5.2	8.1	3.6	5.1	4.2	2.1	1.9	2.9
国防	8.8	7.0	12.1	3.7	7.8	4.9	2.3	3.0	3.3
其他	3.4	1.8	0.8	3.5	0.0	2.8	1.8	-0.2	2.1
州及地方政府	0.6	0.4	0.0	0.5	0.2	0.9	1.5	1.7	1.6
备注									
国民总收入	1.8	2.5	5.0	4.4	3.6	3.2	3.2	3.5	…
个人可支配收入	1.9	2.6	4.1	3.2	2.1	4.1	2.3	2.4	1.5

资料来源:美国商务部经济分析局。

5.1.4 美国工业生产指数

年份	月份	工业生产指数(2002=100)	制造业	工业生产环比增长(%)	工业生产能力利用率(%)	制造业
2000		**103.5**	**104.3**	**4.3**	**81.8**	**80.3**
2001		**99.9**	**99.9**	**-3.5**	**76.3**	**74.1**
2002		**100.0**	**100.0**	**0.1**	**75.1**	**73.3**
2003		**100.6**	**100.5**	**0.6**	**75.7**	**73.7**
2004		**104.7**	**105.4**	**4.8**	**78.6**	**77.1**
	10	105.8	106.9	0.8	79.2	78.1
	11	106.0	106.9	0.3	79.3	78.0
	12	106.7	107.5	0.8	79.7	78.3
2005						
	1	134.0	108.1	-0.1	79.8	78.6
	2	134.2	108.6	0.5	80.0	78.9
	3	134.3	108.2	0.2	79.9	78.5
	4	134.5	108.3	-0.4	79.7	78.4
	5	134.7	108.7	0.3	79.8	78.6
	6	134.9	109.0	0.8	80.3	78.7
	7	135.1	109.1	0.0	80.2	78.6
	8	135.3	109.6	0.2	80.2	78.8
	9	135.5	108.8	-1.5	78.9	78.1
	10	135.7	110.4	0.9	79.5	79.0

5.1.5 美国零售额及建筑业支出

年份	月份	零售额		建筑业支出	
		亿美元	环比增长(%)	亿美元	环比增长(%)
2000		**30701.9**	**6.6**	**8352.8**	**8.6**
2001		**31567.5**	**2.8**	**8683.1**	**4.0**
2002		**32301.2**	**2.3**	**8768.0**	**1.0**
2003		**33995.4**	**5.2**	**9250.7**	**5.5**
2004		**35217.1**	**3.6**	**10277.4**	**11.1**
	9	2879.5	-1.6	10486.7	0.4
	10	2927.5	1.7	10485.4	0.0
	11	2994.7	2.3	10633.5	1.4
	12	3603.5	20.3	10734.7	1.0
2005					
	1	2685.6	-25.5	10837.0	1.0
	2	2708.7	0.9	11036.2	1.8
	3	3128.2	15.5	11064.0	0.3
	4	3088.4	-1.3	11020.9	-0.4
	5	3184.1	3.1	11064.2	0.4
	6	3251.4	2.1	11013.5	-0.5
	7	3245.0	-0.2	11077.2	0.6
	8	3295.8	1.6	11199.9	1.1
	9	3086.3	-6.4	11146.7	-0.5

资料来源:美国商务部普查局。

5.1.6 美国劳动生产率变化

单位:%

年度	季度	非农产业		商业		制造业	
		单位劳动力成本环比增长率	每小时产出环比增长	单位劳动力成本环比增长率	每小时产出环比增长	单位劳动力成本环比增长率	每小时产出环比增长
2000		**4.2**	**2.7**	**4.0**	**2.8**	**4.2**	**4.7**
2001		**1.4**	**2.5**	**1.6**	**2.5**	**0.2**	**2.1**
2002		**-0.5**	**4.0**	**-0.5**	**4.0**	**-0.3**	**7.5**
2003		**0.2**	**3.8**	**0.0**	**3.9**	**3.0**	**5.2**
2004		**1.1**	**3.4**	**1.2**	**3.4**	**-2.9**	**5.3**
	1	1.3	2.1	0.8	3.4	-12.4	3.0
	2	-0.8	4.5	-0.1	3.4	-2.3	7.6
	3	4.7	1.3	5.0	1.4	5.2	4.4
	4	7.6	2.5	7.9	3.1	4.6	6.3
2005							
	1	2.2	3.2	1.7	2.9	2.8	4.2
	2	1.8	2.1	2.2	0.8	4.2	3.6
	3	-0.5	4.1	-0.6	4.8	-1.6	4.5

资料来源:美国劳工统计局。

5.1.7 美国就业率和失业率

年份	月份	就业率(%)	失业率(%)	男	女
2000		**64.4**	**4.0**	**3.9**	**4.1**
2001		**63.7**	**4.7**	**4.8**	**4.7**
2002		**62.7**	**5.8**	**5.9**	**5.6**
2003		**62.3**	**6.0**	**6.3**	**5.7**
2004		**62.3**	**5.5**	**5.6**	**5.4**
	10	62.6	5.1	5.1	5.1
	11	62.6	5.2	5.3	5.0
	12	62.4	5.1	5.5	4.7
2005					
	1	61.7	5.7	6.2	5.2
	2	61.8	5.8	6.3	5.2
	3	62.0	5.4	5.8	4.9
	4	62.5	4.9	5.0	4.9
	5	62.7	4.9	4.8	5.0
	6	63.1	5.2	5.0	5.5
	7	63.4	5.2	4.8	5.7
	8	63.2	4.9	4.6	5.2
	9	62.9	4.8	4.6	5.1
	10	63.2	4.6	4.4	5.0

资料来源:美国劳工统计局

5.1.8 美国进出口贸易

单位:亿美元

年份	月份	进出口额	同比增长(%)	出口额	同比增长(%)	进口额	同比增长(%)	出口额减进口额
2001		**23729.8**	**-5.4**	**10075.8**	**-5.3**	**13654.0**	**-5.4**	**-3578.2**
2002		**23736.2**	**0.0**	**9759.4**	**-3.1**	**13976.8**	**2.4**	**-4217.4**
2003		**25375.1**	**6.9**	**10205.0**	**4.6**	**15170.1**	**8.5**	**-4965.1**
	9	2132.7	5.8	860.1	4.2	1272.6	6.8	-412.5
	10	2177.0	2.1	881.1	7.2	1296.0	10.6	-414.9
	11	2202.6	1.2	901.3	8.7	1301.3	6.2	-400.0
	12	2241.4	1.8	900.7	10.8	1340.8	7.8	-440.1
2004								
	1	2229.8	-0.5	886.1	8.0	1343.7	8.9	-457.7
	2	2302.8	3.3	922.5	11.4	1380.3	12.0	-457.9
	3	2374.9	3.1	952.2	14.5	1422.7	12.2	-470.5
	4	2368.2	-0.3	943.2	16.0	1425.1	15.1	-481.9
	5	2408.6	1.7	969.0	17.3	1439.7	16.7	-470.7
	6	2411.9	0.1	930.9	10.1	1481.1	18.8	-550.2
	7	2423.8	0.5	959.2	12.0	1464.6	15.8	-505.5
	8	2469.4	1.9	967.0	15.0	1502.5	20.9	-535.5
	9	2465.3	-0.2	974.9	13.3	1490.4	17.1	-515.6

注:包括货物和服务贸易。因季节调整的原因,各月合计数据不等于全年数据。

资料来源:美国商务部普查局。

5.1.9 美国外国直接投资

单位:亿美元

	流入	同比增长(%)	流出	同比增长(%)	流入减流出
2000 年	**3140.1**	**10.8**	**1426.3**	**-31.9**	**1713.8**
2001 年	**1594.6**	**-49.2**	**1248.7**	**-12.4**	**345.9**
2002 年	**713.3**	**-55.3**	**1153.4**	**-7.6**	**-440.1**
2003 年	**568.3**	**-20.3**	**1518.8**	**31.7**	**-950.5**
1 季度	290.9	12.4	392.5	32.7	-101.6
2 季度	4.5	-93.1	322.8	-1.0	-318.3
3 季度	43.1	-57.3	419.7	23.3	-376.6
4 季度	229.8	-20.2	383.8	100.9	-154.0
2004 年	**958.6**	**68.7**	**2292.9**	**51.0**	**-1334.4**
1 季度	47.6	-83.6	502.6	28.0	-455.0
2 季度	303.0	N. A.	576.8	78.7	-273.8
3 季度	344.7	N. A.	378.8	-9.7	-34.1
4 季度	263.3	N. A.	834.7	117.5	-571.5
2005 年					
1 季度	310.3	552.1	257.3	-48.8	53.0
2 季度	168.4	-44.4	336.9	-41.6	-168.5
2005 年 1 季度按地区分					
加拿大	80.5	N. A.	89.6	55.9	-9.1
欧洲	171.1	-99.1	128.4	-41.9	42.7
拉丁美洲	-18.6	-55.1	-14.0	-114.5	-4.7
非洲	(D)	(D)	2.6	-82.0	(D)
中东	(D)	(D)	15.4	66.8	(D)
亚洲及太平洋	-3.8	-108.5	35.2	-38.2	-39.1
2005 年 2 季度按地区分					
加拿大	19.3	-88.7	-38.1	-17.3	57.4
欧洲	123.1	51.1	-45.9	73.4	169.1
拉丁美洲	-7.1	-136.0	-101.6	-38.7	94.5
非洲	0.5	-65.0	-85.4	-140.0	85.9
中东	3.7	126.5	-320.9	-157.5	324.6
亚洲及太平洋	28.9	-33.5	-29.9	126.4	58.8

注:N. A. 表示基期为负值,(D)表示数据暂时不可取得。

资料来源:美国商务部经济分析局。

5.1.10 美国消费者价格指数

单位:%

年份	月份	消费者价格指数(1982－1984＝100)	环比增长	核心消费者价格指数①(1982－1984＝100)	环比增长	食品和饮料消费者价格指数(1982－1984＝100)	环比增长
2000		**172.2**	**3.4**	**180.3**	**2.4**	**168.4**	**2.3**
2001		**177.1**	**2.8**	**185.0**	**2.6**	**173.6**	**3.1**
2002		**179.9**	**1.6**	**189.6**	**2.4**	**176.8**	**1.8**
2003		**184.0**	**2.3**	**192.8**	**1.4**	**180.5**	**2.1**
2004		**188.9**	**2.7**	**195.8**	**1.6**	**186.6**	**3.4**
	10	190.9	0.5	198.2	0.4	188.4	0.6
	11	191.0	0.1	198.1	-0.1	188.6	0.1
	12	190.3	-0.4	197.8	-0.2	188.9	0.2
2005							
	1	190.7	0.2	198.4	0.3	189.5	0.3
	2	191.8	0.6	199.5	0.6	189.3	-0.1
	3	193.3	0.8	200.7	0.6	189.6	0.2
	4	194.6	0.7	200.9	0.1	190.7	0.6
	5	194.4	-0.1	200.8	0.0	191.1	0.2
	6	194.5	0.1	200.6	-0.1	190.9	-0.1
	7	195.4	0.5	200.8	0.1	191.3	0.2
	8	196.4	0.5	201.0	0.1	191.3	0.0
	9	198.8	1.2	201.3	0.1	191.8	0.3
	10	199.2	0.2	202.3	0.5	192.5	0.4

注:①为不包括食品和能源的消费价格指数。

资料来源:美国劳工统计局。

5.1.11 美国生产者价格指数

单位:%

年份	月份	原材料(1982＝100)	环比增长	中间产品(1982＝100)	环比增长	制成品(1982＝100)	环比增长
2000		**120.6**	**22.8**	**129.2**	**4.9**	**138.0**	**3.8**
2001		**121.0**	**0.3**	**129.7**	**0.4**	**140.7**	**2.0**
2002		**108.1**	**-10.7**	**127.8**	**-1.5**	**138.9**	**-1.3**
2003		**135.3**	**25.2**	**133.7**	**4.6**	**143.3**	**3.2**
2004		**159.0**	**17.5**	**142.6**	**6.7**	**148.5**	**3.6**
	10	160.5	4.0	146.5	0.8	152.0	2.2
	11	171.5	6.9	147.4	0.6	151.7	-0.2
	12	165.7	-3.4	146.9	-0.3	150.6	-0.7
2005							
	1	163.0	-1.6	148.0	0.7	151.4	0.5
	2	162.5	-0.3	148.8	0.5	152.1	0.5
	3	170.4	4.9	150.4	1.0	153.6	1.0
	4	175.0	2.7	151.5	0.5	154.4	0.5
	5	170.6	-2.5	151.0	-0.1	154.3	-0.1
	6	167.0	-2.1	151.7	-0.1	154.2	-0.1
	7	176.2	5.5	152.8	0.8	155.4	0.8
	8	180.5	2.4	153.6	0.5	156.1	0.5
	9	198.4	9.9	157.5	1.8	158.9	1.8
	10	211.1	6.4	161.9	1.3	161.0	1.3

资料来源:美国劳工统计局。

5.1.12 美国预警指标和景气指标

年份	月份	先行指标	消费者信心指数	制造业采购经理人指数	制造业景气指数增减(点)	订单指数增减(点)	企业库存景气指数增减(点)	服务业景气指数增减(点)
2004								
	9	115.2	96.7	59.1	-0.5	0.0	0.0	0.0
	10	115.3	92.9	57.5	-1.6	-0.6	-2.3	2.8
	11	115.4	92.6	57.6	0.1	0.0	0.0	0.0
	12	136.9	102.3	57.3	-0.3	0.0	0.0	0.0
2005								
	1	136.8	105.1	56.4	-0.9	0.0	0.0	0.0
	2	137.1	104.0	55.3	-1.1	-0.7	-4.2	0.6
	3	136.2	103.0	55.2	-0.1	1.3	5.5	3.3
	4	136.3	97.5	53.3	-1.9	-3.4	-6.2	-1.4
	5	136.5	103.1	51.4	-1.9	-2.0	-0.1	-3.2
	6	138.0	106.2	53.8	2.4	5.5	0.0	3.7
	7	137.8	103.6	56.6	2.8	3.4	-0.3	-2.0
	8	137.7	105.5	53.6	-3.0	-4.2	-1.8	4.5
	9	136.8	87.5	59.4	5.8	7.4	3.9	-11.7
	10		85.0	59.1	-0.3	-2.1	-1.5	6.7

注:先行指标以 1996 年为 100,消费者信心指数以 1985 年为 100,制造业采购经理人指数长期超过 42.80 预示着经济扩张期。

资料来源:大型企业联合会(Conference Board)及供应管理协会(ISM)。

5.1.13 美国制造业订单

年份	月份	制造业订单		制造业耐用品订单	
		亿美元	环比增长(%)	亿美元	环比增长(%)
2004					
	9	3643.5	-0.9	1952.2	-0.1
	10	3668.1	0.7	1924.8	-1.4
	11	3752.2	2.3	1989.5	3.4
	12	3758.2	0.2	2024.5	1.8
2005					
	1	3726.4	-0.8	1966.0	-2.9
	2	3749.1	0.6	1996.8	1.6
	3	3761.1	0.3	1959.3	-1.9
	4	3760.3	0.0	1968.4	0.5
	5	3916.6	4.2	2112.6	7.3
	6	3953.2	0.9	2153.4	1.9
	7	3855.5	-2.5	2037.1	-5.4
	8	3967.7	2.9	2116.0	3.9
	9	3899.5	-1.7	2064.8	-2.4

资料来源:美国商务部普查局。

5.1.14 美国财政指标

单位:亿美元

年份	月份	收入	同比增长(%)	支出	同比增长(%)	收入减支出
2001 财年		**19910.4**	**-1.7**	**18640.0**	**4.2**	**1270.5**
2002 财年		**18532.3**	**-6.9**	**20110.2**	**7.9**	**-1577.9**
2003 财年		**17821.1**	**-3.8**	**21563.5**	**7.2**	**-3742.5**
2004 财年		**18797.8**	**5.5**	**22920.6**	**6.3**	**-4122.8**
2005 财年		**21543.1**	**14.6**	**24729.2**	**7.9**	**0.0**
	10	1369.0	0.8	1942.0	-5.4	-573.0
	11	1345.5	13.8	1924.5	19.4	-579.0
	12	2157.5	15.5	2186.0	7.0	-28.5
	1	2022.2	9.2	1936.4	3.8	85.8
	2	1008.7	9.6	2148.1	13.8	-1139.4
	3	1487.4	12.3	2199.5	7.2	-712.1
	4	2776.1	26.1	2199.0	8.6	577.1
	5	1527.3	32.3	1881.5	5.8	-354.2
	6	2348.1	9.5	2118.9	8.5	229.2
	7	1420.9	5.7	1954.6	-4.0	-533.7
	8	1554.4	12.9	2070.2	15.7	-515.8
	9	2516.0	21.3	2160.0	18.2	356.0
2006 财年		**1495.0**	**9.2**	**1967.0**	**1.3**	**-472.0**
	10	1495.0	9.2	1967.0	1.3	-472.0

注:美国财年是按上年10月至当年9月计算的,所列月份为日历月份。2005财年仅为2004年10月份数。

资料来源:美国财政部。

5.1.15 美国货币供应量及其增长速度

年份	月份	M1(亿美元)	环比增长(%)	M2(亿美元)	环比增长(%)	M3(亿美元)	环比增长(%)
2000		**10879**	**-3.2**	**49327**	**6.1**	**71129**	**8.7**
2001		**11793**	**8.4**	**54486**	**10.5**	**80250**	**12.8**
2002		**12172**	**3.2**	**57945**	**6.3**	**85524**	**6.6**
2003		**12934**	**6.3**	**60625**	**4.6**	**88456**	**3.4**
2004		**13449**	**4.0**	**60274**	**-0.6**		
	10	13602	5.2	63693	5.1	92699	4.8
	11	13758	1.1	64065	0.6	94014	1.4
	12	13735	-0.2	64307	0.4	94505	0.5
2005							
	1	13643	-0.7	64491	0.3	95029	0.6
	2	13716	0.5	64643	0.2	95390	0.4
	3	13785	0.5	64845	0.3	95689	0.3
	4	13610	-1.3	64815	0.0	96207	0.5
	5	13735	0.9	64828	0.0	96628	0.4
	6	13744	0.1	65156	0.5	97482	0.9
	7	13543	-1.5	65251	0.1	97768	0.3
	8	13710	1.2	65544	0.4	98788	1.0
	9	13634	-0.6	65879	0.5	99762	1.0
	10	13677	0.3	66272	0.6	100581	0.8

注:表中数据经季节因素调整。

资料来源:美国联邦储备委员会。

5.1.16 美国联邦利率和贴现率

单位:%

年份	日期	联邦基金利率	贴现率
2001			
	1月3日	6.00	7.00
	1月31日	5.50	6.50
	3月20日	5.00	6.00
	4月18日	4.50	5.50
	5月15日	4.00	5.00
	6月27日	3.75	4.75
	8月21日	3.50	4.50
	9月17日	3.00	4.00
	10月2日	2.50	3.50
	11月6日	2.00	3.00
	12月11日	1.75	2.75
2002			
	11月6日	1.25	2.25
2003			
	6月25日	1.00	2.00
2004			
	6月30日	1.25	2.25
	8月10日	1.50	2.50
	11月10日	2.00	3.00
	12月14日	2.25	3.25
2005			
	2月2日	2.50	3.50
	3月22日	2.75	3.75
	5月3日	3.00	4.00
	6月30日	3.25	4.25
	8月9日	3.50	4.50
	9月20日	3.75	4.75
	11月1日	4.00	5.00

资料来源:美国联邦储备委员会。

5.2.1 欧元区国内生产总值及其构成增长率(环比)

单位:%

	2002年	2003年	2004年	2004年				2005年	
				一季度	二季度	三季度	四季度	一季度	二季度
国内生产总值	**0.9**	**0.7**	**2.1**	**0.6**	**0.5**	**0.3**	**0.2**	**0.4**	**0.3**
按需求构成分类									
国内需求	0.2	1.4	2.0	0.2	0.4	0.7	0.5	0.1	0.3
私人消费支出	0.9	1.0	1.5	0.5	0.1	0.2	0.8	0.1	0.1
政府消费支出	2.6	1.5	1.1	0.3	0.3	0.4	-0.2	0.4	0.4
固定资本形成	-2.4	0.8	1.9	-0.3	0.1	0.5	0.3	-0.2	0.5
国外需求									
出口	1.9	0.7	6.5	1.6	2.5	1.3	0.5	-0.5	1.8
进口	0.3	2.7	6.5	0.4	2.5	2.4	1.4	-1.4	2.3
按产业构成分类									
农业	-0.1	-3.9	8.0	3.2	1.0	0.2	1.2	-1.6	0.4
制造业和矿业、能源	-0.2	0.2	2.5	0.6	0.9	0.1	-0.5	0.5	0.7
建筑业	-0.3	0.5	1.7	0.4	0.1	-0.4	0.5	-1.1	1.7
贸易、修理、旅馆、交通通信	1.2	0.3	2.1	1.0	0.8	0.4	0.5	1.2	-0.1
金融不动产、租赁	1.4	1.4	2.1	0.8	0.7	0.3	0.3	0.6	0.4
公共管理、教育卫生及其他服务	2.0	1.0	1.6	0.1	0.3	0.1	0.2	0.0	0.4

注:本表为按不变价格(1995=100)计算并经季节调整后的数据。

资料来源:欧洲央行统计月报。

5.2.2 欧元区国内生产总值及其构成对于经济增长的贡献

单位：百分点

	2002 年	2003 年	2004 年	2004 年				2005 年	
				一季度	二季度	三季度	四季度	一季度	二季度
国内生产总值	**0.9**	**0.7**	**2.1**	**0.6**	**0.5**	**0.3**	**0.2**	**0.4**	**0.3**
按需求构成分类									
国内需求	0.3	1.4	2.0	0.3	0.4	0.7	0.5	0.2	0.3
私人消费支出	0.5	0.6	0.9	0.4	0.1	0.1	0.5	0.1	0.0
政府消费支出	0.5	0.3	0.2	0.0	0.2	0.1	-0.1	0.1	0.1
固定资本形成	-0.5	0.2	0.4	0.0	0.1	0.1	0.1	0.0	0.1
库存变化	-0.3	0.3	0.4	-0.1	0.1	0.4	0.0	-0.1	0.2
国外需求									
净出口	0.6	-0.7	0.1	0.4	0.1	-0.5	-0.2	0.2	0.0
按产业构成分类									
农业	0.0	-0.1	0.2	0.1	0.0	0.0	0.2	0.1	0.0
制造业和矿业、能源	0.0	0.1	0.6	0.2	0.2	0.2	0.6	0.3	0.2
建筑业	0.0	0.0	0.1	0.0	0.0	-0.1	0.0	0.0	-0.1
贸易、修理、旅馆、交通通信	0.3	0.1	0.5	0.2	0.2	0.3	0.5	0.5	0.3
金融不动产、租赁	0.4	0.4	0.5	0.1	0.2	0.1	0.3	0.4	0.1
公共管理、教育卫生及其他服务	0.4	0.2	0.3	0.1	0.1	0.0	0.4	0.4	0.0

注：本表为按不变价格（1995 = 100）计算并经季节调整后的数据。

资料来源：欧洲央行统计月报。

5.2.3 欧元区国内生产总值及其构成增长率(同比)

单位:%

	2002年	2003年	2004年	2004年				2005年	
				一季度	二季度	三季度	四季度	一季度	二季度
国内生产总值	**0.9**	**0.7**	**2.1**	**1.5**	**2.1**	**1.9**	**1.6**	**1.3**	**1.1**
按需求构成分类									
国内需求	0.2	1.4	2.0	1.1	1.4	2.3	1.9	1.6	1.7
私人消费支出	0.9	1.0	1.5	1.0	1.3	1.1	1.9	1.3	1.3
政府消费支出	2.6	1.5	1.1	1.7	1.3	1.1	0.6	0.9	1.0
固定资本形成	-2.4	0.8	1.9	0.7	13.0	1.5	1.1	0.7	1.1
国外需求									
出口	1.9	0.7	6.5	3.8	7.8	6.4	6.1	3.8	3.1
进口	0.3	2.7	6.5	3.4	6.2	7.9	7.3	4.9	4.6
按产业构成分类									
农业	-0.2	-3.9	7.6	1.3	7.7	9.4	7.5	0.5	-1.2
制造业和矿业、能源	-0.2	0.2	2.5	1.3	3.0	2.3	1.0	1.3	0.9
建筑业	-0.3	0.5	1.7	0.3	1.5	0.8	0.7	-0.9	0.6
贸易、修理、旅馆、交通通信	1.2	0.3	2.2	1.5	2.2	1.6	2.4	2.7	2.3
金融不动产、租赁	1.4	1.4	2.0	1.3	2.2	1.8	1.8	1.9	1.6
公共管理、教育卫生及其他服务	2.0	1.0	1.6	1.2	1.8	1.5	1.3	0.7	0.5

注:本表为按不变价格(1995=100)计算并经季节调整后的数据。

资料来源:欧洲央行统计月报。

5.2.4 欧元区工业生产指标

单位:%

年份	月份	工业生产增长速度	制造业增长速度	制造业生产能力利用率	建筑业增长速度
2000		**5.2**	**5.6**	**84.5**	**2.5**
2001		**0.4**	**0.3**	**82.7**	**0.8**
2002		**-0.5**	**-0.8**	**81.2**	**1.3**
2003		**0.3**	**0.0**	**81.0**	**-0.2**
2004		**2.0**	**2.0**	**81.6**	**-0.3**
	6	3.6	3.8	81.6	0.6
	7	2.7	2.8		0.2
	8	1.8	2.5		0.2
	9	3.6	3.7	82.1	-0.4
	10	1.3	1.3		-1.1
	11	0.8	0.2		0.2
	12	1.2	0.8	82.0	-0.5
2005					
	1	2.0	2.6		1.4
	2	0.5	0.1		-6.0
	3	-0.2	-1.1	81.5	-6.7
	4	1.1	1.9		-1.7
	5	-0.1	-0.4		-1.3
	6	0.6	0.4	81.0	0.7
	7	0.5	-0.1		
	8	2.5	2.8	81.1	

注:1. 增长速度是按同比计算的。

2. 制造业生产能力利用率为该月份所在季度数据。

资料来源:欧洲央行统计月报。

5.2.5 欧元区工商业销售情况

单位:%

年份	月份	零售额增长速度	制造业订单指数增减	新登记乘用车数(万辆)
2000		**2.1**	**12.2**	**97.7**
2001		**1.6**	**-1.5**	**96.8**
2002		**0.1**	**-0.4**	**92.5**
2003		**0.3**	**0.2**	**91.1**
2004		**0.1**	**8.1**	**92.2**
	9	-0.2	8.0	92.8
	10	0.3	0.5	94.9
	11	0.5	13.3	95.6
	12	-0.1	17.0	95.3
2005				**92.6**
	1	0.7	6.7	
	2	-0.2	3.2	92.1
	3	-0.1	-0.8	90.8
	4	-0.2	3.3	93.9
	5	0.8	-2.3	89.4
	6	0.1	3.9	98.0
	7	-0.6	-4.7	94.0
	8	0.8	5.6	93.3
	9	-0.2	0.1	95.4

注:零售额增长速度是按环比计算的。订单增(减)点为对季节调整的,按环比计算的。

资料来源:欧洲央行。

5.2.6 欧元区单位劳动生产成本及雇员报酬和劳动生产率

单位:%

年份	季度	单位劳动成本增长速度	雇员报酬增长速度	劳动生产增长速度
2000		**1.4**	**2.7**	**1.3**
2001		**2.1**	**2.5**	**0.4**
2002		**2.4**	**2.6**	**0.2**
2003		**1.8**	**2.3**	**0.4**
	1	2.0	2.5	0.5
	2	2.5	2.5	0.1
	3	2.3	2.5	0.2
	4	1.6	2.1	0.5
2004		**0.9**	**2.1**	**1.2**
	1	1.0	2.1	1.2
	2	0.8	2.5	1.7
	3	0.3	1.6	1.2
	4	1.1	1.9	0.8
2005				
	1	1.2	1.8	0.6
	2	1.1	1.6	0.4

资料来源:欧洲央行。

5.2.7 欧元区失业人口及失业率

年份	月份	失业人口（万人）	失业率（%）
2000		**116080**	**8.4**
2001		**110180**	**7.9**
2002		**117370**	**8.3**
2003		**125150**	**8.7**
2004		**128670**	**8.9**
	8	126660	8.9
	9	126690	8.9
	10	126350	8.9
	11	127620	8.8
	12	127910	8.9
2005			
	1	128630	8.8
	2	129230	8.9
	3	128630	8.8
	4	128310	8.8
	5	126540	8.7
	6	126090	8.6
	7	124610	8.5
	8	125990	8.6

资料来源:欧盟统计局。

5.2.8 欧元区进出口贸易

单位:亿欧元

年份	月份	进出口额	进口额	出口额	出口额减进口额
2001		**20796**	**10168**	**10628**	**460**
2002		**20686**	**9845**	**10841**	**996**
2003		**20491**	**9899**	**10592**	**693**
2004		**22186**	**10728**	**11458**	**730**
	8	1895	933	962	29
	9	1888	925	963	38
	10	1897	935	962	27
	11	1928	945	983	38
	12	1895	926	969	43
2005					
	1	1892	920	972	52
	2	1887	919	968	49
	3	1919	943	976	33
	4	1965	968	997	29
	5	1993	980	1013	33
	6	1986	975	1011	36
	7	2050	1020	1030	10
	8	2137	1072	1065	-7

注:欧元区贸易额不包括欧元区各成员国相互之间的贸易额。

资料来源:欧洲央行统计月报。

5.2.9 欧元区外国直接投资

单位:亿欧元

年份	月份	流入	流出	流入减流出
2000		**4273**	**4423**	**-150**
2001		**1938**	**3119**	**-1181**
2002		**1806**	**1799**	**7**
2003		**1414**	**1360**	**54**
2004		**773**	**1554**	**-781**
	8	-40	-91	51
	9	102	68	34
	10	184	319	-135
	11	196	254	-58
	12	5	254	-249
2005				
	1	34	139	-105
	2	32	59	-27
	3	57	125	-68
	4	44	160	-116
	5	-4	-85	81
	6	114	196	-82
	7	14	826	-812
	8	-32	125	-157

注:欧元区外国直接投资额不包括欧元区各成员国相互之间的外国直接投资额。

资料来源:欧洲央行统计月报。

5.2.10 欧元区价格指数

单位:%

年份	月份	消费者价格上涨率		生产者价格上涨率	
		环比	同比	环比	同比
2000		**2.1**	**2.1**	**5.3**	**5.3**
2001		**2.3**	**2.3**	**2.0**	**2.0**
2002		**2.3**	**2.3**	**-0.1**	**-0.1**
2003		**2.1**	**2.1**	**1.4**	**1.4**
2004		**2.1**	**2.1**	**2.3**	**2.3**
	9	0.2	2.1	0.2	3.3
	10	0.3	2.4	0.8	4.1
	11	-0.1	2.2	-0.2	3.7
	12	0.4	2.4	-0.2	3.5
2005					
	1	-0.6	1.9	0.7	3.9
	2	0.3	2.1	0.4	4.2
	3	0.7	2.1	0.7	4.2
	4	0.4	2.1	0.5	4.3
	5	0.3	2.0	-0.2	3.5
	6	0.1	2.1	0.5	4.0
	7	-0.1	2.2	0.6	4.1
	8	0.3	2.2	0.4	4.0
	9	0.5	2.6	0.5	4.4
	10	0.3	2.5		

资料来源:欧盟统计局数据库。

5.2.11 欧元区预警指标和景气指标

年份	月份	先行指标	消费者信心指数	企业家信心指数	定单指数	制成品库存指数	制造业生产预期指数
2000		**1.0**	**4.0**	**2.0**	**4.0**	**16.0**	
2001		**-5.0**	**-9.0**	**-15.0**	**13.0**	**1.0**	
2002		**-11.0**	**-11.0**	**-25.0**	**11.0**	**3.0**	
2003		**-9.0**	**-11.0**	**-23.0**	**10.0**	**6.0**	
2004		**-18.0**	**-11.0**	**-25.0**	**10.0**	**3.0**	
	9	105.1	-13.0	-3.0	-12.0	8.0	11.0
	10	105.2	-13.0	-3.0	-11.0	7.0	11.0
	11	105.4	-13.0	-3.0	-12.0	8.0	10.0
	12	105.3	-13.0	-4.0	-12.0	9.0	9.0
2005							
	1	105.4	-13.0	-5.0	-11.0	9.0	7.0
	2	105.2	-13.0	-6.0	-15.0	10.0	6.0
	3	105.0	-14.0	-8.0	-17.0	12.0	6.0
	4	104.8	-13.0	-10.0	-19.0	13.0	4.0
	5	104.7	-15.0	-11.0	-21.0	14.0	2.0
	6	104.9	-15.0	-10.0	-21.0	12.0	4.0
	7	105.3	-15.0	-8.0	-18.0	11.0	4.0
	8	105.9	-15.0	-8.0	-18.0	11.0	6.0
	9	106.5	-14.0	-7.0	-16.0	10.0	7.0
	10		-13.0	-6.0	-16.0	10.0	8.0

注:指数为以零为基点的百分点差值,正数表示变好,负数表示变坏。

资料来源:OECD 数据库及欧洲央行统计月报。

5.2.12 欧元区货币供应量增长速度

单位:%

年份	月份	M1	M2	M3
2000		**8.0**	**4.4**	**5.7**
2001		**3.6**	**4.2**	**5.4**
2002		**7.3**	**6.5**	**7.2**
2003		**10.9**	**8.0**	**8.1**
2004		**10.0**	**6.3**	**5.8**
	10	0.6	0.6	0.6
	11	0.9	0.6	0.5
	12	0.3	0.6	0.8
2005				
	1	1.5	0.8	0.5
	2	1.1	0.6	0.4
	3	0.5	0.4	0.3
	4	0.6	0.6	0.7
	5	0.7	0.5	0.6
	6	1.5	1.0	1.0
	7	1.4	1.0	1.1
	8	0.9	0.7	0.8
	9	0.6	1.1	0.9
	10	0.7	0.4	0.2

注:增长速度是按环比计算的。

资料来源:欧洲央行及欧盟统计局数据库。

5.2.13 欧洲央行利率

单位:%

	隔夜存款利率	欧洲央行基准利率	隔夜贷款利率
2000			
2月4日	2.25		4.25
3月17日	2.50		4.50
4月28日	2.75		4.75
6月9日	3.25		5.25
6月28日	3.25	4.25	5.25
9月1日	3.50	4.50	5.50
10月6日	3.75	4.75	5.75
2001			
5月11日	3.50	4.50	5.50
8月31日	3.25	4.25	5.25
9月18日	2.75	3.75	4.75
11月9日	2.25	3.25	4.25
2002			
12月6日	1.75	2.75	3.75
2003			
3月7日	1.50	2.50	3.50
6月5日	1.00	2.00	3.00

资料来源:欧洲央行数据库。

5.3.1 日本国内生产总值及其构成增长率(环比)

单位:%

	2003 年	2004 年				2005 年		
	四季度	一季度	二季度	三季度	四季度	一季度	二季度	三季度
国内生产总值	**1.6**	**1.4**	**-0.5**	**-0.1**	**0.1**	**1.5**	**0.8**	**0.4**
国内需求	1.2	1.1	-0.6	0.0	0.2	1.6	0.7	0.5
民间需求	1.9	0.5	0.2	0.1	0.1	1.9	0.9	0.5
民间消费	1.3	0.6	0.0	-0.1	-0.3	1.2	0.7	0.3
家庭消费	1.3	0.6	0.0	-0.1	-0.3	1.3	0.7	0.3
扣除估算租金	1.5	0.7	-0.1	-0.2	-0.4	1.5	0.7	0.3
民间住宅投资	-1.4	0.8	1.5	0.5	0.3	-1.0	-2.1	1.5
民间企业设备投资	6.6	-2.4	2.2	0.8	0.3	3.0	3.4	0.7
民间存货变化	-154.5	-436.5	-72.4	-21.0	247.5	152.4	-28.2	10.5
政府需求	-0.9	3.2	-3.3	-0.3	0.5	0.5	-0.1	0.5
政府消费	0.1	1.5	0.6	0.3	0.6	0.7	0.3	0.3
政府投资	-3.5	8.6	-16.2	-2.9	-0.3	-0.3	-1.9	1.0
政府存货变化	-978.4	-51.3	-111.0	690.1	133.1	-15.6	-12.4	31.9
国外需求								
净出口	19.1	13.4	4.9	-4.0	-1.6	-0.3	6.3	-1.6
进口	5.2	5.3	3.1	0.5	1.6	0.0	3.1	2.7
出口	2.1	3.2	2.6	1.7	2.5	0.1	2.3	3.9
备注:								
贸易收益/损失	-17.9	-48.6	-34.4	-3.9	4.0	-26.6	-28.8	-12.3
国内收入	1.5	1.1	-0.8	-0.2	0.2	1.3	0.4	0.2
国外净收入	-13.7	11.8	3.5	5.6	2.8	2.2	10.2	9.4
收入	-9.9	8.7	3.9	5.7	5.8	2.7	9.6	0.1
支付	-0.8	2.3	4.8	5.9	12.4	3.7	8.3	-18.9
国民收入	1.3	1.3	-0.7	-0.1	0.2	1.3	0.6	0.4
固定资本形成总额	3.2	0.4	-2.2	0.0	0.2	1.7	1.6	0.9

资料来源:日本内阁府。

5.3.2 日本国内生产总值构成对经济增长的贡献

单位:百分点

	2003年	2004年	2004年				2005年		
			一季度	二季度	三季度	四季度	一季度	二季度	三季度
国内生产总值	**1.4**	**2.7**	**1.4**	**-0.5**	**-0.1**	**0.1**	**1.5**	**0.8**	**0.4**
国内需求	0.7	1.9	1.1	-0.6	0.0	0.2	1.5	0.7	0.5
民间需求	1.2	2.0	0.4	0.2	0.1	0.0	1.4	0.7	0.4
民间消费	0.1	0.8	0.3	0.0	0.0	-0.2	0.7	0.4	0.2
家庭消费	0.1	0.8	0.4	0.0	0.0	-0.2	0.7	0.4	0.2
扣除估算租金	-0.1	0.6	0.3	-0.1	-0.1	-0.2	0.6	0.3	0.1
民间住宅投资	0.0	0.1	0.0	0.1	0.0	0.0	0.0	-0.1	0.1
民间企业设备投资	0.9	0.9	-0.4	0.3	0.1	0.0	0.5	0.5	0.1
民间存货变化	0.2	0.2	0.4	-0.2	0.0	0.1	0.3	-0.1	0.0
政府需求	-0.4	-0.1	0.7	-0.8	-0.1	0.1	0.1	0.0	0.1
政府消费	0.2	0.5	0.3	0.1	0.0	0.1	0.1	0.1	0.1
政府投资	-0.7	-0.6	0.4	-0.9	-0.1	0.0	0.0	-0.1	0.0
政府存货变化	0.0	0.0	0.0	0.0	0.0	0.0	0.0	0.0	0.0
国外需求									
净出口	0.6	0.8	0.3	0.1	-0.1	-0.1	0.0	0.2	-0.1
进口	1.0	1.7	0.6	0.4	0.1	0.2	0.0	0.4	0.4
出口	-0.4	-0.9	-0.3	-0.3	-0.2	-0.3	0.0	-0.3	-0.5
备注:									
贸易收益/损失	-0.3	-0.5	-0.3	-0.3	0.0	0.0	-0.3	-0.4	-0.2
国内收入	1.1	2.2	1.1	-0.8	-0.2	0.2	1.3	0.4	0.2
国外净收入	0.1	0.2	0.2	0.1	0.1	0.1	0.0	0.2	0.2
收入	0.0	0.3	0.2	0.1	0.2	0.2	0.1	0.3	0.0
支付	0.1	-0.1	0.0	0.0	0.0	-0.1	0.0	-0.1	0.2
国民收入	1.1	2.4	1.3	-0.7	-0.1	0.2	1.3	0.6	0.4
固定资本形成总额	0.2	0.4	0.1	-0.5	0.0	0.0	0.4	0.4	0.2

资料来源:日本内阁府。

5.3.3 日本国内生产总值及其构成增长率(同比)

单位:%

	2003年	2004年	2004年 一季度	二季度	三季度	四季度	2005年 一季度	二季度	三季度
国内生产总值	**1.4**	**2.7**	**4.5**	**3.2**	**2.6**	**0.6**	**1.3**	**2.2**	**3.0**
国内需求	0.7	1.9	3.4	2.1	1.9	0.4	1.4	2.3	3.0
民间需求	1.5	2.6	4.2	3.0	2.9	0.6	2.8	2.8	3.5
民间消费	0.2	1.5	1.9	2.1	1.8	0.1	0.9	1.7	2.0
家庭消费	0.2	1.5	1.8	2.1	1.9	0.1	0.9	1.7	2.0
扣除估算租金	-0.1	1.4	1.9	2.3	1.9	-0.2	0.8	1.7	2.1
民间住宅投资	-1.1	2.2	1.4	2.6	1.5	3.1	1.2	-2.4	-1.4
民间企业设备投资	6.3	5.8	8.8	7.2	6.8	0.5	5.8	8.1	7.3
民间存货变化	-79.3	-453.0	-15.6	-2.4	-13.0	10.2	-16.3	6.7	-177.1
政府需求	-1.8	-0.4	1.0	-0.9	-1.4	-0.5	-2.7	0.5	1.3
政府消费	1.2	2.7	2.2	3.0	2.5	3.1	2.3	1.9	2.0
政府投资	-10.6	-10.5	-1.8	-16.0	-15.1	-11.7	-17.8	-6.2	-1.7
政府存货变化	-143.8	1425.0	-65.5	-73.2	-440.0	-105.5	353.2	251.8	142.9
国外需求									
净出口	43.4	40.2	72.3	58.1	34.3	12.4	-2.2	0.4	3.2
进口	9.1	14.4	14.7	18.0	14.7	10.8	5.2	5.2	7.7
出口	3.8	8.9	5.3	9.7	10.2	10.4	7.2	6.7	8.9
备注:									
贸易收益/损失	129.6	100.2	-25.1	-179.7	-138.8	-87.0	-75.5	-64.0	-75.4
国内收入	1.1	2.2	4.4	2.5	1.9	0.1	0.8	1.6	2.1
国外净收入	5.3	13.7	12.1	13.7	7.5	25.1	15.9	18.8	27.2
收入	-0.5	12.8	7.4	12.7	7.9	26.0	19.1	25.8	19.4
支付	-11.0	10.9	-4.0	11.0	9.1	27.4	28.3	38.1	-0.8
国民收入	1.1	2.4	4.5	2.7	2.0	0.4	1.1	1.9	2.7
固定资本形成总额	0.9	1.6	5.2	1.7	1.3	-2.1	-0.3	3.8	4.2

资料来源:日本内阁府。

5.3.4 日本工业生产指数

单位：%

年份	月份	工业生产指数（2000=100）	矿业	制造业	工业生产环比增长（%）	矿业	制造业	工业生产同比增长（%）	矿业	制造业
2000		**100.0**	**100.0**	**100.0**	**5.7**	**0.8**	**5.7**	**5.7**	**0.8**	**5.7**
2001		**93.2**	**99.6**	**93.2**	**-6.8**	**-0.4**	**-6.8**	**-6.8**	**-0.4**	**-6.8**
2002		**92.0**	**93.7**	**92.0**	**-1.3**	**-5.9**	**-1.3**	**-1.3**	**-5.9**	**-1.3**
2003		**95.0**	**95.6**	**95.0**	**3.3**	**2.0**	**3.3**	**3.3**	**2.0**	**3.3**
2004		**100.2**	**95.4**	**100.2**	**5.5**	**-0.2**	**5.5**	**5.5**	**-0.2**	**5.5**
	10	99.1	93.6	99.1	-1.1	-1.7	-1.2	1.6	-0.3	1.6
	11	100.2	94.9	100.2	1.1	1.4	1.1	1.4	1.0	1.4
	12	100.0	95.5	100.0	-0.2	0.6	-0.2	1.8	0.5	1.8
2005										
	1	103.2	99.3	103.2	3.2	4.0	3.2	2.2	3.9	2.1
	2	100.8	101.3	100.8	-2.3	2.0	-2.3	3.7	6.1	3.7
	3	100.6	99.4	100.6	-0.2	-1.9	-0.2	2.2	4.6	2.3
	4	102.5	101.3	102.5	1.9	1.9	1.9	1.5	6.4	1.5
	5	99.6	98.5	99.6	-2.8	-2.8	-2.8	-0.9	3.4	-0.9
	6	101.2	97.1	101.3	1.6	-1.4	1.7	0.2	1.9	0.2
	7	100.0	96.0	100.0	-1.2	-1.1	-1.3	-1.1	-1.9	-1.1
	8	101.1	104.9	101.1	1.1	9.3	1.1	0.3	11.4	0.3
	9	101.5	99.6	101.5	0.4	-5.1	0.4	1.3	4.6	1.2
	10	102.1	97.5	102.1	0.6	-2.1	0.6	3.0	4.2	3.0

资料来源：日本银行。

5.3.5 日本制造业生产能力

2000年=100

年份	月份	制造业	钢铁业	机械制造业	电器制造业	制造业（不包括机械制造业）
2000		**100.0**	**100.0**	**100.0**	**100.0**	**100.0**
2001		**98.0**	**99.1**	**99.4**	**97.0**	**98.4**
2002		**94.7**	**98.7**	**96.7**	**93.8**	**96.7**
2003		**92.4**	**97.5**	**94.3**	**91.0**	**94.9**
2004		**91.5**	**96.0**	**91.9**	**89.7**	**93.5**
	9	91.5	96.0	92.5	89.7	93.3
	10	91.5	95.9	91.9	89.3	93.2
	11	91.5	95.9	91.9	89.3	93.0
	12	91.5	95.9	91.9	89.2	93.0
2005						
	1	91.3	95.9	92.7	87.0	92.7
	2	91.3	95.9	92.7	86.9	92.5
	3	91.2	95.5	93.0	86.9	92.2
	4	91.1	94.4	94.1	86.9	91.9
	5	91.4	94.5	94.3	86.9	91.8
	6	91.4	94.3	94.4	86.6	91.7
	7	91.4	94.3	94.7	86.6	91.6
	8	91.5	94.3	94.6	86.4	91.6
	9	91.8	94.3	94.9	86.4	91.6

资料来源：日本银行。

5.3.6 日本制造业生产能力利用率

2000年=100

年份	月份	制造业	钢铁业	机械制造业	电器制造业	制造业(不包括机械制造业)
2000		**100.0**	**100.0**	**100.0**	**100.0**	**100.0**
2001		**92.4**	**96.1**	**87.5**	**98.2**	**96.8**
2002		**93.5**	**100.2**	**83.6**	**90.4**	**97.0**
2003		**97.3**	**105.0**	**97.6**	**87.6**	**98.9**
2004		**102.0**	**109.2**	**114.0**	**90.6**	**101.0**
	9	105.1	108.6	121.5	84.0	101.3
	10	101.2	111.0	109.9	74.5	103.2
	11	103.4	109.5	116.9	80.7	103.9
	12	99.7	110.0	115.2	78.0	104.2
2005						
	1	97.5	111.6	109.9	71.4	100.1
	2	102.1	102.1	117.0	87.5	99.1
	3	113.9	114.3	138.9	99.7	108.3
	4	103.5	109.2	117.7	103.6	101.8
	5	99.8	114.6	109.7	103.3	101.4
	6	108.8	110.6	127.3	123.3	102.1
	7	105.7	109.4	118.6	110.2	103.4
	8	96.1	106.7	111.5	74.1	99.7
	9	106.2	106.2	125.7	79.0	102.8

资料来源:日本内阁府。

5.3.7 日本新开工建筑面积

单位:%

年份	月份	面积		矿业建筑业和制造业		非制造业	
		同比	环比	同比	环比	同比	环比
2000		**2.0**	**2.0**	**34.0**	**34.0**	**-6.4**	**-6.4**
2001		**-10.8**	**-10.8**	**-23.9**	**-23.9**	**-5.8**	**-5.8**
2002		**-2.9**	**-2.9**	**-15.3**	**-15.3**	**0.8**	**0.8**
2003		**8.0**	**8.0**	**11.6**	**11.6**	**7.1**	**7.1**
2004		**13.8**	**13.8**	**29.9**	**29.9**	**9.6**	**9.6**
	9	12.9	-3.9	56.6	23.3	3.7	-10.2
	10	16.3	-2.1	34.4	-8.8	12.1	-3.2
	11	17.8	-4.8	26.7	9.3	15.0	-6.9
	12	0.6	-0.4	0.3	-7.8	0.7	1.8
2005							
	1	19.1	15.3	67.1	36.1	6.4	8.2
	2	30.2	11.5	23.0	-16.8	32.5	22.7
	3	-15.5	-24.6	-5.5	-24.7	-18.0	-23.8
	4	9.0	14.3	46.8	109.9	-4.6	-7.5
	5	18.5	-0.2	39.3	-24.5	11.7	7.9
	6	10.7	6.5	13.9	-16.0	9.7	17.5
	7	1.7	-11.1	12.8	-4.2	-1.4	-14.0
	8	-5.5	1.0	45.4	19.4	-15.9	0.0
	9	-13.5	-11.4	-20.9	-34.0	-11.1	-5.0

资料来源:日本内阁府。

5.3.8 日本零售额增长速度

单位:%

年份	月份	零售额增度		商场销售额增度		超市销售额增速	
		同比	环比	同比	环比	同比	环比
2000		**-3.3**	**-3.3**	**-0.3**	**-0.3**	**-4.8**	**-4.8**
2001		**-3.2**	**-3.2**	**-2.3**	**-2.3**	**-1.7**	**-1.7**
2002		**-1.4**	**-1.4**	**-2.4**	**-2.4**	**-3.9**	**-3.9**
2003		**-0.7**	**-0.7**	**-3.2**	**-3.2**	**-4.5**	**-4.5**
2004							
	9	-0.3	0.8	-4.2	-0.5	-3.0	1.9
	10	-0.9	0.1	-3.5	-0.5	-4.7	-1.7
	11	0.6	-0.8	-5.4	0.7	-5.2	0.0
	12	-1.0	0.2	-2.8	0.0	-5.3	-1.2
2005							
	1	2.4	4.6	0.7	4.2	-2.6	3.9
	2	-2.7	-2.6	-7.2	-4.0	-6.3	-0.1
	3	0.3	-1.2	-3.2	-1.3	-5.5	-3.2
	4	3.8	2.8	-0.5	1.4	-3.6	0.7
	5	2.9	-1.4	-1.4	0.1	-4.2	-0.2
	6	3.0	0.0	0.7	0.7	-3.6	1.4
	7	0.6	-2.2	0.6	-1.6	-3.4	-2.8
	8	1.6	1.5	-1.1	0.0	-4.0	1.2
	9	0.2	-0.8	0.0	0.6	-4.5	0.6

资料来源:日本银行。

5.3.9 日本新增工作岗位、就业人数和失业率

年份	月份	新增工作岗位（万人）	新增工作岗位/申请人数(比值)	劳动力总数（万人）	就业人数（万人）	失业人数（万人）	失业率（%）
2000		**20.0**	**1.1**	**6772**	**6453**	**319**	**4.7**
2001		**-3.7**	**1.0**	**6737**	**6389**	**348**	**5.2**
2002		**5.6**	**1.0**	**6677**	**6318**	**360**	**5.4**
2003		**13.7**	**1.1**	**6662**	**6320**	**342**	**5.1**
2004		**11.7**	**1.4**	**6639**	**6332**	**308**	**4.6**
	9	11.6	1.3	6679	6369	309	4.6
	10	6.2	1.4	6663	6352	311	4.6
	11	21.6	1.4	6611	6322	290	4.6
	12	10.3	1.4	6576	6306	270	4.5
2005							
	1	8.8	1.4	6557	6261	296	4.5
	2	11.6	1.5	6532	6224	308	4.7
	3	7.7	1.4	6573	6260	313	4.5
	4	6.1	1.4	6662	6352	310	4.4
	5	15.5	1.5	6742	6435	307	4.4
	6	11.1	1.5	6698	6418	280	4.2
	7	6.0	1.5	6699	6410	289	4.4
	8	13.7	1.4	6689	6405	284	4.3
	9	7.8	1.5	6722	6437	285	4.2

资料来源:日本统计局。

5.3.10 日本生产者价格指数

单位：%

年份	月份	生产者产品价格指数		生产者出口价格指数		生产者进口价格指数		生产者服务价格指数	
		同比	环比	同比	环比	同比	环比	同比	环比
2000		**-0.6**	**-0.6**	**-2.6**	**-2.6**	**4.0**	**4.0**	**-0.9**	**-0.9**
2001		**-2.4**	**-2.4**	**2.7**	**2.7**	**1.0**	**1.0**	**-2.5**	**-2.5**
2002		**-1.6**	**-1.6**	**-3.1**	**-3.1**	**-0.8**	**-0.8**	**-2.1**	**-2.1**
2003		**-0.5**	**-0.5**	**-3.5**	**-3.5**	**-1.8**	**-1.8**	**-1.2**	**-1.2**
2004		**1.5**	**1.5**	**-0.2**	**-0.2**	**6.6**	**6.6**	**-0.4**	**-0.4**
	10	2.1	0.0	4.3	0.1	11.7	-0.8	-0.3	0.2
	11	2.1	0.1	2.5	-1.9	9.5	-1.3	-0.2	0.4
	12	1.9	-0.1	1.8	-0.6	7.4	-1.5	-0.4	0.0
2005									
	1	1.4	-0.3	0.6	-0.6	5.7	-0.8	-0.4	-0.2
	2	1.3	0.1	1.0	1.5	7.6	2.8	-0.9	-1.1
	3	1.4	0.3	0.4	0.6	7.0	1.8	-0.6	0.4
	4	1.9	0.7	3.5	1.0	13.9	7.3	-0.8	0.6
	5	1.8	-0.1	-1.3	-1.3	9.0	-0.5	-0.4	-0.2
	6	1.4	-0.1	0.8	0.5	9.5	0.0	-0.5	-0.4
	7	1.5	0.6	1.9	1.8	14.3	4.2	-0.4	0.1
	8	1.7	0.2	0.5	-0.4	13.1	0.1	-0.7	-0.1
	9	1.7	0.2	0.6	0.1	13.5	1.8	-0.8	-0.5
	10	1.9	0.2	2.4	1.9	18.3	3.4	-0.6	0.3

资料来源：日本统计局。

5.3.11 日本消费者价格指数

年份	月份	消费者价格指数		核心消费者价格指数	
		环比	同比	环比	同比
2000		**-0.5**	**-0.5**	**-0.7**	**-0.7**
2001		**-1.0**	**-1.0**	**-1.2**	**-1.2**
2002		**-0.6**	**-0.6**	**-0.9**	**-0.9**
2003		**-0.2**	**-0.2**	**-0.4**	**-0.4**
2004		**-0.1**	**-0.1**	**-0.2**	**-0.2**
	9	0.3	0.0	0.1	-0.3
	10	0.5	0.5	-0.2	-0.3
	11	-0.2	0.8	-0.2	-0.3
	12	-0.5	0.2	0.0	-0.4
2005					
	1	-0.5	-0.1	-0.9	-0.5
	2	-0.2	-0.3	-0.1	-0.5
	3	0.3	-0.2	0.4	-0.5
	4	0.2	0.0	0.2	-0.5
	5	0.0	0.2	0.2	-0.4
	6	-0.5	-0.5	-0.1	-0.4
	7	-0.1	-0.3	-0.1	-0.4
	8	-0.1	-0.3	0.3	-0.3
	9	0.1	-0.3	-0.1	-0.4

资料来源：日本统计局。

5.3.12 日本机械订单

单位:%

年份	月份	机械订单		制造业订单		非制造业订单	
		同比	环比	同比	环比	同比	环比
2000		**16.6**	**16.6**	**19.1**	**19.1**	**14.6**	**14.6**
2001		**-12.6**	**-12.6**	**-23.8**	**-23.8**	**-4.1**	**-4.1**
2002		**-3.7**	**-3.7**	**-1.9**	**-1.9**	**-4.8**	**-4.8**
2003		**8.2**	**8.2**	**17.2**	**17.2**	**2.5**	**2.5**
2004		**6.5**	**6.5**	**12.5**	**12.5**	**2.4**	**2.4**
	9	5.0	-2.4	4.9	-6.5	5.0	0.9
	10	-9.9	1.0	-4.8	-2.2	-13.4	-2.4
	11	15.1	11.2	8.9	10.4	20.1	24.5
	12	-0.9	-7.1	15.9	7.2	-11.3	-20.3
2005							
	1	4.8	-1.5	0.6	-12.6	8.2	6.8
	2	7.2	4.8	10.2	9.0	5.4	2.6
	3	13.2	1.9	16.1	2.1	10.7	1.3
	4	2.5	-1.0	4.4	14.4	1.3	-6.9
	5	-2.7	-6.7	-6.1	-20.6	0.8	1.5
	6	5.4	11.1	9.3	14.9	2.7	8.0
	7	10.0	-4.3	14.1	-4.5	6.9	-5.1
	8	13.4	8.2	14.3	9.5	12.6	7.6
	9	4.8	-10.0	15.0	-6.4	-1.9	-12.1

注:增长率为季节调整环比。

资料来源:日本银行。

5.3.13 日本进出口贸易

年份	月份	出口额(亿日元)	同比增长(%)	进口额(亿日元)	同比增长(%)	出口减进口(亿日元)	贸易条件指数(1997=100)
2000		**520452**	**7.2**	**424494**	**16.5**	**95958**	**99.4**
2001		**485928**	**-6.6**	**415091**	**-2.2**	**70837**	**99.8**
2002		**527271**	**8.5**	**430671**	**3.8**	**96600**	**99.5**
2003		**560603**	**6.3**	**448552**	**4.2**	**112051**	**102.5**
2004		**617208**	**10.1**	**503676**	**12.3**	**113532**	**99.2**
	9	54458	12.1	42326	12.5	12132	97.3
	10	54720	11.7	43180	12.7	11540	98.7
	11	51552	13.4	45579	28.1	5973	100.7
	12	53946	8.8	42614	11.1	11332	101.7
2005							
	1	44123	3.2	42184	11.4	1939	102.8
	2	48467	1.7	37570	11.4	10897	99.2
	3	57761	6.1	46573	7.7	11188	99.7
	4	55062	7.8	45482	12.8	9580	96.8
	5	47961	1.4	45033	18.7	2928	92.7
	6	54781	3.6	46096	11.1	8685	93.8
	7	55369	4.3	46681	11.7	8688	91.7
	8	52206	9.1	51081	21.3	1125	92.3
	9	59251	8.8	49711	17.4	9540	92.5

资料来源:日本央行统计月报。

5.3.14 日本外国直接投资

单位:亿日元

	流出				流入			
		股权资本	收益再投资	其他投资		股权资本	收益再投资	其他投资
2000	**34007**	**33204**	**-1907**	**2709**	**8969**	**8300**	**-99**	**767**
2001.01	**46586**	**33171**	**8456**	**4963**	**7587**	**5965**	**1879**	**-261**
2002.02	**40476**	**29841**	**10314**	**323**	**11586**	**-7257**	**1887**	**16954**
2003.03	**33388**	**24146**	**5296**	**3946**	**7332**	**8764**	**1627**	**-3061**
2004.04	**33485**	**22688**	**6449**	**4349**	**8456**	**7618**	**2104**	**-1263**
9	2339	2774	613	-1048	-691	-803	187	-74
10	1956	779	613	564	961	753	187	22
11	3613	1721	611	1281	24	-263	187	100
12	4750	3646	608	496	841	813	182	-153
2005								
1	3157	1886	1041	230	697	829	190	-322
2	2934	2187	1040	-293	272	256	189	-173
3	4178	2715	1047	416	3177	3384	176	-384
4	3592	2063	1059	470	257	-67	185	139
5	2414	1670	1062	-318	424	255	197	-29
6	3040	1945	1123	-28	52	42	95	-85
7	3613	2108	1081	423	1337	954	190	194
8	5930	4495	1131	304	444	270	94	80
9	4779	3779	1476	-476	1000	927	167	-93

注:符号表示流出。

资料来源:日本央行统计月报。

5.3.15 日本景气指数

2000 年 =100

年份	月份	经济先行指数	经济同步指数	经济滞后指数	消费者信心指数	企业家信心指数
2004						
	9	33.3	36.4	100.0	46.2	49.8
	10	33.3	9.1	66.7	47.5	49.5
	11	33.3	36.4	83.3	47.5	48.9
	12	41.7	27.3	66.7	45.3	48.4
2005						
	1	54.2	100.0	83.3	47.4	47.3
	2	16.7	36.4	58.3	47.5	47.6
	3	41.7	72.7	58.3	45.9	49.3
	4	37.5	54.5	83.3	47.4	48.1
	5	41.7	63.6	83.3	48.2	47.9
	6	66.7	100.0	83.3	47.2	48.4
	7	45.5	30.0	40.0	48.4	48.8
	8	100.0	80.0	80.0	48.4	48.3
	9	50.0	55.6	25.0	46.4	50.4
	10				48.3	50.0

资料来源:日本内阁府数据库和日本央行统计月报。

5.3.16 日本货币供应量增长速度

单位：%

年份	月份	M2 + CD	M1	流通现金	货币存款	准货币	大额存单
2000		**2.1**	**8.2**	**6.9**	**8.5**	**−1.3**	**4.5**
2001		**2.8**	**8.5**	**6.7**	**9.0**	**−2.6**	**42.6**
2002		**3.3**	**27.6**	**11.2**	**32.5**	**−11.5**	**−19.0**
2003		**1.7**	**8.2**	**5.3**	**9.0**	**−3.6**	**−15.1**
2004		**1.9**	**4.0**	**1.6**	**4.6**	**−1.3**	**15.6**
	10	2.0	4.3	1.8	4.9	−1.3	16.8
	11	2.0	3.9	1.5	4.4	−1.0	18.7
	12	2.0	4.1	1.5	4.7	−1.1	13.8
2005							
	1	2.0	4.2	1.4	4.9	−1.1	12.2
	2	1.9	4.0	1.6	4.6	−1.1	10.7
	3	2.1	4.6	2.5	5.1	−1.1	8.0
	4	1.9	4.6	3.0	5.0	−1.4	3.4
	5	1.5	4.0	2.7	4.3	−1.4	1.7
	6	1.6	4.4	2.8	4.8	−1.5	0.7
	7	1.7	4.4	2.9	4.8	−1.6	3.8
	8	1.7	4.4	2.8	4.8	−1.6	3.5
	9	2.1	5.2	2.4	5.8	−1.6	2.7
	10	2.0	5.4	2.9	5.9	−1.6	−2.8

注：增速为与上年同期相比。

资料来源：日本银行。

5.3.17 日本主要利率

单位：%

		隔夜拆借利率		回购利率		国库券
		无抵押隔夜拆借利率	抵押隔夜拆借利率	1个月	3个月	6个月
2000		**0.200**	**0.220**	**0.363**	**0.324**	**0.450**
2001		**0.002**	**0.001**	**0.010**	**0.010**	**0.007**
2002		**0.002**	**0.001**	**0.002**	**0.003**	**0.003**
2003		**0.001**	**0.001**	**0.001**	**0.001**	
2004		**0.002**	**0.001**	**0.001**	**0.001**	**0.002**
	10	0.002	0.001	0.001	0.001	0.002
	11	0.001	0.001	0.001	0.001	0.002
	12	0.002	0.001	0.001	0.001	0.002
2005						
	1	0.001	0.001	0.001	0.001	–
	2	0.001	0.001	0.001	0.001	0.001
	3	0.022	0.001	0.001	0.001	0.006
	4	0.001	0.001	0.001	0.001	–
	5	0.002	0.001	0.001	0.001	–
	6	0.001	0.001	0.001	0.001	–
	7	0.001	0.001	0.001	0.001	–
	8	0.001	0.001	0.001	0.001	0.001
	9	0.004	0.001	0.001	0.001	–
	10	0.000	0.001	0.001	0.001	0.009

注：日本中央银行贴现率为0.1%。

资料来源：日本银行。